U0154449

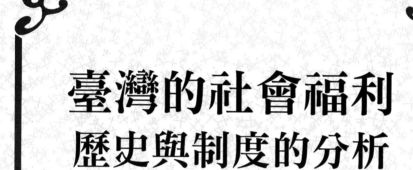

臺灣的社會福利
歷史與制度的分析

林萬億　著

五南圖書出版公司 印行

新版序

　　2006年出版《臺灣的社會福利：歷史經驗與制度分析》不久，我就被行政院蘇貞昌院長邀請加入行政院團隊，接任政務委員乙職，主責社會福利、教育、勞動、衛生、青年、退輔、原住民等事務的政策協調。蘇院長明白交付的任務是整合包括二代健保、國民年金、長期照顧、人口政策、幼托整合等在內的攸關國家未來人口老化、社會發展的重大議題，這些都是作為一位社會福利學者責無旁貸的神聖使命。

　　到任之後才知道，不只廣義的社會福利，還包括5年500億的頂尖大學教育、人口販運防制、國家語言推廣與發展等，都屬於我的業務項下。雖然工作忙碌，仍然無怨無悔，為的就是利用有限的任期，將臺灣社會福利、教育、原住民應做的事情，儘快補救。陳總統曾說：「要做8工，不做8冬。」我跟蘇院長的默契是把1年當4年用，1人當4人做，期待2年內將所有社會福利、教育、原住民事務等疑難雜症治好。

　　就這樣地，我與三位能幹的秘書：蔡孟倫、陳沛怡、張晴恩，兢兢業業，夙夜匪懈，1年內完成審議教育法案8、內政法案3、衛生法案6、勞動法案4、原住民法案2、文建會法案1，總計24案。其中有全新制訂的法案，如國民年金法、兒童教育及照顧法、國家語言發展法等；有大部分修正者，如老人福利法、身心障礙者權益保障法、私立學校法、緊急醫療救護法、精神衛生法、工會法等；有幾乎一半修正的補習及進修教育法、生育保健法、傳染疾病防治法、後天免疫缺乏症候群防治條例、勞工保險條例、原住民工作權保障法等。此外，離職前還有11法案正在審議，或已排入議程待審，如食品衛生管理法、驗光師法、團體協約法、勞資爭議處理法、化妝品管理條例、原住民族認定法、職業學校法、合作社法、教師會法等。

　　同時，也完成幾項大規模的社會福利、教育改革的協調與規劃，如大溫暖社會福利套案、長期照顧10年計畫、12年國民基本教育、國民年金、勞保年金化、弱勢家庭脫困計畫等。還有一些專案整合，如人文社會科學發展計畫、退休教師所得合理化改革、精緻國民教育5年計畫、青年就業

促進方案、臺中市圓滿劇場土地租借案、臺灣平埔族民族認定、榮民醫療補助改革案等計25案。這些方案有的籌劃已長達24年，如12年國民基本教育；有的規劃已15冬，如國民年金；有的牛步推動已過9載，如長期照顧計畫；有的躺在行政院已數個年頭，如臨時人員納入勞基法案、平埔族正名案；有的是部會承辦人等待協助已若干歲月，如臺中市圓滿劇場土地租借案；有的是陳年舊恙，沒人願意沾惹，如退休教師所得合理化改革、榮民醫療補助改革案；還有一些新問題待未雨綢繆，如人文社會科學發展計畫、青年就業促進方案、精緻國民教育5年計畫等。

在這些法案審議、計畫擬訂、專案整合過程中，感受最深的是蘇院長的完全信賴與全力支持。蘇院長請我來院時特別交代：關懷弱勢是他的四大施政主軸之一；窮不能窮教育、苦不能苦孩子是他的施政信念之一，希望我好好將這些事情做好，才不辜負他的期待，以及我的專業。

萬萬沒想到1年後，蘇貞昌院長因參與民進黨黨內總統初選失利而辭職，我陪同下臺。2007年5月20日離開行政院政務委員職位，再度回到臺大校園，沒有後悔，只是不捨。因為我實踐了去時的許諾，在短短1年內完成許多不可能的任務；不捨的是還有好多政策才剛起步，例如，12年國民基本教育、長期照顧10年計畫等需要密集的督導；還有好多事在規劃尾聲中，例如，人口政策白皮書、榮民醫療補助改革案需要完美的收尾。我無緣再續任，只好說：就留給繼任者去完成了！

回到學校教書，就很想將這本書重新修正。一來想將有關社會福利的知識另成一本書；二來將臺灣這幾年來社會福利的發展補上去。前者總算在2010年完成一本《社會福利》的寫作。然而，要將更多的資料加入這本書比想像中要難。一拖再拖，總算在一任總統又過去了才完工。也好，這樣讓資料更加有段落感，更能比較出不同兩次政黨輪替的差異。新版中將政策分析的觀點更加明確化，讓歷史制度分析更能凸顯。

社會政策分析本是有價值判斷的；選擇的理論觀點也是各有主張。本書可貴的是很多我親自參與的經驗，這對公共社會學者或是歷史制度論者來說，都是寶貴的資產。但是，對持不同意見的人來說，會不以為然地說：「就你說的算嗎？」的確，不在場的人對已發生的歷史事件很難置喙，當事人有較多的發言權。但是，當事人發言也不能離譜，必須有所

本。因此，我在書中儘可能將人事時地物交代清楚。至於，詮釋的部分是作者的主觀，自己負責。此外，有些資訊純粹是留下紀錄，以利後人繼續研究，即使占據一些篇幅也只能默認。

我將書中的章節作了大幅的調整，避免文章差距太大，也讓讀者閱讀起來更能聚焦。但是，資料仍然繁多，試圖精簡的努力一直沒有成功，割捨的決心不夠，需要再加把勁。寫完這本書，也對自己30幾年來在臺灣社會工作／社會福利學術與實務界的耕耘作了階段性總結與反省。人生沒有第二個30年，臺灣社會工作／社會福利的發展仍然有許多需要再努力的地方，在書尾我給了前瞻性的提醒。如同過去60年來的經驗，社會福利的發展涉及太多政治、經濟、文化、財政、社會、人口的課題，未來臺灣社會福利的發展，一定也脫離不了這些外部環境的影響。但是，更多社會福利體系內的制度、文化、知識、人力與治理議題，必須靠社會福利界的努力才能一一化解。這些有待下一階段更多人的加入研究、倡導與改革。

本書難免還是會有資料不全、論述不周等缺憾，期待同道不吝給與指正。再次謝謝五南圖書出版公司陳念祖副總編輯的催促與鼓勵，責任編輯李敏華小姐的協助。也謝謝我的助理鄭如君、陳怡樺、董盈君協助整理部分資料，讓本書得以順利再版。

林萬億

自 序

　　早年在美國留學時，看到他們的社會福利，或社會工作學院一定會開授「美國的社會福利歷史與制度」之類的必修課。後來到英國擔任訪問教授，也看到類似的經驗，英國的課程名稱比較多用「英國的社會政策」，因此，坊間有關「英國的社會政策」之類的書就有好多版本。

　　反觀國內，社會工作學系並沒有「臺灣社會福利歷史與制度」之類的必修課程，社會工作學生缺乏對本國社會福利歷史與制度的瞭解，如何能產生親近人民、關懷本土的人性接觸。學生所閱讀的歐美社會福利制度與社會工作專業，尤其是美國的，往往與本地的社會福利體制脫節，更不用說與服務對象疏離了。

　　於是，我自己在教學與寫作的過程中，特別強調歷史制度與社會政治經濟脈絡的重要性。不讀社會福利發展史，很難理解為何會出現這種社會福利方案，而不是那種。例如，不熟悉德國統一的歷史經驗、工業化對社會的影響、工業革命後的歐洲列強競爭、普魯士的開明專制傳統，以及社會互助的機制，就很難理解為何德國先於英國、法國、美國出現當代社會保險制度。同樣地，不熟悉英國濟貧法的傳統，也就不易理解我國社會救助制度中的戶籍、親屬責任等規定的由來。

　　不瞭解某種社會福利制度產生的時空背景，就很難進行與他國的制度比較，也很難預測其修正、改革的方向；更難在學習者的思維裡建立起一個可以不斷累積、統整、創新、產出知識的機制。沒有一套完整的本國社會福利的架構體系，是無法讓自己的社會工作服務方法與過程，如同充滿生命力的種籽找到附著的床基而生根發芽、茁壯。光靠零星片段的社會福利知識與經驗，很難讓自身經驗與臺灣的社會福利發展軌跡接續，進而結合為一體，共享歷史的榮辱，產生感動，躍躍欲試。

　　基於這樣的體認，我又開始動筆了，把過去蒐集的臺灣社會福利歷史資料重新整理。正好，國史館在進行臺灣社會志修編，中研院蕭新煌教授總其責，邀請我擔任社會福利篇的主筆。我就趁此時機，加快腳步，一方面進行社會志的研究案，一方面撰寫我的臺灣社會福利歷史與制度的

書。當然，我所擁有的社會福利歷史的資料只有一套，兩本著作不可能沒有重複的地方。社會志較多史實的陳述，不宜有太多評論；社會福利歷史與制度分析就可褒貶春秋了，而且為了和國際接軌，我做了一些基本概念的鋪陳，以利對照。在美國、英國等強權國家的社會福利書籍中，可以不必寫到其他國家的經驗，但是，我們作為社會福利方案的採借國，不提他國經驗，很難讓人瞭解此一方案的來龍去脈，例如，社會安全、自立脫貧方案、家庭暴力防治、高風險家庭介入方案、幼托整合、積極勞動市場政策、社會住宅、社區發展、社區營造等等，本質上都是舶來品。

接著，為了衝刺社會福利，我將傳統臺灣社會福利的界線打破，不再只是討論社會保險、社會救助、福利服務，而將其擴大到就業、社會住宅、社區營造等。進一步，也不把社會保險侷限在勞健保，而是擴及軍公教、勞退金等，企圖端正臺灣的社會福利視聽，這算是另一次為臺灣社會福利盡點力。

在文字中很遺憾地，不得不列出許多社會福利方案及其執行成果數字，這可能是讀者覺得最無趣的。可是，沒有這些資料，很難證明臺灣社會福利所發生過的種種。何況，其中有很多數據是第一次出現在國人面前。過去雖然也有一些類似的資料統計，但過錄官方統計原始資料較多，加以整理分析者較少。為了整理這些寶貴資料，耗掉我能幹的助理張祐綾小姐許多時間。縱然是占篇幅，也不忍割捨。

這本書裡也有不少我自己親身參與的社會福利政策、方案推動與制訂的過程，讀者可能會覺得我太愛現。若沒有這些經驗，其實很難對臺灣社會福利發展過程有如此深刻的感情，明知而不提，是另一種矯情。當然，也一定有很多我不知道的社會福利事件，又沒有出現在任何可接近的檔案中，那就只好請知情的人自己也參一腳，把它寫出來，以饗後人。

寫這本書可能是我在社會福利教學、研究與實踐的生涯中倒數的書了。除了助理幫忙整理資料，偶爾協助輸入一些文字外，絕大部分都要靠自己的自然輸入法，從不慣用到打出數十萬字，很有成就感，但也犧牲了眼睛、筋骨。每專心敲打鍵盤一陣子，就有兩眼昏花、腰酸背痛之感。看來，能有多少本事再寫出幾本書，眼力、筋骨最清楚了。

到目前為止，臺灣的社會福利還有許多發展空間待努力，例如，國民

年金制度命運多舛、全民健保改革步履維艱、長期照顧制度空轉多時、福利服務擴展空間仍大、社會住宅猶在學步等，希望透過本書的出版獲得盤整，並將其干擾面紗一舉掀開，或有助於下階段臺灣社會福利改革運動的重新再起。

　　最後，還是要感謝參與社會志修編的諸位朋友，在討論中不時給與建議，讓我增添不少領悟。我的研究生助理張祐綾非常有效率也非常吻合學術水準地整理出我要的資料，功不可沒。一般說來，起頭與結尾工作最難。祐綾工作結束後，另一位得力助理楊欣怡接手，幫我做了一些新表格，使得結尾工作很順暢，否則這本書還不知道要拖多久呢！找到好助手，是研究成功的要件，此次體會更深。如果寫得不好，是努力不夠，還請各位同道指教。

林萬億　寫于臺灣大學社會工作學系
2006年2月狗年杜鵑花新蕊初綻時

目　錄

第七章　兒童與少年福利服務　　　　　　*341*

圖目錄

表目錄

Chapter 1

社會福利
發展的理論
觀點

第 一 章

依英文社會工作辭典的定義，社會福利（Social Welfare）是指
「一種國家的方案、給付、服務體系，用來協助人民滿足其
社會、經濟、教育與健康需求，此乃社會維持的基礎。」（Barker,
1999）歐洲國家較少用社會福利政策（Social Welfare Policy）這個概
念，通常用社會政策（Social Policy）來描述促進人類福祉（Human
Wellbeing）的制度與研究（Dean, 2006）來取代被窄化（甚至污名
化）了的社會福利。

　　社會福利政策簡單地說就是「解決社會問題的集體策略」
（Jansson, 1984: 6）。這個說法有早期英國社會政策學者提默思
（Titmuss, 1958）所定義的「審慎地設計集體的服務提供，滿足社會
所認定的特定需求」的影子。顯然，理解社會福利政策的關鍵在於何
謂集體的策略？社會福利政策不是個別的行動，而是透過政府的力
量，經由特定的規則、管制、程序，以達成設定的目標。也就是政策
是一種行動的明確歷程（Gilbert and Terrell, 2009），指出未來的行動
方向。例如，我國的住宅政策，即透過住宅法來轉換社會政策的目標
成為法律，再透過各級政府推動的方案規劃與執行，或補助、委託民
間社會福利團體辦理等，以實踐社會政策預期要滿足的社會需求。

　　進一步地，什麼是有待滿足的社會需求或社會問題？每個社會
對社會問題的界定不同，發展中國家對貧窮的看法與工業民主國家不
同。同一個社會在不同發展階段也會對相似的問題有不同的界定，例
如，臺灣在1990年代以前不會把家庭暴力看作是社會問題，現在則不
然。雖然如此，還是有一些人類共同認為應該解決的社會問題或該滿
足的社會基本需求，例如，貧窮、不均、飢餓、失業、犯罪、無家可
歸、失依、遺棄、缺乏照顧、人口販運、性交易、家庭暴力、家庭解
組、種族歧視、性別歧視、心理不健康、文盲、居住條件窳陋、衛生
條件不良、疾病、環境污染等，一直都困擾著世界各國，只是程度差
異而已。

針對上述的社會問題或社會基本需求，每個國家就依其政治、經濟、社會、文化條件，制訂了各種社會政策（Alcock and Craig, 2009），例如，所得維持政策、就業政策、住宅政策、人口政策、移民政策、家庭政策、性別平等政策、家庭暴力防治政策、健康照護政策、長期照顧政策等，這些都可以稱為是社會政策。但是在不同國家，有些不一定會被列入社會福利政策，例如，犯罪防治政策、教育政策、環保政策之於臺灣（林萬億，2010）。

既然社會福利是國家提供來滿足人民生存需求的方案，因此，社會福利是政治、經濟、社會與文化的產物，不同的意識形態與價值，就會有不同的社會福利界定。美國學者威林斯基與李彪克斯（Wilensky and Lebeaux, 1958），將社會福利界定為殘餘式與制度式兩種模型；英國的提默思（Titmuss, 1958, 1968, 1974）以歐洲福利國家的發展為基礎，兼顧美國的經驗，將社會福利擴大為以下三組概念：殘餘式的（Residual）、工業成就模式的（Industrial Achievement Performance）、制度式的（Institutional）三組社會福利。這三組概念也就成為後來葉思平－安德森（Esping-Andersen, 1990, 1996, 1999）分析福利資本主義的三個世界的基調。

北歐國家因其有強力的勞工政黨而發展出最普及、慷慨、平等、友善女性的社會民主福利國家（Social Democratic Welfare State）。歐洲大陸國家則因其政治傳統、社會結構與保守性格，發展出以工業成就式的社會保險為主幹的歷史組合國家主義的福利國家（Historical Dorporatist-Statist Welfare State）。盎格魯薩克遜民族所組成的國家，因其自由主義、新教倫理與個人主義的意識形態而發展出選擇式、殘補式的自由主義福利國家（Liberal Welfare State）（Esping-Andersen, 1990）。南歐國家因其政治、宗教與文化特色，發展出片段、發展不全的拉丁圈（Latin Rim）模式的福利國家（Leibfried, 1993; Rhodes, 1997）。中、東歐國家由於前蘇聯共產主義瓦解，出現的市場社會主義的後共產主義的組合主義福利國家模式（Deacon, 1993）。亞洲的日本、韓國、臺灣、香港、新加坡則因其儒家文化與經濟發展優先，

而發展出以家庭為中心、生產主義取向的福利資本主義（Productivist Welfare Capitalism）的東亞模式的福利國家（Goodman and Peng, 1996; Holliday, 2000）。

 ## 第一節　我國社會福利的內涵

　　第二次世界大戰爆發後，社會安全（Social Security）開始受到重視。1941年的「大西洋憲章」將社會安全列為第5條。1942年英國「貝佛里奇報告書」（the Beveridge Report）不但採用社會安全的字眼，也闡釋了大西洋憲章的精神。接著，1944年的「費城宣言」、1948年的「聯合國人權宣言」，均一再提及，而將之界定為「社會安全權利」，意即每個人均應享有的生存權。

　　而推動社會安全最有力的首推國際勞工組織（ILO），於1942年首次印行社會安全定義。到了1952年，國際勞工組織採行「社會安全最低標準」，通令各國遵行，其內容包括保護多數國民免於遭受經濟壓迫而採行的一系列措施，以避免國民因疾病、失業、殘障、老年或死亡等導致的所得中止，而產生所得的不安全；同時也包括提供公共醫療照顧，以及補貼家庭扶養子女所產生的負擔（即慣稱的家庭津貼或兒童津貼）。

　　據此，世人在討論社會安全大多以國際勞工組織的定義為範本，將社會安全範疇包括：(1)老年年金，(2)殘障年金，(3)遺屬年金，(4)疾病及生育照顧，(5)職業災害補償，(6)失業補償，(7)家庭津貼，(8)社會救助等八大類（林萬億，2010）。由於各國的社會安全制度設計受到該國政治、經濟、社會、文化、歷史經驗的影響而有差異，以健康照顧為例，美國公共部門只有醫療照顧（Medicare）與醫療補助（Medicaid），我國有全民健康保險，英國則有國民健康服務（National Health Services）。不論如何，社會安全是以保障經濟安全為主要目的，因此，其範圍通常指社會保險、社會津貼、社會救助3大項，殆無疑義。

　　由於臺灣政治經濟社會受到美國的影響很深，社會福利更是如此。社

會福利往往就被說成是除了社會保險以外的社會救助與福利服務。因此，國人才會有「保險的歸保險，福利的歸福利」之說法，不認為全民健康保險是社會福利。其實，社會保險、社會救助、社會（福利）服務等，都是社會福利。

我國的社會福利範圍依憲法增修條文第10條第8項規定是指社會救助、福利服務、國民就業、社會保險及醫療保健等5項。這也是目前我國社會福利預算編列的5項。然而，並不是一開始其範圍就以此5項為界，而是受到世界的潮流，以及國內政治、經濟、社會變遷的影響，迭有變革。其演變依序敘明於后。

壹、中華民國憲法中的社會安全條款（1947年）

我國的社會政策若從中華民國憲法第十三章基本國策第三節國民經濟條款，可看出我國的經濟發展基本原則是民生主義，亦即國家有義務介入平均地權、節制資本，以謀國計民生之均足。

然而，由於國民政府於國共內戰失利後播遷來臺，這部憲法的適用性受到諸多質疑。就過去60年來臺灣的政治條件論，憲法條文既不必然會被落實，也不容易修正。以社會安全乙節為例，這部憲法在臺灣的實施，往往僅供參考，有些條文形同具文，如保護母性立法；有些更是未修憲就被否決，如公醫制度。直到1980年代末，臺灣的政治民主化日趨成熟，社會福利逐漸擴展，憲法社會安全乙節才跟著修正，期能吻合現實。

雖然我國憲法第十三章基本國策第四節以「社會安全」為名，但是在政府總預算編列中較少以社會安全為預算政事別，而是以社會福利為名者居多。國民政府遷臺之後，除了傳統展現仁政對貧窮者的社會救濟之外，一方面採行福利侍從主義（Welfare Clientelism），提供軍公教人員優渥的福利，以爭取其對執政的國民黨政府的效忠；另一方面對社會大眾則多模仿美國經驗，以自由資本主義為依歸，不把提供社會福利視為是國家的責任，而將之看作是家庭的義務與市場可營利的事業。

中華民國憲法於1947年1月1日經國民政府公布，同年12月25日施行。其中第152條到157條為社會安全條款，條文如下：

1. 第152條：人民具有工作能力者，國家應予以適當之工作機會。

2. 第153條：國家為改良勞工及農民之生活，增進其生產技能，應制訂保護勞工及農民之政策。

   婦女兒童從事勞動者，應按其年齡及身體狀態，予以特別保護。

3. 第154條：勞資雙方應本協調合作原則，發展生產事業，勞資糾紛之調解與仲裁，以法律定之。

4. 第155條：國家為謀社會福利，應實施社會保險制度。人民之老弱殘廢，無力生活，極受非常災害者，國家應予適當之扶助與救助。

5. 第156條：國家為奠定民族生存發展之基礎，應保護母性，並實施婦女兒童政策。

6. 第157條：國家為增進民族健康，應普遍推行衛生保健事業及公醫制度。

從上述社會安全條款，可以看出其範圍包括國民就業（第153條、154條）、社會保險（第155條）、社會救助（第155條）、婦女與兒童福利（第156條）、醫療保健（第157條）。這與今天我們所慣稱的社會福利差異不大，若有只是沒將老人與身心障礙者福利明言，也沒將社會保險的內容明說。

基本上，這部憲法的社會安全思想基礎是非常歐洲的，主要是參酌第二次世界大戰後歐洲福利國家的思潮，例如，以國民就業政策來保障勞工、農民、女工、童工的生存權益是德國、瑞典福利國家的特色；以社會保險作為社會福利的主軸，也是歐洲大陸福利國家的主流；婦女與兒童政策更是1930年代以來歐洲工業先進國家，如比利時、法國、奧地利、瑞典等國所創新的家庭政策；至於公醫制度，則是對英國國民健康服務（National Health Services）的另一譯法。而英國國民健康服務制度是在1946年才推行，立即被當時的制憲代表們採借，效率驚人。這套社會安全制度的規模比諸美國1935年的社會安全法案（Social Security Act），是有過之而無不及的。然而，這部憲法所規範的社會安全體系，因國共內戰，國民政府敗退遷臺，並未實施。

為了適應政治現實，2000年4月25日頒布的憲法增修條款也針對社會安全作了部分修正。增修條款第10條是個大雜燴，其中有關社會福利部分

除了全民健康保險之外，尚有婦女權益保障條款、身心障礙者保護條款，軍人權益保障條款、原住民族保護條款，以及將我國社會福利界定為社會救助、福利服務、國民就業、社會保險、醫療保健5大項，以配合現實。但加上個尾巴「對於社會救助和國民就業等救濟性的支出應優先編列」，其實這是畫蛇添足，有意將社會福利導向救濟優先，更離譜的是將國民就業當成是救濟性質的福利，其實國民就業才是瑞典、德國「積極勞動市場政策」所主張的重點，也是紀登斯（Giddens, 1998, 2000, 2001）「第三條路」（the Third Way）的精神之一，實非救濟也，顯係繆誤。

貳、民生主義現階段社會政策（1965年）

　　國民政府播遷來臺之初，除了1950年1月1日年公布的「臺灣省勞工保險辦法」，於1958年7月21日立法通過改名為「勞工保險條例」；同年4月13日總統批准的「軍人保險計畫綱要」，並於1953年10月立法通過「陸海空軍軍人保險條例」；以及1958年1月立法通過的「公務人員保險法」之外，當時的社會福利大抵就屬依1943年9月由南京國民政府公布的「社會救濟法」所施行的老人、兒童、妊婦、病殘、災民的救濟為主。

　　隨著臺灣的工業化、都市化，人民對社會福利的需求日殷。1964年修正「實施都市平均地權條例」之際，蔣中正總統曾指示：「都市平均地權政策之推行，其目的非為增加稅收，乃在以地利為社會所共享，亦即以社會財富，創建社會福利事項。」本此指示，於「都市平均地權條例」第37條中，明訂「依本條例施行漲價歸公之收入，以供育幼、養老、救災、濟貧、衛生等公共福利事業，興建國民住宅、市區道路、上下水道等公共設施之用，已明示土地漲價歸公所收入金錢的用途」。也就是都市平均地權條例的稅收成為當時社會福利的主要財源。據此，當時的內政部社會司長劉脩如與楊家麟、崔垂言等人奉國民黨之命，起草「加強推行社會福利設施，增進人民生活」案（劉脩如，1977）。

　　中國國民黨於1964年11月28日召開九屆二中全會時，奉總裁指示將本案標題改為「本黨民生主義現階段社會政策」（莫藜藜，2003）。於是，「民生主義現階段社會政策——加強社會福利措施增進人民生活實施方

針」就此定案，其中原來第戊項「福利服務」，蔣總裁亦指示改爲社會服務，不知何故並未修改。定案之內容分爲社會保險、國民就業、社會救助、國民住宅、福利服務、社會教育、社區發展等7大項33目。該政策於1965年4月8日交行政院頒布實施。這是政府首度試圖擺脫早期以軍公教社會保險爲主、社會救濟爲輔的社會福利政策的一大進步。

社會保險包括擴大軍公教保險之疾病保險至配偶與眷屬；勞工保險擴大適用範圍至商店店員、私立學校教職員、新聞從業人員、公益事業暨人民團體之工作人員、機工友、技工、司機等。

國民就業包括獎勵投資與興建大規模工程以創造就業機會，擴充就業輔導機構，經常辦理勞動力調查，舉辦職業訓練，推行貧民庇護就業。

社會救助包括改善救濟機構設備，擴大貧民免費醫療，加強殘病、精神疾病機構收容，拯救不幸婦女等。

國民住宅包括政府興建國宅，推行長期低利貸款給平民與公務員，鼓勵私人投資興建國宅，開發都市近郊土地或農地作爲建築基地等。

福利服務包括加強勞工福利，鼓勵農漁會改善農漁民福利，增設托兒所（應是「託兒所」之誤）、兒童福利中心，重視家庭教育等。

社會教育包括結合社會力量設置清寒獎學金，擴大各種技藝訓練與職業補習教育，充實地方公共圖書館與博物館，積極輔導電影、電視、廣播、報紙、雜誌及文藝書刊作爲社會教育之用。

社區發展包括推動社區發展以改善居民生活、增進居民福利，設立社區服務中心，加強公共衛生暨康樂設施，鼓勵社區辦理生產福利事業。

觀之當時制訂政策的政治經濟社會背景。首先，有足夠的財源。其次，經濟發展日趨繁榮，社會發展必須同步跟上，才能達到吻合民生主義所主張的均衡發展。以當時臺灣的產業結構言，1965年農林漁牧業就業人口占44.83%，工礦生產製造業占22.34%，商業、運輸、服務業占35.52%，亦即工業化社會的雛形初具。

比較特別的是，採取聯合國協助第三世界國家所推動的社區發展，作爲推動我國民生主義社會政策的方法。之所以會有這樣的決策，不得不歸功於1920年代曾在中國北平燕京大學接受美式社會工作訓練，畢業後留學美國芝加哥大學社會服務行政學院，取得碩士學位，返回燕京大學任教，

後曾任當時社會部社會行政計畫委員會委員、研究室主任、社會福利司司長等職，復於國共內戰後轉往美國任職於聯合國社會暨經濟理事會研究主任等職的張鴻鈞先生（莫藜藜，2003），於1963年由聯合國退休來臺，在中國社會學社等4個學會聯合歡迎會上，發表「談社區發展」演講，美國社會工作專業傳統三大方法中的「社區組織」才以「社區發展」的面貌，在臺灣受到重視。之後，張鴻鈞積極協助臺灣推動社區發展，並建議將之納入民生主義現階段社會政策中。臺灣後來又獲得聯合國糧農組織（the Food and Agriculture Organization, FAO）的贊助，成立中華民國社區發展研究訓練中心，並派15位青年赴美國、荷蘭、英國等接受社區發展訓練，發行社區發展期刊等，才有1960年代中到1980年代，臺灣推動社區發展最為風光的20年（林萬億，2002a：129）。

參、社會福利政策綱領（1994年）

社會福利政策綱領係內政部社會司於1994年間提出，並經行政院於1994年7月14日審議通過，同年7月30日核定頒布，為我國自1965年「民生主義現階段社會政策」實施以來較完整的國家社會福利政策。

然而，1994年的社會福利政策綱領其實是部門業務的綜合整理，缺乏宏觀的政策思維。依當時的社會司長蔡漢賢先生的回憶，這個綱領由其主筆，楊錦青科長出力甚多。從1990年就開始研擬，延到1994年7月才通過。當時只涉及社會福利政策，報到行政院，才被要求加上衛生、勞工、住宅等內容。退回重新整理後再報到行政院，行政院派個政務委員來審查，但關鍵性和有爭議的問題他不作決定，呈給院長看，院長又批再研究、再協調，永遠讓你在裡面兜圈子（李瑞金等，2004：186-187）。

之所以會有這個政策綱領的提出，就政治經濟角度來觀察，可能是受到以下幾個因素的影響。首先，遠因在於「民生主義現階段社會政策」頒布施行後，社會立法並未相對配合，也沒有全面性的社會福利改革或動員，社會福利支出的成長也有限。雖然往後的十餘年間，國民黨又於1969年3月29日十全大會中通過「現階段社會建設綱領」，1970年3月召開的十全二中全會通過「現階段加強國民就業輔導工作綱領」，1979年通過「復

興基地重要建設方案」，1981年通過「貫徹復興民生主義社會經濟建設方案」。但是，這些政策或方案並未有系統性與連貫性。

例如，民生主義現階段社會政策才施行4年，國民黨又通過「現階段社會建設綱領」，到底民生主義現階段社會政策的「現階段」指涉的意義是多長的期間？在政策文件中並未闡明，4年不到，就被取代。依當時的政治條件言，國民黨一黨獨大，以黨領政，不應有立即改變政策的理由；又依經濟環境言，當時正是臺灣經濟發展的起步階段，以農業扶植工業，以廣設加工出口區來推動出口導向的工業發展，也著實沒有立即停止「民生主義現階段社會政策」的經濟條件。而就政策內容言，「現階段社會建設綱領」有關社會福利項目計有：

1. 擴大公保、勞保對象與範圍，規劃辦理失業保險。
2. 推廣職業指導及訓練。
3. 保障勞工權益，加強工礦安全，制訂最低工資及促進勞資合作。
4. 擴展福利服務。
5. 積極救助貧苦，並擴大辦理貧民施醫。
6. 擴建國民住宅。
7. 全面推動社區發展。
8. 加強衛生保健。
9. 擴展醫療設施，加強衛生教育，維護國民健康。

這9大項目中只有規劃辦理失業保險、加強衛生保健與醫療設施等3項有別於「民生主義現階段社會政策」，餘皆相同。如果要有新的政策，也應該以修正方式進行，而非另起爐灶。

為了補強「現階段社會建設綱領」，國民黨又於隔年通過「制訂加強國民就業輔導工作綱領」，以便積極推動國民就業。當時的制訂理由是因為我國工商業發展極為迅速，農村社會正向工業社會急遽蛻變中，為因應工業社會的需要，有關開發人力資源、投入建設行列的問題日亟迫切（邱創煥，1977：132）。事實上，政府並未據此而推動國民就業政策，職業訓練法也到1983年才通過立法，這個綱領似乎沒有產生具體的作用。

又例如，「現階段社會建設綱領」實施10年後，才改以「復興基地重要建設方案」接續，而該方案是一個綜合的施政方案，不只侷限於社

會政策範圍，並非社會政策。這個方案通過才2年，國民黨又於1980年通過「貫徹復興基地民生主義社會經濟建設方案」，其中有關社會福利者計有：

1. 擴大技能訓練，促進就業安全。
2. 加強勞工福利，增進勞資關係。
3. 建立醫療保健體系，擴大醫療衛生服務。
4. 擴大社會保險，強化社會福利。
5. 廣建國民住宅，平衡城鄉建設。
6. 加強社區發展，辦理基層建設。

這個方案其實很像政策綱領，而且把就業安全擺在第一位，反映出當時我國已進入工業化國家的社會經濟需求。從歷史時間考察，或許這個方案才是促成1983年職業訓練法通過的主要力量，不過以當時國民黨以黨領政的經驗來看，任何黨的決議可不必先經過行政院會的通過，也可直接要求其所掌控的立法院通過相關法律，而職業訓練法等到「貫徹復興基地民生主義社會經濟建設方案」通過2年後才立法，也是有點緩慢，何況當時正是國內政治社會呈現空前緊張的時期，有1977年的中壢事件、1978年的美國與中國建交、1979年的高雄美麗島事件等。依學者的研究，這些事件直接促成了1980年的老人福利法、社會救助法、殘障福利法等的快速通過（Tsai and Chang, 1985；林萬億，1994）。而這3個社會福利立法似乎與「復興基地重要建設方案」無密切關聯。當然，外交、政治、社會的焦慮應該也可能是促成國民黨儘速修正「復興基地重要建設方案」的原因。

從「民生主義現階段社會政策」實施以後的20餘年間，國民黨又通過了4個與社會福利高度相關的政策或方案，但均未再經由行政部門通過執行，且其間的關係如何？實在很難找到關聯性，也沒有社會立法與預算的支持。無怪乎被曾長期擔任內政部社會司長的劉脩如先生（1984: 334）批評為，「政策文件多於立法，立法多於實際行政，有政策不能促其立法，執政黨負有責任，有了立法不能施諸實際行政，各級政府要負責任。」

其次，近因在於1990年代初的社會立法與方案紛紛出籠，卻無政策引導造成某種程度的福利亂象。1987年解嚴之後，到1990年代初，又有許多社會立法出現，例如，少年福利法（1989）、殘障福利法修正（1990）、

勞動基準法修正（1990）等。復加上1991年國民大會全面改選的社會權入憲的辯論，1992年立委全面改選，民進黨提出福利國主張以及老人年金的政見。

在那種政治民主化進展快速，社會福利倡議團體又期待社會正義伸張，以及福利國家的知識逐漸引進國內的環境下，「民生主義現階段社會政策」的階段性任務早已完成，而國民黨後續通過的4個相關社會政策，最近的一個也已超過10年，引發各界對社會福利的亂象譏諷為「政策的福利多於福利政策」，或「有政策的福利，而無福利政策」（林萬億，2002b：86）。國民黨十四中全會遂有重新制訂適合當時社會所需要的社會福利政策綱領之議。

社會福利政策綱領前言：「依據憲法促進經濟與社會均衡發展之原則，衡酌國家總體資源及政府財力，期以就業安全達成自助、社會保險邁向互助、福利服務提升生活品質、國民住宅安定生活、醫療保健增進全民健康，逐步建立社會安全制度，發揮政策功能，特定訂本綱領。」從前言中並無法瞭解制訂本政策的政治經濟社會背景，而是宣示本政策綱領的原則與功能。審視其所述之基本原則：

1. 著重社會與經濟之均衡發展，兼顧政府財力，倡導施重於取、權利義務對等之福利倫理，本助人自助，促進國民應有權益之保障。

2. 健全社會福利之行政體制，適時修訂社會福利相關法規，以因應社會變遷產生之需求，並發揮規劃、執行、協調、評估社會福利整體功能，從而落實各項福利政策與法規。

3. 建構以家庭為中心的社會福利政策，以弘揚家庭倫理，促進家庭關係，藉家庭倫理來維護成員福利。

4. 結合衛生、教育、司法、農業推廣等單位，運用社會福利專業人員，採專業社會工作方法，推展各項社會福利工作。

5. 積極倡導勞資合作，兼顧勞資雙方利益，培養企業與職業倫理精神，保障國民充分就業權益。

6. 規劃各類社會保險，本財務自給自足、不浪費、不虧損之原則，建立完整之保險體系，以保障國民之基本生活及健康。

7. 福利服務應本民眾福祉為先，針對現況與需求，著重城鄉均衡發展；並結合學術與民間組織，共同發展合作模式的服務輸送體系。

8. 依據國民住宅政策，推動國民住宅計畫，協助較低收入家庭解決居住問題，以安定國民生活及增進社會福祉。

9. 推動各項衛生政策，強化醫療保險體系，保障國民享有均等醫療保健服務之權利，以增進國民健康。

從上述的原則可以看出制訂本政策時的妥協性與保守性。先將社會福利範定在政府財力範圍內，以避免財政負荷，因而要倡導施重於取、權利義務對等、助人自助之福利倫理，擔心影響經濟發展。在此原則下，要發展的是社區互助，而非制度式的社會福利。第2條原則似乎只在規範政策草擬單位的內政部社會司本身的行政。

第3條原則有學理上的繆誤，家庭為中心（Family Centered）是社會工作的途徑，或社會服務提供的取向之一，不應該成為一種社會福利政策的模式，且家庭為中心的社會工作並非為了弘揚家庭倫理，促進家庭關係，藉家庭倫理來維護成員福利。而是為了避免過度地採行家外安置服務作為兒童保護的措施，或是讓家庭成員分別得到服務的方式，也就是儘量不讓家庭成員分離，由家庭支持方案來強化家庭功能，達到在自家接受服務的一種社會服務輸送方式。顯然，當時政府有將社會福利責任推給家庭之嫌，而誤用了理論。不過，這種思潮是吻合當時美國、英國新保守主義政黨剛上臺不久推動的雷根經濟學與佘契爾主義（Thatcherism）的精神，以及當時政府所主張的三代同堂式的家庭自助觀念。

第4條的社會工作專業化原則，彰顯了內政部社會司推動社會工作專業化的苦心。至於第5到9條原則，分別在描述各種社會福利項目的內涵，其實應該放到各該項目的第1條，在基本原則的部分應有較宏觀、系統的主張。

接著，本綱領將社會福利分為就業安全、社會保險、福利服務、國民住宅、醫療保健等5大要項。配合當時剛修正的「中央政府總預算編制辦法」中有關歲出政事別科目歸類原則。

有趣的是，在本政策綱領中將就業安全列為首位，有別於「民生主義現階段社會政策」，也有異於政府社會福利支出的排序。比較像1981年國

民黨的「復興基地民生主義社會建設方案」的排序。更重要的是，這些實施要項是由各部會自行草擬，再送內政部社會司彙整，難免有各自為政以及業務報告的嫌疑。這些實施要項與前述的基本原則間也無密切關聯，很難看出本綱領有整合當時的社會福利分歧，以及引領未來社會福利發展的走向的企圖。尤其，同時通過的實施方案更是必須隨時修正，本不適合與綱領同時公布。不論是否成為國家社會政策的依據，該政策綱領至少是往後10年內政部據以推動社會福利的主要根據。

雖然依社會福利政策來界定社會福利的範圍是國際慣例，但礙於國內政治的現實，我國政府社會福利歲出政事別所涵蓋的範圍並未完全依社會福利政策而定。其演變如下：

1. 1972年以前，包括兩類：公務人員退休及保險，社會及救濟、衛生。

2. 1972年到1976年，包括5項：軍公教人員退休、撫卹及保險，退除役官兵安置就醫，出征軍人家屬維持，一般社會救濟，以及衛生。

3. 1977年到1988年，包括3項：退休撫卹及保險，社會及救濟、衛生。

4. 1989年到1992年，包括7項：社會保險（含退休撫卹），社會救助，福利服務，國民就業，醫療保健，國民住宅及社區發展，以及環境保護。

5. 1993年以後，包括5項：社會保險，社會救助，福利服務，國民就業，醫療保健。

從上述分期的資料中可以看出，這種改變是非系統性的。1965年以前，因為沒有社會政策作為引導，因此將社會及救濟、衛生列為社會福利歲出，事屬當然；而將公務人員退休、撫卹及保險納入社會福利，本也無不可，後來會被質疑蓋因政府過度偏重軍公教福利，造成社會福利支出的假象，而引發學者專家與社會團體的反彈。

但是，1965年已通過「民生主義現階段社會政策」，其已範定7大項目，理論上，政府應依這7大項目編列社會福利預算，事實則不然，1972年到1976年間政府所做的社會福利政事別項目修正中，只是將原來的2大項細分為5大項，諸多在民生主義現階段社會政策中出現的社會福利，根

本未出現在預算中。當時的社會福利支出仍然以軍公教人員爲主。

1977年到1988年間，社會福利支出的內容又作了修正，將退除役官兵安置就醫、出征軍人家屬維持排除。這樣的修正也找不到學理上的根據或政策依據，1980年通過的三大社會福利法案，以及1983年通過的職業訓練法、1984年通過的勞動基準法，都沒有反映在預算的編列上。

1989年到1992年間，社會福利支出易名爲社會安全支出，內容也有重大的改變，乃因我國已解嚴，社會福利的論述愈來愈多，社會福利立法，特別是福利服務相關立法，如少年福利法、殘障福利法修正，凸顯過去社會福利以軍公教福利爲主的內涵開始鬆動。但是爲了充塡社會福利支出帳面數字，政府除了將傳統社會及救濟項目改爲社會救助、福利服務、國民就業之外，繼續讓軍公教人員的退休撫卹計入社會保險中，又將較不屬於社會福利的國民住宅及社區發展、環境保護等列爲社會安全支出。

這種大變革，事實上是受到之前行政院研考會曾對我國的社會福利範圍加以界定爲社會保險、社會救助、福利服務、國民就業、衛生保健、國民住宅、社區發展、社會教育、環境保護（含國民休閒及文化生活）等9項的影響。而這個定義就成爲當時國家編列社會安全預算的參考，只是將社會教育仍然歸教育支出。

這樣的預算編列方式，引來社會福利專家學者、民間社會福利團體的批評，認爲我國社會安全支出有灌水之嫌。於是從1993年度起，我國的社會福利支出內容作了大變動，將軍公教人員的退休撫卹、社區發展及環境保護支出分別獨立成爲政事別。同時也於1994年將社會安全改爲社會福利。

爲何學者專家、社會福利團體會對軍公教人員退休撫卹納入社會安全支出中的社會保險項下不滿？舉1993年度的社會安全支出爲例，即可明白。當年社會安全支出計1,190億餘元，占中央政府總預算的11%；而軍公教人員退休撫卹支出高達915億4千多萬元，占8.4%，相差不多，如果把社會安全支出中的環境保護支出的1.8%、國民住宅及社區發展支出的0.8%排除，當年的軍公教退休撫卹支出與社會福利支出完全相等，無怪乎學者長期以來質疑我國是「軍公教福利國」（林萬億，1992，1994）。如果把軍公教退休撫卹納入社會福利支出的話，我國的社會福利支出會倍增。學

理上，軍公教的退休撫卹屬於社會福利的範圍，殆無疑義，軍公教人員也是國民，其退休金或撫卹當然屬於社會福利。但是，一個國家用一半的社會安全支出來供應爲數不到百萬的軍公教人員所需，而置全國其餘兩千萬的人民於何地？這才是爭議所在。

肆、社會福利政策綱領修正（2004年）

2000年臺灣經歷首次的政黨輪替，執政超過半個世紀的中國國民黨下臺，由民主進步黨的陳水扁先生當選總統。在任何民主國家裡，新的執政黨上臺，都會提出新的社會政策主張，尤其是臺灣的政治民主化經驗更是特別。然而，國民黨長期執政55年，民主進步黨上臺，一方面受制於國會多數黨仍是國民黨加上親民黨的組合，即所謂的「泛藍」；又囿於政府的延續性與政策傳承的限制，要推出屬於自己的社會政策，有其政治上的高難度。但是當其在野期間，的確也有諸多社會政策主張與國民黨相左，例如，反對過去國民黨推行的「軍公教福利國」，而主張「公平正義的福利國」；主張普及式的老年年金保險；主張興建社會住宅只租不賣，而非興建國民住宅販售給中上所得家庭；主張國家資源重分配，而非減稅圖利企業主等（民主進步黨中央黨部，1993）。而這些主張即使不能全盤實現，至少要有漸進規劃。

再加上1997年亞洲金融危機以來的經濟不景氣，爲了向企業界喊話，以提振經濟，陳水扁總統於2000年9月16日在例行記者會中強調，經濟發展是當務之急，政府決定暫緩社會福利政策；必要時，不排除召開國家安全會議相關高層會議，討論重大財政問題。「經濟發展優先，社會福利暫緩」的論調一出，產官學界大體表示支持，認爲在證券金融市場風雨飄搖、國家財政異常困窘之際，暫緩推動新的社會福利措施是明智之舉。但是，馬上受到民間社會福利團體嚴厲的批判，因爲這是違反陳總統於競選期間所主張的「新中間路線」的社會政策。事實上，臺灣的社會福利並未成爲經濟發展的絆腳石，在前兩次全國社會福利會議中已有定論。

於是，內政部於2002年初決定召開第三次全國社會福利會議，目的一方面爲了因應21世紀社會及經濟情勢變化，社會福利制度之規劃應具前

瞻性、整體性、全民性；另方面爲檢視社會福利執行現況，共同提出兼顧經濟發展和社會公平的新世紀社會福利願景，從3月5日起在全國分區辦理座談，3月舉辦分組會議，總計分爲六組：社會福利政策之回顧與展望、社會福利資源之有效運用與財源籌措、如何健全社會福利之組織體系、建構完善之社會經濟安全體系、如何建構完整之照顧服務體系，以及如何健全家庭功能提升生活品質。5月17至18日假臺北公務人力發展中心舉行大會。這些議題扣緊當前社會福利最主要的議題，不只是回應先前經濟發展與社會福利優先之爭，也將人口老化帶來的長期照護壓力、人口出生率下滑與跨國婚姻增加所引發的家庭轉型，以及配合行政院組織再造的社會福利行政組織調整。在此次會議中達成117項共同意見、2項多數意見的共識。其中影響社會福利政策的制訂者包括：議題一的第一項共同意見，研修社會福利政策綱領；議題六的第一項共同意見，研擬以需求爲導向的家庭政策（內政部社會司，2002）。

研修社會福利政策綱領之必要性，誠如其研修背景言：「因1990年代，我國的社會福利發展在政治民主化、民間社會的倡議、新知識的引進，以及國民社會福利權利意識覺醒等因素的影響下，迎頭趕上，包括新的社會立法的修正與通過、社會福利預算的成長，以及社會福利方案的推陳出新，而有社會福利『黃金十年』之稱。然而，當代社會、政治、經濟變化迅速，各工業先進國家均面對21世紀的新挑戰，我國亦不例外。面對來自人口老化、家庭功能萎縮、政府財政困難，以及社會價值變遷的挑戰；復加上全球化、後工業化所帶來之生產結構不變、勞動彈性化、經濟低度成長、貧富差距擴大、跨國人口流動，以及失業率攀高等全球風險暴露的升高，調整國家社會政策圖求因應，實已不得不然。」

行政院社會福利推動委員會依全國社會福利會議決議，於2002年11月，委請臺灣大學社會工作學系林萬億教授組成研修小組，成員包括政治大學社會學系呂寶靜教授、臺灣大學衛生政策研究所吳淑瓊教授、東吳大學社會工作學系李明政副教授、輔仁大學社會工作學系王永慈副教授。該年11月25日研修社會福利政策綱領專案小組召開第一次會議，到2003年4月17日，總計經十次會議討論，完成社會福利政策綱領修正版本（草案）。然正好遇上嚴重急性呼吸道症候群（SARS）流行，致使第一次公

聽會延宕至6月13日舉行。7月15日召開第二次公聽會，經修正後於9月26日召開草案定稿會議，完成定稿後送交行政院社會福利推動委員會審議，再循行政程序陳行政院審議修正通過，於2004年2月13日經行政院核定施行。其政策制訂原則如次：

1. **人民福祉優先**：以人民的需求為導向，針對政治、經濟、社會快速變遷下的人民需求，主動提出因應對策，尤其首要保障弱勢國民的生存權利。

2. **包容弱勢國民**：國家應積極介入預防與消除國民因年齡、性別、種族、宗教、性傾向、身心狀況、婚姻有無、社經地位、地理環境等差異而可能遭遇的歧視、剝削、遺棄、虐待、傷害，以及不正義，以防止社會排除；並尊重多元文化差異，營造友善弱勢的社會環境。

3. **支持多元家庭**：各項公共政策之推動應尊重因不同性傾向、種族、婚姻關係、家庭規模、家庭結構所構成的家庭形態，及價值觀念差異，政府除應支持家庭發揮生教養衛功能外，並應積極協助弱勢家庭，維護其家庭生活品質。

4. **建構健全制度**：以社會保險維持人民基本經濟安全，以社會救助維護國民生活尊嚴的最後一道防線，以福利服務提升家庭生活品質，以就業穩定國民之所得安全與社會參與，以社會住宅免除國民無處棲身之苦，以健康照護維持國民健康與人力品質，再以社區營造聚合眾人之力，建設美好新故鄉。

5. **投資積極福利**：以積極的福利替代消極的救濟，以社會投資累積人力資本，以社會公平與團結促進經濟穩定成長，以經濟成長回饋人民生活品質普遍之提升。

6. **中央地方分權**：全國一致的方案如社會保險、社會津貼，應由中央規劃辦理；地方差異之方案如社會救助、福利服務、就業服務、社區營造等，宜由地方政府負責規劃實施。然而，中央政府應積極介入縮小因城鄉差距所造成的區域不正義。

7. **公私夥伴關係**：公部門應提供保障人民基本生存、健康、尊嚴之各項福利，如社會保險、社會救助、保護弱勢、國民健康等；民

間能夠提供之服務，如針對各人口群之社會照顧、職業訓練、就業服務、社區營造、老人住宅等，政府應鼓勵民間協力合作，以公私夥伴關係提供完善的服務。

8. **落實在地服務**：兒童、少年、身心障礙者、老人均以在家庭中受到照顧與保護為優先原則，機構式的照顧乃是在考量上述人口群的最佳利益之下的補救措施；各項服務之提供應以在地化、社區化、人性化、吻合被服務者之個別需求為原則。

9. **整合服務資源**：提升社會福利行政組織位階，合併衛生與社會福利主管部門，並結合勞動、教育、農業、司法、營建、原住民等部門，加強跨部會整合與績效管理，俾利提供全人、全程、全方位的服務，以及增進資源使用的效率。

新修正的社會福利政策綱領將社會福利範圍界定為：

1. 社會保險與津貼。
2. 社會救助。
3. 福利服務。
4. 就業安全。
5. 社會住宅與社區營造。
6. 健康與醫療照顧。

　　從上述資料可看出新修正的社會福利政策綱領與舊的綱領，在社會福利的內容界定上有明顯的差異。首先，將國內推行已久但名分曖昧的社會津貼正名；其次，將過去的社區發展配合正在推動中的社區總體營造，改為社區營造；第三，並將過去不被視為社會福利的國民住宅，改以較吻合國際潮流且符合社會政策意義的社會住宅面貌出現，並與社區營造結合為一項；第四，將社會救助獨立於福利服務之外，另立一項，以配合國內習慣；最後，將社會福利的體系由社會保險與社會津貼開始，接著社會救助，再來是福利服務、就業安全、社會住宅與社區營造，最後才是健康與醫療照顧，才符合社會福利以社會安全為主體的傳統。

伍、社會福利政策綱領第二次修正（**2010年～**）

　　2008年國民黨重新執政以後，有鑑於近年來社會、政治、經濟情勢

的迅速變遷，臺灣社會面臨人口老化及少子女化現象日趨嚴重、失業率偏高、貧富差距擴大及家庭功能轉變等諸多挑戰，以及勞保與國民年金制度建立的大變革，於是，內政部研擬第二度修正社會福利政策綱領。

該修正於2012年1月核定，名為「中華民國建國一百年社會福利政策綱領：邁向公平、包容與正義的新社會」。修正前言認為我國過去的社會福利發展經歷了3個「黃金十年」，第一個是40年代的勞工保險、公務人員保險、軍人保險，實現政府遷臺前未竟的理想，也奠定臺灣現代福利體系的根基。第二個黃金十年是民國60年代，「民生主義現階段社會政策」代表政府有具體的福利政策方針。第三個黃金十年是民國80年代，完成諸多具現代化與社會正義意義的福利法案。

前言刻意忽略2000至2008年民進黨執政期間的重要社會福利建樹。明眼人一看就知道，這是配合2012年總統選舉，馬英九所提出的「黃金十年」國家願景政見。其中願景二稱「公義社會」。亦即，這似乎預告馬政府執政是第四個社會福利的黃金十年？

在新修正的社會福利政策綱領中將社會福利類別順序調整為：社會救助與津貼、社會保險、福利服務、健康與醫療照護、就業安全、居住正義與社區營造等6大項目。將社會救助與社會津貼放在一起，並刻意避開社會住宅。

其中較值得注意的是在社會救助與津貼項下，提出將社會津貼逐步整合為國民基本所得保障；在社會保險中，將長期照護保險納入。其餘修正則是將2005年以後新修正通過的各項社會立法，如老人福利法、身心障礙者權益保障法、國民年金法、勞保年金化、兒童教育與照顧法、兒童少年福利與權益保障法、社會救助法等納入；並加入正在推動的各種方案，如高齡友善環境、活躍老化、樂活社區、健康城市、健康學校等。

 ## 第二節　社會政策發展的理論性解釋

美國社會福利史學者賴比（Leiby, 1978: 6）嘗言：「社會福利制度的出現與發展，必然回應了某種社會、文化、政治與經濟環境，且被此環境

所型塑。」英國學者古丁（Goodin, 1988: 3）也認爲，「福利國家是一種政治的加工品，隨著歷史的共生與政治的妥協而產生。」

第二次世界大戰以後，由於福利國家日趨擴張，許多探討爲何西方工業先進國家會出現（Emergence）福利國家的社會政策，且持續擴張（Expansion）的理論性解釋紛紛出爐。英國學者沙維爾（Saville, 1957-58）在觀察英國福利國家的出現與發展時，曾指出當代福利國家的產生是以下3個因素互動的結果：(1)勞動階級反抗剝削的鬥爭；(2)工業資本主義爲了擁有更有效率的運作環境，特別是需要高產能的勞動力的要件；以及(3)資產擁有者承認這是爲了政治安定必須付出的代價。

之後，各種觀點推陳出新，包括工業化帶來的需求福利人口的增加，如年金、健康照顧等工業主義的邏輯，國家主流文化決定各國福利政策典範（Policy Paradigms）的國家價值說，資本階級爲了保證擁有訓練好與高效能的勞動力而擴大國家消費的福利資本主義論，國家以社會政策作爲安撫社會抗爭的消音器的社會抗爭說，工人階級與中產階級擁有的政治權力而通過有利於工人與中產階級的社會政策的權力資源論，因社會民主政黨執政而推動的社會民主模式社會政策，政治人物依選民的民主投票趨向而提出社會政策方案的理性選擇論，官僚體系的自主與自利提出政策改革的科層政治論，福利國家間相互學習的擴散理論，以及國家制度設計與政府能量、政策回饋的新制度主義。

然而，隨著各國人口老化、少子女化帶來的福利需求擴張，福利經費亦水漲船高，以及各國進入後工業社會（Post-Industrial Society）所衍生的新社會風險（New Social Risks）。新社會風險帶來新的社會需求升高，同時也受限於社會福利經費，福利國家面臨典範轉型的抉擇。

接著隨後而來的經濟全球化，降低政府增加福利預算的能量，如高的直接稅、社會保險費、高利率等導致國家在全球市場中的競爭力下滑。福利國家的擴張受阻，甚至緊縮，引發了新的一波福利國家的典範轉型討論，3個主要的福利政治的課題廣受議論：福利支出的抑制（Containment of Welfare Spending）、新的服務提供方式，以及顯著影響福利政治的行動者的福利理念（Ideas）（Taylor-Gooby, 2005）。據此，解釋福利國家政策典範轉移的全球化觀點、理念途徑，成爲晚近討論比較社會政策的熱

門話題，其中新制度主義的路徑依賴觀點在全球化論述之下仍然占有一席之地。

　　本節從社會政策的出現、擴張（或發展），以致政策典範轉移的各種觀點簡述如下。

壹、社會政策出現與擴張的理論性解釋

一、工業主義的邏輯（the Logic of Industrialism）

　　這個觀點認為一個國家的工業化導致社會秩序的變遷，如巨型組織與工廠的出現、專門化、勞工抗爭、所得分配不均、中產階級出現、社會流動、家庭核心化，以及都市化，進而產生都市工業社會問題，如失業、老年、家庭解組、犯罪、貧窮、疾病、意外事故等，以及新式的社會組織，如專業組織、官僚結構，以及集中化的控制體系等的出現。為了回應新興的都市工業社會問題，社會福利體系被建構，包括服務方案，如社會安全體系、福利服務與矯治，以及專門化、專業化與官僚化的社會福利部門的設立（Kerr et al., 1960; Wilensky & Lebeaux, 1958）。也就是說，任何國家一旦進入工業化，就不可避免地會出現社會福利。工業化是社會福利的前提要件。這樣的說法又被稱為聚合論（Convergence Theory）或工技決定論（Technological Determinism）（Skinner, 1976; Mishra, 1973, 1976）。

　　國內學者詹火生（Chan, 1979）、彭懷真（1983）、蔡明璋（1986）的研究，均支持經濟成長或工業化帶動臺灣1980年代以前社會福利的發展。但是，林萬億（Lin, 1991a）的時間序列分析發現，影響臺灣社會支出最顯著的不是GNP的成長，而是非農業勞動力的增加，比較傾向後工業社會論。

二、國家價值說（National Values Approach）

　　這個說法認為工業化與城市化不能單獨推動社會政策的發展，而是文化條件、國家價值或意識形態激發國家促成社會政策的出現。例如，德國與美國在1880年代同樣都已工業化，但德國出現社會保險，美國卻頑強抵抗社會保障制度的出現，原因是美國有較強的放任自由價值，以及主張個

人成就與自助；而德國有較弱的自由主義、較強的父權社會理想，以及基督社會倫理（Rimlinger, 1971）。同樣的道理，日本的家源（Iemoto）的道德主義也抑制了該國社會福利的發展（Zijderveld, 1986）。

在中國早期的社會思想中，墨家是最講求社會福利的。墨子主張兼相愛，交相利。他說：「天下之人皆相愛，強不執弱，眾不劫寡，富不侮貧，貴不敖賤，詐不欺愚。」（《墨子·兼愛》，第十五）而進一步「多財，財以分貧也。」（《墨子·魯問》），「有力者疾以助人，有財者勉以分人，有道者勸以教人。若此，則飢者得食，寒者得衣，亂者得治。若飢者得食，寒則得衣，亂則得治，此安生生。」（《墨子·尚賢下》）墨子這種無差序的愛，對於儒家來說是違反倫常的，所以被認爲異於禽獸幾希（林萬億，1994）！

法家基本上也不贊成社會福利。雖然韓非子說過：「……徵賦錢粟，以實倉庫，且以救飢饉，備軍旅也，……」（《韓非子·顯學》）。但是，韓非子還是反對政府進行所得重分配，他說：「今上徵斂於富人，以布施於貧家，是奪力儉而與侈墮也，而欲索民之疾作而節用，不可得也。」（《韓非子·顯學》）

先秦諸子的社會福利思想到了漢武帝採董仲舒建議，獨尊儒術之後，中國固有的社會福利思想就只剩下儒家的仁政思想了。仁政思想是什麼？首推《禮記·禮運·大同篇》的「……故人不獨親其親，不獨子其子。使老有所終，壯有所用，幼有所長。鰥寡孤獨者，皆有所養。男有分，女有歸，……」從字面看來，儒家的仁政思想是非常社會福利的。可是，歷史學家沈剛伯（1970: 168）認爲西周曾「用嚴刑峻法來部勒全民」，進一步他說：「當時的史料都明顯的指出周朝盛時既無行仁政的機會，也沒有行仁政的成果。我們絕不能根據戰國以後的一些話來抹煞這些千眞萬確的直接史料。」（林萬億，1994）據此，儒家的仁政思想並沒有被實踐，中國歷代也就沒有出現普及的社會福利制度。將《禮記·禮運·大同篇》當成是儒家的社會福利思想，恐怕是溢美。

三、福利資本主義論（Welfare Capitalism）

這個理論認爲社會福利的出現是資本主義國家轉型過程中的功能需

要。也就是由企業資本家所掌控的國家，爲了維持資本主義社會再生產，包括爲了儲備有動機與技術的工人，以投入勞動市場，也爲了使受雇者及其家庭有足夠的購買力，以活絡經濟市場；同時，爲了維持經濟與政治秩序，以免某些人因爲不幸事故、傷害、死亡、疾病、老化等因素，而被自由經濟市場所淘汰而心生不滿（O'Connor, 1973; Gough, 1979; Offe, 1984）。這種理論也斷定國家一方面要促進資本累積，而減稅與提供資本家更好的投資環境；另方面又要維持民主合法性，而提供更多的社會福利，必然導致國家的財政危機。本質上，資本主義國家與福利國家是既矛盾又不能不共存的。

四、社會抗爭論（Social Protest Theory）

社會抗爭或大眾抗爭假設國家某種程度是獨立自主的行動者，黨派或階級政治對社會政策發展的影響力並不顯著，而爲了保有政權，政客們常以民意作爲依歸，如此，開啓了一扇窗給弱勢團體或社會大眾，藉由社會集體抗爭，以影響政策制訂。統治者不方便或無法以鎮壓的手段來處理抗爭時，社會政策就取而代之，成爲回應抗爭的妥協方案（Piven & Cloward, 1971, 1977）。在這種假設之下，社會抗爭愈多，社會政策發展愈快（Vaisanen, 1992）。據此，社會政策就成爲安撫社會抗爭的消音器（Øyen, 1986）。

五、權力資源論（Power Resources Approach）

這個理論認爲在資本主義民主國家裡，有兩股權力資源，一是控制資本與生產工具的資本家，另一是擁有勞動權力與人力資本的勞工。在西方社會的階層體系中，這兩股權力資源有不同的分配形態。資本與其他經濟資源的分配相對不公，而人力資本在利益團體間相對地公平與無差異，因此，人力資本較能透過集體行動的動員而產生有效的權力資源。進一步說，資本權力在市場中操作，人力資本權力卻在民主政治場中競逐。據此，左翼政黨與工會就扮演很重要的角色，他們獲得勞工的支持而取得政權，也回饋勞工以社會政策。易言之，一個國家中的這兩種組織愈強，社會政策也愈積極發展，社會民主政黨執政的國家就是這種典型的福利國家

（Korpi, 1978, 1980, 1989）。林萬億（Lin, 1991b）曾以此理論檢視1990年以前缺乏左翼政黨與勞工動員，是臺灣社會福利發展落後的重要因素。而1990年代的國會普選、社會團體的動員與政黨競爭促成了我國社會福利的快速擴張（林萬億，2000）。

六、社會民主模式（Social Democratic Model）

社會民主模式基本上是一種以階級為基礎的政治鬥爭，因此又稱政治階級鬥爭（Political Class Struggles）（Weir, Orloff and Skocpol, 1988）。此一模式主要從瑞典福利國家發展經驗中檢驗出來的。勞工階級透過政治動員取得國家權力的階級均衡，因而創造出有利勞工階級的福利國家（Castles and McKinlay, 1979; Korpi and Shalev, 1980; Stephens, 1979; Stephens and Stephens, 1982; Shalev, 1983; Esping-Andersen, 1985a, 1985b）。依據社會民主模式，資本家基本上是反福利政策的，因此，在資本家為統治階級的國家裡，不太可能出現福利國家的形式，如有也只是福利資本主義。所以，為了建立有利於勞工立場的福利國家，工人要組織強有力的工會，且支持一個站在勞工立場的社會民主黨或工黨。如果勞工階級的力量大到在政治與經濟市場中足以抗衡資本家所支持的政黨，則福利國家的產生愈有可能；反之亦然（林萬億，1994）。

七、理性選擇模式（Rational Choice Model）

這個模型假設選民是理性的、利己的，他們在民主體制下，透過選票支持有利於自己的候選人，而社會政策被認為是選民所喜歡的，因此，社會福利不必然反映階級或意識形態的需要，而是反映選民的偏好（Freeman, 1988）。只要對選戰有利，政客會為了討好選民而提高社會安全給付、或是擴張社會福利範圍、或減稅、或不提高保費等。於是，只要到了選舉年，社會福利就會隨著擴張，代議民主制度就被認為是推動社會福利的動力。國內媒體常批評選舉社會福利支票滿天飛，從這個角度出發，似乎很難避免。

八、官僚政治模式（the Bureaucratic Politics Model）

官僚政治模式主張公務員才是型塑社會政策的主力。美國眞正推動社會政策的人，其實只是總統及其任命的官員，以及國會中的委員會等一小撮政治執行者。其中，方案執行者主導整個社會安全法案的發展，他們有相對的自主性擺脫來自大眾的壓力與上司的管轄。以1935年美國社會安全法案爲例，方案執行者清楚、精確地提出綜合性的社會保險體系設計，因其設計夠務實，又吻合政治的機靈性，按部就班地推動，迫使國會不可能有更多野心，否則會掉進經費不可控制的質疑中，限制了國會的決定能力（Derthick, 1979）。事實上，官僚體系也是自利的，他們不但會設定他人福利方案的界線，也會推出有利於自己的福利方案。我國軍公教福利國的出現，與公教人員的自利不無關係。

九、政體中心論（Polity-Centered Approach）

這基本上是一種歷史制度主義（Historical Institutionalism）的分析，歷史建構了制度，如公共政策、政治制度，而這些制度也創造出主要的限制與機會，影響政策制訂者在政策制訂過程中的行爲（Béland, 2009）。史卡其波（T. Skocpol）與其同僚是這個觀點的主要推動者（Skocpol, 1983, 1985a, 1985b, 1987, 1992, 1995; Skocpol and Ikenbery, 1983; Skocpol and Orloff, 1984, 1988; Skocpol and Amenta, 1985, 1986; Weir and Skocpol, 1983, 1985; Weir, Orloff and Skocpol, 1988）。這個觀點強調3個社會政策形成與變遷的重要變數：第一，國家的正式制度設計，如橫向的行政、立法、司法權之間的分工、制衡關係設計與縱向的中央與地方的分權與整合關係，愈是分權的國家，愈不利於福利國家的形成。第二，政府的能量，指涉的是政府的行政能力，通常管理國家事務掌控在官僚體系手上，官僚有責任提出解決社會問題壓力的方案，政府需要財源來提供社會方案，如果行政權無法有效地徵稅，自然也就無法供應社會方案的財源。據此，行政權愈大的政府，愈有利於福利國家的發展。第三，政策回饋（Policy Feedback），亦即新的政策創造新的政治。一方面，政策創造資源與誘因，影響社會團體的形成與活動，公共政策常創造出戰利品（Spoils），

提供既得利益者努力去維持或擴大方案的誘因。

　　林萬億（1995）曾以這個觀點解釋為何我國的社會福利在1990年代以前是相對落後的，因為之前我們的國家目標是統一中國，再加上主張自由市場經濟的知識份子的強力介入，以及選舉未普及的民主結構差異，使得我們即使有強而有力的國家公務員與行政，何況這些人是父權與自利的，因而限制了我國邁向普及福利國家之路。

　　歷史制度論者被批評有以下3個缺點：首先，他們很少關切議程設定與政策行動者對問題或議題的建構，例如，如何看待失業問題。其次，政策行動者只要隨著政治制度的限制，亦即在政治機會結構中進行政策抉擇即可，但是，政策行動者的目標是什麼？他們關心的重要議題又是什麼？並未被凸顯。最後，決策不只是有關制度傳承，而且也涉及政治行動者如何說服利益團體與大多數人民支持其所偏愛的政策選項的策略，但是，歷史制度論者很少注意政治的策略（Béland, 2009）。

十、政黨政治論（Party Politics Approach）

　　這種觀點是從歐洲民主國家多黨制的政治體制經驗中發展而出的。政黨被認為是型塑福利國家趨勢的關鍵行動者。一般來說，政黨論的理論基礎是階級分析。亦即，不同的政黨代表特殊階級的利益（Huber, Ragin and Stephens, 1993）。基督教民主黨（Christian Democrats）是一個跨階級的聯盟，能夠吸引中間選民、中產階級，因此，較不接受不同群體間的重分配，而偏愛強調職業地位保護與家庭的社會責任，以及社區組織在提供社會服務的角色的社會政策模式，支持以社會保險為核心的社會福利。歷史上已證實基督教民主黨執政時期傾向將福利國家設計成為支持男性賺食者（Male Breadwinner）以對抗社會風險，例如，德國、荷蘭、奧地利、義大利的經驗（Stephens, 1979; Wilensky, 1981; Castles, 1982; Esping-Andersen, 1990; van Kersbergen, 1991; Iversen and Stephens, 2008）。

　　社會民主黨（Social Democrats）則被認為偏愛普及的給付與服務，主張人民有社會公民權，透過所得移轉與稅制來達到垂直的重分配（Vertical Redistribution）；同時承認國家在提供充分就業的制度責任（Korpi, 1980; Korpi and Shalev, 1980; Castles, 1982; Hicks and Swank, 1984; Hicks and Misra, 1993; Korpi, 1989; Huber and Stephens, 1993; Hicks, Misra and Tang, 1995; Huber and Stephens, 2001; Iversen and Stephens, 2008）。

自由主義政黨（Liberal Parties）則因其屬性傾向中產與中上階級，故著重保障機會均等與公共教育，支持個人與家庭責任，反對提供太多的社會福利，以免破壞家庭與社區功能，造成個人的福利依賴，主張國家應該只提供給窮人的資產調查的（Means-Testing）福利；同時，主張其他社會服務應由市場來提供，例如，健康照顧、長期照顧、托兒、就業服務等（Seeleib-Kaiser, van Dyk and Roggenkamp, 2008; Iversen and Stephens, 2008）。美國的共和黨、英國的保守黨均屬這類政黨。如果政黨走向全民政黨（Catch-All Party），則會減低階級投票的重要性，而大量依賴媒體造勢以贏得選舉。

在不同的階級政黨執政時期，由於擔心選民的選票懲罰，而互相阻擾社會政策改革，所以就很難出現痛苦的社會政策變遷，除非不同階級政黨組成多數的大聯合政府（Grand Coalition）。例如，德國、奧地利、荷蘭在1970年代以後，唯有在大聯合政府執政時期，政策才有可能漸進地改革。

十一、擴散途徑（Diffusion Approach）

這個觀點認為外部因素的示範效果才是社會福利方案形成的主要原因，相鄰的國家間的方案擴散，稱為空間擴散（Spatial Diffusion），例如，丹麥、瑞典、英國、奧地利向德國學習社會保險。不同社經發展程度國家間的學習，稱為層級擴散（Hierarchical Diffusion），由創新中心所發展出的新方案，依序被落後國家所採行，例如，歐洲殖民母國將其先進的社會福利方案擴散到殖民地國家或第三世界的邊陲國家（Collier and Messick, 1975）。

因著全球政治經濟互動頻繁，國家間互賴增加，半邊陲與邊陲國家為了納入全球體系而學習新的世界正義概念，履行新的世界政體儀式，其中社會福利提供也是進入全球政體的儀式之一（Thomas and Lauderdale, 1987）。聯合國、國際勞工組織、世界衛生組織等國際組織是推動社會福利擴散的主要推手，而殖民官員、傳教士、志願組織、跨國企業、學術交

流等也是扮演社會福利方案擴散的重要角色（Midgley, 1983）。

貳、福利國家轉型的理論性解釋

一、後工業社會論（Post-Industrial Society Approach）

時序進入到1980年代，對於福利國家爲何沒有因1980年代所謂的福利國家危機而瓦解，後工業社會論提供了敏銳的解釋。所謂後工業社會，是指從事服務業的勞動力人口超過製造業，而進入以服務業爲主的經濟形態。根據經濟學家包莫法則（Baumol's Law）指出，服務部門生產力不及工業部門，主因在於服務業的勞力密集性高，以及商業部門的薪資提高，不可避免地對經濟成長與就業產生負面效果。服務業的擴張，不只擴大了貧富差距，也擴大了城鄉差距（Baumol, 1967）。都市地區因服務業的發達，例如，金融、保險、百貨、行銷、餐飲、旅遊、人事服務等的普及，就業機會多，薪資也較高。

Bonoli（2006）認爲工業民主國家進入後工業社會，新社會風險（New Social Risks, NSRs）也跟著出現。所謂新社會風險，是指在個人經驗社會經濟轉型的結果而導致的福利喪失（Welfare Losses）之情境，有別於戰後凱因斯福利國家（the Keynesian Welfare State）所要處理的傳統工業社會風險（Esping-Andersen, 1999; Esping-Andersen, Gallie, Hemerijck and Myles, 2002; Bonoli, 2006）。後工業社會的所得不均與勞動市場不穩定，使得處在不穩定就業之下的勞工薪資所得不足以支撐家庭經濟維持所需，特別是有兒童的家庭；家庭關係不穩定，使得單親家庭增加，單親家庭的貧窮風險本來就高於雙薪家庭。

新社會風險（NSRs）具體的經驗包括：工作與家庭間的調和、單親家長、脆弱的關係、低或老式的技術、不足的社會安全。這些現象種因於去工業化（Deindustrialization）、就業三級化（Tertiarisation of Employment）、女性勞動參與率提高，以及就業去標準化（Destandarisation of Employment）等（Bonoli, 2006: 5-6）；或者如Pierson（2001）所說的福利國家的後工業壓力（Post-Industrial Pressure），包括：從製造業轉向服務業的生產力下降，引發的經濟成長遲緩、福利國家擴張與成熟及政府承

諾的成長極限、老化的人口轉變、家庭結構的轉型。

後工業社會面對經濟發展遲緩、福利擴張的限制，但是又要處理新社會風險，如貧富差距擴大、失業、貧窮、人口老化、少子女化、家庭功能萎縮等議題，福利國家面對轉型的必要。福利國家的轉型並非一陳不變，時機（Timing）、問題壓力的內涵（如女性在社會中的角色變遷、家庭功能、失業人口屬性等）、社會團體的權力資源不同，導致解決問題的目標不同。進一步，新制度主義者所說的制度的差異，將使舊政策的回饋不同。戰後福利國家形成的政局，明顯影響新社會風險的政策發展；在福利國家戰後繁榮時期（Trente Glorieuses）所採行的政策，或多或少較容易因需求的脈絡改變而調適（Bonoli, 2006: 14-20）。

二、全球化觀點（Globalization Perspectives）

全球化的到來，甚至被認爲是媲美Polanyi（1944）所界定的因工業革命後市場社會弱化民族國家的第一次大轉型（Great Transformation），進入人類社會的第二次大轉型（Zincone and Agnew, 2000）。全球化對福利國家的影響，也因對全球化的解讀不同而有不同的觀察。Sykes, Palier and Prior（2001）認爲有四種不同的觀察結論：負面影響、有限影響、差異回應、促成改革。Ellison（2006）也歸納出四種約略相似的結論：弱化福利國家、質疑全球化的影響、中間路線、差異因應。

持負面影響看法的學者以Mishra（1996, 1998, 1999）爲代表，他認爲全球化造成社會主義的瓦解，福利國家政府追求完全就業與經濟成長的能力受限，薪資與工作條件的不均擴大，社會保障與社會支出的財政壓力增加，支撐社會保障的意識形態減弱，社會夥伴與勞資政的三邊關係也弱化，國家政府中間偏左政策的選項幾乎被排除掉，全球化邏輯與國家社區和民主政治的邏輯基本上是相衝突的。

其次是認爲全球化對福利國家的影響有限（Rieger and Leibfried, 2003）。持這種觀點的學者認爲北歐的福利國家本來就發展於開放的市場條件下，不只是高的公共支出、財政赤字，以及凱因斯政策（Keynesian Policies）早就與開放市場共存了一陣子，而不是今天才碰到開放市場（Huber and Stephens, 2001）。進一步，關於失業率的升高議題，Pierson

（1998）認為福利國家的壓力來自國家的經濟從製造業轉型到服務業的過程，導致生產力下降，經濟成長率也跟著下滑，造成國家支付福利的財政問題；而這些福利國家已然成熟，其涵蓋範圍廣與複雜度高，導致其財政問題嚴重與政策彈性小；復加上人口老化速度快，工作人口減少，福利提供的財源減少，人口老化所需的年金與健康照顧負荷加重，兩者相加，造成福利供給的財政負荷沉重。關於服務業的興起，如何影響政府的福利政策，Iversen and Cusack（2000）認為服務業本質上是勞力密集的，而且緊扣住薪資結構，導致其他成本跟著升高，而降低了就業機會創造。福利國家為了回應這種去工業化（Deindustrialization）的經驗，採取兩種策略：一是在選舉的壓力下，提高移轉給付額度以對抗市場風險；二是為了刺激就業，政府擴大公共就業服務，或依賴私部門的吸收剩餘勞工，形成服務業的三邊困境（Trilemma）：若依賴公共就業工程必然增加公部門就業負擔，若依賴私部門吸收必然使議價分散化，有違集中化議價的社會夥伴關係傳統；同時去工業化亦導致薪資差距拉大與嚴重的性別分工（Iversen and Wren,1998; Iversen and Cusack, 2000）。所以，福利國家的困境問題出在全球化的少，出在於國內的經濟與政治因素者多。Pierson（1994, 1998, 2000, 2001）乾脆稱之為福利國家的新政治（the New Politics of Welfare State），英國與美國即是最明顯的例子。

第三種觀點是針對上述全球化懷疑論者的駁斥。Castell（1996）指出即使全球競爭沒有直接影響OECD國家的主要勞動力，但其間接影響勞動條件與勞動機制的轉型是處處可見的。Scharpf and Schmidt（2000）、Scharpf（2000）也認為來自低工資的新興工業經濟體（Newly Industrializing Economies, NIEs）的競爭可能也是、或者至少在某種程度上，鼓勵高生產成本國家進行自動化生產，或生產迎合高檔市場的特殊化高技術、美感品質的產品與高產能服務。亦即，產業轉型不盡然只是國家進入後工業社會的內部現象，有部分是受到開放經濟競爭的影響。而在這種轉型下，主要的輸家是低技術、低薪工人，他們期待更多的積極勞動市場方案（Active Labor Market Programmers）支出，以及其他形式的就業保護與就業創造。這樣的勞工需要也被某些生產者與投資團體支持，視這種特殊的福利成分為一種促進經濟調適、研究與發展、基礎建設與人力資本的必要

（Burgoon, 2001）。所以說，經濟開放也可能帶來正向的社會福利投入增加。Sykes, Palier and Prior（2001）、Jenson（2004）等人均認為福利國家的路徑轉換（Path Shift）已發生。首先，不同的福利國家有不同的因應變遷，但不同的福利國家所承受的全球化壓力本來就不相同；其次，福利國家確實已發生實質的變化，特別是歐洲大陸國家（Taylor-Gooby, 2004）。新的風險形貌（New Risk Profiles）改變了解決問題的策略，國際組織提供福利國家改革的處方，全球化則提供了福利國家改革的正當性。

最後，認為全球化對福利國家的影響取決於國家制度結構與政策的回應。Esping-Andersen（1996, 1999）、Esping-Andersen, Gallie, Hemerijck and Myles（2002）等人認為後工業社會對傳統凱因斯福利國家的衝擊，造成1980年代以來福利國家的危機與調適，不同的福利國家體制的回應不同。新自由主義福利資本主義體制的美國、英國、紐西蘭是採取解除管制（Deregulation）、市場驅動（Market-Driven）策略來回應福利國家危機最明顯的國家，其次是加拿大與澳洲。歐洲大陸的組合國家主義福利國家體制面對1970年代以來就業率的下降，所採取的策略不是美、英式的降低工資，而是延長退休年齡、減輕保費負擔、私有化，以及彈性化勞動市場等策略，以保護其職業別社會保險體制。北歐社會民主福利體制則進行微幅的調整，採取再訓練與增加福利提供的機會，微幅地降低福利給付。

三、福利國家的新政治論（the New Politics of Welfare State Approach）

基本上，這個觀點是新制度主義（New Institutionalism）的分析，是一種歷史制度論（Historical Institutionalism）。有別於舊政治制度所強調的黨派差異（Partisan Differences）對社會福利的影響，認為國會多數黨的政治意識形態影響社會政策的制訂。皮爾森（Pierson, 1994, 2001）認為選民對於公共服務方案的效忠影響甚於政黨差異。進一步，他指出新制度主義在政治科學的復活，反映了重新瞭解相對穩定、例行化安排結構性的政治行為。雖然各國的政治制度不同，有的是三權分立，有的是五權分立；有的是總統制，有的是內閣制；有的是單一選區兩票制，有的是多數得票當選制。但是，制度建制了政治鬥爭、型塑團體認同與結盟的選擇，以及

強化某些團體的議價權力，以利壓過其他團體的遊戲規則。政治制度也影響到國家的財政能量。進一步，制度影響決策者抵擋壓力團體的干擾而達成目標的能力，使得政府有相對的自主性去進行蕭規曹隨的政治行動。

這個理論承襲前述的政體中心論的主張。史卡其波（T. Skocpol）及其同僚用政體中心論來解釋為何美國福利國家發展是個工業民主國家的例外。新制度論認為有個因素決定了政策的演進：正式的制度、政府的能量，以及政策回饋與政治變遷（Pierson, 1994）。

皮爾森（Pierson, 2001）指出的制度安排（Institutional Arrangements）使社會政策歷程逆轉（Reversal）變得很困難；組織適應以前的制度安排，也使得逆轉不具吸引力。亦即，政策傳承（Policy Legacies）的政治效果（Immergut, Anderson and Schulze, 2007）。這也是所謂的政策鎖定效果（Lock-In Effects），或是路徑依賴（Path Dependence），或自我增強（Self-Reinforcing）。除非有持續贏得執政的所謂選舉冒險（Electoral Hazard）的沉重壓力（Pierson, 1994; Jenson, 2004），否則政策還是會穩定地持續下去。亦即，任何政黨執政，都有選舉輸不起的壓力，而不敢大膽地緊縮社會福利。以致即使是在1980年代新自由主義風潮下的美國、英國，都不敢明目張膽地支解福利國家（Pierson, 1994）。

執政者即使有不同的福利意識形態，基於避免被選民懲罰（Blame Avoidance），而不敢大幅更動前朝的政策（Pierson, 1994, 2001; Immergut, Anderson and Schulze, 2007）。若要更動，又要避免被懲罰，其策略之一是模糊焦點（Obfuscation），例如，要開放美國含瘦肉精牛肉進口，又怕被選民抵制，就說其實臺灣豬肉使用瘦肉精者也大有人在。其次是分擔懲罰（Blame Sharing），把責任推給前朝，說這是前朝即已告知世界貿易組織（WTO）有關臺灣要制訂含瘦肉精的容許範圍。再來是緩衝懲罰（Blame Buffering），找學者專家背書，例如，訴諸某某醫學研究報告瘦肉精含量在多少以內，沒有證據指出會對人體構成傷害云云。

政策的回饋效果使人們採行鎖定特定政策路徑的效果，即路徑依賴，而使福利國家的緊縮也會受到限制。另方面，政策影響主要政治行動者的社會學習過程，政策也增加個人對政府行動的瞭解，公眾會因熟悉政策而成為政策發展的主要影響源（Skocpol, 1992, 1995; Pierson, 1994; Myles and

Quadagno, 2002）。

　　這種觀點相信1990年代福利國家的緊縮是面對相同的風險、需求與交換（Trade Off），但採取不同的回應新風險的能量，就是基於不同福利體制的設計與政策回饋（Esping-Andersen, 1996）。

　　據此，歷史制度分析強調政治制度在解釋福利國家的復原，特別是強調否決者（Veto Players）。從政治制度對政策制訂的否決點（Veto Points）觀點來看，否決點可能是在正式制度中的眾議院、總統或是憲法法院，也可能是利益團體的壓力。亦即，制度本身扮演否決者。福利國家的新政治論，視制度傳承為制度的否決者。這個途徑的研究並非要證明福利國家的變遷，而是著重在福利國家的穩定（Immergut, Anderson and Schulze, 2007; Seeleib-Kaiser, van Dyk and Roggenkamp, 2008）。

四、理念途徑（Ideas Approach）

　　理念是一種對世界、因果關係或某種行動的規範性正當化的聲稱，而影響政策的發展（Parsons, 2002；引自Béland, 2009）。首先，理念參與建構政策議程的議題與問題；其次，理念創造一種經濟與社會假設的形式合法化政策，或挑戰既存的制度與政策；第三，理念成為一種有力的意識形態工具，允許行動主題去挑戰既存的制度安排與分配模式（Béland, 2009）。

　　Hall（1993）認為決策者習慣以連結認知、規範、定義問題、目標與方法的理念參考架構（Framework of Ideas）來工作。Taylor-Gooby（2005: 2-3）認為，「如果議題關係到昂貴的全民服務，則規劃的原則可能考量到公民、工會及其他行動者的主要利益，政治的趨動力量是這些利益；倘若議題僅關係到少數族群的機會與管理，政策的驅動考量是經濟競爭力及政策可推行的程度，此時，這些少數團體所扮演的角色相較於其他行動者來說顯得微不足道。這些行動者如何瞭解與協商其利益，以及如何透過特定的途徑去界定與解決關鍵問題，變成是主導與顯著的。」

　　社會政策通常並無自動供給的動機，連結需求的規範層次是必要的。其間框架（Framing）就成為重要的概念。框架是指影響理解（Perception）事物的物理脈絡（Physical Context）。用心理學的概念來說，即是

影響認知（Cognition）的知識脈絡。認知與廣泛被接納的社會價值互動而影響行動。對特定議題的不同框架，引導不同的認知，然後影響行為（Taylor-Gooby, 2005）。

從公共政策的角度，框架影響特殊政治介入的正當性，例如，Surel（2000）指出的認知與框架決定決策行為，Hall（1993）認為政策典範（Policy Paradigms）框架政策，Sabatier（1998）指出的倡導聯盟（Advocate Coalition）的理念架構，或是Jobert（2003）所說的參照（Référentiels）關係影響歐洲聯盟公共政策的制訂。

Hall（1993）認為政策決策涉及3個核心變數：目標（Goals）、技術（Techniques）、工具（Instruments）。所謂的政策典範指涉理念與標準的解釋的參考架構，藉此不只特定化政策目標及其達成工具，並標示問題的本質，視其為一完形（Gestalt）。據此，他認為政策制訂者習慣在這一參考架構下工作。

論述（Discourse）分析是瞭解框架過程很有用的方法。Schmidt（2002: 210）定義論述為「政策行動者對他人或群眾說明，以產出或正當化政策方案」。政策典範經由連結認知與規範元素的論述而被建構；論述同時扮演溝通的重要功能，藉以建立聯盟與動員權力資源。但是論述連結規範與認知元素是彈性的，因為論述之所以被接受，是在特定的國家脈絡下，而非在一個基於特殊理論下的典範的理性連結（Taylor-Gooby, 2005）。

典範聚焦於政策學習與認定不同政策變遷的影響因素，據此，政策學習的過程可以被界定與分類。論述協助我們檢視基於不同理念模式的立場的協商細節。他們釐清典範變遷發生的複雜過程。典範與論述強調在理念層次的轉換。不同於理性選擇（Rational Choice）模式所認知的理念是直接反映特殊行動者的利益，引導行動以達成服務這些人的利益。理念是表達與促進不同的行動者與其過程，藉此特定的典範被發展與建立，成為中央政策的指針（Taylor-Gooby, 2005）。

White（2002）也質疑理性選擇學派所認為理念只不過是幫助行動者協調利益，頂多是增加利益之外的一點動機的說法。她認為社會被強有力的規範（Norms）所灌輸，例如，男女分工的角色與家庭價值，一旦集體

擁有關於男女在社會中位置的信念，且自我瞭解他們是誰，這些關於正確行動（Right Action）的規範就會注入社會制度，而影響行動認同與行為，當進行決策時，就會被這些觀點與適格（Appropriate）的問題所引導。這些強有力的規範，就限制與建構行動者的行動與認同。一旦制度化成為一種政策與規範，政策就很難改變與支解了。總之，新的適格的理念與既有的規範，比服膺利益來得更能成功地發展政策。

然而，Pinker（1979）福利的理念是複雜而多變的。雖然分類系統有助於我們進行比較社會政策分析，但是，政體的類型化往往模糊了廣泛國家轉型的結構與福利理念。Jayasuriya（2006）認為福利是一種政治手腕（Welfare is Statecraft），例如，在英國新工黨所執行的第三條路、泰國所推出的民粹的社會契約（Populist Social Contracts），以及韓國的新管制國家（New Regulatory State），都是建立在經濟立憲主義（Economic Constitutionalism）的福利理念之下，而非社會立憲主義（Social Constitutionalism）。在經濟立憲主義之下，追求的是經濟與市場秩序，培養福利成為市場公民權（Market Citizenship），而非社會公民權（Social Citizenship）。經濟立憲主義的理念框架社會問題的界定，將社會鑲嵌在經濟領域裡，形成市場公民權。其中的政策範例就屬財產為基礎（Asset-Based）的福利政策最為典型，藉此強化人民的企業精神與能力，以利參與經濟秩序（Jayasuriya, 2006）。

五、文化分析觀點

Baldcok（1999）指出文化是一組由大多數國民持有的共同價值、規範與態度，在瞭解社會政策時，是不可能被略過的變數。但是，在過去一段時間裡，福利國家發展的文化分析是嚴重缺席的，因此就有Clarke（2004）提醒讓文化翻轉（Cultural Turn）成為研究福利國家變遷的關鍵因素（Widdowson, 2006）。

Baldcok（1999）指出文化是一種脈絡，是社會政策工作的扳手。Clarke（2004）則認為文化是一種持有、一種文化形成、也是一種實踐。即使是國家在全球與區域的轉變脈絡中，福利國家是國家建立的方案之一，而國家期待他的人民生活在何種常態的生活方式下，正是文化研究要

關切的。文化研究關切理念、意義、論述與符號。文化翻轉至少在4個面向：首先是認識論的面向（Epistemological Dimension），就是將意義的產出以後實證主義（Post-Positivistic）的概念來理解。其次是從質性的研究方法去瞭解事實，例如，更多的文本分析與民族方法論的創新。第三是超越過去的階級與社會結構分析，而走向聚焦在生活形態與符號的實踐，研究議題發展出大眾媒體、組織與消費文化。第四是克服傳統微觀與宏觀角度、個人與結構、一致與衝突、差異與整合的矛盾。文化研究出現許多耳熟能詳的人物，例如，博格（Peter Berger）、盧克曼（Thomas Luckmann）、傅科（Michel Foucault）、布迪厄（Pierre Burdieu）、紀登斯（Anthony Giddeens）、哈伯瑪斯（Jürgen Habermas）等。

　　文化分析觀點認為在分析福利國家發展與轉型上，文化是重要的（Culture Matters）。文化分析是反對以科學作為政治無差異的分析，反而，社會政策的研究必須要能滋養與促進人民福祉和弱勢群體的權力才是重點。所以，文化分析是主觀與為公民發聲的（Freeman et al., 1999；引自 van Oorschot, Opielka and Pfau-Effinger, 2008）。

　　美國幾本從新自由主義觀點批評福利國家危機的書籍，如新右派指出福利國家不鼓勵工作，也就是造就了「懶人國」。傅利曼夫婦（the Friedman）認為，「那些依賴救濟的人很少被鼓勵去工作」（1981: 89）。季爾德（Gilder, 1981: 87-8）進一步以工作倫理（Work Ethic）的淪喪來批判福利國家的不是。他說：「為了出頭天，窮人不只是要工作，而且要比有錢人更努力工作。上一代的窮人都是如此努力工作的。但是現在的窮人，白人甚至比黑人更不努力工作。」繆瑞（Murray, 1984）的根基鬆動（The Losing Ground: American Social Policy 1950-1980）是其中火力最旺盛的。他將美國的福利國家說成是創造社會問題多於其所欲解決的貧窮與犯罪問題，因為福利國家瓦解了傳統的責任、團結與社區精神的價值。新右派將社會福利的受益者建構成福利依賴者（Welfare Dependency），而這些福利依賴者是低下階級（Underclass），因為缺乏資源而出現問題行為，例如，犯罪、吸毒、工作失敗、非法行為與家庭破裂（Lister, 2010）。這也就是貧窮文化的社會建構（Social Construction）。當有影響力的人們成為責難受害者的人（Victim-Blamers），福利國家就很難被接受成為一種可

欲求的制度。

不過，社會政策的文化分析不宜被過度誇大。首先，因為文化翻轉的弱點是它無法完全相容於先前的社會科學研究觀點的本質，而是重在分析政策產出與行動者的價值、規範與信念間的關係。其次，在真實生活中，文化是外在的，影響力只是程度上的，而不是整體影響人民生活的力量。而且，文化是可操弄、協商、變異，以及變遷的（van Oorschot, Opielka and Pfau-Effinger, 2008）。

以上各種理論觀點，很難靠單一觀點圓滿地解釋一個國家的社會福利從出現到發展的過程。臺灣也不例外，臺灣的政治經濟社會在變遷中，每一階段有其不同的政治經濟社會脈絡，本來就很難用唯一的觀點來分析。此外，其中大部分觀點只能說明福利國家或社會政策的出現與擴張，只有少數如權力資源論、新制度主義、全球化觀點，比較能同時解釋福利國家的轉型或緊縮。

本書試圖從這些觀點中找到分析臺灣社會福利發展的軌跡。其中，屬歷史制度的政體中心、政黨政治、新制度主義，將成為分析臺灣福利發展出現與發展的主要觀點。而全球化、後工業化、文化、理念，都影響著臺灣社會福利的走向。

參考書目

內政部社會司（2002）。全國社會福利會議特刊。內政部社區發展雜誌社印行。

民主進步黨（1993）。公平正義的福利國：民主進步黨的社會福利政策。民主進步黨政策白皮書。

李瑞金編（2004）。蔡漢賢教授及其社會福利觀。臺北：松慧。

沈剛伯（1970）。仕和隱的人生觀。萌芽。

林萬億（1992）。從社會安全預算看我國社會政策，理想雜誌，1，頁5-12。

林萬億（1994）。福利國家：歷史比較的分析。臺北：巨流。

林萬億（1995）。論中國國民黨的福利觀，編入林萬億主編《臺灣的社會福利：民間觀點》。臺北：五南。

林萬億（2000）。社會抗爭、政治權力資源與社會福利政策的發展，編入蕭新煌、林國明主編《臺灣的社會福利運動》。臺北：巨流。頁71-134。

林萬億（2002a）。當代社會工作：理論與方法。臺北：五南。

林萬億（2002b）。社會福利政策之回顧與展望，全國社會福利會議特刊，社區發展雜誌社季刊，2002年8月30日。

林萬億（2010）。社會福利。臺北：五南。

邱創煥（1977）。中國社會福利思想制度概要。臺北：臺灣商務印書館。

彭懷真（1983）。我國的工業化與社會福利的演變。臺灣大學社會學研究所碩士論文。

莫藜藜（2003）。張鴻鈞先生（1901-1973）對臺灣社會工作的貢獻，論文發表於二十世紀中葉人文社會學術研討會。東吳大學，2003/5/15。

蔡明璋（1986）。臺灣經濟成長與福利發展關係檢討。社區發展季刊，33期，頁52-56。

劉脩如（1977）。社區發展在臺灣地區的回顧與發展。社區發展季刊，1期，頁35-37。

劉脩如（1984）。社會政策與社會立法。臺北：五南。

Alcock, P. and Craig, G. (2009). *International Social Policy: Welfare regimes in the developed world*. Basingstoke, Hampshire: Palgrave Macmillan.

Baldock, J. (1999). Culture: The missing variable in understanding social policy? *Social Policy & Administration*, 33, 458-473.

Barker, R. L. (1999). *The Social Work Dictionary*, 4ᵗʰ ed., NASW.

Béland, D. (2009). Ideas, Institutions, and Policy Change, *Journal of European Public Policy*, 16: 5, 701-718.

Baumol, W. J. (1967). The macroeconomics of unbalanced growth, *American Economic Review*, 52: 3, 415-426.

Bonoli, G. (2006). New Social Risks and the Politics of Post-industrial Social Policies, in Klaus Armingeon and Giuliano Bonoli (eds.) *The Politics of Post-Industrial Welfare States: Adapting post-war social policies to new social risks*. London: Routledge.

Burgoon, B. (2001). Globalization and Welfare Compensation: disentangling the ties that bind, *International Organization*, 55(3), 509-551.

Castels, F. (1982). *The Impact of Parties*. Beverly Hill, Ca: Sage.

Castels, F. and McKinlay, R. (1979). Public Welfare Provision, Scandinavia and the Sheer Futility of Sociological Approach to Politics, *British Journal of Political Science*, 5: 152-172.

Castell, M. (1996). *The Information Age: Economy, society and culture*. Vol. 1, The Rise of Network Society. Oxford: Blackwell.

Chan, G. Hou-Shen (1979). The Relationship of Social Security System to Economic Development with Special Reference to Hong Kong, Singapore and Taiwan, *National Taiwan University Journal of Sociology*, 13, 139-150.

Clarke, J. (2004). *Changing welfare changing states: New directions in social policy*. London: Sage.

Collier, D. and Messick, R. (1975). Prerequisites versus Diffusion: Testing alternative explanations of security adoption, *The American Political Science Review*, 69, 1299-1315.

Dean, H. (2006). *Social Policy*. Cambridge: Polity.

Deacon, B. (1993). Development in East European Social Policy, in C. Jones(ed.) *New Perspectives on the Welfare State in Europe*. London: Routledge, pp.177-199.

Derthick, M. (1979). *Policymaking for Social Security*. Washington, D. C.: Brookings Institution.

Ellison, N. (2006). *The Transformation of Welfare States?* London: Routledge.

Esping-Andersen, G. (1985a). Power and Distributional Regimes, *Political and Society*, 14, 223-255.

Esping-Andersen, G. (1985b). *Politics against Markets*. Princeton, NJ: Princeton University

臺灣的社會福利：歷史與制度的分析

Press.

Esping-Andersen, G. (1990). *The Three Worlds of Welfare Capitalism*. Cambridge: Polity Press.

Esping-Andersen, G. (1996). *Welfare State in Transition, National Adaptations in Global Economies*. London: Sage.

Esping-Andersen, G. (1999). *Social Foundations of Postindustrial Economies*. Oxford University Press.

Esping-Andersen, G.; Gallie, D.; Hemerijck, A. and Myles, J. (2002). *Why We Need A New Welfare State*. Oxford: Oxford University Press.

Freeman, G. (1988). Voters, Bureaucrats, And the State: on the Autonomy of Social Security Policy Policymaking, in Gerald D. Nash et al., *Social Security: The first half-century*. University of New Mexico Press.

Friedman, M. and Friedman, R. (1981). 選擇的自由（*Free to Choose*）（呂志翔、謝中平、蘇拾平譯）。臺北：長河。

Giddens, A. (1998). *The Third Way*. Cambridge: Polity Press.

Giddens, A. (2000). *The Third and its Critics*. Cambridge: Polity Press.

Giddens, A. (2001). *The Global Third Way Debates*. Cambridge: Polity Press.

Gilbert, N. and Terrell, P. (2009). *Dimensions of Social Welfare Policy*. 6th ed. Boston: Allyn and Bacon.

Gilder, G. (1981). *Wealth and Poverty*. NY: Basic Books.

Goodin, R. (1988). *Reasons For Welfare: The political theory of the welfare state*. NJ: Princeton University Press.

Goodman, R. and Peng, I. (1996). The East Asian Welfare States: peripatetic learning adaptive change, and nation-building. In Esping-Andersen, Gøsta (1996) *Welfare State in Transition, National Adaptations in Global Economies*. London: Sage.

Gough, I. (1979). *The Political Economy of the Welfare State*. MaCmillan Press.

Hall, P. (1993). Policy Paradigms, Social Learning, and the State: the case of economic policy-making in Britain, *Comparative Politics*, 25: 275-296.

Hicks, A. and Swank, D. (1984). On the Political Economy of Welfare Expansion: A comparative analysis of 18 advanced capitalist democracies, 1960-1971, *Comparative Political Studies*, 17: 1, 81-119.

Hicks, A. and Misra, J. (1993). Political Resources and the Growth of Welfare in Affluent

Capitalist Democracies, 1960-1982, *American Journal of Sociology,* 99: 3, 668-710.

Hicks, A., Misra, J. and Ng, T. N. (1995). The Programmatic Emergence of the Social Security State, *American Sociology Review*, 60, 329-349.

Holliday, I. (2000). Productivist Welfare Capitalism: Social Policy in East Asia, *Political Studies*, 48, 706-723.

Huber, E., Ragin, C. and Stephens, J. (1993). Social Democracy, Christian Democracy, Constitutional Structure, and the Welfare State, *American Journal of Sociology*, 99: 3, 711-749.

Huber, E. and Stephens, J. (1993). Political Parties and Public Pensions: A quantitative analysis, *Acta Sociologica*, 36: 4, 309-326.

Huber, E. and Stephens, J. D. (2001). Globalization, Competitiveness, and the Social Democratic Model, *Social Policy and Society*, 1: 1, 47-57.

Iversen, T. and Cusack, T. (2000). The Causes of Welfare State Expansion, *World Politics*, 52（April）, 313-349.

Iversen, T. and Stephens, J. (2008). Partisan Politics, the Welfare State, and Three Worlds of Human Capital Formation, *Comparative Political Studies,* 41: 4/5, 600-637.

Iversen, T. and Wren, A. (1998). Equality, Employment and Budgetary Restraint: The trilemma of the service economy, *World Politics*, 50(4), 507-546.

Immergut, E. M., Anderson, K. M. and Schulze, I.(Ed.)(2007). *The Handbook of West European Pension Politics.* Oxford: Oxford University Press.

Jansson, B. (1984). *Theory and Practice of Social Welfare Policy: Analysis, processes, and current issues.* Belmont, CA: Wadsworth Publishing Co.

Jayasuriya, K. (2006). *Statecraft, Welfare and the Politics of Inclusion.* NY: Palgrave.

Jenson, J. (2004). Changing the Paradigm: Family Responsibility or Investing in Children, *Canadian Journal of Sociology*, 29: 2, 169-192.

Jobert, B. (2003). Europe and the Recomposition of National Forums, *Journal of European Public Policy*, 10: 3, 463-477.

Kerr, C. and Associates (1960). *Industrialism and Industrial Man: The problem of labor and management in economic growth.* Cambridge: Harvard University Press.

Korpi, W. (1978). *The Working Class in Welfare Capitalism.* London: Routledge.

Korpi, W. (1980). Social Policy and Distributional Conflicts in the Capitalist Democracies, *West European Politics*, 3: 3, 296-316.

Korpi, W. (1989). Power, Politics and State Autonomy in the Development of Social Citizenship: Social rights during sickness in eighteen OECD countries since 1930, *American Sociological Review*, 54: 3, 309-328.

Korpi, W. and Shalev, M. (1980). "Strikes, Power and Politics in the Western nations, 1900-1976," *Political Power and Social Theory,* 1: 301-334.

Leiby, J. (1978). *A History of Social Welfare and Social Work in the United States*. Columbia University Press.

Leibfried, S. (1993). Towards a European Welfare State? In C. Jones(ed.) *New Perspectives on the Welfare State in Europe.* London: Routledge, pp.133-156.

Lin, Wan-I (1991a). The Structural Determinants of Welfare Effort in Post-war Taiwan, *International Social Work*, 34, 171-190.

Lin, Wan-I (1991b). Labour Movement and Taiwan's belated Welfare State, *Journal of International and Comparative Social Welfare*, 7: 1, 31-44.

Lister, R. (2010). *Understanding Theories and Concepts in Social Policy.* Bristol: Policy Press.

Midgley, J. (1984). Diffusion and Development of Social Policy: Evidence from the Third World, *Journal of Social Policy*, 13: 2, 167-184.

Mishra, R. (1973). Welfare and Industrial Man: A state of welfare in western industrial societies in relation to a hypothesis of convergence, *Sociological Review*, 21: 4, 525-560.

Mishra, R. (1976). Convergences Theory and Social Change: The development of welfare in British and the Soviet Union, *Comparative Studies in Society and History*, 1: 1, 29-63.

Mishra, R. (1996). "The Welfare of Nations," in R. Boyer and D. Drache(eds.) *Sates Against Markets*. London: Routledge.

Mishra, R. (1998). Beyond the National State: Social policy in the age of globalization, *Social Policy & Administration*, 32: 5, 481-500.

Mishra, R. (1999). *Globalization and the Welfare State*. Cheltenham: Edward Elgar.

Murray, C. (1984). *The Losing Ground: American Social Policy 1950-1980*. NY: Basic Books.

Myles, J. and Quadagno, J. (2002). Political Theories of the Welfare State, *Social Service Review*, March, 34-57.

O'Connor, J. (1973). *The Fiscal Crisis of the State*. NY: St. Martins Press.

Offe, C. (1986). *Contradictions of the Welfare State*. Cambridge: the MIT Press.

Øyen, E. (1986). The Muffling Effects of Social Policy: A comparison of social security systems and their conflict potential in Australia, The United States, and Norway, *International Sociology,* 1: 3, 271-281.

Pierson, P. (1994). *Dismantling the Welfare State? Reagan, Thatcher, and the Politics of Retrenchment*. Cambridge: Cambridge University Press.

Pierson, P. (1998). Irresistible Forces, Immovable Objects: Post-industrial Welfare States Confront Permanent Austerity, *Journal of European Public Policy,* 5: 539-560.

Pierson, P. (2000). Three Worlds of Welfare State Research, *Comparative Political Studies*, 33: 6-7, 791-821.

Pierson, P. (2001). *The New Politics of the Welfare State*. Oxford: Oxford University Press.

Pinker, R. (1979). *The Idea of Welfare*. London: Heineman.

Piven, F. and Cloward, R. (1971). *Regulating the Poor: Functions of public welfare*. NY: Pantheon.

Piven, F. and Cloward, R. (1977). *Poor People Movement: Why they succeed, how they fail*. NY: Pantheon.

Polanyi, K. (1944). *The Great Transformation*. NY: Rinehart.

Rhodes, M. (1997). *Southern European Welfare State: Between crisis and reforms*. London: Frank Cass.

Rieger, E. and Leibfried, S. (2003). *Limits to Globalization*. Polity.

Sabatier, P. (1998). The Advocacy Coalition framework: Revisions and relevance for Europe, *Journal of European Public Policy*, 5: 1, 98-130

Saville, J. (1957-8). The Welfare State: A Historical Approach, *New Reasoner*, 3, 5-6, 12-17.

Scharpf, F. (2000). The Viability of Advanced Welfare States in the International Economy: Vulnerabilities and options, *Journal of European Public Policy*, 7: 2, 190-228.

Scharpf, F. and Schmidt, V. (2000). *Welfare and Work in the Open Economy*, Vol. 1, Oxford: Oxford University Press.

Schmidt, V. (2002). *The Futures of European Capitalism*. Oxford: Oxford University Press.

Seeleib-Kaiser, M., van Dyk, S. and Roggenkamp, M. (2008). *Party Politics and Social Welfare: Comparing Christian and Social Democracy in Austria, Germany and the Netherlands*. Cheltenham: Edward Elgar Publishing, Inc.

Shalev, M. (1983). The Social Democratic Model and Beyond: Two generations of comparative research on the Welfare State, *Comparative Social Research*, 6, 315-351.

Skinner, R. J. (1976). Technological Determinism: A critique of Convergence Theory, *Comparative Studies in Society and History,* 18: 1, 2-27.

Skocpol, T. (1983). State Structure and Social Keynesianism, *International Journal of Comparative Sociology*, XXIV: 1-2, 4-29.

Skocpol, T. (1985a). Bringing the State Back In: Strategies of Analysis in Current Research, in Peter Evans, Dietrich Rueschemeyer and Skocpol, Theda(eds.) *Bringing the State Back In*. Cambridge University Press.

Skocpol, T. (1985b). American's Incomplete Welfare State: The limits of New Deal Reform and the Origins of the Present Crisis, in Martin Rein, Gøsta Esping-Andersen and Lee Rainwater(eds.) *Stagnation and Renewal in Social Policy*. Armonk: M. E. Sharpe.

Skocpol, T. (1987). A Society without a State? Political Organization, Social Conflict and Welfare Provision in the United States, *Journal of Public Policy,* 7: 4, 349-371.

Skocpol, T. (1992). *Protecting Soldiers and Mothers: The political origins of social policy in the United States.* Cambridge: Harvard University Press.

Skocpol, T. (1995). *Social Policy in the United States:Future possibilities in historical perspective*. Princeton University Press.

Skocpol, T. and Ikenbery, J. (1983). The Political Formation of the American Welfare State: in Historical and Comparative Perspective, *Comparative Social Research*, 6, 87-148.

Skocpol, T. and Orloff, A. S. (1984). Why Not Equal Protection? Explaining the Politics of Public Social Spending in Britain, 1900-1919, and the United Sates, 1880s-1920, *American Sociological Review*, 49, 726-750.

Skocpol, T. and Orloff, A. S. (1988). *The Politics of Social Policy in the United States.* Princeton: Princeton University Press.

Skocpol, T. and Amenta, E. (1985). Did Capitalist Shape Social Security, *American Sociological Review*, 50, 572-575.

Skocpol, T. and Amenta, E. (1986). State and Social Politics, *Annual Review of Sociology*, 12, 131-157.

Surel, Y. (2000). The Role of Cognitive and Normative Frames in Policy-making, *Journal of European Public Policy*, 7: 4, 495-512.

Sykes, R., Palier, B. and Prior, P. M. (2001). *Globalization and Welfare States: Challenges and change.* Palgrave.

Stephens, E. H. and Stephens, J. D. (1982). The Labor Movement, Politics Power and Worker's Participation in Western Europe, *Political Power and Social Theory,* 3: 215-49.

Taylor-Gooby, P. (2004). *New Risks, New Welfare: The transformation of the European Welfare State.* Oxford: Oxford University Press.

Taylor-Gooby, P. (ed.)(2005). *Ideas and State Reform Europe.* London: Palgrave Macmillan.

Thomas, G. and Laundale, P. (1987). World Polity Sources of National Welfare and Land Reform, in George M. Thomas et al. (eds), *Institutional Structure: Constituting state, society and individual.* Sage.

Titmuss, R. (1958). *Essays on the Welfare State.* London: Allen and Unwin.

Titmuss, R. (1968). *Commitment to Welfare.* NY: Pantheon.

Titmuss, R. (1974). *Social Policy.* London: Allen and Unwin.

Tsai, Wen-Hui and Chang Ly-Yun (1985). Politics, Ideology, and Social Welfare Programs: A critical evaluation of social welfare legislation in Taiwan, *National Taiwan University Journal of Sociology,* 17, 233-262.

Vaisanen, I. (1992). Conflict and Classness in Social Policy Development: A comparative study of social insurance in 18 OECD countries 1930-1985, *European Journal of Political Research,* 22, 307-327.

Van Kersbergen, K. (1991). *Social Capitalism: a study of Christain democracy and the post–war settlement of the welfare state*s, Ph. D. thesis. European University Institute, Firenze, Italy.

Van Oorschot, W., Opielka, M. and Pfau-Effinger, B. (2008). *Culture and Welfare State: Values and social policy in comparative perspective.* Cheltenham: Edward Elgar.

Weir, M. and Skocpol, T. (1983). State Structures and Keynesianism: Response to the Great Depression in Sweden and the United States, *International Journal of Comparative Sociology,* XXIV: 1-2, 4-29.

Weir, M.T and Skocpol, T. (1985). State Structures and Possibilities for Keynesian's Responses to the Great Depression in Sweden, Britain, and the United States, Peter Evans, Dietrich Rueschemeyer and Skocpol, Theda(eds.) *Bringing the State Back In.* Cambridge University Press.

Weir, M., Orloff, A. S. and Skocpol, T. (1988). *The Politics of Social Policy in the United States.* Princeton: Princeton University Press.

White, L. A. (2002). Ideas and the Welfare States: Explaining Child Care Policy Development in Canada and the United States, *Comparative Studies,* 35: 6.

Widdowson, B. (2006). "Cultural Turns, Post-structuralism and Social Policy," in Lavalette, M. and Pratt, A.(eds.) *Social Policy: Theories, concepts and issues*. Sage.

Wilensky, H. L. (1981). Leftism, Catholicism, and Democratic Corporatism: the role of political parties in recent welfare development, in P. Flora and A. Heidenheimer ed. *The Development of Welfare State in Europe and America*. New Brunswick: Transaction Books.

Wilensky, H. and Leabuex, C. (1958). *Industrial Society and Social Welfare*. NY: The Free Press.

Zijderveld, A. (1986). The Ethos of the Welfare State, *International Sociology*, 1: 4, 443-457.

Zincone, G. and Agnew, J. (2000). The Second Great Transformation: the Politics of Globalization in the Global North, *Space & Polity*, 4: 1, 5-21.

Chapter 2

社會福利政策的發展

第 二 章

本章將我國的社會福利政策依歷史演進分為6個階段來分析，區分階段的判準是政治、經濟與社會福利策形成及其產出（見表2-1）。

 第一節　社會福利發展遲緩階段（1945年～1964年）

壹、政治經濟環境

　　日本戰敗投降後，在臺灣的日本獨占資本全面被國民黨政府國有化為龐大的國家資本主義體制（劉進慶，1992）。國民政府遷臺，於1949年6月15日發行新臺幣，取代1946年5月22日發行的舊臺幣，穩定物價。進行三七五減租、耕者有其田、公地放領的土地改革，恢復農業生產，奠定工業發展的基礎。在土地改革之後解體的地主階級獲得國家補償的私人資本形成，成為臺灣國家資本主義之外的民間企業（劉進慶，1992），構造了臺灣戰後的公私兩極資本主義，並盡速復甦日治時期已發展的水泥、電力、肥料、製糖等工業。在1950年代初未實施經濟發展計畫前，屬初級經濟（Primary Economy）階段，產業以農業為主，占32.28%，工業僅占21.33%。1953年起實施第一期四年經濟發展計畫，運用關稅、外匯、利率等手段，扶植民生工業，也就是所謂的進口替代。亦即採取各種措施，限制某些外國工業品進口，促進國內有關工業品的生產，逐漸在國內市場上以本國產品替代進口品，為本國工業發展創造有利條件，實現工業化。同時，以獎勵投資鼓勵紡織業出口，成為臺灣當時外銷的主力，逐步帶動臺灣產業轉型。1960年代，臺灣開放外國資本進來，主要以美國、日本、華僑為主，建構臺灣銜接國際的產業。臺灣進入以農業支持工業發展、以工業提高農業生產力的農工交互支持階段。至1964年第三期經濟發展完成時，國民生產總值增加了2.36倍。1963年工業生產總值超過農業，臺灣進入工業化國家。

　　同時，農村地主階級的瓦解，佃農因土地改革轉變為小農。農地規模縮小，農村勞動力過剩，轉而流向都市工業勞動，賺錢貼補家用，兼業勞動者因而出現。尤其是鄰近城市的鳳梨、紡織工廠吸納了大量的農村年輕

女性勞工，這種兼業性質的勞動種下了臺灣工業化初期的廉價工資勞動。同時，處於戒嚴下的勞資關係，發展資本成爲國民黨政府的首要目標，勞工必須默默承受殘酷的勞動條件（劉進慶，1992）。

政治上，1947年發生「二二八事件」。該事件的導火線是1947年2月27日發生於臺北市的一件私煙查緝命案而引爆衝突，觸發2月28日發生臺北市民的請願、示威、罷工、罷市。同日，市民包圍臺灣省行政長官公署進行抗議，竟遭公署衛兵開槍射擊，從此該事件由請願轉變爲對抗公署的政治性運動，並爆發自國民政府接收臺灣後因貪腐失政、通貨膨脹所累積的民怨、臺灣人和外省人間的省籍衝突。抗爭與衝突在數日內蔓延全臺，使原本單純的治安事件演變爲社會抗爭，最終導致官民間的武裝衝突與軍隊鎮壓。此事件造成許多傷亡，數字眾說紛紜，各方統計的死亡人數由數百人至數萬人不等。事件後擴大鎮壓屠殺、實施清鄉、逮捕槍決知識菁英和民眾，亦使二二八事件影響臺灣長達數十年。

接著，1949年5月19日，臺灣省警備總司令部發布戒嚴令，同年6月蔣介石敗退到臺灣。該戒嚴令維持到1987年7月15日爲止，總共長達38年。戒嚴期間，立法院爲了防止中國共產黨在臺灣擴散並鞏固當權者的統治地位，通過了《懲治叛亂條例》以及《動員戡亂時期檢肅匪諜條例》，擴充了解釋犯罪的構成要件，縱容情治單位機關介入所有人民的政治活動。國家公權力在長期戒嚴中受到濫用，人民的基本權利完全失去保障。此時期史稱「臺灣白色恐怖時期」，借喻源於法國大革命時期，所進行的大規模鎮壓、槍殺革命黨與革命份子的恐怖統治時期，稱爲「白色恐怖」（White Terror）。

1987年解嚴以前，臺灣並不是一個真正的民主國家，而是國民黨以黨領政的威權統治國家。國民大會與立法院構成近似兩院制的國會。國民大會的主要功能是選舉總統，而從1947年11月21至23日中國國民黨在中國大陸時期選出的第一屆國民大會代表2,961名（法定名額爲3,045名），因國共內戰，國民政府遷臺，來臺報到的國民大會代表只有1,573人。但是依照1947年制訂的中華民國總統選罷法規定，總統（副總統）當選人總票數未超過國民大會代表總人數一半者，需舉行第二輪投票。因此，1954年的總統選舉，投到第二輪才由代表國民黨參選的蔣中正先生以1,507票當

選，陳誠先生以1,417票當選副總統。亦即，國民黨幾乎可以掌握國民大會九成五以上的絕對多數。1960年的總統選舉，總統選舉罷免法修正，將選舉總統的國民大會代表從總人數計算改採「報到」人數，就沒有再出現需第二輪投票的困擾。國民黨占國會絕對多數情況未見改變，即使後來的歷次增額補選，也都是國民黨的天下。因此，長期統治的國民黨提名的總統，不可能不被國民大會所支持。

立法院的功能則是立法與預算審查。同樣地，第一屆立法院在1948年1月21至23日在中國大陸選出，應選773席，實選759席。因中國共產黨拒絕參與，在選出的759名中，也是國民黨占絕對多數。這些立委也只有380餘人隨政府來臺。雖然他們的任期於1951年5月屆滿，但依司法院大法官會議釋字第31號解釋，讓這380餘名立委繼續行使職權。

貳、社會福利理念

當時國民政府從中國大陸撤退來臺，從日人手上接收的社會事業幾乎停擺，原因是要剷除日人的社會遺毒。所謂的社會遺毒是指那種「承日皇意旨、宣揚皇恩皇權、灌輸皇民思想的變相政治工具」（古善愚，1948：5）。

接續的是要「宣揚三民主義的國策」的社會工作（林萬億，2006）。據此，所依循的社會福利政策是1945年在中國大陸時期由國民黨所通過的四大政策綱領，即民族保育政策綱領、勞工政策綱領、農民政策綱領，以及戰後社會安全初步實施綱領。遺憾的是，基於三民主義國策的社會政策未實施，1947年即發生「二二八事件」，迫使臺灣省於當年6月1日成立社會處，於十日後即展開失業工人及其分布調查，六天後即公布臺灣省人民失業調查及救濟辦法。這某種程度回應了二二八事件調查報告中所提及的事件部分起因於日本殖民統治的遺毒與失業工人的不滿。二二八事件發生後，臺灣於1949年開始一段長達近40年的戒嚴，只有執政的國民黨可以組織社團，發動群眾運動，民間社會失去了以社會抗爭爭取社會福利的機會，勞工也失去以集體動員爭取政治權力的機會（Lin, 1991），人民也失去了組成政黨的機會，往後臺灣社會福利的發展向軍公教人員傾斜，其來

有自。

　　為了剷除日人遺毒與宣揚三民主義，當時的社會服務重點包括：失業調查與救濟，社會工作幹部訓練，加強人民團體組訓，發動群眾運動，整頓與增設救濟所，推動職工福利，成立社會服務處，災荒救濟，以及合作事業的推動等。從此，中國大陸時期的人民組訓與社會運動，配合著推動社會事業的社會行政策略進入臺灣（林萬億，1994：180）。這也是為何後來內政部社會司而非民政司長期主管人民團體、慶典的背景。

　　理論上，當時的社會福利應以農民與製造業勞工為對象。然事實並非如此，當時主要的社會立法與方案是以職業別的軍、公、教、勞工（大型產業）保險為主，以傳統的社會救助為輔。如軍人撫卹條例（1949）、臺灣省勞工保險辦法（1950）、軍人保險計畫綱要（1950）、陸海空軍人保險條例（1953）、勞工保險條例（1958）、公務人員保險法（1958）、臺灣省社會救助調查辦法（1963），以及國軍退除役官兵輔導條例（1964）。這是兼具福利侍從主義（Welfare Clientelism）與殘餘式福利色彩極濃的社會政策走向，也就是國家一方面以社會福利作為恩庇其政權合法化的主要支持者（軍人、公教人員、公營事業勞工）；同時，執行保障值得幫助的窮人（老弱婦孺）的父權國家的責任。臺灣的「軍公教福利國」就是在這樣的背景下形成。

參、軍公教福利國的形成

　　從歷史制度的觀點，可以解釋這種軍公教福利國形成的背景。在中國內戰敗退來臺的國民黨政權接掌日本在二次世界大戰戰敗而放棄的政權，政府組織是行政權獨大，長年不改選的萬年國會幾乎成為行政權的立法局，又行政權、立法權、監察權、司法權、考試權都是由國民大會代表舉手通過的蔣中正總統所拔擢指派的人選掌控，而國民大會代表中屬反對派者大都留在中國大陸，未跟隨國民政府來臺，因此，國民大會代表是以國民黨籍為大多數，極少數屬民主社會黨、青年黨等小黨。這兩個在戒嚴時期合法的在野黨，被譏為「花瓶政黨」。國民政府遷臺後，只有極少數的國民大會代表在臺灣增補選。據此體制，蔣中正總統是一位十足的硬式威

權統治的國家領導者，具有絕對的權力，這樣的強權是有十足的力量可以決定國家的政策走向。

　　為了避免身為外來政權的國家統治機器遭受到人民的反抗，接續二二八事件的流血鎮壓，以軍事戒嚴凍結人民的結社、言論、集會自由，就此社會被國家高度的鎮壓。統治國家的官僚體系為了實現反攻大陸基本國策，以資本累積來儲存國力，為反攻大陸做準備，因此，國防預算占政府總預算的比率一直居高不下，社會福利、教育、勞動等都不是施政的重點。只有推動三七五減租、耕者有其田的土地政策，以作為解決佃農無自有耕地及瓦解臺灣本土農村地主勢力，掃除統治障礙的兩刃政策。

　　但是，為了維持國家統治機器的合法性，一方面利用武力與戒嚴法鎮壓社會與人民，同時又以軍人保險來穩定槍桿子；以公務員保險來籠絡掌控國家機器的公務員；將教育人員納入公保，以收攬掌控意識形態宣傳的教育人員；以開辦勞工保險，來避免重蹈中國大陸時期的勞工暴動。於是，軍公教人員保險以及有限的勞工保險，就成為臺灣走向職業別功績取向的社會保險國家的雛形。這種官僚體系透過強有力的軍事統治政權的授權，推出自利傾向極濃的福利制度，包括軍公教保險、免稅優惠、各種補助與津貼，特權福利成為軍公教人員的戰利品，不斷地擴張，建構出臺灣有別於西方工業國家發展社會福利的路徑。不是從勞工的職業災害、健康、年金保險開始發展，而是從軍公教保險及其多重保障的津貼與免稅制度開始。軍公教人員就此擁抱這種既得利益的福利不放，直到戒嚴解除之後，依然故我。

　　在有限的資源下，當軍公教人員成為社會福利的優先保障對象，實在沒有其他多少資源可以供給廣大群眾。因此，此一階段的社會福利不是在回應臺灣社會的需求，而是滿足國家威權統治機器的合法性需要及其國家形成的目的。社會福利也被納入反攻大陸的大旗之下，作為鞏固威權統治與安撫社會騷動的工具。社會福利涵蓋的人口群是少數的，社會福利支出除了軍公教保險支出之外，只占政府總支出的零頭。因此，我姑且稱這一階段的臺灣社會福利是發展遲緩的階段。

壹、政治經濟環境

1965年，臺灣創設「加工出口區」，大力拓展出口貿易，臺灣逐漸成爲美國、日本、歐洲工業核心國家的工業代工廠，藉由成衣、紡織、電器、合板、食品等加工製造，從邊陲國家擠進半邊陲國家的位置。臺灣開始邁入以出口導向的工業化社會，經濟成長明顯提高。1961年臺灣的國民生產總值是766億元，到了1971年已超過3,144億元，平均經濟成長率達10.24%，國民所得年成長率7.45%。經濟成長率在亞洲僅輸給日本與香港。1970年代，臺灣的臺灣工業占產業結構的比重已達38.94%，遠超過農業的13.07%（蕭峰雄，1994）。

1973至1975年，全球面對近代第一次石油危機，各工業國家經濟陷入不景氣，各國實施貿易保護政策以求脫困。臺灣的出口導向經濟發展政策受到擠壓，再加上環境保護主義抬頭，生產成本遽增，出口成長減緩。中間原料、零組件、基本原料等受制於國際原物料價格的波動與工業核心國家技術領先的影響，臺灣的產業發展不再順暢，推動第二次進口替代勢在必行，亦即以國內生產替代重化工業與零組件的進口。政府透過關稅與減緩貿易自由化，重回指導式經濟發展策略，發展重化工業，建立自主生產體系，並進行大規模投資，帶動景氣復甦，創造就業機會。

重化工業包括鋼鐵、煉銅、造船、塑膠、汽車、機車、人造纖維、石化、重機電、電子零組件等，在1970年代均得以快速發展，帶動中下游產業發展。以1969年爲例，生產原料進口占總進口總值的35%，到了1975年已降到30%，1979年更降到25%。同時，政府推動1973年的十大建設、第六期經建計畫、1976年的六年經建計畫、1977年的十二項建設、1984年的十四項建設等，厚植工業、能源、交通建設的基礎（蕭峰雄，1994）。臺灣與香港、新加坡、韓國並稱亞洲四隻小老虎，臺灣進入新興工業國家（Newly Industrialized Country, NIC）。

政治上，到了1969年才在臺灣舉行立委增選11名，當選人中，國民黨8人、無黨籍3人，國民黨仍占絕對優勢。此次增額立委雖明文規定，其職

務、權利與1948年中華民國立法委員選舉於中國大陸選出的第一屆立委完全相同，不過無法適用《動員戡亂時期臨時條款》的「中央民意代表之任期一律延長至大陸光復地區次第辦理中央民意代表之選舉為止」的特殊待遇。換言之，增額立委任期為3年，須定期改選。於是就有了1972年第一次增額補選，選出51名（含15名僑選立委），其中非國民黨籍當選者僅青年黨1人、無黨籍5人。1975年的第二次增額補選改選52名（含15名僑選立委），當選者中，非國民黨籍僅青年黨1人、無黨籍6人。即使進行立法委員增額補選，在戒嚴的背景下，龐大的黨國機器掌控國家資源，國民黨得以牢牢地掌握行政體系與立法院的絕對多數，臺灣仍然是一個僅有花瓶小黨反對的國民黨一黨獨大的絕對多數統治。

同時，1971年中華民國退出聯合國，中華人民共和國取得聯合國的合法代表權。國民黨政府不但面對國際外交上的重大挫敗，國內投資意願也下降。政府必須重新定位國家發展的走向，放棄反攻大陸的神話即是其中之一，轉而將經濟發展果實回饋臺灣社會，不再汲汲營營於囤積糧草、武器、彈藥為反攻大陸做準備，轉而將資源投資於推動十大建設，既可帶動經濟發展，又可轉移國人在國際外交上的挫折感。

貳、社會福利理念

1964年，中國國民黨第九屆二中全會通過「民生主義現階段社會政策——加強社會福利措施，增進人民生活實施方針」。隔年行政院通過此項政策，成為往後十幾二十年，我國社會政策的主要依據，藉以平衡經濟發展。依當時通過的背景，如其前言所述：「查依據民生主義，促進經濟與社會之均衡發展，前曾確定各項有關政策。今反攻基地之經濟情況，日趨繁榮，社會福利措施，亟待加強，爰以建立社會安全制度，增進人民生活為目標，以採取社區發展方式，促進民生建設為重點，決定現階段社會福利措施之實施方針。」應該是當時臺灣經濟已日漸繁榮，較有能力推動社會福利，且唯恐經濟發展產生社會問題。威權統治政府思以社會福利支持經濟發展、穩定民心的思維浮現。但是，具體的做法則不足，經濟發展仍是政府的優先選項，基本上仍是經濟發展掛帥。

根據此一政策，政府以土地增值稅作爲社會福利基金，並依年推出「省市加強社會福利措施計畫」，且大力推動社區發展，包括臺灣省社區發展八年計畫（1968）、十年計畫（1970）、臺北市社區發展四年計畫（1970）等，並通過社區發展工作綱領（1968）。其間較受矚目者還有1972年臺灣省政府推動的「小康計畫」，以及隔年臺北市政府推動的「安康計畫」。不過，此一階段雖爲本土化社會政策制訂的起步，但是，現代社會福利體系並沒有眞正落實到臺灣人民身上，除了社區發展及貧民救助之外，並無太多新的社會福利方案被推動。

雖然1973年通過兒童福利法，但這是爲了回應1963年以來到1972年止，聯合國兒童基金會（UNICEF）對我國兒童福利的贊助，因我國退出聯合國，該項贊助也隨之停止，政府立即通過兒童福利法以作爲後續因應。該法並沒有對往後的兒童福利有明顯的推展效果可見，兒童福利法的通過是國際政治壓力大於國內兒童需求使然。稍後的勞工立法，如礦場安全法（1973）、勞工安全衛生法（1974），則是反應工業化起飛的勞動條件要求。

無怪乎長期擔任內政部社會司長的劉脩如先生（1984：34）批評：「政策文件多於立法，立法多於實際行政，有了政策才能促其立法，執政黨負有責任，有了社會立法才能施諸實際行政，各級政府要負責任。」也就是說，即使有了明確的社會福利政策，但是政策轉換爲社會立法或方案的著實有限，社會福利的預算也是增加有限。

參、生產主義式的殘補福利資本主義粗具雛形

名目上，臺灣的工業化也促成社會政策的啓動，民生主義現階段社會政策的通過是其代表，但是經由納入半邊陲國家的生產分工而啓動的工業化，並未如歐洲工業先進國家一般，帶動臺灣社會福利的快速擴張。民生主義現階段社會政策除了擴張原有的社會保險之外，其餘的項目除社區發展具有基層建設與社會動員的效果而受到歡迎，國民住宅、就業服務、社會救助、福利服務、社會教育等所投入的經費非常有限，所通過的立法也未跟上政策。亦即，此時期臺灣的社會福利並未回應工業化所帶來的社會

問題，因此，工業主義的邏輯似乎不適用於臺灣社會。臺灣的福利國家發展與美國一樣，都屬工業主義邏輯的例外。如果以路徑依賴來看待這時期社會政策發展，的確有幾分吻合。為了平衡經濟發展及因應工業化所產生的新興社會問題，如失業、貧窮、老年退休所得保障等，老年年金保險、失業補償、社會救助等制度理應跟隨而至。但是，在既有軍公教保險為主、社會救濟為輔的福利侍從主義架構下，只有微幅地增加一些不具結構性調整意義的社會服務，社會福利反而被認為只是為了服務經濟掛帥的國家治理，解決經濟發展可能出現的社會問題。

 ## 第三節　安撫政治與社會騷動時期（1979年～1989年）

壹、政治經濟環境

　　時序進入1970年代末，第二次世界能源危機爆發，再次對我國經濟產生衝擊，特別是石化工業受影響更大，國民黨政府不得不再次調整經濟發展策略，開始發展「策略性工業」，即發展技術程度高、附加價值高、能源密集度低、污染程度低、產業關聯效果大、市場潛力大的所謂「兩高、兩低、兩大」產業，並選擇100多項優先發展的產品項目，對原重化工業發展項目進行調整，而且修改《獎勵投資條例》，對策略性工業發展提供優惠，尤其對技術密集工業投資給與10%至15%的投資抵減優惠待遇。

　　同時為了發展高科技工業，於1980年正式設立新竹科學園區，提供極為優厚的條件：可連續5年免徵營利事業所得稅，免徵進口自用的機器設備、原料與半成品等進口關稅及貨物稅，免徵外銷產品貨物稅、營業稅及廠房建築稅等；對海外留學人員投資提供創業低利貸款與研究經費補助等。往後20年的發展，新竹科學園區獲致極大的成就，是世界上最成功的矽谷之一。到了2000年6月底，園區廠商達291家，員工達9萬多人，資本額達6,551億元新臺幣，全年營業額達9,293億元新臺幣。如果說1965年起的加工出口區是以輕紡、電子工業為主，是我國外向型經濟發展的標誌與櫥窗；那麼，新竹科學園區就是以資訊半導體產業為主，是高科技產業發

展的搖籃。到2001年,電子資訊產業有14項產品如監視器、主機板機、滑鼠等,市場占有率高居世界第一,也都是由這裡的企業創造出來的。我國是世界第四大整合電路生產地區,晶片產值占了全球的70%,資訊產業產值一度站上世界排名第三。

臺灣也在1980年代中進入後工業社會,服務業就業人口超過工業就業人口達到40.88%。此後,服務業人口持續成長,於1990年代中已超過五成。

1986年3月,國民黨十二屆三中全會正式通過「自由化、國際化與制度化」的經濟發展策略,其核心是開放市場,減少政府干預,實現經濟自由化,於是,臺灣開始走向了更加開放的自由經濟體系。隨後,臺灣又進行了一系列的經濟改革,主要包括解除外匯管制,逐漸實行利率自由化,在美國的壓力下逐步開放內部市場,大幅降低進口關稅與減少非關稅壁壘,推動公營企業民營化,開放民營銀行的設立等。這些改革措施旨在鼓勵自由競爭、健全市場調節機制,減少不必要的行政干預,以達到充分發揮市場機能、資源合理配置、提高經濟競爭力與效率之目的。

政治上,臺灣社會受到幾樁國內外政治事件的衝擊,如1977年中壢選舉事件、1978年美國與中國建交、1979年高雄美麗島事件,以及1987年解嚴及民主進步黨的成立。在面對人民要求政治民主化的聲浪下,國民黨的政治改革步調卻相對緩慢。例如,國會仍不能全面改選、人民也無權直選總統;再加上政治民主化初期的政經掛勾現象浮現,政治與經濟資源分配嚴重不公,仍採取威權統治的國民黨在地方政治層級任由黑道與地方派系結合,進行地方政治經濟資源的掠奪;在中央層級亦發現財團結合立法委員拉幫成派的現象嚴重,導致國家資源配置嚴重扭曲。

1980年第三次立委增額補選,應改選97人(含僑選立委27人),當選者中非國民黨籍僅青年黨2人(不分區)、無黨籍12人。1983年第四次增額補選,應改選98人(含僑選立委27人),當選者中非國民黨籍僅青年黨2人(不分區)、民社黨1人(不分區)、無黨籍9人。1986年第五次增額補選,應改選100人(含僑選立委27人),當選者中非國民黨籍僅青年黨2人(不分區)、民社黨1人(不分區)、無黨籍14人。1989年第六次增額補選,應改選130人(含僑選立委29人),當選者中非國民黨籍僅青年黨1

人（不分區）、無黨籍8人、民主進步黨21人。可見後來的歷次增補選，情形並沒多大改變。因此，國民黨政府要通過任何法案，幾無障礙可言。

政經掛勾問題嚴重，社會資源配置不公，再加上威權統治的床基鬆動，關注新興社會議題的團體紛紛出現。例如，爭取消費者權益的消費者文教基金會（1980）成立。關心環境保護的彰化花壇鄉民控告該鄉8家窯業磚瓦工廠排放有毒煙害造成稻作歉收（1981）、屏東恆春地方人士發起保護過境候鳥（伯勞鳥）運動（1981）、關渡保護淡水河口紅樹林運動（1983）、高雄縣林園鄉「阿米諾酸事件」（1983）等。關心婦女權益的婦女新知雜誌社（1982）、婦女新知基金會（1987）、主婦聯盟、前進婦盟、晚晴協會等紛紛成立。倡議原住民權益的山青（1983）、臺灣原住民權益促進會（1984），也不落人後。關心勞工權益的臺灣勞工運動支援會（1984）（後轉型成臺灣勞工陣線）也出現。在國家行政怠惰、法律不周延之下，也爆發許多自力救濟運動，例如，新竹縣新豐鄉倍克事件（1985）、臺中縣大里鄉三晃農藥廠事件（1985）、彰化縣鹿港反杜邦行動（1985）。進一步，醞釀已久的救援雛妓運動也檯面化，例如，救援雛妓團體（1986）的彩虹專案、勵馨基金會、婦女救援基金會等。還有關心農民權益的農民權益促進會（1987），關心老兵的外省人返鄉探親促進會（1987）。1987年，智障者家長要求制訂特教法施行細則，醞釀街頭抗爭，導致啓智協會的改組與心路基金會的成立。關心住宅問題的無住屋者團結組織（1989）也出籠。

貳、社會福利理念

這10年間國內人心惶惶，社會騷動，反對勢力的黨外運動（國民黨以外）日趨壯大，人民要求政治改革的聲浪升高，國民黨政治控制逐漸鬆解，蕭新煌（1989）稱此時期為社會力的反動時期。

上述社會運動團體的出現，種下了弱勢團體、勞工團體結盟新成立的民主進步黨，開啓了往後10年社會福利迎頭趕上的機會之窗，其中，1987年的解除戒嚴扮演極其關鍵的角色。在這期間，長期執政的國民黨威權統治受到極嚴酷的挑戰，為了穩定人心，繼續維持政權合法化，國民黨於

1979年通過「復興基地重要建設方案」，1981年又重申「貫徹復興基地民生主義經濟建設方案」作為社會政策推行依據。

於是，透過國民黨掌控的立法院的配合，1980年迅速通過老人福利法、殘障福利法、社會救助法、私立學校教職員保險條例。之後，又陸續通過公務人員眷屬保險條例、職業訓練法、勞動基準法、農民健康保險條例、少年福利法等。且行政院也開始規劃全民健康保險。這一階段的社會政策有消音及安撫人民的作用（Tsai and Chang, 1985）。同時有迎頭趕上的意圖，使臺灣的社會福利立法體系雛形粗具。也就是從1950年代以降的職業別社會保險，加上社會救助的政策走向，逐漸擴大及於個人的社會服務與就業政策。然而，也可以看出前兩階段以黨領政的政策制訂過程逐漸生鏽，社會福利政策的外造化日漸明顯。

參、社會福利的消音作用

臺灣外交的挫敗，加上經濟發展帶動的民主化，要求國會全面改選的聲浪沖天，國民黨統治機器面臨空前的合法化危機，社會力在蟄伏了30餘年後，逐漸甦醒，頑強的國家統治機器，面臨諸如中壢事件、美麗島事件的挑戰，鎮壓的企圖顯然已有所忌諱。社會抗爭事件不斷，施加壓力給官僚體系，而過去官僚體系所推動的軍公教福利國的既得利益，與社會抗爭所爭取的弱勢族群社會福利是相互矛盾的，資源分配的議題檯面化。為了安撫群眾，國家不得不祭出社會福利三法，以及針對農民、勞工、少年等弱勢人口群的社會立法。基本上，資產階級較能接受國家自主性，而反對民間社會力量的增強。因此，透過支持國家，對抗社會抗爭，將社會抗爭污名化為增加社會成本，不利資本累積。從此一時期，以及後續1990年代初的社會與政治抗爭，可以看出國民黨國家統治機器結合軍公教與資本家，共同反對普及式的社會福利之擴張，即可明白為何社會抗爭是以獲得有限福利擴張收場。

不論如何，民主選舉是助長社會抗爭運動的推力。雖然此時國會仍然未普選，人民擁有普及的投票權，卻無法普遍選出自己屬意的立法委員與國民大會代表，只有臺灣省轄下的縣市長與議員、鄉鎮市長、鄉鎮市民代

表由人民直選。但是藉由逐漸擴大的選舉過程，人民的力量經由有限的民主選舉而匯集，社會問題及社會福利議題被端上選舉舞臺，例如，救援雛妓、農民健康保險等。

同時，經由民主選舉過程，反對勢力的黨外運動在解嚴前組成民主進步黨，結合了上述的社會抗爭運動，使黨外與新成立的民進黨在政治上獲得較多的權力資源。民進黨與社會抗爭團體取得較大的發言權，促使社會福利的議題在立法與行政權間獲得較多的關注。這可解釋為何社會抗爭、民主選舉與權力資源，比工業化的力量更直接扮演著帶動臺灣社會福利擴張的主要角色。尤其是國會全面改選、總統直選的1990年代，這種情形更加明顯。

至此，生產主義式的殘補福利國家確定，以有限的社會福利來安撫社會的不安，同時支撐經濟掛帥的國家發展政策。

 第四節　社會福利的黃金十年？（1990年～1999年）

壹、政治經濟環境

得利於全球經濟分工帶來的臺灣工業快速發展，臺灣的經濟成長率在1970年代平均是10%左右，1980年代雖然些微下降到8%左右，成長率仍然可觀。然而也因為全球化，臺灣的經濟成長率因金磚四國（BRICs，指Brazil, Russia, India, China）中緊鄰的中國、印度的崛起而被分散，下滑到1990年代的6.7%。這是經濟成長轉型的特徵之一，過去臺灣的經濟成長大量依賴加工出口業，成長的優勢是低工資、長工時、少勞資糾紛、中高的識字率、寬鬆的環保要求、全球產業分工的有利位置，以及國家有計畫地介入（Gold, 1986; Deyo, 1987; Li, 1988）。隨著全球生產分工的不斷洗牌，高經濟成長率，自然帶來高薪資、高生活成本、高環境保護條件、高公共服務支出，以及就業條件的選擇，臺灣不再是加工出口的天堂，過去亞洲四隻小老虎不再虎虎生風。中國的工資低、勞工多、土地成本低、環保要求低、內銷市場大、稅制優惠，以及人民抗爭少，就成為取代臺灣及

其他新興工業發展國家（NICs）的代工角色。臺灣面臨經濟發展轉型的陣痛，經濟成長率下降、失業率升高。1997年亞洲金融危機之後，症狀愈來愈明顯，1998到2000年，臺灣的經濟平均成長率下滑到5.3%，是臺灣工業化以來的最低。

由於全球生產分工發生變化，夕陽產業或傳統產業在新臺幣大幅升值、工資與土地等生產成本迅速上升之下，生存困難，被迫外移。於是自1990年代後期起，臺灣傳統產業迅速向中國大陸、東南亞轉移。從此時起，對外投資成為臺灣經濟發展的一大趨勢與特徵。

經濟的自由化與國際化，傳統產業的外移，則為島內高科技產業的發展提供了空間，產業升級速度加快，第三產業發展迅速，臺灣經濟也得以迅速轉型。2000年後，服務業產值已占GDP的65%以上，成為臺灣經濟的主體。在製造業內部，以資訊半導體產業為主的高科技產業則成為臺灣支柱性產業，技術密集性產品也成為新的出口主力。

經歷1997年亞洲金融危機的風暴，雖然我國沒有感受到立即的經濟危機，但是經濟疲態已露。1998年，經濟成長率從前一年的6.7%下滑到4.6%，出口成長率從前一年的5.4%下滑到負成長9.5%，通貨膨脹率從前一年的0.9%上升到1.7%，新臺幣貶值19%，股價指數下滑16.4%。失業率也從1987年到1995年的平均2%以下，於1996年爬升回到1982至86間的平均超過2.5%以上。大量資金持續外移，特別是前（錢）進中國大陸，傳統產業持續萎縮，關場歇業糾紛不斷，社會福利的需求增加。

儘管如此，到1992年，臺灣國民生產總值達到2,000億美元，躍居世界第20位，每人平均國民生產總值超過1萬美元，居世界第25位，外貿總額達到1,500億美元，高居世界第14位，外匯儲備900多億美元，居世界第3位。到2000年，臺灣國民生產總值突破3,000億美元，每人平均國民生產總值近1萬4,000美元，對外貿易進出口額雙雙突破1,400億美元，總額達2,800億美元，外匯儲備達1,067億美元。

1990年代，社會抗爭部分被政治抗爭所吸納，部分則轉向社會福利組織運動，參與社會福利政策、立法、服務方案的提供。例如，1989年的殘障福利法修法行動委員會轉型為殘障聯盟，成立於1990年；1990年為了兒童福利法修法而組成兒童福利聯盟；因1993年老人福利法修法與老年年金

的推動而組成老人福利推動聯盟。

1990年的國會改革運動，包括3月野百合學生運動，迫使1991年國民大會全面改選，老國代全面退出萬年國會。李登輝總統在民主化與野百合學運的壓力下，於1990年7月召開國是會議。隔年5月1日國民大會廢止《動員戡亂時期臨時條款》，《動員戡亂時期自由地區中央公職人員增選補選辦法》等法律即失其效力，修改並凍結部分《憲法》。從此，於選舉國民大會代表與立法委員時適用《中華民國憲法增修條文》，終止因強調「法統」象徵而主要由資深民代組成「萬年國會」的現象。1992年立法院亦全面改選，雖然國家付出了昂貴的退職金，但是總算有了稍能回應民意的國會。1992年第二屆立法委員選舉，國民黨獲得53.02%選票，占95席；初出茅廬的民進黨獲得31.03%選票，占51席；中華民主社會黨1席、無黨籍14席，國民黨仍居絕對的執政多數。

1995年第三屆立委選舉，國民黨得票率顯著下滑，僅得46.1%，席次降為85席。民進黨獲得33.2%，席次為54席。從國民黨脫離的新黨獲13.0%得票率，21席，無黨籍獲4席。國會出現多黨競爭的態勢。顯見，只有當國民黨分裂，其得票率與席次才會不過半。

1996年首次總統直選，代表國民黨的李登輝先生以54%的得票率當選，民進黨的彭明敏先生獲得21.1%得票率，無黨籍的林洋港獲14.9%。顯然具有本土意識的李登輝先生不但獲得國民黨的支持，也獲得部分支持民進黨的選民的支持，否則在三人競爭下很難得到過半數選票支持。尤其是林洋港、郝柏村這一組搭檔也是出身國民黨系統。國民黨不但在總統選舉取得絕對多數，在立法委員也是絕對多數。

1998年第四屆立委選舉，席次增加為225席。國民黨得票率46.43%，席次為123席，仍占立法院絕對多數。民進黨獲得29.56%，席次為70席。新黨獲7.06%得票率，11席。民主聯盟4席，建國黨1席，新國家連線1席，全國民主非政黨聯盟3席，無黨籍獲12席。

1991年一系列的政治抗爭，包括臺獨、廢除刑法100條、進入聯合國等，凸顯了解嚴之後社會力的活絡，帶動臺灣政治民主化的快速發展。社會抗爭夾雜著政治的競爭，啟動了我國社會福利議題成為政治競爭的標的之一。1991年民進黨接受法學者許慶雄（1991）與社會福利學者林萬億

的建議，提出社會權入憲倡議，1992年的福利國辯論及同年的老年年金提議，在在都顯示社會福利政見已成為各黨派競相提出的主張。而因為有部分社會福利的主張由倡議到轉化為政策的過程過於倉促，例如，老年年金保險與老年津貼混淆，導致經歷了十餘年的爭議，老年年金制度並未完整建立，而針對不同對象的老年津貼卻持續擴張。因此，種下了往後社會福利政見不分青紅皂白地被批評為濫開競選支票，進而質疑社會福利是造成國家財政負擔的元凶。

從1980年代末以降，基於以下條件，社會抗爭與政治抗爭平行發展，但相互支援（林萬億，2000）。首先，統治的國民黨長期以來的政治鎮壓、資源分配不均、經濟與社會發展失衡，以及保守陳舊的社會價值激起處於政治、經濟、社會不利地位的人民的痛苦、抱怨與挫折；其次，新成立的民主進步黨屬性較偏向社會底層大眾、改革知識份子與臺獨擁護者，其政治民主與社會改革主張較有利於弱勢者；第三，民主進步黨急需擴大他的支持圈，拉攏弱勢團體有利於形象的塑造；第四，弱勢團體也需要爭取政治的能見度，提高社會立法參與的籌碼；最後，弱勢團體也需要從政治抗爭中學習社會抗爭的技巧。民主進步黨與社會弱勢階級的結合，透過合力的社會運動，施壓執政的國民黨，造就了1990年代初到中期臺灣社會福利的擴張機會。

同時，即使國民黨在總統、立法委員席次都是絕對多數執政，但為了確保執政穩定，也不得不對社會抗爭做出具體回應，尤其解嚴之後，更不可能再回到武力鎮壓的時代，於是，社會福利的議題如雨後春筍般，裂土而出。

貳、社會福利理念

1991年2月22至23日，民進黨中央黨部辦理由黃煌雄先生規劃的「全國民間經濟會議」，會中林萬億（1991）提出「社會民主之路或企業自由主義：臺灣福利國家的抉擇」，首次引進北歐社會民主制的福利國家體制，開啟了福利國體制在臺灣的論爭。同年11月23日，國民大會代表全面改選前，民間社會福利團體結合許慶雄、林萬億等學者組成「社會權推動

聯盟」，提出社會權入憲的主張，期望將歐洲的社會權觀念納入修憲的議程中。12月14日，由剛出獄不久的臺獨政治犯施明德先生出面邀請學者專家召開「臺灣建國藍圖研討會」，包括社會福利的推動。

1992年立委全面改選，施明德利用其「新臺灣重建委員會」的基礎，於7月25日組成「新臺灣助選團」，推出主要訴求「重建新臺灣，創造福利國」的主張，並由林萬億教授結合學生寫成小冊子《福利國答客問》（新臺灣助選團，1992），作為選舉的主要政見。這是臺灣首次明確地將西方民主國家已實施半世紀以上的福利國引入國內。在該小冊子的前言中有一段話，這樣寫著：「……追求新而獨立的臺灣。這個新而獨立的臺灣是什麼樣的國家？政治民主大家都會同意；接著呢？弱肉強食，貪婪無賴，男盜女娼，我們會同意嗎？到底反對運動者要追求的新臺灣是什麼？我們要建立什麼樣的國家？」施明德先生所主張的就是建立一個公平、正義、團結的福利國。福利國的主張提出，也促成了民進黨由謝長廷領導的以「福利國」為名的派系成立（林萬億，1995a）。

另方面，蘇煥智先生在臺南縣參選國民大會代表，眼看著南部鄉間人口老化嚴重，這些老人既沒有公保，也沒有勞保，得不到任何老年經濟安全保障，只能靠子女奉養。但是，農村人口外流，年輕人大多到城市打天下，因而提出老年年金的訴求。雖然蘇煥智未當選，然而，1992年蘇煥智再度出馬競選臺南縣立法委員，老年年金就成為其高票當選的主要政見。隔年，擔任衛生所主任的高植澎醫師出馬競選澎湖縣第十一任縣長補選，老年年金的政見也是當選的重要原因。蘇煥智所屬民進黨新潮流系也於1993年9月6日組成「敬老年金行動聯盟」，出版《敬老年金問答手冊》（敬老年金行動聯盟，1993），推動老年年金。從此，老年年金的議題，連續幾年成為民進黨落實福利國主張的具體方案（李明璁，1996）。福利國與老年年金議題的推出，都已超出當時國民黨的政策主張——三代同堂、殘補式的福利之外，以及堅持不走福利國的路線。民進黨則正式將追求「公平正義的福利國」列為該黨的社會福利政策（民主進步黨，1993），並將之納入黨綱。

如前所述，民主進步黨於1992年底的立法委員選舉已經正式提出建立福利國的主張，同時，部分候選人，如蘇煥智也提出老年年金的議題。據

蔡漢賢回憶道：「我們就跟上面建議說要提出個方向，你不提出個方向，民眾怎能選擇比較好壞對錯？」（李瑞金等，2004：186-187）其實，當時國民黨不是沒有回應。國民黨一方面罵民進黨不負責任、拖垮財政、不分貧富；另方面先推出「低收入及中低收入老人生活津貼」因應；接著於1993年推出一列有關老年年金的演講，並舉辦老人福利研討會，組成「國民年金研議小組」密集研商（林萬億，1995a：106-107）。然而，當時的行政院長郝柏村先生基本上是反對福利國家的。他於1992年立法院第二會期施政報告中明白宣示：「我國將來不會走向福利國家路線。」他的基本主張是，「每個人生下來就應該為自己的生活負責，只有弱勢者如農、漁、傷殘、精神病患等不能照顧自己的族群，才應由政府全力照料」；他也如同大部分自由經濟學者的看法一般，認為先進國家中標榜社會福利的國家如瑞典、德國、英國、美國等，國勢都逐漸走下坡，臺灣不能重蹈覆轍（林萬億，1995a：4）。

　　事實上，之前郝柏村就主張「社會的歸於社會」、「三代同堂的家庭是最好的社會福利模式」（林萬億，1995a：58）。蔡漢賢的回憶也認為「三代同堂可以鼓勵，但不宜作為政策，因為辦不到」（李瑞金等，2004：180）。據此，以家庭為福利的中心之不可行性，以及拉鋸在反福利的上位主張與人民需求社會福利的壓力下的搖擺不定，就成為1994年社會福利政策綱領的層級偏低、定位不清的制度結構限制。相對於民進黨的福利國主張，執政的國民黨仍然大力批判社會福利的推動。例如，1992年9月底，當時的行政院長郝柏村先生在立法院答覆立委質詢時指出：「很多社會福利國家政策是失敗的，我們不一定能走社會福利國家的路線。」（林萬億，1995a）基本上，國民黨主張社會福利是家庭的責任，因此，積極推動三代同堂的家庭觀，只有如老弱婦孺、殘障者、窮人等，政府才可以給他們福利。這是典型的「殘補式」的福利意識形態。

　　民間社會福利團體（社會學社、現代社會福利協會、陽光社會福利基金會、伊甸殘障福利事業基金會、紅心字會、臺北家庭扶助中心、兒童福利聯盟、社會工作專業人員協會、醫務社會工作協會、澄社）也於1993年10月16至17日召開第一屆民間社會福利會議，要求重新確認現階段的社會福利政策走向，其議題包括：社會福利理念、社會參與、社會福利與政經

發展、福利民營化、社會福利人力，以及社會福利資源分配（林萬億等，1995b），迫使政府於1994年6月27至28日也召開「第一屆全國社會福利會議」，以爲回應。本次會議分總體政策規劃（下分政策規劃、經費財源、制度法規、組織人力，以及民間參與等五組），及業務分組（下分就業安全、社會保險、醫療保障、住宅福利、社會救助、老人福利、殘障福利、兒少福利、婦女福利、勞工福利等十組）。本次會議將政府社會福利相關部門，包括內政部、經建會、勞委會、衛生署等均納入，目標是邁向21世紀社會福利之規劃與整合，因此，總體政策與分項議題幾乎涵蓋所有社會福利業務，算是一次完整的社會福利檢討與前瞻。這次會議中除了各項分組的業務改進檢討之外，也幫未來社會福利政策的制訂定調爲：「社會福利政策之規劃應以政府轉換爲主動積極之角色，並以重建社會價值、建立以家庭爲中心之福利策略，充分發揮互助功能爲基本觀念。」並訂出12項政策制訂原則：民衆需求、前瞻性、經濟與社會發展並重、公平與效率並重、一致性、務實、策略性資源分配、優先性與普及性並重、政府與民間共同參與、權利與義務兼顧、人力專業化與經費合理化，以及地方化與國情化等原則（內政部，1994）。並促使政府加速於1994年7月通過已規劃一陣子的「社會福利政策綱領暨實施方案」。

當時的國民黨政府的福利意識形態基本上是保守的（林萬億，1995b），又沒有適時引進進步的思想，除非有持續贏得執政的所謂選舉冒險（Electoral Hazard）的沉重壓力（Pierson, 1994; Jenson, 2004），否則，國民黨在社會福利制度推進的路徑依賴（Path Dependency），實在沒有一改過去採取福利侍從主義的國家治理模式，而突然躍進推出系統的、進步的社會政策的可能。然而，政治民主化使得制度結構產生某種程度的變遷，民間力量施壓政策的創新，造就了這一波民間與在野力量引導，執政者被動因應的社會福利擴張。

隨著民主進步黨的茁壯，地方政府的執政權已逐漸被民主進步黨所取得，例如，民進黨除了接續傳統由黨外執政的高雄縣、宜蘭縣、屏東縣之外，勢力向北擴及臺南縣、臺南市、彰化縣、南投縣、臺中縣、臺中市、新竹縣、新竹市、臺北縣、臺北市等縣市，民主進步黨甚至取得過半數縣市的執政權。因此，民主進步黨由在野黨監督者轉變成執政者，由資源稀

少者轉變爲資源分配者，由抗爭者轉變成爲被抗爭者，其中也有部分抗爭團體棲身進入體制，成爲政策執行者。民主進步黨與社會福利團體間的關係產生微妙的變化，既是合夥人，又是監督／被監督者。民主進步黨也爲了洗刷暴力、臺獨、反商的標籤，採取向中間靠攏、向多類選民訴求的政策，而逐漸疏離社會運動團體。社運團體也被牽動必須採取與各政黨等距外交的政策，以保有自主抗爭的可能性。社會運動團體甚至發出必須自立門戶的呼籲，以免被虹吸消失或被擠壓萎縮。1996年成立的「社會立法運動聯盟」，即是在這樣的政治轉型條件下的產物，某種程度上反映了民主進步黨與社會運動團體結束親密夥伴關係的警訊。

參、社會福利黃金十年？

為因應各界對社會福利急切的需求與期許，邀集學者專家及民間福利機構與團體代表，共同探討未來社會福利方向，以及制訂社會福利政策的優先順序，內政部遂於1998年7月20、21日兩天，於國家圖書館召開「第二次全國社會福利會議」，中心議題爲「跨世紀社會福利的新方向」。討論議題包括：社會福利政策的定位、社會福利行政體系、社會福利資源的規劃與整合、社會福利實施現況檢討與改進，以及社會保險課題。顯然，如何重新定位社會福利與經濟發展的關係，是此次會議的首要重點之一。

其次，此次會議也企圖整合從1980年代末以來，行政院組織法修正過程中社會福利行政主管機關提高位階爲獨立部會，或與衛生署合併，或與勞委會合併之爭。第三，本次會議也不可避免地觸及社會福利財政的問題，逐漸增加的社會福利預算，被批評爲阻礙經濟發展的因素之一。以1997年爲例，社會福利支出占各級政府總支出的14.3%，約與國防支出、經濟發展支出相等。第四，於1995年3月1日起實施2年多的全民健康保險，在期滿2年前，衛生署就規劃公辦民營的方案，企圖讓全民健康保險走向民營化，引發反彈。

本次全國社會福利會議有幾項重要的決議：研擬符合民眾需求、積極性、效率性、前瞻性、均衡性及整合性的社會福利政策；再次承諾提升社會福利行政層級至部會層級；在未完成部會層級的組織再造前，成立跨部

會的「社會福利推動小組」，作為推動社會福利的政策協調機制。

　　內政部社會司於是委請「中華民國社會政策學會」草擬《社會福利白皮書》（草案），於臺北、臺中、臺南、高雄、花蓮等地舉辦8場座談會，邀請地方意見領袖提供卓見，作為政府提出正式社會福利白皮書版本的參考。2000年4月，《社會福利白皮書——社福新願景》出爐。本白皮書主要包括三篇：平衡與永續的社會福利、建構一個基本的經濟安全體系，以及打造一個新世代的福利服務。第一篇定位我國社會福利政策為國家整體發展重要的一環，在政治上是國家認同的要素、在經濟上是永續發展的基石、在社會上則是需求滿足的途徑。第二篇所指涉的經濟安全保障體系是社會保險與社會救助。第三篇所範定的福利服務涵蓋兒童、少年、婦女、身心障礙者、老人、原住民等，並主張福利社區化。

　　從這本白皮書的架構來看，與1994年的社會福利政策綱領制訂過程情形相似，將社會福利政策制訂的位階拉低在內政部社會司。據此，自然地將國家的社會福利政策狹隘地界定為社會保險、社會救助、福利服務3個次體系。其中所指的社會保險，其實只是所得維持相關的保險而已，並不包括健康保險。不論如何，這本白皮書因著2000年5月的政黨輪替而失去了其正當性。即使內政部在新政府未制訂新的社會福利政策綱領前，仍然繼續以這本白皮書為根據。

　　這10年間，新立的法與修正的社會立法比過去40年還多，包括關係到社會福利輸送體系的民營化走向。固然，鼓勵民間參與社會福利服務風潮增加了機構或方案的供應量，但同步改變了服務輸送體系，政府似乎已確認「民間能做的，政府不做」的方向。如果再配合1998年起推動的「政府再造運動」，試圖達到下列4個目標：調整組織，面對新時代的需求；改造僵硬的人事制度；向民間企業學習提升政府效能；以及打造學習型的組織文化（魏啟林，2000），更可以確認社會福利服務輸送的民營化是政府再造的一環，具體的呈現在社會工作人力精簡、社會福利服務輸送民營化的走向上。社會福利提供民營化，基本上是市場化的前提。市場化在新右派支解福利國家的意識形態下，無非是要達成市場競爭、提升效率的目的。然而，往往也暗渡政府的推諉塞責（Load-Shedding）之目的（Bendick, 1989）。

此外，社會福利支出大幅成長，也使得影響社會福利資源分配至深的公益彩券發行條例跟著出爐，公益彩券盈餘使地方政府的社會福利可用資源增加許多。

說這是臺灣社會福利的「黃金十年」，似乎不爲過（監察院，2002）。然而，其中有很多福利立法或方案先於政策，或政策不能落實，例如，全民年金保險制度建立遲遲未定，卻任由各種老人津貼分歧出現；又例如，身心障礙者範圍不斷擴大，但配套措施闕如，導致經費支出快速成長；又例如，實施全民健康保險，卻未事先針對醫療體系的空間分布做有效規劃，一方面偏遠地區民眾缺乏接近醫療照顧的機會，另方面大型財團法人醫院連鎖化，區域、地區級醫院生存空間縮小，致無力執行分級轉診制度，導致小病也到大醫院求診，無形中使基層醫療體系萎縮，健康照顧社區化的根基流失；有了家庭暴力防制法與性侵害防治條例，地方政府卻無力健全化其家庭暴力及性侵害防治中心組織與專業人力，因此，常被譏爲「政策的福利多於福利政策」，或「有政策的福利，而無福利政策」。顯見，這社會福利迎頭趕上的10年，也是某種程度社會福利制度建立失控的10年，被質疑爲社會福利易放難收。

若從這10年的社會福利擴張與發展來看，除了前述的社會抗爭、民主選舉、權力資源等因素之外，臺灣的社會福利發展與國家的制度設計息息相關。前述的政策回饋仍然支配國家社會福利的走向，除了軍公教勞工保險外，其他的社會福利幾乎很難制度化。全民健康保險是將舊有軍公教勞工保險的門診與住院醫療和生育給付納入，加入低收入戶、農民，以及原先爲取得醫療保障而變通身分加入勞保的非勞工，但是仍然維持職業身分別的制度設計。社會救助資格取得也未見反映貧窮的真實經驗。因應出生率下降、人口老化、失業率提高、外籍配偶、外籍勞工引進的相關政策也付諸闕如。爭論已久的勞工退休金制度、勞保老年給付年金化、國民年金等議題，都未見制度化設計。一方面是因爲國民黨仍然掌控權力的主導，左翼社會民主政黨在臺灣也不存在，新興的民進黨雖有中間偏左的社會政策主張，但並未取得政治權力的主導，限縮了制度式社會福利發展的空間。而福利發展的路徑依賴在此再次凸顯，國民黨政府鎖定的福利政策軌跡是三代同堂的親屬責任與個人自助、市場化，以及殘補式的救濟觀。

其例子是試圖以低收入戶老人生活津貼因應國民年金制度的要求，而國民黨政府規劃的國民年金不是採社會保險制，就是採私有化傾向極濃的個人儲蓄帳制度，試圖將全民健康保險民營化，兒童學前教育與照顧高度私有化，高等教育也快速朝向私有化方向擴張等，在在反映了前述的軍公教與資本階級的利益共生結構，制度設計與政策回饋侷限了政策路徑轉換軌道的可能性。這或可解釋為何社會福利「黃金十年」也是「失控的十年」的原因（林萬億，2005）。

政治民主的發展，特別是政黨政治的逐漸成熟、國會全面改選、總統直選，給了臺灣社會福利擴張的大好機會。民進黨為了結合社會運動團體與試圖定位自己為弱勢者的代言人，以及在沒有傳統意識形態包袱的政黨理念中空下，接納了社會福利者的理念引進，將臺灣的政黨競爭，除了傳統國家定位的統一與獨立差異之外，帶出以社會福利為導向的新政治，施壓國民黨也必須修正其一貫反對福利國家的政黨立場，遂有社會福利黃金十年的可能性。但是，制度的路徑依賴，臺灣的社會福利仍不脫以身分別為基礎的社會保險，部分未能加入軍公教勞工保險的國民仍然沒有被納入社會保險的保護傘之下，且社會保險的老年給付並未年金化。即使剛實施的全民健康保險也是維持職業別的繳費差別，故僅能稱之為「身分區隔的片段式生產主義福利國」。

 ## 第五節　民進黨的新中間路線（2000年～2008年）

壹、政治經濟環境

處在後工業化與全球化大環境下的臺灣經濟，因於1999年921臺灣南投大地震的後遺症、政黨輪替的不適應，以及2001年911美國紐約遭到恐怖攻擊、網路泡沫化的影響，經濟成長率下滑，2000年為5.80%，2001年掉-1.65%，2002年經濟成長情況回穩，達到5.26%，2003年又碰到SARS疫情，使得經濟成長率些微下滑到3.67%，2004年的經濟成長率再回升到6.19%，也就是回到1990年代下半的水準，2005年再下滑到4.70%，2006

年再回升到5.44%，2007年成長率提高到5.98%。

　　失業率也從2000年以前的2.99%，爬升到2001年的4.57%，2002年更飆高到5.17%，2003年才緩緩降到4.99%，2004年又下降到4.44%，2005年再下降到4.13%，2006年、2007年都維持在3.91%，是民進黨執政以來最低。顯見，1990年代末亞洲金融危機之後，臺灣已確定不可能再享有工業化時代的高經濟成長率、低失業率的果實了。這是處在全球化與後工業化社會的臺灣政府與人民必須面對的事實。

　　2000年，臺灣首次出現政黨輪替，代表民進黨參選的陳水扁以39.3%的得票率當選總統，無黨籍的宋楚瑜以36.8%得票率居次，國民黨的連戰以23.1%再次，國民黨的分裂讓民進黨漁翁得利。這次國民黨的分裂與1996年不一樣，上回李登輝雖然代表國民黨，但是其具有臺灣本土特質，可以吸納民進黨支持者的選票。而此次國民黨分裂為二，宋楚瑜挾其臺灣省省長任內被精省終結的憤恨不平與超人氣，取代連戰的國民黨正統，但又沒有完全達到棄連保宋效應，而以些微票數敗北。

　　2001年，第五屆立法委員選舉，民進黨首次以執政黨參加國會選舉，以執政優勢，獲得36.6%選票，席次87席，首次成為國會第一大黨。國民黨僅獲31.3%選票，席次68席，首次掉為國會第二大黨。親民黨獲20.3%，46席。台灣團結聯盟獲8.5%，13席。新黨獲2.9%，1席。無黨籍10席。民進黨加上台聯黨總計獲100席，仍無法在國會取得多數席次，而成為少數執政的不穩定政府。

　　2004年總統選舉，尋求連任的陳水扁、呂秀蓮僅以50.11%得票率當選。連戰與宋楚瑜結盟，仍以48.89%落選。民進黨已取得絕對多數的得票率，不再是少數執政。

　　然而，2004年第六屆立法委員選舉，民進黨獲35.72%得票率，89席。國民黨32.83%，79席。親民黨13.9%，34席。台聯黨7.79%，12席。新黨1席，無黨籍10席。民進黨加台聯黨計101席，仍然無法過半，繼續扮演國會少數執政黨。

　　在2005年立法委員選舉制度變革之前，我國的立法委員選舉制度屬「複數選區單記非讓渡投票制」與「政黨比例代表制」的混合制。亦即，每一選區依其人口數選出多個席次立委，每一選民僅能就候選人中圈選一

人，這就是單記；而任何候選人所得票數不能讓渡給其他候選人，包括同黨派。當選人是依其得票數排序在前者當選，除非與女性保障名額評比，才會出現得高票落選者；而全國不分區則依政黨得票率分配名額。立法委員總數225席，包括168席由縣市選區選出的區域立委、8席原住民選區的立委，以及41席全國不分區和8席僑選立委。全國不分區所占比率僅21.8%。由於同一選區當選者席次通常多於一，就形成任何候選人只要取得該選區合格選民之一部分支持，即有可能當選。這種選舉制度有利於反映部分特定選民中的利益與偏好，較能代表多元利益，通常也較容易出現多黨制，例如先前的新黨，後來的親民黨、台聯黨、無黨聯盟。反過來說，候選人也可使用譁眾取寵、或走偏鋒的手段、或僅勤走基層，取得當選的足夠票數即可，無須考慮立法院的制度運作或關心整體社會的公共利益。這也就是之後臺灣推動單一選區兩票制的立法委員選舉制度改革的主要原因。

2008年，第七屆立法委員選舉制度改為單一選區兩票制，席次由原先的225席減半至113席，委員任期由3年改為4年。國民黨得票率53.5%，獲得81席（71.7%）；民進黨獲得38.2%得票率，27席（23.9%）；親民黨1席，無黨籍3席。立法委員人數減半，有利於立委素質的提升，但人數變少不利於立委的功能分工。選區劃分為73個小選區，一個選區只選出一位立委。這對小黨的生存不利，也對職業別與階級政黨的發展不利。因為每一個選區只能選出一位立委，除非多黨競爭，否則候選人必須獲得過半數選票才能當選，因此必須向中間選民靠攏，這吻合中間選民理論（The Median Voter Model）（又稱為中間選民定理或中間選民模型）的說法（Black, 1947）。

該理論模型的假設如下：在多數決的選舉中，所有選民的選擇偏好都可以在座標平面上找到對應的一點，這樣的政策偏好圖（也就是民意分布圖）呈現在座標平面上時，大部分會是一個常態分配的鐘形曲線，且所有的選民都只會將他手中的選票投給所提政見與自己的政策偏好最接近的候選人（即單峰偏好，Single-Peaked Preference），不會出現雙峰偏好（Double-Peaked Preference）的情形。在一個選舉只有兩個候選人競爭的情況下，候選人要勝出的方法，就是要將得票數極大化。為了獲得更多的

票數，候選人所提出的政見必須更往常態分配圖的中間靠攏。如果雙方候選人為了勝選，皆採用將政見向中間靠攏的策略，在激烈的競爭下，會使得雙方所提出的政見最後都座落於選民政策偏好圖的中點上，雙方所提的政見並不會有任何的差異，而使得雙方所獲得的票數都會一樣多。倘若候選人所提的政見有任何的偏離，而另外一方未偏離中點時，會導致自己可獲得的票數比對方少而落選。

單一選區兩票制可以排除走偏鋒的候選人當選的機會，這對國會的問政品質有利，但是也使得候選人的政見趨中化，不利於關心少數議題的候選人。且由於不分區的人數比例低，使得政黨得票率與席次占有率不成比例的懸殊；且即使政黨會以不分區立委席次來延攬弱勢人口群的代表，也無法改變國會多元代表性不足的現象。

貳、社會福利理念

民進黨執政的社會政策，企圖走所謂的「新中間路線」。這是陳水扁先生在競選總統期間前往英國倫敦政經學院訪問時，受到主張第三條路的紀登斯（Giddens, 1998, 2000, 2001）的影響。

陳總統的新中間路線在社會福利上並沒有如英國新工黨般完整的論述。其一上任就碰到低迷的景氣，本不利於社會福利的推動，但是失業率高、貧富差距拉大，又是最需要社會福利的時刻，在全力「拚經濟」的聲浪中，社會福利有被犧牲的兆頭。遺憾的是，陳水扁總統於2000年9月16日一句「經濟發展優先，社會福利暫緩」的呼籲一出，馬上受到民間社會福利團體嚴厲的批判，因為這是違反新中間路線的社會政策主張，因此也種下了社會福利團體與民進黨間的緊張關係，才有前述第三次全國社會福利會議的召開。

諷刺的是，臺灣的社會福利與經濟發展的關係，在前一次全國社會福利發展會議中已有定論。國內幾位研究福利經濟的經濟學者早有相似的結論，例如，林忠正（1995）研究指出，「現在臺灣有限的社會福利措施並未對勞動市場或廠商的營運成本造成非常明顯的影響。」蔡吉源（1997）研究臺灣的社會福利對總體經濟的影響也指出，「社會福利制度有利於勞

動邊際生產力的提升，但是，社會福利支出應該不是以大幅度增加的方式。」

林向愷（1998）的研究亦指出，「臺灣每人平均所得因經濟發展而呈現快速上升，但由於基本維生的支出（如幼兒教育、購屋支出或房租）因缺乏社會福利制度亦快速增加，此時在最低所得的家戶並不因經濟發展、所得提高而提升其儲蓄能力，而經濟發展所帶來的高儲蓄率大都反映在高所得組家戶的儲蓄行為上。」「當最低維生的消費水準亦隨所得增加而增加，造成部分個人或家戶的儲蓄能力未能隨經濟發展而增加，將讓這部分個人或家戶對社會產生負面的感受，甚至對社會產生疏離感。」這符合Persson and Tabellini（1994）發現「所得分配不均會傷害經濟成長」的跨國研究結論；以及Benabou（1996）對菲律賓與南韓的研究發現較高的所得或財富不均會導致緩慢的經濟成長率，而且較沒有效率；也與Alesina and Rodrik（1994）的跨國研究結論「財富和所得分配的不均度愈高，經濟成長率愈低」相符。

薛琦（1997）總結幾項國內經濟學者對社會福利支出是否影響經濟成長的結論指出，「政府社會福利支出的增加，對於經濟成長率、物價上漲率及勞動供給的影響都非常小，均與原先的預期相距甚遠，而令研究者甚感不解。」其實不難理解其間的「不解」有兩方面，一是國內的社會福利制度與支出規模沒有大到歐洲聯盟的水準，當然難以發現其顯著影響。以2004年我國的社會福利預算占中央政府總預算的17.7%來說，並不算多，占GDP的比率只有3.38%；若加上教育支出，則占GDP的比率提高到8.1%，比起工業先進國家來講仍是偏低的；二是實證上，社會福利也不一定會造成財政負擔、工作意願下降、儲蓄率下降（George and Wilding, 1984；林萬億，1999；王塗發、林向愷、林萬億，2002）。政府對社會福利可能造成經濟發展阻礙的憂慮，若不是存心污名化社會福利，就是多慮了。

這一階段的社會福利以就業服務的法案用力最深，如就業保險、大量解僱勞工保障、原住民就業保障，以及延宕已久的兩性工作平等法最為凸出，一方面顯示民進黨對勞動與女性議題的承諾，二方面也反映失業率提高對民進黨執政的壓力。

此外，基於2002年全國社會福利會議的結論，1994年以來施行的「社會福利政策綱領」應被修正，已如前章所述。

又根據第三次全國社會福利的決議，國家應制訂家庭政策，遂由內政部主責於2002年12月開始蒐集家庭政策及實施方案參考資料，並召開會議討論。隔年1月27日，內政部社會司召開研擬「家庭政策及實施方案」相關事宜跨部會座談會。2月21日及3月5日，內政部社會司再召開研擬「家庭政策及實施方案」相關事宜內部會議。4月2日，內政部社會司邀請學者專家與相關部會代表舉行研擬「家庭政策及實施方案」座談會。4月25日，內政部社會司商請臺灣社會政策學會古允文教授研擬「家庭政策及實施方案」，並分別於5月2日、6月24日召開跨部會研商會議。6月24日，臺灣社會政策學會研擬完成「家庭政策及實施方案」，社會司依據該版本草擬「家庭政策及實施方案」（草案），並分別於8月27日、9月29日、10月24日召開研商會議，復將結論於11月5日函請相關部會及地方政府提供修正意見。然意見遲遲不能整合，乃於2004年1月30日委請林萬億教授主持整合會議，將「家庭政策及實施方案」（草案）結構翻新，確定政策制訂背景分析、政策目標、政策制訂原則。3月3日完成政策內容界定，4月16日完成「家庭政策」（草案）定稿。7月20日，內政部召開跨部會協調會議通過將本草案送行政院社會福利通動委員會討論。10月18日，行政院社會福利通動委員會第八次會議通過「家庭政策」，於11月2日函發相關單位及縣市政府配合辦理。至此，我國的家庭政策亦告確定。

而之前若隱若現的照顧服務營利化趨勢，在2001年經濟遲滯成長、失業率升高的背景下，正好社會也有老人長期照顧的需求，因此，2001年5月11日，行政院張俊雄院長指示研擬「照顧服務產業發展方案」。2002年1月31日，經行政院核定，同年3月12日修正具體措施工作項目，並納入「挑戰2008國家發展重點計畫」之一。在這個方案中將服務提供者明訂為「由非營利團體及民間企業共同投入照顧服務產業」，開啟了照顧服務的福利化與營利化並存與競爭的明朗化。這種照顧服務營利化的走勢，引發了民間社會福利團體的擔憂。為此，民間社會福利團體於2004年9月舉行第二次民間社會福利研討會，呼籲政府停止照顧服務產業營利化的走向。

值得一提的是，從1980年代末就開始爭論該不該設社會福利部，或

將衛生署與內政部社會司合併設「衛生與福利部」或「福利與衛生部」，或者乾脆仿日本設「厚生部」。當然也有少數人士支持結合勞委會設「福利與勞動部」（林萬億，2002）。不論如何，臺灣是世界上少數工業國家中社會福利部門沒有設中央層級主管部會的國家。社會福利預算占中央政府總預算高達17%以上，卻沒有社會福利部會主管，而大量的經費由位階偏低的內政部社會司主管，令人擔憂其成效。因著行政院組織法的規劃，社會福利與衛生事務原訂於2006年元月合組「衛生與社會安全部」，衛生署與內政部正積極規劃兩個主管機關合併之後的新部會組織。然而，社會福利與社會工作學者、社會福利團體對新規劃的「衛生與社會安全部」名稱並不歡迎，一方面是社會安全與社會福利的學理之爭，另方面是其簡稱「衛安部」，與「慰安婦」音相近，不雅。最後如何決定，戰場在2006年後轉移到立法院。

參、實現新中間路線福利國？

執政後的民進黨立即碰到經濟不景氣，失業率攀升，貧富差距擴大。以失業率為例，1993年才1.45%，到了1996年已提高到2.6%，2000年再升高到2.99%。於是，行政院勞工委員會隨即推出一系列短期就業方案，包括：2001年推出「永續就業希望工程」，2002年推出多元就業開發方案，2003年再推出公共服務擴大就業計畫（含中小企業人力協助），以及微型企業創業貸款（2003年起）、職業能力再提升方案（2002年起）、照顧服務福利及產業發展方案（2002年起）、青年職場體驗計畫（2003年起）等。經濟不景氣本不是民進黨所預期，一系列的就業政策，基本上是向歐洲國家的積極勞動政策（Active Labor Market Policy, ALMP）取經。但是這終究是短期的因應措施，而非本質上讓民進黨成為積極勞動市場政策國家。

除了就業政策之外，執政後的民進黨在某些社會政策議題上也有明顯的作為，例如，通過社會福利政策綱領修正、家庭政策、整體住宅政策、婦女政策綱領等。其中特別是婦女政策相關議題最為凸顯，民進黨政府將國民黨政府於1997年5月6日成立任務編組的「行政院婦女權益促進委員

會」，於2002年2月29日擴大職權，採三層級模式運作，以有效推動婦女權益各項政策與措施。第一層級為議題分工小組會議，依「就業、經濟及福利」、「教育、媒體及文化」、「健康及醫療」、「人身安全」、「國際參與」五組分工運作，研擬相關提案，期以強化本會專業運作功能。第二層級為會前協商會議，針對委員會議議程及各分工小組所提議案進行協調整合，充分溝通以凝聚共識。第三層級為委員會議，就已協調完竣並具共識之重要議案做最後確認。期間總計通過「婦女政策綱領」、「婦女政策白皮書」、「婦女權益工作重點分工表」、「跨世紀婦女政策藍圖」、「婦女教育政策」、「跨世紀婦女勞動政策」、「婦女健康政策」、「各機關學校公務人員性別主流化訓練計畫」、「行政院暨所屬各機關女性人才培育計畫」、「婦女人身安全政策及實施方案」等重要議案，並促成內政部捐資成立「財團法人婦女權益促進發展基金會」。進一步，總統府也於2005年7月21日設「總統府性別主流化諮詢顧問小組」，此可見證民進黨對婦女政策的重視。其實，這必須回溯到1994年陳水扁當選臺北市長時期，即已在市政府成立婦女權益促進委員會有關。

然而，還有許多社會普遍關切的社會福利政策並沒有立即轉換成為立法或方案實踐，而只是將陳水扁總統競選政見的「三三三安家方案」，即每月三千元老人福利津貼、三歲以下兒童免醫療費用，以及青年首次購屋低利貸款之優惠利率為「按中華郵政股份有限公司兩年期定期儲金機動利率調整，惟最高不超過年息三厘」。「五五五安親照顧方案」，即達到讓婦女遭受暴力犯罪降低50%、婦女照顧家庭的負擔減輕50%，以及婦女就業率提高50%的目標等努力實現。

對於從1993年起民進黨即推動的國民年金乙案，民進黨已執政後仍在稅收制、個人儲蓄帳制、社會保險制之間擺盪許久，到2006年1月24日行政院長謝長廷下臺前，行政院會才匆匆通過以社會保險為基調，針對25歲以上未滿65歲且未加入任何社會保險的260萬人口辦理的國民年金，但卻混雜著生育、傷病、死亡、殘障等不屬於老年年金給付的小型勞工保險草案。由於未能徹底解決老人津貼的不確定性問題，又衍生制度混亂的新問題，致未能獲得社會福利團體的普遍支持。據此，新上任閣揆蘇貞昌決定重修後再提院會會議通過。2007年5月1日，國民年金法與勞工保險條例修

正案一起送立法院審議。經歷15年的爭議，國民年金法終於在2007年7月通過，預定於2008年10月1日實施。但是，礙於國民黨占多數的立法院阻擾，勞工保險條例修正案並未隨國民年金法通過，種下了國民年金與勞工保險中的無一定雇主勞工老年年金給付水準不一的後遺症。

同時，有關全民健康保險的財務赤字與醫療品質問題，雖於2000年即成立「全民健康保險體檢小組」，並於2001年成立「行政院二代健保規劃小組」，至2004年10月完成二代健保規劃案，但也是到2006年1月24日行政院長謝長廷下臺前，行政院會才匆匆通過以解決健保財務問題為主的二代健保草案，與二代健保規劃小組企圖要處理的醫療品質、財務、醫療資源配置、公民參與、健保組織改造等目標，相去甚遠。

至於因應人口老化所需的長期照顧制度規劃，在2000年後也是一波三折。首先，於2003年結束「建構長期照護體系先導計畫」，之後並未立即銜接新的後續規劃計畫，直到2004年10月成立「長期照顧制度規劃小組」，才另委託進行幾乎與先導計畫重複之我國長期照顧制度規劃研究案，造成長照制度規劃原地兜轉，進展有限，也引發社會福利團體諸多不滿。

而關係臺灣幼兒教育與照顧（Early Childhood Education and Care）甚為關鍵的幼托整合規劃案，也一拖再拖，直到2005年6月才定案。關係臺灣出生率快速下滑與人口老化議題極其重要的人口政策，也是遲遲未決，到2006年初仍未定案，直到2007年蘇貞昌院長時才完成兒童教育及照顧法（草案）送請立法院審議，惜被私立幼教園所結合立委李慶安擋下，未能過關。

2006年底新閣揆蘇貞昌上臺，為挽救漸失的社會底層支持，提出關懷弱勢的政策主張，並延攬林萬億教授擔任政務委員，大力推動社會福利。尤其是擘劃「大溫暖社會福利套案」最具代表性，影響臺灣社會福利發展至鉅。

首先，關於人口政策的制訂。鑑於人口自然增加率持續下降，為避免未來人口迅速衰退及老化，行政院曾指示經濟建設委員會及內政部於2005年9月成立專案研修小組，由胡勝正政務委員擔任召集人，任期一年，以內政部2005年8月2日函報之「中華民國人口政策綱領」（修正草案）為討

論基礎，共同研修「中華民國人口政策綱領」並據以研擬「人口政策白皮書」。依據行政院2005年9月9日函頒布「行政院人口政策綱領及人口政策白皮書研修小組設置要點」，成立「行政院人口政策綱領及人口政策白皮書研修小組」。

上揭專案研修小組及工作分組，於2005年9月至2006年3月間，邀集婦女、人口、社經、醫學等各界專家學者及各機關代表，召開多次專家學者研商整合會議，於2005年12月14日研修完成「中華民國人口政策綱領」（草案）初稿及總說明，並於2006年3月30日經專案研修小組會議修正通過報院核定。國家安全會議於2006年5月20日發表之國家安全報告，也提出關切人口結構失衡及其因應策略相關事項。

2006年5月21日，行政院蘇院長指示林萬億政務委員檢視「中華民國人口政策綱領」（草案），經提2006年6月7日本院第2992次會議討論通過，蘇院長並指示林萬億政務委員督導內政部、教育部、衛生署、經建會等相關機關，組成人口政策綱領及人口政策白皮書研修小組，針對當前最迫切之少子女化、高齡化及移民等3個議題，著手研訂具體之實施計畫報院，並據以撰擬人口政策白皮書。

此外，2006年7月27至28日召開「臺灣經濟永續發展會議」社會安全組－完善社會安全體系，對於少子女化、高齡化及移民等三大問題亦做出多項重大具體意見。內政部遂於2006年9月委託國立政治大學辦理「人口政策白皮書及實施計畫之研究」，分為「因應我國少子女化社會對策之研究」、「因應我國邁入高齡社會對策之研究」、「我國移民人口政策研究及因應對策」及「我國人口政策白皮書之規劃與研究」等4項子計畫，在研究過程中，考慮性別主流化，曾邀請行政院婦女權益促進委員會與研究團隊溝通。

為凝聚共識，依據行政院於2007年4月17日召開人口政策綱領及人口政策白皮書研修小組第三次會議之決議，邀請專家學者及民間團體於2007年6月間參加北、中、南區三場人口政策白皮書公聽會，展開政府與民間對話，讓政策透明化。該研究所得成果豐碩，計有21項政策建議及182項措施，爰以其為基礎資料，成立「人口政策白皮書撰寫小組」，以宏觀角度切入少子女化、高齡化及移民當前問題及未來人口結構趨勢，研擬因應

對策，嗣邀集相關機關多次開會討論研商完竣，擬訂人口政策白皮書，希望藉由前瞻性的人口政策，提升我國生育率，促使人口合理成長，使老年人得以頤養天年，並讓臺灣成為移民者圓夢的理想家園。人口政策白皮書經行政院2008年3月10日核定。

其次，行政院於召開經濟永續發展會議中將社會安全列為五大議題之首，並且獲致107項共同意見。行政院會後針對上開決議進行盤整規劃，於2006年9月20日核定「2015年經濟發展願景－第一階段三年衝刺計畫（2007-2009）」之「大溫暖社會福利套案」。「大溫暖社會福利套案」乃為因應臺灣當前社會經濟結構受到全球化、人口老化、少子女化等影響，出現國際移民增加、貧富差距拉大、人口老化速度加快、婦女生育率下降等新的社會現象。同時，發現當時我國的社會福利體制仍有諸多缺口，例如，老年經濟安全保障不完整、各式社會津貼層出、給付標準紊亂、軍公教人員福利相對優於勞工、社會救助體系仍嫌嚴苛、全民健康保險財務出現危機、長期照顧體系尚未建構完善、兒童教育與照顧體系欠周延，致無法因應當前國內社會、經濟環境變遷，而有重新檢討、規劃、調整之必要。其規劃理念是：(1)從社會救助、社會保險到社會照顧，全面回應國人需求；(2)實踐社會福利政策綱領九大原則，建構永續社會安全制度；(3)由消極的福利依賴邁向積極的人力資本投資。

計畫內容涵蓋四大議題：縮小城鄉／貧富差距、強化老人安養、因應少子女化、促進國民健康，計12項重點計畫。第一項議題包括：弱勢家庭脫困計畫、促進弱勢者就業計畫、提升弱勢人力資源計畫、提升社會福利資源運用效能計畫。第二項議題涵蓋：建構長期照顧十年計畫、推動國民年金制度計畫、設立人口、健康及社會保障研究中心計畫。第三項議題包括：普及嬰幼兒照顧體系計畫、完善國民教育體系計畫、移民照顧輔導計畫。最後一個議題包括：建構全人照顧體系計畫、全民健康保險制度改革計畫。「大溫暖社會福利套案」可說是民進黨執政以來規模最大、最完整、最具前瞻性的社會政策規劃，也是我國自從1965年民生主義現階段社會政策以來最具規模的社會政策規劃。

其中，於2006年底即實施的「弱勢家庭脫困計畫」，是以近貧（Near Poor）與新貧（New Poor）為對象。前者是因為我國嚴苛的貧窮線標準，

使部分低所得家戶人口雖苦於生計維持，但因工作能力、資產、撫養親屬等要件，跨不過社會救助門檻，無法得到社會救助。後者是隨著全球化、知識經濟時代來臨，贏者全贏，輸者全輸，導致從中產階級被淘汰落入近貧圈者，這些人更因工作能力、資產、生活價值等不符現行社會救助標準，而處於相對貧窮狀態。該計畫即以個人及家庭發生重大變故而陷入困境急需救助者，及處於貧窮邊緣的經濟弱勢家戶而急需救助者為對象。

除了解決近貧與新貧之外，「大溫暖社會福利套案」中最引人注目的是國民年金制度於2007年7月通過立法；長期照顧十年計畫被列為旗艦計畫，於2007年起推動；有給薪親職假與托育補助制度的規劃，以及十二年國民基本教育的逐步實施，這些都是國內當前迫切需要的社會政策。

蘇貞昌院長因民進黨黨內總統初選不敵謝長廷，而於2007年5月20日辭去行政院長一職，林萬億政務委員也跟隨去職，包括大溫暖在內諸多社會福利計畫面臨推動上的空窗與步調調整。例如，老年農民福利津貼在張俊雄院長接任後同意調漲1000元，長期照顧十年計畫、人口政策白皮書等的推動也比預期進度緩慢。

綜觀民進黨執政8年，以其政黨偏向弱勢者的屬性，推動較多社會福利政策與立法是預期的。從表2-1即可看出民進黨執政8年的社會福利成果比諸1990年代的社會福利「黃金十年」，有過之而無不及，特別是在老年經濟安全、就業安全，以及性別平等方面。其中關於老年經濟安全政策，回溯民進黨於1990年代初即推動的老年年金，試圖將臺灣的老年經濟安全體制的兩個缺口：勞工老年年金與國民年金補齊，多年來的努力沒有白費。

然而就整體來說，民進黨執政8年並沒有完全實現其在1990年代即已立志要推動的福利國的政治理想，特別是剛執政的第一任期，雖然通過一系列社會立法，但還是未觸及整體社會福利制度的改造。到了2006年5月，蘇貞昌院長任用林萬億為政務委員，才啟動一系列社會福利制度的改革，包括：國民年金、勞工保險老年給付年金化、長期照顧十年計畫、人口政策、十二年國民基本教育、弱勢家庭脫困、親職假、國際健康功能與身心障礙分類（ICF）等。

民進黨之所以會到8年執政後期才推動社會福利政策改革，原因很

多，有可歸咎於民進黨執政者，有屬外部環境不利於執政黨者。首先，民進黨的屬性並不是真正的中間偏左政黨。民進黨之所以會在在野時提出包括老年年金、取消國中小學幼稚園教師免稅、國民住宅只租不賣、降低軍公教人員退休金的所得替代率，以及取消軍公教人員退休金18%的優惠存款利息等符合社會正義的政策，是因為這些政策吻合與其結盟的弱勢團體之主張。但是由臺獨基本教義派、地方政治山頭、美麗島、福利國、新潮流、正義連線等派系所組成的民進黨，並不是一個對社會政策有高度共識的政黨。其支持者有主張臺灣獨立的資本家，也有社會底層的勞動者，有中產階級的醫師、知識份子，也有農民及挑蔥賣菜的市井小民，本來就很難對具有高度階級、族群、性別意識形態的社會政策產生共識，因此，也就沒有真正內化其在野時期所主張的中間偏左的社會政策。一旦執政，自難以立即展現其在野時的氣魄。

其次，社會政策專業仍不夠被尊重。民進黨對專業的尊重仍然以醫學、法律、工程、會計、經濟、教育等較成熟的專業為限，對社會福利政策、勞動政策專業的重視程度偏低。觀察民進黨對主管社會福利相關部會閣員的任命，即可證實。民進黨執政後，勞委會由不具社會福利或勞動專業背景的陳菊女士擔任，直到2005年8月21日高雄捷運外勞暴動案發生，陳菊於事後請辭，換上具公共衛生專長的李應元先生接任，仍然不是由勞動或社會政策專長者主政。主管社會福利的內政部也一直由卸任縣市長或政治人物擔綱；即使是主管衛生與社會福利政策協調的政務委員，也是到2004年才任命具社會福利專長的傅立葉擔任，2006年5月再由林萬億接任。而主管衛生事務的衛生署長，卻一直都尊重醫療專業，致使在社會福利政策的協調發展上，與經濟、財政、醫療等專業，存在某種不對等狀態。一旦對中間偏左的社會政策的共識不夠堅持，若再缺乏對社會福利專業的足夠信任，便很難發揮專業領導社會政策制訂與執行的效果。此外，從選舉的角度來看，民進黨執政時期歷次選戰中的政見也不若其在1990年代在野時清晰。執政了，反而不相信社會政策的吸票效果，而過度依賴政治支票與政治動員作為選舉策略。

第三，執政與在野的角色異位。作為在野黨時所提出的主張，往往是較具批判性、理想性、前瞻性的，因為不在其位，可以有政策偏好，但不

臺灣的社會福利：歷史與制度的分析

會有資源配置的問題。一旦成為執政者，馬上面臨資源配置的困境，如果要實現在野時的公平正義福利國主張，必然要採取普及的福利，例如，國民年金制度、勞工退休保險給付年金化、有給薪親職假、家庭津貼等。但是，這將帶來財政負荷增加、且會被企業界批評為錢不用在刀口上、不分貧富一律領取老年年金的不公正、福利浪費、鼓勵依賴等。如果選擇維持現狀的軍公教擁有普及福利，而其餘國民只有選擇式的福利，將悖離社會公平與正義，有違人民支持社會改革的期待。於是，就產生要壓抑社會福利、減輕稅賦以圖利商賈的累積資本；還是要普及社會福利，以取得政權合法性？陳水扁總統在2000年9月所提出的「經濟發展優先，社會福利暫緩」的呼籲，本質上就是施政資源配置的優先順序選擇。當然，抉擇本來就是在資源有限性下持續進行。一旦執政者缺乏中心思想，必然會出現擺盪的資源配置抉擇。

第四是政治資源分配與執政績效的認知問題。剛取得政權的民進黨，必須面對競選功臣、派系與地方山頭要求分配政治資源的壓力，因此，執政初期花較多時間來分配贏得政權的龐大資源，這是在野期間未嘗經驗過的富有，資源在一夕間暴富，使得部分民進黨的執政者迷失在分配既得資源，而非創造執政業績的蜜月期裡，遺忘了人民的付託。執政者有時甚至以操短線、穩定短期執政為目標，忽略必須以制度改造來博取廣大人民的支持，才能長期執政。瑞典社會民主黨於1932年首度取得政權後，靠的就是建立社會民主福利國家體制取得長期執政優勢。民進黨在野時的階級模糊，到了執政時就很難不攤牌。尤其是如同英國新工黨的第三條路，往中間偏右靠攏（Powell, 2002），陳水扁所領導的民進黨在執政初期社會政策也向右靠攏，其理由不外乎是為了繼續執政，必須向現實妥協。其實，這何嘗不是承襲國民黨執政時期的經濟掛帥的生產主義福利國的路徑依賴，因此，社會福利改革的步調搖擺。向右靠攏的社會政策與國民黨執政時期的社會政策區隔性極小，就不易取得人民的信任與認同。到了蘇貞昌院長任內，才試圖擺脫身分區隔的片段式生產主義福利國，進階到身分區隔的普及式生產主義福利國，讓國民年金保險通過，勞工保險年金化，將我國的社會保險最後一塊拼圖貼上；同時，建立長期照顧十年計畫，讓照顧服務更普及。

第五，國會掌控在泛藍手上。我國政府體制既非內閣制，也非總統制，而是雙首長制國家，總統提名行政院長不必經立法院同意，總統也不必到國會備詢，行政院長才必須到立法院被質詢。但行政院長不如內閣制國家總理擁有人事與政策自主權，卻必須負施政成敗的責任，提名行政院長的總統可隨時解除行政院長的職權。一旦立法院不是由執政黨取得多數席次，就會出現立法院杯葛行政院，但無法撼動總統的地位，因為總統是人民直接選舉產生，可是總統又無法親自指揮行政院的部會，形成總統與行政院長間的權責不對等。掌握多數席次的泛藍就可以癱瘓立法院，使行政權受到嚴重的限制，來達到折損總統威信的體制內策略，例如，刪減預算、不通過法律、疲勞轟炸式的質詢等，立法院於是變成法案的墳場、預算的拍賣店。重要法案通不過，預算被擱置，執政黨除了妥協之外，就是虛耗空轉。這就是民進黨執政幾年來，我國政治的大體景象。

第六，經濟不景氣，不利於推動社會福利的時機。經濟發展不一定同步帶動社會福利發展，但是經濟不景氣卻有十足的正當性牽制社會福利的發展。前述的1997年亞洲金融危機，再加上1999年九二一南投集集大地震的後遺症，和1995到2001年間的網路商機過度膨脹導致股票泡沫化，以及2001年9月11日美國紐約及華府遭受恐怖攻擊事件的影響，造成國內經濟成長率明顯下滑，失業率上升，臺灣明顯受到全球經濟的影響。再加上從1980年代末臺灣產業開始採取南向政策，以及1987年起臺灣海峽兩岸人民社會、經濟交流以來，臺灣在過去2、30年累積的經濟優勢已在中國崛起下逐漸消失，大量資金外流，工廠外移，無疑也是最近幾年經濟成長率下降、失業率上升的推力。而國內政治的撕裂，藍綠政黨死忠的支持者幾乎到了不可妥協的對立，或多或少影響到投資人的信心。以臺灣的經驗來看，經濟發展就不一定會帶來社會福利的成長，何況是經濟遲滯發展，絕對是緊縮社會福利的藉口。

第六節　政黨再次輪替的社會政策發展（2008年～2012年）

壹、政治經濟環境

2008年總統選舉，民進黨推出謝長廷與蘇貞昌搭配，受制於陳水扁總統的國務機要費弊案牽連和馬英九的超人氣，僅獲41.55%選票落選。國民黨的馬英九與蕭萬長獲58.45%選票當選。民進黨失去政權，國民黨失而復得，再加上國民黨在立法院的絕對多數，國民黨的再度執政可以說是「完全執政」。

如前所述，1990年代中期以後，臺灣已面對進入後工業化、全球化的低經濟成長、高失業率困境，馬英九總統在2008年1月15日競選期間發表的經濟政策白皮書提出的「633」政見，是當年最主要的政見與競選口號。這是仿自韓國總統李明博的競選口號「747」而來。「633」政見是指馬英九計畫在8年內投資愛臺十二建設2兆6,500億元，每年提供12萬個工作機會以帶領臺灣達成：平均每年經濟成長率6%、失業率降至3%以下、2016年平均國民所得達3萬美元的目標。此政見與「我們準備好了」、「馬上好」等選舉口號，使數以百萬計的選民對馬英九與政黨輪替寄予厚望。然而，在重新執政的歡欣鼓舞中即位的馬政府，立即面對始於2008年春的超大金融風暴。由於美國次級房貸掀起的金融風暴，幾乎摧毀全球金融市場。臺灣雖然直接受害的金額不大，但是間接受到波及的層面很廣。

2008年經濟成長率跌到0.73%，2009年更是負成長-1.81%。即使2010年因為前一年跌幅很深反彈，使得經濟成長率達10.72%，2011年預測經濟成長率4.04%，平均4年來的經濟成長率也僅有3.42%，與民進黨執政初期4年的平均經濟成長率3.29%，差距不大，但仍距離「633」政見的年經濟成長率6%，頗為遙遠。

2008年10月臺灣的失業率已升高到4.37%，全年平均失業率已達4.14%，回到2005年水準。有些企業以休「無薪假」方式要求勞工做一天休好幾天，例如，台塑南亞廠一個月輪休15天。有些廠要求員工在家等待接單才上工。尤其過去被稱頌的資訊業，不論是台積電、聯電、友達、明

基、奇美電、華碩、鴻海、燿華、華通，無一倖免。臺灣的資訊產業一向靠幫美國、日本上游大廠代工賺取微薄利潤，爲了競逐有限利潤空間，採取不斷擴廠，以量取勝。一旦不景氣，付不出薪水，只好請員工休無薪假；又爲了支付龐大的擴廠貸款利息，只好求助政府紓困。

2009年平均失業率更飆高到5.85%，是工業化以來最高。2010年稍微下降到5.21%。3年平均失業率達5.07%，比民進黨執政初期3年的平均失業率4.24%還高。2011年8月失業率仍達4.45%，也就是失業率距離「633」政見的年失業率3%以下也很遙遠。

2008年所得五分位差也升高到6.05倍，2009年更升高到6.34倍，僅次於2001年的6.39倍，2010年才又下降到6.19倍。國民黨再度執政3年的所得五分位差平均是6.19倍，也比民政黨執政初期3年平均的6.03倍差。2011年要回到6倍以下也是不可能的任務。顯示，臺灣的貧富差距持續擴大，特別是在經濟不景氣的時候，低所得家戶組受到的影響多於高所得家戶組。

貳、社會福利理念

馬總統2008年的競選社會福利政策，闡明是建立在「公義」與「永續」的基礎上。公義是指「瞭解各類型弱勢及其需求，有效使用與分配有限的福利資源」；永續則在於「著重制度面，兼顧族群間與世代間的公平性，建立一個可長、可久的社會安全制度」。其重要政策主張包括：

1. 新婚首次購屋、生育子女換屋，一生兩次享2年200萬零利率房貸。
2. 子女2歲前，父母育嬰假期間能夠維持六成的薪資替代水準；若父母未就業則可領取每月5,000元育兒津貼，至子女滿2歲止。
3. 提供5歲兒童免費學前教育。
4. 推動長期照護保險與立法，4年內上路。
5. 主張4年內開辦老人照護保險。
6. 政府應增加勞保基金獲利能力，提高勞保年金給付水準。勞工若選擇勞保年金，金額絕不低於國民年金。

此外，馬英九也於2008年1月31日公布財稅政策，承諾當選後將推動勞動所得退稅補貼「468方案」，針對中低收入的四口之家實施退稅補

貼，最高可達4萬6,800元，預計全臺有約90萬中低收入的工作家庭、共320萬人可受惠。

看起來，除了混淆不清的老人長期照護保險與老人照護保險之外，國民黨的社會福利理念還是停留在殘補的思維上。從其對「公義」的界定即可知，要以有限的福利資源來分配給有需求的弱勢者。從國民黨再執政後偏愛以減稅方式來推動經濟發展與社會福利，即可知所稱有限的資源是什麼意思了。稅占國民生產毛額的比率一路下滑到2010年的11.9%。例如，為了因應「促進產業升級條例」中的租稅優惠在2009年底落日，立法院於該年4月16日通過「產業創新條例」作為接續政策。除訂定研發、人才培育、營運總部和國際物流配銷中心4項功能性租稅獎勵之外，同時亦開放產業園區的申設限制，以及大幅簡化土地取得的行政程序。其中所得稅率自25%降至17%，又加入「研發投資抵減」及「中小企業增聘人員補貼」的「17+1+1」方案，遂被諷刺為「減稅、補貼、干預」的立法，立即使國家租稅每年失血483億，迫使2011年的政府預算平均要緊縮5%。這又是另一波創造貧富差距的開始，政府卻似乎樂此不疲。同時，政府債務未償餘額占國內生產毛額的比率從2008年的29.95%，攀升到2011年的35.37%（林萬億，2012）。

從前述的633、468方案，以及社會福利政見即可看出，國民黨還是走在經濟發展優先的生產主義取向的福利資本主義（Productivist Welfare Capitalism）路線；而且還寄情於新自由主義全球化下的福利私有化，例如，主張以長期照護保險來強制收取人民的保險費，一方面企圖減輕政府的財政負擔，同時希望誘導民間營利照顧產業進場提供照護服務，名之為創造銀髮產業，其實是將長期照顧私有化。簡單地說，即是將健康照護與社會照顧的服務體系建構，簡化為財務收支的管理而已。當私有化照護市場形成後，照護提供機構（廠商）會因利潤導向而誘導消費者增加需求，創造更多需求以向長照保險申領支付，如同全民健保一樣，國家強制收取保費，但不提供醫療照護，任由民營的醫療市場宰制醫療服務的提供，民營的醫療市場價格必然不斷提升，最後不是全民健保財務赤字累累，面臨倒閉，就是不斷提高保險費，或不斷提高自負額、刪減給付項目，將社會風險轉嫁給個人。

此外，國民黨堅持主張幼兒教育與照顧私有化，也是相同的邏輯。一再減稅的結果，使國庫空虛，當然無力提供托兒公共化所需經費，讓家庭自行到托兒市場去購買高價的照顧服務；又以消費者自由選擇、創造照顧服務產業之名，將兒童照顧責任家庭化，兒童照顧市場私有化。國家應支持家庭的照顧責任被推得一乾二淨，卻要求家庭生育、養育出可供資本主義市場需求的人力。

更糟糕的是無視於全球化與後工業化已使臺灣成為一個新風險社會，這種新社會風險的浮現，根本不是民進黨執政才開始，而是自1996年李登輝總統執政以來即存在。誤判時局，使馬總統飽受批評。2008年5月，馬總統任命劉兆玄為行政院長，劉兆玄宣稱4年內就要達到633，後改稱633是4年平均值。此事導致633期限模糊不清，更成為反對黨的攻擊藉口，馬英九後來澄清若是8年做不到，就捐出一半薪水。

馬英九總統在2010年就職兩週年時提出六國論：創新強國、文化興國、環保救國、憲政顧國、福利安國、和平護國來打造未來黃金十年。關於福利安國，馬總統指出，臺灣社會安全網架構不差，不過內容還要再充實，政府在為全民創造財富的同時，不能忘記分配正義，重視貧富差距擴大，政府需調整社會安全網，讓年輕人安心成家、安心生產，讓年輕人願意生產，願意結婚。雖然幼托制度改善，無法一步登天，譬如5歲入學的構想，就可從偏遠地區開始做起。社會福利的確可以安國，端看如何操作而已。

到了2012年總統選舉，馬英九所提出的「黃金十年」國家願景政見，其中願景二是稱「公義社會」，其施政主軸包括：

1. **均富共享**：改善所得分配，共享經濟發展成果。
2. **平安健康**：維護生活起居之安全與優質健康醫療環境。
3. **扶幼護老**：落實托育教保服務，健全長期照護體系。
4. **族群和諧**：推展族群文化，扶植特色產業，推動原住民自治。
5. **居住正義**：提供居住協助，調節住宅供需，健全住宅市場。
6. **性別平等**：消除性別歧視，落實「性別平等政策綱領」。

其中，均富共享靠的是社會救助新制與特殊境遇家庭扶助條例；平安健康靠推動二代健保改革；扶幼護老靠的是推動托育費用補助實施計畫、

發放0至2歲育兒津貼、提供2至5歲子女幼兒特別扣除額，以及推動長期照護保險與推動身心障礙照顧及支持服務據點；居住正義靠的是賡續辦理「整合住宅補貼資源實施方案」、「青年安心成家方案」及「青年安心成家購屋優惠貸款」，以及興建合宜及社會住宅；性別平等靠的是成立行政院性別平等處、推動「消除對婦女一切形式歧視公約施行法」，以及落實「性別平等政策綱領」等。

　　從這些具體措施就可以看出國民黨所規劃的臺灣社會福利的「黃金十年」，是如此的枝枝節節與片段零散。試問只靠放寬中低收入戶的資格而缺少稅制改革，如何能縮短貧富差距？微薄的幼兒照顧減稅能提升生育率嗎？期待過去4年已證實推不動的長期照護保險能解決人口老化問題嗎？繼續興建合宜住宅出售與有限的社會住宅出租能保證人民的居住權嗎？王順民（2011）也認為「黃金十年」對高齡少子化而來的人口海嘯問題，相關的願景藍圖和訴求主張，比較是屬於枝節末微的短期對策，以至於缺乏針對從個人老化、家庭老化、社會老化到國家老化而來的中長程規劃。

　　再從國民黨批評民進黨總統參選人蔡英文所提出的五大社會福利政策主軸：「推動公共托育的普及化」、「加速推動長期照護的十年計畫」、「打造無障礙的友善環境」、「縮小家戶貧富差距」，以及「建構完善社福體系」為「民粹式」的社會福利即可知，國民黨仍然偏愛市場化、產業化的社會福利。國民黨認為公共化不是萬靈丹，更不是面對貧富差距、少子女化與人口老化等社會問題時的唯一選項。國民黨認為倘若政府財政允許，當然可以考慮透過提供免費的服務或津貼來滿足民眾的需求，但仍須考量服務的規模，以及避免增加政府的財政負擔。亦即，國民黨政府在不增加富人稅賦與不干預托兒、養老市場的前提下，反對托育與長期照顧公共化，所以，國民黨才會把社會照顧公共化當作是「民粹式」的福利。顯然，新自由主義的思維仍然是國民黨的基調，以靠向中國（例如，簽署ECFA與和平協定）作為因應全球化的策略。

　　2012年1月14日總統選局結果出爐，馬英九與吳敦義以6,891,139票勝出，當選中華民國第13任總統、副總統，得票率51.6024%；蔡英文與蘇嘉全獲得6,093,578票次之，得票率45.6301%；宋楚瑜與林瑞雄則以369,588票墊底，得票率2.7676%。當選人於5月20日宣誓就職。然而，隨著油電

價雙漲，帶動萬物價格齊漲；一國兩區的提議再次挑動國內統獨的緊張神經；馬政府4年任期的政績不如人民期待，使得馬總統就職前的民意支持度低到只有兩成左右[1]，不風光地步上第二任期。

參、社會政策馬上好嗎？

面對全球金融海嘯，國內經濟不景氣，失業率、自殺率、工廠歇業數、竊盜案件均升高，馬政府隨即推出因應方案。2008年8月18日推出「馬上關懷急難救助」，凡合乎救助標準者向各村里辦公室、鄉鎮市公所申請，由鄉鎮市公所社工課、村里幹事、社福中心社工人員勘查認定後，核發新臺幣1萬到3萬元救助金。

2008年10月1日起內政部再推出「工作所得補助方案」，至2009年3月31日止，為期6個月，預計分2次發放。這就是前述馬總統的「468方案」競選政見。然因不可行而於一年後宣告夭折。

2008年10月22日，勞委會也跟進推出「立即上工」，針對連續失業至少達3個月以上的非自願性失業者、初次尋職者、符合就業服務法第24條第1項規定之失業者，以及災區失業者。接著又於2008年11月1日起至2009年6月30日止推出「97年短期就業措施」。為了銜接上一個方案，行政院又於2008年11月7日推出「98-101年促進就業方案」。

為了實現馬總統於選舉期間承諾當選後會持續加碼老農津貼，立法院院會於2008年7月18日火速三讀通過「國民年金法部分條文修正案」，確定農保與國民年金制脫鉤，不再將農民納為國民年金保險的當然被保險人，造成2012年總統選舉兩黨再度競相以加碼老農津貼為選舉政見的惡因。民進黨推測國民黨會為了實現馬總統2008年的競選政見而加碼老農津貼，就先下手為強，民進黨中常會於2011年7月20日直接通過調高老農津貼1,000元的提案。民進黨為了勝選背棄自己2007年整合國民年金的良法

---

[1] 520就職前，各家民調結果如下：聯合報民調滿意度23%，不滿意66%。TVBS滿意度20%，不滿意度63%。臺灣智庫滿意度24.7%，不滿意度63%。中國時報滿意度32%，不滿意度59%。民進黨民調中心滿意度25%，不滿意度70.2%。財訊雜誌滿意度19.5%，不滿意度68%。

美意，引發當年整合國民年金的林萬億、王榮璋，以及社會福利團體的強烈質疑。馬總統基於執政黨必須考量政府財政的立場，於10月18日宣布老農津貼與8項福利津貼（其實大部分是社會救助）將建立制度化調整機制，避免每逢選舉就民粹式加碼。所有福利津貼一律依消費者物價指數（CPI）每4年調漲一次；老農津貼新增申請者排富條款，據此，老農津貼加碼額度為316元。結果，國民黨農業縣立委候選人群情譁然，選民壓力蜂擁而至。不出所料，馬政府於11月17日決議跟隨民進黨腳步，調高老農津貼1,000元。這就是惡質政黨競爭的後果。破壞社會福利制度化的始作俑者是馬英九總統，要收拾爛攤子的卻是全體國民，馬總統該是否悔不當初？

　　行政院長劉兆玄於2009年1月20日召開社會安全網絡會議，決議推出「建置安全網絡、對抗貧窮失業、打造祥和社會」計畫，目標設定為：落實福利擴大照顧、關愛生命防治自殺、創造機會減少失業、立即關懷安心就學、強化治安偵防犯罪。

　　上述政策似乎無法快速提升經濟成長率、降低失業率，於是，行政院長劉兆玄於2008年11月18日宣布將撥出約829億元新臺幣預算，在農曆年前發給全臺2,300萬居民每人3,600元消費券，在隔年內使用。估計此舉可提升2009年0.64%的GDP（國內生產總值）。然而，審計部「97年度中央政府總決算審核報告」即指出為振興經濟，政府發放每人3,600元消費券，各界有消費券不得找零、轉售，不利乘數效果擴張、諮詢服務人員薪資偏高、消費券回收成本過高、民眾以消費券取代現金，產生替代效果等質疑，「發放消費券相關作業匆促，實際成效亦待觀察」。事實上，2009年經濟成長率是-1.93%，消費券恐怕沒有達到預期效果，倒是國家債務持續增加是確定的。

　　進一步，行政院於2009年2月19日核定「振興經濟擴大公共建設投資計畫」，主要架構為六大目標，包括：「完善便捷交通網」、「建構安全及防災環境」、「提升文化及生活環境品質」、「強化國家競爭力之基礎設施」、「改善離島交通設施」及「培育優質研發人力，協助安定就學及就業」，共計20大重點投資建設、64項執行計畫，實施期程自2009至2012年，總經費5,000億元。這項大規模經濟公共建設計畫並無針對社會福利

項目，其中只有第六項計畫培育優質研發人力，協助安定就業經費372.6億與就業直接有關。顯然，馬政府採取的是雨露均霑的策略，企圖以促進經濟發展造福社會大眾。雖然2010年經濟成長率反彈成長到10.88%，但是失業率與所得五分位差數字均很難看，顯示，經濟成長果實並未分享給社會大眾。

　　為了實現馬總統的政見，劉院長於2009年初即宣布提前於2010年開辦長期照顧保險。然而，由於民進黨執政時期推動的長期照顧十年計畫到了政黨輪替之後，執行進度被延宕，長期照顧服務系統並未建構成熟，根本無法實施長期照顧保險，以致這張競選支票一再延後支付，到了2010年底只好先推出無關痛癢的「長期照護服務法」（草案）暫時墊檔。

　　為了因應高房價的質疑，行政院「改善庶民生活行動方案」（2010），打算在機場捷運Ａ7站，也就是桃園龜山興建3,960戶合宜住宅，其中5%作為出租之用；另在板橋浮洲地區推出4,480戶合宜住宅，其中10%、448戶作為出租住宅。此外，2011年又推出「健全房屋市場方案」。針對社會住宅推動聯盟所倡議的社會住宅，行政院的回應並不積極，還是偏好以房屋租金補貼、興建合宜住宅出售的市場導向政策。

　　為了回應2010年超低生育率，馬政府於2011年1月提出「樂婚、願生、能養」的「少子化因應對策方案」（草案），原預訂1月底定案，內容包括：(1)加強落實家庭教育法，(2)讓房價回歸合理價位，(3)完善0至2歲育兒措施，(4)增列養育2至5歲幼兒特別扣除額，(5)5歲幼兒全面免學費，(6)釋放中小學閒置空間作為育嬰或幼兒園所，(7)試辦企業聯合托育場所，(8)加強大學畢業生就業能力，(9)性別篩選管理，以及(10)國民年金生育給付每名新生兒17,280元等10項。但是由於爭議頗多，經建會到了2011年年底並未完成規劃定案。其中只有年所得113萬元以下0至2歲育兒津貼與2至5歲幼兒特別扣除額每年2.5萬元被通過實施。在綜合所得稅制中增加2至5歲幼兒的托育特別扣除額，規劃每一名幼兒每年可享受2.5萬元的特別扣除額，但設有排富條款，只有適用綜合所得稅稅率5%及12%這兩個級距的家庭，才可享受此項減稅利益。這雖然迴避了政府直接支出的財政壓力，卻又擾亂了租稅制度。且家戶所得未達課稅標準者不能獲得優惠，高所得者也被排除在外，稅率12%的家庭每年可獲得3,000元減稅利

益，稅率5%的家庭卻只可享受1,250元。同樣年齡層的幼兒，出生在不同家庭，在政策上卻出現大小眼的對待。

從以上的政策因應來看，馬政府對金融海嘯的風險治理基調是短期數字管理及以債養債。以促進就業、振興經濟為主軸的風險治理重點在於降低失業率及提升經濟成長率，但是，短期就業並不能真正解決經濟不景氣下的失業問題；同時，政府對失業家庭的經濟支持未列為優先，導致因失業造成的家庭問題，如2008年自殺人數4,128人，比前一年多了198人、家庭暴力嚴重、因躲債而失學者眾等，均未能有效預防，社會工作在風險管理上使不上力；而為促進經濟發展的公共工程投資也未能有效規劃，致擴大內需，或4年5,000億經費，有為政治喊話與消化預算之嫌，讓這些舉債而來的預算效用不彰，至為遺憾。我國政府也藉由人民對經濟不景氣的焦慮，以及國際競相擴大舉債投資的氛圍，而以大幅舉債來應付當前危機。基本上，赤字預算並非完全不可取，倘若為了刺激消費，擴大投資，興建公共工程，也就是建設性的舉債，對國家財政是短空利多。但是，消費性的舉債就不足取了。尤其未進行財政赤字的風險評估，更讓人擔心，把當下的風險延後給未來處理，既不吻合世代正義，也非有效的風險治理。

從政黨再次輪替可以看到，有少部分社會福利政策被延續，如青年購屋貸款、短期就業措施，名稱雖被改變，但內容變化不大。但是，社會福利政策搖擺、不連續的情形卻非常嚴重。

第一是政策的否定。國民黨政府為了凸顯自己的社會福利主張，對民進黨執政時期的諸多社會福利政策做了根本的拆解，如大溫暖社會福利套案中的弱勢家庭脫困方案之1957專線被馬上關懷取代，若非馬上關懷窒礙難行，早就夭折了；又如將「長期照顧十年計畫」貿然改為4年內推動長期照護保險。

第二是政策延宕。如為了推動不切實際的長期照護保險，而延宕長期照顧十年計畫的長期照顧服務輸送體系建構；又如身心障礙者權益保障法中的國際健康功能與身心障礙分類系統（ICF）制度也被否定而延宕；2007年蘇貞昌院長時期推動的十二年國民基本教育、人口計畫均被延宕。若不是眼見生育率直直落，教育問題層出不窮，這些政策也不會突然轉變成為馬總統口中的政績。

第三是政策加碼。如將老農津貼從國民年金法中脫鉤、且將勞工保險年金給付調高致與國民年金的給付水準不一，也準備將公務人員保險法的老年年金給付率從每年0.65調高為1.3，這些都將國家債務推向一個不確定風險的未來。

第四是政策不一致。如在野期間全力封殺二代健保改革，但於再度執政後卻不得不提出二代健保的修法案。

這些因政黨對立造成社會福利制度的破壞，受害的不只是人民，也包括國家財政的穩健。這些動作都與馬總統所標榜的「建立一個可長、可久的社會安全制度」口號背道而馳。

國民黨執政後，會對民進黨執政後期所推出的社會福利政策進行拆解，首先是為了落實馬總統的競選政見。馬總統的政見偏好與可行性，端賴其專業幕僚的能力與國民黨的屬性。從上述政見中，凸顯國民黨在社會福利政策規劃上的粗糙，例如，工作所得補助方案一年後就因不可行而腰斬；又例如，馬總統2008年的政見同時出現長期照護保險與立法、老人照護保險兩者，分別由不同人主筆，最後又發現不可行。從臺灣在1990年代末國民黨執政後期已進入新風險社會的事實來看，如果是成熟的競選團隊，理應瞭解經濟高度成長的工業化時期已經遠去（見表2-1），不可能再有高度的經濟成長機會。任何政黨執政都必須面對全球化、後工業化、人口老化、少子女化的內外經濟社會環境挑戰。馬政府把2000至2008年臺灣經濟成長的遲緩，化約為陳水扁政府執政的無能，其實是錯誤歸因，也凸顯了自己的無知。

其次，缺乏社會福利專業的思考。雖然國民黨在野時有資源豐沛的國家政策基金會支撐其政策研究，且其中也有社會安全組，但是，審視馬總統的競選政見，卻出現多處極不專業的政見，如633、468、長期照護保險均是。又馬政府上任以來，初期主管社會福利政策協調的政務委員不是由社會福利專家出任，後來又由人口學家薛承泰擔綱，不難想像其社會福利政策協調的問題所在。

第三，是國民黨的政黨屬性使然。國民黨傾向殘補式的社會福利理念並沒有根本改變，又為了討好資本家，採取低賦稅政策，以致國家財政困難，無法因應逐漸成長的社會福利需求，當然會主張以社會保險、稅賦減

免，加上市場供給，來因應社會需求的增加和國家財政困窘的兩難，一方面向人民收取保險費，解國家財政不足之渴，又將服務提供推給市場，創造企業利基，何樂而不爲。然而，不斷減稅只是會繼續惡化政府財政，且透過稅賦減免根本無助於縮短貧富差距，而社會保險並無法自動提供高品質、普及、可接近且公平合理的照顧服務，全民健康保險即是一例，長期照護保險當然也是如此。想要引進企業來解決因政府公共服務提供不足的結果，後遺症是會造成市場壟斷、價格高昂且分配不均。如過去的托育私有化，經驗歷歷在目。

最後，馬英九總統在思考連任的過程中，一直都以蘇貞昌爲假想敵，也不無影響，才會要求行政院研考會一面盤整、管考馬總統的政見，同時進行比對蘇貞昌擔任行政院長時的社會福利政策，以利攻防。在比較心理下，難免有不服輸的心態，不願蕭規曹隨，以免落人口實，而出現政策的抵制或競爭。除非不得已，儘量減少依循前朝政策，如馬上關懷不可行，只好沿用1957專線；如幼托整合立法通過；發現人口問題不能迴避，人口政策只好拿出來用；不得不依法執行民進黨執政時期通過的ICF制度，但又採取延宕與貶抑；雖然馬總統政見中沒有十二年國民基本教育，但是發現教育問題不能不面對，且家長、教師均主張教育改革，只好勉強接受推動十二年國民基本教育。

至此，臺灣的社會福利政策似乎在兩個主要政黨「不能輸掉選舉」的壓力之下，顚簸前進。看來，臺灣的社會福利愈來愈多的可能性是存在的。但是，惡質的政黨競爭，也把社會福利帶到競相加碼的喊價式競標時代，財政惡化與支離破碎的可能性很高。一旦國民黨政府發現財政壓力過大，就會將之推給下一代，而走向南歐化；或是將之推給市場，形成新自由主義的外包式生產主義福利國，這並非臺灣社會福利體制建立之福。

本來，社會福利政策就是有價值判斷的，不可能中立。尤其是政黨屬性不同，社會福利政策多少會有不同。但是，不管政黨支持哪一種社會福利政策，都必須以公平正義爲前提，以制度建立可長可久爲基礎，不能將社會福利當作選舉操作、短視近利、討好選民而犧牲國家財政穩健與世代正義。

表2-1　我國社會福利發展的回顧，1945年～2011年

年代	階段	社會政策制訂	社會政策制訂背景	社會立法與方案
1945-1964	一	四大社會政策綱領： 1.民族保育政策綱領 2.勞工政策綱領 3.農民政策綱領 4.戰後社會安全初步實施綱領	1945年5月5日，中國國民黨第六次全國代表大會於重慶召開，通過四大社會政策綱領，政府遷臺後繼續沿用	1.軍人撫卹條例（1949） 2.臺灣省勞工保險辦法（1950） 3.軍人保險計畫綱要（1950） 4.陸海空軍人保險條例（1953） 5.勞工保險條例（1958） 6.公務人員保險法（1958） 7.臺灣省社會救助調查辦法（1963） 8.國軍退除役官兵輔導條例（1964）
1965-1978	二	民生主義現階段社會政策——加強社會福利措施，增進人民生活實施方針 現階段社會建設綱領 現階段加強國民就業輔導工作綱領	1964年11月24日，中國國民黨第九屆二中全會在臺北召開，通過此一政策，行政院於隔年3月25日通過「加強社會福利措施，增進人民生活實施方針」 1969年，中國國民黨第十次全國代表大會通過 1969年10月，中國國民黨第十屆二中全會通過	1.設立社會福利基金（1965） 2.省市加強社會福利措施第一期計畫（1966-1970）、第二期（1970-1974）、第三期（1974-1976） 3.臺灣省社區發展八年計畫（1968）、十年計畫（1970）、臺北市社區發展四年計畫（1970） 4.軍人保險條例（1970） 5.公務人員撫卹法（1971） 6.社區發展工作綱領（1968） 7.小康計畫（1972）、安康計畫（1973） 8.兒童福利法（1973） 9.勞工安全衛生法（1974） 10.國民住宅條例（1975） 11.當前社會福利服務與社會救助業務改進方案（1976） 12.更生保護法（1976）
1979-1989	三	復興基地重要建設方案 貫徹復興基地民生主義經濟建設方案	1979年，中國國民黨通過此一政策 1981年，中國國民黨再次強調民生主義經濟建設的重要性，並將技能訓練與就業輔導、勞工福利、醫療保健、社會保險、國民住宅及社區發展	1.當前社會工作改革措施（1979） 2.加強農村醫療保健四年計畫（1979） 3.老人福利法（1980） 4.殘障福利法（1980） 5.社會救助法（1980） 6.私立學校教職員保險條例（1980） 7.公務人員眷屬保險條例（1981）

年代	階段	社會政策制訂	社會政策制訂背景	社會立法與方案
			等6項，作為我國的社會福利體系	8.加強老人殘障福利專案計畫（1982） 9.強迫入學條例（1982） 10.加強結合民間力量推展社會福利實施計畫（1983） 11.職業訓練法（1983） 12.勞動基準法（1984） 13.特殊教育法（1984） 14.退休公務人員及配偶疾病保險條例（1985） 15.私立學校退休教職員及配偶疾病保險條例（1985） 16.農民健康保險條例（1989） 17.少年福利法（1989）
1990-2000	四	社會福利政策綱領暨實施方案 社會福利白皮書（2000）	行政院於1994年7月14日通過此政策綱領 內政部社會司於2000年4月公布	1.低收入戶健康保險暫行辦法（1990） 2.社區發展工作綱要（1991） 3.人民團體法（1992） 4.就業服務法（1993） 5.民間社會福利研討會（1993） 6.第一次全國社會福利會議（1994） 7.全民健康保險法（1994） 8.兒童及少年性交易防制條例（1995） 9.老年農民福利津貼暫行條例（1995） 10.公務人員退休法（1995） 11.公益彩券發行條例（1995） 12.推動社會福利社區化實施要點（1996） 13.性侵害犯罪防治法（1997） 14.社會工作師法（1997） 15.身心障礙者保護法（1997） 16.推動社會福利民營化實施要點（1997） 17.家庭暴力防治法（1998） 18.犯罪被害人保護法（1998）

年代	階段	社會政策制訂	社會政策制訂背景	社會立法與方案
				19.第二次全國社會福利會議（1998） 20.行政院成立社會福利推動小組（1998） 21.老人長期照護三年計畫（1998） 22.中低收入老人生活津貼發給辦法（1998） 23.公教人員保險法（1999） 24.公益彩券發行條例（1999） 25.特殊境遇婦女家庭扶助條例（2000）、特殊境遇家庭扶助條例（2009）
2000-2008	五	婦女政策綱領（2004） 社會福利政策綱領修正（2004） 家庭政策（2004） 整體住宅政策（2005） 臺灣健康社區六星計畫（2005） 「中華民國人口政策綱領」（2006） 大溫暖社會福利計畫（2006）	2004年1月9日，行政院婦女權益促進會第十八次委員會議通過。 依第三次全國社會福利會議決議修正，行政院於2004年2月通過核定 依第三次全國社會福利會議決議制定，行政院社會福利推動委員會於2004年10月通過 行政院於2005年5月24日核定 行政院於2005年4月14日核定實施，期程為2005年3月至2008年12月 行政院於2006年6月7日第2992次會議討論通過 行政院於2006年9月20日核定「2015年經濟發展願景－第一階段三年衝刺計畫（2007-2009）」之「大溫暖社會福利套案」	1.青年首次購屋低利貸款（2001） 2.職業災害勞工保護法（2001） 3.志願服務法（2001） 4.原住民族工作權保障法（2001） 5.多元就業開發方案（2002） 6.兩性工作平等法（2002）、性別工作平等法（2008） 7.照顧服務福利及產業發展方案（2002） 8.第三次全國社會福利會議（2002） 9.就業保險法（2002） 10.敬老福利生活津貼暫行條例（2002） 11.職業能力再提升方案（2002） 12.癌症防治法（2003） 13.家庭教育法（2003） 14.公共服務擴大就業計畫（2003） 15.大量解僱勞工保護法（2003） 16.微型企業創業貸款（2003） 17.青年職場體驗計畫（2003） 18.兒童及少年福利法（2003） 19.老年農民福利津貼暫行條例修正（2003）

臺灣的社會福利：歷史與制度的分析

年代	階段	社會政策制訂	社會政策制訂背景	社會立法與方案
		人口政策白皮書（2008）	行政院於2008年3月10日院臺治字第0970082951號函核定	20.性別教育平等法（2004） 21.勞工退休金條例（2004） 22.公共就業方案（2004） 23.性騷擾防治法（2005） 24.老年農民福利津貼暫行條例修正（2005） 25.公益勸募條例（2006） 26.身心障礙者權益保障法（2007） 27.精神衛生法修正（2007） 28.緊急醫療救護法修正（2007） 29.傳染病防治法修正（2007） 30.人類免疫缺乏病毒傳染防治及感染者權益保障條例（2007） 31.國民年金法（2007）
2008-2011		「性別平等政策綱領」（2011）	100年3月婦女節召開「全國婦女國是會議」，會議中並討論性別平等政策綱領。於2011年9月7日行政院婦女權益促進委員會第36次會議通過	1.勞工保險條例修正（2008） 2.馬上關懷急難救助（2008） 3.工作所得補助方案（2008） 4.立即上工（2008） 5.97年短期就業措施（2008） 6.建置安全網絡、對抗貧窮失業、打造祥和社會計畫（2009） 7.青年安心成家方案（2009） 8.「改善庶民生活行動方案」（2010） 9.幼兒教育及照顧法（2011） 10.消除對婦女一切形式歧視公約施行法（2011） 11.兒童及少年權益保障法（2011） 12.老年農民福利津貼暫行條例修正（2011） 13.年所得113萬以下0-2歲育兒津貼（2012） 14.2-5歲幼兒特別扣除額每年2.5萬元（2012）

參考書目

王塗發、林向愷、林萬億（2002）。臺灣經濟－社會－環境規劃模式之建立。行政院
　　經濟建設委員會委託研究。

王順民（2011）。關於黃金十年公義社會願景之評論，2011年10月18日，國政評論。
　　國家政策研究基金會。

內政部（1994）。社會福利政策綱領。

古善愚（1948）。一年來的臺灣社會工作。新社會，1：3，頁5-7。

民主進步黨（1993）。公平正義的福利國：民主進步黨的社會福利政策。民主進步黨
　　政策白皮書。

李明璁（1996）。國家機器、政治轉型與社會福利──以老人年金議題之發展
　　1992-1995）為例。國立清華大學社會人類學研究所碩士論文。

李瑞金編（2004）。蔡漢賢教授及其社會福利觀。臺北：松慧。

林向愷（1998）。社會福利政策與國家經濟發展之關係。論文發表於第二次全國社會
　　福利會議，臺北。

林忠正（1995）。經濟發展與社會福利，編入林萬億主編《臺灣的社會福利：民間觀
　　點》，臺北：五南。

林萬億（1991）。社會民主之路或企業自由主義：臺灣福利國家的抉擇。論文發表於
　　全國民間經濟會議，民主進步黨中央黨部舉辦，2月22-24日。臺北：臺灣大學法學
　　院。

林萬億（1994）。福利國家：歷史比較的分析。臺北：巨流。

林萬億（1995a）。福利國。臺北：前衛。

林萬億（1995b）。論中國國民黨的福利觀，編入林萬億主編《臺灣的社會福利：民
　　間觀點》。臺北：五南。

林萬億（1999）。邁向二十一世紀的後工業福利國家。社區發展季刊，88期，頁
　　27-48。

林萬億（2000）。社會抗爭、政治權力資源與社會福利政策的發展，編入蕭新煌、林
　　國明主編《臺灣的社會福利運動》。臺北：巨流。頁71-134。

林萬億（2002）。我國社會行政組織調整方向之研究。國家政策季刊，創刊號，頁
　　145-166。

林萬億（2005）。1990年代以來臺灣的社會福利發展的回顧與展望。社區發展季刊，

109期，頁12-35。

林萬億（2006）。當代社會工作——理論與方法（第二版）。臺北：五南。

林萬億（2012）。世代正義、分配正義與居住正義：現狀與前景，編入《實在年代：迎向永續》。臺北：余紀忠文教基金會。

新臺灣助選團編印（1992）。福利國答客問。

許慶雄（1991）。社會權論。臺北：眾文。

監察院（2002）。我國社會福利制度總體檢調報告。

敬老年金行動聯盟編印（1993）。敬老年金問答手冊。

薛琦（1997）。貧窮、就業與社會福利。論文發表於跨世紀的臺灣社會福利發展，臺北。

蔡吉源（1997）。社會福利支出對臺灣總體經濟的影響。臺北：中研院人文社會科學研究所。

魏啓林（2000）。政府再造運動。臺北：晨星。

劉脩如（1984）。社會政策與社會立法。臺北：五南。

劉進慶（1992）。臺灣戰後經濟分析。臺北：人間。

蕭新煌（1989）。臺灣新興社會運動的分析架構，編入徐正光、宋文里合編《臺灣新興社會運動》。臺北：巨流。頁21-48。

蕭峰雄（1994）。我國產業政策與產業發展。臺北：遠東經濟研究顧問社。

Alesina, A. and Rodrik, D. (1994). Distribution Politics and Economic Growth. *Quarterly Journal of Economics*, 465-490.

Benabou, R. (1996). Inequality and Growth. NYU. *NEBR, Working Paper*.

Bendick, M. (1989). Privatizing the Delivery of Social Welfare Services: an idea to be taken seriously, in Sheila Kamerman and Alfred Kahn eds. *Privatization and the Welfare State*. Princeton University Press.

Black, D. (1947). On the Rationale of Group Decision-making. *Journal of Political Economy,* 56: 23-34.

Deyo, Frederic C. (ed.)(1987). *The Political Economy of the New Asian Industrialism*. Ithaca: Cornell University Press.

Geroge, V. and Wilding, P. (1984). *The Impact of Social Policy*. London: RKP.

Giddens, A. (1998). *The Third Way*. Cambridge: Polity Press.

Giddens, A. (2000). *The Third and its Critics*. Cambridge: Polity Press.

Giddens, A. (2001). *The Global Third Way Debates*. Cambridge: Polity Press.

Gold, T. B. (1986). *State and Society in the Taiwan Miracle.* London: M. E. Sharpe, Inc.

Jenson, J. (2004). Changing the Paradigm: Family Responsibility or Investing in Children. *Canadian Journal of Sociology*, 29: 2, 169-192.

Li, K. T. (1988). *The Evolution of Policy behind Taiwan's Development Success.* New Haven: Yale University Press.

Lin, Wan-I (1991). Labour Movement and Taiwan's belated Welfare State. *Journal of International and Comparative Social Welfare*, 7: 1, 31-44.

Persson, T. and Tabellini, G. (1996). Is Inequality Harmful Growth? Theory and evidence. *American Economic Review*, 84, 600-621.

Pierson, P. (1994). *Dismantling the Welfare State? Reagan, Thatcher, and the Politics of Retrenchment.* Cambridge: Cambridge University Press.

Powell, M. (eds.) (2002). *Evaluating New Labour's Welfare Reforms.* Bristol: the Policy.

Tsai, Wen-Hui and Chang Ly-Yun (1985). Politics, Ideology, and Social Welfare Programs: A critical evaluation of social welfare legislation in Taiwan. *National Taiwan University Journal of Sociology*, 17, 233-262.

Chapter 3

社會福利行政體系

第 三 章

前言

社會福利行政（Social Welfare Administration）或社會行政（Social Administration），在我國通常被認為是政府所提供的社會福利，包括：政府的主管部門組織設計、政策制訂與立法草擬、社會福利方案設計與管理、社會行政人力規劃、社會福利預算編列、社會福利法規制訂與解釋、社會福利績效考核與追蹤等。這樣的觀點受到早期英國對社會行政的看法的影響較深。晚近，社會福利行政受到社會福利民營化的影響，與社會工作行政（管理）（Social Work Administration）、社會服務管理（Social Service Management）、人群服務管理（Human Service Management）已有相互為用的趨勢，將社會福利行政擴大到民間部門的社會福利提供，且更重視組織管理、社會行銷、募款、資訊管理、績效評鑑、委託契約管理、公共關係等，過去政府部門較不重視的課題（Patti, 2009）。

本章先簡述社會行政的意義，再介紹世界各工業先進國家的社會行政組織，進一步才探討我國的社會行政組織演變。至於與社會行政體系高度相關的預算與服輸送體系，則留待下章再探討。

第一節　社會行政的基本概念

壹、社會行政的定義

社會行政在不同國家有不同的定義。1987年，英國社會政策協會成立，一改過去以社會行政概念來描述英國的福利政策，而採用社會政策為名。以前英國的社會行政受到費邊社（the Fabian Society）的影響很深，他們關心的是國家提供了哪些福利，以及如何提供？而較不關心為何提供？是否應該如此提供？據此，社會行政就被定義為國家提供的福利方案及其影響（Alcock, 2003）。

美國人對社會行政的看法比較是從行政學的角度來看，認為社會行政是「轉換社會政策到社會服務的過程」。裴帝（Patti, 1983）據此認為社會（福利）行政包括了社會福利組織所有的活動，從目標形成、規劃、執行、變遷，以及評鑑的完整過程。亦即，社會行政比較常常用於公共服務，管理比較常用於私部門。不過，由於社會福利民營化的趨勢，使得社會福利行政與社會服務管理常被交互使用（Gates, 1980; Patti, 2009）。

為了凸顯社會工作專業的特性，美國社會工作學者又常將社會行政狹義地界定為社會工作行政（管理）。稱其為社會服務組織的員工運用社會過程，將機構的政策轉換為社會服務輸送的過程。而社會工作行政的內涵，主要包括人事、財政、資訊、社會服務政策與方案、組織決策與認可體系、環境影響等（Skidmore, 1995）。無疑地，社會行政的主要內涵包括組織、人事、經費、服務輸送。

貳、歐美各國的社會行政體系

世界各工業先進國家的社會福利行政主管機關設計，受到了各國政體、福利國家發展，以及社會福利方案變遷的影響，差異很大。茲舉五種常見的類型介紹（林萬億，2002），其中因第二種模式與我國規劃的衛生與社會安全部較吻合，所以較翔實地加以分析。

一、社會福利單獨設部

這類國家有丹麥、澳洲、紐西蘭等，但是所用名稱不同。例如，丹麥稱「社會事務部」（Ministry of Social Affairs），下轄現金給付，兒童、青年與家庭，老人，弱勢族群、身心障礙與住宅等5個司，以及社會研究中心、社會安全局、社會政策與立法中心、性別與平等處等相關機構。

澳洲其實有2個與社會福利有關的部會，一個是專門負責社會安全給付與服務為主的「人群服務部」（Department of Human Services），負責復健與評估、兒童支持、健康與老人、參與和家庭服務、服務輸送改革、使能服務、申請、客服、基礎結構改良等。另一個是專門負責服務的「家庭、住宅、社區服務與原住民事務部」（Department of Families, Housing,

Community Services and Indigenous Affairs, FaHCSIA），統籌主管照顧者、兒童支持、家庭與兒童、身心障礙者、老人、婦女、志願服務、心理健康、賭博與藥物、住宅與遊民、社區、澳洲原住民、國際社會安全協定等業務。

紐西蘭掌管社會福利相關事務的部會更多，包括社會福利與支持部（Department of Social Welfare and Support），負責居住、身心障礙與疾病、家庭、學生補助等；家庭與社區部（Department of Families and Communities），負責兒童照顧與社區服務；另有兒童與青年部（Department of Kids and Youth），負責少年與青年福祉和權益保障。

可見，即使社會福利單獨設部，其名稱與內容差異仍然很大，所設的部會數量與分工也不同。

二、社會事務與健康合部

目前國際上將健康與社會福利事務合部的有美國的「健康與人群服務部」（Department of Health and Human Services）、韓國的「健康與福祉部」（Ministry of Health and Welfare）、瑞典的「健康與社會事務部」（Ministry of Health and Social Affairs），以及芬蘭的「社會事務與健康部」（Ministry of Social Affairs and Health）等。

美國聯邦政府根據1909年羅斯福總統（Theodore Roosevelt）召開的白宮兒童福利會議，研討最佳照顧失依兒童的方式，會中決議設「兒童局」，旋即於1912年由塔虎脫總統（William H. Taft）任命曾參與該次會議的亞當絲女士（Jane Addams）所創的芝加哥胡爾館（Hull House）的幼兒園主任拉索普女士（Julia Lathrop）為第一任局長，是為美國聯邦政府首次設置社會福利的主管機關。到了1933年因經濟大恐慌而設「聯邦緊急救濟總署」，又到了1939年才將健康、教育、社會安全與社會服務等相關業務合併由「聯邦安全局」（Federal Security Agency）主管。到了1953年才有一個屬於部會層級的「健康、教育與福利部」（Department of Health, Education and Welfare, DHEW）。再到1979年教育部獨立，新的社會行政部門於1980年5月4日改名為「健康與人群服務部」迄今。

美國的「健康與人群服務部」為何改掉早期使用的「福利」字眼

呢？因為1980年代雷根的新保守政府採行福利緊縮策略，主張以工作福利（Workfare）替代社會福利，行政部門的設計自然也就採較具中性字眼的「人群服務」，而不凸顯「福利」的意涵。

美國「健康與人群服務部」下設健康司、行政管理司、預算科技與財務司、計畫與考核司、公共衛生與緊急準備司、立法司、公共事務司、兒童與家庭署、老人署等屬於助理部長級（等於臺灣的司長）的單位；以及非屬助理部長級的計畫支援中心、醫療照顧與醫療補助服務中心、健康照顧及品質研究管理局、疾病管制與預防中心、藥物濫用及精神衛生管理署、食品藥物管理局、毒物及疾病登記署、健康資源與服務行政局、印地安健康服務處、國家衛生研究院等；另設有總顧問、醫療照顧與聽證訴院中心、民權辦公室、信仰基礎與社區啓動辦公室、總督察、訴願委員會、全球健康事務室、全球健康技術資訊室等幕僚單位（見圖3-1）。

圖3-1 美國健康與人群服務部組織架構圖

美國雖然將健康與人群服務擺在一起，但是，「社會安全署」（the Social Security Administration）於1995年3月底獨立出來。由於美國採聯邦制，各州有自己獨立的行政設計。以社會福利行政為例，各州所用名目差異極大，如加州分設「健康服務部」（Department of Health Services）與「社會服務部」（Department of Social Services）；威斯康辛州設「健康與家庭服務部」（Department of Health and Family Services）；紐約州設「家庭扶助部」（Department of Family Assistance）與「健康部」（Department of Health）。

　　此外，由於土地遼闊，美國聯邦健康與人群服務部在10個區設有區辦公室，包括：波士頓、紐約、費城、亞特蘭大、芝加哥、達拉斯、堪薩斯市、丹佛、舊金山、西雅圖。

　　瑞典的「健康與社會事務部」下轄6個司：社會保險、社會服務、健康照顧、公共衛生等司，以及瑞典遺產基金委員會。此外，設17個政府機構、國家服務單位、研究院及各種委員會（見圖3-2）。

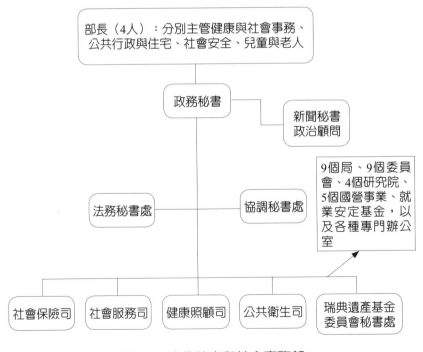

圖3-2　瑞典健康與社會事務部

芬蘭的「社會事務與健康部」（Ministry of Social Affairs and Health）主管福利促進、健康與社會服務、所得安全、職業安全、保險、性別公平等事項，下設行政、保險、家庭與社會事務、健康、財務規劃、就業安全與健康等司，儲備、國際事務、顧問、資訊與溝通、性別平等辦公室，以及平等監察、藥價、兒童監察等委員會。

韓國的「健康與福祉部」就更簡化了，下設健康照顧政策室、社會福利政策室、高齡社會與人口政策室、健康政策局、健康產業局、身心障礙政策局、計畫協調室，以及屬於幕僚單位的部長政策顧問、社會政策促進局、發言人室、督察室、人力資源處、綜合服務處。可見韓國的健康與社會福利業務下放地方的情形很明顯。

從上述4個與臺灣社會福利行政部會設置相似的國家之組織架構中，可看出以下幾個特色：

1. 美國的組織龐大。由於美國屬聯邦制國家，且國土面積特大，又必須介入全球事務，因此，設了9個助理部長級的司、9個業務執行的局署，以及9個人民服務與幕僚辦公室，其中健康部門單位多於人群服務部門單位，這與美國人群服務事務大量下放州政府層級有關。另外，為因應土地遼闊，設有10個區辦公室。

2. 中小型國家如韓國、瑞典、芬蘭，衛生與社會行政部會的司署數量很少，幾乎都是健康照顧、公共衛生、社會服務、社會保險各一個司，再加上若干幕僚單位與委員會。

3. 衛生與社會服務的直接提供服務單位在地方政府，中央政府僅提供政策制訂、資源配置、監督評鑑。

4. 政策制訂與業務執行單位分開，如社會保險司與社會保險給付局（署）分開。

5. 除了美國將社會服務分為兒童家庭、老人2個司（署）外，其餘三國均將社會服務劃歸於一個司統管，避免家庭成員被切割。

三、社會事務與勞工行政合併

這一類國家典型的例子是德國的「勞工與社會事務部」（Ministry of Labor and Social Affairs）。不過，德國的社會福利另有個主管部會，稱

為「家庭事務、老人、婦女與青年部」（Ministry of Family Affairs, Senior Citizens, Woman and Youth）。可見德國是將社會福利中的經濟安全（或社會安全）與社會照顧（Social Care）切割為2個部門。前者與勞動合部，後者自行成部，健康事務則另設一個健康部（Ministry of Health）掌理。德國會將社會事務中的社會保險與勞動放在一起，而將社會照顧另設部門，是因其社會政策的發展以職業別的社會保險為主，保障勞工的社會安全與就業息息相關。

社會福利行政部門調整也是受國家社會政策走向的影響。以英國為例，在1919年就設立了健康部，1945年以前年金與社會保險分屬不同部會主管，1945年為了推行貝佛里奇報告書（the Beveridge Report）而設立「年金與國民保險部」。1966年因社會安全法通過而改為「社會安全部」，負責年金與國民保險，以及新成立的補充給付委員會。1968年為了推動國民健康服務（NHS）改革，以及因應西伯恩委員會（Seebohm Committee）的建議，聘用專業社會工作者來提供社會服務。於是，一個新的社會服務部門稱為「健康與社會安全部」出現，以利整合社會服務與健康照顧服務。1980年代末再次為了推動國民健康服務改革，以及推行社區照顧（Community Care），於1989年又將「健康部」獨立出來（Glennerster, 2007）。2001年的政府改造中，將原有勞動、社會安全、教育、健康各自獨立設部，改為「工作與年金部」（Ministry of Work and Pensions）與「教育與技術部」（Ministry of Education and Skills），「健康部」（Ministry of Health）則維持不變。前者由「社會安全部」，以及部分「教育與就業部」合併組成，下轄家庭與兒童司、年金服務司、就業開創中心（Job Centre Plus），以及兒童支持局（Child Support Agency）。英國的新工黨政府設立此一新部會的用意，在於執行「以福利促成工作」（Welfare to Work）的策略。2010年保守黨再度執政，並沒有更動內閣組織設計。

四、社會、勞工、健康行政合併為一部

日本是這類設計的代表，稱為「厚生勞動部」（Ministry of Health, Labor and Welfare），將早年的厚生省與勞動省合併，轄下設大臣官房

（含統計情報部）、醫政局、健康局、醫藥食品局（含食品安全部）、勞動基準局（含安全衛生、勞災補償部）、職業安定局（含高齡與障害者僱用對策部、派遣與短期勞動對策部）、職業能力開發局、僱用均等與兒童家庭局、社會與援護局（含障害保健福祉部）、老健局、保險局、年金局、政策統括官等局，以及20個獨立行政法人（9個研究所法人、9類機構法人、一個國立醫院法人）、144家國立醫院、13個審議委員會，2個外局（社會保險廳、中央勞動委員會）。日本政府大量設置獨立行政法人協助進行健康、福祉、勞動研究，同時設置獨立行政法人的國家醫院、社會福利機構來提供公共化健康與社會福利服務。

雖然日本中央已將兩省整併，但是地方政府各有不同設計。以東京都廳爲例，設有福祉局、健康局；再以較鄉下的秋田縣爲例，設有健康福祉部。而勞動與產業合局（部）。東京都福祉局下轄生活福祉部、高齡者部、兒童家庭部、障害福祉部、保險部、總務部。

可見即使中央將社會、勞動、健康合爲一部，地方政府仍可採分立，並不牽涉到中央與地方必須同步調整的問題。

五、社會福利與其他事務合部

這類國家如荷蘭的「健康、福利與體育部」（Department of Health, Welfare and Sport）。不過，荷蘭另有一個部會很像德國的設計，稱爲「社會事務與就業部」（Department of Social Affairs and Employment），與健康與福利有關的歸前者主管，和社會安全與就業有關的歸後者主管。新加坡的「社區發展、青年與體育部」（Ministry of Community Development, Youth and Sports）也是這一類。但是新加坡並沒有將社會福利當成是國家的施政重點，因此，政府內閣部會並無社會福利名稱。倒是新加坡有健康部，這與過去臺灣的情形很像，社會福利隱含在內政部之下，確有掌管衛生事務的衛生署。

第二節　我國的社會行政組織

　　我國政府部門的社會行政組織受到早期國民政府在中國大陸時期的經驗影響，以及政府遷臺後，國家的形成、政府組織的設計、社會福利方案的推出，以及資源分配等的左右，社會行政組織迭有變革。本節將我國的社會行政組織演變依其主管業務分化的經驗，加以分期為5個階段分述如下。

壹、社政、衛政、勞政均隸屬內政部時期（1945年～1970年）

一、中央政府

　　國民政府在大陸時期，1911年時賑恤、救濟、慈善、感化、衛生等屬於社會福利相關的業務，概隸屬內務部主管。為提升革命後的國民健康，1918年設衛生部，是為我國中央設衛生主管機關的開始。後因國共內戰、外犯及政局不穩，中央衛生主管機關時大時小，極為不穩。1931年衛生部被廢，改設內政部衛生署，1936年又升格為行政院衛生署，1938年再降為內政部衛生署，1940年又改回到行政院衛生署。1947年設衛生部，1949年5月改設內政部衛生署，同年8月再改為內政部衛生司。由於地位低，經費少，編制小，主要業務仰賴臺灣省政府衛生處辦理。

　　1940年10月11日，國民政府公布社會部組織法，同年11月1日，社會部依法成立，主管全國社會行政事務，職掌大致分為社會救濟、社會福利、社會組織（人民團體組訓）、社會運動、社會服務（包括職訓介紹）、勞工行政與合作行政等。

　　日治時期的1924年以前，臺灣的社會事業行政屬臺灣總督府內務局市街庄課主管。之後，學務課、編修課、社寺課、市街庄課合併為內務局文教課，社會事業行政屬文教課下設之社會事業係。1926年，內務局文教課改組擴大為文教局，下設社會課，主管全島社會事業行政，置課長1人，課員3人，辦事員2人，雇員5人。各州內務部教育課下設社會係，主管各州之社會事業行政（熊光義與楊鴻義，1952）。

　　1949年國民政府遷臺後，社會部裁併入內政部，將有關業務分設社會

司與勞工司辦理，前者主管人民團體、社會福利、社會救濟、社會保險、平民住宅及合作事業等；後者主管就業輔導、職業訓練、勞工福利及教育、勞工團體、勞動條件、工礦安全衛生及檢查、勞資關係等。如同衛生司一樣，社會司、勞工司僅是內政部所轄幕僚單位之一，並非獨立的行政體系，故形式上內政部為我國的最高社會福利主管機關。

依據1949年5月14日總統公布之內政部組織法，社會司之職掌為（國史館，1998）：

1. 關於社會服務事項。
2. 關於社會福利事項。
3. 關於社會救濟事項。
4. 關於兒童福利事項。
5. 關於國際兒童救濟之合作與聯繫事項。
6. 關於社會習俗改善輔導事項。
7. 關於農漁團體及工商團體之登記監督事項。
8. 關於普通團體及自由職業團體之登記監督事項。
9. 關於國際團體之參加協助及外國僑民團體之登記考察事項。
10. 關於人民團體相關之調整聯繫事項。
11. 關於社會運動之倡導促進事項。
12. 關於工作競賽之推動事項。
13. 關於其他社會行政事項。

社會司下分設職業團體、社會團體、社會福利、社會保險、社會救濟、社區發展、傷殘重建、合作行政、合作運動、社會運動10科推展業務（蔡漢賢，1988）。

二、地方政府

（一）臺灣省政府社會處

1947年二二八事變發生後不久的6月1日，臺灣省政府社會處成立，接管前行政長官公署民政處第二科所主管的社會行政業務。「二二八事件調查報告」中對於事件發生的原因，部分歸因於日人殖民統治的遺毒，以及失業工人的不滿，因此，社會處於成立後6日即公布「臺灣省人民失

業調查及救濟辦法」，10日後即展開失業工人及其分布情形調查。這樣的政治經濟環境，也使得社會處的功能承襲了國民政府在南京時期的人民組訓與社會運動均納入社會行政的工作內容之一（林萬億，1994）。依照臺灣省政府合署辦公施行細則之編制，設立6科如下（臺灣省文獻委員會，1992）：

1. 第一科：職掌有關勞工行政等事項。
2. 第二科：職掌有關人民團體組織輔導及國民就業輔導等事項。
3. 第三科：職掌有關社會服務、國民義務勞動等事項。
4. 第四科：職掌有關婦女、幼兒等社會福利事項。
5. 第五科：職掌有關社會救助、勞工保險等事項。
6. 第六科：職掌有關總務事項。
7. 國民住宅興建管理室：職掌有關興建管理國民住宅等事項。
8. 少年輔導室：職掌有關少年感化教育等事項。
9. 秘書室。
10. 檢核室。
11. 安全室。
12. 人事室。
13. 主計室。

1965年，社會處內部增設新聞聯絡室。翌年，運用人力資源，以明瞭勞動力狀況，輔導國民就業，增設國民就業輔導室。1968年將新聞聯絡室正式納入編制為新聞室。

在附屬機構方面，社會處成立之初，僅有省立臺北救濟院、省立臺北育幼院兩單位，嗣合作事業管理處劃規管轄，各救濟（屏東、花蓮、澎湖）、育幼（臺中）、習藝、婦女教養院所、榮譽國民之家（屏東、新竹、臺南、花蓮、雲林、太平、岡山、馬蘭）、反共義士生產輔導所、少年感化院（桃園、彰化、高雄）相繼成立，至1957年5月底止，附屬機構已達21個單位（臺灣省社會處，1957）。隨後，1963年成立白河榮譽國民之家。1965年設立北區、中區、南區3個國民就業輔導中心，業務內容為輔導求職、求才、就業訓練、職業指導等項目；同年，將原1962年設置之勞動力調查統計研究發展小組改設成勞動力調查研究所。1966年，高雄區

和基隆區再增設2個國民就業輔導中心。1967年，設立省立高雄育幼院。至1968年底，附屬機構單位數已從1957年的21個單位增至29個單位（臺灣省文獻委員會，1992）。

（二）臺灣省各縣市政府社會行政體系

臺灣省各縣市之社政機構自光復後即由縣市政府在民政局（科）之內，設社會課（股），主辦社會行政業務，為三級機構。然隨著社政業務日趨繁重，為因應實際需要，省政府社會處於1954年2月10日，擬具臺灣省各縣市社政機構調整方案，將各縣市政府之社會課（股），一律改為社會科，直隸縣市政府，為二級機構，此案經省政府委員會議決，併入縣市政府組織調整方案辦理（臺灣省社會處，1957）。直至1961年3月10日，臺灣省政府公布實施「臺灣省各縣市政府組織規程準則」，將基隆、臺中、臺南、高雄4市原隸民政局之社會課改為社會科，改制前的臺北市政府社會科改為社會局（董翔飛，1973）。

（三）臺北市政府社會局

臺北市於1968年7月1日改制為院轄市，直接隸屬於行政院，臺北市的社會行政機關乃由原臺灣省轄下之臺北市政府社會局，改制稱為臺北市政府社會局，下設5科，分別辦理人民團體組訓、勞工行政、社會運動與社會服務、社會救助與社會福利、社區發展、合作行政等項社會福利行政工作。另外設有主計室、人事室2個幕僚單位，分別掌理歲計、會計、統計及人事管理工作（白秀雄，1981）。當時的附屬單位計有國民就業輔導所、市立救濟院、市立托兒所、市立殯儀館（臺北市政府，1988）。

貳、社政、衛政、勞政分立時期（1971年～1987年）

一、中央政府

1971年，行政院衛生署成立，中央衛生行政主管機關位階與功能均得以提升。當時的組織架構是衛生署下設4處（醫政、藥政、防疫、環境衛生）、1室（保健）。附屬機關則有預防醫學研究所（1975年7月成立）、藥物食品檢驗局（1978年9月成立）、麻醉藥品經理處，以及檢疫所等7處。再於1982年擴大編制，增設食品處，並將環境衛生處歸環保署主管，

另改設保健處。臺灣省政府衛生處除轄下6個業務科外，另有22個省立醫院、3個結核病防治院、防癆局、衛生試驗所、環境衛生實驗所、公共衛生教學實驗院、婦幼衛生研究所、傳染病研究所、家庭計畫研究所等附屬機構。社會司、勞工司仍留在內政部。

1973年7月13日，「內政部組織法」修正公布，此次修訂，內政部設民政、戶政、役政、社會、勞工、地政、營建、總務8司及秘書室，社會司之職掌如下（國史館，1998）：

1. 關於社會福利之規劃、推行、指導及監督事項。
2. 關於社會保險之規劃、推行、指導及監督事項。
3. 關於社會救助之規劃、推行、指導及監督事項。
4. 關於社區發展之規劃、推行、指導及監督事項。
5. 關於社會服務之規劃、推行、指導及監督事項。
6. 關於殘障重建之規劃、推行、指導及監督事項。
7. 關於農、漁、工、商及自由職業團體之規劃、推行、指導及監督事項。
8. 關於社會運動之規劃、倡導及推行事項。
9. 關於合作事業之規劃、推行、管理、調查、指導及監督事項。
10. 關於社會工作人員之調查、登記、訓練、考核及獎懲事項。
11. 關於社會事業之國際合作與聯繫事項。
12. 關於其他社會行政事項。

社會司下分設職業團體、社會團體、社會福利、社會救助、勞工保險、合作事業、社會運動7科推展業務。其中僅有社會福利、社會救助、勞工保險等3科屬社會福利，其他5科屬內政業務，此3科職掌臚列如下（白秀雄，1981）：

1. 社會福利科
   (1) 關於婦女福利、兒童福利、老人福利、殘障福利、少年感化、農民與漁民福利之規劃、推行、指導監督事項。
   (2) 關於婦女地位之促進及不幸婦女之拯救事項。
   (3) 關於社會服務及平價住宅的規劃指導監督事項。
   (4) 關於社會福利政策之實施及社會福利基金之指導、聯繫、檢查

報告事項。

(5) 關於社會工作有關之國際技術協助受領人遴選事項。

(6) 社會工作有關的國際活動及外賓接待事項。

(7) 關於社區發展之規劃、推行、指導、監督事項。

(8) 關於社區發展計畫研究與人員訓練事項。

(9) 關於社區發展資料之蒐集、編撰及國際往來資料交換事項。

(10)關於社會福利法令之研擬、修訂及解釋事項。

2. 社會救助科

(1) 關於老弱孤寡貧病者之經常救助事項。

(2) 關於大陸流亡難胞之救助及外島戰地救濟事項。

(3) 關於緊急災害之救濟事項。

(4) 關於公私經常救濟設施之立案登記及考核事項。

(5) 關於國際救濟物資之審核分配及免稅進口事項。

(6) 關於貧民免費醫療、習藝及就業事項。

(7) 關於社會救助之國際聯繫及配合事項。

(8) 關於救濟法令之研擬、修訂及解釋事項。

3. 勞工保險

(1) 關於勞工保險法令之研擬、修訂、解釋及審查事項。

(2) 關於勞工保險範圍之規劃擴展事項。

(3) 關於勞工保險業務之指導監督事項。

(4) 關於勞工保險機構之監督管理事項。

(5) 關於其他各類社會保險之聯繫配合事項。

(6) 關於社會保險制度之籌劃建立事項。

(7) 關於中央各機關學校、工友、司機、技工參加勞工保險之審核與負擔保險費事項。

(8) 關於社會保險之國際聯繫及配合事項。

1965年的「民生主義現階段社會政策」中，即已提及採社區發展的方式來推動社會福利；且明訂僱用曾受專業訓練之社會工作員，負責推展各項工作。於是，自1973年起，臺灣省開始試辦聘用社會工作員。據此，社會工作的業務納入社會福利科下管轄。同時，現代社會福利的觀念已逐漸

引進臺灣，社會福利科管轄業務，已清楚地看到對兒童、婦女、殘障、老人等不同人口群的福利服務項目，但對少年仍然以感化業務為主。

1981年1月21日，「內政部組織法」第三次修正，營建司獨立成署，內政部改設7司1室，社會司主管事務增列「關於社會團體之規劃、推行、指導及監督事項」一項（國史館，1998）。社會司下增設第八科，掌管農漁會輔導業務，其中與社會福利有關的社會福利、社會救助及勞工保險3科的執掌，與之前大致相同。另內政部下設職訓局，主管職業訓練業務並監管就業輔導業務，分擔原勞工司的部分工作。此時期內政部與社會司組織系統如圖3-3與圖3-4（蔡漢賢、林萬億，1984）所示。

1987年7月13日，總統令修正公布內政部組織法與公布行政院勞工委員會組織條例，內政部改設6司1室（詳見圖3-5）；同年8月1日，成立行政院勞工委員會（詳見圖3-6），將原屬內政部主管之勞工行政相關事務劃歸行政院勞委會；社會司則裁撤勞工保險科，由8科減為7科（詳見圖3-7）（白秀雄，1989）。

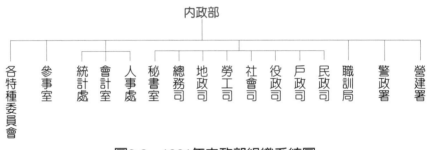

圖3-3　1981年內政部組織系統圖

圖3-4　1981年社會司組織系統圖

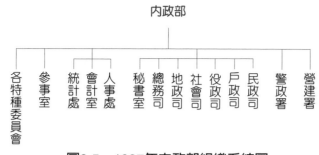

圖3-5 1987年內政部組織系統圖

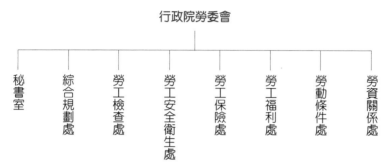

圖3-6 1987年行政院勞委會組織系統圖

圖3-7 1987年社會司組織系統圖

二、地方政府

（一）臺灣省政府社會處

1970年代末，省政府社會處將所屬單位與執掌，做了更明確的劃分（臺灣省文獻委員會，1992）：

1. 第一科：分勞工組織股、勞工福利股、勞工行政股等3股。

2. 第二科：分職業團體股、社會團體股、漁業組織股等3股。

3. 第三科：分國民義務勞動股、社會運動股、社會輔導股、社會服務股、社會訓練等5股。

4. 第四科：分社會福利股、婦女兒童福利股、保育人員輔導股等3股。

5. 第五科：分社會救濟股、社會保險股、榮民之家行政股、特種救濟股、教導股、習藝股等6股。

6. 第六科：分文書股、編輯股、事務股、出納股、譯電股等5股。

7. **國民住宅興建管理室**：職掌有關國民住宅興建事項。

8. **少年輔導室**：職掌感化教育及出院犯罪少年輔導等事項。

9. **國民就業輔導室**：職掌就業輔導及勞動力調查事項。

10. **檢核室**：職掌公文檢核以及業務檢查等事項。

1972年為健全組織功能，精簡機構，將社會福利基金管理委員會裁撤併入社會處內部為一科，社會處內部單位檢核、新聞等2室併入秘書處，安全室則併入人事處。1973年，社會處內部增設第七、八、九科並調整內部單位職掌，將掌管總務之第六科改為總務室，國民住宅興建管理室改為第六科，少年輔導室改為第七科，國民就業輔導室改為第八科，相關機構社會福利基金管理委員會裁撤後改為第九科。1976年，主管國民住宅興建管理的第六科移撥新成立的臺灣省國民住宅興建委員會，主管少年輔導的第七科併入第四科，主管社會福利基金的第九科併入第三科，經裁併後的內部業務單位由9科減少為6科。至1977年6月底止，社會處分6科4室辦理事務，各單位職掌如下（臺灣省文獻委員會，1992）：

1. 第一科：主管勞工行政、勞工組織、勞工福利等事項。

2. 第二科：主管社會運動、人民團體輔導等事項。

3. 第三科：主管社會福利基金管理與運用、社區發展、公墓管理等事項。

4. 第四科：主管婦女、兒童與殘障福利、少年感化教育等事項。

5. 第五科：主管公共救助、勞工保險等事項。

6. 第六科：主管國民就業輔導、職業訓練勞動力調查與技能檢定等事項。

7. **秘書室**：職掌綜合業務、經濟動員、新聞、研究發展等事項。

8. **主計室**：職掌歲計、會計、統計等事項。

9. **人事室**：職掌人事管理、人事查核等事項。

10. **總務室**：職掌總務管理等事項。

1979年，勞動力調查之業務由行政院主計處接辦，所遺留專技人力調查業務與勞動力調查研究所人員，將併入社會處內部，增設社會工作室，以因應各縣市聘用社會工作員之督導與訓練業務。

在附屬機構方面，1971年，反共義士生產輔導所移撥行政院國軍退除役官兵輔導委員會接管，婦女教養所改名為婦女習藝教養所。1973年，成立彰化榮譽國民之家與北區職業訓練中心。1974年，成立彰化救濟院。1976年，全省公私立救濟院名稱修正為仁愛之家。1981年，為照顧肢體殘障青年，授予一技之長，以使其學習自力更生的技能，將收容無業遊民的省立習藝所改制成立仁愛習藝中心；為收容教養未滿18歲智能不足的兒童，成立雲林啟智教養院；為照顧18歲以上中度與重度智能不足者，成立臺南教養院。同年7月，臺北、彰化、高雄等3個少年輔育院移撥法務部接管；新竹、臺南、屏東、花蓮、太平、馬蘭、岡山、白河、雲林、彰化等。1985年3月，成立南區職訓中心。1986年3月，成立社會福利工作人員研習中心，以拓展社會福利事業之領域（臺灣省文獻委員會，1992）。至1987年底，臺灣省社會處各科室及附屬單位的組織系統與職掌，如圖3-8（臺灣省社會處，1987）所示。

（二）臺北市、高雄市政府社會局

1969年，臺北市政府社會局為配合業務需要，增設一科專辦社會福利服務工作。1972年1月，因社會行政工作日趨紛繁，為提高行政效率，增設研究發展考核室。1973年6月，配合政府實施精簡政策，乃裁減研究發展考核室、安全室暨社會活動中心，另編入社會福利基金管理委員會。1978年7月，成立社會工作室，專責推動社會工作專業（臺北市政府，1988）。

在附屬機構方面，1969年，將市立救濟院改編為市立綜合救濟院、國民就業輔導所升格更名為國民就業輔導處，另設置工礦檢查所、建成托兒所、第一榮譽國民之家、社會活動中心。1970年，設置龍山托兒所、少年

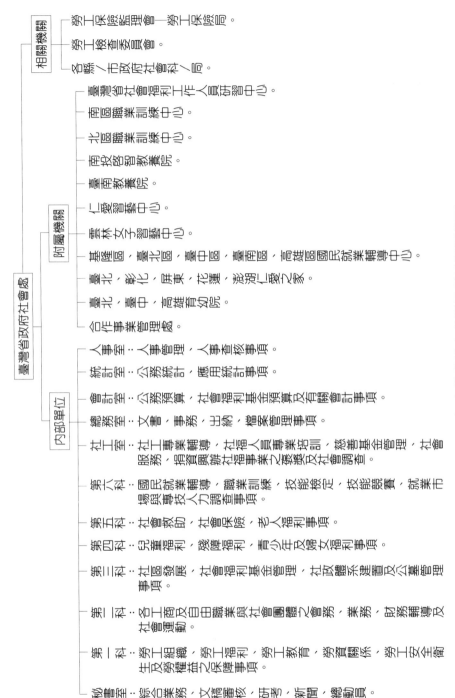

圖3-8　1987年臺灣省社會處組織系統與職掌圖

臺灣省政府社會處

相關機關
- 勞工保險監理會─勞工保險局。
- 勞工檢查委員會。
- 各縣／市政府社會科／局。

附屬機關
- 臺灣省社會福利工作人員研習中心。
- 南區職業訓練中心。
- 北區職業訓練中心。
- 南投啟智教養院。
- 臺南教養院。
- 仁愛習藝中心。
- 雲林女子習藝中心。
- 基隆區，臺北區，臺中區，臺南區，高雄區國民就業輔導中心。
- 臺北，彰化，屏東，花連，澎湖仁愛之家。
- 臺北，臺中，高雄育幼院。
- 合作事業管理處。

內部單位
- 人事室：人事管理，人事查核事項。
- 統計室：公務統計，應用統計事項。
- 會計室：公務預算，社會福利基金預算及有關會計事項。
- 總務室：文書，事務，出納，檔案管理事項。
- 社工室：社工事業輔導，社福人員專業培訓，慈善基金管理，社會服務，捐資興辦社福事業之褒獎及社會調查。
- 第六科：國民就業輔導，職業訓練，技能檢定，技能競賽，就業市場與專技人力調查事項。
- 第五科：社會救助，社會保險，老人福利事項。
- 第四科：兒童福利，殘障福利，青少年及婦女福利事項。
- 第三科：社區發展，社會福利基金管理，社政體系建置及公墓管理事項。
- 第二科：各工商及自由職業與社會團體之會務，業務，財務輔導及社會運動。
- 第一科：勞工組織，勞工福利，勞工教育，勞資關係，勞工安全衛生及勞權益之保障事項。
- 秘書室：綜合業務，文稿審核，研考，新聞，總動員。

輔育院。1971、1973年,分別設置松山、雙園兩托兒所。1974年,因應社會行政工作發展之需要,設立第二榮譽國民之家;同年12月,將綜合救濟院改名為廣慈博愛院。1976年至1979年間,陸續設立城中、南港、中山、木柵、大安和古亭等托兒所。1981年,裁撤第一榮民之家、第二榮民之家(改隸退除役官兵輔導委員會)及裁撤少年輔育院。1982年,設立陽明教養院、內湖托兒所。1983年,設置士林、信義、民生三托兒所與老人自費安養中心。1984年至1986年間,又設置成功、大同、北投和自強等托兒所,截至此時,共計已設有18所公立托兒所。另於1986年3月1日,設置浩然敬老院(臺北市政府,1988)。

綜上所述,至1986年底,臺北市政府社會局下設6科4室,以及浩然敬老院、廣慈博愛院、國民就業輔導處、工礦檢查所、殯儀館、社會福利基金管理委員會、各區托兒所,以及陽明教養院(詳見圖3-9)(蔡漢賢,1988)。

1987年,因應中央成立行政院勞委會主管勞工行政業務,配合實際業務需要,臺北市政府社會局將第二科勞工行政業務及相關附屬機構與單位劃出。依1987年11月6日修正之臺北市政府社會局組織規程,社會局下設5科、1室及1中心,分別掌理(白秀雄,1989):

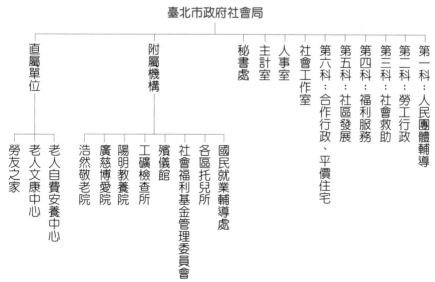

圖3-9　1987年臺北市政府社會局組織系統圖

1. 第一科：人民團體組訓、各項慶典、合作行政等事項。
2. 第二科：低收入戶生活扶助、醫療補助、急難救助、災害救助、平價物品供應、平價住宅管理及居民輔導等事項。
3. 第三科：老人福利、殘障福利及按摩業管理等事項。
4. 第四科：兒童福利、青少年福利及婦女福利等事項。
5. 第五科：社區發展、社會活動及殯儀服務之推行與督導等事項。
6. 社會工作室：專業社會工作之推進與實務之處理及辦理社會調查等事項。
7. 老人自費安養中心：老人安養服務、提供實質生活、精神活動、文康娛樂、健康指導及專業服務等事項。

此外，社會局另設有殯儀館、廣慈博愛院、浩然敬老院、陽明教養院、托兒所、社會福利基金管理委員會等附屬單位。

高雄市於1979年7月1日改制為直轄市，此後逐漸拓展其社會福利業務，其社會局的內部組織與臺北市政府諸多相似，在此不贅述。

（三）臺灣省各縣市政府社會行政體系

1975年，臺灣省政府社會處為建立完整的社會行政體系，以加強基層社會建設，決定除澎湖、花蓮、臺東外，將其他各縣市政府社政機構升格改制，由原來屬於民政局的社會課，改為二級單位之社會科；基隆、臺中、臺南、高雄4個省轄市改為社會局，並擴大業務，以加強其組織，建立社政機構的完整體系，奠定社會行政的基礎（臺灣省文獻委員會，1992）。

1979年，高雄市政府改制為直轄市後，1982年7月1日，新竹市、嘉義市也從縣轄市升格為省轄市。從此，臺灣省各縣市政府的社會行政體系歸納為四種型態，第一種是5個省轄市（基隆、新竹、嘉義、臺中、臺南）的社會局，下設國民住宅、合作行政、社會福利、勞工行政等5課；另外三種是依16個縣人口差異，設立不同等級之社會行政單位，依1982年5月修正之「臺灣省縣市政府組織規程準則」，人口150萬以上者設社會局，人口50萬未滿150萬者設社會科，人口未滿50萬者在民政局設社會課辦理社會行政事務。據此規定，第二種是臺北縣政府的社會局，其內部組織與省轄市社會局相似；第三種是宜蘭、桃園、新竹、苗栗、臺中、彰化、南

投、雲林、嘉義、臺南、高雄、屏東等12個縣的社會科，下設勞工行政、社會福利、合作行政及社會行政4股；第四種是澎湖、花蓮、臺東等3縣在民政局下設社會課（臺灣省文獻委員會，1992）。

參、社會福利行政組織升格規劃時期（1987年～1998年）

隨著1980年代我國社會立法加速通過、社會福利支出擴增，以及人民對社會福利的期待升高，政府的社會行政主管機關備感超荷，而有位階偏低、業務分散，以及權責不明之嘆。事實上，行政院組織的修正並非只為社會福利而來，從1949年以來的「八部二會」基本架構，根本無法應付激增的公共服務所需。1987年7月30日的行政院會中，當時的行政院長俞國華先生即請連戰副院長主持成立「行政院組織法研究修正專案小組」，就行政院組織法通盤檢討修正。

該專案小組於1987年8月1日成立，依以下原則進行研議：

1. 以當前及未來政務發展直接有關或迫切需要者為優先。
2. 以現行組織基礎易於調整改制，不致牽涉過廣者為優先。
3. 以業務性質避免重疊牴觸，以及增進目的主管機關之功能作為調整或歸併之原則。
4. 以有助於政府功能之增進，而能避免編制員額膨脹。

經過將近一年的研議，該小組於1988年6月完成「行政院組織法修正草案」，並經行政院會兩次討論，於該年9月15日修正通過，其修正重點如下：

1. 由原來的「八部二會」擴大為「十二部二會」，增設衛生福利部、文化部、農業部、勞動部。
2. 原本規定設置之委員會、行、處、局、署等常設機關除歸併或改制為部者外，均納入行政院組織體系之中。
3. 青年輔導委員會歸併於教育部。
4. 統一機關稱謂和釐清名稱及職權。
5. 將環境保護署及新聞局均改稱「總署」，主計處改稱「總處」。
6. 政務委員由5至7人修正為7至9人，行政院副秘書長名額修正為2至3人，其中一人列為政務職。

其中有關社會福利主管機關提升位階的做法，是將原有的衛生署改制擴編成立，以整合社會福利與衛生業務，以及為掌理規劃中的全民健康保險做準備。這樣的規劃立即受到社會福利界與社會學者的強力反彈，譏之為「衛生大，福利小」，憤而主張既然「門不當戶不對」，不如「獨立」，於是一場有關社會福利與衛生部門「統獨」之爭就此展開，社會福利界也因此而組成「社會福利聯盟」，積極推動成立「社會福利部」（郭登聰編，1996）。

立法院於1988年10月至次年1月間審查「行政院組織法修正草案」，共有17條文完成二讀，後因客觀環境變遷，中央正研擬修憲，行政院為因應動員戡亂時期終止後業務發展需要，認為應該再檢討調整其組織，才能有效承擔各項新增任務，因此函請立法院撤回上述修正草案（魏啟林編，2000）。社會福利與衛生部門如何設部的爭論暫歇，但是1990年爭論再起，茲分述如下。

一、衛生福利部（1988年～1990年）

前曾述及1988年9月15日行政院會所通過的「行政院組織法修正草案」有增設「衛生福利部」的決議，其基本架構是由原「衛生署」改制擴編而成，當時所持的理由如下：

（一）社會福利以社會保險為首

蓋依當時憲法第155條：「國家為謀社會福利，應實施社會保險制度。人民之老弱殘廢，無力生活，及受非常災害者，國家應予適當之扶助救濟。」又157條：「國家為增進民族健康，應普遍推行衛生保健事業及公醫制度。」復依政府於1965年頒定「民生主義現階段社會政策」列舉之社會福利，亦以社會保險為首。1974年所訂頒之「復興基地重要建設方針」也決定「逐年擴大保險範圍，奠定全民保險之基礎」。

（二）為實施全民健康保險做準備

我國國民生活水準不斷提高，國人對於實施全民健康保險及社會福利制度，期望殷切，有將醫療衛生與社會福利制度結合為一之必要。爰新設「衛生福利部」，除辦理行政院衛生署原掌工作外，並掌理全民健康保險，以及有關社會福利事項。

從上述設「衛生福利部」的理由說明中，就注定會引發社會福利界的反彈。首先，憲法未修正前，辦理「全民健康保險」根本是違憲，當時的憲法明明規定我國應推行「公醫制度」。所謂「公醫制度」，指的是英國式的「國民保健服務」（National Health Service），而不是政府想辦的「全民健康保險」。其主要差別在於「國民保健服務」的財源靠一般歲收，而非靠薪資為基礎的保險費；全民以社會公民身分（Social Citizenship）獲得健康服務，而非以職業身分或眷屬身分加入保險。其次，當時行政院長俞國華於1988年2月28日的施政報告中提出規劃全民健康保險之議，其期程是到2000年才實施，似無先設部會來規劃一個12年後才要開辦的健康保險之必要，除非當時已預知後來的郝柏村院長與連戰院長均會宣布提前開辦全民健保。第三，即使是社會保險為社會福利之首，為何不獨立設社會福利部，而一定要與衛生合部？而讓社會福利界最不能釋懷的是「衛生福利部」是衛生署的擴大，而非社會司的提升。於是，一波接一波的結盟、遊說、倡導因而出現。

行政院擬訂的「衛生福利部」受到公共衛生與醫療界的支持，其理由不外乎：

（一）業務整合相輔相成

許多關係到人民健康福祉的計畫，例如：尿毒病患洗腎、精神病患醫療、老人長期照顧、身心障礙者復健、兒童健康等，都與社會福利息息相關，將衛生與福利結合，有利於提升效能。

（二）有利全民健康保險的推動

一如前曾述及，政府於1988年已提出規劃全民健康保險的期程，而全民健康保險既是社會保險，也是健康照護，兩者結合有利健全推動中的全民健康保險。

（三）避免政府膨脹太快

若將社會福利單獨設部會，勞委會又升格為勞工部，中央政府的部會數增加太快，有被譏為「大政府」的嫌疑，違反「政府再造」美意。

（四）先進國家的經驗

美國的「健康與人群服務部」、瑞典的「健康與社會事務部」，以及當時日本的「厚生省」、英國的「健康與社會安全部」，均是健康與社會

福利合部。

　　上述這些支持的觀點，社會福利界不是不接受，而是不接受這個奇怪的名稱「衛生福利部」，也不接受衛生署認為這是衛生署升格的說法。要合也應是「健康與社會福利部」（Department of Health and Social Welfare）。不過，一合起來就有誰先誰後的爭議，健康在先，被解讀為衛生大，福利小，而有重衛生輕福利之憂。如此一來，不如獨立爭取設「社會福利部」，所以就有衛生與社會福利2個體系不同，不宜硬綁在一起的議論（郭登聰編，1996）。

二、社會福利部、社會福利暨衛生部（1989年～1990年）

　　當設「衛生福利部」的消息曝光後，社會福利界大反彈，其理由一如上述。於是透過集會、遊說，希望能讓社會福利單獨成部，包括國際社會福利協會中華民國總會、中國社會行政學會、中華民國醫務社會服務協會，以及為此剛成立的中華民國社會工作專業人員協會等組織都全力支持。當時執政的國民黨也感受到一股來自黨內與民間社會福利界的壓力，惟仍傾向維持「衛生福利部」。

　　1989年10月14日，立法院法制委員會開始審查「行政院組織法修正草案」，會中列席的立委饒穎奇等人提議將「衛生福利部」改為「社會福利部」，衛生署改稱衛生總署，獲出席委員接受。此項突如其來的修正，立刻引發衛生界的大反彈，包括中華民國醫院行政協會等10個醫療團體至立法院請願，主張維持「衛生福利部」；社會福利界則前往立法院向支持「社會福利部」的委員獻花。一場衛生與福利的名分之爭白熱化。

　　國民黨中常會於1989年10月18日召開中常會通過「行政院組織法修正案」決議仍維持「衛生福利部」，並對支持「社會福利部」的委員進行疏導，支持與反對的雙方陣營則全力動員以求勝出。

　　1990年1月19日，立法院進行「行政院組織法修正草案」二讀，會中就設「社會福利部」乙案進行表決，出席105人中只有15人贊成，議案不成立。接著表決「社會福利暨衛生部」的修正案，在場109人，以67票對62票通過。此案一通過，衛生界大表不滿，示意要再提復議。然而，為了名稱順序前後之爭鬥爭至此，也非大家所樂見，論者都希望事件能儘快落

幕。

1990年3月5日，由有醫事背景的立委所組成的次級問政團體「厚生會」成立，即致力將「社會福利暨衛生部」更名爲「厚生部」，爲後來的爭論埋下新的伏筆。

惟1990年6月1日，郝柏村取代李煥組閣，鑑於客觀環境已有諸多變遷，且國是會議召開在即，爲因應動員戡亂時期終止後業務發展的需要，行政院組織法宜再做檢討調整，俾能有效承擔各項新增業務，因此決定自立法院撤回草案。如此一來，也終止了衛生與社會福利界近2年的名分之爭。

三、厚生部（1992年～1997年）

1992年2月，第二屆國民大會召開會議，研商憲法修正案。同時，行政院也決定配合修憲工作進行行政院組織法修正，遂於1992年4月再成立專案小組，以1988年的「行政院組織法修正草案」爲基礎，配合憲法修正結果，考量現實政治環境及近年來行政院組織之調整，並參酌立法院一、二讀審查結果、民意代表有關意見、輿論反映等等，重新檢討調整，完成新的修正案。

其中有關社會福利行政部分新設「厚生部」，其規劃方向爲，「除行政院衛生署原有業務執掌外，另將全民健康保險等業務和內政部掌理之社會福利相關事項，劃歸爲醫療衛生暨社會福利專責機關掌理。」至於新設勞動部則不變。

在這段期間內，政府各部門也分別委託學者專家進行研究，結論各有見地。行政院研考會委託藍忠孚等（1993）進行「我國社會福利行政組織結構及功能之探討」，結論就社會福利及衛生分別單獨設部、設社會福利暨衛生部、設社會福利暨勞動部進行優缺點評析，各有利弊。同時，吳凱勳等（1993）亦接受研考會委託進行「我國社會福利保險制度現況分析及整合問題」研究，亦得出三案併陳的建議：勞動社會部、分爲衛生福利及勞動兩部，分爲社會福利、衛生及勞動三部。

許濱松、施能傑等（1996）接受內政部委託進行「中央社會保險局組織設計」研究，明確主張在考量「社會保險」將主導臺灣未來的社會福

利發展方向的前提下，未來應設「社會安全與勞動部」。同年，柯三吉等（1997）亦接受內政部委託進行「國民年金保險行政執行規劃之研究」，配合中央有意設「厚生部」，而主張在「厚生部」下設「中央社會保險局」，以辦理年金保險業務。

行政院組織法修正經歷十年研修仍只聞樓梯響，不見人下來。並非因為政黨的杯葛，而是利益團體間的擺不平。臺灣的政治制度雖是五權分立，但是關乎政策決策與執行的關鍵權力在總統及其所提名的行政院長所組成的行政院與內閣，而制衡力量則是立法院。所有的法案必須通過立法院的審議，才由總統公布施行。

如前章所述，臺灣在解嚴之前，並沒有實施民主政治。到了解嚴以後，1992年的第二屆立委選舉才全面改選，第一屆以來的資深立委全面退職。當年國民黨獲102席，民進黨獲51席。亦即，國民黨仍然掌控總數161席的絕對多數。1995年的第三屆立委選舉，國民黨分裂出新黨，席次下滑到85席，民進黨增加到54席，新黨獲得21席，國民黨仍然以過半數席次掌控立法院。1998年的第四屆立委選舉，選區重新劃分，立委席次增加到225席，國民黨獲得123席，民進黨贏得70席，新黨11席，國民黨還是以過半數掌控立法院。且1996年的第一屆總統直選，代表國民黨參選的李登輝先生以54%的過半數選票當選總統。亦即在這10年內，如果國民黨政府要通過行政院組織法修正，其實是有絕對優勢的，只要黨內凝聚共識。

行政院組織法之所以無法順利通過，其實是衛生專業與社會福利專業之間的互不信任。以當時的背景，國民黨政府仍未有推動臺灣成為福利國的打算，社會福利仍非政府施政的重點。而衛生署成立已久，行政位階高於主管社會福利的內政部社會司，醫護人員在臺灣的社會地位又較崇高，對逐漸專業化的臺灣社會工作界來說，當然不希望社會福利被衛生專業矮化，才會出現兩種專業各自透過立法院跨黨遊說，爭取有利於自己專業發展的部會設計。

肆、臺灣省政府組織調整（1998年～2001年）

隨著新公共管理主義浪潮的蔓延，「小而美政府」受到英美各國政府的推崇，政府改造運動進入主流思考（劉毓玲編，1993）。雖然「臺灣省

政府組織調整」（簡稱精省）被賦予不同的政治解讀，如「去中國化」、「打擊當時的省長宋楚瑜」等，但是就公共行政的角度來看，在臺灣3萬多平方公里土地上，疊架了四級的行政單位，層層節制，的確是阻礙行政效率、降低施政品質的源頭之一（魏啟林編，2000）。

位在臺北市的中央政府管轄的區域範圍，與在南投中興新村的臺灣省政府所管轄的範圍，除了離島的金門、馬祖、院轄市的北高兩市之外，幾乎相同。「福建省政府」只是一個「名分上」的虛設單位，實在犯不著因為有2個省而多出一個政府層級。

就行政實務言，臺北縣政府要向中央政府申請一個社會福利機構補助費，公文要從板橋南下到中興新村，再北上回到一橋之隔的內政部，其間往返徒增時間耗損；高雄縣政府的一個申請案本可直接搭飛機上臺北，但是因為要到中興新村繞一圈，才能再轉到臺北，其間的無效率可想而知。更不用說，多一個政府層級，就多了12萬6,356人的人事費用及退休撫恤負擔。

於是，在1997年的憲法增修條文第9條第3項中規定：「臺灣省議會議員及臺灣省省長之選舉停止辦理後，臺灣省政府功能、業務與組織之調整，得以法律為特別之規定。」行政院就在1998年8月27日成立「臺灣省政府功能業務與組織調整委員會」，「精省」工作從此進入實質進程。

精省工作分3個階段：第一個階段為規劃與過渡期（1998年12月到1999年6月）、第二階段為調整期（1999年6月到2000年12月）、第三個階段為回歸地方制度期（2001年元月起）。依精省的調整原則「臺灣省政府各廳、處、會裁併入中央相關部會，就部會內部單位及所屬機關現有組織架構予以納編，裁併或改隸中央相關部會時，以維持原機關相當層級為原則。附屬機關（構）、學校則改隸或整併入中央相關部會」。臺灣省政府衛生處、社會處、勞工處及其附屬機關（構），應裁併入中央各相關部分。裁併後的社會行政組織如下：

一、衛生行政

臺灣省政府衛生處裁併入行政院衛生署，下另設「中部辦公室」以承接衛生處業務，特別是主管所屬1家癩病療養院、5家精神疾病療養院、1

所慢性病防治局，以及26家醫院，這些院所以前爲省立，後改爲署立。

　　此外，有部分組織也納入了整併，如1999年7月1日新設疾病管制局，合併自原先存在的防疫處、預防醫學研究所及檢疫總所。麻醉藥品經理處也於同時改爲「管制藥品管理局」，爲具管制目的之公務機關。保健處也被國民健康局所取代。於是，行政院衛生署的組織架構有如下圖3-10，較1970年已大幅改變，其中最顯著的是減少2個處（不含企劃室於1997年4月改爲企劃處），增加了5個局。衛生署有走向直接執行業務的趨勢，而較不是政策規劃與行政督導單位。

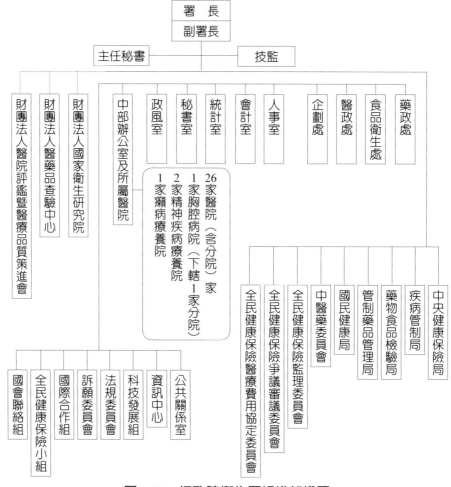

圖3-10　行政院衛生署組織架構圖

二、社會福利行政

　　精省後的臺灣省政府社會處併入內政部社會司，使社會司成為超級大的14個科，其調整重點如下：

1. **內政部社會司北部維持7科**：社會福利綜合規劃科、身心障礙者福利、老人福利、婦女福利、社會救助、社會保險、社會團體輔導。

2. **內政部中部辦公室（社政）設置5科**：職業團體輔導、社會發展、社區及少年福利、身心障礙福利機構輔導、老人福利機構輔導。

3. **臺中黎明設2科**：合作事業輔導、合作行政管理。

　　而依1993年修正的兒童福利法第6條規定中央應設兒童局，政府卻一拖再拖，熬到1999年11月20日才在內政部下設了兒童局，將原來社會司主管的兒童福利業務撥歸兒童局主管，該局下設4個業務組：綜合規劃、保護重建、福利服務、托育服務。2003年，兒童及少年福利法修正通過後，少年福利業務也改隸兒童局主管。設置兒童局，其實是在本位主義作祟下不當的規劃。在修正兒童福利法時，兒童福利聯盟仿美國1912年的聯邦政府兒童局架構來遊說政府設立兒童局，是錯誤援引。在此之前，美國聯邦政府並無任何社會福利主管機關，如上述，是在1909年的白宮兒童福利會議時，才在胡爾館的創辦人亞當絲等人的倡議下，羅斯福總統同意在聯邦政府設立兒童局（林萬億，2006）。反觀臺灣當時已有社會司主管社會福利事務，另設兒童局，使得幕僚單位的社會司與執行單位的兒童局功能、位階混淆，且以家庭為中心的福利概念硬是被切割得更加破碎，何況還有地理的分隔！

　　此外，原先屬社會司管的農漁民團體輔導業務，也於2000年7月移撥農業委員會辦理。至此，社會福利行政業務被依地理區位與屬性切割成兩大塊，北部辦公室管政策規劃，中部辦公室管機構管理；北部辦公室管兒童、少年以外的人民福利，中部辦公室管兒童及少年福利，這是精省工作萬萬沒料到的大錯亂，社會行政體系更加零散割裂。

　　地方政府社會局的組織也隨著少年福利法、家庭暴力防治法、性侵害犯罪防制條例、兒童及少年福利法等的通過而改組。以臺北市政府社會局為例，其組織演變為第一科主管人民團體與合作行政，第二科主管社會救

助，第三科主管身心障礙者福利，第四科主管老人福利，第五科主管婦女福利與托育，第六科主管兒童及少年福利，第七科主管社區發展與殯葬督導。另增設家庭暴力暨性侵害防治中心。

值得一提的是，有些縣市已經將殯葬業務移撥民政局主管，比較符合殯葬是一種與宗教事務相關的業務，而非所謂「從子宮到墳墓」的社會福利。

三、勞工行政

精省對勞工行政影響較小，一來因為勞工行政從社會行政分出的時間較短，還不至於構成地方勢力盤據不散；二來勞工行政本來就較具集權化的特性，如職業訓練中心、就業服務中心都不是以縣（市）為單位，而是以院轄市及區域（如基隆區、臺北區、臺中區、臺南區、高雄區）為單位，很容易聯想到這是全國性組織。

勞委會的中部辦公室就只負責技能檢定與發證的工作，下設5科：政策規劃、職類開發、學術科試務工作、發證及題庫管理、技能競賽。精省後的勞委會組織架構如圖3-11，其中勞工教育學院已改為公辦民營。

伍、政府組織再造時期（2001年～2011年）

一、妾身未明的社會福利行政組織（1998年～2000年）

1998年，行政院副院長劉兆玄召集的「行政院組織法研修專案小組」舉行了十餘次會議，結論是「社會福利」業務究應與行政院衛生署或勞工委員會整併問題，仍待研究。從該年7月所召開的全國社會福利會議中，將「社會福利行政組織體系」列為一組，即可知行政院試圖透過會議建立共識。當時葉維銓（1998）、葉金川（1998）均傾向支持「厚生部」，民間社會福利團體所發表的「我們的聲明——建構全民共享的新社會福利制度」，也贊成提升社會福利行政層級為「厚生部」，以利社政與衛政之整合與協調，並避免「重衛生、輕福利」的現象。

支持社會福利與勞動合部的聲音也愈來愈大。陳小紅（1998）的主張即是這種觀點的代表，她認為短期應先將社會司提升為「社會安全或福

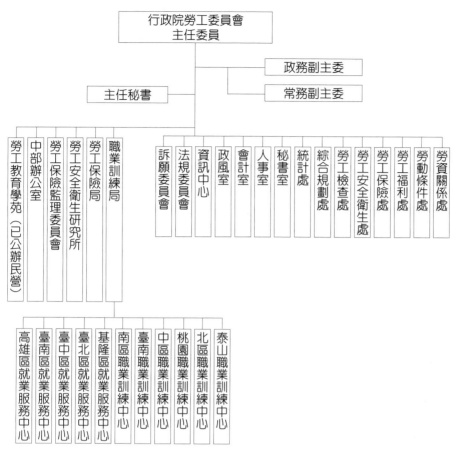

圖3-11　行政院勞工委員會組織架構圖

利總署」，長遠則以單獨設社會福利或社會安全部為依歸；惟若單獨設部有困難，可考慮設「社會福利與勞動部」或「勞動社會部」。其不主張社會福利與衛生合部的理由是，我國未來的社會福利發展方向是社會保險，性質較接近勞動行政系統，而離衛生行政較遠；世界各國也傾向將社會保險業務歸「勞動社會部」主管，或由「社會事務部」主管；何況規劃中的「厚生部」有偏重衛生、輕福利的情事，未來必會發生溝通上的困難。

　　至於陳小紅所提及的前提設「社會安全或福利總署」，也是另一個若隱若現的主張。內政部社會司也在1998年規劃「社會署」組織草案出爐。支持設內政部社會署的人士主要是原先主張社會福利獨立設部的人，在得不到政府的允諾之下，只好退而求其次，可見這些支持者多麼擔心福利被

衛生吃掉；此外，由於精省的作業引發的反彈，臺灣省政府社會處的員工會有一種大的社會處被小的社會司併掉的感嘆，才會造成精省後的社會司出現畸形發展。為了解決未能整併的社會處員工問題，而有先合併設「社會署」的打算。主張先設「社會署」的人認為由「社會署」邁向「社會福利部」是漸進改制。就「行政院組織法修正」的一波三折來看，幾可斷定這條漸進之路也會很遙遠。

二、構想中的衛生及社會安全部（2001年～2008年）

2000年5月政黨輪替，民進黨執政。為加速完成政府改造工程，提升國家整體競爭力，依據經濟發展諮詢委員會議共同意見，於2001年10月總統府成立「政府改造委員會」，提出「顧客導向、彈性創新、夥伴關係、責任政治、廉能政府」五大理念，規劃打造一個具全球競爭力的活力政府（林萬億，2002；楊秀娟，2002；林萬億，2006）。行政院的研修結論明載社會福利與衛生署合部；而「政府改造委員會」則較傾向行政院瘦身，把勞委會、衛生署，以及部分農委會、青輔會業務整合為「社會安全與人力資源部」，這是跟隨日本「厚生勞動省」的腳步走，只是用「社會安全與人力資源部」這樣的名稱看不出衛生的內涵，也難以看出社會福利的全貌，不如直稱「厚生與人力資源部」來得清楚。

終於，經歷行政院組織法研究修正小組37次委員會議及政府改造委員會議討論，以既有的研究成果為基礎，盱衡當前國內外政治經濟社會發展趨勢，以規模精簡、建制合理、強化政策的領導與統合、落實業務與組織的合理劃分，以及組織彈性等五大原則為依據，完成延宕15年的行政院組織法的修正草案，設15部：內政、外交、國防、財政、教育、法務、經濟貿易、通訊運輸、退伍軍人事務、衛生及社會安全、農業、文化體育、勞動及人力資源、環境資源、海洋事務；6會：僑務、原住民族、客家、國家發展、科技、大陸；2總署：主計、人事。行政院於2002年4月函請立法院審議。其中有關社會行政主管部會分屬「衛生及社會安全」、「勞動及人力資源」，堪稱合理。不過，「衛生及社會安全部」的用語仍然受到社會福利界的質疑，婦女團體更戲稱是「慰安部」。

2001年底，臺灣舉行第五屆立委選舉，隨著政黨輪替的光環效應，民

進黨成爲國會第一大黨。然而，國民黨、親民黨、新黨三黨（即泛藍）得票數還是超過半數（51%），此時，臺灣出現「國會無絕對多數的少數政府」。由於國民黨喪失其長久以來的第一大黨地位，使反對黨要推動倒閣固然不容易，但是，執政黨要任何爭議性高的議題也非易事。

在國民黨一黨獨大的2000年以前，行政院組織法修正不是因政黨傾軋而停擺，而是因專業競爭而延宕。政黨輪替後，政黨競爭加入行政院組織法修正的戰場。行政院組織法是一個政治性高且複雜的法案，沒有取得大多數政黨共識，很難改革。這主要在於各政黨皆盤算著如何透過行政院組織的再造有利於其未來國家的治理外，還會衍生出哪些執政的利多？例如，部會數量多寡、政務委員人數多少，有利於政務官的安排；設哪些部會可以獲得該些領域的關心者的支持等。此外，支持設部會的各領域人士仍持續利用跨黨派的動員，來爲自己所支持的部會遊說、倡議。其中幾個關鍵部會是社會福利部、退除役官兵輔導委員會、客家委員會、國科會、文化建設委員會、環保署等。這些部會的利害關係人都很擔心自己所支持的部會在行政院組織再造中夭折或萎縮，如此，就形成政黨間的競爭夾雜著專門領域間的競爭的錯綜複雜關係。例如，前述社會福利與衛生之間的競爭，早已超出政黨的競爭之外。這種交叉競爭關係是難以盤理清楚的。一時之間不容易理清楚，就很難在短期間內取得共識，當然，民進黨政府的行政院組織改革就不可能受到國民黨仍占多數的立法院青睞。

嗣後，立法院通過「中央行政機關組織基準法」，經總統於2004年6月23日公布，規定中央政府設13部、4個委員會及5個相當二級獨立機關。亦即，立法院先設定框架，避免行政院任意擴增部會總量。這個規模僅與1988年規劃的12部2會稍多1部2會。於是，行政院配合基準法的總量管制要求及第35條第1項規定，爰再次審酌國內政治、經濟與社會情勢變遷需要，重行擬具「行政院組織法修正草案」。行政院決設內政及國土安全部、外交及僑務部、國防及退伍軍人部、財政部、教育及體育部、法務部、經濟貿易部、交通及建設部、勞動及人力資源部、農業部、衛生及社會安全部、環境資源部、文化及觀光部等13部，另設國家發展及科技委員會、海洋委員會、原住民族委員會、客家委員會等4個委員會，於2004年9月送立法院審議，但未獲立法院通過。

2004年12月11日，第六屆立法委員選舉，在全部225席中，從政黨聯盟來看，泛藍陣營獲114席，占總席次255席的50.67%；泛綠陣營獲101席，占總席次44.89%；其他黨派獲10席，占總席次4.44%。雖然民進黨仍然是國會最大黨，但是，泛藍獲得過半的114席，民進黨與台聯僅得101席，立法院仍掌握在泛藍手中，民進黨的少數執政情勢不變。

立法委員重新改選，當屆未完成審議的法案必須於次屆重新送審。2005年3月，民進黨政府再將行政院組織法修正草案送立法院審議，立法院也於2005年11月17日送法制、內政及民族、預算及決算委員會第三次聯席會議繼續審查，除通過條文外，其餘保留條文將送黨政協商後，送院會處理。其中，社會福利與衛生行政體系合併設置「衛生與社會安全部」。這樣的部會設置滿足了提升社會福利行政位階的期待，也回應了健康照顧與社會服務整合的需求，然而仍未能如期完成審議。

2008年1月，第七屆立委選後的短暫時間，變成「國會反對黨掌控絕對多數的少數政府」，民進黨要進行任何政治性高的改革，可說難上加難。民進黨政府雖依「中央行政機關組織基準法」規定修正完成行政院組織法（草案），並於2008年2月三度送立法院審議，還是未能獲得掌控立法院絕對多數席次的國民黨支持，政府組織再造的期程受制於政黨鬥爭而延宕至為清楚。2008年5月20日後，我國的政局又回到多數政府（Majoritaritian Government）執政，而不是民進黨執政8年的行政與立法對立的分裂政府（Divided Government）（Immergut, Anderson, and Schulze, 2007）。

三、塵埃落定的衛生福利部（2008年～2011年）

2008年政黨再次輪替，國民黨再度執政。2008年7月，行政院再成立行政院組織改造推動小組，並於2008年9月至2009年4月召開多場座談會、公聽會、協調會，重新擬具行政院組織法修正（草案）送立法院審議。其中改變較大的是將民進黨執政時期規劃的13部：內政及國土安全部、外交及僑務部、國防及退伍軍人部、財政部、教育及體育部、法務部、經濟貿易部、交通及建設部、勞動及人力資源部、農業部、衛生及社會安全部、環境資源部、文化及觀光部，改為：內政部、外交部、國防部、財政部、

臺灣的社會福利：歷史與制度的分析

教育、法務、經濟、交通及建設、衛生福利、文化、勞動、農業、環境資源等13個部。另外將4個委員會：國家發展及科技、海洋、原住民族、客家等4個委員會，擴增為9個：僑務、國軍退除役官兵輔導、國家科學、國家發展、大陸、原住民族、客家、金融監督管理、海洋等。

為了讓行政院組織法的部會數量限制能彈性增減，立法院同步修正「中央行政機關組織基準法」，將行政院的部會設限解除，才可能通過將原草案的13部會限制擴增為14部會，將國家科學委員會從國家發展及科技委員會獨立出來設置科技部。

可見過去國民黨在野的8年裡，並不是不想改造行政院組織，何況說發起行政院組織再造的也是國民黨，只是因為激烈的政黨競爭，國民黨不想讓民進黨收割行政院組織再造的成果，以致延宕8年的行政院組織法修正，很快就在2008年5月的政黨再次輪替後，進度神速，且連行政院部會總數都可以配合調整。

總計從1987年起開始研議修正行政院組織法，到立法修正通過、總統於2010年2月3日公布施行為止，歷時22年。該法於2012年1月1日開始施行。其中行政院設內政部、外交部、國防部、財政部、教育部、法務部、經濟及能源部、交通及建設部、勞動部、農業部、衛生福利部、環境資源部、文化部、科技部等14個部，以及國家發展委員會、大陸委員會、金融監督管理委員會、海洋委員會、僑務委員會、國軍退除役官兵輔導委員會、原住民族委員會、客家委員會等8個委員會。

行政院於2010年7月26日審訂衛生福利部組織架構，設綜合規劃、社會保險、福利服務、社會照顧及發展、保護服務、醫事、心理健康、傳統醫藥等8司，疾病預防管制署、食品藥物管理署、中央健康保險局、國民健康署、國民年金局（暫不設立）、國立中國醫藥研究所，總計8司6處3署2局1所。另外還有家庭暴力暨防治會、健保監理會、健保爭審會、醫院管理會、國民年金監理會等相關委員會。然，中醫藥界有意見，於是2010年8月11日，衛生署再送修正版報院審議，將傳統醫藥司更名為中醫藥司，國立中國醫藥研究所更名為國立中醫藥研究所。2010年8月24日，行政院審議確認，將家庭暴力暨防治會納入保護服務司，醫藥管理會改為附屬社會福利及醫院管理會。我國中央社會福利行政體系就此定案。

然，其中值得再探討的是，部會名稱從民進黨執政時期的衛生及社會安全部更名為衛生福利部，回到1988年的名稱。雖然衛生及社會安全不受到社會福利界廣泛的祝福，但是其名稱是吻合國際慣例的，而國民黨政府將名稱改回衛生福利部就更不對了，因為衛生福利是指與健康相關的社會福利，那就是指健康照護（Health Care）。可是，這個新設部會要管的事務是健康事務與社會事務，先不論先後或大小之爭，也應該以「衛生與社會福利部」為名才是正確的。當然，更理想的是「健康與社會福利部」。有人問，為何不能用「健康及社會福利部」，因為「及」是關係到第三個單位，萬一要如日本一樣將勞動部納入，就要改為「健康、勞動及社會福利部」了。

　　至於部內的組織架構也是爭議不斷。早在規劃厚生部時代，將社會福利區分為3個司：社會福利、社會扶助及發展、社會保險（葉維詮，1988）。這是依社會福利的屬性，將社會保險、社會救助、福利服務切開，不無道理。但是用詞卻不夠精準，社會福利司有大餅包小餅的不合邏輯之處。之後在2005年3月的衛生及社會安全部（草案）中，將設社會保險及救助司、醫事及福利資源司、婦女及社會發展司、社會及家庭服務司、長期照護司、健康促進及心理衛生司、科技發展及國際合作司、綜合計畫司等8個政策單位，各司均設8科；健康保險局、疾病預防管制署、藥物食品管理署、醫療及福利機構營運局、國民年金局（暫訂）、財團法人國家衛生研究院、財團法人醫院評鑑及醫療品質策進會、財團法人器官捐贈登錄中心等執行單位；資訊統計處（6科）、法制處（3科）、總務處（5科）、人事處（5科）、政風處（3科）、主計處（5科）等幕僚單位；以及各種委員會，如傳統醫學管理會、健保監理會、健保費協定會、健保爭審會、家庭暴力及性侵害防治會、法規會、訴願會。

　　林萬億（2006）指出這樣的規劃有諸多缺失：

1. **司署的數量太多**：規劃的衛生與社會安全部高達8個司、6個處、6個局（署、院）、9個委員會、中心，幾乎與美國等量齊觀，遠遠超出人口比我們多的韓國，也比社會福利與健康制度比我們先進的瑞典、芬蘭還多。這是很不經濟的部會設計，顯然與衛生和社會行政競爭資源相持不下有關。

2. **忽略以人民為主體**：既然司署單位規劃那麼多，要嘛就像北歐與韓國一樣，將司的數量減少，就可以依健康照顧、公共衛生、社會保險、社會服務等分工；否則就要像美國一樣，將社會福利的服務對象標示清楚，這是國際慣例，如兒童、少年、家庭成為一司，老人與身心障礙者成為一司，以彰顯將人民當作是主體，而非業務項目。至於婦女與社會發展司，可改為性別平等與社會發展司。

3. **以服務方式為司名並不恰當**：上述世界各國並無以長期照護為司名者。長期照護是對失能者的長期照護，要將之列為一司，那麼早期療育也會要求成司。何況，老人、身心障礙者只有少數需要長期照護，非失能的老人與身心障礙者的權益將被忽視。所以，還是應回到老人與身心障礙司的名稱。

4. **單位規模懸殊**：科技發展與國際合作，以及綜合規劃是否有必要成司？成處也許就夠了。

5. **縣市層級的醫療、福利機構應下放縣市政府**：縣市層級的醫療、福利機構應將人力、預算、設備下放地方政府管理，才能達到在地化、社區化的目標。除了區域醫院、醫學中心、輔具研發中心等由中央主管外，直接提供人民健康、福利服務之機構應地方化。

6. **部分單位功能重疊**：科技發展與國家衛生研究院的功能重疊，法規會與法制室的功能似乎也很難區分。

衛生福利部組織法（草案）維持8個司為上限，分別為綜合規劃、社會保險、福利服務、社會照顧及發展、保護服務、醫事、心理健康、中醫藥等8司，以及疾病管制署、食品藥物管理署、中央健康保險局、國民健康署、中醫藥研究所等6處3署2局1所。社會福利團體對這樣的司、署規劃仍然不能苟同，認為還是衛生大、福利小。尤其是執行機關的署沒有社會福利的份，據此，由臺灣社會福利總盟白秀雄理事長帶隊於2011年9月前往總統府晉見馬總統，要求增設社會福利署，承辦社會工作專業等事務；同時，以兒童福利聯盟為主的力量，也在推動家庭福利署的設置，雙方似有較勁的味道。後者因兒童福利聯盟馮燕董事長與馬總統夫人的關係緊密，再加上其執行長王育敏的不分區立委身分之便，顯然占上風。其實這

樣的倡議並非上策。因為署、局都屬執行機關，勉強擠進一個社會福利署或家庭福利署，不但不能增加資源，反而有破壞體制之嫌。

將社會保險、福利服務兩大塊分立是正確的。但是，社會照顧及發展不也是福利服務的一環嗎？這應該是為了讓長期照顧有專責司吧？但是，社會照顧不單只有長期照顧一項而已。保護服務是家庭暴力暨防治會的業務轉化，如果再把兒童保護、成人保護都放進來，那麼兒童、少年、婦女、老人、身心障礙者都會從福利服務司被切割一部分進來這一司，整個社會福利除了社會保險司之外，其餘被切割得四分五裂，以後如何分工、整合將是個大考驗。其實，比較單純的分工是分為社會保險司、福利服務司。如果嫌太少，也應該是分社會保險司、兒童少年及家庭司、老人與身心障礙司。如果還不夠，就加上社會救助與發展司，專門處理濟貧與脫貧問題。

社會福利團體對衛生福利部組織再造的不信任，其來有自。一是由於醫療專業發展較早，難免有霸權心態，讓與其合作的相鄰專業飽受威脅。其次，衛生署先於社會司獨立成部會級地位，在為衛生與福利結合為新部會的過程中，難免有以逸待勞的心態，占地利之便，社會福利自有被併吞的感覺。第三，原先在衛生署就有較多人力與編制，很難刪減，社會司要增加員額的空間卻很小。第四，衛生署原先就有較多執行業務單位的局，如國民健康局、疾病管制局、食品藥物管制局、中央健保局等，改為署是必然的。社會福利的業務較多下放給地方政府，內政部社會司幾乎沒有直接提供服務的單位，大多是扮演政策規劃、管制的角色，因此不設署是適當的。

即便如此，社會福利仍擁有較多的預算，獲得較多的政治與社會關注，衛生與社會福利的結合絕對是需要相互尊重、密切合作，否則很難整合成功。

參考書目

臺北市政府（1988）。臺北市改制二十年。臺北市：臺北市政府新聞處。

臺灣省文獻委員會（1992）。重修臺灣省通志。南投中興新村：臺灣省文獻委員會。

臺灣省社會處（1957）。臺灣社政十年。臺北市：臺灣省社會處。

臺灣省社會處（1987）。民國76年社政年報。

白秀雄（1981）。社會福利行政。臺北市：三民。

白秀雄（1989）。社會福利行政（增訂初版）。臺北市：三民。

林萬億（1994）。福利國家——歷史比較分析。臺北：巨流。

林萬億（2002）。我國社會行政組織調整方向之研究。國家政策季刊，創刊號，頁145-166。

林萬億（2006）。論我國衛生及社會安全部的組織設計。社區發展季刊，113期，頁12-24。

林萬億（2006）。當代社會工作：理論與方法。臺北：五南。

柯三吉（1997）。我國未來社會福利行政體系的發展方向，論文發表於「跨世紀的臺灣社會福利發展」研討會。臺北：國際社會福利協會中華民國總會。

吳凱勳等（1993）。我國社會福利保險制度現況分析及整合問題研究。行政院研考會委託研究。

許濱松、施能傑（1996）。中央社會保險局組織設計。內政部委託研究。

國史館（1998）。中華民國社會志（初稿）。臺北縣新店市：國史館。

董翔飛（1973）。臺灣省縣市政府組織研究。臺北：嘉新水泥公司文化基金會。

郭登聰編（1996）。推展成立社會福利部運動工作實錄。中華民國社會工作專業人員協會。

陳小紅（1998）。臺灣地區社會福利行政組織體系芻議，論文發表於「全國社會福利會議」，1998年7月20日。

葉維銓（1998）。我國社會福利行政組織體系之規劃，論文發表於「全國社會福利會議」，1998年7月20日。

葉金川（1998）。我國社會福利行政組織體系之規劃，論文發表於「全國社會福利會議」，1998年7月20日。

楊秀娟（2002）。如何健全社會福利之組織體系，論文發表於「全國社會福利會議北

　　區座談會」，2002年5月5日。

劉毓玲編（1993）。新政府運動（David Osborne & Ted Gaebler原著）。臺北：天下
　　文化。

熊光義與楊鴻義（1952）。日據時代的臺灣社會事業行政。社會工作，第3期，頁
　　91-93。

藍忠孚（1993）。我國社會福利行政組織結構及功能之探討。行政院研考會。

蔡漢賢（1988）。中華民國社會行政的成長與探析。臺北市：中華民國社區發展研究
　　中心。

蔡漢賢、林萬億（1984）。中外社會福利行政比較研究。臺北市：中央文物供應
　　社。

魏啓林編（2000）。政府再造運動。行政院研考會出版。

Alcock, P. (2003). *Social Policy in Britain: Themes & issues*. NY: St. Martin's Press, Inc.

Gates, B. (1980). *Social Program Administration: The Implementation of Social Policy*. NJ:
　　Prentice-Hall.

Glennerster, H. (2007). *British Social Policy Since 1945*, 3rd ed. Oxford: Blackwell.

Immergut, E. M., Anderson, K. M. and Schulze, I. (2007). *The Handbook of West European
　　Pension Politics*. Oxford: Oxford University Press.

Patti, R. (1983). *Social Welfare Administration: Managing social programs in a develop-
　　mental context.* Englewood Cliffs, NJ: Prentice-Hall, Inc.

Patti, R. J. (ed.) (2009). *The Handbook of Human Service Management*, 2nd ed. Los Angeles:
　　Sage.

Skidmore, R. (1995). *Social Work Administration*. Englewood Cliffs, NJ: Prentice-Hall, Inc.

The National Board of Health and Welfare (2001). *Socialstyrenlsen Today*.

Chapter 4

社會服務輸送體系與社會福利支出

第 四 章

第一節　社會服務輸送體系

社會服務輸送體系是指社會服務提供者將社會服務送達社會服務使用者的組織安排（Gilbert and Terrell, 2009）。社會服務的提供機制，通常包括親族（家庭）、社區鄰里、宗教、職場、互助組織、政府、市場等。親族、社區鄰里屬非正式支持體系；宗教、職場、互助組織屬非營利的志願組織；市場屬營利組織，上述這些都算私部門。政府則屬公部門，公部門所提供的社會服務通常以法定福利（Statute Welfare）爲主。整個社會福利的輸送體系被稱爲福利國家的社會市場（Social Market），有別於資本主義的經濟市場（Gilbert and Terrell, 2009）。雖然福利國家的出現，政府接手較多的社會服務提供責任，但是，各國社會福利提供仍然是公私混合的（Public-Private Mixed），差別在於由哪種社會機制提供的社會服務比例較高。

在福利國家發展之前的夜警（守更）國家（Night-Watchman State）時代（1880年代以前），家族負擔主要的社會服務功能；家族無力照顧者，鄰里社區會伸出援手；鄰里社區無力援助者，廟宇教會會出面救援；中世紀後的歐洲，以及宋、元朝之後的中國，王室朝廷逐漸接手一部分救災、濟貧的工作。到了工業革命之後，工廠（場）也提供部分的員工福利；同時，職場、社區的互助組織，如互助會社、標會、慈善會社、社團等也加入社會互助的提供；而當代福利國家發展愈成熟，政府所承擔的社會福利提供愈多；然而，在福利國家逐漸成熟階段的1970年代，營利企業也加入社會服務的提供，例如，托兒所、幼稚園、養老院、醫療、心理治療、諮商等。而在1970年代末，美國爲首的自由主義福利國家大力推動福利國家私有化（民營化），向民間社會服務單位購買社會服務給人民，或委託民間單位經營政府設立的社會服務機構（公設民營）。社會服務的輸送又有向私部門傾斜的趨勢，進入所謂的準市場（Quasi-Market）競爭時代（Le Grand and Bartlett, 1993）。

當代福利國家的社會方案主要以法定福利爲主，例如，社會保險、社會救助、社會津貼、福利服務、健康照顧、國民教育、積極勞動市場政策、社會住宅等。但是，個人責任、親屬責任、社區爲基礎的服務體系並

未因此而瓦解。何況，公共服務的輸送也有委託民間執行者，因此，所有的福利國家均屬福利混合（Welfare Mix）或是福利的混合經濟（Mixed Economy of Welfare），只是程度的差別而已。

壹、社會福利公共化

在前工業時期，各國的濟貧扶弱大多仰賴家族或宗教組織。其中，家族扮演最基本的維持家庭成員生計的角色，教會、廟宇、行善人則扮演填補家族衰敗後的缺口，在中國有施捨、施衣、施粥、施棺，在西方國家則常見有修道院的收容。到了工業革命初期，除了原來的家族自助與自賴傳統外，西方國家的社區慈善組織扮演起更重要的濟貧角色，以補脫離土地與手工藝的家族產業之不足。而民族國家僅扮演守更夫（Night-Watchman）的角色，在夜幕低垂後，提著燈籠、敲著鑼，提醒大家關緊門戶、小心火燭、提防盜賊。用英國社會學家馬歇爾（T. H. Marshall）的說法，在福利國家發展以前，國家只負責保障人民的公民權和政治權。18世紀時，個人的自由（言論、宗教信仰、財產等）受到法律的保障，且在法律之前人人平等，這是公民權。19世紀中葉，由於勞工爭取結社權、參政權，足足經歷了半個世紀，到了20世紀初的1910年代，勞工與女性才獲得普及的參政權，於是，人民從公民權的擁有擴大到政治權的擁有（Marshall, 1950）。

就夜警（守更）國家與人民間的權利義務關係來說，國家只照顧到人民的生命、財產、政治自由，但對於經濟弱勢者來說，並沒有基本生活條件的保障，試問，他們如何能充分享有這些自由？窮人為了生存，經常被迫犧牲個人的自由來換取生存，例如，出賣身體、尊嚴、靈魂來賺取三餐，更不可能參加所費不貲的選舉遊戲。如此一來，享有個人自由、政治自由，對窮人來說往往只是徒具形式罷了。

19世紀末福利國家的興起，國家有保障人民的基本經濟安全、營養、健康、住宅，以及教育水準的責任，這就是馬歇爾所說的「社會權」（Social Right）或是「社會公民身分」（Social Citizenship）。人人享有社會權，個人的公民權與政治權才能真正得到保障。於是，社會福利的概

念取代慈善救濟，社會福利的提供成為現代民主國家重要的施政項目之一。雖然家庭仍扮演維持其成員生計的主要角色，社區慈善組織也轉型成為民間志願性社會福利組織，扮演補充家庭與國家缺漏的角色。

就社會福利的提供者言，福利國家興起之後，國家本身就是一個社會工作者。而真正在提供社會福利的，首推社會工作者（包括社會行政人員）。1890年代到1950年代間，社會工作成為一種專門職業之後，原先服務於城市慈善的友善訪問者（Friendly Visitors）已轉型為社會工作者，從事社會工作事業（Social Work Enterprise），全職、有給薪、有組織、重視成效評鑑、系統化工作流程，以及以機構為基礎（Agency-Based）地進行社會工作服務。而從1930年代福利國家擴張以來，社會福利成為最大的公共服務部門，福利產業（Welfare Industry）急速擴張，亦即社會福利提供是一種有組織的活動、國家預算投入、公共化、普遍化、滿足社會基本需求、視為產業的一環，創造就業機會，由各種不同服務輸送體系生產社會福利。

貳、社會福利民營化

美國1962年的社會安全法修正案，一反過去30年來以公共部門為主的社會福利提供，開放政府可以向民間社會福利機構購買社會服務，開啟了民間部門再次活躍於社會服務市場的大門。不過，一些規定還是嚴格地限制這種購買服務契約（Purchase of Service Contracting, POSC），例如，不可以使用聯邦補助款於購買服務。此後，1967年的社會安全法修正案再次放寬，允許使用聯邦補助款於購買服務，只是不可購買私人機構接受捐贈的設施。真正的完全解禁是在1974年的社會安全20號修正案（Title XX）。該法案於隔年通過，社會服務購買幾無設限（Wedel, 1976; Gilbert, 1983）。到了1970年代末，美國健康與福利部門每年至少花掉25億美元的社會安全20號修正案預算中的40%於購買服務（Kettner and Martin, 1987）。

從民間社會福利機構的角度來看，幾乎有40%的財源來自出售社會福利服務給政府的收入，其中兒童、老人與戒毒機構更有高達70%的經費來

自政府的購買服務（Kramer,1981; Kramer and Grossman, 1987）。所以，1970年代已是美國購買服務契約的「黃金大搶購」（Gold Rush）時期了（Kettner and Martin, 1987）。1980年代的美國，購買服務契約風潮並未消退，可以說，購買服務已成為政府提供社會服務的大宗，社會服務購買契約是政府的一樁大買賣。

英國政府向民間購買社會服務契約，始於1968年的西伯罕報告（Seebohm Report）。該報告建議各地方政府應設社會服務部門主責個人的社會服務（Personal Social Service），購買服務契約也同時開始，到了1980年代末發展迅速（Judge and Smith, 1983; Bolderson, 1985）。1983年，英國國民健康服務（National Health Service）更引入「強制競標」制度（Compulsory Competitive Tendering, CCT）。1988年，地方政府法（the Local Government Act）也規定地方政府必須採取競標採購。強制競標規定使政府不再是唯一公共服務的供應者（Supplier），而是必須參加競標。政府仍然保有計畫與財政的功能，可以決定何種層次的服務是其所希冀提供的，以及如何提供。但是，政府必須與民間部門服務提供者一起競標。因此，可能原來屬於政府提供的服務會移轉到民間手上（Culter and Waine, 1994）。以1990年為例，英國國民保健服務（NHS）的支持服務（Support Services）由民間標到的比率有14%。顯然，某種程度達到保守黨所期待的社會福利民營化（Privatization of Social Welfare）（Kamerman and Kahn, 1989）。

強制競標剛開始是以醫院伙食、洗衣與清潔為主，1988年後才擴及地方政府的街道清潔、休閒體育設施管理、建物清理、垃圾收集，以及教育與福利機構伙食。1990年代後又擴大到一些專業性服務，如會計、建築、個人服務，以及社會住宅的管理。因此，論者以為強制競標是英國進入「準市場」的形式之一（Culter and Waine, 1994）。

真正的大變革發生於1980年代末，佘契爾夫人引進更根本的改革。1989年，衛生部提出白皮書「為病人著想」（Working for Patients），於翌年轉化為立法「國民健康服務與社區照顧法」（the National Health Service and Community Care Act），引進「購買者與提供者分離」（the Purchase-Provider Split）的做法，以及家庭醫師基金持有人（GP Fund

Holders）制度。家庭醫師基金持有人可以是購買者。而提供醫療服務者變成兩類，一是地方醫療機構管理的「直接管理單位」（Directly Managed Units），另一是獨立的信託基金（Trusts），到了1992年，幾乎所有的立案醫療機關完成購賣者與提供者分離的做法，計有160個信託基金、600家家庭醫師基金成立（Le Grand and Bartlett, 1993）。

　　1989年的住宅法（Housing Act）也規定房客可以選擇房東。不過，這方面的改變不若社會照顧（Social Care）來得大，1989年的社會照顧白皮書「照顧人民」（Caring for People）促成地方政府社會照顧體系的重大變革，該政策於1991年至1993年實施。社會照顧的改革目標是「選擇與獨立」，也就是被照顧者有選擇權（Choice），照顧者被要求獨立。「選擇與獨立」的策略是：

1. 社區照顧替代機構式照顧。
2. 社區照顧系統從供給面服務改為需求面服務，亦即提供以需求為導向的服務。
3. 改變地方政府與國民健康服務（NHS）的決策與基金平衡。例如，促使立案機構要將病人從醫院轉介到護理之家前，需經地方社會服務部門同意，亦即地方社會服務部門的購買權力增加。
4. 鼓勵「照顧的混合經濟」（Mixed Economy of Care），亦即鼓勵私人（營利）與志願部門（非營利）機構進入多元服務體系。

　　1996年，「社區照顧（直接支付）法」授權地方政府現金給付給65歲以下身體、感官功能損傷、學習障礙的服務使用者。這也就是所謂的服務個人化（Individualization），人們被期待成為具有企業精神的自我（Entrepreneurial Self）。從此，凱因斯普及福利國家轉向殘補安全網模式（Residual Safety-Net Model）的社會福利趨勢更加清楚（Webb, 2006）。

　　至此，從1980年代中即逐漸主導社會服務市場的「混合市場經濟」更形普遍。志願部門與私人營利部門的社會服務提供擴及更大的範圍，以住宿照顧（Residential Care）為例，私人（營利）部門成為最大提供來源（Knapp and Wistow, 1996）。1997年，新工黨上臺之後，保守黨的新自由主義政策並沒有被拋棄，而只是新瓶裝舊酒而已。

　　回顧1970年代以來新右派對福利國家的支解，從其攻擊福利國家的重

點可以理解。首先，新右派認為福利國家的經濟成本造成個人與企業「財富創造」的負擔；其次，他們深信國家福利造成不道德、缺乏工作誘因、依賴等社會後果；第三，他們指責國家不該扮演壟斷服務的角色（Clarke, Cochrane and McLaughlin, 1994）。因此，支解福利國家（Dismantling Welfare State）的目標鎖定在：(1)降低支出，(2)縮減給付，(3)減少管制，(4)市場競爭等四方面。其策略則是：(1)緊縮預算，(2)使用者付費，(3)取消或刪減服務項目，(4)降低給付金額，(5)非強制性保障，(6)抵用券，(7)購買服務契約，(8)補貼民營。圖4-1將這些概念、目標與策略加以整理如下：

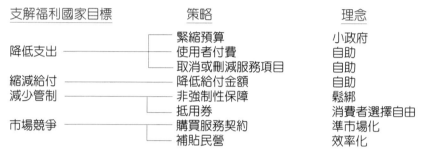

圖4-1　支解福利國家的目標、策略與理念

　　1980年代，英、美新保守主義政府所進行的支解福利國家策略，簡單地說就是福利民營化或私有化與市場化（Marketization）（Salamon, 1993）。民營化是將政府社會福利的提供者角色移轉到民間部門，市場化是使社會福利的提供者與使用者涉入更多市場形式的關係。

　　新自由主義（Neo-Liberalism）假設個人是自主的、自賴的、有選擇能力的、關係利害人參與的（Stakeholder Involvement）、在選擇過程中也要分攤責任的。每個人都要自我治理（Self-Governance）自己的生與死，而不是由福利國家提供從搖籃到墳墓的服務。若有，只是由社會工作者或照顧專業提供充權（Empowerment）服務來使能（Enabling）個人、團體，俾利其掌控自己的環境，提升自己有效地達成目標的決策。如此，風險的私人化（Privatization of Risk），使兒童、老人與身心障礙者的照顧不再是社區的共同風險，或是社會團結的集體議題。社會工作不再有「社

會」，而只是「工作」（Webb, 2006）。

新自由主義之下的福利治理（Welfare Governance）反映出經濟立憲主義（Economic Constitutionalism）的憲政秩序。經濟立憲主義追求的是經濟與市場秩序，培養福利受益者成為市場公民身分（Market Citizen-ship），而非社會公民身分（Social Citizenship）。經濟立憲主義的理念框架社會問題的界定，將社會納入在經濟領域裡，形成市場公民權。市場公民身分就是前述自主的、自賴的、有選擇能力的、消費者參與的、負責任的。其中的政策範例就屬財產為基礎（Asset-Based）的福利政策最為典型，藉此強化人民的企業精神與能力，以利參與經濟秩序（Jayasuriya, 2006）。在這種憲政秩序之下，契約主義（Contractualism）就成為最常見的福利改革政策，美國如此，英國也一樣。英國新工黨所執行的第三條路、泰國所推出的民粹社會契約（Populist Social Contracts），以及韓國的新管制國家（New Regulatory State），都是如此（Jayasuriya, 2006）。

在新自由福利契約主義之下，政府不再是福利服務的主要提供者，而是管制者（Regulator）。政府扮演管制治理（Regulatory Governance）的角色。管制治理成為政府的大宗業務，進行對提供服務者（非營利社會福利組織、團體、機構及營利組織）的管制與督導。政府逐漸失去其直接服務人民的角色，而成為後端管制者（Jayasuriya, 2006）。但是，新自由主義假設的自主、自賴、責任、競爭、選擇等要素，對社會福利的受益人來說並不是普遍存在的。社會服務提供的不完全競爭、使用者的理性程度不足、選舉政治對政策執行的干擾等，都可能產出自由主義下的「不自由社會政策」（Illiberal Social Policies），如道德施壓、責任苛責、不公平分配、弱勢者更加被邊緣化等。社會工作者的行為不只是被標準化、常態化的程序管制，而且也扮演管制者，監督與評鑑那些外包服務機構，如績效管理、委託契約評鑑，以及檢查自我福利治理的人民，如高風險家庭評估、家庭風險管理等（Webb, 2006）。此時，人民的社會福利是否增加？其實是個大問號。

1980年代末以降，社會福利提供面對了市場化（準市場）、商品化、營利化的掙扎（Le Grant and Bartlett, 1993）。民間非營利組織的社會福利提供者，被迫轉而發展出所謂的社會事業（Social Business或Social Enterprise），以迎接社會福利大量外包之後的準市場，以及可能的社會服務營利化的競爭。2006年，諾貝爾和平獎得主經濟學家Muhammad Yunus（2009）批評許多國家的政府與企業搞不清楚方向，誤把社會企業當成是引進企業界進入社會服務領域。其實，社會企業的目的是解決社會問題，而不是為了讓企業進入社會服務領域賺錢。社會企業沒有所謂賺賠、分紅，只有將其收入轉換為更多的投入再擴大服務或提升服務品質上，沒有獲利的概念。而企業界盡到環境保護、回饋消費者，是每一個企業的社會責任（Corporate Social Responsibility, CSR），不是社會企業單獨的特質。具有社會責任的企業若是以營利為目的，仍不能稱為是社會企業。

準市場有別於傳統的市場，其特性是打破政府的福利服務壟斷、不以利益極大化為目標、資產也不必私人擁有、消費者購買力的表現方式不全然以金錢交易〔可採替換券（voucher）方式〕、服務使用者往往不是直接出資購買者（由第三者如個案管理員代理購買）（Le Grant and Bartlett, 1993）。所謂社會事業是指非營利、以社會服務為標的、滿足人類基本需求、大規模經營、大量供應、片面壟斷、政府有限預算支應、重視績效管理的行業。甚至，迫使社會工作面臨成為一種社會工作企業（Social Work Business）的困擾（Harris, 2003）？也就是走向企業導向、將被服務對象（傳統所謂的案主）顧客化（Consumerlisation）、專業服務管理化（Managerialisation）、服務流程標準化、重視組織成本考量等。如此一來，專業的社會服務淪為市場化（營利化）、新管理主義（New Manage-rialism）的附庸，社會服務的品質堪慮。

參、社會福利分權化

社會福利私有化讓人有走回市場導向的疑慮。事實上，市場力量並不足以解決福利國家所面對的困境。雖然有些經濟學家認為解決市場失靈問題的處方就是更加市場化。其實，當年福利國家之所以出現，就是為解決資本主義市場失靈而來，如今又回到市場解決，其成效並不足以說服人，於是就出現分權化（Decentralization）的主張。分權化是指政府將社會服務下放到地方政府，甚至下放到社區、鄰里小型服務提供者。若私有化的

目的是爲了效率，分權化則是爲了社區參與。私有化是公私部門間服務提供責任的移轉，分權化則隱含政府間的（Intergovernmental）與政府和準政府組織（Quangos）間的權責移轉（Bennett, 1990; Le Grant and Bartlett, 1993）。

　　因此，邊涅特（Bennett, 1990）就稱這種市場化與分權化的社會福利體制爲後福利模型（Post-Welfare Model）（林萬億，1994）。在新自由主義全球化之下，英美爲主的自由主義福利國家向個人責任、市場化社會福利服務輸送傾斜；歐洲大陸的保守組合國家主義福利國家則採取家庭主義及部分私有化，補強其社會保險制度；北歐的社會民主福利國家則以分散化、社會安全給付微降，以及小規模民營化來因應全球化的挑戰（Esping-Andersen, 1996）。

　　就英國的政治現實來說，分權化另有一層意義，就是將倫敦西敏寺的中央政府權力下放（Devolution）給蘇格蘭、威爾斯及北愛爾蘭的議會。1998年的蘇格蘭法案（Scotland Act），已同意將包括社會政策在內的若干領域的立法權與執行權交還給蘇格蘭政府。同年，北愛爾蘭法案（Northern Ireland Act）也同意部分保留立法權與執行權給北愛爾蘭議會決定，如與社會政策相關的生活水準、基本工資、刑事犯罪等事項。2006年的威爾斯政府法案（Government of Wales Act）也同意將部分執行權交給威爾斯議會（Birrell, 2009）。

　　權力下放之後，出現社會政策的離散（Divergence）效果，亦即一國多制。不只是服務輸送體系出現差異，服務品質、財政投入也都出現不一致。就結果面來看，不論是人均健康照顧經費、人均健康與個人服務經費、人均住宅與社區服務經費、人均教育經費、人均社會保障經費等，均顯示權力下放之後，英格蘭的條件都遠落後於北愛爾蘭、蘇格蘭、威爾斯，顯見權力下放對這三個準國家較有利（Birrell, 2009）。其間主要的差異在於財政的能力與政府的重視程度。

　　如前所述的個人、家庭、社區能提供的福利屬個別的、近鄰的，比較難以達成集體的社會保障。國家透過政治力管制市場運作以保障處於不利地位，以及面臨各種難以全然預測的風險的人們，滿足其經濟安全、健康、社會服務、住宅、就業、教育等需求，進而達到資本累積、政權合法

化，以及社會團結。因此，政府公共的社會福利輸送與國家社會支出就成為瞭解國家福利水準的主要測量指標。

 ## 第二節　我國的社會福利服務輸送體系

我國近代的社會服務輸送體系深受西方國家的影響。在1980年代以前，除了親族、鄰里之外，宗教廟宇、地方性慈善團體，以及各級政府，扮演補充的社會服務功能。這個時期，政府與民間基本上是各做各的社會服務，雖然政府也補助民間社團、機構辦理社會服務，不過大都是個案委託。之後，政府與民間的夥伴關係有所改變，我國的社會福利輸送體系跟著起了顯著的變化。本節將之劃分為四個時期加以描述。

壹、公私部門平行發展服務輸送（1945年～1982年）

從國民政府遷臺以來，「濟貧抒困」一直是政府社會行政的主要業務。為了解決失依兒童、老人、婦女及殘障者、精神病患的收容安置問題，各級政府在1950、1960年代除了承接日治時期所留下的濟貧、醫療、兒童福利、行旅救濟、職業介紹、少年感化、出獄感化、鄰保、公共住宅等機構外，並增建公立育幼院、救濟院、安養堂，以及集中式平（貧）民住宅以擴大收容貧民，並且鼓勵民間慈善團體提供類似的收容服務。例如，當時的臺灣省政府就曾在1955年9月訂頒「臺灣省獎助私立救濟福利設施辦法」，對於民間辦理或救濟設施，予以金錢獎勵或公開表揚；對於民間福利設施收容的兒童、老人、婦女等等，亦依法給與救助金。

事實上，在1950、1960年代，由於政府所辦的公立救濟院所數量仍然有限，而且多為一般的失依兒童、老人所設計，收容對象範圍狹窄，工作人員的照顧能力亦普遍薄弱，所以，遇到較難照顧的久病老人、兒童或殘障者、精神病患，多半得設法央請民間私立機構收容。以臺北市為例，位於古亭區的私立義光育幼院，在1960年代就經常受臺北市政府社會局臨時委託安置被遺棄的新生殘障嬰兒；位於艋舺的愛愛救濟院和仁濟療養院、靜心療養院等，也經常得收容臺北市政府轉送來的老年遊民、路倒精神病

患等等。類似的情形，也同樣發生在其他縣市的許多私立福利機構身上，所不同的是有的地方政府是以公務車輛將被委託收容者送來，有的縣市則是通知這些私人機構派車或派人將被收容者領回收容。

　　儘管到了1970年代，臺灣人民的生活水準較以往有顯著的提升，政府的稅收也已顯著的寬裕，在退出聯合國、與日本斷交等一連串的外交挫敗下，我國首部社會福利立法——兒童福利法，亦在1973年通過施行。為了提振政府勤修內政的形象，主管社會福利的內政部在1976年制訂「當前社會福利服務與社會救助業務改進方案」，並於1979年公布「當前社會工作改革措施」。這兩項辦法都再次確定要「加強現有社會救助設施，使孤苦無依者皆有所養，並要企業機構團體及社會人士，積極參與興辦社會福利及救助事業」。但是，對於既存的民間慈善組織協助政府辦理福利服務，或接受政府委託辦理收容服務的做法，卻仍未定出一套正式的規範或契約。對於民間機構因接受政府「委託」、「轉介」個案收容而得到的「論件」資助，政府仍一律以「補助」稱之。

　　至於對於此類案件，政府的「補助」是否符合機構的照顧成本，以及機構在接受此類個案的轉介及委託後是否給與適當的照顧或服務，在當時雙方似乎都不會言明。就政府的承辦行政人員而言，對於各類福利收容的費用「補助」，都是分類定額的，若不符合機構成本，機構也只有設法吸收或另募款項補貼；相對的，對於個案委託是否得到適當的服務照顧，他們也不便查究。所以，儘管當時的媒體或學術研究單位不時的會披露一些私立救濟收容機構凌虐或苛待被收容者，特別是所謂「公費」收容者的事實，但也多半在「大事化小，小事化無」的息事寧人心態下結案。慶幸的是，類似情形在1980年代，內政部依照剛通過的老人福利法、殘障福利法、社會救助法及先前通過的兒童福利法，對全國的各類福利設施進行全面評鑑，並據評鑑結果辦理獎懲之後，服務品質就相對提升了。

　　回顧1980年代以前，政府社會福利主管部門與民間福利機構之間的「委託」關係，似乎可以歸納出以下幾項特質：一是當時的委託對象主要都是需要長期照顧的無依老人、兒童、殘障者，以及精神病患。二是這些委託服務的產生，主要是政府公辦的收容設施容量不足所致，並非是政府無法做或民間做得較好。其三是這些「購買服務」案應該涉及的官方－民

間的權利義務關係，當時實際上完全不存在於雙方主辦人員之認知中，因而多年來一直稱之爲補助，而始終未見其中一方提出釐清，指明這實質上是「委託」案。政府後來稱此爲「個案委託」或「經常性委託業務」，事實上仍有許多縣市未將這種委託關係明確化。

貳、社會福利服務「方案委託」的興起（1983年～1985年）

基於政府「十大建設」的需要，民間工程、機電單位承攬政府工程的情況，自1970年代初就興盛不衰，政府交通或經建部門與民間企業的關係遂進入了新的合作境界。相似於此的是，英美等福利國家自1980年代也逐漸跨入了以「契約外包」（Contracting Out）或向民間組織「購買服務」以因應福利服務需求日增、但政府提供服務的能力卻緊追不上的窘境。但就我國社會福利行政官員而言，福利服務也可以如工程建設般可以外包的觀念，在1970年代倒是未曾有過。

雖然早在1973年我國兒童福利立法之前，就有部分學者提出國內應參考國外的兒童家庭寄養制度，開辦短期性的寄養服務，避免兒童被機構長期收容的困境。兒童福利法通過及公布之後，部分海外學人在回國參加國家建設研究會時，正式向主管官署內政部提出。此一建議獲得內政部社會司和臺灣省社會處的支持，爾後省社會處主動提出「臺灣省兒童家庭寄養委託實驗計畫」，並撥款新臺幣70萬元，委託「基督教兒童福利基金會」（C.C.F.，後改名爲中華兒童福利基金會）辦理兒童家庭寄養業務之先期規劃及專業人員訓練。臺灣省政府與臺北市政府並分別在1983、1984年間，以正式公文通知C.C.F的各地家庭扶助中心辦理委託，並按個案數撥給該兒童寄養費及寄養業務行政費。此一兒童寄養業務之委託，首開政府將福利業務委託民間辦理之先例，成爲日後其他業務（方案）委託的示範。

在兒童家庭寄養業務完成委託民間辦理之際，我國各級政府的社會行政單位也面臨前所未有的廣泛民間壓力。原因是政府在1980年迅速藉由立法程序完成了老人福利法、社會救助法和殘障福利法的立法程序，但法案中規定各項福利措施和政府行政首長曾做的各項承諾，並未在稍後的2、

3年間陸續兌現；相反的，人民在此一期間反而不斷從傳播媒體上見到政府公共工程的弊案連連，這其中也包括了許多政府原先承諾的老人文康中心、殘障教養院房舍、國民住宅等，因而引起了部分殘障、老人及社會福利團體，以及學者專家的強烈質疑。這些紛紛湧入的責難，以及在不得不承認公部門效率不彰的情形下，主管全國性福利業務的內政部社會司似乎發現了唯有借重民間組織的力量，才有可能擺脫這種政府預算、人力有限、但人民福利服務需求卻日益增加的困境。

因此，內政部社會司在1983年訂頒「加強結合民間力量推展社會福利實施計畫」，規定社會司為策劃機關，省市政府社會局處為執行機關。明文指出，各縣（市）政府為推展社會福利工作，得以補助、獎勵或委託民間合法社會福利機構共同辦理。辦法中並指出了中央政府將以對等補助的方式，協助各地方政府推動與民間機構合作的項目。

內政部此一措施，直接促成了地方社會福利團體和福利方案的蓬勃發展。原來我國的地方政府首長一般而言都不重視社會福利工作，多數縣（市）的年度社會福利經費僅及縣市政府總預算的1%左右，有些甚至更低，因此，地方政府可以辦的社會福利方案屈指可數。既然內政部社會司表明可以資助地方辦理社會福利經費的50%，甚至更高，又允許地方政府以委託、獎助之名讓民間機構或團體代為出力，因此，在各地方政府的鼓勵和配合下，我國各地區不同類型的福利團體及小型機構在1983、84年以後，不論是在數量和服務方案的類型上，都有顯著的成長。縣（市）政府主管局科在中央政府的監督考核下，辦理社會福利業務的態度自然也較往年積極許多。

總之，自1983年之後，政府有意將本身無力承擔的部分社會福利業務交由民間福利組織來執行的態度日趨明朗。就政府而言，這些業務或方案委託不僅免除了缺乏人員編制的煩惱，也附帶可以藉此扶植及監督民間福利事業發展的意涵；而且經由委託方案的擴大和分散，也可以達到社會資源再分配的效果。許多民間福利組織在這10年間，不僅藉由政府的「方案委託」提高了它的知名度和公信力，也在內政部的相關獎助作業措施下，獲得了不少財源來擴建或改善設施。1980年代中葉，我國民間社會福利設施的成長是有目共睹的。

參、社會福利「公設民營」模式的崛起（1985年～2000年）

　　1987年臺灣解嚴，不久後又因應需要修正公布「人民團體法」，將集會結社的權利歸還給人民。於是乎各項社會運動團體，不論是維護自身權益或宣導某種理念，風起雲湧。社會福利受益者團體也在此時凝聚了更高的權利意識和集體訴求的力量，這也迫使中央及地方政府的社會福利支出在1980年代後半有了比較大幅度的成長。

　　臺灣各縣（市）政府在面臨行政人員成長受限、而各類福利案主或倡導團體又頻頻施壓的情況，善用民間組織的人力資源和構想，加上循行政程序向中央申請的財務支援，就成了解決問題、滿足需求的最佳對策。於是乎許多縣市在1986年之後，陸續出現了「殘障兒童日間托育」、「成年智障者職訓暨復健方案」、「殘障老人居家看護」、「老人長青學苑」、「老人在宅服務」、「家庭托育人員（保母）訓練方案」、「兒童保護案件調查」、「少年或不幸少女的安置輔導」、「受虐婦女安置輔導」等等以委託民間機構辦理、而由政府資助的各種委託方案。

　　隨著「少年福利法」等新法案的通過和施行，相關的「方案委託」項目亦在1989年底後逐步增加。但也由於對委託服務制度化的期望日增，以及委託和受委託雙方都對彼此的權利、義務要有更明確的界定，以免日後爭執，因此在1980年代的後半，許多地方政府不僅在內政部所通過的社會福利委託民間辦理的相關辦法和規定外，和民間組織之間也多以正式契約的形式將雙方的期望、角色及財產的歸屬等，做了更清楚的規範。同時，由於部分學者也開始對西方先進國家的類似做法有初步的引入和評論，使得政府可以藉由購買服務或「契約外包」的方式推展社會福利的做法，引起了較多的注意和討論（林萬億，1987）。

　　自從1983年內政部頒布「加強結合民間力量，推展社會福利實施計畫」之後，臺北市政府即在次年6月通過「臺北市政府社會福利設施委託民間專業機構辦理實施要點」，為當時社會局已經商洽「第一兒童發展基金會」為臺北市政府規劃辦理一所「公設民營」的中重度智障兒童日間教養中心備好合法依據。1985年3月，臺北市政府社會局委託「第一兒童發展文教基金會」辦理的「臺北市博愛兒童發展中心」，正式完成開幕啓用

和立案手續。市政府在這件「公設民營」的委託案中，僅僅提供了既有的房舍樓層和開辦設備，其餘一切支出悉由受託單位自收費中及其本身自有資金中挪支。「博愛發展中心」在受託單位的苦心經營下，成果斐然並頗受外界肯定；相較於臺北市陽明教養院的龐大照顧成本，臺北市政府也相當同意這種委託模式使政府可以用較低成本獲取較高效益。然而，不知是土地房舍取得不易的緣故，還是因簽辦此第一家「公設民營」福利機構受到社區居民頑強抗爭的過程嚇到了社會局有關官員，第二家「公設民營」委託案竟到了5、6年後才又見提出（蘇昭如，1993）。

　　臺北市政府繼1991年完成「心愛兒童發展中心」的公設民營委託案後，於1992、93年起，又陸續將其他完工或接收（如福安育幼院）的社會局主管下之市有房舍，以「公設民營」的契約委託方式，委託給在臺北市完成登記有案的民間社會福利團體或機構。這些「公設民營」所委託服務的性質，也從殘障福利服務為主體，發展到兒童福利（如托兒所、課後輔導、育幼院等）、遊民照顧（如「平安居」之設立）、婦女權益服務和青少年安置及輔導等等。受託單位的甄選也從主動徵詢特定對象的意願，轉變為公開招標，再依據應徵者的計畫內容和機構聲望作為評選的標準。為了達成委託過程的合理性和公平性，臺北市政府並在1993年5月組成「政府委託民間辦理社會福利法規研修小組」，由學者林萬億、呂寶靜、曹愛蘭主責，經過多次集會研商後，於當年7月完成「臺北市政府委託民間機構辦理社會福利服務辦法」草案，該草案中明訂政府委託民間機構團體辦理社會福利服務的目的是為了提升社會福利效率和品質；訂定計畫（方案）委託和機構委託為主要委託方式；並指明「市民有迫切需要，但市府無法立即提供服務項目為優先委託原則」；並對委託對象、委託程序、評審委員組成評審基準、委託契約之管理與監督，以及案主權益之保障及申訴規定、政府部門對受託單位所能提供的支援範圍，均有完整和清楚的界定。這部堪稱完整的修正草案，原擬經由市政府內部行政程序，提送市議會通過後據以施行，不料卻在途中被擱置。

　　臺北市的「公設民營」委託案自1985年的第一件，至1991第二件，1992年又增加為3件，1994年則已增加至11件，迄1997年底時已近30個「公設民營」做法委託出去，「公設民營」機構將達到50所左右，並且涵

蓋各種層級和類型的福利服務。這種公設民營委託案的擴充之迅速，確實令人咋舌（林萬億、陳毓文、秦文力，1997）。

　　高雄市政府社會福利委託業務辦理的情形，類似臺北市政府。早年的委託業務亦多以重殘者、無依老人、兒童及低收入精神病患之安置收容爲主，所委託的民間機構遍及高雄市、縣、屏東、臺南、彰化、臺中、花蓮、新竹、臺北各地；自1980年代，高雄市升格爲院轄市，此時爲因應兒童福利法、少年福利法、老人福利法和殘障福利法的實施，高雄市政府社會局亦傾向以委託民間服務社團或社會福利機構辦理長期或短期的社會福利方案，以因應自身人力缺乏和市立機構不足的窘境。其中屬於長期性方案委託的「兒童家庭寄養服務」和老人「長青學苑」皆始於1982年底；身心障礙兒童日間托育、殘障者職業訓練、家庭托育人員訓練、少年收容輔導等，則分別始自1987、1988和1989年起，且多係社會局主導尋求委託對象（林萬億、陳毓文、秦文力，1997）。

　　到了1991年以後，高雄市也陸續取得了籌建完成的市屬公共設施和房舍，亦參考了臺北市社會福利「公設民營」的做法，選擇了適當的相關民間社會福利專業機構進行委託。市政府除了提供房舍和設備外，並補助一定的人事、業務費用。這項「公設民營」委託服務首先以1994年9月完工之「無障礙之家」開始，陸續與「高雄市柴仁啓智中心」、「高雄市自閉症協會」和「高雄市殘障者福利促進會」等機構和團體，完成了「身心障礙日間托育」、「腦性麻痺兒童日間托育」、「自閉症兒童日間托育」、「殘障福利庇護工廠」等4項「公設民營」委託案；繼又在1995年，依照「兒童及少年性交易防制條例」之規定，委託臺灣世界展望會南區辦事處以「公設民營」方式設置以收容輔導不幸少女爲主要業務之「高雄市關懷中心」。1997年10月，復利用新近完工之「長青綜合服務中心」的場地，完成「日間托老服務」、「老人用品展示服務」等2項委託民間經營之項目。若加上後續開辦的「重殘者短期服務中心」、「青少年服務中心」、「托育服務諮詢中心」、「公設民營托兒所」等等，則在2000年前，高雄市政府委託民間辦理社會福利服務項目將高達4、50項，其中「公設民營」的委託案亦將超過10餘件。而就市政府的構想，未來該市社會福利服務的執行，至少一半是以「公設民營」方式委託民間來經營，民間社會福

利社團和機構在該市扮演的角色益形重要（林萬億、陳毓文、秦文力，1997）。

　　至於臺灣省各縣市政府對於委託民間組織社會福利的做法和成效，則是大不相同。以高雄縣、臺中縣和臺中市爲例，高雄縣對於委託民間組織辦理社會福利服務興趣極高，故自1988年起，縣府社會科即分別與高雄縣家庭扶助中心簽約，委託辦理「鄰里褓母訓練」、「兒童保護調查輔導」、「兒童少年寄養服務」等方案，與國泰人壽保險公司簽約，委辦「殘童健康保險」等方案；自1994年起，更積極以「委託經營」方式（即由縣府提房舍，並檢視機構性質，編列部分經費獎助經營者）來促進民間參與社會福利服務的提供。1995年5月起，高雄縣已完成的「委託經營」方案，包括了「老人公寓－崧鶴樓」、「兒童早期療育發展中心」、「遊民收容所－慈心園」、「殘障福利服務中心」、「中崙國宅社區服務中心」等，繼之規劃「岡山鎮婦幼館」、「岡山區社區安養堂」，以及將公營的「婦女少年庇護所」均委外經營。其他尚有多項設施，轄下鄉鎮市公所之社福設施在內，均積極規劃爲「委託經營」之民間社會福利機構來主導（林萬億、陳毓文、秦文力，1997）。

　　臺中縣政府的社會福利服務委託民間辦理的做法相當特殊，由於縣府本身社會福利經費不足，人力也非常缺乏，但是在1989、90年之際，縣政府社會科便向內政部社會司提出興建縣屬「老人活動中心」、「殘障福利服務中心」及「兒童青少年服務中心」的計畫，並獲得社會司的全額補助。至1994、95年間這些建築陸續完成後，縣政府便依當年申請計畫中預定提供的服務項目，分別尋找適當的民間機構或社團，以「方案委託」的方式，在這些不同對象的福利服務中心內，設置了諸如「庇護工廠」、「智障兒童早療中心」、「老人日托」、「長青學苑」等服務設施。接受委託的民間機構辦理這些服務時，除依規定可以收取部分費用外，不足之處亦可申請縣府予以補助或轉請內政部社會司獎助。至於這些建築物本來的管理和維護，則由縣政府社會科派工作人員負責。由於民間參與的只是在縣府設立的○○福利服務中心下的某些服務項目，雖然用的也是政府提供的設備和場地，但縣府並未將這些場地和設備移轉受託機構管理，因此，縣政府認爲這與臺北、高雄兩市的「公設民營」做法有所不同（林萬

億、陳毓文、秦文力，1997）。

　　至於離臺灣省政府較近的臺中市，對所謂社會福利委託民間辦理的做法，似乎較不若上述縣市積極。至1997年，該市並未有類似「公設民營」的福利服務做法，且該市爲數甚少的「方案委託」部分，也有些是民間機構主動提出要求，經市政府轉呈社會司核可撥款，但要求臺中市政府居間督導並以市府委託方案處理。但市政府對此並不以爲然，不過委託民間辦理社會福利服務似乎勢不可擋。

　　臺灣省政府社會處自1993年之後，也嘗試透過「公設民營」方式，解決一些省府想要做但又缺乏人力資源的福利服務拓展問題。例如，省政府發現「兒童受虐」問題相當嚴重，但是全省各縣市都缺乏一個可以24小時通報的熱線，於是思以公有場地、經費，但是由民間組織來支援所需專業人力的做法。終於從1994年7月起，委託「臺灣世界展望會」籌劃，同年10月評審通過，次年6月獲得內政部核定獎助，並於1995年12月試辦，1996年7月1日正式開辦「臺灣省兒童少年保護熱線中心」。省府除了提供所屬省立臺中育幼院的一塊場地及開辦設備外，也和內政部社會司負擔了該中心近九成的人事費和其他支出。除此之外，省政府並計畫將另外三處原由省府直接管理或新近完成立案的省屬福利設施改交委託民間辦理，以減少政府單位經營時可能遇到的障礙。

　　內政部吸納各縣市政府經驗，於1997年1月30日公布「推動社會福利民營化實施要點及契約書範本」，確立我國社會福利跟隨美國腳步持續走向民營化的方向，並規範委託民營方式爲公設民營與委託服務兩類，作爲往後各縣市政府持續辦理委託服務契約的依據。

　　1998年，政府爲建立採購制度，依公平、公開之採購程序，提升採購效率與功能，確保採購品質，制訂「政府採購法」，規範所有政府向民間採購工程之定作、財物之買受、定製、承租及勞務之委任或僱傭等事項。社會福利服務屬於法中所列之勞務採購。而參與公開招標之社會福利機構、團體、學校也被定義爲廠商，使社會福利的人道服務與非營利性的本質遭到扭曲。

　　又爲了提升公共服務水準，加速社會經濟發展，促進民間參與公共建設，政府於2000年2月頒行「促進民間參與公共建設法」。社會及勞工

福利設施也納入公共建設之一環。其參與方式包括以下7種：(1)由民間機構投資新建並爲營運；營運期間屆滿後，移轉該建設之所有權予政府。(2)由民間機構投資興建完成後，政府無償取得所有權，並委託該民間機構營運；營運期間屆滿後，營運權歸還政府。(3)由民間機構投資新建完成後，政府一次或分期給付建設經費以取得所有權，並委託該民間機構營運；營運期間屆滿後，營運權歸還政府。(4)由政府委託民間機構，或由民間機構向政府租賃現有設施，予以擴建、整建後並爲營運；營運期間屆滿後，營運權歸還政府。(5)由政府投資新建完成後，委託民間機構營運；營運期間屆滿後，營運權歸還政府。(6)爲配合國家政策，由民間機構投資新建，擁有所有權，並自爲營運或委託第三人營運。(7)其他經主管機關核定之方式。其中，社會及勞工福利設施大多屬第五種，亦即OT案。

此後，依「促進民間參與公共建設法」委託民間經營的社會福利案例雖然不多，例如，桃園南區少年活動中心、桃園縣婦女館、臺中縣德水身心障礙教養院、嘉義市身心障礙綜合福利服務中心、新竹縣身心障礙綜合福利服務中心、雲林縣婦女服務中心附設托兒（嬰）中心、雲林縣身心障礙福利服務中心重殘養護中心、員林縣西螺早期療育中心、金門縣身心障礙福利機構等，其得標單位大多仍是財團法人機構。但是，雖然非營利組織也可參與「促參法」的競標，但這種做法除了持續擴大社會福利的民營化之外，也凸顯了政府認爲社會福利產業化就是向營利化傾斜的思維。

整體而言，政府委託民間組織辦理社會福利的做法上，從進入1990年代以後，似乎全面進入了一個「公設民營」或「準公設民營」的新階段。對許多社會行政主政者和民間社會福利組織的負責人而言，這種政府和民間的合作模式似乎是一個既可解決政府爲拓展福利服務，卻又面臨人力不足的困境；對民間可收到想要推展的福利服務，卻又苦無場地和經費難題的兩全其美辦法。

當然，各級政府委託民間辦理社會福利的風潮並非全是有益無害，以下幾點屢被質疑，才會有學者警告我國社會福利民營化應該停聽看，不宜便宜行事（謝美娥，1995；林萬億、陳毓文、秦文力，1997；林萬億，1999）：

1. **委託外包的目的受質疑**：政府在考量委託民間辦理福利服務時，究竟是應該以提升福利服務的品質為主要目的？還是以節省政府開支、精簡政府人事為主要目的？畢竟這兩者經常難以兼顧，對人民的福祉而言，孰輕孰重是應該謹慎考慮的。而當前所流行的委託外包案，大多是因為政府人力、預算不足的權宜之計。

2. **民間機構自主性萎縮**：民間福利組織在接受政府的委託方案後，機構本身固然獲致了許多資源，但在合約的限制下，勢必要承受許多來自政府行政人員的干預和追求自主性與創新性的矛盾。就整個福利服務長期發展的角度來看，當臺灣大多數較具知名度或有歷史、或有規模的民間福利機構和團體，都被政府契約所捆綁時，究竟對社會福利整體發展是利多或是弊多？民間社會福利倡導團體也加入委託契約的簽署時，監督者（民間社團）變成執行者，被監督者（政府）變成評鑑者的主客易位，社會福利倡導角色萎縮，臺灣社會福利發展能否順暢，值得深思。

3. **績效監督考核不易**：政府所提出的委託契約中，除了籠統地列舉了受託機構所應提供的服務類型和接受服務者的條件，以及既有資產的未來歸屬外，鮮有在契約中明訂機構服務品質績效的考核標準，更少提及案主的權益應受保障，導致部分受委託機構與政府委託部門產生爭執、衝突，甚至解約時，無辜的案主反成了最大的犧牲者。如何避免類似情形發生，應是另一項值得深思的課題。

4. **公私部門權責不明**：各地政府對委託「公設民營」所成立之新機構的公私立身分界定不明，導致出現各說各話的情形，內政部的解釋也未必盡合情理。到底這種公設民營機構是公部門？或是準公部門？還是準私部門？其公權力的行使權限不一。未來倘有發生責任歸屬的糾紛時，恐易產生相互指責、推託或政府威信盡失的後果。此一定位問題，似應設法處理方為上策。尤其是政府認為公設民營機構屬準公共部門，對公設民營機構補助相對受限，補助民間社會福利機構則不在此限，引發公設民營機構的反彈。

5. **民間機構參差不齊**：國內民間機構中，合法且具相當專業能力者

有限，中央及各縣市政府亟待委託民營的公有設施正以倍數成長。所以，未來勢必會產生受委託單位供不應求或濫竽充數的情況；加上各縣市政府原本督導契約執行之行政人力嚴重不足，倘不思調整改善，福利服務品質令人憂心。

6. **民間大型機構連鎖化與科層化**：首先，由於經驗與資金的差距，具有全國性知名度的團體，在政府採購法的公開招標競爭下，必然容易承包到新方案，如此惡性循環之下，小的民間組織更不容易有學習機會，所謂社區參與的理想難以達成。其次，大型的民間組織因為承包業務遍及全國各地而使組織迅速擴大，資金與人事都快速增加，財務與人事管理變成一項龐大業務，民間非營利組織走向科層化幾不可免。再者，大型非營利組織在各地所承包的服務方案走向連鎖化，甚至幾乎主導了政府某些項目服務方案的規劃、建議、承攬權，形成民間團體向政府施壓、建議新方案的提出、進一步承包規劃與研究案、最終取得執行權的一貫作業。最後，民間團體往往由自身所關心的福利議題出發，缺乏整體考量，國家的社會福利發展也因此容易陷入零散、片段化的後果。這種趨勢發展某種程度已淪為由政府編預算，民間執行，民間獲得資金與人力擴張，且享有社會認可，政府卻苦於無監督能力與機制，但又必須承擔政策執行失敗的責任。顯然，民間與政府的權責並不相稱，這也凸顯了委託外包式的政府的空殼化與脆弱性。

肆、照顧服務產業化之爭（2001年～2008年）

2000年5月20日政黨輪替，民進黨執政。1999年921大地震的復原工作還在如火如荼的進行，加上1997年亞洲金融危機的後遺症尚未完全消除，又遇上從1995年已來的網路商機過度膨脹，正好在2001年泡沫破裂，復加上50年來首次政黨輪替的不習慣，臺灣面對從未有過的失業風潮，失業率攀爬到5%以上。政府為因應失業問題，於2001年5月11日奉行政院指示，加強推動福利產業，由經建會會同內政部邀集衛生署、勞委會等有關機關

及民間團體代表，組成「福利產業推動小組」，積極研議「發展福利產業方案」。因社會福利團體對福利產業化多所疑慮，遂於2001年8月1日，獲社會福利推動委員會同意，將本方案更名為「照顧服務產業發展方案」。到了2003年10月24日，擔心社會福利團體質疑該方案有產業無福利，再度更名為「照顧服務福利及產業發展方案」。於是，更確定了我國社會福利輸送體系有走向產業化的趨勢。

依照顧服務產業發展方案的背景說明，除了為解決問題之外，人口老化、失能人口增加、家庭照顧能力下降、現有照顧服務提供不足，也都是該方案推出的原因。該方案的目標之二明訂鼓勵非營利團體及民間企業共同投入照顧服務產業，建構多元照顧服務輸送系統，全面提升照顧服務品質，達成選擇多元化、價格合理化與品質高級化之目標。雖然早年托兒所、幼稚園、小型老人安養與養護機構，以及潤福老人出租住宅等均已有營利化的事實，但這是我國社會福利發展數十年來，政府首次公開引進營利企業進入社會福利的輸送體系中。

該方案與營利事業有關的部分包括開放各地方現有閒置之公有院舍、各地區福利服務中心、農漁會、社區活動中心等，提供經營照顧服務相關產業之場地。從事照顧服務之業者辦理商業登記前，應由目的事業主管機關予以審核，核可後方可向經濟部辦理登記。為配合建立照顧服務產業，應通盤檢討與修正老人福利法、身心障礙者保護法及護理人員法等相關法規，研議將照顧住宅納入相關法規中加以規範，積極協助有意參與照顧服務產業經營者解決或排除用地合法化障礙。這些規定正式將本屬社會福利服務的部分業務納入營利事業登記。

於是，內政部奉命補助臺灣經濟研究院辦理「我國高齡化社會對策——促進民間企業投資安養產業之探討」，研究報告建議將民間投資老人安養設施產業列入促進民間投資參與公共建設法之重大公共建設範圍，俾以優惠獎勵措施增加民間參與公共建設之誘因。內政部並據此召開多次會議研商「促進民間參與老人住宅建設推動方案」，會中社會福利團體代表與本人一致反對政府獎勵民間興建之老人住宅可以販售，只接受政府獎勵之老人住宅僅供作出租給老人居住之用，才不會有國家用人民稅收補助私人興建老人住宅，拿來作為一般住宅買賣圖利，這有政府圖利財團之嫌。

然投資業者屢以老人住宅僅供作出租之用無法取得銀行團之貸款，住宅能自由轉讓才有誘因吸引業者投資，而要求政府同意老人住宅可作爲買賣標的。內政部在社會福利團體代表與本人的堅持下守住最後底線，只同意政府補助興建的老人住宅專供租賃。行政院於2004年4月26日核定該方案。既然業者無利可圖，申請案件區區可數，行政院終於在2008年1月4日同意停止試辦。一場社會福利向產業化傾斜的實驗宣告停擺。

事實上，除了「促進民間參與老人住宅建設推動方案」企圖將老人住宅產業化之外，行政院於2006年7月召開經濟永續發展會議時，企業界及部分政府經濟決策官員也積極倡議將規劃中的長期照顧計畫開放企業投資，其所持理由是照顧產業商機大、企業經營效率較高、品質較好、服務多元、可滿足不同階層需求；反之，死守照顧服務非營利化只會延宕服務供給的擴大時機，不符市場競爭原則。但是在社會福利團體的力爭、王榮璋立委與筆者的堅持下，總算於稍後的「我國長期照顧十年計畫」中，維持非營利化的取向，且長期照顧管理中心定位也公共化，暫時拉住社會福利無限制地開放民營化，以及蠢蠢欲動地走向營利化的韁繩。

依諾貝爾經濟學學獎得主Stiglitz（1986）的公共經濟學指出，具有以下幾種性質者，屬公共性高，宜由公共部門提供：1.競爭失靈者，如獨占性、交易成本高、規模回報率低者；2.公共財，如社會福利、教育、健康；3.外部性高者，如環境保護；4.不完全市場；5.資訊失靈者；6.在失業、通貨膨脹、社經失衡時；7.最後是爲了資源重分配與功績財（Merit Goods），如國民義務教育、兒童安全座椅等。

持相同理由，臺灣的社會福利團體與學者普遍不支持照顧服務營利化，其所持的理由認爲在照顧服務領域裡，具有以下特徵（林萬億，2004）：

1. 「消費者」（失能老人或身心障礙者）是相對弱勢的，不易監督服務提供者。

2. 服務資訊不對等，品質選擇不易。

3. 服務品質不易測量，很難確認價格合理性。

4. 服務費用大多由代理人支付，如子女、監護人、保險公司，而非本人購買，有可能使用者的感受不被付款人瞭解，或付款人爲了

省錢而減少購買。

5. 因是勞力密集工作，利潤有限，經營者往往以剝削勞工來提高利潤，如聘用低薪之外勞，或迫切需要工作養家之婦女，造成經營者賺錢、弱勢者卻相殘的局面。

6. 服務提供者會以創造需求來達到增加供給，使得服務提供可能發生濫用、過度使用、虛報服務、實領支付等情事。

因此，照顧服務，不論是老人、身心障礙者長期照顧，或是病人照顧、兒童照顧等都不宜營利化。何況業者爲了提高利潤，必然會提高價格，增加服務使用者的經濟負擔。業者會唆使消費者向政府要求補助，如幼兒教育券，政府的財政負擔將加重，且造成在家自行照顧者反而得不到任何補助的逆分配現象；反之，在利潤有限的情況下，業者必然會要求提高政府補助或優惠，否則就退出市場，政府的負擔也將加重。總之，任何一種政府負擔的加重都沒有直接有利於服務使用者，反而是創造一群以醫療照顧爲業的財團加入搶奪福利資源，這對政府與社會福利使用者來說都是雙輸。自詡支持社會福利的民進黨一執政，卻因爲了解決失業率高及經濟成長率低的問題，誤信自由經濟學者的言論，將臺灣的社會福利帶向美國新右派所主張的社會福利民營化（營利化）的走向，而陷臺灣社會福利輸送體系於失衡與危險邊緣，實非明智之舉。

照顧福利服務產業化的推動，在蘇貞昌擔任行政院長期間已告暫停，民進黨守住以非營利化推動十年長期照顧體系建立的基本原則。

伍、照顧服務的再民營化與營利化（2008年～2011年）

馬政府上臺後，無視於主張非營利化、社區化、在地老化、小型化、社會化的長期照顧十年計畫正在積極推動中，立即推出「長期照護保險」，試圖將長期照顧轉向醫護化、營利化、大型化、財團化，此舉必將摧毀長期照顧非營利化的精神。國民黨的長期照護保險計畫，本質上是歡迎營利組織進入長期照護市場。如同其反對托兒公共化一般，也反對長期照護公共化。國民黨政府認爲光是公共化無法擴展更多照顧服務產業，唯有引進民間企業投入銀髮產業，不但可創造商機，也可擴大照顧服務量。

爲配合經濟學家朱敬一政務委員推動的國際醫療專區計畫，衛生署擬修正醫療法，規定未來醫療專區從事國際醫療業務的私立醫療機構，可以用公司方式設立，意在爲本不該設立的新竹生醫園區解套。然其影響所及，逐漸將有更多醫療財團以申請成爲從事國際醫療業務爲目的，醫療商品化正式合法化，醫療自主性與價值喪失，公立醫療與健保體系瀕臨瓦解，醫療階級化將被激化。經濟學者把醫療視爲增進GDP的「產業」，以和信醫院院長黃達夫爲首的醫療專業主張醫療是關照健康照護（Health Care）的「服務」，兩者本質上是衝突的。

　　民間監督健保聯盟發言人滕西華指出，以國際醫療專區逐步將醫療服務價格化是極右派的價格政策。政府將這種醫療價格化主張藉由以下兩方面操作：一是這會創造幾百億的「醫療產值」；另一個是拿「部分產值」當成贖罪的「道德稅」——挹注健保，試圖以此說服立法院及民衆支持。推動國際醫療專區修法的人，若以爲只要拿收入的一部分挹注健保，就能夠合理化，未免太天眞；因爲國際醫療專區對健保病人產生排擠的疑慮，不過是其衆多摧毀臺灣醫療價值的壞處之一。國際醫療專區對健保的排擠只是第一步，它更深層的影響其實是，國家從醫學院開始培養的優秀醫療團隊，這些優秀的人才成熟時，便會被醫療公司以高薪挖角去看有錢人和外國人，而健保病人永遠是這些醫療公司業主檢驗、遴選優秀團隊的戰場，怎能沒有排擠效應？從長遠來看，醫學教育如何能避免醫師或團隊不去歧視或選擇病人？如何不以價格做算計來治療病人？這都是更艱難的挑戰（滕西華，2011）！

　　當醫療照護成爲商品可以論斤論兩之後，雖然那看似只會發生於外國人、有錢人身上，其實不然，這種氛圍將蔓延到全國的醫療體系，深化入所有醫療專業工作者的心裡。哪一位醫療專業工作者甘願蟄伏於不優秀、低薪資的本國醫療群組？而醫療公司不會以壓榨醫療專業工作者與剝削病人作爲獲取利潤的來源嗎？屆時，病人已不是人了，而是營利的標的、商品；醫療專業工作者也不再是具有專業自主的專業人，而是配合資本家牟利的工具。他們不會疏離病人嗎？不會從自己的專業異化嗎？

　　馬政府的「我國產業發展及政策」將醫療照護產業列爲六大新興產業。醫療專區是推動醫療照護產業化的一環。2009年9月，行政院核定將

醫療產業以「一三七」進行策略規劃，所謂「一三七」策略規劃即：一個白金方案（健康照護升值白金方案）、三大主軸產業（服務產業、加值產業、製造產業）、七項體系強化，作為整體策略執行準則，以擴充現階段醫療服務體系至健康促進、長期照護、智慧醫療服務、國際醫療及生技醫藥產業等，打造臺灣醫療服務品牌，帶動相關產業發展。醫療國際化是其中第五項體系，長期照護產業則列為第二項，在該項具體主張三提出開辦多元長期照護保險機制與服務網絡，帶動民間投資。可見，推動醫療專區也好，長期照護保險也好，都是在實現國民黨政府的醫療照護產業化、營利化的具體措施。

除此之外，連涉及公權力最密切的家庭暴力暨性侵害業務，也在「家庭暴力及性侵害被害人垂直整合服務方案評估」中以區域分工給外包了。該方案背景鑑於直轄市、縣（市）政府多數以個案服務流程切割與民間團體之分工，造成被害人之服務無法深入。為建立整合性的服務方式，2009年度以臺北市作為實驗地區，建構家庭暴力及性侵害被害人垂直整合服務模式，並委託專家學者進行方案評鑑，以作為下一階段推動方向之基礎。以家庭暴力或性侵害服務流程切割分工，不必然會造成服務無法深入，而是家庭暴力與性侵害防治體系本身未整合、部分縣市家庭暴力或性侵害防治中心的人力短缺、工作模式過於偏向法律導向與後端處置，以及家庭暴力防治法的入罪化本質造成的問題。把家庭暴力防治工作依區域外包給民間單位，能垂直整合出更深入的服務效果嗎？民間單位根本缺乏公權力行使的權威、資源與經驗，如何垂直整合呢？只不過是把棘手工作丟給民間而已。就像新增一個高風險家庭方案或中心一樣，將高風險家庭評估與訪視分區外包給民間單位，住在不同區域的人民將由不同的單位服務，這種權力下放模式，其實都是在推諉塞責，無助於服務整合。

 ## 第三節　社會福利支出

一個國家社會福利支出的多寡與內涵，是瞭解該國社會福利制度的體制屬性，以及人民生活保障的適足水準高低的重要指標。雖然國家的社

會福利支出不包括個人、家庭、社區的福利提供，但是，國家社會福利支出的多寡也不必然與個人、家庭、社區的非正式福利提供成反比。也就是社會福利支出多的國家，其個人自力維生的負擔將降低，但是該社會的家庭、社區的福利提供不必然就會衰退。如果以福利混合的概念來看待社會福利，人民的總福利就應該包括政府社會支出、非正式部門的福利支出（如家庭照顧、鄰里托兒、親戚托老、施捨等）、志願部門或非營利部門的福利支出（廟宇、教會、社團、社會福利機構與組織所提供的福利等），以及市場營利部門所提供的福利（如企業為員工所提供的團體保險、企業托兒等）。

OECD的社會支出資料庫（Social Expenditure Database）所蒐集的社會支出範圍包括：老年給付、遺屬給付、職業傷害給付、失能給付、疾病給付、老人與身心障礙服務、健康照顧、家庭給付、家庭服務、積極勞動政策、失業、住宅、其他（如社會救助）等13項。由於各國的社會福利體制不同，社會支出的組成就有差異。首先是著重的項目不同，不同的社會福利項目的支出比重會不同，例如，北歐國家花費在積極勞動政策上的經費比率，高於自由主義福利國家的美國、加拿大、紐西蘭、澳洲許多。其次，公共與私人支出的比重不同，社會福利愈公共化的國家，如北歐諸國，其公共的社會福利支出比率高於私人支出甚多。以美國來說，其淨私人社會支出高達10.4%，只比公共社會支出少一點而已，這主要是其健康照顧支出大量的私人化。私人社會福利支出包括：強制性的社會保險的個人保費分攤比例、志願性的私人保險支出，以及健康照顧與社會照顧的自付額部分等。表4-1列出工業先進國家的社會支出占國內生產總額（GDP）的比率，以及其公私部門分配，可以作為我們理解不同福利體制國家的社會支出狀況。表中順序是依歐盟四個社會歐洲（Social Europe）：北歐社會民主模式、盎格魯薩克遜的自由主義模式、歐陸保守組合國家主義模式、南歐拉丁圈模式排列，再輔以其他工業國家的資料，可以看出北歐社會民主模式的社會支出最高，其次是歐陸保守組合國家主義模式國家，第三是盎格魯薩克遜的自由主義模式國家，最低的是南歐拉丁圈模式國家；其他工業國家除日本外，社會支出更少。而公共化程度最高的也是北歐，其次是南歐，以及從社會主義轉型為市場社會主義的中東

歐國家。自由主義福利國家的社會福利私有化情形最為明顯。

表4-1　工業先進國家的社會支出

國別／支出別	社會支出（占國內生產總值的比率，2005）	
	淨總社會支出	淨私人社會支出
瑞典	27.8	2.1
丹麥	25.3	1.6
芬蘭	23.4	0.8
挪威	20.5	1.3
冰島	19.7	4.2
英國	26.9	5.0
愛爾蘭	18.0	1.5
美國	27.5	10.4
加拿大	24.0	4.8
紐西蘭	18.8	0.5
澳洲	20.9	3.2
法國	32.7	3.1
德國	28.4	2.4
荷蘭	25.3	5.4
奧地利	25.8	1.5
比利時	30.5	4.3
盧森堡	19.6	0.7
義大利	26.4	2.0
葡萄牙	25.0	1.9
西班牙	21.8	0.6
OECD27國平均	22.2	--
日本	23.4	3.7
韓國	11.8	2.9
墨西哥	9.0	0.2
土耳其	11.3	0.0
斯洛伐克	16.7	1.0
波蘭	18.8	0.0
捷克	19.3	0.4

資料來源：經濟合作暨發展組織（OECD），社會支出資料庫（Social Expenditure Database），2007。作者自行整理計算。

由於OECD會員國多屬已開發國家且賦稅（含社會安全捐）負擔率平均達35%，遠高於我國的20%，因此有較豐沛的財源以發展較完備的社會安全政策。2007年，半數OECD國家公部門社會支出占GDP比率逾20%，其中最高為法國28.4%，其次為瑞典27.3%，最低為墨西哥7.2%（見圖4-2）。2007年，我國公部門社會支出占GDP比率為9.6%，低於OECD國家中位數20.0%，與34個OECD國家相較，僅高於南韓及墨西哥（見圖4-3）。依行政院主計處（2010）《社會安全——公部門社會支出概況分析》，我國的公部門社會安全支出涵蓋公部門之社會給付、行政費用及其他支出等3項，其中社會給付加上積極勞動市場計畫（Active Labour Market Programmers, ALMP），相當於OECD之公部門社會支出（Public Social Spending），即不含私人企業的自發性社會支出，也不考慮租稅制度的影響。亦即，此處比較的公部門社會支出，在我國是包括下一節要分析的社會福利支出、退休撫卹支出、行政費用及其他支出。例如，2011年，各級政府社會福利支出預算為4,579億7千萬元，同年退休撫卹支出預算為2,134億5,200萬元，退休撫卹支出約占各級政府社會福利支出的46.6%，兩者相加也才有6,714億2,200萬元。比行政院主計處所計算的金額少很多，僅及上述圖4-3的一半。其差額應該是雇主、個人所提撥的保險費，以及全民健康保險的自付額。

　　就OECD國家的經驗來說，總社會支出占GDP的比率一直在增加中，從1980年的16%，升高到2007年的19%。其中又以公共年金占比率最高達7%，其次是公共健康支出占6%。

　　不過，公共社會支出高低與稅賦往往成正比，公共社會支出愈多，稅收占GDP的比率也愈高。因為公共社會支出依靠一般稅收來支應，所以，所得重分配的效果較高，家戶所得不均的程度較低。稅收占GDP比率愈低的國家，表示國民必須靠個人責任、親屬責任、社區互助來滿足需求，因此，國民的所得分配較不均。社會支出分配的差異不但表示國家福利體制的不同，也表示國家對人民生活保障的責任不同。

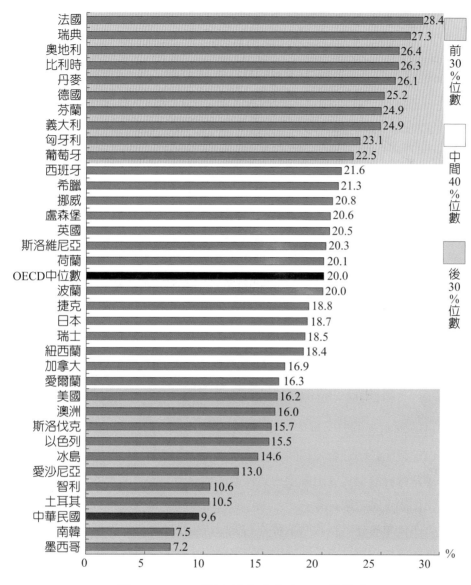

圖4-2　OECD國家社會支出占GDP的比率

資料來源：行政院主計處（2010）

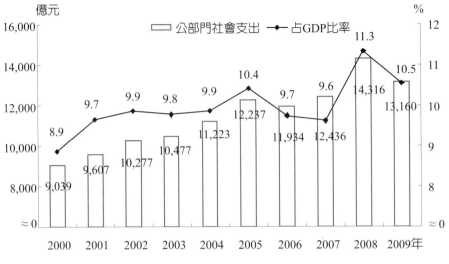

圖4-3　我國公共部門社會支出占GDP的比率

資料來源：行政院主計處（2010）

 第四節　我國的社會福利支出

　　社會福利支出的多寡，反映了該國社會福利發展的水平。但是並無法精確地說明該國社會福利的內涵，除非對社會福利的支出細目再加以分析，確定各社會福利支出細項占總社會福利支出的比率，才可能瞭解社會福利支出的受益對象是誰。

　　如第一章所述，我國的社會福利支出政事別及其支出項目迭有更易，更無法精確地瞭解社會福利支出的完整面貌。本節僅就社會福利支出占各級政府總支出的比率來做一歷史回顧。

壹、社會福利支出低水平階段（1965年以前）

　　誠如前章所述，我國的社會福利支出在1972年以前包括公務人員退休撫卹及保險，以及社會及救濟、衛生兩大項。回顧此階段，政府的社會福利政策悉依國民黨在中國大陸淪陷前所通過的四大政策，即民族保育政策、勞工政策、農民政策，以及戰後社會安全初步綱領，然其適用性

值得懷疑。就社會福利立法言，在此之前，已通過陸海空軍人保險條例（1953）、勞工保險條例（1958）、公務人員保險法（1958），以及臺灣省社會救濟調查辦法（1963）。因此，當時的社會福利支出幾乎都用在補助軍公教人員，以及勞工（公營事業、大企業）的保險費上。

以1952年為例，社會福利支出占政府總支出的5.6%，占國民總生產毛額的1.17%，到了1964年，這種情形變動有限，社會福利支出只占政府總支出的8.1%。主要是因國防支出占去了大部分的預算，以1961年為例，國防支出67億9,200萬元，占政府總支出的49.6%，若以中央政府預算為分母，國防預算平均高達60%以上。當年社會福利支出才9億900萬元，占政府總支出的6.64%不到，何況那時的社會福利支出主要花在軍公教人員的保險與退休撫卹上。若說槍砲占用了奶油錢，並不為過。

貳、社會福利支出緩慢成長階段（1965年～1977年）

1965年，民生主義現階段社會政策公布實施後，社會支出的內容仍未改變，直到1972年，社會福利支出的內容才稍加調整，將原來的2項擴大為5項，但是內涵並無差異。民生主義現階段社會政策明確規定，「政府對社會福利事業，應寬列預算，並以實施平均地權所增收之地價稅，設立社會福利基金。」社會福利基金需專款專用，也就是僅限辦理民生主義現階段社會政策所規定之7項。然而，社會福利基金被挪作他用者，時有耳聞（白秀雄，1979），此乃因社會福利未受到政府的重視，社會福利的內範圍也不夠明確，有些人以為公園、公墓之整修也是社會福利。

1965年至1966年間，社會福利基金也被提撥20%作為防洪經費。到了1968年起，地價稅與土增稅又被撥充九年國民義務教育經費，每年收入均限於1967年度基數，無法增加，社會福利經費的分配也就陷入粥少僧多的困境。無怪乎民生主義現階段社會政策頒行後，社會福利支出占各級政府總支出的比率只從7.6%爬升到1977年的10.9%，國防支出仍然是這個階段的主要支出。以1971年為例，當年國防支出192億5,900萬元，占各級政府總支出的37.08%，雖然比前期有明顯下降，但仍然是最大支出項目。當年的社會福利支出是56億8,300萬元，占各級政府總支出的10.9%，仍不及國防支出的三分之一。若以國防支出占中央政府預算的比率計，則平均仍然

高達45%左右，排行第一；此時期末，正在如火如荼展開的十大建設，使得經濟建設與交通支出突增，以1977年為例，占中央政府預算的22.7%，而當時社會福利支出只占11.4%，不升反降。

1977年，中壢事件發生以前，政府其實已經通過了一些社會福利相關法律，如兒童福利法（1973）、廠礦安全法（1973）、勞工安全衛生法（1974），以及國民住宅條例（1975）。同時也推動省市加強社會福利措施第一、二、三期計畫（1966～1978）、社區發展（八年）十年計畫（1968～1980）、小康計畫（1972）、安康計畫（1973）等。這些方案使得社會福利支出有所增加，但成長仍然緩慢。

參、社會福利支出穩定成長階段（1978年～1989年）

1980年代，臺灣的經濟發展已與韓國、新加坡、香港並列為亞洲四小龍之一，成為新興工業國家經濟發展的典範。然而，此時期也是臺灣政治、社會騷動的10年，人民政治民主化的要求，引出一系列的政治抗爭事件，如1977年的中壢選舉事件，1979年的高雄美麗島事件，1986年的民主進步黨成立，1987年的解嚴。解嚴後，更是臺灣社會運動的蓬勃發展階段，如1988年的農民運動、勞工運動、學生運動、環保運動、婦女運動、老兵還鄉運動，1989年的無住屋者運動、殘障福利運動，無不衝擊國民黨政權的合法性。同時，國際地位也岌岌可危，從1971年中華民國被迫退出聯合國之後，我國的國際地位已不保，接著是1978年美國與中華人民共和國建立外交關係，對當時的國民黨政府造成內外交逼的沉重壓力。

據此，透過社會立法以作為轉移國內、外政治的壓力，同時也達到安撫社會騷動的效果。總計這一階段新通過老人福利法（1980）、社會救助法（1980）、殘障福利法（1980）、私立學校教職員保險條例（1980）、公務人員眷屬保險條例（1980）、職業訓練法（1983）、勞動基準法（1984）、退休公務人員及配偶疾病保險條例（1985）、私立學校教職員及配偶疾病保險條例（1985）、農民健康保險條例（1985），行政院長俞國華先生並於1988年宣布規劃全民健康保險。這些法律的通過，必然會導致社會福利支出的增加，尤其是擴大公務人員、勞工、私立學校教職員的給付範圍。

以1981年為例，當年國防支出1,046億2,300萬元，占各級政府總支出的24.6%，已比前期降低許多。解嚴前的1986年，國防支出1,535億8,800萬元，占各級政府總支出的24.9%，維持穩定。社會福利支出在1981年是512億9,500萬元，占各級政府總支出的12.05%；1986年的財政統計已將社區發展與環境保護支出，以及退休撫卹支出獨立計算，社會福利支出405億9,100萬元，占6.7%，下降了一半，可見，先前的社會福利支出中，有將近半數是用在軍公教人員退休撫卹上。

不過，嚴格說來，這一階段的社會福利支出是在穩定中成長，社會立法並未對社會支出造成明顯的堆高作用，這也反映了社會福利作為安撫社會抗爭的虛應故事與短暫性。

肆、社會福利支出快速成長階段（1990年～2000年）

1990年代，我國的社會福利被監察院形容為「黃金十年」，就社會立法與社會福利支出的成長來論，有其證據。從第一章所列的各種社會立法來看，這的確是社會立法暴增的10年，平均每年有1.3個社會立法通過。且更重要的是，民間社會福利團體大量介入社會議題的倡導所引發的政治社會效應，如第一章所述。

社會抗爭夾雜著政治的競爭，啓動了我國社會福利議題成為政黨競爭的標的之一。1991年的社會權倡議、1992年的福利國辯論，以及同年的老年年金提議，在在都顯示社會福利政見已成為各黨派競相提出的主張。而因為有部分社會福利的主張由倡議到轉化為政策的過程過於倉促，例如，老年年金保險給付與老年津貼混淆，導致經歷了15年的爭議，而針對不同對象的老年津貼卻持續擴張，因此種下了往後社會福利政見不分青紅皂白地被批評為濫開競選支票，進而質疑社會福利是造成國家財政負擔的元凶。

就社會福利支出面來看，我國的社會福利支出從1991年開始確定涵蓋社會保險、社會救助、福利服務、國民就業、醫療保健等5大項，排除了之前的環境保護、軍公教退休撫卹、社區發展等項目。各級政府的社會福利淨支出總計從1981年的165億臺幣，升高到1986年的406億，再爬升到1991年的1,178億，再升高到1996年的2,900億，2001年是歷年來的最高峰

達3,970億。若以社會福利淨支出占各級政府總支出的比率來看，1981年才占3.9%，1986年升高到6.6%，1991年再升高到9.2%，1996年進入高峰的15.7%。

社會福利支出占各級政府總支出的比率平均在1980年代是6.4%，到了1990年代，平均值分別升高到12.3%，約略提高了一倍。其中又以1996年以後的5年成長最快，我國的社會福利淨支出已占各級政府平均支出的15.24%。1990年代中以後，各級政府社會福利支出的快速成長得利於全民健康保險的開辦、老農津貼的發放，以及1996年總統直選帶動社會福利的擴張，奠定了21世紀開始我國社會福利支出的基礎。

1998年精省後，省變成是行政院的派出單位，至2006年元月，省政府預算被立法院刪除，臺灣省政府正式消失，直轄市、縣市才是地方自治單位。根據1999年1月25日公布施行的地方制度法規定，基於分權化（Decentralization）原則的中央與地方分權，社會服務、衛生、勞工、教育、文化、環境保護等都是地方自治事項。據此，財政收支劃分法也同步修正於1999年1月25日公布施行，稅課分國稅與直轄市及縣（市）稅，國稅包括所得稅、遺產及贈與稅、關稅、營業稅、貨物稅、菸酒稅、證券交易稅、期貨交易稅、礦區稅等，其中所得稅總收入之10%、營業稅淨額之40%、貨物稅總收入之50%，應由中央統籌分配給直轄市、縣（市）及鄉（鎮市）。這也就是所謂的中央統籌分配稅款。

除了中央統籌分配稅款之外，依照財政收支劃分法第30條規定，中央為謀全國之經濟平衡發展，得酌予補助地方政府。中央政府據此擬訂了中央對直轄市及縣（市）政府補助辦法。其中教育經費、社會福利、一般性收支差短、基本設施經費、因應縣市稅收短徵項目等，均列入中央對地方政府的一般性補助範圍。

中央對地方政府社會福利的一般補助不再以服務項目作為補助依據，過去慣用的類目補助（Categorical Grants）就此消失，而改以設算方式補助，這也就是慣稱的社會福利經費設算。設算的權數指標包括：財政能力（20%）、殘障者生活補助（34%）、殘障人口數（4.5%）、殘障教養費（6.5%）、低收入戶家庭及兒童生活補助（14%）、低收入戶就學生活補助（4%）、低收入戶以工代賑（1%）、老人人口數（4%）、青少年人口

數（4%）、兒童人口數（4%）、女性人口數（4%）。地方政府從中央政府獲得的社會福利設算補助，也是其社會福利經費的一部分。

從1999年起，我國發行公益彩券，依公益彩券發行條例第六條所提撥的彩券盈餘供國民年金、全民健康保險準備、社會福利及慈善等公益活動之用。我國的社會福利經費又多了一項，財政部於是組成公益彩券監理委員會負責彩券盈餘之審議、分配監督等事項。依該辦法第3條規定公益彩券盈餘之分配，應先提撥其中50%供地方政府辦理社會福利及慈善等公益活動、45%供國民年金、5%供全民健康保險準備之用。其分配地方政府之原則是，先提撥15%平均分配給各直轄市、縣（市）政府；其餘85%再依直轄市、縣（市）政府人口數比例及公益彩券銷售金額比例各占50%權數計算分配之。

國民年金開辦前，供國民年金使用之盈餘，得先用於支應2003年6月18日修正公布之敬老福利生活津貼暫行條例規定擴大發放範圍所增加之經費，但支應金額不得超過公益彩券盈餘之30%。公益彩券盈餘提撥對地方政府社會福利經費的挹注不無小補，幾乎是中央補助地方政府社會福利支出的八成。有了公益彩券盈餘提撥之後，地方政府的社會福利經費寬裕許多，也較能靈活運用。

伍、社會福利支出維持穩定階段（2000年～2011年）

2000年民進黨執政後，社會福利淨支出顯示平穩成長，平均占各級政府支出的16.01%。2001年達到歷史新高的17.5%，2002因著前一年經濟成長率-1.65%，社會福利淨支出比率也回降到1996年以來平均的15.1%左右。

從本書第二章表2-1可以看出，我國社會福利支出占各級政府總預算的比率變化。馬政府上臺後，前兩年社會福利支出些微下降到14.5%（2009年）、16.2%（2010年）。2011年，各級政府社會福利預算為4,579億7,000萬元，占各級政府總預算的16.7%，是歷年來僅次於2001年的水準，與2006年相當。因為我國社會保險支出逐年升高，這是大部分由中央買單的社會福利項目，所以，中央政府於2011年編列3,468億9,185萬元社會福利預算，占全部社會福利預算的76%。

社會福利支出的內涵，以2010年為例，因為2008年國民年金與勞保年金實施，使社會保險占48.89%，比1995年全民健保剛辦理時的40.8%，提高許多。社會救助近年來有下降趨勢，1995年占9.06%，2002年只剩6.08%，2010年因著社會救助法修正而增加受助人數又些微提高到占7.34%。福利服務也在近年來些微下滑，1995年占36%，2002年占37.16%，2010年下降到33.37%。國民就業支出比率偏低，1995年只占1.4%，2002年只占0.8%，2010年也只占1.15%。醫療保健1995年占12.64%，2002年占8.56%，2010年占9.16%。社會保險支出成長、社會救助支出下降，是社會福利制度發展正常的現象。而福利服務支出會隨著人口老化、家庭功能萎縮、人權觀念深化、專業技術成長等因素理應要增加才對。

　　依行政院主計處（2010）《社會安全——公部門社會支出概況分析》觀察近10年我國公部門社會支出，其中因國民年金及勞保年金先後開辦，於開辦前請領勞工保險老年給付湧現，加以全球金融海嘯重創就業市場，相關社會給付擴增，致2008年支出規模1兆4,316億元及占GDP比率11.3%，均為10年來新高，餘多呈逐年遞增之勢；2009年支出規模為1兆3,160億元，占GDP比率10.5%，較2000年增加46%，平均每年增加4.3%；2009年平均每人受益5.7萬元，較2000年增加1.6萬元（見圖4-3）。

　　我國2008年及2009年用於積極勞動市場之支出分別為16億元及239億元。屬移轉性的社會給付依給付型態，區分為現金給付（Benefit in Cash）及實物給付（Benefit in Kind）。2009年我國社會給付中，現金給付6,873億元，占53.2%；實物給付6,048億元，占46.8%，現金給付高於實物給付6.4個百分點，差幅小於2000年的14.2個百分點（見表4-2）。

　　若就是否屬保險給付論，過半數為需繳保險費而得到的給付，屬免負擔保險費的給付則占47.5%，較2000年減3.1%；屬定期給付之高齡退休、身障、遺族、低收入等延續性給付約占31.3%，較2000年增加3.3%；此外，直接給付對象有95%為個人、5%為家庭（見表4-2）。

　　我國社會給付約半數屬毋須負擔保費之福利性質，其中只有11.5%的社會給付需經資產調查，審查標準涵蓋最低生活費用、每戶年所得、不動產與動產等，給付對象如低收入戶、中低收入戶、特殊境遇婦女、兒少寄

　臺灣的社會福利：歷史與制度的分析

養、發展遲緩療育及身障房屋租金與貸款利息補助等相關輔助屬之。另老年年金、榮民安養、弱勢教育補助、國宅出租售也有排富條款。

　　若就OECD所劃分風險保障功能類別（高齡、遺族、健康、傷殘、失業、家庭、住宅、積極勞動市場及其他等9類）觀察，2009年，我國公部門社會支出以高齡者（如國民年金、老農津貼、勞退及軍公教人員退休撫卹支出等）5,625億元（占42.7%）最多，其次為健康（如全民健康保險、公共衛生等）4,849億元（占36.8%），兩者合占近8成，與各國社會安全支出側重於醫療與高齡風險之防患，趨勢一致；另受全球經濟因素及國內產業型態轉變之影響，失業給付及活絡勞動市場支出比重由2000年的0.8%，大幅增至4.6%（見圖4-4）。

表4-2　我國公共社會支出的結構

特性	2000年	2008年	2009年
社會支出（億元）	9,039	14,316	13,160
社會給付	9,039	14,300	12,921
積極勞動市場	-	16	239
社會給付結構比（%）			
給付形態			
現金	57.1	61.2	53.2
實物	42.9	38.8	46.8
保險或非保險			
保險	49.4	60.0	52.5
非保險	50.6	40.0	47.5
給付時間			
定期	28.0	26.7	31.3
直接給付對象			
個人	93.3	95.7	95.0
家庭	6.7	4.3	5.0
資產調查			
需要	9.0	8.7	11.5

資料來源：行政院主計處（2010）

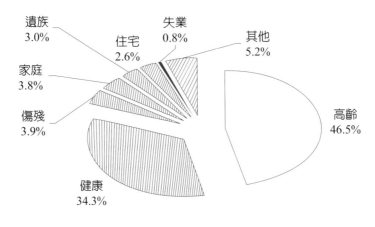

2000年

遺族 3.0%
失業 0.8%
其他 5.2%
住宅 2.6%
家庭 3.8%
傷殘 3.9%
高齡 46.5%
健康 34.3%

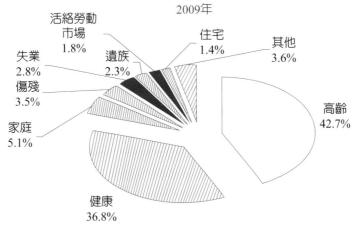

2009年

活絡勞動市場 1.8%
住宅 1.4%
其他 3.6%
失業 2.8%
遺族 2.3%
傷殘 3.5%
家庭 5.1%
高齡 42.7%
健康 36.8%

圖4-4　我國公共社會支出的受益對象

資料來源：行政院主計處（2010）

　　從近10年來的社會福利支出看來，成長空間已趨近飽和。各級政府社會福利支出占政府總支出的比率約16%，成長有限，主要因全民幾已納入各項社會保險，若有調整，僅能從提高給付下手，但是若不同步調高保險費，就會出現前述的政府財政赤字擴大。另外，有增加社會福利支出空間的是福利服務與社會救助。福利服務理應要隨人口老化、少子女化而增加，推出各項提升生育率的誘因和增加長期照顧支出；社會救助則是因應失業率升高、貧富差距擴大而必須放寬救助條件。2011年7月起，新的社

臺灣的社會福利：歷史與制度的分析

會救助法上路後，社會救助支出將隨之增加。至於因應失業率升高所需的失業給付與積極勞動市場政策支出增加，我國政府的作為仍嫌保守，因此，社會福利支出不可能再有如1990年代中的跳躍前進。

參考書目

行政院主計處（2010）。社會安全——公部門社會支出概況分析。

白秀雄（1979）。社會福利行政。臺北：三民。

林萬億（2004）。90年代以來我國社會福利的回顧與前瞻——全球化vs.在地化，論文發表於「第二屆民間社會福利研討會」。臺北：師範大學。2004年9月24-25日。

林萬億（1999）。社會福利民營化——停看聽，編入林萬億主編《臺灣社會福利的發展——回顧與展望》。臺北：五南。

林萬億（1994）。福利國家：歷史比較的分析。臺北：巨流。

林萬億（1987）。購買社會服務契約的管理。社區發展季刊，39期，頁62-69。

林萬億、陳毓文、秦文力（1997）。社會福利公設民營模式與法制之研究。內政部委託研究。

滕西華（2011）。國際醫療專區，缺乏「價值」的極右派「價格」政策。勞動者電子報，2011.6.25。

謝美娥（1995）。社會福利民營化的省思，編入林萬億主編《臺灣的社會福利：民間觀點》。臺北：五南。頁279-306。

蘇昭如（1993）。政府委託民間辦理社會福利服務之條件與方式。社區發展季刊，63期，頁59-69。

Bennett, R. J. (ed) (1990). *Decentralization Local Governments and Markets: Towards a post-welfare agenda*. Oxford: Clarendon Press.

Birrell, D. (2009). *The Impact of Devolution on Social Policy*. Bristol: the Policy Press.

Bolderson, H. (1985). The State at One Remove: Examples of Agency Arrangements and Regulatory Powers in Social Policy, *Policy and Politics*, 13:1, 17-36.

Culter, T. and Waine, B. (1994). *Managing the Welfare State: The Politics of Public Sector Management*. Oxford: Berry.

Clarke, J., Cochrane, A. and Mclaughlin, E. (1994). *Managing Social Policy*. London: Sage.

Esping-Andersen, G. (1996). *Welfare State in Transition, National Adaptations in Global Economies*. London: Sage.

Gilbert, N. (1983). *Capitalism and the Welfare State: Dilemmas of Social Benevolence*. Yale University Press.

Gilbert, N. and Terrell, P. (2009). *Dimensions of Social Welfare Policy*. 6th ed. Boston: Allyn and Bacon.

Harris, J. (2003). *Social Work Business*. London: Routledge.

Jayasuriya, K, (2006). *Statecraft, Welfare and the Politics of Inclusion*. NY: Palgrave.

Judge, K. and Smith, J. (1983). Purchase of Service in England, *Social Service Review*, 57: 209-33。

Kamerman, S. and Kahn, A. (1989). *Privatization and the Welfare State*. Princeton: Princeton University Prress.

Kettner, P. M. and Martin, L. L. (1987). *Purchase of Service Contracting*. Sage.

Knapp, M. and Wistow, G. (1996). Social Case Markets in England：Early post-reform experiences, *Social Service Review*, 70: 3, 355-377.

Kramer, R. and Grossman, B. (1987). Contracting for Social Services: Process management and resource dependencies, *Social Service Review*, March, 33-55.

Kramer, R. (1981). *Voluntary Agencies in the Welfare States*. Berkeley Ca: University of California Press.

Le Grand, J. and Bartlett, W. (1993). *Quasi-Markets and Social Policy*. London: Macmillan.

Marshall, T. H. (1950). *Citizenship and Social Class and Other Essays*. Cambridge: Cambridge University Press.

Salamon, L. (1986). Government and the Voluntary Sector in an Era of Retrenchment: the American Experience, *Journal of Public Policy*, 6: 1, 1-20.

Stiglitz, J. (1986). *Economics of the Public Sector*. NY: W. W. Norton & Company.

Webb, S. (2006). *Social Work in a Risk Society: Social and political perspectives*. NY: Palgrave.

Wedel, K. (1976). Government Contracting for Purchase of Services, *Social Work*, March, 101-105.

Yunus, M. (2009). Economic Security for a World in Crisis, *World Policy Journal*, Summer, 5-12.

社會津貼與社會救助

第 五 章

前言

社會津貼與社會救助都屬社會安全的一環，但是社會津貼的社會福利屬性較屬因診斷、補償、人口屬性而取得的給付權利；社會救助則屬經資產調查後，資產總額低於貧窮線以下的低收入家庭而可獲得各種相關福利。我國長期以來是社會保險、社會津貼、社會救助並行，但是因為社會津貼以補償軍公教人員家庭居多，並非以診斷或人口屬性作為津貼的對象，導致國民誤以為我國沒有社會津貼，直到近10年來老農津貼、敬老福利生活津貼的爭議，才讓國人注意到社會津貼的存在。本章先討論社會津貼，再探討社會救助。

 第一節　我國的社會津貼

壹、軍公教人員生活津貼

為保障軍公教人員家庭生活，我國早有軍公教人員家庭生活相關津貼。例如，1950年行政院已接獲立法院要求解釋「全國公教人員婚喪醫藥生育災害及子女教育補助辦法」第3條之「依法核定之一切薪津」（臺灣省政府公報，民國39年秋字第50期，頁638）。可見在此之前，全國公教人員即已享有上述補助或津貼。該補助辦法中有關生活補助、婚喪生育補助、眷屬重病住院醫療補助、實物配給、眷屬實物配給、眷屬生活補助、子女教育補助等，均納入各年度「調整軍公教人員待遇辦法」中規定調整（臺灣省政府公報，民國58年秋字第18期，頁12）。為了安定軍公教人員生活，以增進行政效率起見，行政院於1973年6月15日將每一年度都要調整的「調整軍公教人員待遇辦法」，改為「全國軍公教人員待遇支給辦法」。1988年6月16日，行政院再訂定「全國軍公教人員待遇支給要點」取代前項辦法。其中生活津貼部分包括：實務配給、婚喪、生育及子女教育補助費、眷屬重病住院醫療補助，以及有眷人員房租津貼。1990年7月1

日該要點改名為「全國軍公教員工待遇支給要點」。

1973年2日28日，行政院為安定公教人員生活關於生活津貼之發給，頒訂「中央公教人員生活津貼支給辦法」，該辦法所稱生活津貼包括：有眷人員房租津貼、眷屬重病住院補助、婚喪生育補助及子女教育補助。此項生活津貼支給辦法迭有修正，包括1973年、1974年修正3次，1977年修正2次，1978年修正2次，1980年再修正，1983年再修正，總計修正10次。1988年7月1日再配合「全國軍公教人員待遇支給要點」的訂定，改為「中央公教人員生活津貼支給要點」，並於1989年、1992年、1993年、1994年、1995年分別修正。

1996年6月17日，行政院修正「全國軍公教員工待遇支給要點」，並將「中央公教人員生活津貼支給要點」有關規定併入，同時廢止「中央公教人員生活津貼支給要點」，將上述生活津貼易名為「其他給與」，仍包括：婚、喪、生育及子女教育補助。最近一次修正係為配合2011年度下半年軍公教人員待遇調增案，自2011年7月1日生效。茲將各種津貼沿革分述如下：

一、房租津貼

早在1951年臺灣省政府及1955年臺灣省政府財政廳均已明訂臺灣省各機關學校與公營事業員工房租津貼統一標準，職員為每月40元、工友20元。1964年，臺灣省政府令頒「臺灣省政府所屬各機關學校員工房租津貼發放辦法」，其中第3條規定未獲配住公家宿舍之有眷房租津貼，職員每月200元，司機技工工友每月100元；單身房租津貼，職員每月40元，司機工友技工每月20元（臺灣省政府公報，民國53年冬字第37期，頁4）。該辦法於1972年修正，不再將房租津貼額度明訂於辦法中，而是另明令定之（臺灣省政府公報，民國61年冬字第55期，頁2）。此外，1963年12月19日，行政院令廢止「各公營事業機關房租津貼支給辦法」（臺灣省政府公報，民國63年春字第21期，頁15）。可見在此之前，公營事業機關員工亦有房租津貼。

依「中央公教人員生活津貼支給辦法」第二章規定，各機關學校有眷人員未配住公有宿舍者，每月得發給有眷房租津貼。其補助金額，另定

之。行政院1989年6月16日規定：現行房租津貼因非法定俸給項目，爲健全俸給制度應予簡併，其方式爲將原支房租津貼數額併入公費、專業加給、幹部服勤加給或學術研究費內支給，但居住公有房舍原未支領房租津貼人員，應由服務機關學校將之併入之房租津貼數額，按月如數扣回，繳歸公庫，自1989年7月1日起實施（臺灣省政府公報，民國78年夏字第72期，頁10）。自此，房租津貼已從1989年7月1日修訂的「全國軍公教人員待遇支給要點」中取消。

二、實物配給

依「全國軍公教人員待遇支給辦法」規定公教員工眷屬實物配給及生活補助費，自1973年起軍文職人員一律以報領3口爲限，但父母仍准報領，不受3口之限制，唯技工工友報領總口數仍不得超過原規定眷口數（技工4口、工友3口）。軍公教人員實物配給相關規定納入「全國軍公教人員待遇支給要點」中之生活津貼部分，但卻不列入「中央公教人員生活津貼支給辦法」中規定，因此另訂定「中央文職公教人員生活必需品配給辦法」，作爲根據。臺灣省政府則另定「臺灣省公教人員生活必需品配給辦法」。實物配給包括食用油、燃料油、米糧、食鹽等。1982年起，實物配給改爲發給代金。另外，軍人眷屬可依「軍眷補給證」自行向相關單位申辦水電費優待（盧政春，1995）。

依1990年7月1日改名的「全國軍公教員工待遇支給要點」附帶規定，爲健全俸給制度，公教人員原本人實物代金，已在調整數額之外，以930元支數額一次併入專業加給或學術研究費用或公費內支給。「中央文職公教人員生活必需品配給辦法」有關本人實物配給之規定，應予停止適用。

1991年7月1日起，「全國軍公教員工待遇支給要點」修正爲健全俸給制度，自1992年度起併銷眷屬實物代金一大口，以570元在調整數額之外併入軍公教員工專業加給或學術研究費或公費內支給，其餘在報領總口數（含父母）4口範圍內仍繼續報領。

三、生活補助

1974年6月18日「全國軍公教人員待遇支給辦法」修正，將眷口生活

補助費，職員部分併入福利互助基金，技工工友部分併入工餉支給。再依1988年6月16日行政院訂定的「全國軍公教人員待遇支給要點」規定眷屬生活補助費併入福利互助基金。

四、眷屬重病住院補助

依「全國軍公教人員待遇支給辦法」規定，婚喪、生育及子女教育補助費、眷屬重病住院醫療補助及有眷人員房租津貼均仍照原訂辦法及標準支給。1988年7月1日起，依「中央公教人員生活津貼支給辦法」第三章規定，各機關學校人員眷屬罹患重病，經合格醫院醫師診斷並住院醫療者，其醫療費用得依規定申請補助。其補助額度為除伙食、特別護士、冷暖氣、陪床、醫師助理等費用應全額自行負擔外，其餘得憑據申請補助70%。每日病房費計算補助標準及每年度眷屬重病住院補助最高支給標準，另定之。

1995年為配合全民健康保險之實施，「中央公教人員生活津貼支給要點」中有關眷屬重病住院補助之規定，自1995年7月1日起停止適用。

五、婚喪生育補助

依「全國軍公教人員待遇支給辦法」規定，婚喪、生育及子女教育補助費、眷屬重病住院醫療補助及有眷人員房租津貼均仍照原訂辦法及標準支給。1988年7月1日起，依「中央公教人員生活津貼支給辦法」第四章規定，公教人員如有下列情事之一者，得申請補助：

1. 本人結婚者補助兩個月薪俸額，如結婚雙方均為公教人員，得分別申請補助。
2. 父母、配偶死亡者，補助五個月薪俸額。子女死亡，補助三個月薪俸額。夫妻或其他親屬同為公教人員，對同一死亡事實，以報領一份為限。
3. 配偶或本人分娩者補助兩個月薪俸額，夫妻同為公教人員者，以報領一份為限，未滿六個月流產者，不予補助。

依2011年7月1日生效之新修正「全國軍公教員工待遇支給要點」規定，本項津貼未有改變。

六、子女教育補助

依「全國軍公教人員待遇支給辦法」規定，婚喪、生育及子女教育補助費、眷屬重病住院醫療補助及有眷人員房租津貼均仍照原訂辦法及標準支給。1988年7月1日起，依「中央公教人員生活津貼支給辦法」第五章規定，公教人員子女就讀政府立案之公私立大專以下小學以上學校肄業正式生，可按規定申請子女教育補助。其補助金額，另定之。

依2011年7月1日生效之新修正「全國軍公教員工待遇支給要點」規定，公教人員子女就讀大學及獨立學院公立支給13,600元、私立35,800元、夜間學制14,300元；五專後兩年及二專公立10,000元、私立28,000元、夜間部14,300元；五專前三年公立7,700元、私立20,800元；高中公立3,800元、私立13,500元；高職公立3,200元、私立18,900元、實用技能班1,500元；國中公私立500元、國小公私立500元。

我國軍公教人員的社會津貼除了上述之外，尚有依照「中央各機關學校員工文康活動實施要點」規定，按預算內員工（含約聘僱人員）人數計列，經費內容包括藝文活動及康樂活動之所需（含慶生、自強活動、登山健行、各項競賽等）之文康活動費。其額度各縣市、單位不一，少者一年有800元，多者6,000元，通常是公營事業、中央政府、鄉鎮市公所金額高於縣市政府。

又為振興中南部觀光產業、增加就業機會、降低失業率，依2002年「行政院及所屬各機關公務人員強制休假補助費改發國民旅遊卡持用作業規定」，以異地、隔夜方式在觀光相關產業消費之強制休假補助費，自2003年起全額改發「國民旅遊卡」消費16,000元。該項規定自2007年7月1日起不受異地、隔夜消費之規定。自此，公務人員人手多了一張「國民旅遊卡」的新信用卡，臺灣也多了一些國民旅遊卡的特約商店。此外，為彌補軍公教人員上下班之交通費支出，許多未備交通車或交通車不足之單位，另編列交通津貼核發給未能搭乘交通車者。

七、軍教人員免稅

稅的優惠或減免，屬財稅福利（Fiscal Welfare）。雖然免稅的受益者

不像社會津貼受益者可獲得現金給付，但是卻減少支出。而與社會福利有關的稅制優惠通常是因家中有依賴者要照顧，如兒童、老人、身心障礙者的免稅額或教育、醫療、保險的特別扣除額。然而我國在2013年以前，卻存在一種以軍人、幼托人員、國中小教師為對象的免繳所得稅政策。1943年2月17日所制訂的「所得稅法」，規定小學教員薪給免納所得稅，用意是為了鼓勵年輕優秀人才從事國民義務教育工作，以培育國家人力資本。國民政府遷臺後，於1955年12月23日修正「所得稅法」，將托兒所與幼稚園教職員薪資也列入免稅，其用意相似。這種特權理應隨著教育發達、經濟成長、社會進步而取消，可惜，1968年我國實施九年國民義務教育，各方即奔走請願希望國民中學教師亦比照中小學、幼稚園、托兒所教職員免納薪資所得稅。其實，1977年時任財政部長的費驊先生與繼任的張繼正先生都曾大聲疾呼，應廢止國民小學、幼稚園、托兒所教職員免稅（立法院公報）。遺憾的是，1979年1月9日，立法院三讀通過國民中學教師免稅案，使得原本應被廢止的軍人、小學教員、幼稚園、托兒所教職員所得稅免稅優惠，反而擴大適用於國民中學教師，成為典型的既得利益團體固守不當得利，使租稅公平正義蕩然無存。事實上，租稅減免也是一種廣義的社會福利。這其中，教育與經濟的因素已難以解釋這種特權的無限擴張，而國民黨政府藉由福利與免稅的恩給對軍公教人員採取籠絡，才是箇中主因。

　　1990年，財政部一度規劃取消軍教免稅，但國民黨政府擔心影響其鐵票，不敢輕言修法。民進黨每於選舉就將軍教免稅作為攻擊國民黨的利器，但執政8年間受制於國會少數的困境，始終沒能通過取消軍教免稅政策。

　　2000年政黨輪替，民進黨政府積極推動修正所得稅法，財政部於2002年8月16日擬具「所得稅法」第4條、第17條及第126條修正草案（取消軍教薪資免稅修法案）報院，經行政院於8月27日函送立法院審議。立法院雖曾於12月18日召開審查會，惟未能於該屆完成修法。

　　配合立法院法案屆期不續審，行政院於2005年2月21日將「所得稅法」第4條、第17條及第126條修正草案重行函送立法院審議。立法院財政委員會於2005年5月9日召開第17次全體委員會議審議「所得稅法」第4

條、第17條及第126條修正草案，決議俟行政院相關部門擬妥整體配套方案後再審議。立法院財政委員會於5月25日召開第21次全體委員會議時，決議俟行政院提出最低稅負制草案時，再併案審議。是年12月21日，立法院財政、教育及文化、國防三委員會召開聯席會議審議「所得稅法」第4條、第17條及第126條修正草案，進入逐條審查。2006年1月9日繼續召開聯席會議審議，經討論協商後決議如下：

1. 取消國民中小學及幼稚園教職員工免稅後，其課稅收入依據下列「課稅收入運用計畫」辦理；為確保所增課稅收入用於整體教育環境之改善，應配合修正提高教育經費編列與管理法21.5%下限之規定。

2. 實施前完成相關法令法制化之工作。

後續行政院草擬之課稅收入運用計畫如下：

1. 補助國中小約聘僱行政或輔導人力：約20億元，平均每校補助60萬元。

2. 調增國中小及幼稚園導師費：約29億元。國中小及幼稚園導師費提高至每月4,000元；幼稚園以每班兩位導師發給。

3. 教師專業基金，獎勵優秀教師之專業表現：約5億元。

4. 降低國中小教師授課節數：約43億元。減少教師授課節數，國中小均減2節；國小導師再減1節，並以增加教師備課時間為原則。

立法院於2006年5月25日朝野協商「所得稅法」第4條、第17條及第126條修正草案，惟國民黨團代表以教育部仍未完成相關配套為由，致協商未成。

教育部研擬相關配套法案，於2006年9月22日函報「教育經費編列與管理法」第3條之1、第14條、第18條修正草案，經行政院於2006年10月5日召開會議審查竣事報院。另於同年10月2日函報「幼稚教育法」第8條、第12條、第15條修正草案，經行政院於10月19日召開會議審查竣事，惟提經11月1日院會決議：「緩議」。原因是擔心立法院單獨通過教育法規，造成局面更加混亂。行政院蘇貞昌院長並指示政務委員林萬億協調完成「取消軍人薪資免稅」完整配套措施，經行政院同意函送立法院審議。

立法院再於2007年3月1日、4月4日由王金平院長召集朝野協商「所得

稅法」第4條、第17條及第126條修正草案。惟只有民進黨團的代表出席，國民黨、親民黨、台聯及無盟皆未出席，導致流會，協商不成。本案亦未排入本次院會議程。

可知，在國民黨掌握多數的立法院要通過民進黨所提的「取消軍人薪資免稅案」，簡直難如登天。2008年再度政黨輪替，國民黨政府礙於稅收短少與人民壓力，遂重提此案。終於在2010年5月9日，爭議超過20年的取消軍教人員課稅，完成初審。行政院要求於年底通過修法，終結此一延宕多時的歷史錯誤。隨著軍教人員的減少，財政部預估，35萬名軍教人員繳稅，每年收到的只有110億左右稅收，已非8年前的180億元。

其中，教育部可增加稅收從98億減少為71.7億。教育部、國防部皆以「課多少、補多少」的原則訂立配套方案。教育部採「課多少、補教育」的模式，其中4億元用於輔導、行政人力。原訂充實輔導人力的經費大幅縮水，學校社會工作制度建立的規模也將跟著縮小。立法院終於在2011年1月7日三讀通過「所得稅法」修正案，取消軍教免稅，從2012年開始實施，也就是自2013年起，軍教人員將開始繳納所得稅，國庫每年可望挹注稅收約新臺幣112億元。

從上述軍公教人員生活津貼項目之多，涵蓋範圍之廣，即可知國民黨政府為軍公教人員的福利設想之周延，絕非其他國民所能想像。盧政春（1995）歸納我國軍公教人員福利之特徵如下：

1. 全方位的福利項目與以家庭為受益單位。
2. 由軍而後公教的福利對象擴充方式。
3. 基本生活風險多重保障。
4. 職位愈高，福利愈多。
5. 中國大陸眷屬同享相關福利給付與補助權益。

早期軍公教人員有偏高的比率屬隨國民黨政府從中國大陸撤退來臺者，與大多數是由地主與佃農組成的臺灣本地人民，差異極大。國民黨政府一方面顧及渠等必須靠薪資過活，且來臺初期軍公教人員薪資不高；二方面又必須先穩定軍公教人員，因為軍人擁有槍桿子，用以保衛國家與捍衛政權；公務人員掌控國家機器，執行統治者的具體作為；教育人員掌控政治意識形態的傳播，建構國家統治的正當性。無怪乎我國的社會福利會

被批評爲「軍公教福利國」（林萬億，1995）。籠絡軍公教人員對於剛從中國大陸敗退來臺的國民黨政權來說，是快速穩定政權的不二選擇。社會福利與特權的賦予是籠絡的最簡便方式。而這些在戰後政權不穩定下的措施，卻成爲承平時期的夢魘。軍公教人員的既得利益，到了1990年代的民主化快速成長時期，屢被選舉所挑起。然而一直到2000年政黨輪替，許多上述的社會津貼與稅制優惠依然存在，不但成爲政治角力的課題，也成爲人民檢驗社會公平正義的指標。

除了福利侍從主義（Welfare Clientelism）的具體表現外，某種程度也反映了官僚體系軍公教人員的自利（Self Interest）本質。國民黨政府是軍公教人員特權福利的靠山，而軍公教人員則藉機擴張自己的福利，也是各取所需。國民黨需要軍公教人員合法化其威權統治，軍公教人員則藉掌控國家軍隊、統治與意識形態馴化機器之便，遂行國家資源的掠奪。否則，這些福利大多是動員戡亂時期的產物，不可能延展到民主法治時代依然存在，且改革困難。

固然自利不侷限於軍公教人員，一般人也會因自利而支持某種有利於自身利益的社會福利。van Oorschot（2002）研究荷蘭人民支持福利國家的動機，最主要是自利，其次是道德責任、同情心。在荷蘭的普及式福利國家裡，人們知道自己將因支持福利國家而獲益，而理性、非情緒地支持對其有利的福利制度（Hasenfeld and Rafferty,1989; Ben and Papadakis,1998）。Forma（2002: 195）也發現自利原則是支持社會福利與否的重要決定因素。因此，不同種族、性別、年齡、教育程度、所得、階級屬性的人群，就會支持對自己有利的社會福利方案。這也是人民對社會福利政策的支持具有結構性割裂的源頭。

人民到底是受到自利心的驅使而支持制度式的福利國家？還是受到利他主義的驅使？Bergmark等人（2000）認爲自利心有三個層次的意義：最低層次是自我維護的利益（Self-Serving Interests），是針對個人需求滿足的利益追求；其次是團體取向的自利，是爲相同屬性的群體追求利益；最高層次是集體理性，是個人從集體成就中獲益，相信合作的利益大於競爭。但是，集體理性必須建立在信賴與公平的基礎上，研究證實人民信賴（Confidence）程度愈高，愈願意付費，就愈偏好普及的國民年金系統

（Bay and Pedersen, 2004）。集體理性的自利就是福利國家社會團結（Social Solidarity）的根源。Gevers等人（2000）研究歐洲聯盟的公共健康照顧受到支持的情形發現，制度影響人民支持福利的強度，普及的方案得到較強的人民支持，選擇式的福利方案會招致福利反彈（Welfare Backlash）而不受普遍支持。歐洲聯盟國家的健康照顧基本上是普及式的，國家間差異較小，因此，國家間的支持度也就沒有顯著差異。個人特質或團體屬性的自利原則在這個議題上就缺乏說服力，因為個人特質並未影響到公共健康照顧的支持的差異。因為公共健康照顧普遍受到支持，所以是因社會團結的道德承諾（Moral Commitment）而支持公共健康照顧。

反之，在殘補式的福利國家裡，人民比較不以自利原則來支持社會福利。Wong等人（2006）研究香港華人支持社會福利的動機是道德責任與同情心。香港華人很少因自利而支持社會福利，顯係受到香港社會福利屬於選擇式的、新自由主義的福利系統的影響。Wong等人（2006）也發現香港華人支持的社會福利是資產調查式的社會福利，也就是社會救助。

同樣地，Feldman and Steenbergen（2001）研究美國人民支持社會福利的態度，發現人道主義（Humanitarianism）比平等主義（Egalitarianism）更能解釋美國社會福利政策的價值基礎。反過來說，美國人民並不支持以平等主義為基礎的社會權。據此，也就支持殘補式的社會福利（Residual Social Welfare）而較不支持制度式的福利國家。可見，愈是具有人道主義、同情心的社會思潮的社會，愈是支持殘補式社會福利。

在美國與英國，所謂劣勢原則（Underdog Principles）在社會福利的支持上，非常明顯。非白人、低職業聲望、低家庭所得的人民，比白人、高職業聲望、高家庭所得的人民，較認為公平或帶來公平的方案是合理的（Robinson and Bell, 1978）。Hasenfeld and Rafferty（1989）發現所得、年齡、族群，而非性別、教育或受益，是影響福利國家是否得到支持的直接因素。但是，美國的年輕人支持公平的要求，英國的年輕人則不然。Whiteley（1981）發現美國老年人、低職業地位、低所得，以及住在相對被剝奪地區的人們較支持福利支出。在瑞典，階級是最主要的因素，這是所謂的工人階級的怒吼（Working-Class Anger）創造福利國家（Svallfors, 1991）。Cnaan（1989）研究以色列社會，發現劣勢原則與階級並存。

我國的軍公教人員顯然較以自我維護的利益原則來擴張其福利，進而以團體取向的自利來鞏固其所創造出來的福利特權。例如，軍人、中小學教師、幼稚園與托兒所教職員免所得稅，軍公教人員子女教育補助，以及軍公教人員一次給付的退休金、退養金、退職金、酬勞金、退役金、退伍金或其他一次給付，以及公保給付的養老金、軍人保險的退伍給付與福利互助的退休互助金等，均享有18%的優惠存款利息等的阻擾調降，以及2011年底修正公務人員保險年金化時要求提高給付率等，均凸顯公務人員自利的本質與團體取向的自利鞏固（見第六章）。而最高層次是集體理性並不被官僚體系所倡議，這與臺灣社會福利制度的支離破碎不無關聯。

貳、中低收入戶老人生活津貼

「中低收入戶老人生活津貼」應屬社會救助，而非社會津貼。只是為了方便讀者瞭解臺灣的各項社會津貼發展史，順藤摸瓜，裨益閱讀。

「中低收入戶老人生活津貼」的出現，無疑是國會全面改選後的產物。1991年的國民大會選舉，民進黨挑起「社會權」入憲之爭，雖然失敗，但已宣示社會福利成為選舉中的重要政見的時代來臨。1992年底的立法委員選舉，民進黨拋出福利國的議題，試圖炒熱選情；立委候選人蘇煥智更在臺南縣以「老人年金」為政見，具體而微實踐福利國主張，獲高票當選。接著，1993年，澎湖縣第11屆縣長補選，民進黨籍的高植澎主打老人年金每月3,000元政見而當選，激發了1993年底縣市長選舉，民進黨全面以「老人年金」作為共同政見的誘因，承諾老人每月可領取老人年金5,000元。且於1994年提出「國民年金法」（草案），藉以建立完整的國民年金制度。民進黨打的如意算盤是藉「老人年金」（老人津貼）施壓立法院儘速通過「國民年金法」（林萬億，1995）。

國民黨起先並不在乎民進黨在澎湖縣所推行的老人年金，直到發覺臺灣中南部的縣市長選情因老人年金而沸騰時，開始警覺到老人年金是個有票房的政見。1993年7月，執政的國民黨先開辦「中低收入戶老人生活津貼」以為回應，規定凡65歲以上老人，其家庭平均所得在社會救助法規定的最低生活費用標準1.5倍以下者，每人每月可領取生活津貼6,000元。由

於宣導不夠，且資產調查從嚴，手續繁瑣，導致申請者不多，第一年只發放3萬餘人。1993年底，民進黨籍當選縣市長者均如選前承諾發放普及的敬老津貼。國民黨政府一方面抨擊民進黨所提出的老人年金政策「不負責任」、「拖垮財政」、「不分貧富」，卻於1994年7月起放寬「中低收入戶老人生活津貼」的發放資格，將原先的最低生活費用標準1.5倍提高到2倍，使得不同政黨執政的縣市，老人津貼的發放不同（林萬億，1995）。

國民黨在1994年省市長選前再放利多，宣布自1995年1月1日起，凡65歲以上老人，其家庭平均所得在社會救助法規定的最低生活費用標準1.5倍至2.5倍以下者，每人每月也可領取生活津貼3,000元。

但是到了1996年會計年度時，由於中央政府補助地方政府的「中低收入戶老人生活津貼」經費短缺，政府將審查資格標準提高，發放人數緊縮，總金額也大幅下滑（詳見表5-1），與當年連戰先生擔任行政院長時的承諾，將有22萬老人因此受惠的政見，相去甚遠，引發人民的反彈，政府不得不再放寬資格。「中低收入老人生活津貼」在1995、96年發放人數均超出預定的22萬人，主因在省市長選舉期間，國民黨政府以行政命令要求地方政府簡化申請手續，並放寬審核標準，甚至有「先發後審」的情形（李明璁，1996；孫健忠，1997）。

起先「中低收入戶老人生活津貼」並沒有法源依據，而是以行政命令為之，各縣市的審核標準不一。1997年1月10日，內政部函頒「中低收入戶老人生活津貼發放審核要點」作為各縣市發放審核依據，致使前述發放人數的緊縮現象。1998年6月3日，內政部再依老人福利法第17條第2項規定訂定「中低收入戶老人生活津貼發給辦法」作為發放根據。前述審核要點廢止。1999年10月20日第一次修正，將直轄市政府納入規範。1999年10月27日第二次修正部分文字。2002年2月5日第三次修正，針對某些實質領取資格要件，如實際居住行為、一年期定期存款利率規定、資格喪失，以及預算改由各級政府編列等。2004年5月4日第四次修正「中低收入戶老人生活津貼發給辦法」，增列第3條全家人口存款本金及有價證券按面額計算之合計金額未超過一人時為新臺幣250萬元，每增加一人，增加新臺幣25萬元。

隨著2012年總統選舉競爭日趨激烈，從1994年起未曾調漲的中低收入

戶老人生活津貼跟著老農津貼一起調漲，調漲幅度為20%，亦即，6,000元之低收入戶老人生活津貼調高到7,200元，3,000元之中低收入戶老人生活津貼調高到3,600元。

老人津貼在這幾年的變化，凸顯了政黨競爭的政治性意味，以及政府對老人經濟安全缺乏整體性的政策規劃（王永慈，1999）。隨著2000年的政黨輪替，民進黨想要以國民年金法來解決的老人年金議題，才露出一線曙光。

參、敬老福利生活津貼

誠如上述，民進黨於1992年所推出的老人津貼是建立普及式國民年金的前奏。事實上，在1993年民進黨的政策白皮書中並無老人津貼的主張，只有建立普及式的老年年金保險制度的規劃（林萬億，1995）。理論上，當時民進黨所推動的老年年金，屬於普及性的基本年金（Basic Pension），希望藉此建立雙層制的國民年金系統，第一層是由稅收支持的基礎年金，第二層才是由現有軍公教勞工等職業別的一次給付或年金給付改制的所得相關的附加年金（Supplementary Pension）。基本年金的主要受益人是在年金制度建制前未能納入年金保險的受雇者，或是未能進入勞動市場的婦女、身心障礙者。在年金制度未建制前，普及發放的老人年金，應屬權宜措施的老人津貼。據此，民進黨立委蘇煥智等16人於1994年1月22日提案「敬老津貼暫行條例」，惜未獲立法院通過。

國民黨所推出的「中低收入戶老人生活津貼」則屬社會救助，需經過資產調查，而非普及式的社會津貼。亦即，「中低收入戶老人生活津貼」是在社會救助的生活補助項下，增多了一項針對中低收入老人的生活津貼。據此，國民黨才會針對民進黨的老人年金政見做出前述的批評。民進黨的老人年金的確面對國民黨占優勢的立法院不通過國民年金立法，以及執政的縣市財政限制，無法全額按時發放老人年金的困境，當時執政的臺北縣、新竹縣、臺南縣、高雄縣、宜蘭縣、澎湖縣，以及無黨籍執政的嘉義市，除了新竹縣全年發放老人每人每月5,000元之外，澎湖縣發放9個月每人每月3,000元，其餘縣市只能發放每年4個月（依中央、省、縣市各三

分之一）經費比例計算。然而，國民黨執政的臺南市也比照辦理，發放敬老年金（孫健忠，2000）。

　　1994年省市長選舉，民進黨一方面提出由洪奇昌、蘇煥智等委員所提案的「國民年金保險法」（草案），另方面承諾兌現自本年7月1日起發放敬老津貼，每人每月5,000元，繼續推動老人年金。1994年，臺北市長由陳水扁當選後，亦承諾發放老人津貼。然而受制於議會的杯葛，直到1996年3月才追溯發放6個月敬老津貼，後又加發1個月。1997年後停發，改為殘障津貼替代。

　　1997年縣市長選舉，不只民進黨籍候選人繼續主張敬老津貼，國民黨籍縣市長候選人亦有部分加入。選後仍繼續發放敬老津貼的縣市包括民進黨執政的臺北縣、新竹縣、宜蘭縣、屏東縣、臺南市、新竹市、基隆市，其中屏東縣、宜蘭縣、基隆市發放金額為3,000元；臺南市、新竹市的老人每人每月發放2,000元。以及國民黨執政的花蓮縣、澎湖縣，以及無黨籍執政的苗栗縣。

　　臺南縣於1997年起改為健保補助與春節敬老金。臺北縣於1999年10月起停發。澎湖縣於2000年7月起停發。高雄市於1998年謝長廷當選市長後，僅限於經濟不景氣時才發放老人每人每月3,000元敬老福利金。

　　2000年總統大選，民進黨籍候選人陳水扁的社會福利政見之一「三三三安家專案」，其中包括65歲以上老人，在國民年金施行前，每人每月可領3,000元福利津貼。陳水扁總統當選後，即積極實現此項政見，希望7月1日開始發放。行政院於是草擬「老人福利津貼暫行條例」送立法院審議，受益對象排除以下七類人口群：(1)經政府收容安置者。(2)領取政務人員、公教人員、公營事業人員退休（職）金或軍人退休俸（終生生活補助費）者。(3)領取公教人員保險養老給付、軍人保險退伍給付或勞工保險老年給付之總額，自65歲當月起按月折抵3,000元，尚未折抵完竣者。(4)領取中低收入老人生活津貼、身心障礙者生活補助費、老年農民福利津貼或榮民就養給與者。(5)最近一年個人綜合所得總額未超過50萬元以下者。(6)個人所有之土地（以公告土地現值計算）及房屋（以評定標準價格計算）價值合計未超過500萬元者。(7)入獄服刑、因案羈押或拘禁者。預計受益人數39萬人，全年估計需140億元。

除了行政院版之外，立法院尚有國民黨版、國民黨黃敏惠版、新黨鄭龍水版、民進黨蔡煌瑯版、親民黨版。國民黨版只排除現職軍公教及公（民）營事業人員、支領月退休（職）金之退休公教人員、退除役官兵（包括榮民）領有退休俸或月生活津貼補助者、經政府補助收容安置者、入獄服刑者。因此，受益人數高達140萬人，每年估計預算500億元。新黨鄭龍水版與行政院版近似，但將(1)納入、(4)領取老年農民福利津貼排除在外，餘納入。如此將增加受益者43萬人、經費160億。蔡煌瑯版與行政院的版本差別在於納入領取勞工保險老年給付者，以及排除(5)、(6)之限制。如此一來，增加受益人數9萬人、經費60億元。親民黨版本對象與行政院版接近，原住民降低領取資格到55歲、房地產價值800萬以下者，但每月領取5,000元，因此，受益人數40萬人，預算約230億元。黃敏惠版完全無限制，受益對象180萬人，預算每年需648億元。

從這些版本的內容可看出政黨轉變處境後，立場也跟者轉換。如前述及國民黨政府過去一直反對普及式老人津貼，政黨輪替後轉變為在野黨，卻一反過去的主張，大力加碼敬老津貼的發放，不理會政府財政負荷與社會正義。

由於朝野政黨對發放標準差異甚大，朝野政黨各有盤算，國民黨、親民黨、新黨均不希望行政院版本過關，以免給陳水扁業績。但又怕放寬發放條件，落得被指責拖垮國家財政，因此也不期待依國親版本通過。而民進黨深知自己在立法院實力不過半，不足以通過行政院版本，且考量財政負荷，即使不能如行政院版通過，亦不能讓國親版本過關。於是朝野協商，暫緩審議敬老津貼，並自2001年1日1日起實施國民年金制度，等於宣告敬老津貼一案夭折（陳佳瑜，2004）。

為了實現陳總統的競選政見，行政院於2001年編列180億元準備於次年起發放敬老津貼，然又擔心立法院加碼或防堵，遂決定只編預算不送法案，改以老人福利津貼實施計畫因應。國民黨、親民黨黨團擔心當年年底立委選舉受到影響，立法院遂於2002年1月18日做成決議，同意行政院所提160億敬老津貼預算照列，但加註須取得法源才可發放。親民黨為了避免行政院逕行發放，又不願背負阻礙老人領取津貼之罵名，於是參考內政部版本，與國民黨聯手提出敬老福利津貼暫行條例（草案），訂定排富及

不重複領取原則，並表明不加碼誠意。

　　在朝野爭論不休的同時，原住民立委要求原住民老人領取資格下降至55歲。為了讓敬老福利津貼暫行條例順利過關，經政黨協商，同意此項要求，於是，2002年5月22日，立法院三讀通過敬老福利津貼暫行條例，追溯至2002年1月起，除第3條規定排除之外的65歲以上老人及55歲以上之原住民，每人每月可領取3,000元敬老福利津貼。

　　然而，敬老福利津貼暫行條例剛上路，被排除在外的公教人員保險養老給付、軍人保險退伍給付、勞保老年給付之總額，自年滿65歲當月起折抵新臺幣3,000元，引發尚未折抵完竣者（第3條第1項第3款），強烈反彈。各政黨競相加碼，磨刀霍霍，準備修法。經朝野協商，終於同意將上述第3條第1項第3款排除條款刪除，於是，2003年6月5日增加受益對象21萬人，預算增加每年75億元。

　　領取敬老福利津貼的排除條款剩下：

1. 經政府補助收容安養者。
2. 領取軍人退休俸（終生生活費用）、政務人員、公教人員、公營事業人員月退休（職）金，一次退休金。
3. 已領取中低收入老人生活津貼、身心障礙生活補助費、老年農民福利津貼或榮民就養給與者。
4. 稅捐稽徵機關核定之最近一年度個人綜合所得稅總額合計新臺幣50萬以上。
5. 個人所有之土地及房屋價值合計新臺幣500萬以上。
6. 入獄服刑因案羈押或拘禁。

　　從1994年1月22日蘇煥智等16位立委擬具敬老津貼暫行條例送立法院審議，該草案躺在委員會裡6年後，終於在民進黨執政之後，通過了敬老福利津貼暫行條例。如同老年農民福利津貼暫行條例一般，老人津貼之所以在臺灣大放異彩，無疑是因為過去缺乏普及性老年年金制度，而只有軍公教人員有老年年金給付所致。然而，暫行條例要暫行多久，無人能預測。

　　直到2007年7月20日國民年金法通過後，敬老福利生活津貼、老年農民福利津貼一併落日，整合進入國民年金制度中。國民年金開辦後，開辦

前適用敬老福利生活津貼、老年農民福利津貼的老人，均可繼續領取原相同額度之國民年金給付（基本給付）；新加入的國民則依加保年資多寡，從原基本給付額度起跳。同時，各項老年津貼就應廢止，才不會暫行一輩子，這對國家財政及老人經濟都不安全，也才不會每遇選舉期間就加碼。對於老人來說，在乎的是穩定的經濟安全保障，以及公平的給付。

肆、老年農民福利津貼

自從1970年代臺灣工業化以來，農村青年移往城市或工業區尋找新的工作機會，農業生產成本升高，農村人口老化，農業家戶所得比非農業家戶所得明顯偏低，農村老人的經濟安全堪虞。就在前述國民黨政府推出中低收入戶老人生活津貼，以及民進黨大力推動老人年金制度的同時，建立老年農民經濟生活保障的呼聲也響起。

於是，1995年3月1日，立法院審議農民健康保險條例修正案時，包括蘇煥智、戴振耀、翁金珠等部分來自農業縣分的民進黨籍立委提案增列核發老年農民津貼之修正條文。惟基於健康保險與社會津貼兩者性質之不同，宜分別立法實行。

多數國家就老年農民生活照顧，係建立在國民普及的社會安全體系中，包括基本年金與離農年金。前者保障農民及其眷屬的基本生活，後者維持農民的生活水準。臺灣推行的社會保險制度屬職業別的所得相關保險，在公教人員保險及勞工保險有養老給付或老年給付，以維持老人的安定生活。唯獨如前章所述，因為臺灣自從1950年代實施三七五減租、耕者有其田的農村土地政策以來，大多數農民身分屬自僱小農，已不再是佃農，因此就沒有受僱的事實；再加上農業生產很難界定退休年齡或離農時間，自僱者也很難強制退休，是故，農民參加農民保險沒有老年給付。

基於對農漁民有實質幫助，符合公平正義及兼顧財政負擔等原則，政府於1995年5月19日制訂「老年農民福利津貼暫行條例」6條，該年5月31日公布施行，據以發放老年農民福利津貼，發放對象為年滿65歲且參加農民健康保險年資合計6個月以上之農民，每人每月3,000元，領到死亡之當月止。1998年10月29日，第一次修正全文增加為7條，使法條更為周延。

2000年5月26日，配合精省將主管機關臺灣省部分刪除。2002年5月21日修正第4條，規定老年農民福利津貼不得作爲扣押、讓與、抵銷或供擔保之標的。

2004年，在總統選舉競爭激烈之下，各政黨均希望獲得農村人口選票，於是，執政的民進黨於2003年12月4日推出提高老農津貼的給付額度，國民黨、親民黨也樂觀其成，以免農村選票流失。就在高度共識下，立法院於2003年12月17日通過自2004年1月起由原每月3,000元提高爲4,000元；發放對象也擴大到已領取勞工保險老年給付之漁會甲類會員；並將老年農民福利津貼之調整建立制度化，每5年調整一次，使老年農漁民的經濟安全獲得更多的保障。2004年度發放老年農民福利津貼計320億7,623萬9,000元。自1995年6月開始實施至2005年11月止，計核發2,291億9,793萬元。

基於2005年12月3日縣市長、縣市議員、鄉鎮市長三合一選舉的競爭激烈，泛藍立委先前提出調高老農津貼之修正案，泛綠立委擔心選情受影響，亦贊同。於是雖然選後泛綠敗選，12月15日立法院朝野政黨還是協商通過修正「老年農民福利津貼暫行條例」，自2006年1月起調高給付金額爲每人每月5,000元。預計2006年發放71萬人，修法提高津貼後全年所需經費約428億元，需增加預算86億元。顯然要制止老農津貼金額持續上揚並不容易，除非儘快通過國民年金制度。

無視於國民年金制度已進入緊鑼密鼓的規劃，陳水扁總統於2007年2月10日農曆春節邀請民進黨公職人員於臺北縣三峽鎮大阪根森林遊樂區舉行「團結進步，新春迎福」活動中，指示爲因應立委與總統選舉，行政院應準備加碼老農津貼1,000元。基於過去幾次總統選舉老農津貼加碼的經驗，陳水扁總統預測馬英九先生會提出老農津貼加碼的政見，遂要求行政院及早因應。果不出所料，2007年4月14日，國民黨主席馬英九於新竹、臺中與漁民和農民座談，拋出福利政策再加碼。他表示，國民黨2008年取得執政後，非但不會取消老農漁民5,000元津貼，還要加碼到6,000元；配合實施國民年金制，65歲以上農漁民至少可領8,000元。

負責規劃國民年金制度的林萬億政務委員與許璋瑤主計長均反對加碼老農津貼1,000元，認爲這將徹底破壞規劃中的國民年金制度。蘇貞昌

院長也同意此看法。蔡英文副院長與王榮璋立委更以抗稅來表達反對老農津貼隨選舉加碼。行政院國民年金制度規劃小組遂完成「老農津貼加碼對國民年金的影響」，上書陳水扁總統要求應以通過國民年金法為優先。民間社會福利團體亦表態反對老農津貼加碼。陳水扁總統指示「國民年金法7月未過，老農津貼就調高1,000元」。根據評估，規劃中的國民年金制度，全額老年年金為7,603元，老農津貼若調高至6,000元，兩者僅差距千餘元，將導致國民保險的老年年金不具誘因，降低民眾投保意願，成為推動國民年金保險的阻力。其次，國民年金為整合老農津貼，原設計25年過渡期須延長到32年，才能保障老農既得利益，原規劃由農委會撥款補貼老農每月2,000元的差額金，也須調為3,000元，兩者都將增加財政負擔。進一步估算，若老農津貼加碼1,000元，國民年金需新增經費，前10年共約786億3,000萬元，前20年共約1,471億4,000萬元，前30年共約4,588億6,000萬元。此外，2006年73萬2,000位老農共領取412億3,000萬元津貼，若加碼1,000元，政府第一年須增加87億8,000萬元支出。而且一旦弱勢團體要求比照上次老農津貼從4,000元調高到5,000元，身心障礙者生活補助費、中低收入戶老人生活津貼隨之調高1,000元，第一年財政支出另須各增加35億8,000萬元、16億8,000萬元。

　　隨著2007年5月20日內閣改組，張俊雄院長與邱義仁副院長均同意執行總統府主導的老農津貼加碼案，使「府院同調」。行政院決定老農津貼加碼1,000元。同時，送到立法院的「國民年金法」（草案）也同步調高給付（參見第六章）。

　　2008年5月20日馬政府上臺後，為實現加碼老農津貼的競選政見，做出「農保與國民年金脫鉤」的政策大轉彎。立法院院會於2008年7月18日三讀通過「國民年金法部分條文修正案」，確定農保與國民年金制脫鉤，不再將農民納為國民年金保險的當然被保險人。如此一來，導致社會安全制度整合破功、津貼不落日、債務留子孫，以及不同職業身分的權利義務不對等，扭曲公平正義，也種下老農津貼繼續加碼的禍因。

　　國民年金與老農津貼脫鉤後的問題非常嚴重，如下所分析：

一、農保抽離，導致社會安全制度整合破功

到2009年5月，國民年金保險納保人數為414萬9,095人，顯然受到廣泛的支持。但是，農民抽離國民年金，已使好不容易逐漸出現整合的年金保險制度又回到原點：軍、公教、勞、農、未就業者分立。任何社會保險保障對象人數愈多，基金規模愈大，風險分攤的效果也愈好。雖然原先規劃的國民年金也只是小整合，至少朝整合的方向前進。如今，我國社會安全制度整合的期待又落空。

二、津貼不落日，債務留子孫

以2008年為例，老農津貼發放對象71餘萬人，金額509億1,800萬元，老農津貼自1995年開始發放，至2008年已由國庫支出超過3,570億元。且隨著人口老化經費年年增加，2008年比2007年多支出52億多。若不及早使津貼落日，龐大的財務支出壓力將使債留子孫的情形更為嚴重，明顯缺乏世代正義的思考。何況，「老年農民福利津貼暫行條例」不落日，每逢選舉加碼聲浪又起，以目前臺灣的政治生態，政客不可能自我節制，反而會競相加碼。2008年的老農津貼加碼，始於馬總統於選舉期間對農民做出的加碼承諾，觸動陳總統的加碼意念，造就了老農津貼加碼的事實，就是最壞的示範，老農津貼的財務負擔將更嚴重。事實上，每個政黨都在打老農津貼加碼的念頭，以免被罵不照顧老農。且農業縣的立委也會為自己選區的選民喉舌，施壓給其所屬政黨。從前三次老農津貼加碼都沒有明顯的政黨意見歧異，就可知道這是一個政治共識。包括此次的國民年金法通過，也是以老農津貼加碼作為交換條件。既然已經犧牲了，就不應該再讓老農津貼復活。

三、不同職業身分的權利義務不對等，扭曲公平正義

老農津貼4年內由3,000元倍增至6,000元，且無任何排富條款。而非農民的老人仍領取3,000元有排富條件的敬老生活福利津貼。民進黨執政時推動的國民年金原本具有整併現行老人津貼並使之落日的重要功能，一旦農保抽離，農民只須每月繳納78元保費，就可繼續獲得生育、殘廢、喪

葬、醫療等給付；且到65歲後又可依「老年農民福利津貼暫行條例」每月領取6,000元津貼。繳費與領取給付金額不對等，且無連動；而婦女及其他國民年金被保險人卻仍須依據保險的財務規劃，每月繳納674元保費長達27年才能領到6,000元年金。同樣是老年安全經濟保障，民眾的權利和義務之間卻如此不對等，嚴重扭曲社會公平正義！照顧老農有其必要，但是不能不考慮社會公平與財政負荷。到2008年止，農民保險已赤字1,200億左右，且持續擴大赤字中，若再加上老農津貼的負擔，單此一種職業別人口，就已造成社會福利財政的重大負荷。

果不出所料，2012年初總統與立委選舉在即，國民黨立委早已醞釀繼續調高老農津貼；民進黨的嘉義縣立委陳明文更於7月20日的中常會提案先下手為強，通過調高老農津貼1,000元，且無排富條款，由立法院民進黨黨團提案。國民黨占多數的立法院程序委員會於9月13日第一次阻擋，但礙於選舉壓力，9月23日將民進黨版本逕付二讀。有鑑於民進黨提出的老農津貼加碼造成國民黨中南部選情壓力，來自農業縣的國民黨立委紛紛施壓國民黨。於是，10月18日馬英九總統宣布老農津貼與八大社福津貼補助依消費者物價指數每四年調整一次，換算後老農津貼只調高316元，並加入排富條款。國民黨立委張嘉郡（雲林縣）、鍾紹和（高雄市）、翁重鈞（嘉義縣）等要求老農津貼應調高至1萬元，嗆聲316元版若要表決，將投反對票。這期間，民進黨團四次邀國民黨團協商修法遭拒。然而，不敢冒總統選輸的風險，國民黨府院黨密商後於11月17日決定政策急轉彎，馬總統宣布老農津貼調高1,000元，八類社福補助也大幅調高，最高從16.67%（即老農津貼的調高幅度）到33.27%（久未調漲，一次調足）。其中屬社會救助的6種：身心障礙者生活補助低收入輕度調高為4,700元、中度以上調高為8,200元，中收入輕度調高為3,500元、中度以上調高為4,700元；中低收入老人生活津貼中收入調高為3,600元、低收入7,200元；中低收入家庭兒童及少年生活補助調高為1,900元～2,300元；低收入戶家庭生活補助5,900元～14,794元；低收兒童生活補助臺灣省2,600元、臺北市1,900元～7,300元、金門縣2,000元；低收入戶就學生活補助調高到5,900元。屬社會保險的兩種：國民年金給付中的老年基本給付調高到3,500元、身心障礙給付調高到4,700元，遺屬給付也調高到3,500元；原住民給

付跟隨老年給付調高到3,500元。內政部推估受益人數225.29萬人，新增經費一年139億元。

　　至於老農津貼排富議題，1995年老農津貼剛實施時是有排富條款，3年後才取消。但根據農委會統計，目前總資產超過1,000萬元的老農約9萬人，一旦重新實施「排富」，他們的老農津貼反而會被取消，影響層面也很大。請領老農津貼的人數，從原本的44.1萬人，暴增為58.8萬人，十多年來又不斷增加為68.7萬人，政府每年的支出也高達445億元，已占去農委會2012年總預算的四成左右，如果再加碼1,000元就會增加82.4億，占五成出頭，負擔的確沉重。

　　但既然是津貼，就只有身分問題，而沒有排富與否的問題。只要是請領時參加農民健康保險的65歲以上農民即符乎資格。老農津貼有比擬老農基本年金的性質，只問身分，不能問家戶資產，因為老農津貼不是社會救助。

　　其次，老農津貼是個人權利，在於保障農民的老年經濟安全，不屬於家戶所得的一部分，故不能計算家戶資產，否則會迫使農民家戶資產大挪移，以規避排富條款。

　　即使國民黨已同意將老農津貼調高1,000元，但是黨內對排富條款仍有雜音，國民黨團只好再提出排富條款修正動議，在原條文「明定最近一年非農業所得超過50萬元以上，或不動產價值合計超過500萬元者不得領取」外，另增列不動產價值可扣除農業用地、農舍，無農舍者可扣除實際居住的唯一房屋，扣除上限為400萬元，希望藉此減少衝擊。據此，原排富條款約有1,500人不能領取老農津貼，經過修正動議後，預估只有區區幾百名新增老農不能領取。

　　雖然國民黨申稱此次調高老農津貼是為了建立制度，以後老農津貼每4年隨物價指數調整。首先，如果要依物價指數調高各項社會救助與津貼給付金額，也不是4年才調整一次，而應該設定一個物價指數的調整下限，如物價指數累積升高到5%時，即按比率調整。其次，倘若不是馬總統於2007年提出加碼老農津貼的政見，且於2008年7月18日將老農津貼與國民年金脫鉤，破壞制度在先，也就不會有2011年國民黨再度陷入老農津貼加碼的進退失據窘境中，騎虎難下。但是，民進黨不從批判馬總統將老

農津貼與國民年金脫鉤的歷史錯誤下手，反而先通過老農津貼加碼1,000元的提案，也是短視近利，自毀承諾。

臺灣發放老年農民福利津貼、敬老福利生活津貼的正當性，是在彌補職業別的社會保險漏洞。這些沒有加入軍公教勞等社會保險體系的農民、家庭主婦、無業者、身心障礙者，如果不是低收入戶，其老年經濟安全堪慮。但是，臺灣推動老人津貼的時代背景已不像1908年的英國推動非繳保費、非資產調查式的老年年金是在還沒有建立年金保險制度的時代，其老年年金是作爲年金保險制度建立的觸媒劑。而我們已有多元的職業別社會保險體制，如果持續以發放老人津貼來解決被社會保險制度遺忘的一群，絕非長久之計。是故，將老人津貼納入社會保險體系才是正途。其給付金額多少才是符合公平正義與適足原則可以討論，但是，最壞的示範就是隨選舉而調高價碼，毫無財源準備，也不符合需求與公平正義原則。

據此，照顧農漁民老年生活，以發放老年農民福利津貼只是作爲國民年金制度開辦前之暫行措施。既然國民年金制度已建立，且已將老年農民津貼納入，使暫行性之老年農民福利津貼措施回歸國民年金制度，就不該再破壞之，而應以老年年金給付方式照顧農漁民老年生活，才是正道。否則，每逢總統選舉就來一次加碼，既不符合公平正義，也破壞政府財政平衡，絕非國家之福。

表5-1　我國各項老人津貼發放情形，1994年～2010年

年度	中低收入戶老人生活津貼		老年農民福利津貼		敬老福利生活津貼	
	人數（人）	金額（百萬元）	人數（人）	金額（百萬元）	人數（人）	金額（百萬元）
1994	84,462	1,792	--	--	--	--
1995	314,526	10,982	315,192	5,628	--	--
1996	272,878	15,568	366,059	12,427	--	--
1997	157,077	10,591	425,947	14,210	--	--
1998	191,852	8,978	441,665	15,743	--	--
1999	190,583	9,994	588,429	24,327	--	--
2000	204,964	10,426	635,838	23,189	--	--
2001	181,211	9,824	656,460	23,245	--	--
2002	182,392	9,993	669,779	23,761	424,096	13,771

年度	中低收入戶老人生活津貼		老年農民福利津貼		敬老福利生活津貼	
	人數（人）	金額（百萬元）	人數（人）	金額（百萬元）	人數（人）	金額（百萬元）
2003	173,951	9,879	677,048	24,130	639,427	18,459
2004	156,446	9,260	688,840	32,107	687,990	23,764
2005	148,118	8,929	696,808	33,198	746,410	25,973
2006	140,544	8,673	703,238	41,216	795,141	27,914
2007	134,644	8,467	707,045	45,711	842,335	29,617
2008	125,951	7,859	710,031	50,918	880,033	25,900
2009	122,468	7,041	706,422	50,843	---	---
2010	119,861	7,609	696,143	50,535	---	---

資料來源：中低收入戶老人生活津貼與老年農民福利津貼之資料來源：內政部網頁http://sowf.moi.gov.tw/stat/month/m3-04.xls。勞工保險局編：《中華民國勞工保險統計年報（民國99年）》，（http://www.bli.gov.tw/sub.aspx?a=ndDGeLsCz8I%3d），86年起開辦老年農民福利津貼核付概況表。

 第二節　我國社會救助的演進

本節將我國的社會救助發展經驗分為七個階段，加以敘述，以利讀者瞭解不同時期的社會救助特色及其時空背景。

壹、清治臺灣時期的慈善救濟（1895年以前）

如同歐洲國家社會救濟是最早的社會福利方案，傳統中國的慈善救濟也在清帝國治臺期間，部分在臺灣實施。依臺灣省文獻委員會編的《臺灣省通志》（1972）、整理自日人杵淵義房的《臺灣社會事業史》（1937）等資料發現，清帝國時期，臺灣的社會救濟主要分下列6項（Lin, 1990；林萬億，2002：104-107）：

一、貧困救濟

依《大清會典》記載，只要鰥、寡、孤、獨、殘、窮六種人，而無親屬可照顧者，地方官吏應予收容照顧。這樣的法律最早可溯及宋帝國的

「居養法」（1098年），規定各地方政府應設濟貧院以收容貧苦大眾。清帝國在臺灣的貧困救濟以養濟院爲主，於1684年首建於臺灣縣、鳳山縣、諸羅縣。後又於彰化、臺北、新竹、澎湖等四地設養濟院。除了養濟院外，尚有設在臺灣縣、澎湖縣、鳳山縣，以收容老人與遊民爲主的普濟堂。其中前兩所普濟堂是由官紳合辦，後者由仕紳倡辦。另外，爲了救濟從中國內地飄洋過海的移民，或偷渡來臺無子嗣的孤苦無依老人，由地方官吏發起，仕紳管理的棲留所（臺灣、澎湖、淡水、基隆）、留養局（淡水、彰化），以及彰化孤老院等屬於救濟窮苦老人的機構。

二、災荒救濟

　　清帝國統治的212年間，臺灣至少發生127次大小天災。清《嘉慶會典》中明訂救災爲經國要政。中國最早的賑災措施首推漢宣帝（73～48BC）時所設的常平倉，置倉舍，當穀賤時增其價購入以儲存之；至穀貴時，則抑其價糶出以惠其民，其意謂「常持其平」。隋文帝時又置義倉，以備水患。唐代更發達，五代時制亂而廢。宋太祖令諸州所屬縣各置義倉，以備凶歉，是本「取其餘補不足」之原則。給與人民，名之以義，則寓至公之用。其倉米由來隨正稅而附納，充作糶本。宋朱熹又訂社倉法，由人民自行組織，或由政府督導辦理類似一種農貸合作組織的救濟設施，由人民捐米穀，或由政府貸給米糧，就各鄉設倉儲存。遇凶年或青黃不接時，用以救濟鄉里貧戶。倉務之管理由社倉參加人或設立者公推管理人自行負責。臺灣早期的常平倉在明鄭時期已設，清帝國至少有36所常平倉存在於各縣。至於義倉，又稱「監倉」，倉穀由官吏勸募而來，管理則交與仕紳，總計有14所散置各地。社倉則有32所。另爲原住民而設之「番社倉」，總計有54所。

三、婦孺救濟

　　清帝國承襲漢朝之女誡。依《大清會典》記載，有三種女性可獲殊榮：節婦（守寡）、烈女（寧死不受辱）、貞女（殉夫）（Mann, 1987）。然而，孤兒寡婦無力生存，除了靠家族中有財力者就近照顧外，有待官方或仕紳提供救濟。清帝國在臺灣設有救濟婦孺之卹嫠局一，由官

　臺灣的社會福利：歷史與制度的分析

紳合捐，以卹守節寡婦。另設有育嬰堂7所，散布全臺，其中官紳合辦者有四，仕紳倡設者有三，以收容棄嬰。當時因重男輕女觀念盛行，溺女嬰時有所聞，貧家女嬰不是被遺棄，就是被溺，至爲可憐。

四、喪葬救濟

臺灣屬移民之地，移民來臺之中國內地人民有落葉歸根之俗。臺灣知縣夏瑚於1759年集資協助客死無依者能順利將棺木運返廈門。此外，依《大清會典》記載，朝廷鼓勵仕紳富戶協助埋葬無主屍骨，給區旌獎。臺灣總計有230單位以上之喪葬救濟措施，包括義塚，以埋無主枯骸194處；厲壇（含大眾廟、大眾壇、萬善壇）以禳祭鬼魂者17處；殯舍（有稱同善堂、積善堂）作爲寄存靈柩之所4處；萬善同歸（或萬全同歸、萬善同）爲撿拾枯骨叢葬之所，不計其數。此外尚有富戶施棺之舉，不勝枚舉。

五、行旅救濟

臺灣交通開發較晚，且地多山川，行旅不便，固有行旅救濟之設施，首推義渡。光緒之前，官渡有渡稅，民渡多勒索，俱爲行旅者苦，於是有義渡之倡。全臺設有義渡者不下30處，大多由鄉人募金孳息爲義渡經費。除義渡外，尚有官紳捐建之路亭（觀音亭、嘉蔭亭、半路亭、五里亭），作爲途中憩息、庇護過客歇腳之用。行旅過客難免路倒或客死途中，臺灣設有善養所彰化、回生洞於淡水（今新竹）、失水難民寓所於澎湖，專爲行旅病患或客死路途者救濟掩埋之處，多爲官紳捐助興設。

六、醫療救濟

前述普濟堂的前身即是施藥局或施醫所，除了收容老病之外，大都附設義診、病房、藥堂。這種設施有到1980年代初還存在者。除了普濟堂之外，仕紳亦有提供義診者，如新竹福長社，由6位邑人集資創設，義診貧病，並講述善書勸世，師法明末清初河南虞城楊東明（1548年～1634年）、江蘇無錫高攀龍（1563年～1626年）、嘉善陳龍正（1585年～1645年）等人所創設之同善會、廣仁會（Handlin Smith, 1987；梁其姿，1986）。此外，西醫也在此時傳入。1865年，基督教長老教會傳教士馬雅

各（James Laidlaw Maxwell）首創基督教長老會病院於臺南（今之臺南新樓醫院）；1872年，加拿大長老教會傳教士馬偕（George Leslie Mackay）來臺宣教，於1882年設偕醫館於淡水（今馬偕醫院）。西洋傳教士以義診作為傳教的媒介，同時將西醫傳入臺灣。1886年，清廷亦在臺北府治設「臺北官醫局」，招西人醫生，免費醫病。

貳、國民政府在中國大陸時期的社會救濟（1911年～1945年）

中華民國成立之初，中央政府設置內政部，掌理賑恤、救濟、慈善、感化、衛生等五大業務，這是我國正式有中央主管全國救濟行政機關的伊始。1915年，內政部頒布「遊民習藝所章程」，這是我國最早的社會救濟法令，仿歐洲17世紀末的習藝所。雖然我國社會救濟行政機關和立法起步不算晚，但實際上，因北洋軍閥所控制的北京政府得不到國會的合作與全民的支持，故其救濟行政與救濟法令只不過是點綴而已，根本不能有效地推行於全國（陳國鈞，1986）。故民國初年的社會救濟多依賴舊有的社會救濟機關，以及依據內政部頒布的「救濟院規則」所設立的養老院、孤兒院、殘疾所、育嬰所、施醫所、貸款所等（鄧雲特，1966：334）。

1928年，內政部設置「賑務處」及「賑災委員會」，且在各地設有分會。此後，凡受災各省得設省賑務會、縣賑務分會。1929年，為統一各機關的賑務，合併成立「賑災委員會」，改隸行政院；翌年，又改組為「賑務委員會」，掌理全國震災事宜（周建卿，1992：545-46）。

1929年，北伐成功後，國民政府為整頓全國慈善團體及各地救濟機關，由內政部頒布「監督慈善團體及各地方救濟院規則」，遂使各地慈善團體及救濟院逐漸走上軌道，發揮應有的效能（陳國鈞，1986）。此後，社會救濟漸由散漫而集中，由私辦擴大到官辦。惟當時救濟機構仍只著重於臨時救濟。1931年秋，江淮大水，國民政府特設「救濟水災委員會」辦理災區救濟事宜，對於工賑之法，行之甚力（鄧雲特，1966：295）。

1933年，在國民政府的指示下，各省始有積穀之舉（鄧雲特，1966：457）。爾後，1936年，國民政府內政部又擬具「全國各地方建倉積穀辦法大綱」，倉儲辦法才又恢復。1937年，「七七事變」發生，行政院成立

「非常時期難民救濟委員會」。1938年又以戰區擴大，賑務日繁，逐將原有的「賑務委員會」及「非常時期難民救濟委員會」合併，於同年4月間在漢口成立「賑濟委員會」，管轄全國的救濟行政與救濟業務（周建卿，1992：546）。1940年，行政院爲因應新的需要，將原隸中國國民黨中央執行委員會的中央社會部，改隸於行政院，成爲全國最高的社會行政機關，掌理全國社會行政事務，社會福利司的第五科，主管社會救濟事業，其職掌包括以下各種救濟工作事項：(1)殘廢老弱之救濟事項，(2)貧民之救濟事項，(3)遊民之收容教養事項，(4)貧民醫療之補助事項，(5)救濟經費之規劃及審核稽查事項，(6)救濟機關之設置及監督管理事項，(7)慈善事業之倡導及獎勵改進事項，(8)社會救濟工作人員之選用考核獎懲事項。各地方政府根據中央規定，也於1942年起先後設立主管社會救濟行政機關，由此建立我國社會救濟行政機關完整的體系（陳國鈞，1975：128）。

　　爲建立我國社會救濟制度，以實現我國歷代的救濟理想，社會部又於1941年底邀集國內學者專家於戰時首都重慶研擬「社會救濟法」草案，於1943年呈請行政院，核轉立法院審議，終於完成立法程序後，由國民政府於1943年9月29日公布施行。這是一項有系統的標準立法，我國現代的社會救濟制度即藉此而正式建立，其他有關社會救濟的法規亦均據此爲藍本而制訂（陳國鈞，1986）。

　　「社會救濟法」的內容分爲救濟範圍、救濟設施、救濟方法、救濟費用及附則。其要點爲：

1. 就範圍說，凡是貧窮而無力生活者，得依本法予以救濟，包括：(1)年滿60歲以上無力生活者，(2)未滿12歲者，(3)妊婦，(4)因疾病、傷害、殘廢、或其他精神上、身體上之障礙不能從事勞作者，(5)因水旱或其他天災事變致受重大損害或因而失業者，(6)其他依法令應予救濟者，共爲六種；但對於遭受非常災變之災民、難民的緊急救助，其受救濟人，不在此限。

2. 就設施說，分爲：安老所、育嬰所、育幼所、殘疾教養所、習藝所、婦女教養所、助產所、施醫所及其他救濟爲目的之設施。

3. 就方法說，按接受救濟人的需要，分別用下列方法來處理：(1)救

濟設施處所內之留養，(2)現款或食物、衣服等必需品之給與，(3)
免費醫療，(4)免費助產，(5)住宅之廉價或免費供給，(6)資金之無
息貸與，(7)糧食之無息或低息貸與，(8)減免土地稅賦，(9)實施
感化教育及公民訓練，(10)實施技能訓練及公民訓練，(11)職業介
紹，(12)其他依法令所定之救濟方法。

4. 就費用說，救濟設施由鄉鎮、縣市、省府或中央舉辦者，分別自行
負擔費用。由團體或私人舉辦而有成績者，主管機關得酌予補助。
救濟事業經費列入中央或地方預算，縣市得由中央政府補助。

5. 在附則中，明定主管機關，在中央為社會部，在省為省政府，在
市為市政府，在縣為縣政府。

「社會救濟法」的實施，乃我國社會救濟制度之建立，也就是社會福
利法制的先河，其後社會部即本此法興辦社會救濟事業及整理舊社會救濟
事業，直到1980年因「社會救助法」的訂頒才廢止。

參、日治時期臺灣的社會救濟事業（1895年～1945年）

在清帝國割臺之前，臺灣的社會救濟便已具備相當規模，各種社會救
濟事業及所設的救濟機構，與中國大陸的情形完全相同（陳國鈞，1975：
141）。日本政府治臺之初，一時之間臺灣各地兵馬倥傯，紛擾不絕。許
多前清所留下的救濟機構因此廢棄或停止正常經營，有些機構所屬財產、
房舍、土地還為地方官廳任意變賣，或被其他行政、軍事機關所占用，使
得原先接受救濟的窮苦民眾一時不知所依（劉宴齊，2005）。

1898年，留學德國的公共衛生專家後藤新平就任臺灣總督府民政長
官，旋即提出「臺灣統治緊急案」，主張不宜急於導入日本內地的制度
到臺灣，而是應該進行臺灣實情調查，這也是後來臺灣進行舊慣調查的
根據。1901年制訂「臺灣舊慣調查會規則」，組成「臺灣舊慣調查會」
（1903年～1919年）。不過，在大規模的舊慣調查之前，1897年至1898年
間，有關公共救濟的舊慣調查已零星地進行了。在日治50年間，其所辦理
的救濟措施可分為下列幾項：

一、貧民救濟

1897年，日皇以英照太后之喪，賜頒臺灣救濟金1萬5,000日圓，作為救濟臺灣一般貧民之用。1899年，當時的總督兒玉源太郎即利用此筆御下賜金，加上前清遺留的社會事業所屬財產，創設臺北仁濟院，成為日本領臺社會救濟的濫觴，也是「再興舊慣」的典型例子。同年8月，總督府府令第95號發布「臺灣窮民救濟規則」，規定以地方稅辦理貧民救助。被救濟的對象分為下列3款：(1)廢疾殘廢或罹重病者，(2)年滿60歲以上已衰老者，(3)未滿13歲者（第1條）。第2條規定雖非獨身但該當於前條，其餘家人老幼疾病廢疾或失蹤逃亡在監時，無法給養者，得准用前條救助。第4條規定救濟所需經費，用於州以州費，在廳則以廳及地方費充之。

1904年，總督府府令第75號頒訂「臺北仁濟院、臺南慈惠院、澎湖普濟院規則」，1907年改為「臺灣慈惠院規則」。總督府並根據此規則，分別將臺灣於清帝國時期在臺的各種救濟設施，如養濟堂、同善堂、育嬰堂等，均加以合併或改組，以其原有資產，再加上日皇所賜救濟金的撥給，而以設置公立慈惠院為主要的事業（陳國鈞，1975：142-143）。慈惠院的收容對象，依慈惠院規則之規定，共有6項：殘廢、廢疾、傷病、老衰、幼弱、寡婦具貞潔者。如同「臺灣窮民救濟規則」之規定，獨身不能自活者，且無受他人扶助之途者，亦可救助。此外並有醫療、教育、習藝等辦法；死亡者則發予祭葬費用（臺灣省文獻委員會，1972：112）。

二、醫療救濟

此指殘廢、傷病、衰老、弱幼而無力就醫的貧民醫療救濟而言（陳國鈞，1975：143）。而以其施醫機構之性質而言，約有四者：一為各地之慈惠院，二為官立醫院，三為公共團體，四為私人醫院。根據「臺灣省通誌」的記載，當時的7處慈惠院皆有巡迴義診，凡窮苦病患持有郡、市、街、莊之聲明，皆可前往義診；其偏僻巡迴不及處，或囑託醫生為之。至於官立醫院方面，共有12處附有義診，據1937年義診紀錄，累計門診病人共36,799人，住院病人共13,717人。至於公共團體之義診，共有12處；私設團體之義診，共有43處（臺灣省文獻委員會，1972：119-121）。

三、災荒救濟

此是指對水、風、旱、地震等非常災害的災民救濟而言。最早於1899年，總督府以律令第31號公布「臺灣罹災救濟基金原則」，第1條規定縣廳應貯蓄罹災救助金以備地方受有非常災害之用。第4條規定向來屬於義倉的穀物及其他物品，以其估算價值編入罹災救濟基金。第5條規定基金之運用包括：避難所費用、食物費用、衣著費用、治療費用、臨時屋費用、就業費用（劉宴齊，2005）。

四、行旅救濟

此是對於行旅病人的救治及死亡者的安埋而言。1899年以救令第365號公布「行旅病人及行旅死亡人處理法」之前，即以總督府令第16號公布「行旅病人及行旅死亡處理規則」，作爲對於行旅病人及行旅死亡給與救助之法源。嗣後又以府令第100號頒行有關處理行旅病人死亡及同伴者之規則。1902年再以第255號令規定處理手續，並規定救濟費用由地方稅撥給。據1934年日人《臺灣社會事業要覽》之記載，當時全省共有行旅病人收容處3所（臺灣省文獻委員會，1972：131）。

五、失業救濟

此是指辦理職業介紹，以救濟失業者而言，此種救濟設施辦理時期較晚。1921年，總督府對臺灣社會事業改善施行的通令第4項規定公共團體或公益團體，應創立職業介紹所，此爲日人在臺注意失業救濟的起始（陳國鈞，1975：145）。到了1926年共有5處職業介紹所的設立（臺灣省文獻委員會，1972：124）。此外並針對無業貧民辦理小規模的職業訓練（陳國鈞，1975：146）。

此外尚有1900年的律令第8號「臺灣水難救護規則」，1914年的律令第8號「臺灣傳染病預防令」，以及1917年的救令第205號「軍事救護法」等，都與當時的社會救濟有關。

1920年前後，日本於內地實施的經濟保護事業引進臺灣，包括1919年總督府以救令485號發布於州設公設質舖（當舖），於1920年再以府令第

37號發布「公設質舖業務規則」。另外有地方設信用組合，以低利貸款給民眾。這些與前述的失業救濟都是第一次世界大戰之後，日本採借自歐洲國家解決失業與貧窮問題的方法。

肆、戰後初期停頓的臺灣社會救濟（1945年～1962年）

臺灣光復之初，因為戰亂和政治因素，使得社會救濟事業呈現倒退的情形（林萬億，1991）。日治臺灣的社會事業雖被接受，但幾近於停頓。直到1947年6月1日，臺灣省政府社會處成立，為統一事權，簡化機構，乃將各縣市之救濟機構，或予合併，或予撤銷。另外，1948年元月起分別在高雄、花蓮、新竹、澎湖、屏東成立5所救濟院，是為本省光復後至政府遷臺間較完整的救濟機構（林萬億，1991）。大體而言，光復初期，各單位均忙於接收整理一切，使得那幾年在社會救濟方面並無大的設施（陳國鈞，1975：148）。

國民政府遷臺之初所辦理的社會救濟事業，依循的法令是1943年大陸時期國民政府頒布的「社會救濟法」，以及1944年行政院公布施行的「救濟院規程」（林萬億，1991）。約在1956年間，開始有學者專家們創議實施社會安全及公共救助制度，並引起了有關當局的注意。1958至1965年間，內政部社會司組織社會法規整理委員會，研擬完成了社會救助法草案，但因財政等原因而遭擱置（陳國鈞，1986）。

伍、訂頒社會救助調查辦法（1963年～1979年）

1963年，臺灣省政府訂定「臺灣省社會救助調查辦法」，作為各縣市推行社會救助工作之依據。自此，臺灣才終於有了本地社會救濟執行的詳細規定。本辦法的訂頒，也是政府改進過去消極救濟方式的首要措施。它以家戶為單位，將全戶工作能力無法獲得某一最低生活費用標準之家庭，納為救助對象，並按差距程度分為3個等級。此後，社會救助之界定與調查辦法雖幾經修訂，但迄今基本架構或基本考慮要項並無根本性的變更。1965年，中國國民黨通過了「民生主義現階段社會政策」，這才開始有了屬於臺灣本地所需要的社會政策。該政策有7大項目，社會救助即為其中

之一，並在此項下明訂5個實施細目，包括：改善救濟措施並擴展院外救濟、擴大貧民免費醫療、擴大對殘廢病者之救助與重建、拯救不幸婦女、修訂社會救助法規等。我國的社會救助制度即根據此一政策之規定而逐步建立（陳國鈞，1986）。

1970年代初期，臺灣省和臺北市都推行消滅貧窮的計畫。臺灣省於1972年頒布「臺灣省消滅貧窮計畫綱要」（簡稱小康計畫），該計畫內容項目有擴大救助、收容、安養與發動社會力量、舉辦養老、育幼等慈善事業等。臺北市則於1973年開始實施「安康計畫」，分近程、中程、遠程三個階段，實施對貧民的輔導與照顧。1978年，臺灣省又頒布「小康計畫擴大照顧低收入方案」，並修訂「臺灣省社會救助調查辦法」，將救助對象由貧戶擴及低收入戶，以擴大對低收入戶的照顧。

陸、社會救助法通過施行（1980年～1996年）

「社會救助法」不像同年通過的「老人福利法」或「殘障福利法」具有始創性意義。從其內容來看，雖與早年的「社會救濟法」有很大的差異，然與臺灣省和臺北市所推行的社會救助業務並無殊異（蔡漢賢、林萬億，1984：180）。該法全文共27條，分為總則、生活扶助、醫療補助、急難救助、災害救助、救助設施、救助經費、附則等8章。其重要內容有：

一、救助對象

根據社會救助法第1條，其救助對象為低收入者、緊急患難者與非常災害者三大類。

二、救助條件

低收入的標準是由省（市）政府視當地生活所需費用，逐年訂定公告。

三、救助項目

分生活扶助、醫療補助、急難救助及災害救助四種。生活扶助係提供給家庭平均總收入，依該家庭平均人數計算之金額低於標準者；給付方式以現金給付為原則，或依實際需要委託適當之救助設施及福利設施或其他家庭予以收容。醫療補助係提供給「低收入之傷病患者、救助設施所收容之傷病患者與患嚴重傷病所需醫療費用非其本人或扶養義務人所能負擔者」。急難救助係提供給「負家計主要生計責任者，因長期病患、遭遇意外傷、亡或其他原因，致家庭生活陷於困境者」。急難救助的對象則為人民遭受水、火、風、雹、旱、地震及其他災害，致損害重大，影響生活者。

四、救助經費

各項救助業務及救助設師所需經費，由各級政府分別編列預算支應；此外，省（市）、縣（市）政府每年得定期聯合各界舉辦勸募社會救助金。

社會救助法的現行附屬法規，為社會救助法施行細則，與社會救助設施設立及管理辦法兩種，均由內政部於1981年制訂施行。至此，我國現行的社會救助政策和立法，可算是有了初步基礎。

社會救助法的研擬從1965年的「民生主義現階段社會政策」第7項第5細目中即明定修訂社會救助法，到1980年6月14日總統令公布施行，總計經歷了15年，期間不可謂不長。除了因於當時與社會救助相關的法令總計有70餘種（中央制訂者2種、臺灣省制訂者61種、臺北市制訂者10種），相當冗雜，亟待爬梳整理，且有完成立法必要外，最大的原因在於1977年底的中壢事件、1978年底的中美建交，全國上下奮發，思以革新作為因應之道，乃提出「當前社會工作改革措施」，其中再度提及加強社會救助，使孤苦無依者皆有所養的辦法，其中催促從速制訂老人福利法、殘障福利法、社會救助法（蔡漢賢、林萬億，1984）。再加上1979年高雄美麗島事件的衝擊，塵封已久的社會救助法草案才被拿出重新討論，在國民黨主導的立法院中被火速通過立法。可見這三個被社會福利界慣稱的社會福利三

法之所以快速通過，具有轉移社會不安與消音之效。

1980年代初，經濟合作發展組織（OECD）發出福利國家的危機呼籲。臺灣的執政當局不落人後，也於1984年由行政院經建會邀請兩位英國新保守主義學者魏斯曼（Jack Wiseman）與馬士蘭（David Marsland）來臺進行短期研究，提出「中華民國社會福利方案之檢討與建議」（經建會，1986a）。該建議書的基本主張是建議政府對社會福利應有嚴格的政策限制，以維持人民最低生活水準為原則，其餘應屬個人責任。他們認為我國所應尋求的社會政策，首先應強調個人責任，然後依循這個原則去幫助真正需要幫助的人，但須避免破壞個人的自發精神，並避免造成福利依賴（Welfare Dependence）。這也是新右派一貫的主張，將社會福利窄化為社會救助，只針對老弱病殘提供救濟，餘則由個人承擔。經建會據此完成「我國社會福利制度整體規劃之研究」，作為我國社會福利政策的最高指導原則，其中，關於社會救助發展的建議為加強執行社會救助法，適當救助貧病無依老人、殘障及精神病患，並積極輔導貧困者自立更生等（經建會，1986b）。然而，研究均指出，我國的社會救助對象界定過於嚴苛（林萬億，1991；林萬億、李淑容、王永慈，1994；孫健忠，2002）。

1990年5月，行政院制訂「低收入戶輔導措施」，內容包括就醫、就養、就學與就業等四方面。其主要項目，就醫方面有：(1)實施低收入戶健康保險；(2)充實社會救助機構之醫療設施及人力。就養方面有：(1)提供平價住宅或居所，以低廉價格租賃予低收入戶；(2)獎勵補助民間興辦各類救助設施。就學方面有：(1)加強輔導低收入戶子女就學、免繳學費，並增設獎助學金及助學貸款；(2)公立托兒所免費收低收入戶子女，並輔導私立托兒所對低收入戶子女予以優待。就業方面有：(1)對低收入戶15歲以上者，依其意願輔導就業或安排免費參加職業訓練；(2)以洽借家庭代工或以工代賑方式，協助增加低收入戶家庭所得，改善其生活。

在低收入戶健康保險方面，內政部於1990年6月底公布「低收入戶健康保險暫行辦法」，並於同年7月1日起正式實施。該法的適用對象是未納入其他社會保險體系之低收入戶成員，保費由政府編列預算全額補助，當被保險人有生育、傷害、疾病等事件時，提供生育與醫療給付。該法於1992年修正，將「低收入戶成員」擴大為包括公私立救助收容機構公費收

臺灣的社會福利：歷史與制度的分析

容，或接受收託收容之低收入戶成員，這也就是俗稱的「福保」。

　　為因應民進黨提出的「老人年金」政見訴求，內政部於1993年7月開始實施「中低收入老人生活津貼」，名之為津貼，其實是針對特殊類屬人口的社會救助。已如上述，不再贅述。

柒、社會救助法修正（1997年～2009年）

　　我國的社會救助法自1980年6月14日公布施行以來，期間經1997年、2000年、2005年、2008年、2009年、2010年6次修正。其中第一次修正將低收入戶的定義統一為：「係指家庭總收入平均分配給全家人口，每人每月在最低生活費用標準以下者。前項所稱最低生活費用標準，由省（市）政府參照中央主計機關所公布當地區最近一年平均每人消費支出60%訂定，並報中央主管機關備查。」

　　並增訂第5條規定家庭總收入應計入人口範圍包括：直系血親、同一戶及共同生活之旁系血親及負扶養義務之親屬，以及綜合所得稅列入扶養親屬寬減額之納稅義務人。但排除子女已入贅或出嫁且無扶養能力可資證明者。

　　此外，將增額現金給付觀念納入，老人、身心障礙者、懷孕婦女的救助給付增加20%至40%；救助設施亦改為社會救助機構；且將醫療補助配合全民健保開辦而修訂為低收入戶參加全民健保之保險費，由各級政府編列預算補助。更值得一提的是將遊民服務納入社會救助法規範，對社會救助對象、項目與範圍擴充不少。

　　惟因1997年亞洲金融危機以來，臺灣產業加速外移，失業率升高到5%以上，失業工人家庭落入新貧階級者增加，但因其具有工作能力，以及可能擁有正在繳交貸款中的自有住宅，而無法獲得社會救助。因此，社會救助法部分規定內容確已難符實際需要，爰配合2002年全國社會福利會議議題四「建構完善之社會經濟安全體系」結論「配合經社發展實況，檢討修正社會救助法」。該修正案於2005年1月19日總統公布施行，計修正6條、增訂5條及刪除1條。其修正要點如次：

　　1. 考量現行核發現金給付的福利措施已就家庭中最弱勢的老年人、

障礙者及兒童少年的津貼發放擴大到最低生活費2.5倍以下，已能兼顧弱勢民眾的照顧，故「最低生活費」核算比例仍維持現行方式，未做修正，但規定每三年須進行檢討，以因應社會變遷及民眾之需。（修正條文第4條）

2. 酌修家庭之應計算人口範圍，並將依法不得在臺工作之外國籍配偶及大陸地區配偶、無工作收入而未共同生活且無扶養事實之已結婚直系血親卑親屬、未共同生活且無扶養事實之特定境遇單親家庭直系血親尊親屬等三類家庭人口，排除於應計算人口範圍之列。（修正條文第5條）

3. 家庭總收入計算之範圍包括「工作收入」、「動產及不動產之收益」及「其他收入」3項，並放寬工作收入設算方式。有關工作收入的核計係以實際收入為主，惟如無法提出相關財稅資料或薪資證明時，明列可採三階式認定：

   (1) 按中央勞工主管機關所編臺灣地區職類別薪資調查報告各職類每人每月平均經常性薪資計算（約3萬4,000元）。

   (2) 最近一年各業員工初任人員平均薪資計算（約2萬4,000元）。

   (3) 有工作能力而未就業者，依行政院核定之基本工資計算（1萬5,840元）。（增訂條文第5之1條）

4. 新增部分不動產得不列入家庭總收入計算，對查無實際收益且不能使用之原住民保留地及公共設施保留地，以及經認定具有公共地役關係既成道路使用之土地等不動產，增列得將之予以排除核計以符實況。惟為符公平，仍強調以查無實際收益且不能使用為要件。（增訂條文第5之2條）

5. 新增授權地方政府研提脫貧策略，協助低收入戶逐步脫離福利依賴。鑑於全球經濟與產業結構改變，有工作能力的低收入人口比率漸增，並跳脫傳統現金消極救助方式，推動積極救助自立策略。本次修法特將累積財產及人力資本培育等自立觀念納入，以協助低收入戶脫離貧窮困境。且為鼓勵低收入戶加入自立方案，特導入「福利緩衝期」之概念，讓低收入戶有一段期間可以累積財富，俾提高其參加意願，加速脫離生活困境。目前已有臺北

市、高雄市及高雄縣等地方政府，結合民間資源辦理中。內政部並將研擬政策指導原則，同時針對苗栗縣、彰化縣、臺中縣、嘉義縣、屏東縣、基隆市、臺中市、新竹市、臺南市及嘉義市等10個地方政府加強輔導執行。（增訂條文第15之1條）

2008年修正之目的在於放寬家庭總人口數的計算、家庭總收入與不動產的排除。2009年的修法則是放寬工作能力的認定。

捌、社會救助新制（2010年～）

社會救助制度最大的改變是2010年的修法。此次修法由民進黨的陳節如委員率先提出、由林萬億教授召集的修法小組草擬的民間版，該版係延續2006年底實施的大溫暖社會福利套案中的「弱勢家庭脫困方案」，預訂於實施2年後大幅修正社會救助法。雖然2008年政黨輪替，民進黨來不及修正社會救助法，但仍透過民間修法版本與薛承泰政務委員主導的行政院版本產生良性競爭。其中包括放寬最低生活費用標準、工作能力認定、家庭財產計算範圍，以及積極自立脫離貧窮、住宅租金補貼等均達成共識。

立法院於2010年12月10日院會三讀通過「社會救助法部分條文修正草案」，於2011年7月1日施行。此次社會救助法修正重點如下：

一、檢討最低生活費訂定方式

以當地區每人每月可支配所得中位數的60%定之，較舊法以平均消費支出60%為寬，可使更多的經濟弱勢家庭得到照顧。又訂定年度變動未達5%以上，最低生活費不予調整，以維持其穩定性。（第4條）

根據王永慈、陳昭榮、鄭清霞（2008）的研究發現，以2007年為例，臺灣地區的最低生活費標準依平均每人每月消費支出的60%計算是10,593元，如果改為依可支配所得中位數的60%計算，則是提高為13,058元。亦即，2010年的修法放寬了低收入戶的門檻，的確使原先的部分近貧（Near Poor）家戶有機會被納入社會救助法的救助範圍。然而，動產、不動產、家庭人口數、工作能力等的規定，還是排除了部分近貧戶成為中低收入戶的可能。

二、增訂中低收入戶之規定，擴大弱勢照顧範圍

將最低生活費1.5倍以下、未符合低收入戶資格之經濟弱勢家庭的保障予以法制化，並提供全民健康保險費、學雜費減免、特殊項目救助，以及經濟發生重大變化時之短期生活扶助等補助。（第4之1條）

三、放寬家庭應計算人口範圍，有利於弱勢者通過審查

將兄弟姐妹排除不列計；對於未設有戶籍之外籍配偶與大陸配偶，以及無監護權且未扶養單親家庭未成年子女之父或母也排除不予計算，使弱勢個案能獲得協助。（第5條）

四、強化工作收入之審定程序，並放寬認定

明定已就業者之工作收入依序核算，有工作能力未就業者如參加政府主辦或委辦之全日制職業訓練，其失業或參加職訓期間得不計算工作收入。針對就業較弱勢人口且未能提供薪資證明及財稅資料者，中高齡及未成年人之所得核算為一般勞工或基本工資的70%，身心障礙者核算為55%，避免因高估其工作所得，致其喪失救助資格。增訂55歲以上經公立就業服務機構媒介工作3次以上未媒合成功，參加政府主辦或委辦全日制職業訓練期間，不計算工作收入。（第5之3條）

五、放寬家庭財產計算範圍，以反映真實狀況

對於經直轄市、縣（市）主管機關認定下列之土地，可排除於家庭財產之不動產計算範圍外，包括：未產生經濟效益之非都市土地之水利用地、嚴重地層下陷區之農牧用地及養殖用地、因天然災害致未產生經濟效益之農牧用地、養殖用地及林業用地，以及依法公告為污染整治場址。（第5之2條）

六、放寬工作能力之認定範圍

25歲以下就讀大學院校以上進修學校以外之學校致不能工作、因照顧特定身心障礙或罹患特定病症之家屬致不能工作，以及懷胎期間經醫師診

斷不宜工作者等情形排除計算，有利於審查通過。（第5之3條）

七、新增社會救助通報機制及救助專戶

增訂教育人員、保育人員、社會工作人員、醫事人員、村（里）幹事、警察人員因執行業務知悉有需要救助者應通報直轄市、縣（市）主管機關處理，以提高社會救助之可近性。另依本法請領之現金給付或補助得開立專戶儲存，不得抵銷、扣押、供擔保或強制執行，以保障低收入戶及中低收入戶之基本生活費用不被扣抵，落實本法救助目的。（第9之1條）

八、強化低收入戶及中低收入戶工作福利誘因，鼓勵低收入戶積極自立脫離貧窮

增訂直轄市、縣（市）主管機關對低收入戶及中低收入戶應提供就業輔導措施及授權條款，得將因就業而增加之收入，免計入家庭總收入，最長以3年為限，並得再延長1年，以鼓勵參與勞動市場，獲得穩定工作。對於參與脫貧措施之低收入戶因措施所增加之收入，得免計入家庭總收入計算，最長不得超過3年，並得再延長1年，以提供促進其自立發展的誘因機制。（第15條）

九、新增住宅補貼措施

包括低收入戶可優先入住由政府興辦或獎勵民間興辦，用以出租予經濟或社會弱勢者居住之住宅；承租住宅租金費用；簡易修繕住宅費用；自購住宅貸款利息；自建住宅貸款利息；其他必要之住宅補貼，以照顧低收入戶得到適宜之居所及居住環境。（第16之1條）

十、強化遊民輔導機制

增訂如發現有遊民不願接受安置者，地方政府應予以列冊並提供社會福利相關資訊。另增訂以直轄市、縣（市）為單位，並結合警政、衛政、社政、民政、法務及勞政機關（單位），建立遊民安置輔導體系，並定期召開遊民輔導聯繫會報，以強化遊民之安置及輔導功能。（第17條）

十一、新增中低收入戶提供短期生活扶助

於國內經濟情形發生重大變化時，中央主管機關得視實際需要，針對中低收入戶提供短期生活扶助，由政府積極介入提供中低收入戶家庭適時的協助，以有效預防其落入貧窮。（第16條之3）

第三節　我國社會救助的內涵

我國社會救助法立法之宗旨，在於照顧低收入、中低收入戶及救助遭受急難或災害者，並協助其自立。其重要內涵如下：

壹、低收入戶之定義

2011年7月1日施行的社會救助法第4條，將低收入的界定標準改為：「經申請戶籍所在地直轄市、縣（市）主管機關審核認定，符合家庭總收入平均分配全家人口，每人每月在最低生活費以下，且家庭財產未超過中央、直轄市主管機關公告之當年度一定金額者。前項所稱最低生活費，由中央、直轄市主管機關參照中央主計機關所公布當地區最近一年每人可支配所得中位數60%定之，並於新年度計算出之數額較現行最低生活費變動達5%以上時調整之。直轄市主管機關並應報中央主管機關備查。」這項修正採用歐洲聯盟的相對貧窮線標準，是一進步的修法，與民間版主張一致。

在社會救濟時代除了貧戶之外，還有所謂「清寒戶」的概念，意指非列冊的貧窮人口，即「近貧戶」。社會救助法施行之後，為了因應低收入戶人數太少而導致有一些清寒戶仍需要救助，發展出以最低生活費倍數計算出的「中低收入戶」。不同的法規有不同的中低收入戶標準，有些以家庭總收入平均分配全家人口，每人每月在最低生活費1.5倍以下者為中低收入戶，有些以2.0倍，最高為2.5倍，如前所述的因老農津貼加碼而同步調高的六種社會救助給付。

此次修法乾脆將「中低收入戶」入法（第4之1條），「指經申請戶籍

所在地直轄市、縣（市）主管機關審核認定，符合下列規定者：一、家庭總收入平均分配全家人口，每人每月不超過最低生活費1.5倍，且不得超過前條第3項之所得基準。二、家庭財產未超過中央、直轄市主管機關公告之當年度一定金額。前項最低生活費、申請應檢附之文件及審核認定程序等事項之規定，依前條第2項、第3項、第5項及第6項規定。第1項第2款所定家庭財產，包括動產及不動產，其金額應分別定之。」

亦即中低收入戶的貧窮線是每人每月不超過最低生活費1.5倍，也不得超過同一最近年度中央主計機關所公布全國每人可支配所得中位數（以下稱所得基準）70%，同時不得低於臺灣省其餘縣（市）可支配所得中位數60%。也就是在全國每人可支配所得中位數的60%至70%之間的意思。看來，中低收入戶的新標準是比原先各自適用的個別規定要來得嚴格些。

因為最低生活費的調整和中低收入戶的入法，內政部據此估計新制實施後，救助對象將由原本的27.3萬人增加到86.3萬人，其涵蓋率由全國人口的1.18%提高為3.7%。

其實，中低收入戶早已存在於各種單行法規中，其範圍甚至有些擴大到2.5倍者。給付範圍包括中收入者有身心障礙生活補助、中低收入老人生活津貼、中低收入家庭兒童及少年生活補助、低收入兒童生活補助、中低收入老人生活津貼、中低收入老人特別照顧津貼、中低收入老人補助裝置假牙、中低收入老人重病住院看護費補助、中低收入市民參加全民健康保險自行負擔醫療費用補助、身心障礙者生活托育養護費用補助、身心障礙者租賃房屋租金及購屋貸款利息補助、特殊境遇家庭扶助等。其中「中低收入老人生活津貼」乙項發放之對象就有將近12萬人，可見，內政部擴大照顧對象的說法有誇大之嫌。

又如果中低收入戶已是法定社會救助名詞，那麼各單行法規中的中低收入標準就要齊一，這對某些已接受中低收入戶補助的近貧戶來說，將面臨福利刪減，其生活品質所受影響應該被補救。如果政府不敢進行中低收入戶福利齊一化，那麼社會救助法將中低收入戶入法就沒有實質意義了。

貳、家庭總人口數

社會救助法第5條所稱的家庭，其應計算人口範圍除申請人外，包括下列人員：(1)配偶。(2)一親等之直系血親。(3)同一戶籍或共同生活之其他直系血親。(4)前三款以外，認列綜合所得稅扶養親屬免稅額之納稅義務人。其實這是經濟家戶（Household）的意思。

為了避免將家庭與家戶人口混淆計入，又考量特殊境遇家庭、外籍配偶的需求，以下家庭人口不列入應計算人口範圍：

1. 尚未設有戶籍之非本國籍配偶或大陸地區配偶。
2. 未共同生活且無扶養事實之特定境遇單親家庭直系血親尊親屬。
3. 未共同生活且無扶養能力之已結婚直系血親卑親屬。
4. 未與單親家庭未成年子女共同生活、無扶養事實，且未行使、負擔其對未成年子女權利義務之父或母。
5. 應徵集召集入營服兵役或替代役現役。
6. 在學領有公費。
7. 入獄服刑、因案羈押或依法拘禁。
8. 失蹤，經向警察機關報案協尋未獲，達六個月以上。
9. 因其他情形特殊，未履行扶養義務，致申請人生活陷於困境，經直轄市、縣（市）主管機關訪視評估以申請人最佳利益考量，認定以不列入應計算人口為宜。

為了避免各縣市政府對申請人最佳利益有寬嚴不一的認定，規定前項第9款直轄市、縣（市）主管機關應訂定處理原則，並報中央主管機關備查。又為了怕有扶養義務之父或母，特別是離婚之父母，不履行扶養未成年子女之義務，又規定直轄市、縣（市）主管機關得協助申請人對第3項第4款及第9款未履行扶養義務者，請求給付扶養費。

家庭總人口數的計算源自親屬責任制。親屬認定範圍愈廣，表示國家愈依賴家庭來照顧窮人。現代社會家庭成員互負扶養義務的範圍其實愈來愈窄，這是社會變遷使然。產業結構發展已迫使更多家庭成員必須脫離原生村落（社區、部落）外出謀生，再加上全球化人口遷移快速，傳統想像中的親屬關係只會在三節或清明掃墓時出現，連除夕都不見得有機會吃團

圓飯。何況，家貧無親戚是常見的事。一來因家貧無力於紅白喜帖、送往迎來，自然疏遠親戚；二來因家貧必須四處告貸，親戚早就厭煩而拒絕往來。這樣的社會現實，必須面對。社會救助法的目的不是矯正社會風氣，而是幫助生活無著的人們，所以，配合社會變遷修正親屬責任的觀念是必要的。當然，法難以周延，授權社會行政人員個案認定絕對有其必要。就怕地方政府也礙於社會救助預算限制而從嚴認定，社會行政人員也因白領階級的意識形態或怕麻煩而不願行使自由裁量權。

參、家庭總收入

社會救助的基本原則是家庭總收入小於家庭最低生活費總額者，就給與救助，補足到最低生活費水準。家庭內有收入之人計入愈多，家庭總收入就愈多，成為低收入戶的可能性便愈低。反之，家庭依賴人口愈多，成為低收入戶的機會也愈大。社會救助法規定的家庭總收入包括以下幾項（第4條）：

一、工作收入，依下列規定計算：

（一）已就業者，依序核算：

1. 依全家人口當年度實際工作收入並提供薪資證明核算。無法提出薪資證明者，依最近一年度之財稅資料所列工作收入核算。

2. 最近一年度之財稅資料查無工作收入，且未能提出薪資證明者，依臺灣地區職類別薪資調查報告各職類每人每月平均經常性薪資核算。

3. 未列入臺灣地區職類別薪資調查報告各職類者，依中央勞工主管機關公布之最近一次各業初任人員每月平均經常性薪資核算。

（二）有工作能力未就業者，依基本工資核算。但經公立就業服務機構認定失業者或55歲以上經公立就業服務機構媒介工作3次以上未媒合成功、參加政府主辦或委辦全日制職業訓練，其失業或參加職業訓練期間得不計算工作收入，所領取之失業給付或職業訓練生活津貼，仍應併入其他收入計算。

同法第5之3條所稱有工作能力，指16歲以上，未滿65歲，而無下列情

事之一者：

1. 25歲以下仍在國內就讀空中大學、大學院校以上進修學校、在職班、學分班、僅於夜間或假日上課、遠距教學以外學校，致不能工作。

2. 身心障礙，致不能工作。

3. 罹患嚴重傷、病，必須3個月以上之治療或療養，致不能工作。

4. 因照顧特定身心障礙或罹患特定病症且不能自理生活之共同生活或受扶養親屬，致不能工作。

5. 獨自扶養6歲以下之直系血親卑親屬，致不能工作。

6. 婦女懷胎6個月以上至分娩後2個月內，致不能工作；或懷胎期間經醫師診斷不宜工作。

7. 受監護宣告。

依前項第4款規定主張無工作能力者，同一低收入戶、中低收入戶家庭以一人為限。

第1項第2款所稱身心障礙致不能工作之範圍，由中央主管機關定之。

二、動產及不動產之收益。

三、其他收入：前兩款以外非屬社會救助給付之收入。

前項第1款第1目之2及第1目之3工作收入之計算，原住民應依中央原住民族事務主管機關公布之原住民就業狀況調查報告，按一般民眾主要工作所得與原住民主要工作所得之比例核算。但核算結果未達基本工資者，依基本工資核算。

第1項第3款收入，由直轄市、縣（市）主管機關認定之。

申請人家庭總收入及家庭財產之申報，直轄市、縣（市）主管機關得予訪查；其有虛偽不實之情形者，除撤銷低收入戶或中低收入戶資格外，並應以書面限期命其返還已領之補助。

亦即，我國社會救助對象之家庭總收入不只計入工作收入，還包括動產與不動產之收益，以及其他收入。有收入即應計入，有工作能力即應工作，看似合理，其實防弊機關仍多。例如，有工作能力未就業者，依基本工資核算，這是工作倫理（Work Ethic）的意識形態，假設勞動力人口除了在學、服役、服刑、重度身心障礙、重大傷病、懷孕之外，均應該進入

勞動市場工作，否則就是懶惰，違反工作倫理。

雖然依就業保險法規定的失業者其失業或參加職業訓練期間得不計算工作收入，但是由於產業結構轉變、經濟景氣不佳，許多民眾並非不願工作，而是找不到工作，對於中高齡失業者而言更是想要工作而不可得。再加上非典型就業人口快速增加，當前勞工每月經常性薪資不到2萬元者超過一百萬人，其中有許多部分工時的工作貧窮者的月薪資甚至低於基本工資。依社會救助法仍須核算適用基本工資或職類調查之經常薪資，無法真實反映工作貧窮者的實際生活狀況。

其次，臺灣的勞動參與率不高，特別是女性，半數女性並未有就業之事實，也非失業，但仍須核算其有基本工資所得，造成許多實際上是貧窮者卻不能列為中低收入戶。

第三，我國勞工保險體系中的職業工會制度行之有年，職業工會勞工就算真失業，由於不屬於非自願性失業者，且無法取得公司關廠、歇業、休業或解散等不可抗力因素之證明，難以認定其失業，也就無法適用新的社會救助法不計算其工作所得。

第四，一畢業即面臨失業之初次尋職的年輕人，由於尚未進入職場，也不被視為非自願性失業者，仍須核算其所得。

這也是為何臺灣已採歐洲聯盟的貧窮線，但是實際上能成為低收入戶的人口比率仍不到以歐盟貧窮線推估臺灣貧窮人口比率之一半的原因（Bradbury, Jenkins and Micklewright, et al., 2001）。因為歐盟的貧窮線沒有虛擬工資這項規定。因為沒錢就是沒錢，維持人民生計優先，鼓勵人民遵守工作倫理並不是社會救助法的優先目標。

肆、最低生活費標準與家庭財產限額

如前所述，並非家庭總收入少於家庭最低生活費者，即可列為低收入戶，還要計算其家庭總財產，如表5-2所示。

表5-2　臺灣各地區最低生活費與家庭財產限額（2011年）

地區	生活費（人／月／元）	低收入戶家庭財產		中低收入戶家庭財產	
		動產限額（人／年／萬元）	不動產限額（人／年／萬元）	動產限額（人／年／萬元）	不動產限額（人／年／萬元）
臺北市	14,794	15.0	650	22.5	975
新北市	11,832	7.5	325	11.25	488
臺中市	10,303	7.5	300	11.25	450
臺南市	10,244	7.5	300	11.25	450
高雄市	11,146	7.5	300	11.25	450
臺灣省	10,244	7.5	300	11.25	450
金門縣、連江縣	8,798	10.0	230	15.0	345

資料來源：內政部社會司

　　以臺灣省各縣市為例，四口之家，全家月平均總收入在4萬0,976元以下，且家庭動產總額低於7.5萬元以下，不動產總值低於300萬元以下的家庭，始可列為低收入戶。對一般民眾來說，最常有的動產是存款、股票、債券等，不動產則是土地、房屋等。

　　得列為中低收入戶的四口之家的家庭總收入不得高於6萬1,464元（每人每月15,366元），其家庭總財產限額為動產11.25萬元，不動產450萬元。但是，臺北市的情形有點不一樣，四口之家的中低收入戶的每月家庭總收入不得高於7萬5,020元（每人1萬8,755元），而非8萬8,788元（每人1萬4,794元的1.5倍），因為法定中低收入戶的上限為不得超過同一最近年度中央主計機關所公布全國每人可支配所得中位數的70%。

　　如果以行政院主計處2010年的家庭收支調查報告資料來比對，全國平均最低所得的20%家戶，年家庭總收入是34萬7,637元，平均家戶人口是1.82人，平均分給每位家庭成員是19萬1,009元，符合每月1萬5,917元。亦即，如果單以家庭總收入來看，臺灣省所得最低的20%家戶，幾乎都可列為中低收入戶（平均每人每月最低生活費1萬5,366元）。臺北市、新北市、高雄市家戶所得最低的20%，都可列入中低收入戶。但是加計入家庭總人口，以及前述的虛擬工作收入之後，再計入動產、不動產，大部分家庭實質所得偏低的家戶，就被排除在中低收入戶之外。這也是為何內政

部估計我國實施社會救助新制之後，低收入戶加中低收入戶總數只有86.3萬，占總人口的3.7%而已，而不是將近20%。可見臺灣還有許多家戶所得很少，但因家中有成年人口，或因名下有房子、土地價值超過政府規定的上限而得不到社會救助。

伍、資產形成措施

為了協助低收入戶脫貧，這次修法接受民間版的建議，加入資產形成條款（第15之1條）。直轄市、縣（市）主管機關為協助低收入戶積極自立，得自行或運用民間資源辦理脫離貧窮相關措施。參與者於一定期間及額度內因措施所增加之收入及存款，得免計入第4條第1項之家庭總收入及家庭財產，最長以3年為限，經評估有必要者，得延長1年；其增加收入及存款之認定、免計入之期間及額度之限制等事項之規定，由直轄市、縣（市）主管機關定之。

不過，低收入戶需要更多的整合服務，才有助於其資產累積（內政部，2005）。例如，對於無業或失業者提供就業諮詢與就業服務；對於卡債族提供理財（理債）諮詢服務及協助債務協商；對於單親或有照顧需求的貧窮家庭，提供托兒或長期照顧。目前僅少數縣市提供脫貧方案服務，大部分縣市社會處社會救助科均以審核社會救助資格與提供現金給付行政為主要業務，無暇顧及低收入戶的資產累積。

如果社會救助法只是低收入戶資格界定法，就會用懷疑的眼光來看待低收入戶；又如果社會救助只是消極的現金補助，其實無助於改善有工作能力卻無實際工作的人之生活品質。

陸、生活扶助

社會救助法第2條稱社會救助，分生活扶助、醫療補助、急難救助及災害救助四類。

根據內政部統計處2008年低收入戶生活狀況調查報告分析，低收入戶主要致貧原因前5項依序為：「戶內均為無工作能力人口（33.58%）」、「戶內無工作能力人口眾多（24.07%）」、「負擔家計者久病不癒

（18.75％）」、「與負擔家計者離婚或分居（13.24％）」、「原負擔家計者死亡（12.70％）」。而低收入戶對補助類社會救助服務措施之需求，依重要度排序前5項依序爲：「每月家庭生活補助（52.77％）」、「身心障礙者生活補助（36.84％）」、「就學子女學雜費減免補助（25.62％）」、「全民健康保險保險費補助（22.85％）」、「老人生活津貼（21.10％）」，顯示低收入戶在接受政府社會救助的需求上，多以經常性的現金給付爲主。這也是爲何社會救助是人民維持生計的最後手段（the Last Resort）的原因。生活扶助包括：

一、現金給付

依社會救助法第11條第1項規定，生活扶助以現金給付爲原則。但因實際需要，得委託適當之社會救助機構、社會福利機構或其他家庭予以收容。現金給付之額度，中央、直轄市主管機關並得依收入差別訂定等級；直轄市主管機關並應報中央主管機關備查。

同法第12條規定低收入戶成員中有下列情形之一者，主管機關得依其原領取現金給付之金額增加補助，但最高不得逾40％：

1. 年滿65歲。
2. 懷胎滿3個月。
3. 領有身心障礙手冊或身心障礙證明。

前項補助標準由中央主管機關定之。

二、項目補助

依社會救助法第16條規定，直轄市、縣（市）主管機關得視實際需要及財力，對設籍於該地之低收入戶或中低收入戶提供下列特殊項目救助及服務：

1. 產婦及嬰兒營養補助。
2. 托兒補助。
3. 教育補助。
4. 喪葬補助。
5. 居家服務。

6. 生育補助。

7. 其他必要之救助及服務。

前項救助對象、特殊項目救助及服務之內容、申請條件及程序等事項之規定，由直轄市、縣（市）主管機關定之。

復依同法第16條之1規定，為照顧低收入戶得到適宜之居所及居住環境，各級住宅主管機關得提供下列住宅補貼措施：

1. 優先入住由政府興辦或獎勵民間興辦，用以出租予經濟或社會弱勢者居住之住宅。

2. 承租住宅租金費用。

3. 簡易修繕住宅費用。

4. 自購住宅貸款利息。

5. 自建住宅貸款利息。

6. 其他必要之住宅補貼。

前項各款補貼資格、補貼基準及其他應遵行事項之辦法，由中央住宅主管機關會同中央主管機關定之。這是將社會住宅觀念引進的進步做法。

三、輔導自立

社會救助最積極的目的是希望促進低收入戶自立，藉由救助資源與機會的提供，助其脫離對救助措施的依賴，而最重要的方法就是鼓勵低收入戶就業與就學。依社會救助法第15條規定，直轄市、縣（市）主管機關應依需求提供或轉介低收入戶及中低收入戶中有工作能力者相關就業服務、職業訓練或以工代賑。

直轄市、縣（市）主管機關得視需要提供低收入戶及中低收入戶創業輔導、創業貸款利息補貼、求職交通補助、求職或職業訓練期間之臨時托育及日間照顧津貼等其他就業服務與補助。

參與第1項服務措施之低收入戶及中低收入戶，於一定期間及額度內因就業而增加之收入，得免計入第4條第1項及第4之1條第1項第1款之家庭總收入，最長以3年為限，經評估有必要者，得延長1年；其增加收入之認定、免計入之期間及額度之限制等事項之規定，由直轄市、縣（市）主管機關定之。

不願接受第1項之服務措施，或接受後不願工作者，直轄市、縣（市）主管機關不予扶助。其他法令有性質相同之補助規定者，不得重複領取。

為協助具工作能力的低收入戶及福利邊緣人口自立脫貧，內政部早於2005年4月，委請林萬億、孫健忠、鄭麗珍及王永慈等4位教授協助編製《自立脫貧方案操作手冊》，並指導研擬辦理經濟弱勢家戶自立脫貧試行方案，俾能輔導地方政府依社會救助法之規定，由其自行辦理或結合社會資源規劃，並推動多元化的自立脫貧方案，跳脫以往消極性現金救助模式，創新積極性救助服務策略，並將之列為未來重點輔導工作項目（內政部，2005）。此次修法將資產累積的觀念更加具體化。

基本上，社會救助屬地方政府的社會福利業務，各地方政府可以依其財政狀況與社會需求，調整其社會救助服務、對象與給付金額，因此，各地方政府的社會救助項目、對象與給付金額並不完全一致。

表5-3　我國低收入戶數與生活補助金額，1980年～2010年

年度	戶數（戶）	人數（人）	占全國人口比（%）	生活補助金額（千元）
1980	29,843	113,283	0.64	156,629
1981	31,038	113,440	0.63	218,325
1982	34,981	126,703	0.69	311,470
1983	37,078	123,106	0.68	343,282
1984	37,456	118,177	0.65	334,117
1985	37,463	113,840	0.61	366,732
1986	37,734	114,233	0.59	390,587
1987	39,014	112,293	0.57	416,171
1988	39,355	111,477	0.56	443,739
1989	37,129	100,495	0.50	462,483
1990	40,994	114,220	0.56	489,260
1991	42,665	116,225	0.56	513,900
1992	43,780	115,284	0.55	578,974
1993	46,279	117,603	0.56	662,545
1994	48,182	115,748	0.55	1,840,780
1995	48,580	114,707	0.54	2,118,948
1996	49,307	115,542	0.54	2,285,657

年度	戶數（戶）	人數（人）	占全國人口比（%）	生活補助金額（千元）
1997	49,780	116,056	0.53	2,417,268
1998	54,951	125,426	0.57	2,583,390
1999	58,310	136,691	0.62	2,839,550
2000	66,467	156,134	0.70	3,157,904
2001	67,191	162,699	0.73	3,297,518
2002	70,417	171,200	0.76	3,363,857
2003	76,410	187,875	0.83	3,543,917
2004	82,783	204,216	0.90	3,807,748
2005	84,823	211,292	0.93	4,053,452
2006	89,900	218,166	0.95	4,150,026
2007	90,682	220,990	0.96	4,249,578
2008	93,032	223,697	0.97	4,713,251
2009	102,903	249,947	1.08	4,393,650
2010	112,200	273,361	1.18	6,499,478

資料來源：行政院主計處編：《中華民國臺灣地區社會指標統計（民國七十七年）》，p.260；《中華民國社會指標統計（民國九十二年）》，p.150；內政部統計處編：《內政統計月報》。2004年以後：內政統計資訊服務網／內政部統計月報（民國九十九年）：表3-1：低收入戶戶數及人數、表3.2低收入戶生活扶助。其中，「生活補助金額」係「家庭生活補助」與「就學生活補助」的加總。

柒、醫療補助

依社會救助法第18條具有下列情形之一者，得檢同有關證明，向戶籍所在地主管機關申請醫療補助：

1. 低收入戶之傷、病患者。

2. 患嚴重傷、病，所需醫療費用非其本人或扶養義務人所能負擔者。

參加全民健康保險可取得之醫療給付者，不得再依前項規定申請醫療補助。

同法第19條規定，低收入戶參加全民健康保險之保險費，由中央主管機關編列預算補助。中低收入戶參加全民健康保險應自付之保險費，由中央主管機關補助二分之一。其他法令有性質相同之補助規定者，不得重複補助。

再依社會救助法第20條「醫療補助之給付項目、方式及標準，由中

央、直轄市主管機關定之；直轄市主管機關並應報中央主管機關備查」之規定，各縣市補助之項目與範圍如下：

一、全民健康保險之費用補助

醫療補助旨在保障低收入戶就醫的權利，降低就醫時之經濟性障礙。為配合全民健康保險之實施，政府於1990年即開辦低收入戶健康保險（簡稱「福保」），1995年正式納入全民健康保險範圍內。

1. **保險費補助**：依全民健康保險法第27條第5款規定，本保險保險費之負擔，由中央社政主管機關全額補助。
2. **部分負擔費用補助**：全民健康保險為避免醫療資源之濫用，訂有門診或住院費用由被保險人「部分負擔」之機制，惟為減輕低收入戶就醫之負擔，特於全民健康保險法第37條中明定有經濟上之困難，未能一次繳納保險費、滯納金或應自行負擔之費用者，得向保險人申請分期繳納，或依第99條之規定申請貸款或補助；保險人並應主動協助之，必要時應會同社政單位或委託民間相關專業團體，尋求社會資源協助。

前項申請之條件、審核程序、分期繳納期限及其他應遵行事項之辦法，由保險人擬訂，報主管機關核定發布。

前述全民健康保險法第99條規定主管機關得編列預算設置紓困基金，供經濟困難、無力繳納保險費之保險對象無息申貸或補助本保險保險費及應自行負擔之費用。

前項申貸，除申貸人自願提前清償外，每月償還金額不得高於開始申貸當時之個人保險費的2倍。

第1項基金之申貸及補助資格、條件、貸款償還期限與償還方式及其他應遵行事項之辦法，由主管機關定之。

二、低收入戶精神病患收容治療

精神病患之收容治療係屬公共衛生行政範圍，為衛生行政機關主管業務。為照顧低收入精神病患者，減輕低收入家庭負擔，臺灣省自1972年推行小康計畫訂有貧民（現改稱低收入戶）精神病患收治計畫，規定凡列冊

之低收入戶精神病患均得向戶籍地鄉（鎮、市、區）公所申請免費治療或長期養護。1990年，精神衛生法與低收入戶健康保險暫行辦法（簡稱「福保」）實施，低收入戶精神病患改以持福保單前往勞保局指定醫療院所門診或住院治療，小康計畫床位改採出缺不補方式辦理。1995年3月1日，全民健康保險施行，低收入戶以第5類保險人加入健康保險，低收入精神病患則持全民健康保險卡前往特約醫療院所就醫，無法以健康保險住院就醫者，則由地方政府委託合格精神科醫療院所收治。

內政部持續委託衛生署桃園療養院、草屯療養院、玉里醫院，以及附設有精神醫療機構之私立臺中、臺南、高雄仁愛之家等6所機構，收治、養護小康計畫低收入戶精神病患，所需保費、健保不給付費用以及主副食費、營養費、養護費用，由該部負擔。

捌、急難救助

急難救助的目的，在針對遭逢一時急難之民眾，及時給與救助，得以度過難關，迅速恢復正常生活的臨時救助措施。社會救助法第21條規定：具有下列情形之一者，得檢同有關證明，向戶籍所在地主管機關申請急難救助：

1. 戶內人口死亡無力殮葬。
2. 戶內人口遭受意外傷害或罹患重病，致生活陷於困境。
3. 負家庭主要生計責任者，失業、失蹤、應徵集召集入營服兵役或替代役現役、入獄服刑、因案羈押、依法拘禁或其他原因，無法工作，致生活陷於困境。
4. 財產或存款帳戶因遭強制執行、凍結或其他原因未能及時運用，致生活陷於困境。
5. 已申請福利項目或保險給付，尚未核准期間，致生活陷於困境。
6. 其他因遭遇重大變故，致生活陷於困境，經直轄市、縣（市）主管機關訪視評估，認定確有救助需要。

同法第22條：「流落外地，缺乏車資返鄉者，當地主管機關得依其申請酌予救助。」

急難救助始於1964年，臺灣省政府所頒「臺灣省各縣市（局）民眾遭逢急難事件救濟事項」於同年7月施行。1984年，省政府經向民間企業募款成立急難救助基金，並訂頒「臺灣省急難救助基金收支保管及運用辦法」，針對已經鄉鎮市區公所、縣（市）政府救助仍無法紓困的個案，給與較高額度的救助，有效協助民眾急困。北高兩直轄市於建制後，亦分別訂定行政規定，辦理此一臨時救助工作。

1990年，內政部為加強急難救助業務之推動，訂頒「民眾急難事件處理原則」，建立地方政府急難救助福利諮詢系統，以及急難、災難、災害救助基金專戶，落實社會救助法所揭救助急難，協助自立之意旨。1999年7月1日，臺灣省組織業務精簡後，內政部已另研訂「內政部急難救助金申請審核及撥款作業規定」，針對已經直轄市社會局或縣市政府核予救助後，生活仍陷入困境者，轉報內政部核定再予較高額度之救助，有效協助急難救助對象紓解急困。2005年3月，內政部為期遭受家庭暴力、性侵害、兒童少年受虐或重大意外事故等情事，致生活發生急迫性困難的民眾，獲得溫馨關懷及時救助，函頒「辦理急迫性急難救助案件處理措施」，以各福利機構為辦理急迫性急難救助案件之單一窗口，由機構指定專人注意其分配責任區之媒體報導，如有上述急迫性個案，立即聯繫當地地方政府社會局，並由該機構派員或會同當地社會局訪視、關懷，並視其急迫性，代表內政部立即致發急難救助金5,000元至2萬元，以提供個案急迫性之生活協助。地方政府處理類似案件，如有亟須生活協助個案，亦得通報該責任區機構派員會同訪視、關懷。

行政院921震災災後重建推動委員會為協助921震災重建區遭逢急困民眾，於2001年11月6日訂頒「九二一震災社區重建更新基金民間捐贈收入補助弱勢族群作業要點」，921震災重建區遭逢急困民眾，經地方政府及內政部予以急難救助後生活仍有困難者，由內政部轉請該委員會核予救助。

玖、災害救助

依社會救助法第五章災害救助專章第25條規定：人民遭受水、火、風、雹、旱、地震及其他災害，致損害重大，影響生活者，予以災害救助。

直轄市或縣（市）主管機關應視災情需要，依下列方式辦理災害救助：

1. 協助搶救及善後處理。
2. 提供受災戶膳食口糧。
3. 給與傷、亡或失蹤濟助。
4. 輔導修建房舍。
5. 設立臨時災害收容場所。
6. 其他必要之救助。

前項救助方式，得由直轄市、縣（市）主管機關依實際需要訂定規定辦理之。

自921地震後，政府鑑於災害對民眾之影響甚鉅，爲健全災害防救法令及體制，強化災害防救功能，以確保人民生命、身體、財產之安全及國土之保全，特於2000年7月19日頒布「災害防救法」，將災害防救體系擴及行政院及相關部、會，並加強各種防救法令及措施。內政部乃依據災害防救法之規定，於2001年6月1日發布「風災震災重大火災爆炸災害救助種類及標準」，明確規範災害救助之種類、災害救助金核發標準、縣（市）政府應依法編列預算等有關事項。

復爲救災物資之調度、支援及救災物流機制之建立，已於2001年函頒「救災物資調節作業規定」乙種，函請直轄市、縣（市）政府應自行訂定接受各界捐贈物資作業計畫、建立救災物流資源手冊、社會救助團體手冊，以及本地區發生災害時可提供協助之廠商名冊，以備不時之需，妥善管理外界捐贈之救災物資。

此外，爲降低天然災害來臨時可能造成的生命財產損失，內政部業已於2002年函送「直轄市、縣（市）危險區域（村里、部落）因應天然災害緊急救濟物資儲存作業要點範例」，提供各級地方政府參考，以因應天然

災害發生後，危險區域聯外道路中斷，居民糧食及民生用品供應斷絕，爲避免民眾生活陷入困境，預先建立救濟物資儲存作業機制，以確保居民糧食及民生用品供應。

又爲妥善運用民間資源，使各級政府及民間團體充分瞭解災害防救相關法令，共同協助執行災害防救作業，以確保人民生命財產安全，內政部邀集伊甸社會福利基金會、臺灣世界展望會、臺灣兒童暨家庭扶助基金會及各縣市政府召開會議，共同研商各級政府結合民間團體辦理防災整備及災害防救注意事項，並於2004年函頒「各級政府結合民間團體參與社政災害防救工作注意事項」據以執行。

進一步爲強化災民災害救助效率暨提升工作品質，內政部研提「強化對災民災害救助工作處理原則」，在災害預防、應變及復原三階段，提出「建立行政聯繫通報系統、民間資源整合運用、民生物資儲存管理、災民臨時收容安置、災害救助及時慰問、區域聯盟協調運作」等6大項工作處理原則，並於2004年11月6日中央及地方社政主管會報時，促請社政主管機關做好防災、備災及救災等各項準備工作，並研擬實施要領加強執行。

最後，爲建立社政人力「區域聯盟、即時協助」模式，將地方政府按地理區域分爲北、中、南、東及離島五區，就近互相支援受災縣市，爲災民提供及時慰助、創傷輔導、心理諮詢及需求調查等工作。

爲對因災死亡失蹤民眾家屬表達關懷慰問之意，行政院發給因災死亡及失蹤者慰問金每人20萬元外，另財團法人賑災基金會運用災害各界捐款加發死亡、失蹤、重傷及安遷慰助金，核發標準爲：死亡者40萬元、失蹤者40萬元、重傷者10萬元、安遷慰助每口1萬元（每戶5口爲限）。

此外，受災民眾亦可獲縣（市）政府核發災害救助金：死亡者20萬元、失蹤者20萬元、重傷者10萬元、安遷慰助每口2萬元（每戶5口爲限）。

拾、遊民收容輔導

依據行政院研究發展考核委員會1995年編印委託林萬億教授研究之「遊民問題之調查分析」顯示，遊民產生之原因依序爲家庭解組或無家可

依、家庭關係不良、意外事故與職業災害、失業、個人適應問題等因素。惟近來由於失業率攀升，因失業問題所形成短期性、中年型遊民之人數亦有較以往提高之趨勢。

遊民業務於1991年由警政單位移由社政單位主管，其輔導管理遂以警政取締方式調整為社政輔導之方向，現行遊民收容輔導採「緊急服務、過渡服務及穩定服務」之三層服務階段（林萬億、陳東升，1995），期使於尊重當事人基本人權、考量地域差異性之前提下，提供適切的服務與輔導措施，以協助遊民生活重建與適應。

依據社會救助法第17條第1項規定警察機關發現無家可歸之遊民，除其他法律另有規定外，應通知社政機關（單位）共同處理，並查明其身分及協助護送前往社會救助機構或社會福利機構安置輔導；其身分經查明者，立即通知其家屬。不願接受安置者，予以列冊並提供社會福利相關資訊。

有關遊民之安置及輔導規定，由直轄市、縣（市）主管機關定之。

為強化遊民之安置及輔導功能，應以直轄市、縣（市）為單位，並結合警政、衛政、社政、民政、法務及勞政機關（單位），建立遊民安置輔導體系，並定期召開遊民輔導聯繫會報。目前我國遊民服務狀況如下：

1. **收容安置服務**：目前直轄市及縣（市）政府多設有專人承辦遊民收容輔導業務，除協尋家屬、親友外，對於無家可歸、遊蕩街頭或不願接受機構安置之遊民，亦機動提供臨時性之安置場所，如貨櫃屋庇護，作為其臨時、短期避寒棲身之所。

2. 目前共11處公立**遊民收容處所**（含7處公設民營）：內政部中區老人之家附設遊民收容所、臺北市政府社會局遊民中心、平安居（公設民營）、基隆市臨時遊民收容中心、臺中市立仁愛之家附設遊民收容所、高雄市遊民收容所（公設民營）、高雄縣遊民收容所（公設民營）、臺北縣街友中途之家——觀照園（公設民營）、幸福居（公設民營）、社會重建中心（公設民營）及屏東縣流星家園遊民收容所（公設民營）；其餘縣市政府係委託各地社會福利或醫療衛生等相關機構予以收容安置。

3. **生活維護措施**：為維護遊民基本生活安全，政府及相關機構除提

供其安置場所外，亦廣結民間團體之力量辦理街頭外展服務，以期運用社會福利機構或志願服務團體等社會資源，提供遊民基本生活維護，諸如供應熱食、沐浴、禦寒、理髮、乾淨衣物、睡袋、衛生保健等服務。創世基金會的子會人安基金會是目前較具規模的提供遊民服務的民間團體，包括提供平安站、遊民創業服務、餐食、盥洗、理髮、睡袋、三節慰問、工作轉介、福利諮詢、尾牙圍爐等。爲鼓勵地方政府辦理遊民輔導業務，內政部近年皆編列相關預算補助直轄市、縣（市）辦理遊民業務。

4. **促進自立措施**：對於具工作能力與意願之遊民，與勞工主管機關協調提供職業訓練，提升遊民自我價值意識，或評估遊民之特性，協調相關單位提供就業機會，如藉以工代賑方式培養遊民工作習慣，或提供諮商服務、運用社會工作之專業予其心理輔導與支持等服務，以提升遊民自立能力並回歸家庭與主流。

5. **低溫加強關懷**：內政部於2005年函頒「低溫及年節時期加強關懷弱勢民眾專案計畫」，當中央氣象局發布攝氏10度以下低溫特報時，即由地方政府及民間團體主動啓動低溫關懷服務，提供遊民熱食、禦寒衣物及臨時收容處所等資訊等，俾增遊民抗寒體能。

拾壹、提升弱勢族群數位運用能力——數位臺灣計畫

　　爲配合行政院2000年知識經濟發展方案「規劃預防措施，避免經濟轉型產生之社會問題」，內政部於2002年至2009年間委託資訊專業單位辦理「低收入戶資訊教育訓練」，以期減少數位落差；復於2004年配合行政院「挑戰2008：國家發展重點計畫——數位臺灣計畫」之「縮減城鄉數位落差」子計畫，內政部研提分項計畫之一爲「提升弱勢族群數位運用能力暨充實設備計畫」，係由內政部補助各縣（市）政府結合民間資源，針對低收入戶等弱勢團體辦理免費電腦資訊教育課程，提升其使用電腦科技之機會與能力。

拾貳、馬上關懷

　　這是2008年馬政府上臺後推出的第一個社會福利方案，試圖取代民進黨執政時期的大溫暖社會福利套案中的「弱勢家庭脫困計畫」。其政策源起爲爲落實馬總統「扶窮濟急減少家庭不幸」政策主張，將運用村里在地通報系統，及早發現遭逢急迫性變故致生活陷於困境之民眾，發揮政府「馬上關懷」、及時提供經濟紓困，避免家庭崩解或發生不幸。該要點實施對象爲：

1. 負家庭主要生計責任者死亡、失蹤或罹患重傷病、失業或其他原因而無法工作，致家庭生活陷於困境。
2. 其他因遭遇變故，致家庭生活陷於困境。

　　該專案對於遭逢急難民眾本人或親人、學校等相關機關均可向村（里）辦公處、鄉鎮市公所、縣政府申請。對於申請急難救助個案亦直接由鄉鎮市公所及村里長或村里幹事及民間慈善團體社工人員進行通報與審核認定，將使政府照顧弱勢族群政策具體落實並實際受惠於各村里角落之急難民眾。馬上關懷專案規定，2008年所需經費以每一村里每月核發關懷救助金一件、每件平均2萬元，以及行政事務費每件200元計算，預撥地方政府。

　　2006年起實施的「弱勢家庭脫困計畫」是爲補綴社會救助體系之缺漏，凡因各種不可完全歸咎於個人之理由致家庭突遭變故而陷入困境急需救助之非低收入戶，或處在貧窮邊緣生活困頓之家戶，亦即新貧（new poor）與近貧（new poor），期待藉由提供其急難救助、就業輔導、職業技能訓練、創業理財、短期小額貸款、醫療照顧、照顧服務、就學輔導、人身保護、法律扶助等多面向福利措施，協助經濟弱勢家庭逐漸自立自強、脫離貧困。因此，其重點是以弱勢家戶爲中心的完整服務，期望透過單一窗口連續服務（one stop）的服務整合來達成弱勢家庭脫困的目的，並作爲修正社會救助法的短期權宜措施。然而，「馬上關懷」方案未加深究，棄弱勢家庭脫困計畫不用，目的只是爲了「快速送錢到家」，無視弱勢家庭的整體需求與社會救助過程的整合協調及專業性，無待嚴謹評鑑其成效，已暴露以下基本缺失：

1. 社會救助有淪爲村里長綁樁之嫌。
2. 嚴重破壞社會救助的申請、審核、認定、給付體系。
3. 將使社會救助與社會工作脫離，社會工作專業無用武之地。
4. 將陷村里長、鄉鎮市公所、民間團體於圖利他人、得罪村民、違法濫權的困局中。

　　審計部「97年度中央政府總決算審核報告」指出，內政部2008年8月推動「馬上關懷」專案，執行率僅24.25%，成效未如預期，且馬上關懷與弱勢家庭脫困計畫的救助對象雷同，屬社會救助法的補助對象，僅申請通報、核定程序不同。審計部直陳，若考量現行社會救助法辦理層面不足以照應民眾需要，理應從制度面檢討修正方屬正辦，但卻以訂行政規則方式，另開辦短期計畫，使地方基層人員增加適應新政策的負擔，並給外界現行社福救助網絡未盡周延之感，做法頗值得檢討。

　　雖然「馬上關懷」最後也重啓弱勢家庭脫困計畫中的1957專線，然而，只要改朝換代就將前朝實施制度未加嚴謹評鑑而任意拋棄，另築新巢，其實是嚴重違反社會救助制度的延續性。如前所述，社會救助是人民維持生計的最後手段，如無更好的做法，實不宜任意調整，以免影響人民生存保障。

參考書目

內政部（2005）。自立脫貧操作手冊。

王永慈（1999）。臺灣兩項全國性老人津貼的評估，輔仁學誌——法／管理學院之部，29期，頁43-60。

王永慈、陳昭榮、鄭清霞（2008）。探討新貧問題及其因應對策研究。行政院經濟建設委員會委託研究。

臺灣省文獻委員會（1972）。臺灣省通志。

行政院經濟建設委員會（1986a）。中華民國社會福利方案之檢討與建議。

行政院經濟建設委員會（1986b）。我國社會福利制度整體規劃之研究。

李明璁（1996）。國家機器、政治轉型與社會福利——以老人年金議題之發展為例，國立清華大學社會人類學研究所碩士論文。

林萬億（1991）。社會救助法修正之研究。內政部社會司委託研究。

林萬億、陳東升（1995）。遊民問題之調查分析。行政院研考會。

林萬億（1995）。福利國。臺北：前衛。

林萬億（2002）。當代社會工作：理論與方法。臺北：五南。

林萬億、李淑蓉、王永慈（1994）。我國社會救助政策之研究。內政部委託研究。

周建卿（1992）。中華社會福利法治史。臺北：黎明。

梁其姿（1986）。明末清初民間慈善活動的興起——以江浙地區為例，食貨，15：7/8，頁52-79。

孫健忠（1997）。臺灣社會津貼實施的初步分析，社會政策與社會工作學刊，4：2，頁5-41。

孫健忠（2000）。社會津貼實施的反省：以敬老津貼為例，社會政策與社會工作學刊，1：1，頁73-98。

孫健忠（2002）。臺灣社會救助制度實施與建構之研究。臺北：時英。

盧政春（1995）。利益團體與社會福利資源分配——透視我國的軍公教福利，編入林萬億主編《臺灣的社會福利——民間觀點》。臺北：五南，頁207-262。

陳佳瑜（2004）。我國敬老津貼之二維空間模型分析。國立政治大學公共行政研究所碩士論文。

陳國鈞（1975）。社會政策與社會立法。臺北：三民。

陳國鈞（1986）。社會救濟法與社會救助法的比較，社會安全，5：4，頁6-15。

蔡漢賢與林萬億（1984）。中外社會福利行政比較研究。臺北：中華文化復興運動委員會。

鄧雲特（1966）。中國救荒史。臺北：商務印書館。

劉宴齊（2005）。從救恤到社會事業——臺灣近代社會福利制度之建立。臺灣大學法律學研究所碩士論文。

Bay, A-H. and Pedersen, A. W. (2004). National Pension Systems and mass Opinion: A case study of confidence, satisfaction and political attitudes in Norway. *International Journal of Social Welfare,* 13: 112-123.

Ben, C. and Papadakis, E. (1998). A Comparion of Mass Attitudes towards the Welfare State in Different Institutional Regimes, 1985-1990. *International Journal of Public Opinion Research,* 10(3): 211-236.

Bergmark, Å., Thorslund, M. and Lindberg, E. (2000). Beyond Benevolence- Solidarity and Welfare State Transition in Swenden. *International Journal of Social Welfare,* 9: 238-249.

Bradbury, B., Jenkins, S. P. and Micklewright, J. (eds.) (2001). *The Dynamics of Child Poverty in Industrialised Countries.* Cambridge: Cambridge University Press.

Cnaan, R. A. (1989). Public Opinion and the Dimensions of the Welfare State. *Social Indicators Research,* 21: 297-314.

Feldman, S. and Steenbergen, M. (2001). The Humanitarian Foundation of Public Support for Social Welfare, *American Journal of Political Science,* 45(3): 658-677.

Forma, P. (2002). Does Economic Hardship Lead to Polarisation of Opinions towards the Welfare State? *Journal of Social Policy*, 31(2): 187-206.

Grevers, J. and Associates (2000). Public Health Care in the Balance: Exploring popular support for health care systems in the European Union, *International Journal of Social Welfare,* 9: 301-321.

Handlin Smith, J. F. (1987). Benevolent Societies: The Reshaping of Charity During the late Ming and Early Ching, *The Journal of Asian Studies*, 46: 2, 309-336.

Hasenfeld, Y. and Rafferty, J. A. (1989). The Determinations of Public Attitudes toward the Welfare State, *Social Forces,* 67(4): 1027-48.

Lin, Wan-I (1990). The Chinese Gentry and Social Philanthropy, *National Taiwan University Journal of Sociology*, 20, 143-186.

Mann, S. (1987). Widow in the Kinship, Class and Community Structures of Qing Dynasty China, *Journal of Asian Studies,* 46: 1, 37-56.

Robinson, R. V. and Wendell, B. (1978). Equality, Success, and Social Justice in England and the United States. *American Sociological Review,* 43: 125-43.

Svallfors, S. (1991). The Politics of Welfare Policy in Sweden: Structural Determinations and Attitudinal Cleavages. *British Journal of Sociology,* 42(4): 609-34.

Whiteley, P. (1981). Public Opinion and the Demand for Social Welfare in Britain. *Journal of Social Policy,* 10(4): 453-76.

Wong, Chack-Kie, Wong, Ka-Ying and Mok, Bong-Ho (2006). Emotions, Self-interest and Support for Social Welfare in a Chinese Society with Reference to a Dutch Study on Welfare Legitimacy. *International Journal of Social Welfare,* 15: 302-313.

Van Oorschot, W. (2002). Individual Motives for Contributing to Welfare Benefits in the Netherlands, *Policy and Politics,* 30(1): 31-46.

Chapter 6

社會保險

第 六 章

前言

社 會保險（Social Insurance）是我國社會福利體系中除了社會救助之外，歷史最久遠的。1947年的中華民國憲法已明訂「國家為謀社會福利，應實施社會保險制度」。臺灣省政府於1950年3月開辦勞工保險，是為我國正式實施強制性社會保險的嚆矢。繼而於1950年6月起實施軍人保險，復於1958年9月開辦公務人員保險，奠定了我國職業別社會保險制度的架構。

 ## 第一節　我國的社會保險體系

我國社會保險制度的源頭，可追溯到國民政府於1943年在中國大陸公布的「川北區各鹽場鹽工保險暫行辦法」，試辦四川北部十縣的鹽工保險。此外，1946年1月，考試院亦擬訂「公務人員保險法」（草案）；國民政府也頒布「中央社會保險局籌備處組織章程」，復於1947年通過「社會保險法原則」。可見，當時國民政府是有全面推動社會保險的企圖。然而，國共內戰的失敗，國民政府撤退來臺，此一社會保險法原則並未在中國大陸實施。

依1947年頒布的中華民國憲法，將社會安全列為基本國策之一，其中又以社會保險為社會安全的主要基礎，憲法第155條規定：「國家為謀社會福利，應實施社會保險制度。人民之老弱殘廢，無力生活，及受非常災害者，國家應予以適當之扶助與救濟。」此足以說明當時政府似已下定決心模仿在歐洲民主國家中已實施半世紀的社會保險制度，作為今後社會立法的依據。然因國共內戰期間缺乏共識，此項社會政策並無機會實現。

直至1949年國民政府遷臺後，於1950年3月開辦勞工保險，是為我國正式實施強制性社會保險的嚆矢。繼於1950年6月起實施軍人保險，復於1958年9月開辦公務人員保險，1965年8月開辦退休公務人員保險，1975年8月試辦學生團體平安保險（後改為學生團體保險），1980年10月增辦私立學校教職員保險，1982年7月辦理公務人員眷屬疾病保險，1984年1月起

增辦私立學校教職員退休保險，1985年7月辦理退休公務人員疾病保險及退休公務人員配偶疾病保險，同時並辦理私立學校退休教職員疾病保險與私立學校退休教職員配偶疾病保險，同年10月試辦農民健康保險等迄今。

　　進一步，行政院長兪國華於1989年2月28日在立法院第83會期施政報告中鄭重表示，爲達成各界殷切的願望，政府決定將全民健康保險原訂於2000年爲目標年，提前五年實施，於1995年底實現；並已於1989年7月1日起，先行立法辦理農民健康保險及公務人員父母疾病保險；同年9月1日起，辦理臺灣省各級民意代表村里長及鄰長健康保險；1990年1月起，辦理私立學校教職員眷屬疾病保險配偶部分；1990年7月1日起，開辦低收入戶健康保險；1991年1月起，公務人員的未婚殘障子女優先納入公務人員眷屬疾病保險；同年1月亦公布殘障者健康保險辦法，規定將殘障者優先納入各類保險中；1991年11月起，私立學校教職員眷屬疾病保險擴及父母部分；1992年7月起，公務人員眷屬疾病保險擴大實施至未婚子女部分；同年8月起，私立學校教職員眷屬疾病保險亦相繼擴及未婚子女部分。至於勞保眷屬、農保眷屬及其他國民等健康保險，在1995年3月1日實施全民健康保險後，已隨全體國民納入醫療照顧的保障範圍內，各種社會保險中的醫療給付項目亦均逐步併入全民健康保險體系辦理。

　　1999年將公務人員保險改爲公教人員保險。1999年開辦勞工保險的失業給付，2002年進一步頒布就業保險法，2005年實施勞工退休金新制。2007年通過國民年金法，2008年再通過勞工保險條例修正案，將勞工保險老年、失能、遺屬給付年金化，2011年公務人員保險也進入年金化的修法階段。雖然我國實施的勞工退休金新制並不屬於社會保險，但是其關係到勞工的老年給付，因此，暫時將之放在本章中討論。至此，我國的社會保險體系，除了勞工保險中的老年給付未年金化，以及部分國民未納入老年年金保險外，大致上，西方工業民主國家所建制的職業災害保險、健康或疾病保險、年金保險、失業保險等，都已算建制完成。

　　基本上，我國的社會保險體系屬職業別的保險體制，即使全民健康保險實施後，我國已邁入普及的社會保險國家，但是不像英國、瑞典的全民健康服務體系與年金保險體系，臺灣的全民健康保險仍然是依職業別的身分將被保險人分爲六類。本章將依國內社會保險制度的特性，依職業別

社會保險為分類，逐節討論：但是，將全民健康保險移至健康照顧乙章再述。

表6-1 我國社會保險的發展

年度	社會保險法規	政策背景
1950	臺灣省勞工保險辦法	記取國共內戰的失敗教訓，承襲川北鹽工保險，穩定勞工生活，厚植反攻大陸力量。
1951	臺灣省職業工人保險辦法	擴大勞工保險範圍。
1953	臺灣省漁民保險辦法	擴大勞工保險範圍。
1953	陸海空軍人保險條例	記取國共內戰的失敗教訓，穩定軍心，厚植反攻大陸力量。
1958	勞工保險條例	整合各種勞工保險。
1958	公務人員保險法	記取國共內戰的失敗教訓，實現1946年「公務人員保險法」（草案），穩定公務員生活，厚植反攻大陸力量。
1965	退休公務人員保險辦法	擴大照顧退休公務人員。
1970	軍人保險條例	改名。
1980	私立學校教職員保險條例	因應國內外政治壓力，擴大社會保險範圍，轉移社會抗爭，安撫民心。
1982	公務人員眷屬保險條例	擴大照顧公務人員眷屬。
1984	私立學校退休教職員保險辦法	擴大照顧退休教職員。
1985	退休公務人員及其眷屬疾病保險條例	擴大照顧退休公務人員之眷屬。
1985	私立學校退休教職員及其配偶疾病保險辦法	擴大照顧私校退休教職員之眷屬。
1989	農民健康保險條例	因應民進黨執政縣市倡議農民健康保險之壓力。
1994	全民健康保險法	整合各種社會保險之醫療給付，趕上國際健康照顧發展趨勢。
1999	公教人員保險法	整合公教人員保險。
2002	就業保險法	因應經濟發展遲緩，失業率升高的趨勢。
2005	勞工退休金條例	因應勞動基準法之退休金提撥制度，無法真正保障勞工退休經濟安全，以及回應社會安全私有化之聲浪。
2007	國民年金法	整合敬老福利生活津貼、老年農民福利津貼，實現規劃十五年的老年年金。
2008	國民年金法修正	為實現馬英九總統選舉政見，將老農津貼與國民年金脫鉤，為老農津貼再次加碼做準備。
2008	勞工保險條例修正	將勞工保險老年、失能、遺屬給付年金化。

第二節　勞工保險

壹、勞工保險立法沿革

我國勞工保險立法的沿革，摘述如下：

一、勞工保險試辦階段（1950年～1957年）

（一）臺灣省勞工保險辦法

1950年3月1日起，臺灣省政府創辦勞工保險，公布臺灣省勞工保險辦法，試辦勞工保險。開辦之初，以僱用勞工在20人以上的工廠、礦場、鹽場暨公營交通、公用事業工人為對象。勞保初辦之時，係委託臺灣人壽保險公司附設勞工保險部辦理。其實以當時規定的保障對象言，大部分受益者是公營事業的勞工。

（二）臺灣省職業工人保險辦法

1951年8月2日，臺灣省政府辦理職業工人保險，以無一定雇主之職業工人為保險對象，使勞工受保障對象擴增。

（三）臺灣省漁民保險辦法

1953年3月1日，臺灣省政府公布臺灣省漁民保險辦法，增辦漁民保險，凡具有漁會甲類會員資格之專業漁民，直接、間接以魚貨供銷漁市場者，由所屬漁會辦理投保手續，保險費由漁市場就魚貨交易抽取漁民保險費之備付金項下繳納。

（四）臺灣省蔗農保險

1956年7月兼辦蔗農保險，由臺灣省蔗農服務社與勞工保險部訂立契約辦理。除保險費完全由臺灣省糖業公司支持蔗農服務社代為繳納，保險給付除不包括疾病給付外，餘悉依勞工保險辦法規定辦理。同時，勞工保險開辦勞保住院診療。蔗農保險於1986年停辦，理由是被保險人數逐年降低且投保金額偏低。

二、勞工保險立法

（一）勞工保險條例立法

1958年7月21日，勞工保險條例通過施行，爲我國勞工保險的正式立法。1960年4月16日奉准實施；所有省頒的勞工保險單行法規，如勞工保險辦法、職業工人保險辦法、漁民保險辦法等一併廢止。蔗農保險辦法也修正；臺灣人壽保險公司附設勞工保險部亦獨立成爲臺灣省勞工保險局。另組由勞工、雇主、政府、專家學者四方面代表組成的勞工保險監理委員會監管之。

（二）民生主義現階段社會政策

1965年7月配合民生主義現階段社會政策，將投保對象擴大到政府機關、公立學校的技工、司機、工友及無軍人身分之國防技術工人。

（三）勞工保險條例首次修正

1968年7月首次修正勞保條例，1970年1月起奉准在臺閩地區實施，範圍擴及臺北市、金門、馬祖，保險對象擴大至公司、行號、農場、牧場之員工。凡政府機關、公立學校技工、司機、工友和受僱於10人以上公司、行號的員工，均列入強制投保對象；新聞、文化、公益，以及合作事業、私立學校、人民團體、百貨業商店專用員工，也納入自願投保對象，並增辦門診醫療。

（四）勞工保險條例第二次修正

1973年4月再次修正勞保條例部分條文。

（五）勞工保險條例第三次修正

1979年2月19日第三次修正公布，同年2月21日生效，將被保險人從凡政府機關、公立學校技工、司機、工友和受僱於10人以上公司、行號的員工，均列入強制投保對象，改爲僱用5人以上之公民營場礦、行號員工；凡受僱於僱用5人以上之新聞、文化、公益及合作事業員工，政府機關、公立學校的約聘（僱）人員，均列入強制投保對象。另未在規定內之勞工自願參加勞工保險者得比照辦理。凡應徵入伍、派遣出國考察、研習或提供服務者、因傷病請假至留職停薪訂有期限者、或在職勞工逾60歲以上繼續工作者，均得繼續參加保險。並將原實施之綜合保險費率分爲普通事故

與職業災害保險兩類，自1979年12月起實施。

（六）勞工保險條例第四次修正

1988年2月3日第四次修正公布，同年2月5日生效實施，將原專業漁撈勞動者之受僱從事漁業生產之勞動者由所屬漁業公司加保，無一定雇主或自營作業而參加漁會之甲類會員由其所屬之基層漁會加保均納入強制保險；並將實際從事勞動之雇主，參加海員總工會或船長公會為會員之外籍船員及被保險人參加保險年資合計滿15年，被裁員資遣而自願繼續參加勞工保險者納入自願保險。

（七）勞工保險條例第五次修正

為配合全民健康保險法的實施，勞保普通事故保險醫療給付業務劃歸全民健康保險體系，爰配合修正相關規定而提出勞工保險條例修正草案，於1995年2月28日總統令修正公布第5、13、15條條文；並增訂第76-1條條文，同年3月2日生效。

（八）勞工保險條例第六次修正

2000年7月19日總統令修正發布第4、15、67～69條條文。本次修正主要針對勞工保險費之負擔，以及基金之管理。修正第4條勞工保險之主管機關在中央為行政院勞工委員會，在直轄市為直轄市政府。

修正第15條勞工保險保險費之負擔，依下列規定計算之：一、第6條第1項第1款至第6款及第8條第1項第1款至第3款規定之被保險人，其普通事故保險費由被保險人負擔20%，投保單位負擔70%，其餘10%，在省，由中央政府全額補助，在直轄市，由中央政府補助5%，直轄市政府補助5%；職業災害保險費全部由投保單位負擔。二、第6條第1項第7款規定之被保險人，其普通事故保險費及職業災害保險費，由被保險人負擔60%，其餘40%，在省，由中央政府補助，在直轄市，由直轄市政府補助。三、第6條第1項第8款規定之被保險人，其普通事故保險費及職業災害保險費，由被保險人負擔20%，其餘80%，在省，由中央政府補助，在直轄市，由直轄市政府補助。四、第8條第1項第4款規定之被保險人，其普通事故保險費及職業災害保險費，由被保險人負擔80%，其餘20%，在省，由中央政府補助，在直轄市，由直轄市政府補助。五、第9條之1規定之被保險人，其保險費由被保險人負擔80%，其餘20%，在省，由中央政府補

助，在直轄市，由直轄市政府補助。

修正第67條勞工保險基金，經勞工保險監理委員會之通過，得為下列之運用：一、對於公債、庫券及公司債之投資。二、存放於國家銀行或中央主管機關指定之公營銀行。三、自設勞保醫院之投資及特約公立醫院勞保病房整修之貸款；其辦法，由中央主管機關定之。四、政府核准有利於本基金收入之投資。勞工保險基金，除作為前項運用及保險給付支出外，不得移作他用或轉移處分；其管理辦法，由中央主管機關定之。基金之收入、運用情形及其積存數額，應由保險人報請中央主管機關按年公告之。

修正第68條勞工保險機構辦理本保險所需之經費，由保險人按編製預算之當年6月份應收保險費5.5%全年預算數編列預算，經勞工保險監理委員會審議通過後，由中央主管機關撥付之。

修正第69條勞工保險如有虧損，在中央勞工保險局未成立前，應由中央主管機關審核撥補。

（九）勞工保險條例第七次修正

2001年12月19日總統令修正發布第12、58條條文。本次修正主要針對被保險人退保後之再保年資計算，以及老年給付請領資格。第12條被保險人退保後再參加保險時，其原有保險年資應予併計。被保險人於1999年12月9日以後退職者，且於本條例1979年2月21日修正前停保滿2年或1988年2月5日修正前停保滿6年者，其停保前之保險年資應予併計。前項被保險人已領取老年給付者，得於本條施行後2年內申請補發併計年資後老年給付之差額。第58條被保險人合於下列規定之一者，得請領老年給付：一、參加保險之年資合計滿一年，年滿60歲或女性被保險人年滿55歲退職者。二、參加保險之年資合計滿15年，年滿55歲退職者。三、在同一投保單位參加保險之年資合計滿25年退職者。四、參加保險之年資合計滿25年，年滿50歲退職者。五、擔任經中央主管機關核定具有危險、堅強體力等特殊性質之工作合計滿5年，年滿55歲退職者。被保險人已領取老年給付者，不得再行參加勞工保險。

（十）勞工保險條例第八次修正

2003年1月29日總統令修正公布第29、67條條文。本次修正由立法院於2003年1月13日通過，主要針對保險給付受領權與抵銷及勞工保險基金

之運用。第29條被保險人或其受益人領取各種保險給付之權利，不得讓與、抵銷、扣押或供擔保。但被保險人有未償還第67條第1項第4款之貸款本息者，應以被保險人或其受益人領取之保險給付抵銷之。前項保險給付之抵銷辦法，由中央主管機關定之。第67條勞工保險基金之運用多加了第1項第4款對於被保險人之貸款。第1項第4款對於被保險人之貸款資格、用途、額度、利率、期限及還款方式等事項，應由保險人報請中央主管機關公告之。

（十一）勞工保險條例第九次修正

2003年1月29日總統令修正公布第10、13、28、72條條文，並增訂第14-1、14-2、20-1、42-1條條文。這些條文經立法院於2003年1月3日修正通過。該等條文大都是涉及行政作業程序，因此，雖然在立法院審議時先於前次修正條文通過，但稍後才經總統公布。

（十二）勞工保險條例第十次修正

2008年5月14日總統令修正公布第17條條文，關於滯納金規定。

三、勞工保險年金化

（一）勞工保險年金化修正

2008年8月13日總統令修正公布第2、13、19～20-1、53～59、63～65、79條條文及第四章第五節節名；增訂第54-1、54-2、58-1、58-2、63-1～63-4、65-1～65-5、74-1、74-2條條文及第四章第八節節名；刪除第21、21-1、38、47、61條條文；除第54-1條第2項「職業輔導評量及個別化之專業評估機制」自公布後5年施行外，其餘修正條文施行日期由行政院定之。2008年10月9日行政院院發布除第54-1條已明定施行日期及第13條第3項、第4項定自2010年1月1日施行外，其餘條文定自2009年1月1日施行。

這是勞工保險條例較大的一次修正。其修法過程簡述如下：為回應各界不斷呼籲勞保老年給付應該年金化，1993年配合國民年金規劃勞保老年給付年金化，但因國民年金制度與勞工保險老年給付關係未定而延宕未決。2000年5月民進黨執政後，積極推動勞保老年、失能、遺屬給付年金化。該年9月勞委會成立勞保年金規劃小組，完成老年年金制度草案送立

法院審議，但未立即獲審議。2001年11月監察院對行政院遲遲未將勞工保險老年給付年金化提出糾正。2002年5月第三次全國社會福利會議決議：儘速完成勞保年金制度，使之合理保障退休勞工。2003年5月到2004年12月立法院多次審議勞工保險年金制度，因費率無法達成共識而未獲通過。

2005年2月行政院成立國民年金工作圈，由政務委員傅立葉擔任召集人，並由行政院經建會及內政部擔任幕僚工作，勞保年金化納入研議。自2005年2月起歷經近一年的重行規劃，內政部業依「國民年金工作圈」規劃方向擬具「國民年金法」草案，於2005年12月9日函送行政院審議，並於2006年1月提經行政院院會審議通過。

2005年4月民間社會福利團體邀集林萬億會商，提出敬老福利生活津貼整合入勞保老年給付，成為保證年金的國民年金保險制版本。2006年1月謝長廷院長卸任前，行政院會通過國民年金法草案（小勞保制含老年、身心障礙、遺屬年金，外加生育、傷病、喪葬給付）。2006年1月25日行政院蘇貞昌院長上任後，裁示重新徵詢各界意見，修正後再送院會通過。

2006年2月民間社會福利團體與林萬億不滿行政院版未針對混亂的老年津貼提出解決之道，決議自行提出民間版國民年金保險法草案，整合勞保老年給付年金化與各項老年津貼。針對當前津貼的混亂與不確定性，以及老、農保老年給付未年金化部分，簡化版本，針對議題，提出解決之道。

2006年5月20日行政院長蘇貞昌任命林萬億接替傅立葉擔任主管教育、福利、衛生、勞動、原民、青年、退輔政策協調的政務委員。適巧2006年7月27～28日行政院召開「臺灣經濟永續發展會議」，會議中決議國民年金與勞保年金同步推動。行政院蘇院長指派政務委員林萬億負責針對臺灣經濟永續發展會議決議進行盤整規劃，提出「大溫暖社會福利套案」，於2006年9月20日核定「2015年經濟發展願景——第一階段三年衝刺計畫（2007-2009）」之「大溫暖社會福利套案」，涵蓋四大議題：縮小城鄉／貧富差距、強化老人安養、因應少子女化、促進國民健康，計十二項重點計畫。其中強化老人安養部分包括推動國民年金法與勞保老年給付年金化。

2007年5月10日完成國民年金法、勞工保險條例修正（勞保年金化）

（草案）送立法院審議。爲避免國年年金與勞保年金產生競合，國民年金給付與以職業團體身分加入勞保者的年金給付的額度相同（原設計每一年年資所得替代率爲1.1%，後來因國民黨版調高爲1.3%而隨之調高）。

國民年金法於2007年7月20日通過立法。遺憾的是，國民黨占多數的立法院不願看到民進黨執政的業績，未能讓勞保年金化法案通過。

2008年5月政黨再次輪替。在2007年5月送到立法院的勞工保險條例修正案（勞保年金化修正案），保費計算是以被保險人當月之月投保金額薪資的6.5%至11%擬訂，年資所得替代率1.3%。之所以會從6.5%起跳，是因爲當時的費率已達6.21%，而最高費率到11%，是因爲依精算結果，現行普通事故保險費率需11.23%才夠，且年金成本較一次金爲高，故基於財務自給自足原則與年金財務需求考量，而修正現行費率制度。相對地，年金給付與老年一次金給付之平均月投保薪資係按被保險人全部加保期間月投保薪資予以調整後平均計算。

但是到了2008年7月17日，立法院通過國民黨修正自民進黨時期提出的勞保年金化版本，於2009年1月1日實施。但爲討好職業團體勞工，其中將年資給付率提高到1.55%。而國民年金的所得替代率僅1.3%，致使原爲國民年金的納保對象有部分轉而以職業團體身分加入勞工保險，使國民年金牆腳幾乎被淘空。雖然同時也將保險費率定爲7.5%，施行後第三年調高0.5%，其後每年調高0.5%至10%，並自10%當年起，每2年調高0.5%至上限13%。但是，年金給付與老年一次金給付之平均月投保薪資係按被保險人加保期間最高60個月之月投保薪資予以平均計算；參加保險未滿5年者，按其實際投保年資之平均月投保薪資計算，使得平均投保薪資大幅提高，給付也將水漲船高。

在勞保年金化修正之前，老年給付係按被保險人退職前3年之平均月投保薪資計算，易產生被保險人平時將投保薪資以多報少，將屆請領老年給付前始大幅調高投保薪資，造成勞工保險財務赤字；或因中高齡勞工薪資所得偏低而影響其老年給付金額。爲兼顧對全體被保險人的保費與給付公平合理，以及健全保險財務，並參考其他國家年金給付平均月投保薪資計算之成例，而以被保險人全部加保期間月投保薪資予以調整後平均計算，以反映被保險人保險費繳納對於保險財務之貢獻度及與給付相連結。

雖然保險費率被調高1%至2%，但是，給付調高到被保險人加保期間最高60個月之月投保平均薪資，每年年資給付率更達1.55%，造成年資35年的勞工年金所得替代率達54.25%。例如，某一勞工最高60個月平均投保薪資32,000元×35年（加保年資）×1.55%（年資給付率）=17,360元（每月年金）。我國的勞工年金所得替代率已不亞於工業先進國家，但是費率偏低，日本17.35%、德國19.5%、瑞典18.5%。日本勞動年金的年資給付率是0.7125%，我國高達1.55%，即可看出我國的低保費、高給付水準，勞工保險財務不嚴重赤字也難。

（二）2009年1月23日總統令修正公布第20條條文

被保險人在保險有效期間發生傷病事故，於保險效力停止後一年內，得請領同一傷病及其引起之疾病之傷病給付、失能給付、死亡給付或職業災害醫療給付。被保險人在保險有效期間懷孕，且符合勞工保險條例第31條第1項第1款或第2款規定之參加保險日數，於保險效力停止後一年內，因同一懷孕事故而分娩或早產者，得請領生育給付。

（三）2009年4月22日總統令修正公布第72條條文

加入第5項投保單位於勞工保險條例2008年5月16日修正生效前，依第17條第1項規定加徵滯納金至應納費額一倍者，其應繳之保險費仍未向保險人繳納，且未經保險人處以罰鍰或處以罰鍰未執行者，不再裁處或執行。

（四）2009年11月25日總統令修正公布第29條條文

被保險人有未償還第67條第1項第4款之貸款本息者，於被保險人或其受益人請領保險給付時逕予扣減之。前項未償還之貸款本息，不適用下列規定，並溯自2003年1月22日施行：

1. 消費者債務清理條例有關債務免責之規定。
2. 破產法有關債務免責之規定。
3. 其他法律有關請求權消滅時效規定。

第2項及第3項有關扣減保險給付之種類、方式及金額等事項之辦法，由中央主管機關定之。保險人應每年書面通知有未償還第67條第1項第4款貸款本息之被保險人或其受益人之積欠金額，並請其依規定償還。

（五）2011年4月27日總統令修正公布第15、44、72、79條條文；並自公布日施行，但第15條之施行日期由行政院定之。

第15條修正保險費負擔。第44條修正醫療給付範圍。第72條2年前才修正過，再修正部分文字。第79條規定本勞工保險條例2011年4月8日修正之第15條之施行日期，由行政院定之。

（六）2011年12月22日為配合老農津貼加碼，以及因應膠著的總統選戰，國民黨政府繼續釋放利多。勞委會委員會議審議勞工保險條例部分條文修正草案，通過勞保生育給付、老年及遺屬年金、失能年金等將按比例增給，呈報行政院審議後，待立法院下個會期通過，均追溯自2012年1月1日補發。

另外，職業災害勞工補助及核發辦法同時修訂，按月給付生活津貼也調高。勞委會修訂勞保條例部分條文修正草案，有關勞保生育給付部分，現行申領資格必須勞保年資滿280天，如果是早產情況，則必須投保滿181天才能請領，修正案將刪除所有年限規定，無論生產或早產，只要已投保勞保，即可請領生育給付，且包括在懷孕期間遭裁員時，也適用新規定。其次，針對現行生育給付規定，女性勞工不論生育一胞胎或多胞胎，均只能請領一個月的生育給付，基於增進生育提供保障的政策，修正草案新規定為按生育胎數給付，即一胞胎依現行的給付一個月，但多胞胎以上，如雙胞胎就給付兩個月、三胞胎就給付三個月。

同時，修正草案針對勞保年金給付公式的基礎保障，比照老農津貼及社福津貼同步加碼，其中老年年金、遺屬年金均由原3,000元調高為3,500元，失能年金由原4,000元調高為4,700元，估計首年影響4萬多投保人，增加支出概算約1.8億元，並將根據消費者物價指數變動，採每四年調整一次的機制。另外，同時通過的職業災害勞工補助及核發辦法，其中第1至第3等級喪失全部工作能力的每月生活津貼，也由7,000元調高為8,200元，2012年1月1日將開始實施。以臺灣當前的選舉文化，不論是國民黨繼續執政，或是政黨輪替，勞委會這項修正案，通過行政院審議、立法院的修正通過，幾乎已成定局。

我國的勞工保險屬職業別社會保險，給付項目分為普通事故保險、職業災害保險兩種，分別敘述如下。

貳、普通事故保險

勞工普通事故保險為一強制性社會保險，基於自助與互助原則，採用危險分擔方式，集合多數人及政府的力量，以保障勞工生活，促進社會安全。其要點分述如次：

一、保障對象

依勞工保險條例第6條第1項規定，凡年滿15歲以上、60歲以下之下列勞工，應以其雇主或所屬團體或所屬機構為投保單位，全部參加勞工保險為被保險人：

(一) 受僱於僱用勞工5人以上之公、民營工廠、礦場、鹽場、農場、牧場、林場、茶場之產業勞工及交通、公用事業之員工。

(二) 受僱於僱用5人以上公司、行號之員工。

(三) 受僱於僱用5人以上之新聞、文化、公益及合作事業之員工。

(四) 依法不得參加公務人員保險或私立學校教職員保險之政府機關及公、私立學校之員工。

(五) 受僱從事漁業生產之勞動者。

(六) 在政府登記有案之職業訓練機構接受訓練者。

(七) 無一定雇主或自營作業而參加職業工會者。

(八) 無一定雇主或自營作業而參加漁會之甲類會員。

前項規定，於經主管機關認定其工作性質及環境無礙身心健康之未滿15歲勞工亦適用之。前兩項所稱勞工，包括在職外國籍員工。

復依第7條規定，前條前三款之勞工參加勞工保險後，其投保單位僱用勞工減至4人以下時，仍應繼續參加勞工保險。

再依勞工保險條例第8條第1項規定自願加保之對象，凡下列人員得準用本條例之規定，參加勞工保險：

(一) 受僱於第6條第1項各款規定各業以外之員工。

（二）受僱於僱用未滿5人之第6條第1項第1款至第3款規定各業之員工。

（三）實際從事勞動之雇主。

（四）參加海員總工會或船長公會為會員之外僱船員。

前項人員參加保險後，非依本條例規定，不得中途退保。第1項第3款規定之雇主，應與其受僱員工，以同一投保單位參加勞工保險。

二、投保單位

勞工保險係團體保險，依勞工保險條例第6條第1項規定，凡符合投保規定之勞工，應以其雇主或所屬團體或所屬機構為投保單位。

三、保險效力

依勞工保險條例第11條規定，符合第6條規定之勞工，各投保單位應於其所屬勞工到職、入會、到訓、離職、退會、結訓之當日，列表通知保險人；其保險效力之開始或停止，均自應為通知之當日起算。但投保單位非於勞工到職、入會、到訓之當日列表通知保險人者，除依勞工保險條例第72條規定處罰外，其保險效力之開始，均自通知之翌日起算。

領取保險給付之請求權，自得請領之日起，因2年間不行使而消滅。
（第30條）

四、投保薪資

第14條所稱月投保薪資，係指由投保單位按被保險人之月薪資總額，依投保薪資分級表之規定，向保險人申報之薪資；被保險人薪資以件計算者，其月投保薪資，以由投保單位比照同一工作等級勞工之月薪資總額，按分級表之規定申報者為準。被保險人為第6條第1項第7款、第8款及第8條第1項第4款規定之勞工，其月投保薪資由保險人就投保薪資分級表範圍內擬訂，報請中央主管機關核定適用之。

被保險人之薪資，如在當年2月至7月調整時，投保單位應於當年8月底前將調整後之月投保薪資通知保險人；如在當年8月至次年1月調整時，應於次年2月底前通知保險人。其調整均自通知之次月1日生效。

五、保險費

　　勞工保險的保險費，依被保險人當月投保薪資及保險費率計算。其中普通事故保險費率，為被保險人當月投保薪資7.5%至13%；勞工保險條例2008年7月17日修正之條文施行時，保險費率定為7.5%，施行後第三年調高0.5%，其後每年調高0.5%至10%，並自10%當年起，每2年調高0.5%至上限13%。但保險基金餘額足以支付未來20年保險給付時，不予調高。

　　勞工保險保險費之負擔，依下列規定計算之（第15條）：

（一）第6條第1項第1款至第6款及第8條第1項第1款至第3款規定之被保險人，其普通事故保險費由被保險人負擔20%，投保單位負擔70%，其餘10%由中央政府補助。

（二）第6條第1項第7款規定之被保險人，其普通事故保險費及職業災害保險費，由被保險人負擔60%，其餘40%由中央政府補助。

（三）第6條第1項第8款規定之被保險人，其普通事故保險費及職業災害保險費，由被保險人負擔20%，其餘80%由中央政府補助。

（四）第8條第1項第4款規定之被保險人，其普通事故保險費及職業災害保險費，由被保險人負擔80%，其餘20%由中央政府補助。

（五）第9-1條規定之被保險人，其保險費由被保險人負擔80%，其餘20%由中央政府補助。

六、保險給付

　　現行勞工保險各項給付於全民健康保險實施後，除勞保普通事故醫療給付劃歸中央健康保險局辦理外，其他各項普通事故給付包括生育、傷病、殘廢、老年及死亡給付，簡述如下：

（一）生育給付

　　依勞工保險條例第31條規定，被保險人合於下列情形之一者，得請領生育給付：

　　1. 參加保險滿280日後分娩者。

　　2. 參加保險滿181日後早產者。

　　3. 參加保險滿84日後流產者。

生育給付標準，依下列各款辦理：

1. 被保險人或其配偶分娩或早產者，按被保險人平均月投保薪資一次給與分娩費30日，流產者減半給付。

2. 被保險人分娩或早產者，除給與分娩費外，並按其平均月投保薪資一次給與生育補助費30日。

3. 分娩或早產為雙生以上者，分娩費比例增給。

被保險人難產已申領住院診療給付者，不再給與分娩費。

（二）傷病給付

被保險人遭遇普通傷害或普通疾病住院診療，不能工作，以致未能取得原有薪資，正在治療中者，自不能工作之第4日起，發給普通傷害補助費或普通疾病補助費。（第33條）

普通傷害補助費及普通疾病補助費，均按被保險人平均月投保薪資半數發給，每半個月給付一次，以6個月為限。但傷病事故前參加保險之年資合計已滿一年者，增加給付6個月。（第35條）

（三）醫療給付

醫療給付分門診及住院診療（第39條）。門診給付範圍如左：（第41條）

1. 診察（包括檢驗及會診）。

2. 藥劑或治療材料。

3. 處置、手術或治療。

前項費用，由被保險人自行負擔10%。但以不超過中央主管機關規定之最高負擔金額為限。

住院診療給付範圍如下：（第43條）

1. 診察（包括檢驗及會診）。

2. 藥劑或治療材料。

3. 處置、手術或治療。

4. 膳食費用30日內之半數。

5. 勞保病房之供應，以公保病房為準。

前項第1款至第3款及第5款費用，由被保險人自行負擔5%。但以不超過中央主管機關規定之最高負擔金額為限。

被保險人自願住較高等病房者，除依前項規定負擔外，其超過之勞保病房費用由被保險人負擔。

（四）失能給付

依勞工保險條例第53條規定，被保險人遭遇普通傷害或罹患普通疾病，經治療後，症狀固定，再行治療仍不能期待其治療效果，經保險人自設或特約醫院診斷爲永久失能，並符合失能給付標準規定者，得按其平均月投保薪資，依規定之給付標準，請領失能補助費。

前項被保險人或被保險人爲身心障礙者權益保障法所定之身心障礙者，經評估爲終生無工作能力者，得請領失能年金給付。其給付標準，依被保險人之保險年資計算，每滿一年，發給其平均月投保薪資之1.55%；金額不足新臺幣4,700元者，按新臺幣4,700元發給。

前項被保險人具有國民年金保險年資者，得依各保險規定分別核計相關之年金給付，並由保險人合併發給，其所需經費由各保險分別支應。

勞工保險條例2008年7月17日修正之條文施行前有保險年資者，於符合第2項規定條件時，除依前兩項規定請領年金給付外，亦得選擇一次請領失能給付，經保險人核付後，不得變更。

請領失能年金給付者，同時有符合下列條件之眷屬時，每一人加發依第53條規定計算後金額25%之眷屬補助，最多加計50%：（第54-2條）

1. 配偶應年滿55歲且婚姻關係存續一年以上。但有下列情形之一者，不在此限：
   (1) 無謀生能力。
   (2) 扶養第3款規定之子女。
2. 配偶應年滿45歲且婚姻關係存續一年以上，且每月工作收入未超過投保薪資分級表第一級。
3. 子女應符合下列條件之一。但養子女須有收養關係6個月以上：
   (1) 未成年。
   (2) 無謀生能力。
   (3) 25歲以下，在學，且每月工作收入未超過投保薪資分級表第一級。

前項所稱無謀生能力之範圍，由中央主管機關定之。

（五）老年給付

年滿60歲有保險年資者，得依下列規定請領老年給付：（第58條）

1. 保險年資合計滿15年者，請領老年年金給付。

2. 保險年資合計未滿15年者，請領老年一次金給付。

勞工保險條例2008年7月17日修正之條文施行前有保險年資者，於符合下列規定之一時，除依前項規定請領老年給付外，亦得選擇一次請領老年給付，經保險人核付後，不得變更：

1. 參加保險之年資合計滿一年，年滿60歲或女性被保險人年滿55歲退職者。

2. 參加保險之年資合計滿15年，年滿55歲退職者。

3. 在同一投保單位參加保險之年資合計滿25年退職者。

4. 參加保險之年資合計滿25年，年滿50歲退職者。

5. 擔任具有危險、堅強體力等特殊性質之工作合計滿5年，年滿55歲退職者。

依前兩項規定請領老年給付者，應辦理離職退保。

被保險人請領老年給付者，不受第30條規定之限制。

第1項老年給付之請領年齡，於勞工保險條例2008年7月17日修正之條文施行之日起，第十年提高一歲，其後每兩年提高一歲，以提高至65歲為限。

被保險人已領取老年給付者，不得再行參加勞工保險。

被保險人擔任具有危險、堅強體力等特殊性質之工作合計滿15年，年滿55歲，並辦理離職退保者，得請領老年年金給付，且不適用第5項及第58-2條規定。

第2項第5款及前項具有危險、堅強體力等特殊性質之工作，由中央主管機關定之。

老年年金給付，依下列方式擇優發給：（第58-1條）

1. 保險年資合計每滿一年，按其平均月投保薪資之0.775%計算，並加計新臺幣3,500元。

2. 保險年資合計每滿一年，按其平均月投保薪資之1.55%計算。

符合第58條第1項第1款及第5項所定請領老年年金給付條件而延後請

領者，於請領時應發給展延老年年金給付。每延後一年，依前條規定計算之給付金額增給4%，最多增給20%。

被保險人保險年資滿15年，未符合第58條第1項及第5項所定請領年齡者，得提前5年請領老年年金給付，每提前一年，依前條規定計算之給付金額減給4%，最多減給20%。

若依第58條第1項第2款請領老年一次金給付或同條第2項規定一次請領老年給付者，其保險年資合計每滿一年，按其平均月投保薪資發給一個月；其保險年資合計超過15年者，超過部分，每滿一年發給2個月，最高以45個月為限。

被保險人逾60歲繼續工作者，其逾60歲以後之保險年資，最多以5年計，合併60歲以前之一次請領老年給付，最高以50個月為限。（第59條）

（六）死亡給付

死亡給付包括兩部分：喪葬津貼與遺屬給付。依勞工保險條例第62條規定，被保險人之父母、配偶或子女死亡時，依下列規定，請領喪葬津貼：

1. 被保險人之父母、配偶死亡時，按其平均月投保薪資，發給3個月。

2. 被保險人之子女年滿12歲死亡時，按其平均月投保薪資，發給2.5個月。

3. 被保險人之子女未滿12歲死亡時，按其平均月投保薪資，發給1.5個月。

被保險人在保險有效期間死亡時，除由支出殯葬費之人請領喪葬津貼外，遺有符合第54-2條規定之配偶、子女、父母、祖父母、受其扶養之孫子女或受其扶養之兄弟、姊妹者，得請領遺屬年金給付。（第63條）

被保險人於勞工保險條例2008年7月17日修正之條文施行前有保險年資者，其遺屬除得依前項規定請領年金給付外，亦得選擇一次請領遺屬津貼，不受前項條件之限制，經保險人核付後，不得變更。（第63-1條）

喪葬津貼、遺屬年金及遺屬津貼給付標準如下：（第63-2條）

1. **喪葬津貼**：按被保險人平均月投保薪資一次發給5個月。但其遺屬不符合請領遺屬年金給付或遺屬津貼條件，或無遺屬者，按其平

均月投保薪資一次發給10個月。

2. 遺屬年金：

(1) 依第63條規定請領遺屬年金者：依被保險人之保險年資合計每滿一年，按其平均月投保薪資之1.55%計算。

(2) 依前條規定請領遺屬年金者：依失能年金或老年年金給付標準計算後金額之半數發給。

3. 遺屬津貼：

(1) 參加保險年資合計未滿一年者，按被保險人平均月投保薪資發給10個月。

(2) 參加保險年資合計已滿一年而未滿2年者，按被保險人平均月投保薪資發給20個月。

(3) 參加保險年資合計已滿2年者，按被保險人平均月投保薪資發給30個月。

前項第2款之遺屬年金給付金額不足新臺幣3,500元者，按新臺幣3,500元發給。

遺屬年金給付於同一順序之遺屬有2人以上時，每多一人加發依第1項第2款及前項規定計算後金額之25%，最多加計50%。

遺屬具有受領兩個以上遺屬年金給付之資格時，應擇一請領。

喪葬津貼、遺屬年金給付及遺屬津貼，以一人請領為限。符合請領條件者有2人以上時，應共同具領，未共同具領或保險人核定前如另有他人提出請領，保險人應通知各申請人協議其中一人代表請領，未能協議者，喪葬津貼應以其中核計之最高給付金額，遺屬津貼及遺屬年金給付按總給付金額平均發給各申請人。

同一順序遺屬有2人以上，有其中一人請領遺屬年金時，應發給遺屬年金給付。但經共同協議依第63條第3項、第63-1條第2項及第4項規定一次請領給付者，依其協議辦理。

保險人依前兩項規定發給遺屬給付後，尚有未具名之其他當序遺屬時，應由具領之遺屬負責分與之。

參、職業災害保險

職業災害保險乃透過社會保險之原理、原則，於被保險人因執行職務而致傷害、疾病、殘廢或死亡時，給與職災醫療及現金給付之補償，以減低被保險人因職業災害所遭受之損失，並提供其本人或遺屬適度之生活安全保障。對雇主而言，職業災害保險具有集體連帶之社會保險性質，職災事故發生後，可由職災保險基金承擔絕大部分之補償責任，雇主僅須再補足一小部分之責任，使事業經營得以不受影響。

職業災害乃指勞工在執行職務過程中或因工作上的原因所發生的意外災害。亦即，職業災害之認定，須有「職務執行性」與「職務起因性」作判斷。我國勞動法規中有關職業災害之認定，分別見諸於勞工安全衛生法及勞工保險條例中。

一、保障對象

勞工保險屬強制性社會保險，以實際從事工作獲致報酬之勞工為主要加保對象，分為強制被保險人與自願被保險人兩種，並以強制加保為主，自願加保為輔。而現行職業災害保險法制係規定於勞工保險條例中，採綜合保險方式辦理。依勞工保險條例第2條規定，勞工保險分為普通事故保險及職業災害保險兩類。因此，勞工經其所屬投保單位申報參加勞工保險，即同時享有普通事故與職業災害兩種保險給付之保障。

自1998年起，為配合社會經濟發展需求，對已領取勞工保險老年給付退保之勞工，以及年逾60歲已領取其他社會保險養老給付之退休人員，如再實際受僱從事工作，其事業單位得自願為該勞工辦理參加職業災害保險。又自2004年3月起，產業工會得以負擔全部之職業災害保險保險費，為事業單位員工兼任工會理、監事者投保勞保職業災害保險。

二、保險費

受僱者之職業災害保險費全額由雇主負擔；無一定雇主或自營作業勞工則由其自付60%，政府補助40%；無一定雇主或自營作業而參加漁會之甲類會員自付20%，政府補助80%；參加海員總工會或船長公會為會員

之外僱船員自付80%，政府補助20%；被保險人參加保險，年資合計滿15年，被裁減資遣而自願繼續參加勞工保險者，自付80%，政府補助20%。

職業災害保險費率，按被保險人當月之月投保薪資，依「職業災害保險適用行業別及費率表」之規定，依各行業訂定不同之保險費率計收保險費。但僱用員工達一定人數以上之投保單位，其前三年職業災害保險給付總額占應繳職業災害保險費總額之比率超過80%者，每增加10%加收其適用行業之職業災害保險費率之5%，並以加收至40%爲限；其低於70%者，每減少10%減收其適用行業之職業災害保險費率之5%，每年計算調整其職業災害保險費率；其實績費率實施之辦法，由中央主管機關定之。

前項職業災害保險適用行業別及費率表，由中央主管機關擬訂，報請行政院核定，送請立法院查照，並至少每三年調整一次。又目前對於70人以上之事業單位依據「勞工保險職業災害保險實績費率實施辦法」之規定，依其職災發生率調整其保險費率。

三、保險給付

勞工保險職業災害保險將職業災害分爲職業傷害及職業病兩類，其認定係依據「勞工保險被保險人因執行職務而致傷病審查準則」及「勞工保險職業病種類表」之規定辦理。

職業災害保險提供職災醫療、傷病、殘廢及死亡等四種給付及失蹤津貼。1995年全民健康保險開辦後，普通事故醫療給付業務劃歸中央衛生主管機關統籌辦理；職災醫療給付業務則基於雇主職災補償責任、便民及行政精簡原則，經行政院指示，由勞工保險局委託中央健康保險局辦理。

（一）傷病給付

據勞工保險條例第34條第1項規定：被保險人因執行職務而致傷害或職業病不能工作，以致未能取得原有薪資，正在治療中者，自不能工作之第四日起，發給職業傷害補償費或職業病補償費。

同條例第36條規定職業災害補償費及職業病補償費，按被保險人平均月投保薪資70%發給，每半個月給付一次；如經過一年尚未痊癒者，其職業傷害補償費或職業病補償費減爲月投保薪資之半數，但以一年爲限。

（二）醫療給付

被保險人罹患職業傷病時，應由投保單位填發職業傷病門診單或住院申請書申請診療；投保單位未依規定填發者，被保險人得向保險人請領，經查明屬實後發給。

被保險人未檢具前項職業傷病醫療書單，經醫師診斷罹患職業病者，得由醫師開具職業病門診單；醫師開具資格之取得、喪失及門診單之申領、使用辦法，由保險人擬訂，報請中央主管機關核定發布。

（三）失能給付

依照勞工保險條例第54條第1項規定，被保險人遭遇職業傷害或罹患職業病，經治療後，症狀固定，再行治療仍不能期待其治療效果，經保險人自設或特約醫院診斷為永久失能，並符合失能給付標準規定發給一次金者，得按其平均月投保薪資，依規定之給付標準，增給50%，請領失能補償費。

前項被保險人經評估為終生無工作能力，並請領失能年金給付者，除依第53條規定發給年金外，另按其平均月投保薪資，一次發給20個月職業傷病失能補償一次金。

（四）死亡給付

依照勞工保險條例第64條規定被保險人因職業災害致死亡者，除由支出殯葬費之人依第63-2條第1項第1款規定請領喪葬津貼外，有符合第63條第2項規定之遺屬者，得請領遺屬年金給付及按被保險人平均月投保薪資，一次發給10個月職業災害死亡補償一次金。

前項被保險人之遺屬依第63條第3項規定一次請領遺屬津貼者，按被保險人平均月投保薪資發給40個月。

（五）失蹤津貼

勞工保險條例第19條第3項規定被保險人如為漁業生產勞動者或航空、航海員工或坑內工，除依本條例規定請領保險給付外，於漁業、航空、航海或坑內作業中，遭遇意外事故致失蹤時，自失蹤之日起，按其平均月投保薪資70%，給付失蹤津貼；於每滿三個月之期末給付一次，至生還之前一日或失蹤滿一年之前一日或受死亡宣告判決確定死亡時之前一日止。

被保險人失蹤滿一年或受死亡宣告判決確定死亡時，得依第64條規定，請領死亡給付。

第三節　就業保險

　　隨著臺灣進入全球經濟體，產業大量外移至中國與東南亞諸國，失業率從1995年的1.79%，於1996年爬升到2.6%，再加上受到1997年亞洲金融危機，以及1999年9月21日南投集集大地震災難的影響，1999年臺灣的失業率已爬升到2.92%。為因應逐年升高的失業率，國民黨政府雖於1999年1月1日於勞工保險條例中開辦失業給付，以保障失業者於一定期間的基本經濟生活。然而，我國的失業率隨著2001年9月11日恐怖組織攻擊美國紐約貿易大樓及華府五角大廈，造成世界經濟衰退的影響，臺灣的失業率從2000年的2.99%，大幅攀升到2001年的4.57%，以及2002年的5.17%。2003年起才又一路下滑到4.99%（2003）、4.44%（2004）、4.13%（2005）、3.91%（2006）、3.91%（2007）。接著又因2008年全球金融海嘯，失業率從2008年的4.14%，快速攀升到2009年的5.85%，創下歷史新高。2010年才又下滑到5.21%，2011年再回到4.39%。

　　一套完整的就業安全體系係由就業服務、職業訓練及失業保險三者緊密結合、共同建構始得完成，始能發揮積極的促進就業功能。因此，為建構完整的就業安全體系，民進黨政府上臺後，乃將失業保險與勞工保險體系分離，單獨制訂「就業保險法」，以因應居高不下的失業率。該法案已於2002年5月15日總統公布，自2003年1月1日起施行。為何不用國際慣稱的失業保險，而用就業保險？這是政治語意學的運用，就像1935年美國通過的社會安全法案（Social Security Act），其實是經濟安全法案，但是怕引發國民的恐慌而改名為社會安全法案。同樣地，我國通過的就業保險法，其實不是保障就業的立法，而是保障勞工失業後的生活的立法，但是立法部門擔心會造成失業勞工的福利依賴，而將其命名為就業保險法。這也是為何我國明明一直都有失業人口，而勞工保險條例中的失業給付卻遲至1999年才開辦的主因。其實，就業服務法都不能保證就業，本法更不能

保障就業。

　　就業保險法施行之後，2007年1月29日總統令修正公布第10條條文。之後，又爲因應2008年金融海嘯以來居高不下的失業率，大幅修正就業保險法。2009年4月22日總統令修正公布第5、10～13、16、25、28、29、33、34、38、41條條文；並增訂第19-1、19-2條條文。於2009年5月1日修正施行，加保年齡上限由60歲提高至65歲；擴大納保對象：本國人之外籍配偶、大陸及港澳地區配偶依法在臺工作者，納入就業保險適用對象。增列育嬰留職停薪津貼爲給付項目，針對中高齡及身心障礙失業勞工，延長失業給付請領期間；另勞工如有扶養眷屬，得加給給付或津貼等。

　　其中關於育嬰留職停薪津貼乙節，因於2002年立法院通過的兩性工作平等法第16條明文規定受僱者於每一子女年滿3歲前，得申請育嬰留職停薪津貼，其發放方式另以法律定之。4年下來經建會都囿於財源而不敢推動，直到2006年7月27至28日行政院召開「臺灣經濟永續發展會議」，會後行政院會針對上開會議決議進行盤整規劃，於2006年9月20日核定「2015年經濟發展願景——第一階段三年衝刺計畫（2007-2009）」之「大溫暖社會福利套案」。其中第三項議題「少子女化」因應對策包括：普及嬰幼兒照顧體系計畫、完善國民教育體系計畫、移民照顧輔導計畫。其中於普及嬰幼兒照顧體系計畫中，研議將產假薪資納入勞保給付部分：研議修正勞工保險條例，將生育給付由一個月提高爲3個月，且2個月生育給付並得抵充雇主應發給產假期間之工資，若有不足部分，雇主仍應補足。並以社會保險辦理育嬰留職停薪津貼部分：修正「就業保險法」、「軍人保險條例」、「公教人員保險法」，將育嬰留職津貼納入保險給付項目。民進黨還來不及推動，2008年就政黨輪替，由國民黨政府接手繼續推動。

　　其實在就業保險法裡面加上育嬰留職停薪津貼並非上策。就社會保險體系論，就業保險法處理失業問題，而非性別平等議題，或是低生育率議題。比較適當的修法方向是修正「勞工保險法」、「軍人保險條例」、「公教人員保險法」。當時會有這樣的規劃主要因爲勞工保險法正在爲勞保年金化的修正，如火如荼展開，怕將育嬰留職停薪津貼一併納入會治絲益棼；且就業保險基金尚足以因應短期內所需給付額度，無須調整保費，

倘若納入勞工保險法中，就必須調整保險費率。

　　隨後，2009年5月13日總統令修正公布第35、44條條文，並自2010年1月1日施行。2011年4月27日總統令修正公布第38條條文。

　　至此，就業保險法內容重點如下：

一、加保對象

　　依就業保險法第5條規定，年滿15歲以上、65歲以下之具中華民國國籍者、與在中華民國境內設有戶籍之國民結婚，且獲准居留依法在臺灣地區工作之外國人、大陸地區人民、香港居民或澳門居民，應以其雇主或所屬機構為投保單位，參加本保險為被保險人。

　　前項人員有下列情形之一者，不得參加本保險：

1. 依法應參加公教人員保險或軍人保險。
2. 已領取勞工保險老年給付或公教人員保險養老給付。
3. 受僱於依法免辦登記且無核定課稅或依法免辦登記且無統一發票購票證之雇主或機構。

二、保險給付

　　就業保險之各種保險給付之請領條件如下：

　　（一）失業給付

　　被保險人於非自願離職辦理退保當日前三年內，保險年資合計滿一年以上，具有工作能力及繼續工作意願，向公立就業服務機構辦理求職登記，自求職登記之日起14日內仍無法推介就業或安排職業訓練。

　　（二）提早就業獎助津貼

　　符合失業給付請領條件，於失業給付請領期間屆滿前受僱工作，並參加本保險3個月以上。

　　（三）職業訓練生活津貼

　　被保險人非自願離職，向公立就業服務機構辦理求職登記，經公立就業服務機構安排參加全日制職業訓練。

　　（四）育嬰留職停薪津貼

　　被保險人之保險年資合計滿一年以上，子女滿3歲前，依性別工作平

等法之規定，辦理育嬰留職停薪。

（五）失業之被保險人及隨同被保險人辦理加保之眷屬全民健康保險保險費補助

依據就業保險法第11條規定被保險人因定期契約屆滿離職，逾一個月未能就業，且離職前一年內，契約期間合計滿6個月以上者，視為非自願離職，並準用前項之規定。

就業保險法所稱非自願離職，指被保險人因投保單位關廠、遷廠、休業、解散、破產宣告離職；或因勞動基準法第11條、第13條但書、第14條及第20條規定各款情事之一離職。

三、失業給付額度與期間

（一）失業給付

依就業保險法第17條規定，失業給付按申請人離職辦理本保險退保之當月起前六個月平均月投保薪資60%按月發給，最長發給6個月。但申請人離職辦理本保險退保時已年滿45歲或領有社政主管機關核發之身心障礙證明者，最長發給9個月。

中央主管機關於經濟不景氣致大量失業或其他緊急情事時，於審酌失業率及其他情形後，得延長前項之給付期間最長至9個月，必要時得再延長之，但最長不得超過12個月。但延長給付期間不適用第13條及第18條之規定。

前項延長失業給付期間之認定標準、請領對象、請領條件、實施期間、延長時間及其他相關事項之辦法，由中央主管機關擬訂，報請行政院核定之。

受領失業給付未滿前三項給付期間再參加本保險後非自願離職者，得依規定申領失業給付。但合併原已領取之失業給付月數及依第18條規定領取之提早就業獎助津貼，以發給前三項所定給付期間為限。

依前四項規定領滿給付期間者，自領滿之日起2年內再次請領失業給付，其失業給付以發給原給付期間之二分之一為限。

依前五項規定領滿失業給付之給付期間者，本保險年資應重行起算。

復依第17條規定，被保險人於失業期間另有工作，其每月工作收入超

過基本工資者，不得請領失業給付；其每月工作收入未超過基本工資者，其該月工作收入加上失業給付之總額，超過其平均月投保薪資80%部分，應自失業給付中扣除。但總額低於基本工資者，不予扣除。

領取勞工保險傷病給付、職業訓練生活津貼、臨時工作津貼、創業貸款利息補貼或其他促進就業相關津貼者，領取相關津貼期間，不得同時請領失業給付。

（二）提早就業獎助津貼

依第18條規定，符合失業給付請領條件，於失業給付請領期限屆滿前受僱工作，並依規定參加本保險為被保險人滿3個月以上者，得向保險人申請，按其尚未請領之失業給付金額之50%，一次發給提早就業獎助津貼。

（三）職業訓練生活津貼

被保險人非自願離職，向公立就業服務機構辦理求職登記，經公立就業服務機構安排參加全日制職業訓練，於受訓期間，每月按申請人離職辦理本保險退保之當月起前六個月平均月投保薪資60%發給職業訓練生活津貼，最長發給6個月。

職業訓練單位應於申請人受訓之日，通知保險人發放職業訓練生活津貼。中途離訓或經訓練單位退訓者，訓練單位應即通知保險人停止發放職業訓練生活津貼。

（四）育嬰留職津貼

育嬰留職停薪津貼，以被保險人育嬰留職停薪之當月起前六個月平均月投保薪資60%計算，於被保險人育嬰留職停薪期間，按月發給津貼，每一子女合計最長發給6個月。

前項津貼，於同時撫育子女兩人以上之情形，以發給一人為限。

父母同為被保險人者，應分別請領育嬰留職停薪津貼，不得同時為之。

四、等待期

第15條規定失業給付自向公立就業服務機構辦理求職登記之第15日起算。職業訓練生活津貼自受訓之日起算。

五、申請失業給付程序

被保險人於離職退保後2年內，應檢附離職或定期契約證明文件及國民身分證或其他足資證明身分之證件，親自向公立就業服務機構辦理求職登記、申請失業認定及接受就業諮詢，並填寫失業認定、失業給付申請書及給付收據。

公立就業服務機構受理求職登記後，應辦理就業諮詢，並自求職登記之日起14日內推介就業或安排職業訓練。未能於該14日內推介就業或安排職業訓練時，公立就業服務機構應於翌日完成失業認定，並轉請保險人核發失業給付。

第一項離職證明文件，指由投保單位或直轄市、縣（市）主管機關發給之證明；其取得有困難者，得經公立就業服務機構之同意，以書面釋明理由代替之。

前項文件或書面，應載明申請人姓名、投保單位名稱及離職原因。

申請人未檢齊第一項規定文件者，應於7日內補正；屆期未補正者，視為未申請。

我國的失業保險有明顯的工作倫理取向，在保障失業者生活的同時，擔心失業給付會造成不工作（懶惰）的誘因，因此採低給付的、短給付期、高條件門檻、長等待期的機制，故當前的就業保險法仍存在以下缺失：

一、失業青年完全無法獲得失業給付

主要原因有二：一是初次尋職青年由於尚未就業，因此未能投保就業保險，自然無法領取失業給付。其次是青年失業者多數是「自願性失業者」（過去5年平均有88%），即使是非自願性失業者，也往往受限於青年的就業時間較短，使其就業保險的投保年資不足，因而無法領取失業給付。顯然，除了積極創造青年就業機會之外，發給「青年失業津貼」是必要的，否則失業青年成了「啃老族」，對所得偏低的家庭來說是一大經濟負擔。

二、有失業保險沒生活保障的問題

2010年的失業給付實際領取率只有7.15%，明顯低於韓國的12%，顯示就業保險的失業給付實際領取率偏低。即使是2008年9月至2009年8月的金融海嘯期間，領取失業給付人數創下歷史新高，失業給付實際領取率也僅上升到13.94%而已。

造成失業給付實際領取率偏低問題的主因有二，第一是「定期契約勞工難以累積足夠的投保年資」，雖然就業保險法已經仿效先進國家之做法，將定期契約勞工的投保年資減為只要6個月即可領取失業給付，比起一般正職勞工必須投保一年為短，但是由於定期契約勞工都是從事高度不穩定之工作，工作時間短，雇主往往不會為其投保，導致定期契約勞工即使有投保，但是投保年資也難以累積至6個月，無法領取失業給付。過去幾年來，雖然勞委會已經多次表明雇主必須依法為定期契約勞工投保，但是實際成效卻十分有限。

第二是現行之就業保險法規定的失業認定標準偏向嚴格，導致即使失業勞工之投保年資符合一年以上之規定，但是在其他條件下若是未符合規定，仍然有部分的失業勞工可能會被排除領取資格。

顯然應針對僱用定期契約勞工人數較多之特定行業，將「雇主為勞工投保就業保險」列為勞動檢查之優先檢查事項，以免雇主不為其員工加保。此外，簡化失業給付認定流程，以降低失業給付證明文件的爭議事件發生率，減少失業給付的服務時間，特別是應該簡化目前繁複的初次辦理申請失業給付認定流程，並且應該避免在失業給付領受者面前直接打電話向雇主查證，以降低失業給付領受者的疏離感受問題。最後，將第一線「失業給付」與「推介就業」兩項業務的受理窗口分流，以避免失業給付申請人數眾多時，直接影響辦理推介就業的時間與成效，或是影響個案管理員進行就業諮詢的成效。

三、育嬰留職停薪津貼使用率偏低

以2010年為例，給付件數為19萬0,281件，核發31億2,837萬元，每件平均每月給付1萬6,440元。育嬰留職津貼至2011年8月止，公教人員總共

有9,043人請領育嬰津貼，其中男性713人，女性8,330人。以全體被保險人計算，公保請領的比率為1.52%，較勞保的0.74%高出2倍以上，平均每人每月領到16,909元，也較勞保的16,254元還高。公教人員總計核發金額新臺幣6億9,258萬多元。勞工請領人數低的原因不是勞工年齡偏高，而是勞工擔心留職停薪之後原職位不保、6個月的期間也不夠長、所得替代率偏低等。公教人員在人力使用上較具彈性，也容易找到替代人力，如職務代理人、代課教師等，這在企業界較難，尤其是中小企業員工人力使用更缺乏彈性。照顧嬰幼兒也不是6個月就夠。此外，對薪資所得偏低，或單親家長，在薪水減少40%之後，對家庭收入影響很大，而不敢貿然請領。

顯然，適度延長給付期間或提高給付額度，以及提供企業配套協助，如短期人力媒合，才可能同時解決員工就業與兒童照顧的兩難。

 ## 第四節　勞工退休金條例

「勞工退休金條例」經總統公布，自2005年7月1日起實施。回顧勞工退休金的改制過程，從勞動基準法於1984年公布實施以來，要求勞退金改制的聲浪從未間斷，但各方意見始終游移在「個人帳戶制」和「附加年金保險制」之間。以官方版為例，在趙守博及謝深山擔任勞委會主委期間皆提出「附加年金」規劃；而「個人帳戶制」卻得到許介圭、詹火生及陳菊主委的青睞，歷經了近14年5任勞委會主委的反覆研議才拍板定案。勞退金改制的政治性和複雜性，可見一斑。但由於勞工團體多偏好確定給付的「附加年金保險制」，因此在勞退金改制的過程中，往往呈現了勞工團體和官方拉鋸的局面。一直到了2001年的「經發會」之後，勞、資、政各方在共識決的壓力之下，達成了「個人帳戶制」、「附加年金制」，以及「其他可攜帶年金制」三軌併行的共識，但最終立法院審議通過的是「個人帳戶年金制」和「商業年金」的版本（臺灣勞工陣線，2004），使社會保險的附加年金制完全喪失空間。

新通過的勞工退休金制度係指勞工退休時，雇主依法給與勞工之退休金，其又分為新舊制，舊制係依據1984年公布施行的「勞動基準法」，

由雇主依每月申報的薪資總額中提撥2%至15%的金額到勞工退休準備金專戶中，作爲勞工退休準備金。該帳戶專款專用，所有權屬於雇主，並由中央信託局辦理基金收支、保管及運用。當勞工符合退休條件向雇主請領退休金時，雇主可由退休準備金專戶中支付。然由於國內多屬中小企業型態，雇主並未完全依法提撥退休準備金，加上勞工經常換工作，所以，許多勞工在退休後經常面臨領不到退休金之憾。依勞委會2000年的統計資料顯示，勞工退休金提撥單位數不及全體事業單位數的8%；而以1999年爲例，眞正能領到退休金的勞工也不及全體退休勞工的18%，可見，勞動基準法所規定的勞工退休金對大部分勞工是看得到卻領不到的。

爲改善勞工退休舊制的諸多弊端，「勞工退休金條例」實施後，勞工若選擇新制，則勞工會有一個屬於個人的帳戶，雇主每個月幫勞工所提撥的退休金存至這個專屬的帳戶當中，由勞保局統一管理。這也就是一般所謂的「個人儲蓄帳」或是「個人安全帳」，新加坡則稱之爲「公積金」。

綜上，勞工保險條例的老年給付與勞工退休金制度兩者截然不同。勞工退休金條例實施後，並不會影響勞保被保險人原有勞保老年給付權益，並爲勞工退休生活多一層保障。但是，將勞工老年給付與退休金分成兩個系統，也是世界上少有的。這是特殊政治經濟下的產物，臺灣是一個高度資本主義市場經濟社會，又缺乏左派社會民主勞工政黨的支持，勞工組織也零散分裂之下，自然不易出現如瑞典、德國式的社會保險制的年金保險。

基本上，我國推行的勞工退休金新制並不屬社會保險制度，而是一種確定提撥制（Defined Contribution, DC）的強制雇主提撥的勞工個人儲蓄帳退休金，由雇主每月確定提撥員工薪資的6%，作爲退休金提撥準備進入名義上的員工帳戶中，這個帳戶是隨著員工的身分移動，所以是可攜帶的。雇主所提撥的退休準備金暫時由勞工保險局統一管理，未來如何經營，尚待折衝。如果經營不善，勞工到了退休年齡時，並不保證可領到預期的退休金。所以說，個人儲蓄帳的勞工退休金制度，並不是一種確定給付的制度。

就政府的財政來說，個人儲蓄帳的勞工退休金制度免除了政府爲勞工分攤保險費的財政壓力；同時，將勞工退休金制度定義爲勞資雙方的個

人契約關係，政府可避開承擔老年年金保險制度下不可避免的財政負荷。同時，暫時抒解由於人口老化快速，所可能形成的這一世代的工作人口拒絕為這世代的老人負擔保險給付的隨收隨付制式的老年年金保險制度的壓力。亦即暫時避開了世代衝突的發生。但是，政府也失去了維持社會團結、公平分配資源的積極角色。

就雇主言，所提撥的勞工退休金準備金其實可部分或全部轉嫁到勞工的薪資上，且可將勞工解雇，改為契約外包工，就可避開提撥勞工退休金的壓力，自己並不吃虧。只是強制雇主為其勞工提撥後，這筆龐大的基金，雇主並無權管理，且有可能被外包交由私人的基金控股或投資顧問公司承攬去操作而獲利。亦即政府利用「勞工退休金條例」強制多數雇主繳出基金給少數財團快速取得資本投資獲利，政府難保不被質疑有圖利財團之嫌。萬一投資錯誤，基金不保，勞工雖有最低2%的保證給付，但是這屬全民買單的風險轉嫁，對廣大社會大眾並不公平。

就勞工言，退休最重要的就是經濟安全保障，何種制度設計並非重點，能領到適足的、確定的老年給付才是關心的重點。個人儲蓄帳雖然有可能因投資得宜而獲利提升，但也可能因投資錯誤而血本無歸；更無法抵擋通貨膨脹、物價上漲的損失，若此，勞工領到的退休給付並不保證可維持老年經濟安全。也因為退休金屬個人帳戶，而失去了勞工集體風險分攤的意義，這多少會弱化勞動的集體性與勞工的團結。這也是為何歐美工業民主國家的勞工老年給付制度大都採社會保險年金制度的原因，只有東南亞、南美洲十餘國，如新加坡、馬來西亞、智利等採行公積金制或個人儲蓄帳制。即使英國、瑞典等國的老年年金，有一部分也採個人儲蓄帳制度，但是比率很低，就是為了避免上述個人帳戶制的弊病。

簡言之，我們為了解決勞動基準法中勞工領不到退休金的問題，而採取一個比較簡單的解決方法，但卻可能冒著更大的風險，如不確定給付、基金管理效率、圖利財團、弱化勞工等新問題的產生。

表6-2 勞工退休金與勞保老年給付的比較

項目	勞工退休金		勞保老年給付
	舊制	新制	
法源依據	勞動基準法	勞工退休金條例	勞工保險條例
適用對象	適用勞基法之勞工	適用勞基法之本國籍勞工	符合勞工保險條例規定者
收支保管單位	中央信託局	勞工保險局	勞工保險局
請領條件及方式	於服務單位退休並符合請領退休金條件時,由雇主給付退休金。	年滿60歲時,向勞保局請領個人帳戶累積金額。	符合勞工保險條例請領老年給付條件時,向勞保局請領。
給付方式	退休金一次付清	月退或一次給付	一次給付或年金給付
給付標準	前十五年每一年給2個基數,第16年起每一年給一個基數,最高總數以45個基數為限(按退休前六個月平均工資計算)。	個人帳戶累積金額及收益	老年年金給付,依下列方式擇優發給:(第58-1條)1.保險年資合計每滿一年,按其平均月投保薪資之0.775%計算,並加計新臺幣3,000元。2.保險年資合計每滿一年,按其平均月投保薪資之1.55%計算。

資料來源:勞工保險局

表6-3 新舊勞工退休制度之比較

法 律	勞動基準法	勞工退休金條例
制 度	採行確定給付制,由雇主於平時提存勞工退休準備金,並以事業單位勞工退休準備金監督委員會之名義,專戶存儲。	採行確定提撥制,由雇主於平時為勞工提存退休金或保險費,以個人退休金專戶制(個人帳戶制)為主、年金保險制為輔。
年資採計	工作年資採計以同一事業單位為限,因離職或事業單位關廠、歇業而就新職,工作年資重新計算。	工作年資不以同一事業單位為限,年資不因轉換工作或因事業單位關廠、歇業而受影響。
退休要件	勞工工作15年以上年滿55歲者或工作25年以上,得自請退休;符合勞動基準法第54條強制退休要件時,亦得請領退休金。	新制實施後:1.適用舊制年資之退休金:勞工須符合勞動基準法第53條(自請退休)或第54條(強制退休)規定之退休要件時,得向雇主請領退休金。2.適用新制年資之退休金:選擇適用勞工個人退休金專戶制之勞工於年滿60歲,且適用新制年資15年以上,得自請退休,向勞保局請領月退休金;適用新制年資未滿15年時應請領一次退休金。另,選擇適用年金保險制之勞工,領取保險金之要件,依保險契約之約定而定。

法　律	勞動基準法	勞工退休金條例
領取方式	一次領退休金。	領月退休金或一次退休金。
退休金計算	按工作年資，每滿一年給與2個基數。但超過15年之工作年資，每滿一年給與一個基數，最高總數以45個基數為限。未滿半年者以半年計；滿半年者以一年計。	個人退休金專戶制： 1.月退休金：勞工個人之退休金專戶本金及累積收益，依據年金生命表，以平均餘命及利率等基礎計算所得之金額，作為定期發給之退休金。 2.一次退休金：一次領取勞工個人退休金專戶之本金及累積收益。 3.年金保險制：領領取金額，依保險契約之約定而定。
雇主負擔	採彈性費率，以勞工每月工資總額之2%至15%作為提撥基準，應提撥多少退休準備金，難以估算。	退休金提撥率採固定費率，雇主負擔成本明確。提撥率不得低於6%。
勞工負擔	勞工無須提撥。	勞工在工資的6%範圍內可以自願提撥，享有稅賦優惠。

資料來源：勞工保險局

 ## 第五節　軍人保險

壹、保險立法沿革

一、1950年5月頒布軍人保險辦法，同年6月起付諸實施；

二、1953年10月改訂為陸海空軍軍人保險條例；

三、1956年12月重新修正有關條文；

四、1970年2月修訂改稱為軍人保險條例。

五、2005年1月12日修正第10條保險費率；

六、為配合育嬰留職停薪給付之推行，2010年5月12日修正第1、3～6、11、16條條文；增訂第16-1、16-2條條文；並刪除第23條條文。

貳、保險內容

一、保險人

本保險之主管機關為國防部；本保險業務得委託其他機關或公營事業機構辦理。（第3條）保險業務機關由國防部委託中央信託局人壽保險處負責，辦理有關承保、保險費計收、保險給付核付，以及業務章則的研擬及技術的設計等事宜。

二、被保險人

現役軍官、士官、士兵。

三、保險給付

現行軍人保險的保險給付項目計有死亡、殘廢、退伍及育嬰留職停薪四項。其保險給付係按被保險人事故發生月份的保險基數為標準計算，其給付標準如左：

（一）死亡給付

1. 作戰死亡：給付48個基數。

2. 因公死亡：給付42個基數。

3. 因病或意外死亡：給付36個基數。

前項死亡給付如低於其應得的退伍給付時，得按退伍給付發給。（第13條）作戰、因公或意外失蹤，在地面逾一年、在海上及空中逾半年查無下落者，視同作戰、因公或意外死亡。（第14條）

（二）殘障給付

1. 作戰成殘：一等殘給付40個基數，二等殘給付30個基數，三等殘給付20個基數，重機障給付10個基數。

2. 因公成殘：一等殘給付36個基數，二等殘給付24個基數，三等殘給付16個基數，重機障給付8個基數。

3. 因病或意外成殘：一等殘給付30個基數，二等殘給付20個基數，三等殘給付12個基數，重機障給付6個基數。（第15條）

（三）退伍給付

1. 保險滿5年者，給付5個基數。

2. 保險超過5年者，自第6年起至第10年，每超過一年，增給1個基數。

3. 保險超過10年者，自第一年起至第15年，每超過一年，增給2個基數。

4. 保險超過15年者，自第16年起，每超過一年，增給3個基數。

5. 保險滿20年者，每超過一年，增給1個基數，最高以45個基數為限。

惟被保險人加保未滿5年，而未曾領受殘廢給付者，則照其最後月份繳費標準，退還其以往各月自付部分保險費。（第16條）

（四）育嬰留職停薪

1. 申請留職停薪之被保險人，於申請留職停薪時，應選擇於留職停薪期間退保或繼續加保，一經選定後不得變更。

　被保險人之保險年資滿一年，子女滿3歲前，辦理育嬰留職停薪並選擇繼續加保者，得請領育嬰留職停薪津貼。

　前項津貼以被保險人育嬰留職停薪當月起，前六個月平均保險基數60%計算，於育嬰留職停薪期間按月發給，最長發給6個月。但留職停薪期間未滿6個月者，以實際留職停薪月數發給；未滿一個月之畸零日數，按實際留職停薪日數計算。

　同時撫育子女兩人以上者，以請領一人之津貼為限。

　父母同為本保險被保險人者，在不同時間分別辦理同一子女之育嬰留職停薪並選擇繼續加保時，得分別請領。

2. 育嬰留職停薪期間，選擇繼續加保，並遞延繳納保險費者，於遞延繳納保險費期間請領保險給付時，應先補繳遞延繳納之自付部分保險費；未補繳者，自其請領之保險給付中扣抵。

　前項遞延繳納之保險費，得遞延3年繳納。

　因育嬰以外事由辦理留職停薪之被保險人，選擇於留職停薪期間繼續加保時，應自付全部保險費。

四、保險費

本保險之保險費率，爲被保險人每月保險基數金額3%至8%。前項費率，由國防部聘請精算師或委託精算機構定期精算，並評估保險實際收支情形及精算結果，報請行政院覈實釐定；費率調整時，亦同。

第一項所稱每月保險基數金額，依被保險人月支薪俸爲準。

義務役軍官、士官每月保險基數金額，比照志願役軍官、士官同階一級辦理；士兵、軍事學校軍費學生每月保險基數金額，比照志願役下士一級辦理。

本保險之保險費，按月繳付，由被保險人自付35%，政府補助65%。但義務役士官、士兵之保險費，全額由政府負擔。

前項由政府補助或負擔之保險費，由被保險人所屬機關分別編列預算，逐月撥付承保機構。（第10條）自1992年起以軍人保險保費一律繳交8%。

本條例2010年4月20日修正之條文施行前，已繳付保險費滿30年，或繳付保險費未滿30年，繼續繳付保險費屆滿30年之被保險人，在本保險有效期間，其保險費由國庫負擔；如發生第3條所列保險事故時，仍得依本條例規定，領取保險給付。（第11條）

第六節　公教人員保險與退休撫卹

壹、公教人員保險

‧公教人員保險立法沿革

（一）公務人員保險法
1958年1月29日總統令制訂公布全文25條。

（二）退休人員保險辦法
1965年8月增辦退休人員保險。

（三）公務人員保險法第一次修正

1974年1月29日總統令修正公布全文25條。

（四）公務人員眷屬疾病保險條例

1982年7月辦理公務人員眷屬疾病保險。

（五）公務人員疾病保險及退休公務人員配偶疾病保險條例

1985年7月辦理退休公務人員疾病保險及退休公務人員配偶疾病保險。

（六）公務人員保險法第二次修正

全民健康保險自1995年3月1日起實施後，將公務人員相關之各種保險之醫療給付部分，均予整合納入。1995年1月28日總統令增訂第23-1條，並修正第8條條文。

（七）公務人員保險法第三次修正

基於精簡保險法規與整合保險制度暨契合保險原理與追求經濟效益之考量，銓敘部乃配合修正公務人員保險制度，並將私立學校教職員保險併入，成為「公教人員保險」。1999年5月29日總統令修正公布名稱及全文26條。

（八）公教人員保險法第四次修正

2000年1月26日總統令修正公布第13、14、26條條文。

（九）公教人員保險法第五次修正

2002年6月26日總統令修正公布第9條條文本保險之保險費，按月繳付，由被保險人自付35%，政府補助65%。但私立學校教職員由政府及學校各補助32.5%。前項政府補助私立學校教職員之保險費，由各級主管教育行政機關分別編列預算核撥之。

（十）公教人員保險法第六次修正

2005年1月19日總統令修正公布第5條將原指定承保機關為中央信託局，改為由考試院會同行政院指定承保機關；第6條強制保險但不得重複加保；第8條保險費率之精算由承保機關依精算結果，報考試院釐定；第10條補助私校教職員之保費分攤規定；第13條自付保費之代扣；第14條補充本法1999年5月31日實施後未達一次養老給付年資的相關規定；第18條

修正保險給付權力不得讓與、抵銷、扣押或供擔保之相關規定文字；第26條除另定施行日期者外，自公布日施行。增訂第13-1條殘廢給付之規定；第15-1條、第16-1條、第24-1條條文修改文字。

（十一）公教人員保險法第七次修正

為配合育嬰留職給付之推行，2009年7月8日總統令修正公布第3、4、10、18、26條條文；增訂第17-1條條文；施行日期由考試院會同行政院定之。2009年8月5日考試院、行政院院會同發布自2009年8月1日施行。

（十二）公教人員保險法年金化

基於國民年金法、勞工保險年金化均已通過施行，考試院銓敘部於2010年12月9日送請行政院審議，行政院於2011年4月28日審查通過公教人員保險法修正（草案）。規劃養老年金給付率0.65%的修正草案，臺灣銀行（承保機關）認為這是在現行公保財務下所能支應的最高給付率，採行此一給付率，在年金實施初期暫無須調整保險費率。倘若養老年金給付率如高於上項標準，則須調高保險費率，以免發生公保財務短絀或將債務遺留給後代，將增加公保、政府及被保險人之財務負擔。

行政院審議結果如下：

養老給付年金化之前已加保者可選擇領取一次給付，之後加保者一律改領養老年金。被保險人分甲乙兩類。甲類為行政機關經銓敘審定之公務人員、雇員公立學校編制內之有給專任教職員、交通部所屬事業機構人員、其他公營事業機構內經銓敘審定之公務人員。其餘為乙類，如私校教師、公營事業公務員兼具勞工身分者。

甲類年金給付率為投保年資每一年給付0.65%；一次給付為投保年資每一年給付1.2個月。

1. 每月可領養老年金給付＝最後3年平均保俸×0.65%×公保年資（最高採計35年）。

2. 一次給付＝最後3年平均保俸×1.2個月×公保年資（最高可領36個月）。

乙類年金給付率給付1.3%；一次給付為投保年資每一年給付2.4個月。

1. 每月可領養老年金給付＝最後3年平均保俸×1.3%×公保年資（最

高採計35年）。

2. 一次給付＝年金化實施前＋年金化實施後（最高可領72個月）：

   年金化實施前＝最後3年平均保俸×1.2個月×公保年資。

   年金化實施後＝最後3年平均保俸×2.4個月×公保年資。

公保年金化後，公教人員的整體所得替代率，最高為本俸2倍的81.375%。然而，立法院司法與法制委員會審查時，交通部、經濟部等所屬公營事業工會，不滿考試院的規劃，動員數千人到立法院施壓，認為他們兼具勞工身分，應比照勞保年金領取1.55%的給付率。已領月退俸、給付率0.65%的交通事業員工，則堅持所有公營事業應一視同仁，也要求領1.3%的年金給付率。迫於選票壓力，國民黨立委呂學樟、蔣乃辛、黃昭順、侯彩鳳、陳杰、潘維剛、張嘉郡、王廷升等輪番上陣，為工會訴求的修法護航。銓敘部在修法說帖中，指公營事業員工的要求不合理，擔心一旦公保年金給付率超過0.65%，會拖垮公保財務；但於2011年11月9日初審過程中，銓敘部卻棄守立場。修正草案規定，未領月退者，給付率1.3%；已領月退者，可自由選擇0.65%至1.3%的給付率。保險費率皆為7%至15%。草案一旦三讀修正通過，公教人員退休所得替代率最高將達100%，以公教人員退休平均餘命22年計算，近60萬公保保險對象未來22年，政府將需負擔1.5兆元公保年金分攤。消息一出，國人譁然。這又是另一次公教人員自利，結合政客選票壓力的演出，而置國家財政赤字於不顧，將社會成本轉嫁給全體國民承擔，嚴重違反世代正義的原則。

本保險計有殘廢、養老、死亡、眷屬喪葬、育嬰留職停薪五項現金給付，以保障公教人員於退休及發生相關保險事故時生活無虞。茲重點介紹如下：

一、保障對象

本保險之保險對象包括下列人員：

（一）法定機關編制內之有給專任人員。

（二）公立學校編制內之有給專任教職員。

（三）依私立學校法規定，辦妥財團法人登記，並經主管教育行政機關核准立案之私立學校編制內之有給專任教職員。

二、保險主管機關

　　本保險之主管機關為銓敘部。為監督本保險業務，由銓敘部邀請有關機關、專家學者及被保險人代表組織監理委員會；其組織規程由考試院會同行政院定之。

　　前項監理委員會由政府代表、被保險人代表及專家學者各占三分之一為原則。

三、保險費

　　依第8條規定，本保險之保險費率為被保險人每月保險俸（薪）給之4.5%至9%。前項費率應由承保機關聘請精算師或委託精算機構定期精算；主管機關評估保險實際收支情形及精算結果，如需調整費率，應報請考試院會同行政院覈實釐定。

　　第1項所稱每月保險俸（薪）給，係依公務人員及公立學校教職員俸（薪）給法規所定本俸（薪）或年功俸（薪）為準。私立學校教職員比照公立同級同類學校同薪級教職員保險薪給為準釐定。2011年費率為7.15%。

　　本保險之保險費，按月繳付，由被保險人自付35%，政府補助65%。但私立學校教職員由政府及學校各補助32.5%。前項政府補助私立學校教職員之保險費，由各級主管教育行政機關分別編列預算核撥之。

　　由於過去軍公教保險的費率偏低，給付過高，導致基金赤字累累。為解決赤字問題，依第5條規定保險財務如有虧損，其屬於1999年5月30日以前之虧損及潛藏負債部分，由財政部審核撥補；其屬於1999年5月31日以後之虧損部分，應調整費率挹注。

　　依審計部資料，以2010年12月31日為基準日，估算公教人員保險所有在保被保險人屬1999年5月30日以前保險年資，折算至基準日之政府未來34年內應負擔之給付義務約為1,704億元。亦即，這筆基金赤字，政府必須在未來34年內從年度預算中逐年撥補。

四、保險給付

本保險包括殘廢、養老、死亡及眷屬喪葬四項，分述如下：

（一）殘廢給付

被保險人發生傷害事故或罹患疾病，醫治終止後，身體仍遺留無法改善之障礙，符合殘廢標準，並經中央衛生主管機關評鑑合格地區醫院以上之醫院鑑定為永久殘廢者，按其確定成殘當月之保險俸（薪）給數額，依下列規定予以殘廢給付：（第13條）

1. 因執行公務或服兵役致成全殘廢者，給付36個月；半殘廢者，給付18個月；部分殘廢者，給付8個月。

2. 因疾病或意外傷害致成全殘廢者，給付30個月；半殘廢者，給付15個月；部分殘廢者，給付6個月。

前項所稱全殘廢、半殘廢、部分殘廢之標準，由主管機關定之。承保機關對請領殘廢給付之案件，得加以調查、複驗、鑑定。

殘廢給付依下列規定審核辦理：（第13-1條）

1. 在加入本保險前原已殘廢者，不得申領本保險殘廢給付。

2. 同一部位之殘廢，同時適用兩種以上殘廢程度者，依最高標準給付，不得合併或分別申領。

3. 不同部位之殘廢，無論同時或先後發生者，其合計給付月數，以30個月為限，因公者以36個月為限。

4. 原已殘廢部位，復因再次發生疾病、傷害，致加重其殘廢程度者，按兩種標準差額給付。

5. 除手術切除器官，存活期滿一個月外，被保險人死亡前一個月內或彌留狀態或不治死亡後，所出具之殘廢證明書，不得據以請領殘廢給付。

（二）養老給付（第14條）

被保險人依法退休、資遣者或繳付保險費滿15年並年滿55歲而離職退保者，予以一次養老給付。依其保險年資每滿一年給付1.2個月，最高以36個月為限。畸零月數按比例發給。

被保險人於1999年5月31日本法修正施行前後之保險年資應予合併計

算發給養老給付，並受最高36個月之限制；其於修正施行前之保險年資，仍依原公務人員保險法或原私立學校教職員保險條例規定標準計算，其未滿5年者，每滿一年給付一個月，未滿一年之畸零月數，按比例發給；其於修正施行後之保險年資，依前項規定標準計算。

被保險人於1999年5月31日本法修正施行前後保險年資合計12年6個月以上者，如其平均養老給付月數未達一年1.2個月時，以一年1.2個月計算；其保險年資合計未滿12年6個月者，如其養老給付月數未達原公務人員保險法或原私立學校教職員保險條例規定標準時，補其差額月數。前項規定，自1999年5月31日施行。

被保險人請領養老給付後，如再重行參加本保險時，原領養老給付無庸繳回，其原有保險年資，不得合併計算，各次所領養老給付合計月數，最高仍以36個月為限。未達最高月數者，補足其差額；其已達最高月數者，不再增給。

被保險人已領養老給付最高月數後，重行參加本保險，日後退休或離職退保時，不再發給養老給付。但重行加保期間未領取本保險其他給付者，其自付部分之保險費，加計利息發還。

被保險人於1995年3月1日以後、1999年5月31日以前繳付保險費滿15年並年滿55歲而離職退保者，依原公務人員保險法或原私立學校教職員保險條例規定標準，予以一次養老給付。

本法修正施行前原參加公務人員保險及私立學校教職員保險之年資，得合併計算。其養老給付月數最高以36個月為限。

被保險人在本法修正施行前，已依公務人員保險法規定請領養老給付，並再參加私立學校教職員保險者，或已依私立學校教職員保險條例規定請領養老給付，並再參加公務人員保險者，其重行參加各該保險之年資，依前條規定請領養老給付。

被保險人退保改參加勞工保險或軍人保險，不合請領本保險養老給付條件者，其原有保險年資予以保留，俟其於參加勞工保險或軍人保險期間依法退職（伍）時，得經由原服務機關學校，依第14條規定標準，按其退保當月保險俸（薪）給，請領本保險養老給付。但保留年資已領取補償金者，不適用之。

（三）死亡給付

被保險人發生死亡事故時，依下列規定，予以死亡給付：（第16條）

1. 因公死亡者，給付36個月。

2. 病故或意外死亡者，給付30個月。但繳付保險費20年以上者，給付36個月。

依前項規定請領死亡給付者，如曾領取本保險或公務人員保險或私立學校教職員保險之養老給付，應扣除已領養老給付月數。

第13條所稱因執行公務或服兵役致成殘廢及前條所稱因公死亡者，指有下列情事之一者而言：

1. 因執行職務所生之危險，以致殘廢或死亡。

2. 因盡力職務積勞過度，以致殘廢或死亡。

3. 因公差遭遇意外危險或罹病，以致殘廢或死亡。

4. 因辦公往返或在辦公場所遇意外危險，以致殘廢或死亡。

5. 奉召入營或服役期滿在途中遇意外危險，以致殘廢或死亡。

6. 在服役期內因服役積勞過度，以致殘廢或死亡。

7. 在演習中遇意外危險，以致殘廢或死亡。

前項第2款及第6款所稱積勞過度，應由服務機關學校列舉因公積勞之具體事實負責出具證明書，並繳驗醫療診斷書。

（四）喪葬給付（第17條）

被保險人之眷屬因疾病或意外傷害而致死亡者，依下列標準津貼其喪葬費：

1. 父母及配偶津貼3個月。

2. 子女之喪葬津貼如下：

(1) 年滿12歲未滿25歲者2個月。

(2) 未滿12歲及已為出生登記者一個月。

前項眷屬喪葬津貼，如子女或父母同為被保險人時，以任擇一人報領為限。

（五）育嬰留職停薪津貼（第17-1條）

被保險人加保年資滿一年以上，養育3足歲以下子女，辦理育嬰留職停薪並選擇繼續加保者，得請領育嬰留職停薪津貼。

前項津貼，以被保險人育嬰留職停薪當月起，前六個月平均保險俸（薪）給60%計算，自留職停薪之日起，按月發給；最長發給6個月。但留職停薪期間未滿6個月者，以實際留職停薪月數發給；未滿一個月之畸零日數，按實際留職停薪日數計算。

同時撫育子女2人以上者，以請領一人之津貼為限。

夫妻同為本保險被保險人者，在不同時間分別辦理同一子女之育嬰留職停薪並選擇繼續加保時，得分別請領。

五、保險效力

符合第2條規定之保險對象，應一律參加本保險為被保險人，其保險期間自承保之日起至離職之日止。

被保險人應在其支領全額俸（薪）給之機關加保，不得重複參加本保險。重複參加本保險所繳之保險費，概不退還。但非可歸責於服務機關學校或被保險人之事由所致者，不在此限。

重複參加軍人保險、勞工保險或農民健康保險者，除本法另有規定外，依前項規定辦理。

同一保險給付，不得因同一事故而重複請領。

貳、公務人員退休撫卹

公務人員保險法制訂之前，1943年11月16日國民政府在南京即制訂公布「公務人員退休法」全文18條，以保障公務人員退休後的經濟安全。國民政府撤退來臺前，1947年6月26日第一次修正公布全文18條。1948年4月10日再修正公布第8條條文。

國民政府撤退來臺後，於1949年11月2日總統修正公布名稱及全文18條。1971年6月4日總統令修正公布名稱及全文19條。1979年1月24日總統修正公布第6、8、13條條文；並增訂第13-1條條文。1981年12月4日總統令修正公布第4、5、9條條文。1993年1月20日總統令修正公布第6-8、13-1、18條條文；並增訂第6-1、16-1條條文。1995年1月28日總統令修正公布第11條條文，並自同年7月1日起施行。

2008年8月6日總統令修正公布第16-1條條文；施行日期，由考試院以命令定之。2008年8月29日考試院令發布自2008年8月8日起施行。

為處理2006年底未完成程序的軍公教退休撫卹過度保障改革案，2010年8月4日總統令修正公布全文37條的再修正，並自2011年1月1日施行。

基本上，公務人員退休法不是社會保險，在1995年以前稱恩給制，亦即由國家全額負擔退休金。由於沉重的財政負荷，才會有新制的實施，改為儲金制，由公務員與政府分攤提撥，類似勞工退休金新制的個人持續帳制度。新制之重要規定如下：

一、退休規定

公務人員之退休，分自願退休、屆齡退休及命令退休三類。（第3條）

（一）自願退休

公務人員有左列情形之一者，應准其自願退休：（第4條）

1. 任職5年以上，年滿60歲者。

2. 任職滿25年者。

前項第1款所規定之年齡，對於擔任具有危險及勞力等特殊性質職務者，得由銓敘部酌予減低，但不得少於50歲。

配合機關裁撤、組織變更或業務緊縮並依法令辦理精簡，未符前項規定而有下列情形之一者，得准其自願退休：

1. 任職滿20年以上者。

2. 任職滿10年以上，年滿50歲者。

3. 任本職務最高職等年功俸最高級滿3年者。

第1項第1款所規定之年齡，對於擔任具有危險及勞力等特殊性質職務者，由主管機關就其職務性質具體規定危險及勞力範圍，送經銓敘部認定後，酌予減低，但不得少於50歲。

這是所謂的「八五制」，亦即任職滿25年申請自願退休，須年滿60歲以上，或是任職年資超過30年以上申請自願退休，年滿55歲者，才可以自退休日起請領全額月退休金。2010年修法前，稱「七五制」，亦即任職滿25年、年滿50歲即可申請自願退休的規定取消。過去任職滿25年、年滿55

歲退休者加發5個退休基數的規定，也被刪除，才不致圖利特定年齡層。

（二）屆齡退休（第5條）

公務人員任職滿5年以上，年滿65歲者，應予屆齡退休。

前項所規定之年齡，對於擔任具有危險及勞力等特殊性質職務者，由主管機關就其職務性質具體規定危險及勞力範圍，送經銓敘部認定後，酌予減低，但不得少於55歲。

（三）命令退休（第6條）

公務人員任職滿5年以上，因身心障礙，致不堪勝任職務，繳有中央衛生主管機關評鑑合格醫院出具已達公教人員保險殘廢給付標準表所定半殘廢以上之證明，並經服務機關認定不能從事本職工作，亦無法擔任其他相當工作且出具證明者，應予命令退休。

公務人員任職滿5年以上，因身心障礙，致不堪勝任職務，且有具體事證而不願提出中央衛生主管機關評鑑合格醫院醫療證明者，經主管人員及人事主管人員送請考績委員會初核，機關首長核定後，應令其以病假治療。

逾公務人員請假規則規定期限仍不堪勝任職務或仍未痊癒，應由機關主動辦理其命令退休。

前兩項人員係因公傷病致身心障礙而不堪勝任職務者，不受任職5年以上年資之限制。

前項所稱因公傷病，指經服務機關證明具有下列情形之一者：

1. 因執行職務發生危險，以致傷病。
2. 在辦公場所發生意外，以致傷病。
3. 因辦公往返途中遇意外危險，以致傷病。
4. 盡力職務，積勞過度，以致傷病。

二、退休金給與

退休金之給與如下：（第9條）

（一）一次退休金

一次退休金，以退休生效日在職同等級人員本（年功）俸加一倍為基數內涵，每任職一年給與1.5個基數，最高35年給與53個基數。未滿一年

者，每一個月給與八分之一個基數。未滿一個月者，以一個月計。

（二）月退休金

月退休金，以在職同等級人員之本（年功）俸加一倍為基數內涵，每任職一年，照基數內涵2%給與，最高35年，給與70%為限。

未滿一年者，每一個月照基數內涵六百分之一給與。未滿一個月者，以一個月計。

（三）兼領二分之一之一次退休金與二分之一之月退休金

依第1項第3款兼領月退休金之退休給與，各依其應領一次退休金與月退休金按比例計算之。

1995年7月1日以後初任公務人員且服務逾35年者，一次退休金之給與，自第36年起，每年增給一個基數，但最高給與60個基數為限；月退休金之給與，自第36年起，每年增給1%，以增至75%為限；未滿一年者，每一個月照基數一千兩百分之一給與。未滿一個月者，以一個月計。

三、退休金提撥

依第14條規定，公務人員退休撫卹新制（以下簡稱退撫新制）自1995年7月1日起實施。因機關改制或其他原因而另定實施日期者，依其實施日期認定。

退撫新制實施後之公務人員退休金，應由政府與公務人員共同撥繳費用建立之退休撫卹基金（以下簡稱退撫基金）支給，並由政府負最後支付保證責任。

公務人員退休撫卹基金管理機關（以下簡稱基金管理機關）對前項退撫基金之財務，應實施定期精算。

第2項共同撥繳費用，按公務人員本（年功）俸加一倍12%至15%之費率，政府撥繳65%，公務人員繳付35%。撥繳滿40年後免再撥繳。

公務人員辦理退休時，其繳納基金費用未予併計退休之年資，應一次發還其本人原繳付之退撫基金費用本息。

公務人員依規定不合退休、資遣於中途離職者，得申請一次發還其本人原繳付之退撫基金費用本息。繳付退撫基金5年以上，除因案免職或撤職而離職者外，得同時申請一次發給政府撥繳之退撫基金費用本息。

公務人員退撫新制實施後之年資，已按公營事業移轉民營條例或其他退休（職）、資遣法令辦理年資結算、退休（職）或資遣者，不適用前項發還退撫基金費用本息之規定。

第2項退撫基金之撥繳，管理及運用等事項，另以法律定之。

公務人員退休撫卹新制自1995年7月1日實施，將退撫經費悉由政府編列預算負擔之「恩給制」，改為由政府與公務人員共同撥繳費用（按：實施之初，按本俸加一倍的8%撥繳，2002年1月起調整為8.8%，2004年1月起調整為9.8%，2005年1月起調整為10.8%，2006年1月起調整為12%）。

截至2011年10月底止，參加基金之機關學校總數為7,732個，參加的總人數為631,545人。退撫基金分別委託國內、國外金融機構操作。

四、修法前後年資併計

依第29條規定，公務人員在退撫新制實施前、後均有任職年資者，應前、後合併計算。但退撫新制實施前之任職年資，仍依原規定標準最高採計30年。退撫新制實施後之任職年資，可連同併計，最高採計35年。任職年資逾35年者，其前、後年資之採計由當事人取捨。

公務人員在退撫新制實施前、後均有任職年資者，其退休金或資遣給與，依下列規定併計給與：

（一）退撫新制實施前，任職年資應領之退休金或資遣給與，依第31條規定標準，由各級政府編列預算支給。

（二）退撫新制實施後，任職年資應領之退休金或資遣給與，依第9條第2項至第6項規定標準，由退撫基金支給。

依本法規定繳納基金費用未予併計退休之年資，依其本人繳付退撫基金費用之本息，按未採計之退撫新制實施後年資占繳費年資之比例計算，由退撫基金一次發還。

復依第30條規定，公務人員在退撫新制實施前、後均有任職年資，合計滿15年以上者，其退休金應選擇同一給付方式請領。

退撫新制實施前已有任職年資未滿15年，於退撫新制實施後退休，其前、後任職年資合計滿15年以上，擇領月退休金者，另按退撫新制實施前未滿15年之年資為準，依下列規定擇一支給補償金，由各級政府編列預算

支給：

（一）每減一年，增給二分之一個基數之一次補償金。

（二）每減一年，增給基數二百分之一之月補償金。

退撫新制實施前已有任職年資未滿20年，於退撫新制實施後退休，其前後任職年資合計滿15年擇領月退休金者，依其在退撫新制實施後年資每滿6個月一次增發二分之一個基數之補償金，最高一次增發3個基數，至滿20年止。其前、後任職年資合計逾20年者，每滿一年減發二分之一個基數之補償金，至滿26年者不再增減。其增減基數之補償金，由退撫基金支給。

五、舊制退休金計算

依第31條規定，公務人員退撫新制實施前任職年資應給與之退休金，依下列標準計算：

（一）一次退休金

以退休人員最後在職等級，按退休生效日在職同等級人員本（年功）俸加新臺幣930元為基數內涵，任職滿5年者，給與9個基數，每增一年加給2個基數；滿15年後，另行一次加發2個基數，最高總數以61個基數為限。未滿一年者，每一個月給與六分之一個基數。未滿一個月者，以一個月計。

（二）月退休金

以退休人員最後在職等級，按在職同等級人員本（年功）俸為基數內涵，每任職一年，照基數內涵5%給與，未滿一年者，每一個月給與一千兩百分之五；滿15年後，每增一年給與1%，未滿一年者，每一個月給與一千兩百分之一，最高以90%為限。未滿一個月者，以一個月計。另十足發給新臺幣930元。

六、18%優惠存款

依第32條，退撫新制實施前任職年資，依前條或退撫新制實施前原規定標準核發之一次退休金及退撫新制實施前參加公務人員保險年資所領取之養老給付，得由臺灣銀行股份有限公司辦理優惠存款。

兼具退撫新制實施前、後任職年資且支（兼）領月退休金人員，其退休所得如超過最後在職同等級人員現職待遇之一定百分比（以下簡稱退休所得比率上限），在依本法支（兼）領之月退休金不作變動之前提下，應調整其養老給付辦理優惠儲存之金額。

前項退休所得以月退休金及公保養老給付優惠存款每月利息計算；現職待遇以本（年功）俸加一倍計算。退休所得比率上限計算如下：

（一）支領月退休金人員，核定退休年資25年以下者，以75%為上限；以後每增一年，上限增加2%，最高增至95%。未滿6個月者，增加1%；滿6個月以上未滿一年者，以一年計。

（二）兼領月退休金人員，依前款比率，按其兼領月退休金之比例折算。

前項人員所領退休所得不得高於同等級現職人員待遇。

第1項一次退休金與養老給付優惠存款之適用對象、辦理條件、期限、利率、利息差額補助、金額及前兩項退休所得、現職待遇、百分比訂定之細節等相關事項，由考試院會同行政院以辦法定之。

支領一次退休金或養老給付，並依第1項規定辦理優惠存款人員，如有第23條及第24條規定應停止或喪失領受月退休金情事者，其優惠存款應同時停止辦理。未依規定停止辦理者，應由支給機關依法追繳其自應停止辦理日起溢領之金額。

七、18%優惠存款改革

退休公務人員一次退休金准予辦理優惠存款，係依立法院法制委員會於1949年7月15日審議「公務人員退休法」修正草案時，基於當時公務人員支領之一次退休金，係以其最後在職之月俸額及本人實物代金為基數，造成公務人員退休實質所得偏低。為照顧退休人員生活，考試院於1960年1月修正「公務人員退休法施行細則」第31條（現為第32條），規定依「公務人員退休法」退休之公務人員所支領之一次退休金得辦理優惠存款，其辦法由銓敘部會商財政部定之。兩部於1960年11月2日會銜訂頒「退休公務人員退休金優惠存款辦法」。另外，由於退休公務人員之公保養老給付，與軍保之退伍給付，既屬同一性質，基於文武平衡原則，爰於

1974年12月訂定發布「退休公務人員公保養老給付金額優惠存款要點」，
此後退休公務人員之公保養老給付，亦比照軍人保險退伍給付，得辦理優
惠存款。歷經多次修正後，現行規定分別為「退休公務人員一次退休金優
惠存款辦法」及「退休公務人員公保養老給付金額優惠存款要點」。因
此，優惠利率辦法僅是依據母法下之施行細則所頒布的行政命令，並非法
律層級。又目前適用優惠存款制度之人員，尚包括國防部、內政部之軍職
人員、卸任資深民意代表、縣市長、鄉鎮縣轄市長等公職人員，以及教育
部主管之教育人員。優惠存款利息是以活存5%和定存13%，提供軍公教
退休人員退休金儲存於臺灣銀行。

　　倘若銀行利率低於18%時，政府仍應負擔補其不足之責，導致當利率
下降時，政府的財政負荷升高。而各項優惠存款辦法中均規定「存款中途
解約後，不得再存入」，形成領取一次給付之軍公教人員將此款項存入銀
行，以領取優惠利息為生活費，成為變相的老年年金。而存入之母金（一
次退休給付）反而因不敢動支而成為遺屬的安家費（盧政春，1995）。制
度之扭曲，莫過於此。軍公教18%優惠存款利息補貼一年花國庫約565億
元。

　　隨著公教退休新制改革上路，「退休公務人員一次退休金優惠存款辦
法」只適用在1995年7月1日以前進入公務體系的軍公教人員。1995年公教
人員退休新制實施後，軍公教人員支領月退休金的所得替代率均超過75%
以上，且由於月退休俸全年有65萬元屬免稅，因此所得替代率將高達93%
以上，遠遠超過工業先進國家平均的55%至65%的所得替代率水準。若加
上前述18%的優惠利息收入，所得替代率超過100%的退休軍公教人員比
比皆是。到2002年止，仍有34萬餘軍公教人員享有此項優惠。亦即，這
些軍公教人員在5、60歲退休時，不必工作就可領取比工作時期更高的收
入，這完全扭曲了工作的價值與退休給付的意義。倘若這些退休人員又另
尋私營事業單位發展生涯第二春，再領取一份全薪，其所造成的社會不正
義現象，是先進工業國家中絕無僅有的（黃世鑫，2003）。

　　基於年金給付的公平、社會資源分配的正義，以及政府龐大的財政負
荷，軍公教人員超高的所得替代率與扭曲的老年年金制度設計，成為長期
以來福利政治的爭論點。然而，長期執政的國民黨政府在政黨政治未健全

的1990年代以前，不可能自動挑起軍公教人員退休金制度的改革，即使國家財政負荷是眾所皆知的。首先，依新制度主義的分析，國家公務員有明顯的自利傾向，使得這個制度設計的不當才會久久難以徹底改革。自利的軍公教人員就發展出一套「信賴保護原則」來為自己的不當得利辯護。的確，依行政程序法第8條規定：「行政行為，應以誠實信用之方法為之，並應保護人民正當合理之信賴。」亦即，為保護人民對於國家正當合理的信賴，人民因信賴特定行政行為所形成的法秩序，而安排其生活或處置其財產時，不能因為嗣後行政行為之變更而影響人民之既得權益，使其遭受不可預見之損害。據此，論者就說，因為當年有18%優惠存款的利益，誘使軍公教人員願意從事該項職業，是故，不能在人們已經選擇從事軍公教職業之後，取消其18%優惠存款利息，這會傷害人民既得之權益。

然依大法官會議釋字第525號解釋（2001-5-4）所宣示之「信賴保護原則」，係「法規公布實施後，制訂或發布法規之機關依法定程序予以修改或廢止時，應兼顧規範對象信賴利益之保護。除法規預先有施行期間或因情事變遷而停止適用，不生信賴保護問題外，其因公益之必要廢止法規或修改內容，致人民客觀上具體表現其因信賴而生之實體法上利益受損害，應採取合理之補救措施，或訂定過渡期間之條款，俾減輕損害，方符憲法保障人民權利之意旨。」亦即，信賴保護原則會因「情事變遷」、「公益之必要」而限制其適用範圍。其實，所有社會改革不都是因為情事變遷、公益之必要嗎？例如，工業先進國家1850年代男性勞工取得投票權、1910年代女性擁有投票權，都使得先前獨占政治決策的貴族、地主、中產階級，撥出一部分權利給勞工與女性。同樣地，1995年我國軍公教人員退休制度從恩給制改為儲金制，不也是基於此嗎？違反時代潮流、社會正義的事情，怎會受到信賴保護原則的完全保護？只要採取合理的補救措施即可。

其次，如本書第二章所述，國民黨長期依賴福利侍從主義來博取軍公教人員的支持，更不可能甘冒軍公教人員的反彈而推動軍公教人員退休制度的改良。除非發現財政負荷已經淹到頸部，或選舉的壓力日漸緊迫，到非改不可的地步了。

（一）公務人員退休所得合理化改革方案

　　民進黨自從成立以來，軍公教人員18%優惠存款就是其批評國民黨的重點之一。在2000年執政之後，一方面基於執政也要靠軍公教人員的支持，不敢貿然推動改革；同時也面對前述的朝小野大，要通過18%改革案並非易事。然而，來自選民的壓力與政治承諾，尤其是面對轉型正義（Transitionla Justice）的期待。雖然18%不能與二二八事件、白色恐怖等因政治思想差異、戰爭所引起的迫害相提並論，但也是過去政府違法和不正義行爲的一部分。轉型正義通常具有司法、歷史、行政、憲法、賠償等面向。轉型正義是「遲來的正義」，也可能牴觸信賴保護原則。據此，改革18%就成爲連任後的陳水扁政府的重要改革工程之一。於是，考試院經過六次討論後設計出的「退休所得合理化改革案」，於2006年2月16日起實施，其內容是退休前待遇包括本俸（年功俸）、專業加給、主管加給、年終工作獎金；退休所得包括月退休金、公保養老給付優存利息、年終慰問金；任職25年者，所得替代率上限定爲85%，其後每增一年加1%，最高35年，上限爲95%。亦即，該次改革不是廢除18%的優惠利息，而是以降低所得替代率來減少政府支付軍公教人員退休金的財政負荷。

　　該項所謂「公務人員退休所得合理化改革方案」，其修正的法源爲「退休公務人員公保養老給付金額優惠存款要點第3-1點」，但這項行政命令修正的查照案送立院備查後，國親兩黨團在初審時決議「廢止」。亦即，民進黨所推動的18%改革案並沒有獲得國親兩黨支持。其反對理由是質疑該改革案「肥大官、瘦小吏」。問題出在考試院將其所得分母納入專業加給與主管加給，致有利於主管級高官，而不利於基層公教人員。

（二）功敗垂成的修正改革新制

　　就在立法院決議廢止考試院的備查案的僵局下，2006年7月全國教師會會同教育部向本人提出化繁爲簡之議。本人當時剛就任政務委員不久，即銜蘇貞昌院長之命帶隊前往考試院拜會姚嘉文院長，尋求該方案暫停實施和立法院重新研商調整公式的可能。經五個月的協商，改以修正公保基數作爲替代案，並於2006年12月6日向蔡英文副院長簡報，且獲得蘇院長認可，並取得各黨派理性力量的支持，於12月12日於立法院完成政黨協商簽字，立法院王金平院長並宣讀在案，國親立委也在議場中鼓掌慶祝。這

就是所謂的「軍公教18%優惠利息改革方案大轉折」！公教人員只要有舊制年資統統被砍到，平均每月損失7,000元，受影響人數擴大到34萬人；而軍職人員依照銓敘部已實施原案，僅300多位將軍被扣到。據銓敘部估計，公務員荷包略有縮水，但國庫40年間可省下4,000億元。此一新方案一旦上路，公務員職等愈高扣愈多，可避免過去遭「肥大官、瘦小吏」的批評。例如，同樣在1985年服公職，14職等文官長每月退休金被砍8,880元，九功七的科長被扣7,877元，五功十的科員每月被扣5,759元，官愈高扣愈多，職等愈高者縮水愈多。

　　同時，2006年2月由考試院實施的公教人員18%退休優惠存款利率改革方案，同步被立法院給廢止。但立院朝野協商同意，從2007年2月16日開始，將實施修正後的改革新制，立法院並以附帶決議要求，從改革方案實施到廢止前，公教人員優惠存款因到期換約而損失的利息差額，國庫要在兩個月內補足。銓敘部評估，國庫約須付出3億元。

　　立法院院會於2006年12月12日處理銓敘部「退休公務人員一次退休金優惠存款辦法」，以及修正「退休公務人員公保養老給付金額優雙方都「不滿意，但可接受」的折衷案，化解了一觸即發的表決大戰。立院朝野協商決議，「退休公務人員公保養老給付金額優惠存款要點第三點之一」違反中央法規標準法第5條第1款、第2款，予以廢止，並回溯至2006年2月16日。2007年2月16日實施配合新制上路，立法院程序委員會前一日將配套修法草案「公務人員退休法增訂第16-2條」及「學校教職員退休條例增訂第21-2條」，排入該周五院會第一案和第二案，因朝野達成共識，可望順利三讀。然而，因為該改革修正案使卸任高官成為被改革者，反撲力量逐快速湧向國親黨團，三天後竟違背立法院職權行使法翻案，並造成後續立法院空轉多次。這就是軍公教18%優惠利息改革功敗垂成的一役。

（三）18%優惠存款法制化

　　雖然民進黨執政時期18%改革功敗垂成，但是，人民對改革幾已形成共識，只是改革幅度大小的差異而已。國民黨必須承接此一改革的期待，政黨輪替後，考試院端出修正案。銓敘部於2008年10月底規劃兩替代案，送考試院會討論，兩案均較現行方案有利公務員，但以未來40年可替國庫節省的經費來看，都比現制「少省」250億到500億元。外界質疑國民黨對

公務員放送利多，新任考試院長關中強調，替代案務求合理化，照顧中低階層退休人員，不允許退休所得替代率超過在職所得的百分之百。

然而，國民黨必須面對來自軍公教人員的壓力，改革前途仍是荊棘橫互。2009年3月26日，考試院決議採以「本俸加一倍」來計算現職待遇，此一方向由於貼近現行的公教退撫新制基礎，各界咸認為合理；但退休所得替代率定為77%（年資25年）到97%（年資35年），最高達到97%，年資達40年的教師甚至接近100%，達到99.5%，則已明顯脫離世界各國的退休所得替代率60%左右的潮流，高得離譜，此一部分最讓外界質疑。2009年底草案送進立法院，民進黨團反對，留待進一步協商。

由於考試院的版本比起2006年2月16日以來實施的現制雖然修正了「肥高官、瘦小吏」的缺失，但整體所得替代率偏高，仍有利於軍公教人員，且造成國庫財政負荷加重。當中高階公務人員聞知可能因此而每月少掉退休金4～5,000元，遂提醒國民黨秘書長金溥聰，金溥聰於是在2010年4月21日向銓敘部長張哲琛表達關切。但金溥聰在消息見報後惱羞成怒，除表示「絕對不能再動支國庫預算、不可以回溯」，「再動支國家預算去補18%的支出，這我無法同意」，還痛罵國民黨立委呂學樟，聲稱可體諒立委有選區考量，但絕不可以顛倒黑白、扭曲事實，說出跟事實徹底相反的訊息，「讓我背上反改革的標籤，這樣的做法已經超越我可以容忍的底線，我完全不可能接受。」（中國時報，2010-04-22）金溥聰的選舉考量，使考試院版本在立法院被延宕。

不湊巧，立法院臨時會於2010年7月審查兩岸經濟合作架構協議（ECFA）時，民進黨立委不願背書而退席抗議。在缺乏反對黨的情況下，2010年7月13日立法院三讀通過《公務人員退休法》、《公務人員撫卹法》、《公務人員任用法》修正案，重大變革包括「18%優惠利率明文化」、「月退休金改85制」；其他修正重點則有「反肥貓條款」、「防嫩妻條款」等，新法於2011年1月1日上路。

（四）18%優惠存款再調整

然而，在五都選舉前，政府通知基層公教人員趕快回存增加的優惠存款額度，讓18%優惠存款的爭議再起。2010年1月1日新制上路後，回存的優惠存款金額高達270億元，一個月利息增加約3億元，造成中央政府與

地方政府額外負擔。顯示，2010年18%優惠存款利息調整方案的決策過於草率，於是有再調整之必要。爲了解決爭議，府院黨五度召開黨政協調平臺會議，敲定多項原則。考試院臨時院會於2011年1月31日上午審議通過「再調整方案」，將退休公務員的實質所得替代率調降。估計2011年版方案比起2010年修正方案，一年可再爲政府節省新臺幣34億餘元的經費。

再調整方案是在2010年方案的基礎之上，再增加實質所得替代率的限制，超過實質所得（含本俸、專業加給、主管職務加給、年終工作獎金的十二分之一）一定比率的人，要調降優存額度；部長級以上政務人員，優存額度從333萬元調降到以200萬元爲上限；至於領取一次退休金的人，不受新方案影響。對於引發爭議的前副總統連戰與李元簇優存增加部分，均回歸2006年額度，不再回存，所得替代率爲61%。連戰可優存金額約220萬元，李元簇約410萬元。

2011年版將五功十、七功六、九功七非主管人員的優存額度再降低，但相較於2006年方案，基層還是可以回存，不過回存金額已相對減少。以年資30年的五功十退休公教人員來說，2010年改革原本每月可增加6,945元利息，但2011年版方案僅可增加781元；七功六退休人員2010年版方案每月原可增加6,793元利息，2011年版方案僅可增加825元利息；九功七人員2010年版方案每月原可增加9,139元利息，2011年版方案只能增加1,047元。

據此，再調整方案的退休公教人員實質所得替代率降低，以2011年退休的公教人員來說，年資25年者，替代率在53.73%至80%之間；年資30年者，替代率在60.89%至85%之間；年資35年者，替代率在68.05%至90%之間。

至此，我國軍公教人員退休金優惠存款利息18%的爭議告一段落，不但已入法，且所得替代率也調降。但是在改革的過程中，凸顯政黨的投鼠忌器。民進黨在執政前批評18%甚力，一旦執政後，受制於立法院的少數黨與官僚體系的自利性格，不敢立即啓動改革。在支持者民意的壓力下，於2006年2月提出改革版本。然由考試院銓敘部主導的改革版本又陷入官僚體系的自利性格，雖然爲國家節省公帑4,000億，但被批評爲「肥大官、瘦小吏」，而受阻於國民黨占多數席次的立法院。2006年底的修正

案，本可一舉解決爭議，但少數國民黨立委為個人選區利益出爾反爾，致改革再次延宕。

早期國民黨對18%的立場其實很清楚。從福利侍從主義的角度來看，以優惠的退休金來籠絡其主要支持者——軍公教人員，這也吻合官僚體系的自利性格。然而，財政的壓力愈來愈沉重，人民的反對聲浪也愈來愈大。2008年國民黨再度執政後，不得不回應選民的壓力，提出改革版本，然而也是一波三折。考試院銓敘部2008年的版本，過度聚焦在「肥大官、瘦小吏」的議題上，又有2012年的選舉考量，以致改革進退失據，一方面要回應民意刪減18%優惠利息存款，另方面又要照顧中高階公教人員的利益，才會有國民黨秘書長金溥聰介入18%改革案而被非議，以致2010年的改革案改革幅度過小，為德不卒，引發民怨，接著才出現2011年的再調整案，顯見國民黨在改革18%的步履闌珊。

參、政務人員退職撫卹

政務人員退休撫卹條例於2004年1月7日經總統令公布全文21條，並自2004年1月1日施行。2006年5月17日總統令修正公布第2條條文。

自此，政務人員自2004年起開始採行離職儲金制度。其適用人員依第2條規定為：

1. 依憲法規定由總統任命之人員及特任、特派之人員。
2. 依憲法規定由總統提名，經立法院同意任命之人員。
3. 依憲法規定由行政院院長提請總統任命之人員。
4. 其他依法律規定之中央或地方政府比照簡任第十二職等以上職務之人員。

離職儲金提撥每月按俸給總額12%為標準，依政府負擔65%，政務人員負擔35%，並開立專戶儲存，於退職或在職死亡時，由服務機關一次發給，無須送銓敘部核定。但非由軍公教人員、其他公職人員或公營事業人員轉任者，除符合因公傷病退職或死亡撫卹外，不適用上開「離職儲金」規定。另政務人員退職撫卹條例施行前後續任政務人員者，於退職時，其於2004年1月1日以後之服務年資，依規定發給公、自提儲金；其於2003

年12月31日以前之服務年資，即仍依原政務人員退職酬勞金給與條例之規定辦理，政務人員服務未滿15年者，給與一次退職酬勞金，服務15年以上者，就一次退職酬勞金、月退職酬勞金或兼領退職酬勞金擇一支領。

第七節　私立學校教職員工保險

壹、立法沿革

私立學校教職員工保險條例於1980年7月22日經立法院三讀通過，同年8月8日總統令公布，並於10月1日實施。1984年7月辦理私立學校教退休職員保險，並於1985年併入私立學校教退休教職員及其配偶疾病保險條例。私立學校教職員眷屬疾病保險條例，則於1990年1月起先行開辦配偶部分，並自1991年11月起擴及父母部分，1992年8月起擴及子女部分。茲為配合全民健保的實施，私立學校教職員保險條例經立法院修正通過部分條文，並於1995年1月28日總統令修正公布，同年3月1日起將有關醫療給付業務歸併全民健保體系。私立學校教職員工保險則於1999年5月31日與公務人員保險合併。

貳、保險內容

一、保險人

（一）主管機關：銓敘部

惟私立學校申請參加保險的要保學校，應經主管教育行政機關核准，並函銓敘部備查。而所稱主管教育行政機關，依私立學校法第4條規定，私立專科以上學校為教育部，其他學校為所在地的省（市）教育廳（局）。

（二）監理機關

比照公務人員保險規定，仍由公務人員保險監理委員會負責辦理。

（三）承保機關

私立學校教職員保險業務仍委託中央信託局公務人員保險處理辦法，並負承保盈虧責任，如有虧損，則由財政部撥補。

二、被保險人

凡私立學校編制內有專任的教職員均應參加保險為被保險人。惟申請參加保險的年齡，不得超過65歲。至於各級私立學校教職員須具備下列資格之一者，使得參加保險：

（一）教師須符合各級學校教師資格審查規格、遴聘辦法或登記及檢定辦法等規定，而具有送審或登記資格者為準。

（二）職員須報經主管教育行政機關核備者。

根據公保處統計，截至1998年6月底止，參加私立學校教職員工保險的要保單位有331個，被保險人數計49,126人。

三、保險給付

私立學校教職員保險給付內容與公務人員保險相同，包括殘廢、養老、死亡及眷屬喪葬四項現金給付，原有關生育、疾病、傷害等三項醫療給付併入全民健康保險體系。至於各種保險給付標準亦與公保標準相同，在此從略。

四、保險費

（一）保險費率

目前保險費率暫定為被保險人每月俸給4.75%。

（二）保險費負擔方式

被保險人自付35%，學校負擔32.5%，政府補助32.5%。

壹、立法沿革

　　為增進農民福利，維護農民健康，前行政院長俞國華於1985年的施政報告中宣布試辦農民健康保險，先以10萬人為目標。2年後將對醫療設備、人才培育、辦理方法，以及財務結構等獲取經驗後，再依實際情形，逐步擴大辦理。根據行政院指示，參照開辦勞工保險前例，以行政命令訂頒「臺灣省農民健康保險暫行試辦要點」，自1985年10月25日起試辦農民健康保險，由臺灣省政府選定組織健全、財務結構良好、人員配置適當及其轄區醫療資源充足的基層農會為投保單位，農民健康保險之被保險人以依農會法第12條規定入會的會員為限，不包括贊助會員，被保險人初次投保無最高年齡限制。

　　對於試辦地區的農民提供了生活保障和醫療照顧，因此廣受農民的歡迎與接納，未參加試辦地區則咸盼早日實施，經奉行政院核定自1987年10月25日起第二期試辦農民健康保險，擴大投保地區，對初次投保之農民年齡，規定不得超過70歲，但原已加保者不在此限。臺北市、高雄市及福建省的金門縣、連江縣等地區，奉行政院於1987年10月25日核准，比照臺灣省第二期試辦農民健康保險暫行要點之規定，參加試辦農民健康保險。

　　時任高雄縣長的余陳月瑛女士在擔任省議員期間即不斷呼籲政府應該辦理農民健康保險。當其擔任高雄縣長後的1985年，即積極籌劃在高雄縣自辦農民健康保險；而且還全省率先辦理殘障健康保險，村長、里長、鄰長、農民代表、縣議員的健康保險。1988年，高雄縣率先開辦農民健康保險，省府勸阻無效。為了避免隔年的縣市長選舉失利，當時的省主席邱創煥只好加快腳步擴大辦理，報奉行政院長李煥核准，自1988年10月25日起全面試辦農民健康保險，並取消初次投保不得超過70歲之限制，所有農民乃同蒙其惠。

　　農民健康保險第一期試辦（1985年10月25日至1987年10月24日）保險費率為被保險人月投保金額5%至7%，鑑於農民健康保險係屬試辦性質，

衡酌農民的負擔能力，保險費率乃從低訂定為5.8%，農民負擔極低。農民健康保險第二期試辦（1987年10月25日至1989年6月30日）保險費率調整為6.5%至8.5%，實施之保險費率訂為6.8%。

嗣中央根據此項試辦期間（1985年10月25日至1989年6月30日）保險費由政府負擔50%，被保險人負擔40%，投保農會負擔10%，保險給付項目為疾病、傷害、生育及喪葬補助費，疾病、傷害包括門診、住院之醫療給付，生育給付本人及配偶分娩均按月投保金額給與2個月之現金給付，喪葬補助按月投保金額給付5個月。

嗣中央根據此項試辦成效，以農民健康保險涉及農民權利和義務，亟宜立法以落實制度，於是制訂「農民健康保險條例」經立法院三讀通過，於1989年7月1日開始實施，本條例為使保險範圍普及，除農會法第12條所定之農會會員外，將年滿15歲以上從事農業工作之農民分為自耕農、佃農、雇農、自耕農與佃農之配偶四種納為投保對象。參加農民健康保險之農民，因遭遇生育、傷害、疾病、殘廢及死亡五種保險事故時，分別給與生育、醫療、殘廢給付及喪葬津貼。

為配合行政程序法之施行及因應全民健康保險法於1995年3月1日實施後，農民健康保險條例中有關醫療給付部分均已劃歸全民健康保險，「農民健康保險條例」爰擬配合修正為「農民保險條例」，並分別於1995年、2000年及2002年擬具部分條文修正草案送立法院審議，其中除有關配合行政程序法施行所擬具之增修條文（如農民健康保險條例第9-1條、第39條及第51條）優先於2002年6月26日奉總統令公布外，其餘條文因立法院第5屆任期屆滿法案不予繼續審議，於下屆會期再重新送立法院審議。

為了將農保與國民年金脫鉤，2008年11月26日總統令修正公布第5至7條條文。第6條第1項規定：農民除應參加或已參加軍人保險、公教人員保險或勞工保險者外，應參加本保險為被保險人。但同時符合國民年金保險加保資格者，得選擇參加該保險，不受國民年金法第7條有關應參加或已參加本保險除外規定之限制；其未參加本保險者，視為選擇參加國民年金保險。已參加本保險者，再參加前項所列其他保險時，應自本保險退保。另為回應部分農民需在農閒打工補貼家用之社會現實，同日並新增農保被保險人於農閒打工再參加勞保且符合「農暇之餘從事非農業勞務工作認定

標準」者，得繼續參加農保。2010年1月21日「從事農業工作農民申請參加農民健康保險認定標準及資格審查辦法」再配合增訂，以非會員資格加保中並僅領取2008年11月28日修正生效農暇之餘從事非農業勞務工作期間之勞保老年給付者，得繼續加農保，俾充分保障農暇打工農民之權益。其實，針對農民離農之後的經濟安全問題，以老農津貼作為解決之道並非上策，宜將老農津貼回歸到國民年金保險。而新規劃離農年金保險，作為類似勞工保險的附加年金保險，讓願意提早退休的老農亦可將其農地轉交年輕世代耕作，而以離農年金保障其老年經濟安全。

2010年1月27日總統令修正公布第2、5、31、36～39、51條條文；增訂第15-1條條文；並自公布日施行，但第36條第1項及第37條第1項自2012年1月29日施行。農民健康保險身心障礙給付標準表原係以法律附表定之，為避免修法程序冗長影響被保險人權益，且為使身心障礙給付認定之標準更合時宜，農民健康保險條例爰於2010年1月27日修正刪除「須治療滿一年方得申請給付」之規定，並明文授權中央主管機關另訂定身心障礙給付標準表。鑑此，內政部爰參酌2010年1月27日修正前之農民健康保險條例第36條附表「農民健康保險殘廢給付標準表」、「勞工保險失能給付標準」、「公教人員保險殘廢給付標準表」及行政院衛生署公告之「身心障礙等級」等規定，訂定「農民健康保險身心障礙給付標準」，並會銜行政院衛生署於2011年8月1日發布，自2012年1月29日起施行。

貳、保險內容

農民保險主要的內容如下：

一、被保險人

農民保險的被保險人有兩大類，農會法第12條所定之農會會員應參加本保險為被保險人，並以其所屬基層農會為投保單位。非前項農會會員，年滿15歲以上從事農業工作之農民，參加本保險為被保險人者，應以其戶籍所在地之基層農會為投保單位（第5條）。

農保制度規定被保險人資格的兩大特徵為：被保險人並無最高年齡

的限制，以及投保資格與農會息息相關。且現行農保條例中明文規定農民除應參加或已參加軍人保險、公教人員保險或勞工保險者外，應參加本保險為被保險人；並對於已經參加上述各類保險者，亦規定不得重複參加農保。至2011年10月止，投保單位287個，被保險人數1,483,085人。

二、保險費率

目前農保費率為2.55%；全民健康保險實施以前，農保費率為6.8%，係因配合全民健保實施，將農保醫療給付業務劃歸健保，經扣除劃歸全民健保之4.25%後，農保費率調整為2.55%，迄今均未再調整。（農保之保險費率訂定，係由中央主管機關按被保險人投保金額6%至8%訂定，報請行政院核定之）（第11條）。

三、保險費負擔

依據農民健康保險條例第12條規定，農保保險費由被保險人負擔30%，政府負擔70%。政府負擔部分，其中直轄市區域，由中央政府負擔40%，由直轄市政府負擔30%；省轄區域，為配合精省，自1999年7月1日起由中央政府負擔60%，縣（市）政府負擔10%。

四、投保薪資

農保之投保薪資按勞工保險前一年度實際投保薪資之加權平均金額訂定，報請中央主管機關核定之。自1989年7月1日起核定為10,200元。內政部曾多次報請行政院核示是否調整農保月投保金額及保險費率，惟案經行政院函示，俟國民年金保險制度實施後，再予配合調整。故農保之投保薪資仍維持10,200元，迄今未調整。

五、保險給付

給付項目原包括生育、醫療、身心障礙給付及喪葬津貼，自全民健保實施後，以行政命令配合將醫療給付停止。目前農保僅提供生育、身心障礙給付及喪葬津貼三項現金給付。農民健康保險條例中有關醫療給付均已劃歸全民健康保險。

（一）生育給付

被保險人或其配偶合於下列情形之一者，得請領生育給付：

1. 參加保險滿280日後分娩者。

2. 參加保險滿181日後早產者。

3. 參加保險滿84日後流產者。

生育給付標準，依下列各款辦理：

1. 分娩或早產者，按其事故發生當月之投保金額一次給與2個月。

2. 流產者，按其事故發生當月之投保金額一次給與2個月。

3. 雙生以上者比例增給。

（二）身心障礙給付

被保險人因遭受傷害或罹患疾病，經治療後，症狀固定，再行治療仍不能期待其治療效果，如身體遺存障害，適合身心障礙給付標準規定之項目，並經保險人自設或特約醫療機構診斷爲永久身心障礙者，得按其當月投保金額，依規定之身心障礙等級及給付標準，一次請領身心障礙給付。

被保險人於保險人指定醫療機構出具之農民健康保險身心障礙診斷書所載身心障礙日期之當日死亡者，不予身心障礙給付。

（三）喪葬津貼

被保險人死亡時由支出殯葬費之人領取喪葬津貼月投保薪資的15個月（第40條）。

六、財務狀況

（一）農保制度從開辦迄今，由於保險費率偏低、月投保薪資也低，且未隨精算調整，財務情形年年虧損，均由政府編列預算撥補。農保財務狀況從1990年農保正式全面實施後即開始惡化，至2011年10月止，虧損合計數爲1,320億5,200萬元。政府已撥補虧損數爲1,279億1,100萬元，尚有41億4,100萬元虧損待撥補。以2011年10月爲例，應計保險費3億8,396萬7,304元，但是，給付6億4,147萬4,600元。亦即，該月赤字2億5,750萬7,296元。

（二）雖曾因醫療給付業務劃歸全民健保制度，不再提供醫療給付使財務情況稍獲舒緩，惟因以下原因，農保制度之財務狀況仍長

期處於虧損：

1. **年齡無上限規定**：農保被保險人年齡層偏高，相對成殘機率較其他社會保險為高。

2. **被保險人資格難以認定**：農民健康保險條例雖明定被保險人加保資格須具有從事農業工作能力，惟因農會會員資格係由農會認定，且因農會會員係農保強制加保對象，因此導致有部分人員雖已無從事農作能力，卻因具農會會員資格而加入農保，且加保之後隨即領取身心障礙給付之情形，此亦是農保財務惡化的原因之一。此外，對於「實際從事農作」之定義為何，目前界說不一，也是間接導致加保資格標準認定不一，身心障礙給付日益增加之原因。

3. **重殘給付比率高**：健保開辦後，農保醫療業務移由中央健康保險局辦理後，被保險人就醫權利不因申請農保殘廢給付而喪失，故於健保開辦後成殘之農保被保險人於審定成殘時均即提出申請給付，加上農保被保險人年齡層普遍偏高，致殘機率爰相對較高，導致身心障礙給付件數及金額遽增。

4. **農保代理人之推波助瀾**：由於有所謂「農保代理人」介入給付案件之申請，復因部分不肖醫生配合黃牛開具不實診斷書牟利，推波助瀾致使給付案件、給付金額亦相對成長。

農民健康保險的健康給付已經被全民健康保險取代，所剩生育、身心障礙、喪葬給付其實可以納入國民年金保險。由於其來自政治角力的產物，一旦納入國民年金保險，保費就得調高，政治壓力就蜂擁而至，幾已成為福利改革的禁忌。其保費不敢調高、投保薪資未隨勞工保險調高、給付不敢減少，年年赤字只好靠政府以年度預算撥補，長此以往，絕非善政。

第九節　國民年金保險

壹、政策背景

　　1993年，臺灣的老人人口占總人口的7.02%，進入老人國，人口老化的壓力檯面化。當年15歲以上、65歲以下國民加入軍公教保險者占3.79%，勞保占53.98%，私校教職保者占0.26%，尚有32.16%人口未加入任何社會保險取得老人給付領取資格。這些國民大多是家庭主婦、老人、身心障礙者、自營作業者、臨時工等，他們的老年經濟安全堪慮。而老人靠子女奉養比率下降，1986年是65.8%，1996年下降到48.3%，因此亟需將這些未納入任何社會保險的國民納入老年年金保險體系，以保障其老年或遭逢變故後的生活。

一、政策倡議

（一）老人年金政見

　　1992年，立委候選人蘇煥智在臺南縣以「老人年金」為政見，高票當選。1993年，澎湖縣第11屆縣長補選，民進黨籍的高植澎主打老人年金每月3,000元政見而當選。1993年3月，立法委員洪奇昌、戴振耀、蘇煥智等隨即提出「國民年金法」（草案）（新國會版本），是我國第一個國民年金法版本。同年5月，內政部召開「國民年金制度研議小組」第一次會議。7月，國民黨政府推出「中低收入老人生活津貼」，凡65歲以上老人，其家庭平均所得在社會救助法規定的最低生活費用標準1.5倍以下的老人，每人每月可領取生活津貼6,000元，以因應民進黨老人年金的訴求（林萬億，1995）。

　　1993年9月，民進黨支持成立「敬老年金行動聯盟」，主要支持者是新潮流系統。該年底縣市長選舉，民進黨全面以「老人年金」作為共同政見，承諾老人每月可領取「老人年金」5,000元。隔年1月22日，蘇煥智等16位立委擬具「敬老津貼暫行條例」送立法院審議，企圖替「老人年金」政見解套。沈富雄委員亦提出「國民年金保險法」（草案）。此時，老人

年金、老人津貼已被混淆。而國民黨並不想讓民進黨的政見實現，所以採取阻擾策略。同時又擔心選票流失，因而提出「中低收入戶老人生活津貼」以為因應，及作勢進行國民年金研議，以轉移社會焦點。當時的情勢是國民黨與企業界聯手反對年金制的推動。

1994年年初，內政部提出「建構我國國民年金保險制度建議草案」呈報行政院，行政院核示由經建會接手組成年金制度研究規劃工作小組。6月，立法院進行「敬老福利津貼暫行條例」審查，遭國民黨籍立委抵制而無進展。「敬老年金行動聯盟」發起「發放敬老津貼，反對利益輸送」大遊行。

1994年7月起，內政部放寬「中低收入戶老人生活津貼」的發放資格，將原先的最低生活費用標準1.5倍，提高到2倍。1994年省市長選舉，民進黨承諾兌現自本年7月1日起，發放敬老津貼，每人每月5,000元。洪奇昌、蘇煥智等委員提出「國民年金保險法草案」，再次企圖替「老人年金」政見解套，並使年金制度化。然仍受制於立法院國民黨的多數阻擋。10月，謝長廷委員領銜提出福利國版本「國民年金法」（草案）。

1995年1月1日起，內政部為實現宋楚瑜競選臺灣省長政見，再放寬「中低收入戶老人生活津貼」領取資格，凡65歲以上老人，其家庭平均所得在社會救助法規定的最低生活費用標準1.5倍至2.5倍以下的老人，每人每月也可領取生活津貼3,000元。

（二）經建會規劃

1995年1月，經建會提出國民年金規劃報告，然仍未能定案。經建會的研議小組成員主要是經濟學者，包括朱敬一、許振明、單驥等，社會福利學者有詹火生、林萬億，以及法學者張志銘。經建會代表是李高朝、劉玉蘭，勞保局代表柯木興等。經建會後來也委託胡勝正進行為期2年的可行性研究。在開會初期，大部分經濟學者不清楚何謂國民年金，使這個小組必須從國民年金第一課開始溝通起。而會議期間經常是經濟學者舉出一大堆年金保險的後遺症要社會福利學者回答。經濟學者最常挑戰的是年金保險會造成勞工工作意願降低、儲蓄率也降低。其實從Danziger, Haveman and Plotnick（1981）的文章，可以看出這些疑慮是片面的，該文檢視12個1980年前後的美國實證研究探討美國所得移轉方案（以社會安全為主）

發現，對勞工供給的影響降低4.8%（工時減少），對私人儲蓄的影響0至20%之間，對縮小貧富差距（吉尼係數）效果19%。他們也主張若非辦不可，應該採個人儲蓄帳制，亦即確定提撥制（單驥，1993）。同時，在研議的過程中，最大的困境來自是要另立一個國民年金保險？還是整合現有軍公教勞保險的老年給付？前者稱分立制，後者稱整合制。軍公教人員代表都反對整合制，因為會影響其既得利益。而老年經濟安全保障不全的勞工、農民代表則對整合制表示歡迎。

1995年12月，民進黨政策委員會出版《國民年金制度》小冊子，作為民進黨的政策論述基礎，主張將我國的年金制度模仿瑞典制度，建構為基礎年金與附加年金的雙層制。

1997年縣市長選舉，民進黨籍候選人繼續主打敬老津貼，國民黨籍縣市長候選人亦有部分跟進。然礙於縣市政府預算限制，臺南縣於1997年起改為健保補助與春節敬老金，臺北縣於1999年10月起停發，澎湖縣於2000年7月起也停發。顯然，民進黨執政縣市想以地方包圍中央的老人津貼政策，迫使中央政府開辦國民年金的策略，在國民黨阻擋下，仍無法突圍。

1997年底，經建會完成第一、二階段規劃報告。基於軍人保險、公教人員保險、勞工保險均有各自的老年給付，整合不易，國民年金採社會保險制，但業務分立、內涵整合。亦即，將各種職業別的社會保險的老年給付改為年金制，而在各職業別的社會保險再分為兩層：第一層是國民基礎年金，第二層是附加年金。至於公教人員的退休撫卹、軍人的退輔基金、勞工的勞退金則保持不變。而未加入任何社會保險的其他國民則開辦一新的國民基礎年金。如此一來，就業者有三種年金（基礎、附加、退休），這是明顯圖利就業者，雖然勞工的勞基法退休金並不普及。軍、公、教、勞平白多增加了一層基礎年金保障。因此，這樣的制度受到軍、公、教、勞人員的歡迎。然而，在聯合報（1998/10/6）的國民年金座談會上，代表企業界的吳思鐘說國民年金有「亡國」的危險。至此，國民黨政府並未下定決心推動年金保險制度。

1999年，簡錫堦委員等34人仿當年的瑞典模式，提出基礎年金、附加年金保險版；沈富雄委員提出基礎年金、職業附加年金保險版；內政部配合經建會的結論，提出基礎年金保險版，百家爭鳴。然而，要整合各職業

別年金保險已是不可能的任務。

（三）老人福利津貼暫行條例

2000年總統大選，陳水扁先生的社會福利政見之一「三三三安家專案」，其中包括65歲以上老人，在國民年金施行前，每人每月可領3,000元福利津貼。2000年政黨輪替，民進黨政府成立，已改朝換代的經建會在陳博志主委領導下，並沒有根據民進黨的政策主張推出國民年金保險，而是修改自國民黨時期的版本，於9月提出國民年金儲蓄保險制（甲案）與全民提撥平衡基金制（乙案）。前者是將未參加任何社會保險的國民納入一個個人儲蓄帳的社會保險中；後者是稅收制，以營業稅、金融保險稅等支應的老人年金。顯然，政黨輪替後的經建會與國民黨執政時期一樣保守。

為實現陳總統政見，行政院於2000年草擬「老人福利津貼暫行條例」送立法院審議。同時，立法院送進國民黨版、國民黨黃敏惠版、新黨鄭龍水版、民進黨蔡煌瑯版、親民黨版等待審，各黨派藉此打亂、要脅，藉此庇護其支持者。為了避免漫天喊價競標，朝野協商，暫緩審議敬老福利津貼，並自2001年1日1日起實施國民年金制度。看來，國民年金制度出現一線曙光。

2002年4月，經建會再提出歲收制、儲蓄保險制、社會保險制三種國民年金版。2002年5月，第三次全國社會福利會議，民間團體與林萬億均反對經建會所規劃的個人儲蓄帳制，主張採社會保險制。為回應第三次全國社會福利會議決議，2002年6月，內政部再提出社會保險制國民年金版本（分立版）。

2003年，行政院國民年金保險法草案、國民黨版國民年金保險法草案、沈富雄等38人提國民年金暫行條例草案（稅收制加職業年金）送立法院審查，未獲通過。

（四）國民年金法草案

2005年，立法院再出現行政院國民年金保險法草案（泛綠版）、國民黨版國民年金保險法草案（泛藍版）、泛紫國民基礎年金版，但仍沒有結果。在國民黨立委占多數的立法院，除非有足夠的選民壓力或選舉失敗的風險，國民黨不可能輕易讓民進黨拿到國民年金推動成功的信譽（Credits），於是繼續採取混淆視聽、模糊焦點的策略，以達阻擾效果。

　　為統整版本，2005年2月，行政院成立「國民年金工作圈」，由傅立葉政務委員擔任召集人，由行政院經建會與內政部擔任幕僚工作，並將勞保年金化納入研議。歷經近一年的重新規劃，內政部依「國民年金工作圈」規劃方向擬具「國民年金法」草案，於2005年12月9日函送行政院審議。2006年1月，謝長廷院長卸任前，行政院會通過國民年金法草案，即小勞保制，含老年、身心障礙、遺屬年金，外加生育、傷病、喪葬給付。

　　約莫同時，因於各項老人津貼的歧異，2005年4月，民間社會福利團體與林萬億商議，提議老人津貼整合入勞保老年給付，成為保證年金的國民年金保險制版本，亦即建立一個擴大的勞工保險。然而，2005年7月，勞工退休金新制實施，如果將國民年金納入勞工保險，就會出現三層年金：國民基礎年金、勞工保險年金、勞工退休金。當然，勞工會很歡迎多一層保障，但是，軍公教人員恐會要求比照，如此一來，本來構想保障沒有參加任何社會保險的國民老年經濟安全，同時處理勞工保險老年給付年金化的議題，變成目標錯置。於是，重新確認政策目標是必要的。

　　2006年1月25日，行政院蘇貞昌院長上任後，裁示重新徵詢各界意見，修正後再送院會通過。2006年2月，民間社會福利團體與林萬億不支持謝長廷前院長時通過的行政院版，決議自行提出民間版國民年金保險法草案，整合各項老年津貼，同時提出勞保老年給付年金化，針對當前津貼的混亂與不確定性，以及老、農保老年給付未年金化部分，簡化版本，針對議題，提出解決之道。

二、政策定案

　　2006年7月27至28日，行政院召開「臺灣經濟永續發展會議」，將「國民年金」列為社會安全組題綱之一，就已經行政院院會通過之國民年金法草案版本為基礎，將經續會國民年金達成之12項共同意見納入，重新檢討研擬國民年金法草案，且與勞工保險老年給付年金化同步推動，其規劃原則為：

　　1. 保障對象：以含括全體國民為原則；符合風險分攤精神；達到所得重分配效果。

2. 辦理方式：具可行性；具性別敏感之思考；與勞保年金化同步推動。

3. 給付水準：符合社會公平。

4. 財源籌措：財務結構穩定；合理保費水準；考量國家財政可負擔性。

5. 整合相關津貼及銜接其他社會保險：相關老人津貼不再加碼；不再新增相關老人津貼；將現在各項（同目的性質）津貼加以整合、落日；考量當前各項社會保險制度之特性。

同步修正勞工保險條例，將勞工保險老年、殘廢及死亡給付改採按月領取之老年、障礙及遺屬年金制度，預定於2007年完成修法。

於是，國民年金法預定於2007年完成立法，2008年進行一年國民年金籌備工作，2009年正式開辦國民年金保險。

於是，由林萬億所領導的規劃小組，從2006年11月1日起開始規劃，到2007年5月1日完成「國民年金法」（草案），5月10日送立法院審查，總計召開會議13次。

然而，誠如前一章所述，老農津貼的競相加碼，迫使規劃中的國民年金也跟著必須調高給付。原先以老農津貼5,000元為基礎規劃的國民年金40年可領取的全額老年年金為7,603元，跟著老農津貼加碼為6,000元而調高為25歲以上國民每人月繳674元（17,280元×6.5%×60%），40年後每人每月可領取現值8,968元的年金。

在王榮璋立委等的努力穿梭下，2007年7月20日，國民年金法終於通過立法，規劃15年的國民年金制度總算塵埃落定，我國的老年年金保險制度更向前邁進一步。但當時國民黨立委不願看到所有功勞均屬於民進黨，而不同步通過勞工保險老年給付年金化修正案，是一大缺憾，導致後來勞工保險年金化的給付額度調高，引發國民年金與勞工保險年金的差距，不利年金制度的整合。

三、政策轉彎

2008年，馬政府上臺為實現加碼老農津貼的競選政見，做出「農保與國民年金脫鉤」的政策大轉彎。立法院院會於2008年7月18日三讀通過

「國民年金法部分條文修正案」，確定農保與國民年金制脫鉤，不再將農民納爲國民年金保險的當然被保險人，農保與國民年金制脫鉤後，10月1日上路的國民年金納保人數將減少；再加上勞保年金給付調高，與國民年金也脫鉤。

2011年6月29日，總統令修正公布第1、2、6、7、12～14、30～32、34、40、42、50、53、59條條文及第四章第二節節名；增訂第13-1、18-1、32-1條條文；除第7條第2款、第3款及第30條第2項第3款自2008年10月1日施行，第6條第4款、第13條第1項及第3項修正條文之施行日期由行政院定之者外，自公布日施行2011年8月31日行政院發布第6條第4款、第13條第1項及第3項，定自2011年1月1日施行。

爲配合2012年選舉，老農津貼再加碼，所有相關給付均同步調高（詳見第五章）。2011年12月21日，總統令增訂公布第54-1條條文。

貳、保險內容

一、被保險人

未滿65歲國民，在國內設有戶籍而有下列情形之一者，除應參加或已參加相關社會保險者外，應參加本保險爲被保險人：

1. 年滿25歲，且未領取相關社會保險老年給付。
2. 本法施行前，領取相關社會保險老年給付之年資合計未達15年或一次領取之相關社會保險老年給付總額未達新臺幣50萬元。但所領取勞工保險老年給付之年資或金額不列入計算。
3. 本法施行後15年內，領取相關社會保險老年給付之年資合計未達15年或一次領取之勞工保險及其他社會保險老年給付總額未達新臺幣50萬元。但勞工保險年金制度實施前，所領取勞工保險老年給付之年資或金額不列入計算。

之所以會有第2、3款資格，是考量過去有些國民即使加入軍、公教、勞保，但年資過短，或領取一次給付的金額偏低，無法支應其老年經濟安全所需。由此說明，本人於國民年金法完成之際，稱國民年金保險是我國社會保險的最後一塊拼圖，並不爲過。

二、保險費

本保險之保險費率，於本法施行第一年為6.5%，於第三年調高0.5%，以後每2年調高0.5%至上限12%。但保險基金餘額足以支付未來20年保險給付時，不予調高。

三、月投保薪資

本保險之月投保金額，於本法施行第一年，依勞工保險投保薪資分級表第一級定之（即投保金額為17,280元）。第二年起，於中央主計機關發布之消費者物價指數累計成長率達5%時，即依該成長率調整之。

因為國民年金法的被保險人不是家庭主婦、無業者，就是自雇者、臨時工、低收入戶等，無固定薪資，故投保薪資依基本工資定之。但是倘若隨基本工資調整，會影響國民年金財務，故之後投保薪資改採隨物價指數成長調整。

四、保險費負擔

本保險保險費之負擔，依下列之規定：

（一）被保險人為符合社會救助法規定之低收入戶，在直轄市，由直轄市主管機關全額負擔；在縣（市），由中央主管機關負擔35%，縣（市）主管機關負擔65%。

（二）被保險人所得未達一定標準者

1. 被保險人，其家庭總收入平均分配全家人口，每人每月未達當年度最低生活費1.5倍，且未超過臺灣地區平均每人每月消費支出之1倍者，自付30%，在直轄市，由直轄市主管機關負擔70%；在縣（市），由中央主管機關負擔35%，縣（市）主管機關負擔35%。

2. 被保險人，其家庭總收入平均分配全家人口，每人每月未達當年度最低生活費2倍，且未超過臺灣地區平均每人每月消費支出之1.5倍者，自付45%，在直轄市，由直轄市主管機關負擔55%；在縣（市），由中央主管機關負擔27.5%，縣（市）主管機關負擔27.5%。

（三）被保險人為符合法定身心障礙資格領有證明者：

1. 極重度及重度身心障礙者，由中央主管機關全額負擔。

2. 中度身心障礙者負擔30%，中央主管機關負擔70%。

3. 輕度身心障礙者負擔45%，中央主管機關負擔27.5%，直轄市主管機關或縣（市）主管機關負擔27.5%。

（四）其餘被保險人自付60%，中央主管機關負擔40%。

國民年金保險的保費負擔是依勞工保險的無一定雇主或自營作業而參加職業工會者的保費分攤比例繳納，以利這些人可以選擇加入國民年金，增加國民年金的加保人數。

五、保險給付

國民年金保險之保險事故，分為老年、生育、身心障礙及死亡四種。被保險人在保險有效期間發生保險事故時，分別給與老年年金給付、生育給付、身心障礙年金給付、喪葬給付及遺屬年金給付（第2條）。

（一）老年給付

被保險人或曾參加本保險者，於年滿65歲時，得請領老年年金給付（第29條）。原住民老人年滿55歲即可領取（第53條），是因原住民的預期壽命較漢人短約10歲。

請領老年年金給付，依下列方式擇優計給：（第30條）

1. 月投保金額乘以其保險年資，再乘以0.65%所得之數額加新臺幣3,500元（即原敬老福利生活津貼的額度）。

2. 月投保金額乘以其保險年資，再乘以1.3%所得之數額。

有下列情形之一者，不得選擇前項第1款之計給方式：

1. 有欠繳保險費期間不計入保險年資情事。

2. 領取相關社會福利津貼。

3. 已領取相關社會保險老年給付。但第7條第2款及第3款規定之被保險人有下列情形之一者，不在此限：

(1) 僅領取勞工保險老年給付者。

(2) 已領取公教人員保險養老給付、軍人保險退伍給付者，自年滿65歲當月起以新臺幣3,500元按月累計達原領取給付總額。

被保險人於發生保險事故前一年期間之保險費或利息有欠繳情形，經保險人以書面限期命其繳納，逾期始為繳納者，其依法得領取之前三個月老年年金給付，按第1項第2款規定計算之。

依第1項第1款規定請領老年年金給付者，其數額與第2款計算所得數額之差額，由中央主管機關負擔。

老年年金給付，自符合條件之當月起按月發給至死亡當月止。

依第33條規定請領身心障礙年金給付者，於年滿65歲時，得改請領老年年金給付，其請領身心障礙年金前之保險年資，得併入本條之保險年資計算。

而原來領取敬老福利生活津貼的老人，則依第31條規定繼續領取每月3,500元的基本保證年金。但原先排除於敬老福利生活津貼領取資格以外的老人，仍在排除之列，包括下列老人：

1. 經政府全額補助收容安置。

2. 領取軍人退休俸（終生生活補助費）、政務人員、公教人員、公營事業人員月退休（職）金或一次退休（職、伍）金。但有下列情形之一者，不在此限：

    (1) 軍人、政務人員、公教人員、公營事業人員領取一次退休（職、伍）金且未辦理政府優惠存款者，未領取公教人員保險養老給付或軍人保險退伍給付，或所領取公教人員保險養老給付、軍人保險退伍給付之總額，自年滿65歲當月起以新臺幣3,000元按月累計達原領取總額。

    (2) 原住民領取一次退休（職、伍）金。

3. 領取社會福利津貼。

4. 財稅機關提供保險人公告年度之個人綜合所得稅各類所得總額合計新臺幣50萬元以上。

5. 個人所有之土地及房屋價值合計新臺幣500萬元以上。

6. 入獄服刑、因案羈押或拘禁。

（二）生育給付

被保險人分娩或早產，得請領生育給付，其給付標準如下：（第32-1條）

1. 分娩或早產者，按其月投保金額一次發給一個月生育給付。

2. 分娩或早產為雙生以上者，比例增給。

被保險人同時符合相關社會保險生育給付或補助條件者，僅得擇一請領。

（三）身心障礙給付

有下列情形之一者，得依規定請領身心障礙年金給付：（第33條）

1. 被保險人於本保險期間遭受傷害或罹患疾病，經治療終止，症狀固定，再行治療仍不能期待其治療效果，並經中央衛生主管機關評鑑合格之醫院診斷為重度以上身心障礙，且經評估無工作能力者。

2. 被保險人於本保險期間所患傷病經治療一年以上尚未痊癒，如身心遺存重度以上障礙，並經合格醫院診斷為永不能復原，且經評估無工作能力者。

經診斷為重度以上身心障礙且經評估無工作能力者，如同時符合相關社會保險請領規定，僅得擇一請領。

第1項重度以上身心障礙且經評估無工作能力之障礙種類、障礙項目、障礙狀態、治療期間等審定基準與請領身心障礙年金之應備書件等相關規定之辦法，由中央主管機關會同中央衛生主管機關定之。

依第34條規定身心障礙年金給付，依其保險年資計算，每滿一年，按其月投保金額發給1.3%之月給付金額。

依前項規定計算所得數額如低於基本保障新臺幣4,700元，且無下列各款情形者，得按月發給基本保障至死亡為止：

1. 有欠繳保險費期間不計入保險年資情事。

2. 領取相關社會福利津貼。

被保險人於發生保險事故前一年期間之保險費或利息有欠繳情形，經保險人以書面限期命其繳納，逾期始為繳納者，其依法得領取之前三個月身心障礙年金給付，僅得按第1項規定計算發給，不適用前項基本保障新臺幣4,700元之規定。

依第2項規定請領基本保障者，其依第1項計算所得數額與基本保障之差額，由中央主管機關負擔。

被保險人具有勞工保險年資者，得於第1項之保險年資予以併計；其所需金額，由勞工保險保險人撥還。

（四）喪葬給付

被保險人死亡，按其月投保金額一次發給5個月喪葬給付。

前項喪葬給付由支出殯葬費之人領取之，並以一人請領為限。保險人核定前如另有他人提出請領，保險人應通知各申請人協議其中一人代表請領；未能協議者，保險人應平均發給各申請人。（第39條）

（五）遺屬給付

被保險人死亡者、符合第29條規定而未及請領老年年金給付前死亡者、或領取身心障礙或老年年金給付者死亡時，遺有配偶、子女、父母、祖父母、孫子女或兄弟、姊妹者，其遺屬得請領遺屬年金給付。

前項遺屬年金給付條件如下：

1. 配偶應年滿55歲且婚姻關係存續一年以上。但有下列情形之一者，不在此限：
   (1) 無謀生能力。
   (2) 扶養第3款規定之子女者。

2. 配偶應年滿45歲且婚姻關係存續一年以上，且每月工作收入未超過其領取遺屬年金給付時之月投保金額。

3. 子女應符合下列條件之一。但養子女須有收養關係6個月以上：
   (1) 未成年。
   (2) 無謀生能力。
   (3) 25歲以下，在學，且每月工作收入未超過其領取遺屬年金給付時之月投保金額。

4. 父母及祖父母應年滿55歲，且每月工作收入未超過其領取遺屬年金給付時之月投保金額。

5. 孫子女應受被保險人扶養，並符合下列條件之一：
   (1) 未成年。
   (2) 無謀生能力。
   (3) 25歲以下，在學，且每月工作收入未超過其領取遺屬年金給付時之月投保金額。

6. 兄弟、姊妹應受被保險人扶養，並符合下列條件之一：

    (1) 未成年。

    (2) 無謀生能力。

    (3) 年滿55歲，且每月工作收入未超過其領取遺屬年金給付時之月投保金額。

前項所稱無謀生能力之適用範圍、審核基準及其他應遵行事項之辦法，由中央主管機關定之。

遺屬年金給付標準如下：

1. **被保險人死亡**：依被保險人之保險年資合計每滿一年，按其月投保金額發給1.3%之月給付金額。

2. **領取身心障礙年金或老年年金給付期間死亡**：按被保險人身心障礙年金或老年年金金額之半數發給。

3. **符合第29條規定而未及請領老年年金給付前死亡**：依被保險人之保險年資合計每滿一年，按其月投保金額發給1.3%之月給付金額半數。

依前項規定計算之年金金額不足新臺幣3,500元者，按新臺幣3,500元發給。

同一順序之遺屬有2人以上時，每多一人加發遺屬年金給付標準之25%，最多計至50%。

依第2項規定改按新臺幣3,500元計算遺屬年金給付者，其原依第1項及前項規定計算所得數額與實際領取年金給付之差額，由中央主管機關負擔。

各項給付之金額自2012年起每四年調整一次，由中央主管機關參照中央主計機關發布之最近一年消費者物價指數較前次調整之前一年消費者物價指數成長率公告調整之，但成長率為零或負數時，不予調整。

誠如勞工保險乙節所述，由於勞工保險年金化改革案將給付調高之後，加入國民年金的無一定雇主或自營作業者人數銳減。以2010年11月底為例，國民年金被保險人數為389萬5,034人，比國民年金開辦不久的高峰期的2009年1月的427萬人，減少了38萬人。因為勞保年金化從2009年1月1日起實施，部分國民年金被保險人以職業團體勞工身分轉投保勞工保險，以利領取較高的年金給付。截至2011年9月被保險人數3,868,274人，並未

再增加。

 結論

　　臺灣的職業別社會保險體系、選舉制度及政黨屬性關係密切。2007年國民年金法通過之後，各種職業別的社會保險體系大致完備。目前殘留下來的議題有三：

　　首先，老年農民津貼於2008年從國民年金法中被割離，雖然立法規定每四年隨物價指數調漲。眾所皆知，每四年就是臺灣的總統與立法委員選舉，從過去的經驗與臺灣的政治生態，政客們是否會履行承諾不再加碼老農津貼，是值得懷疑的。其實如果要反映物價漲跌，應該訂出物價指數若累計成長超過5%，即自動按比例調漲給付額度即可，根本無須訂出四年的期程。這四年期程其實是道德風險的提醒。最佳的的制度改革是儘快將老農津貼回歸國民年金制度。

　　其次，各種年金給付似有向上競爭給付水準的趨勢。至目前為止，仍然是軍、公教保險的給付優於勞工、農民與一般國民。但是，不論軍人保險、公教人員保險、勞工保險的給付所得替代率，包括老年（養老）給付與退休給付，都高於70%，比大部分工業先進國家都高。除非保險費率跟著調高，否則必然出現基金不足的困境。然而，如果一味依賴調高保險費率，不但在政治上不可行，在經濟上也不利於可支配所得的分配，將過多薪資繳交保費為了老年經濟安全保障，卻影響當前生活品質，絕非好的家庭財務管理；更何況，保費愈高，政府（軍、公教、農、勞工）、雇主（勞工）的負擔也會跟著加重。而政府的保費分攤其實是全民買單，且往往是由下一個世代的勞動力人口買單，這是非常不吻合世代正義的。

　　第三，高額的社會安全給付潛藏負債（林萬億，2012）（詳見本書第十六章）。2011年希臘財政危機重創歐元區，一波未平另一波又起，愛爾蘭、葡萄牙、西班牙、義大利緊跟其後，財政危機升高。南歐四國政府財政惡化的主因之一是特殊的福利侍從主義（Particular Welfare Clientelism）造成的，政黨競相以國家資源籠絡其特定的支持者。如果執政者不自我節制，臺灣的國家財政走向南歐化的機會很大。

參考書目

臺灣勞工陣線（2004）。輕鬆讀退休金。

秦蕙媛、曾薏蘋（2010）。十八趴金：不能再動支國庫補貼。2010-04-22，中國時報。

林萬億（1995）。福利國。臺北：前衛。

林萬億（2012）。世代正義、分配正義與居住正義：現狀與前景。編入《實在年代：迎向永續》。臺北：余紀忠文教基金會。

單驥（1993）。勞工老年附加年金制真的比較好嗎？經社法治論叢，12期，頁43-76。

黃世鑫（2003）。由財政觀點評析18%的軍公教退休金優惠存款：兼論信賴保護原則。新世紀智庫論壇，22期，頁78-100。

盧政春（1995）。利益團體與社會福利資源分配——透視我國軍公教福利，編入林萬億等著《臺灣的社會福利：民間觀點》。臺北：五南。頁207-262。

Danziger, S., Haveman, R. and Plotnick, R. (1981). How Income Transfer Programs affect Work, Saving, and the Income Distribution: a critical review, *Journal of Economic Literature*, XIX, 975-1028.

Chapter 7

兒童與少年福利服務

第 七 章

前言

在瑞典，社會與照顧服務（Social and Caring Services）通常擺在一起，其所指的是照顧兒童、身心障礙者、老人、物質濫用者、難民、受家庭暴力侵害婦女、受虐待、疏忽和陷入高風險的兒童與青年，以及家庭支持服務等。由於瑞典遊民很少，所以沒有特別列入遊民；但在其他國家，遊民也列入照顧對象（Edgar and Doherty, 2001）。所以，社會照顧幾乎等同於過去大家熟悉的社會服務，或是以往英國人說的針對個人的社會服務，只是更強調社區化罷了。

1981年，瑞典通過的社會服務法（*socialtjänstlag*）所稱社會服務是為了創造一個有利的環境，能降低個人取向的資產調查方案的需求。基於瑞典社會福利政策的基本原則，保障個人經濟安全也納入社會服務的基本原則中。社會服務法是目標取向的，各地方政府被授權享有相對的自由去規劃適合各地需要的方案。從該法第1條開宗明義即可看出：「公共社會服務是建立在民主與團結的基礎上，以促進經濟、社會安全、生活條件的公平，以及社區生活的積極參與。復由於考量個人與他人為其社會情境所承擔的責任，社會服務宜以釋出和發展個人、團體的親近資源為目的。社會服務活動應基於尊重個人的自決與隱私為基礎。」（Forsberg, 1986）

基於上述原則，瑞典的社會服務包括（Forsberg, 1986）：

1. 結構取向的方案（Structurally Oriented Measures）：即改善社會環境的方案，如社區計畫參與、社區與外展服務計畫。

2. 一般取向的方案（Generally Oriented Measures）：針對標的人口群如兒童、老人、青年、身心障礙者等的照顧、資訊提供、福祉狀況的監督、兒童發展、青年發展、就業與生活、獨立住宅、時間外的緊急社會服務等。

3. 個別取向的方案（Individually Oriented Measures）：針對特殊個人的需求滿足，如資產調查救助（公共救助）、諮詢、資訊提供、家庭諮詢服務、團體治療、心理劇等。

據此，瑞典最大規模的社會服務方案就是兒童照顧、老人照顧、身心障礙者照顧等。同時，我們也發現，瑞典是把公共救助列入社會服務的範疇內。主要是因在普及的社會安全制度下，真正需要現金救助的對象變得很少，因此，結合各類社會服務方案與現金救助，同步提高標的人口的生活水準，實現瑞典社會服務法的立法目的。

我國的福利服務範圍依內政部出版之《社政年報》資料顯示，包括兒童福利、少年福利、婦女福利、家庭暴力、性侵害及性騷擾防治、身心障礙者福利、老人福利等項。本章從兒童、少年開始討論。

 ## 第一節　兒童福利服務

壹、清末臺灣的育嬰堂

臺灣最早的兒童福利服務當屬出現在1796年（清嘉慶初年）的育嬰堂，由嘉義地區的仕紳所設立。其後彰化（1821年）、臺南（1854年）、板橋（1866年）、臺北（艋舺）（1870年）、新竹（1870年）、澎湖（1880年）等地相繼設立。除了由仕紳捐辦外，育嬰堂也有部分由官府倡議，官紳合捐。辦理方式也就分為民營、官營、官民合營。其中彰化、艋舺為官民合營；新竹、澎湖為官營；餘出資者為仕紳富商（杵淵義房，1940；引自臺灣省文獻委員會，1972）。

早期的育嬰堂服務內容包括：堂內收養、堂外救濟（家庭委託、家庭補助）兩種。堂內收養又分為棄嬰收養、貧困家庭兒童留養，留養期間通常為一年（李健鴻，1996）。今日之孤兒院當屬過去棄嬰收養之延續。所謂留養，其實與今日所稱之機構寄養無異。

家庭委託是由無力扶養嬰兒之貧困家庭向育嬰堂提出申請，由育嬰堂聘請乳婦於自家中代為撫育，按月由育嬰堂支給乳費及必要之衣被支出，期間通常為一年，應是今日家庭寄養之前身。家庭補助亦應是今日家庭扶

助之肇始。實施堂外救濟的有板橋、彰化、艋舺三所，主因是堂內空間不足。育嬰堂收容之兒童，也可接受出養給富人爲奴婢或收養爲童養媳。但收養爲養女或童養媳者，不可轉賣爲奴婢或娼妓（李燕俐，2005）。

　　爲何育嬰堂不出現於清初，而出現於清末？主因在於清初對臺灣移民訂有三大禁令：一、嚴禁無照渡臺。二、渡臺者一律禁止攜帶家眷。三、禁止粵人來臺。亦即從1684年至1790年間，清廷統治臺灣是採取嚴禁與管制的政策，因此，造成臺灣男女性別比例懸殊，一女難求，找不到結婚對象的男子到處都是。移民男丁不是與平埔族原住民女子結婚，就是收養「螟蛉子」（養子）繼承宗祧，實無棄嬰需收養。到了海禁逐漸鬆弛，人口性別比例逐漸恢復常態，中國內地重男輕女之陋習，一併隨移民帶入臺灣，溺女嬰或棄女嬰之風盛行，於是，育嬰堂始有設置之必要。

　　除了育嬰堂之兒童外，依清戶律令，地方官吏對於「貧困無親屬可依之鰥寡孤獨及廢篤之人」，必須以養濟院之方式給與救濟。因此，設立於1684年之臺南養濟院，及後續創設之鳳山、嘉義、彰化、臺北、新竹、澎湖等養濟院內，亦收容有部分貧童。

貳、日治時期臺灣的兒童福利

　　1899年，臺灣總督府將清治時期臺灣的社會事業整編，成爲慈惠院，統一事權。到了1906年，臺灣的7所育嬰堂全部併入慈惠院中。也就是孤兒亦列入貧民救濟項下。1920年代，日本積極發展各種現代社會事業，「兒童國家財產化」的觀念亦出現。1930年，社會事業協會主辦第一屆「兒童節」，確立國家重視兒童權益的象徵。日治時期的兒童福利設施包括：

1. 高雄天主教會孤兒院：係清咸豐年間天主教會在臺南所創，日治時期移至高雄。
2. 鐮倉保育園臺北支部：1915年，日本神奈川縣之鐮倉保育園在臺北分設收養貧苦孤兒，於1932年起增設托兒所。
3. 日本育兒院臺灣支部臺北昭和育兒院：係由日本岐阜育兒院（財團法人）於1927年在臺北市所設支部。

4. 托兒所：1928年，日人爲開發臺東鹿野村，由日人愛國婦女會臺灣本部臺東廳分會所創設，是爲臺灣最早之托兒所。此後，至1937年，全臺總計設有托兒所19處。此外，爲了農忙所需，1924年，日本總督府勸導各地推動，其所數難以估計。

5. 幼稚園：1905年，總督府頒布「幼稚園規程」的府令。1921年廢止，又頒布「臺灣公立幼稚園規則」，是爲公設幼稚園的開始。

6. 兒童衛生指導：於1902年起，推動產婆（助產士）養成，以改善妊產婦健康。並於1923年先設於臺北醫院指導兒童衛生、定期施行診斷，隨時爲孕婦與兒童服務，以及舉辦兒童健康比賽與展覽，是爲臺灣兒童健康照顧的開端。此後，各地總計設有類似相談所（諮詢室）7所。

7. 鄰保館（睦鄰中心）：始設於1916年的臺北大稻埕「人類之家」，是臺灣設睦鄰中心的開始。其中設有兒童部，提供兒童保護，如保育委託、育兒委託、走失兒童保護、入學勸誘、少年感化院入院處理、浮浪者救濟（遊民救濟）、孤貧兒救護、授業料免除處理（學費減免）、不良少年訓誡、入退學處理等，涵蓋今日兒童與少年保護的大部分項目。人類之家係由日本人道主義者稻垣藤兵衛所設，稻垣畢業於日本同志社大學政治經濟部本科經濟科（專門學校課程），於1914年來臺應徵擔任新竹州角板山「山地警察」，1916年因病辭職。至臺北，暫時服務於總督府社會事業課。未幾，在大稻埕開辦夜學校與週日學校，更名「稻江義塾」。同年，創立「人類之家」，初期分社會部與兒童部，並教育附近貧苦家庭失學子弟，初期收容的十之八九都屬中國籍不能進公學校就讀的兒童，亦提供飲食以減低罹病率及死亡率。自此以後，各地設有鄰保館7處。

8. 方面委員會（社區福利委員會）：1923年起，各地亦設有方面委員會，從事的社會事業也包括相談指導、保健救療、兒童保護等與兒童福利相關的業務。

由上可知，在1920年代以前的日治時期，臺灣兒童福利仍以清治時期舊慣爲主，之後，基於第一次世界大戰後日本內地米騷動（糧食暴動）的

影響，現代社會事業觀念進入日本，兒童福利的做法也跟著由救濟收容轉向福利。

參、國民政府統治初期臺灣的兒童福利（1946年～1972年）

這一階段臺灣的兒童福利主要靠聯合國及國際慈善組織的協助，其重要事件與組織活動如下：

一、省立育幼院

1946年長官公署設立臺北育幼院，1948年省政府社會處設省立臺中育幼院，以救濟戰後孤兒。

二、農忙托兒所

為減輕農村婦女照顧幼兒的負擔，得以全心全力投入農事，仿自日治時期的農忙托兒所，於1955年起獲得臺灣省政府補助，辦理臨時收托農村子女（翁麗芳，1995）。臺灣省政府於1955年6月頒布「臺灣省各縣市（局）鄉鎮區農忙托兒所設置辦法」，9月再頒「普設農忙托兒所實施要點」，10月同步頒布「托兒所設置辦法」，以管理各種托兒所。農忙托兒所於1958年逐漸發展成為長期性的「農村托兒所」，顯見托兒的需求不只是在農忙期間。1968年，配合臺灣工業化的需求，臺灣省政府擬將農村托兒所擴大成為各社區均設置之「村里托兒所」，於是向聯合國糧農組織申請經費補助（張秀卿，1988）。

三、聯合國兒童基金援助

1950年，聯合國兒童基金會（UNICEF）應我國政府申請在臺設駐華辦事處，協助推動各種社會福利，包括防癆、孕婦及兒童衛生、婦幼救援等。至1972年止，聯合國兒童基金會援助臺灣超過750萬美元，物資如奶粉、維他命、魚肝油、疫苗、沙眼治療劑等，不計其數。1962年，政府與聯合國兒童基金會簽訂「社會服務計畫」，於彰化成立「兒童福利業務人員研習中心」。該計畫目的是調訓各級兒童福利工作人員、協助各縣市設

立示範性村里托兒所以供示範觀摩、供應村里托兒所營養物資、派遣兒童福利專家前來擔任顧問、援助教保遊戲設備、協辦學齡前兒童衛生保健計畫等。該計畫從1963年到1971年我國退出聯合國為止，總計援助臺灣44萬1,200美元及105萬磅奶粉。1968年，聯合國兒童基金會終止對臺灣奶粉配送，於是，政府乃與世界糧農組織簽訂「五年擴展村里托兒所計畫」，資助臺灣兒童物資到1974年。

四、基督教兒童福利基金會

基督教兒童福利基金會（Christian Children's Fund, CCF）的前身是成立於1938年的「中國兒童福利基金會」（China's Children Fund, CCF），其宗旨是協助中日戰爭中失依、離散、無家可歸的中國兒童，基金會址設在美國維吉尼亞州的芮奇孟市（Richmond）。1951年因服務對象擴及亞歐非各國，而更名為基督教兒童福利基金會。1950年來臺設光音育幼院，是為國民政府治臺以來民間第一家育幼院。1953年設置專收3歲以下兒童的臺中育嬰所，1956年設專收盲童的惠明盲童院，1962年再設大同育幼院，1964年正式成立基督教兒童福利基金會臺灣分會，陸續在全國各地設家庭扶助中心，認養貧困兒童，以家庭式服務取代機構式收容，引進家庭扶助制度，迄今有23所，遍布全臺、澎、金、馬各地。1977年，國內經濟起飛，CCF發起國人自己認養國內兒童的運動。同年，推動學校社會工作方案，於7個縣市正式提供派CCF社會工作員進入學校協助學童的服務方案。1983年，基督教兒童福利基金會臺灣分會更名為中華兒童基金會（Chinese Children Fund, CCF）。1985年，中華兒童基金成功完成本土化。1987年，推動兒童保護方案、辦理家庭托育方案，進而發起國外認養運動。1992年，開辦啟智學園日托方案。1995年，承接出養調查。1996年，投入發展遲緩兒童早期療育方案、辦理學校社會工作中途輟學學生輔導方案、設立不幸少女緊急短期收容中心、辦理監護權調查。1999年，設立彩虹屋推動心理創傷復原方案，同時為了將兒童福利基金會和各地的家庭扶助中心更緊密結合，由服務兒童擴及服務家庭，再次更名為中華兒童暨家庭扶助基金會（Chinese Fund for Children and Families, CCF）（王明仁，2000）。2004年，承接高風險家庭方案。2008年，建置貧窮資料庫、

推動愛心小舖，同時啓用家扶基金會專線。

五、中國大陸災胞救濟總會臺北兒童福利中心

1950年4月4日，中國大陸災胞救濟總會成立於臺北，救濟對象包括自中國、港澳、越南、緬甸等地逃難來臺的難民與反共義士。爲減輕難民家庭負擔，輔助其子弟就業，乃自1953年起補助特定育幼院，尤其收容教養難民子女。1964年，救總通過「貧困義胞家庭補助辦法」。1969年，成立「兒童福利中心」於臺北松山虎林街，採取家庭式教養，規劃爲11個兒童家庭，每家收容3至15個兒童。成立之初以收容原寄養在各育幼院的災胞兒童爲主，後陸續收容其他中國大陸來臺災胞子女。1971年更設立實驗托兒所，收托3至6歲兒童（丁碧雲，1985）。由於是出自蔣中正總統的指示下成立，國家給與額外的重視與提供不虞匱乏的贊助，就當時的社會福利條件言，救總臺北兒童福利中心的設備與經費算是相對充裕的了。

六、中華婦女反共抗俄聯合會的兒童救濟機構

與救總同年成立的中華婦女反共抗俄聯合會係由蔣中正總統的夫人蔣宋美齡女士所創，其成立宗旨爲：「反共抗俄、宣慰軍屬、拯救大陸同胞。」其主要救濟對象爲三軍將士及其眷屬。就兒童福利言，1952年成立惠幼托兒所，免費收托軍人子弟。此外，各所屬分會亦開辦托兒所，例如，空軍分會就辦了62家托兒所，專收空軍子弟。1955年，爲收容大陳島撤退軍民遺孤，蔣宋美齡女士借用陽明山原台糖幼稚園舊址，成立華興育兒院（1956年更名爲華興育幼院），收容295位兒童。1958年，增設華興中學，以利院童升學。1969年，增辦高中部。1969年，收容金龍少棒隊，爲華興棒球隊成立的肇始。由於是由蔣夫人所創辦，其資源也相對充裕，除來自救總的捐助外，也獲得國外的捐助，如1956年獲得美國駐華安全分署的合作，在陸軍分會的臺北市成功新村、大陸來臺軍眷直屬工作隊的臺北市六張犁新村，試辦牛奶供應站。其試辦理由爲：「軍眷營養普遍太差，無論成人或兒童，都應該予以照顧。」（婦聯會組訓組，1956）自此，婦聯會在7個眷村供應牛奶。1959年，更獲得聯合國兒童基金會的贊助，供應12個牛奶供應站及6個附設托兒所的奶粉。

七、臺灣世界展望會

　　世界展望會係由美國佈道家皮爾師（Bob Pierce）有見於中國內戰及韓戰所造成的孤兒問題，遂在美國奧勒岡州波特蘭（Portland）成立世界展望會（World Vision International）。1951年起，世界展望會就捐助臺灣育幼院收容的孤兒與山地醫療工作，例如，臺北木柵伯大尼育幼院。1964年，世界展望會在臺灣設辦事處，主要服務是幫助山地、離島、沿海、都市原住民的兒童、家庭及需要幫助的人們，包括高雄六龜育幼院、屏東里港信望愛兒童之家、屏東海豐伯大尼兒童之家、埔里基督教醫院、山地醫療服務等。1970年代，世界展望會在山地推動「兒童計畫區」，定期資助14歲以下貧童。1980年代，將兒童計畫區改為家庭計畫區，擴大服務對象，並以社區發展方法，推動計畫發展。1990年起開始舉辦「飢餓三十」人道救援募款。1992年，臺灣從世界展望會的「受助國」轉變成為「資助國」，繼續提供兒童福利、家庭服務、社區服務、福音工作（胡婉雯、邱從宵，2005）。

八、全國兒童少年會議

　　1970年，政府為貫徹聯合國兒童基金會資助計畫，並促進兒童少年發展，乃由內政部、教育部、司法行政部（法務部前身）、經合會（經建會前身）等四個單位，合辦「全國兒童少年會議」。此項研討會分衛生保健、教育訓練、社會福利、司法保護等四組研討，最後通過「中華民國兒童少年發展方案綱要」，實施期程自1971年起至1980年止。為了策進推動該方案，內政部與上述其他三單位共組「兒童少年發展策進委員會」，於1972年至73年間辦理家庭生活、學前兒童、學齡兒童、少年發展四個研討會，提出具體建議，以供施政參考（臺灣省文獻委員會，1992）。

　　以上資料顯示，1973年以前，臺灣的兒童福利主要還是以貧童或失依兒童的機構收容為主，扮演主要服務提供角色的是國際救援組織，如聯合國兒童基金會、CCF、世界展望會等，政府在兒童福利提供的角色相對不顯著。然而，針對特殊對象，如軍人子弟、反共義士、大陸災胞兒童的救助，則靠黨政軍及其外圍團體，如救總、婦聯會的提供。而這些特殊群體

兒童的福利，如營養、救助，往往優渥於其他兒童。顯示，除了人道理由之外，福利背後的政治目的至為明顯，不無前述的福利侍從主義的意味，利用社會福利作為穩定軍心、籠絡軍眷的目的。

肆、兒童福利法頒布施行（1973年～1987年）

我國退出聯合國以後，前述聯合國的援助跟著中止。臺灣也進入工業化，兒童福利法通過，兒童照顧服務也走向私有化。

一、兒童福利法公布施行

1972年4月，內政部將兒童福利法草案送請行政院審議後送立法院審查，這是我國社會福利立法進入福利服務立法階段的開始。1973年1月立法院三讀通過，2月8日總統公布施行。全文30條，涵蓋兒童福利理念、主管機關、福利設施、保護措施、罰則等。依此法規定，兒童係指未滿12歲以下之人。然而，第28條規定，在少年福利法未訂定前，12歲以上、未滿18歲之人，暫準用本法。在本法中強調家庭責任（第3、4條），本無可厚非，但法中對於兒童福利服務提供只處理福利設施與兒童保護，福利設施部分偏向機構式收容，即使有些創新設施，如兒童與孕婦醫院、兒童社會問題諮詢所、兒童康樂中心（第15條），也都未被執行。且對於兒童保護過於消極。顯見，本法的制訂準備並不成熟。主因在於兒童福利法的立法目的是為了回應我國退出聯合國之後，聯合國兒童基金會的贊助也跟著撤離，所留下的空檔，藉此對國人宣示，政府仍然重視兒童福利，不因國際贊助者撤離而停擺。

二、育幼院逐漸萎縮

1950年，臺灣除了臺中、臺北、臺南3家公立育幼院之外，已有CCF所開辦的第一家私立育幼院，收容兒童752人。到了1961年，政府未再設置育幼院，私立育幼院卻增加到12所公私立育幼院，總收容數為2,742人。到了1971年，公立育幼院僅增加高雄一所，私立育幼院已增加到47所，總收容院童7,116人。但是從1972年以後，育幼院不再增設，且有部

分轉型。到了1986年，私立育幼院僅剩35所，公私立育幼院總收容院童也下滑到3,289人（詳見表7-1）。育幼院的萎縮，見證了兒童福利機構式收容不再是主流。當然，也是社會需求減少，尤其是1960年代末家庭計畫實施以來，出生率下降，以及臺灣經濟發展，家庭生活改善，貧苦失依兒童人數減少的關係。

表7-1　我國育幼院所收容情形

年度	機構數				收容人數			
	公立	私立	公設民營	合計	公立	私立	公設民營	合計
1947	2	--	--	2	342	--	--	342
1948	2	--	--	2	469	--	--	469
1949	3	--	--	3	642	--	--	642
1950	3	1	--	4	689	63	--	752
1951	3	3	--	6	780	142	--	922
1952	3	4	--	7	789	208	--	997
1953	3	4	--	7	712	291	--	1,003
1954	3	4	--	7	773	290	--	1,063
1955	3	5	--	8	735	497	--	1,232
1956	3	5	--	8	754	399	--	1,153
1957	3	5	--	8	791	685	--	1,476
1958	3	6	--	9	891	880	--	1,771
1959	3	9	--	12	953	1,175	--	2,128
1960	3	11	--	14	1,004	1,566	--	2,570
1961	3	12	--	15	1,066	1,676	--	2,742
1962	3	13	--	16	1,119	1,758	--	2,877
1963	3	14	--	17	1,101	1,919	--	3,020
1964	3	15	--	18	1,138	2,107	--	3,245
1965	3	17	--	20	1,109	2,435	--	3,544
1966	3	23	--	26	1,127	3,119	--	4,246
1967	5	28	--	33	2,034	3,272	--	5,306
1968	5	26	--	31	1,910	3,206	--	5,116
1969	4	31	--	35	1,781	3,813	--	5,594
1970	4	41	--	45	1,861	5,489	--	7,350
1971	4	49	--	53	1,876	5,240	--	7,116

年度	機構數				收容人數			
	公立	私立	公設民營	合計	公立	私立	公設民營	合計
1972	4	47	--	51	1,882	4,432	--	6,314
1973	4	45	--	49	1,910	4,436	--	6,346
1974	4	42	--	46	2,888	4,354	--	7,242
1975	4	41	--	45	598	4,440	--	5,038
1976	4	42	--	46	765	4,318	--	5,083
1977	3	43	--	46	612	4,213	--	4,825
1978	4	44	--	48	609	4,245	--	4,854
1979	3	44	--	47	610	4,125	--	4,735
1980	3	46	--	49	620	4,144	--	4,764
1981	5	31	--	36	837	2,889	--	[8]3,726
1982	4	31	--	35	657	2,765	--	3,422
1983	4	31	--	35	636	2,755	--	3,391
1984	4	35	--	39	587	2,864	--	3,451
1985	4	35	--	39	596	2,824	--	3,420
1986	4	35	--	39	567	2,722	--	3,289
1987	4	36	--	40	559	2,851	--	3,410
1988	4	37	--	41	621	2,681	--	3,302
1989	4	37	--	41	638	2,507	--	3,145
1990	4	38	--	42	603	2,518	--	3,121
1991	5	35	--	40	649	2,128	--	2,777
1992	5	36	--	41	626	1,992	--	2,618
1993	5	34	--	39	599	2,057	--	2,656
1994	6	35	--	41	697	1,850	--	2,547
1995	6	33	--	39	728	1,713	--	2,441
1996	8	33	--	41	742	1,720	--	2,462
1997	8	35	--	43	689	1,792	--	2,481
1998	8	33	--	41	712	1,742	--	2,454
1999	7	32	--	39	581	1,700	--	2,281
2000	8	34	--	42	602	1,793	--	2,395
2001	8	34	--	42	591	1,732	--	2,323
2002	9	33	--	42	770	1,547	--	2,317
2003	8	35	--	43	608	1,518	--	2,126
2004	20	57	--	77	1,453	2,485	--	3,938

臺灣的社會福利：歷史與制度的分析

年度	機構數				收容人數			
	公立	私立	公設民營	合計	公立	私立	公設民營	合計
2005	21	65	--	86	1,410	2,573	--	3,983
2006	9	67	13	89	1,023	2,671	267	3,961
2007	10	72	13	95	1,043	2,943	287	4,273
2008	10	81	14	105	1,030	3,230	301	4,561
2009	9	88	17	114	1,011	3,374	334	4,719
2010	11	88	16	115	1,067	3,170	317	4,554
2011	11	88	16	115	1,063	3.210	324	4,597

資料來源：內政部統計處編：《中華民國內政統計提要（民國六十三、八十二年）》，「臺灣地區救濟（助）助機構及收容人數表」；《中華民國內政統計年報（民國八十五年）》，「臺閩地區兒童福利機構概況表」、《中華民國內政統計年報（民國九十一、九十二年）》，「臺閩地區特殊兒童福利機構概況表」；《中華民國內政統計年報（民國九十四年）》，「臺閩地區兒童及少年福利機構及服務概況表」；《中華民國內政統計年報（民國一百年）》，「臺閩地區兒童及少年福利機構及服務概況表」。

說明：1.本表1995年以前數字不包含福建省
2.®為修正數，原資料來源1981年收容人數合計為3,724，與公立、私立合計數不符，故本表將合計數修正為3,726。
3.2003年以前摘自「臺閩地區特殊兒童福利機構概況表」，內政部2004年以後修正為「臺閩地區兒童及少年福利機構及服務概況表」，其統計非單指育幼院所，而含兒童及少年安置及教養機構。

三、托兒所快速增設且走向私有化

早年即有的農村托兒所，在1962年達到高峰的3,195班，收托13萬0,391人。之後，其地位快速被村里托兒所取代。1971年時，只剩437班，收托2萬0,468人。在聯合國兒童基金會及糧農組織的贊助下，積極發展社區村里托兒所，到1971年，臺灣省已設有村里托兒所912所，1,274班，收托4萬1,706名兒童，大量取代農忙托兒所的功能。我國退出聯合國之後，聯合國兒童基金會補助中斷，臺灣省政府遂於1975年辦理「臺灣省鄉、鎮、市轄區村里托兒所業務改進計畫」，配合兒童福利法及托兒所設置辦法，增設村里（社區）托兒所，期達到一鄉鎮一托兒所的目標（詳見表7-2）。1986年已有村里托兒所2,872所，4,078班，收托兒童12萬8,749人。之後也逐漸下滑，主因在於私立托兒所的大量設立。政府也於1977年修訂

「托兒所設置辦法」，規定師資、設備及教保內容，以為因應。

表7-2　我國托兒所收托情形

年度	托兒所所數				托兒所收托人數			
	公立	私立	社區	合計	公立	私立	社區	合計
1962	4	138	70	212	13,780		8,810	22,590
1963	4	141	77	222	14,948		9,293	24,241
1964	4	159	112	275	17,209		12,610	29,819
1965	4	167	154	325	17,632		17,020	34,652
1966	4	168	204	376	18,927		22,560	41,487
1967	6	171	476	653	16,327		25,861	42,188
1968	6	177	545	728	16,947		30,355	47,302
1969	6	179	620	805	17,361		29,673	47,034
1970	6	181	738	925	25,425		38,217	63,642
1971	5	246	912	1,163	26,425		41,706	68,131
1972	5	269	1,016	1,290	32,658		53,093	85,751
1973	6	237	1,120	1,363	29,163		61,287	90,450
1974	6	338	1,124	1,468	34,808		62,864	97,672
1975	7	473	1,251	1,731	44,668		61,703	106,371
1976	8	511	1,402	1,921	45,711		71,355	117,066
1977	10	570	1,599	2,179	58,037		78,825	136,862
1978	11	601	1,789	2,401	59,241		87,767	147,008
1979	12	644	1,975	2,631	63,830		99,850	163,680
1980	12	730	2,186	2,928	76,488		108,921	185,409
1981	12	809	2,398	3,219	80,677		111,693	192,370
1982	11	870	2,525	3,406	83,707		111,319	195,026
1983	17	988	2,700	3,705	92,547		126,233	218,780
1984	18	1,116	2,811	3,945	97,583		128,156	225,739
1985	18	1,192	2,834	4,044	97,646		132,875	230,519
1986	21	1,266	2,872	4,159	105,061		128,749	233,810
1987	18	1,415	2,843	4,276	118,260		133,242	251,502
1988	18	1,405	2,824	4,247	120,702		127,242	247,944
1989	18	1,395	2,451	3,864	126,595		106,967	233,562
1990	18	1,342	2,385	3,745	124,366		114,294	238,660
1991	21	1,342	2,550	3,913	121,638		124,719	246,357

年度	托兒所所數				托兒所收托人數			
	公立	私立	社區	合計	公立	私立	社區	合計
1992	21	1,308	2,413	3,742	(未分類)			233,698
1993	21	1,249	2,394	3,664	4,423	108,086	117,272	229,781
1994	21	1,266	2,363	3,650	4,459	112,767	116,554	233,780
1995	21	1,336	1,931	3,288	4,447	111,930	106,976	223,353
1996	227	1,548	447	2,222	81,903	122,657	30,407	234,967
1997	284	1,763	257	2,304	98,883	134,015	13,520	246,418
1998	288	1,993	168	2,449	98,369	140,736	9,417	248,522
1999	293	2,283	139	2,715	98,280	152,671	8,210	259,161
2000	295	2,955	95	3,345	99,196	202,973	7,547	309,716
2001	297	3,216	87	3,600	97,838	213,850	7,230	318,918
2002	296	3,505	96	3,897	94,960	224,557	7,608	327,125
2003	291	3,705	86	4,082	81,721	216,374	4,476	302,571
2004	288	3,896	73	4,257	83,156	212,229	4,872	300,257
2005	280	3,960	67	4,307	76,393	209,375	4,450	290,218
2006	278	3,872	63	4,213	70,511	193,622	3,722	3,722
2007	276	3,790	46	4,112	65,938	184,785	3,483	254,206
2008	376	3,696	36	4,008	60,621	175,278	2,321	238,220
2009	276	3,576	35	3,887	60,969	177,002	2,201	240,172
2010	275	3,538	12	3,825	57,903	177,494	1,545	236,942
2011	274	3,472	10	3,756	61,754	189,965	1,547	253,266

資料來源：內政部統計處編：《中華民國內政統計提要（民國六十四、七十五、八十二年）》，「臺灣地區一般托兒所表」、「臺灣地區農村（社區）托兒所及農忙托兒班表」；《中華民國內政統計年報（民國八十五、九十一年）》，「臺閩地區（一般）兒童福利機構概況表」、《中華民國內政統計年報（民國九十四年）》，「臺閩地區托育機構概況表」、《中華民國內政統計年報（民國一百年）》，「臺閩地區托育機構概況表」。

說明：1.1962至1991年，公、私立收托人數原資料合併陳示。
　　　2.自1987年起，「農村托兒所」之統計表改稱「社區托兒所」。
　　　3.本表1995年以前數字不包含福建省。

　　為因應臺灣工業化的進展，婦女走出家庭進入工廠就業的比率增高，托兒的需求不再只是農村有，而是全面性，於是有擴大托兒所設立的需求。1972年，我國私立托兒所只有269所，到了1986年增加到1,266所，雖然在數量上仍比不上社區托兒所，但是成長幅度驚人。到了1995年，私立

托兒所收托人數已經超過公立托兒所。就所數言，1996年私立托兒所的數量也追上公立托兒所（含公立與村里社區托兒所），可見，政府在1980年代中葉就已逐步放棄公立托兒所的設置，把托兒所開放給民間市場經營，我國的托兒照顧商品化市場於是宣告成立。以2003年為例，我國私立托兒所的家數占托兒所總數的90.7%，收托人數占總受托人數的71.5%。反過來就是說，我國的托兒公共化程度只剩28.5%。家庭托兒成本負擔也因托兒市場私有化而加重。同時，私立托兒所與幼稚園當道的幼兒照顧市場，亦開始形成家外兒童照顧階級化的趨勢（張壹鳳，2005）。

我國的兒童照顧服務之所以走向高度私有化、市場化，顯係受到美國的影響很深。美國被認為是沒有兒童照顧的國家，其兒童照顧以照顧低收入兒童為主，依Hofferth and Deich（1994）的研究發現，美國所有低收入兒童都納入兒童照顧政策的對象中，餘者仍然有相當比率由家庭自己承擔兒童照顧責任，其中1歲以下嬰兒有10%在兒童中心受照顧，15%由家庭日托保母照顧；1至2歲幼兒有20%在兒童中心受照顧，18%由家庭日托保母照顧；3至5歲學齡前兒童平均64%在兒童中心受照顧，另有13%由家庭日托保母照顧，其中5歲兒童有90%進入兒童中心受照顧，上述這些兒童中心以私立為主。

反之，歐洲國家則強調兒童照顧的公共化，才能降低照顧關係的商品化，達成照顧與教育的人性化目標。兒童照顧的公共化一方面彰顯兒童是國家與社會的公共資產，國家對兒童負有照顧的責任，父母（特別是母親）的育兒責任負擔由全體國民協助分攤，以免造成女性或家庭因單獨承擔兒童的照顧責任而放棄生育與養育，若此，屆時人口出生率將大幅下滑，兒童的不當對待（Maltreatment），如虐待、疏忽、過早與過量教育訓練、不適合的環境接觸等問題也會增加。二方面，兒童照顧公共化才可避免兒童照顧的商業競爭，業者往往為了吸引顧客，不惜以創造不適當的教育為花招，如雙語教學、才藝、潛能開發等吸引父母接受不符合兒童發展需求的學前教育與訓練，揠苗助長。三方面，兒童照顧公共化的成本由全民分攤，可避免兒童照顧的階級化，有利於兒童的社會關係發展，以及整體社會的團結。最後，兒童照顧公共化也有利於及早推動健康教育、性別教育、生命教育、環保教育等，有利於兒童發展健全的人格。

這裡所指的兒童照顧公共化不是指涉早期共產國家集中營式的幼兒托兒所（crèche）、農場托兒所、工廠托兒所或鄉鎮市托兒所，而是由政府設立，或國家贊助社區、非營利組織設立的幼兒園，或企業為員工設立的幼兒園，以就近照顧兒童。家長有充分的選擇權決定要採自行在家照顧、保母、家庭式團體照顧或幼兒園照顧。

四、兒童家庭寄養服務

1981年，臺灣省社會處委託CCF進行家庭寄養服務實驗計畫，開始計畫推動家庭寄養服務。雖然兒童福利法中對於家庭發生重大變故而致兒童無法生活者，經利害關係人之聲請，由直轄市或縣市政府主管機關許可後，採家庭寄養或家庭形態之機關教養方式，給與安置（第4條）。但是，相關細節並未授權法律明訂。內政部遂於1983年訂定兒童寄養辦法，全文15條，對於申請家庭寄養的條件、期間、費用、接受寄養家庭的權責等均有規定，使得寄養家庭成為兒童福利的新領域（林勝義，2002）。

伍、現代兒童福利的開展（1987年～2011年）

1987年以前，我國的兒童福利服務並未完整照顧到兒童需求的每個面向，做得較多的部分是補充性服務與替代性服務。支持性服務與保護性服務並未受到太多重視，即使兒童福利法已明訂兒童諮詢、兒童保護等條款，解嚴以後，兒童福利服務才全面展開。

一、經濟安全

因為缺乏普及的兒童或家庭津貼，故我國對兒童的經濟安全保障大部分都以低收入家庭兒童為標的，補助項目繁多，如下之說明：

1. **中低收入戶兒童及少年生活扶助**：臺灣省各縣市政府發給中低收入戶兒童少年生活扶助費，每名每月補助約1,400元至1,800元不等之生活扶助費，以提供經濟協助度過困境。

2. **弱勢家庭兒童及少年緊急生活扶助**：對遭遇不幸、高風險、經濟急困且有子女需要照顧的家庭，依其兒童及少年人口數，每人每

月給與3,000元緊急生活扶助,協助弱勢家庭度過經濟危機,恢復家庭照顧功能。

3. **低收入戶兒童托育補助**:直轄市、縣市政府對就托於已立案托兒所之低收入戶或家庭寄養之兒童,每位兒童每月分別補助6,000元(臺北市)、3,000元(高雄市)、1,500元(臺灣省)。

4. **中低收入家庭幼童托教補助**:內政部兒童局與教育部針對中低收入家庭年滿3至4足歲實際就讀(托)於已立案公、私立幼稚園、托兒所(含村里托兒所)之幼童托教費用補助,每人每學期最高補助6,000元。

5. **原住民幼兒托教補助**:內政部兒童局與教育部補助全國年滿5足歲實際就讀(托)於已立案托兒所、幼稚園之幼兒,公立者每人每學期補助2,500元,私立者每人每學期補助1萬元。

6. **扶持5歲幼兒教育計畫**:內政部與教育部自2007學年度起實施「扶持5歲幼兒教育計畫」,2009學年度起放寬依家戶年所得以及家有子女數提供不同之補助額度,即低收入戶、中低收入家庭或年所得30萬以下者免費就讀公立機構,就讀合作私立園所者,每年最高補助5或6萬元。至年所得30至60萬以下者免學費就讀公立機構,就讀合作私立園所者,每年最高補助2至4萬元。

7. 低收入戶暨弱勢兒童及少年醫療補助。

8. 3歲以下兒童醫療補助。

9. 中低收入家庭3歲以下兒童健保費補助。

10. **早期療育補助**:依「發展遲緩兒童早期療育費用補助實施計畫」辦理發展遲緩兒童療育費及交通費補助,低收入戶每人每月5,000元,非低收入戶者每人每月3,000元。

11. **實施托育費用補助**:2008年4月起針對育有0至2歲幼兒的家庭,父母雙方均就業或單親家庭的父親或母親就業,無法親自照顧未滿2歲幼兒而送交保母照顧時,一般家庭年總收入在150萬元以下者,可申請每月3,000元的托育費用補助,弱勢家庭可申請5,000元的補助;另針對非受雇者而自行照顧幼兒之弱勢家庭,提供臨時托育補助機制,每名幼兒每月最高補助2,000元。

二、兒童保護

　　CCF於1987年起，率先進行兒童保護預防宣導與倡導，擬訂5年計畫，組織兒童保護委員會，邀集包括醫師、律師、心理醫師、諮商人員、教育人員、社工人員，甚至媒體傳播人員，一起組成團隊來幫助受虐兒童，並於隔年在全國各地家庭扶助中心逐步推動兒童保護業務。

　　臺灣省政府社會處遂於1988年起開始辦理兒童保護工作，並於1991年起連續2年由省府委員伊慶春教授督導辦理「兒童保護工作人員研習會」，通令各縣市政府及公私立兒童福利機構設之兒童保護專線，建立兒童保護網絡，設置兒童安置機構。1995年，省政府委託臺灣世界展望會開辦24小時的「兒童保護熱線中心」，彌補各機構只有白天接案的缺失。

　　兒童與少年保護是當前政府社會福利服務體系最大的挑戰之一，每聞媒體報導兒童或少年受虐事件，各級政府就疲於奔命應付各界質疑。例如，2005年臺北市5歲邱小妹妹人球案，引發醫院互踢皮球案例；8月，臺北市驚傳疑似虐童致死案！據悉，父不詳、母失蹤，由阿姨王姓女子撫養的4歲王姓女童，昨晚疑似遭保母郭筱薇以燒燙等方式虐待致死。2006年，桃園楊梅的張志任把友人託顧的3歲傅姓幼童當玩具般渾身刺青、虐待致死。2007年，臺中縣發生嬸婆虐死3歲黎姓男童案、11歲童疑遭父母家暴致死案、以水管抽打6歲女童還吊起來毒打致死案。2008年，臺北縣新莊才出生1年8個月的曹姓女幼童，凌晨被發現躺在床上全身發黑，氣絕身亡，而患有嚴重躁鬱症的幼童母親則睡在旁邊，毫無所悉，直至同居人、也是女童的父親許姓男子返家才驚見報警。2009年，彰化10個月大的黃小妹妹被父親丟進滾燙的煮麵鍋中，全身嚴重燙傷，送醫不治。幾天後，高雄縣一名2歲張小妹妹也被爸爸用掃把打得遍體鱗傷而死亡。11月，臺北縣蘆洲一名4歲女童隨母親北上投靠表姨，但表姨卻頻頻虐待女童，不僅虐打，還常綑綁手腳並以膠帶封嘴將她塞進置物櫃，還抓女童的頭去撞牆，遭虐致死。2010年4月初，設籍臺中市的國小六年級曹姓女童在南投縣就學，平時與母親同住臺中縣太平市，曹姓女童4月初向學校透露，母親打算帶她燒炭自殺，此後，母親到學校強行帶走女童，後來曹姓母女被發現燒炭自殺，死亡多日。監察院調查發現，南投縣政府社會處未

察覺危急性，延誤通報警政單位的時機，不熟悉相關法令，也沒追蹤後續處理進度，以致錯失應變契機；臺中縣政府社會處多日聯繫不上曹母，也沒有警覺母女有可能自殺，顯示社工員危機判斷失誤、專業不足，錯失救援契機，因此糾正南投縣、臺中縣、臺中市政府與內政部。

內政部雖然不斷地積極宣導及推動兒童少年保護工作，給與保護、安置及家庭處遇服務；也推動高風險家庭兒童少年處遇服務；同時提供弱勢家庭兒童及少年緊急生活扶助；並補助各直轄市、縣市政府增聘兒童及少年保護社工人力；輔導地方政府委託民間兒童福利團體辦理兒童及少年家庭寄養；推動6歲以下弱勢兒童主動關懷方案；協助地方政府按其特性建立「社會福利資訊及預警系統」。但是，如表7-3所示，兒童與少年受虐事件只增不減，且增加速度驚人，尤其以最近幾年為最，著實令人擔心。顯然，單靠不斷增加家庭暴力暨性侵害防治中心的人力、推動高風險方案，也推動垂直整合的計畫，仍不足以有效防止兒童與少年虐待事件的不斷發生。即使如監察院因曹姓女童案對南投縣政府、臺中縣政府、社會工作人員的糾正事由，也未必能反映整個兒童與少年保護體系的脆弱。過度聚焦於後端的救援與處置，而忽略以家庭為中心、以社區為基礎的預防體系，也缺乏跨部門服務系統的整合，才是真正的問題所在。

表7-3　我國兒童及少年受虐人數，2000年～2010年

年別	合計	兒童（人）	少年（人）
2000	6,059	4,093	1,966
2001	6,927	4,466	2,461
2002	6,902	4,278	2,624
2003	8,013	5,349	2,664
2004	7,837	5,796	2,041
2005	9,897	7,095	2,802
2006	10,094	6,990	3,104
2007	13,566	8,962	4,604
2008	13,703	8,758	4,945
2009	13,400	8,436	4,964
2010	18,454	11,321	7,133

資料來源：內政部兒童局

三、保母訓練

　　1987年起，臺北市政府開始委託民間團體辦理保母訓練，讓未經管理的保母工作走向制度化。1993年，兒童福利法修法，將培養兒童福利專業人員納入，並規定定期辦理訓練。1995年，內政部函頒「兒童福利專業人員資格要點」，將保母列為兒童福利專業人員之一，並規劃實施及格後取得技術士資格。1997年，行政院勞委會公告正式實施保母技術士技能檢定，至2009年計有6萬7,608人取得保母技術士證照。

　　內政部也於2000年依陳總統競選期間所提「五五五安親方案」政見，推動社區保母支持系統，包括建立保母人員培育訓練、媒合轉介、在職訓練之輔導機制等。目前於23個縣（市）地區共有41個社區保母支持系統，並輔導其取得保母技術士證照。

四、兒童福利法修正

　　1973年的兒童福利法過於簡陋，根本無法因應兒童相關的社會問題一再發生。例如，1987年CCF開始從報章媒體蒐集兒童虐待新聞，1988年5月，CCF與東海大學合辦兒童保護研討會。人間雜誌也在同年6月出版「搶救20萬被虐兒童」專輯，同月也舉辦臺灣兒童虐待研討會，對臺灣的兒童虐待現象深入探討（余漢儀，1996）。1982年，褚麗卿國際販嬰案的教訓，並未因此杜絕臺灣的販嬰問題。1990年，三愛診所販嬰案再度成為社會討論焦點，法律幾無明確處罰條款。再加上解嚴後，民間社會福利團體蓬勃發展，民間兒童福利相關團體於是在1990年底組成「兒童福利聯盟」，推動兒童福利法修法，提出兒童福利聯盟兒童福利法修正案，直接促成1991年底成立的「兒童福利聯盟基金會」（王育敏，2005）。此後，兒童福利聯盟基金會轉型成為一兒童福利直接服務組織，已不具聯盟性質。兒童福利法於1993年修正通過，修正重點包括：宣示兒童最佳利益原則、建立出生通報制度及殘障兒童指紋檔案、設置兒童福利專責機關、補強緊急安置規定、建立兒童保護案件通報制度、加強兒童保護事項、擴大法院兒童權益保障職權功能等。於是，兒童保護措施更加完善，兒童收養、出養的社會與法律規定也更翔實。

五、早期療育服務

　　及早預防、發現、篩選發展遲緩兒童，給與及早治療與教育，是減少兒童身心障礙發生率、提升兒童發展品質必要的一環。此項工作須結合社會福利、衛生、教育等專業人員，以團隊合作方式，提供發展遲緩兒童早期療育服務。我國最早的早期療育工作可追溯到1991年臺北市政府委託心路文教基金會心愛兒童發展中心所提供的早療服務。內政部為推廣此一服務，於1997年訂定「發展遲緩兒童早期療育通報、轉介、鑑定暨安置辦理流程」，並於2001年訂頒「發展遲緩兒童早期療育服務實施方案」，為期3年，確定社政、衛生及教育主管機關有關綜合規劃、發現與篩檢、通報與轉介、聯合評估、療育與服務、宣導與訓練等之權責分工。並輔導各地方政府成立發展遲緩兒童早期療育通報轉介中心，強化個案管理工作，建置通報轉介工作指標，辦理相關專業工作人員研習訓練，提供早期療育服務。早期療育與相關服務包括：

1. 地方政府成立「發展遲緩兒童通報轉介中心」，加強通報轉介及個管工作。
2. 推廣發展遲緩兒童早期療育：辦理相關宣導活動、印製單張、親職教育手冊等。
3. 提供到宅服務。
4. 辦理托育機構巡迴輔導。
5. 鼓勵托育機構兼收遲緩兒童。
6. 輔導地方政府辦理機構評鑑：訂頒「發展遲緩兒童早期療育機構評鑑指標範例」，積極提升早期療育機構專業服務品質。
7. 提升工作人員專業知能：輔導地方政府及全國性兒童福利機構、團體辦理發展遲緩兒童早期療育專業人員研習暨訓練觀摩等。

六、兒童收出養服務

　　如前所述，收養「螟蛉子」繼承香火流行於17至18世紀的臺灣。之後，清帝國開放臺灣海禁，人口性別比例漸趨平衡，然因重男輕女陋習，致收養養女之風盛行。收養養女除了作為童養媳之外，也有販賣為娼者。

早期收出養兒童大多是家貧無力扶養、人口過多、失怙、未婚生育或與父母八字不合者。收養程序大多是家長直接找人收養，或由媒婆中介，收養家庭相中出養兒童之後，出資作為安胎費或哺乳費。

然而，這種由家長直接安置（Direct Placement）或黑市仲介（Black Placement）的收養，難免發生販嬰事件。歷年來較受矚目的販嬰事件包括：1982年的褚麗卿國際竊嬰販嬰案，收買未婚生育、貧窮家庭嬰幼兒，甚至偷竊、拐誘來的兒童販賣至國外；1990年三愛診所院長王精明販嬰案。王精明自從1969年在醫院門口發現一名棄嬰後，便開始了收養棄嬰的工作，在三愛診所購置50個新生兒保溫箱，創辦「棄嬰之家」，還免費幫未婚媽媽接生。他在13年間收養了16名棄嬰，被譽為「棄嬰之父」，為此，於1970年當選「全國好人好事代表」。然而，1990年，坊間傳言說他偽造出生證明並販賣棄嬰。1991年，王精明被查獲曾以8.5萬元和5萬元的價格出具不實的出生證明書給兩對夫妻，被判有期徒刑2年6個月。2006年已改名為臺北市弘安診所的院長王精明再次藉由診所醫療之便，進行販嬰仲介，每名嬰兒售價28萬元至35萬元不等，販賣給不孕夫妻收養。即便到了2011年網路上仍然可以看到「收養媽咪聯絡簿」登錄出養與收養的訊息。

在多起販嬰事件發生後，社會福利界呼籲幫不幸兒童找到一個適合的成長環境（林萬億，1990）。於是，1993年兒童福利法修正，就將收出養納入規範，改為非營利機構仲介安置。1992年起兒童福利聯盟、1993年起家扶中心分別接受政府委託，此外包括勵馨基金會、新希望基金會、基督徒救世會、臺北市私立忠義育幼院、善牧基金會等，均有提供兒童與少年收出養服務，項目包含：

1. 收出養申請與諮詢。
2. 提供或轉介出養人福利服務。
3. 收養前後相關人員會談、訪視、調查及評估工作。
4. 出養人與被收養人之心理輔導。
5. 收養配對媒合服務。
6. 辦理收養人準備教育課程、親職教育或相關活動。
7. 辦理收養或出養服務宣導。

8. 辦理收出養家庭與被收養人互助團體及其他後續服務。
9. 辦理收養完成後之追蹤輔導。

七、內政部設兒童局

依據1993年修正的兒童福利法第6條規定，兒童福利主管機關中央為內政部，兒童福利主管機關在中央應設立兒童局，這是兒童局設立的法源基礎。而這其實是一個錯誤的修法方向。民間兒童福利法修法聯盟誤以為美國基於1909年的白宮兒童會議決議於1912年設置聯邦政府兒童局，臺灣也應比照辦理設中央政府兒童局。其實，當時美國聯邦政府並無社會福利主管機關，兒童局隸屬商業勞工部，1913年改隸新設的勞工部，1946年再改隸新設的社會安全署，直到1953年才改隸新設之「衛生教育福利部」。而我國早已在內政部下設社會司主管社會福利業務，雖然層級偏低早為社會福利界所詬病，但若將社會司所主管的兒童福利業務獨立出來新設兒童局，必然使社會司所主管的社會福利被切割零散，獨缺兒童福利，本不利於社會福利的整合，例如，家庭政策、婦女權益、少年福利，均屬社會司主管，兒童卻分割出去由兒童局主管，如何平衡家庭內成員的福利，絕對是一大難題；何況兒童局設在臺中市使行政協調更加困難；更離譜的是，兒童局屬獨立單位，享有人事、預算獨立權，設有主任秘書及各組組長，而社會司只是內政部的幕僚單位，下設各科，兩者既不平行，也不對等，嚴重破壞了政府組織的系統性，徒增行政成本。

就在兒童福利團體的催促下，行政院於1997年8月將「內政部兒童局組織條例草案」送立法院審議。立法院於1999年11月20日通過，內政部選擇正好是國際兒童人權日的這一天成立兒童局。兒童福利團體為了爭取兒童權益，卻付出將整個社會福利行政體系破壞的代價。

八、幼兒教育券

1998年幼教團體發起「1018為幼教而走」，訴求推行幼教合一、開放師資培訓、實施幼兒教育券。政府立即回應了幼教界的期待。1999年12月16日，行政院教育改革推動小組第13次委員會議，臨時動議決議：「本案原則同意對臺灣省已立案私立幼稚園與托兒所之5歲幼兒發放幼兒教育

券，請教育部儘速與內政部、臺北市政府、高雄市政府等相關機關協商後，研提具體實施方案報院核定。」於是，行政院於2000年1月4日函令頒辦理。其方案目標為整合並運用國家總體教育資源，促進資源分配合理效益；改善幼稚園及托兒所生態與環境，並提升幼兒教育水準；縮短公私立幼稚園與托兒所學費差距，以減輕家長教養子女之經濟負擔。實施對象為全國滿5足歲之幼兒，且合於下列規定者：

1. 以當年9月2日起至次年9月1日止年滿5足歲未滿6足歲者。因特殊原因未依齡托教者，不在此限。
2. 實際就讀（托）於已立案私立幼稚園、托兒所或其他合法托育機構者。
3. 具下列情形之一者，不得使用幼兒教育券：就讀公立幼稚園、托兒所之幼兒；就讀已立案私立幼稚園（托兒所或其他合法托育機構）核准班級學生數外超收者，或未立案私立幼稚園（托兒所）者；每人每學期限領乙次，重讀生及轉學生已領有補助者，不得重複請領；幼兒於學期中途（第一學期於10月15日、第二學期於4月15日）後入學者，不得請領。

發放金額標準：每人每一學年補助新臺幣1萬元，分兩學期發放。其實施方式為：

1. 由教育（內政）部統一印製幼兒教育券，送交直轄市、縣市政府於轄區內擇定適當地點（如國民小學）供家長領取。各縣市政府得視實際情況另定發送方式。
2. 家長憑券選擇理想幼稚園或托兒所就讀，再由各園所於審查無誤後，扣抵學費，並回收幼兒教育券，第一學期於10月15日、第二學期於4月15日前統一造冊送直轄市、縣市政府審查。
3. 跨縣市或未事先領有幼兒教育券就讀之幼兒，請逕持身分證明文件至欲就讀（托）之園所辦理入學手續並補發幼兒教育券。
4. 直轄市、縣市政府應於當年10月底及次年4月底前，統一填列所轄各私立幼稚園及托兒所5歲幼兒就讀（托）領受幼兒教育券數量動態（以園、所為單位），並以每一學期新臺幣5,000元標準，製據分別報教育部、內政部請款；並應統一造具幼兒名冊，留存縣

（市）府備查。

自2000學年度起發放，所需經費由教育部及內政部分別編列預算支應。但臺北市及高雄市所需經費由該主管機關自行編列，俟地方政府財源足以支應時，改移由直轄市、縣市政府自行編列預算執行。

幼兒教育券的發放更確立了臺灣學前教育與照顧走向私有化的不歸路。之所以會推出幼兒教育券政策，無非是因公立幼稚園與托兒所太少，而私立托育機構收費價格高於公立甚多，家長為了省錢，每每漏夜排隊，期待抽籤入園，導致向隅的家長憤恨不平。然而，國民黨政府決定不以增加公立托育機構為思考方向，而以稅收補償將子女送至私立托育機構的家長，徹底推行兒童照顧商品化的主張。當然，私立托育機構業者也積極遊說本項政策的形成，名義上是為家長爭取權益，其實此項補助款最後是落入業者口袋中，何樂而不為！而且深化了兒童照顧私有化政策，保住了兒童照顧市場的商機。至於是否因此提升兒童照顧的品質，恐怕不是本政策優先關注的焦點。更甚者，因此導致在家自行照顧子女的婦女反而領不到任何兒童照顧津貼，有貶抑家庭照顧的嫌疑，不利家庭選擇照顧子女的方式。

九、幼托整合

依我國慣行已久的兒童福利與教育體制，負責未滿6歲的學齡前兒童教育工作為幼稚園，照顧工作為托兒所。幼稚園招收4足歲至入國民小學前（未滿6歲）之幼兒；托兒所收托一足月至未滿6歲之幼兒。兩者看似各有分工，然而，實際在操作過程中有諸多相似重疊的功能，造成家長、主管機關、教保工作者多方的困擾如次（林萬億、翁麗芳、邱志鵬、周志宏，2003）：

1. **隸屬機構不同**：幼稚園為我國幼兒教育施教機關，隸屬於主管教育機構的教育部、教育廳、教育局。托兒所屬於社會福利機構，隸屬於主管社會事務的內政部、社會處、社會局。
2. **宗旨內容實質無異**：幼稚園的宗旨為促進兒童身心健全發展，並達成下列目標：(1)維護兒童身心健康，(2)養成兒童良好習慣，(3)充實兒童生活經驗，(4)增進兒童倫理觀念，(5)培養兒童合群

習性。托兒所的宗旨為滿足嬰幼兒身心需要，充實嬰幼兒生活經驗，教保目標為：(1)增進兒童身心健康，(2)培養兒童優良習慣，(3)啟發兒童之基本生活知識，(4)增進兒童之快樂和幸福。

3. **收托年齡重疊**：根據幼稚教育法第2條，幼稚教育係指4歲入國民小學前的兒童。而依據1998年以前的「托兒所設置辦法」，以及之後的「臺灣省托兒機構設置標準與設立辦法」規定，托兒所收托自出生滿1個月未滿6歲身心健康的嬰幼兒，由於年齡差距較大，身心發展不同，托兒所又分為：(1)托嬰部：收托自出生滿1個月至未滿2歲的幼兒。(2)托兒部：收托2歲至未滿6歲的幼兒。

4. **設備要求寬嚴不一**：幼稚園根據1989年4月教育部公布的「幼稚園設備標準」設置，建築設備各項標準要求較托兒所嚴格。托兒所則依據「托兒所設置辦法」或「臺灣省托兒機構設置與設立辦法」等規定辦理。

5. **班級編制標準不同**：幼稚園招收4至6歲的幼兒，按年齡分班，每班30名幼兒，教師2名。托兒所招收出生滿1個月至未滿6歲的幼兒，依比例規定設置護理人員、保育人員。根據1996年2月5日公布之兒童福利法及其施行細則規定，托兒所等兒童福利機構的人員為兒童福利專業人員，已無「教師」職稱。

6. **教保方式各有重點，但差異有限**：幼稚園分半日制或全日制。托兒所分半日托、日托及全日托，全日托目前在國內仍屬少見，係以特案處理。

7. **學習內容大同小異**：托兒所與幼稚園均以促進幼兒身心發展為宗旨，因而教材與內容大致相同。

除了上述幼托分流造成的困擾外，我國的學前教育與兒童照顧政策也有以下制度上的缺失（林萬億、翁麗芳、邱志鵬、周志宏，2003）：

1. 教保工作人員的保障：私立幼稚園與托兒所的教保工作人員工作保障不高。

2. 薪資低、工時長、退休制度不健全。

3. 師資或培訓體系紊亂。

4. 資源分配不均。

5. 過度依賴市場提供的幼稚園與托兒所，家長的負擔偏高，階級化情況明顯。

6. 偏遠地區的托育設施不足與品質低落，如原住民部落、鄉村地區等。

經過幾年的爭論，終於有幼托合流之議，幼稚園與托兒所的整合總算啟動。其過程如下：

（一）幼托整合的起步（1997年～2000年）

前行政院院長蕭萬長於1997年12月4日在第2556次院會中提示，幼稚園與托兒所都是以促進幼兒身心健康發展、增進其生活適應能力為依歸，卻分屬教育及社政兩個體系，其對象（幼兒）的年齡層部分重疊，就國家總體資源的應用而言似非經濟有效，請內政部與教育部兩部審慎研究該統合問題。蕭前院長復於1998年7月21日全國社會福利會議結論時指示，將托兒所與學前教育整合事宜列為應優先推動之重點工作，於是展開幼兒教育與托育整合方案的研擬規劃，並以如何保障同年齡的幼兒享有同等品質之教保環境內涵，有效運用並合理分配政府資源為整合理念。內政部與教育部並經多次協商及邀集幼教學者、團體、業者等召開公聽會，研擬「托兒與學前教育初步整合方案」（草案）暨「托兒與學前教育初步整合作業」（草案），報行政院核定，經行政院函復以請依下列意見修正後再報院：

1. 所採以現行幼稚教育法規定之4歲作為區隔乙節，與大多數學者專家及地方政府代表認為應以3歲年齡層區隔幼稚園與托兒所之意不符，須再斟酌。

2. 整合後之幼稚園與托兒所名稱，似可改稱為「幼兒園」。

請教育與內政兩部再詳細擬具「托兒與學前教育整合方案（包括相關法令之修正、實施步驟、方法與分工及資源需求等），內政部復再行研議。惟經教育部前部長楊朝祥認為兩機構應有更積極明確的規劃，而未能報院並暫緩實施。

（二）幼教政策共識形成（2000年～2001年）

民進黨政府上臺之後，幼托整合議題再次受到重視，教育部於是於2000年年底成立「幼教政策小組」，並於2001年2月19日召開第一次小組

會議，依會議決議由教育部代表邀集內政部協商，教育部代表並於2001年
2月22日召開會前會，就整合定位與方向研議共識，包括：

1. 整合定位
   (1) 0至6歲幼兒對教育及保育之需求是無法切割的，因此，為整合
       學前階段幼兒教保機構所發揮之功能，宜統一事權主管機關為
       何，可再詳議。
   (2) 在上述前提下進行整合，應配合就專業人員認證及設施條件等
       訂定基本規範。

2. 整合目標
   (1) 運用國家資源，健全學前幼兒教保機構。
   (2) 符應現代社會與家庭之教保需求。
   (3) 提供幼兒享有同等教保品質。
   (4) 確保立案幼稚園、托兒所暨合格教保人員之基本合法權益。

視與內政部協商結果，續與各部會溝通，尋求共識。經2001年2月26
日由內政部政務次長、兒童局局長與代表，以及教育部幼教政策小組代表
劉毓秀等與教育部國教司司長、中教司司長等洽商，原則上同意上開目
標，並由兩部各推代表若干組成「幼托整合推動委員會」後，召開後續會
議。

（三）幼托整合政策形成（2001年～2005年）

「幼托整合推動委員會」第一次會議於2001年5月18日召開（教育部
國教司籌辦）。會議決議分就功能成立師資整合組、立案及設備基準組、
長程發展規劃組等小組分別進行研議，並即刻開始作業，人員與經費由兩
個部會共同支援。委員會原則上3個月舉行一次，並視實際情況召開。

據上開幼托整合委員會第一次推動委員會決議，由教育部負責幕僚單
位之師資整合組，由召集人於7月2日召開第一次會議，決議自幼托師資職
前課程規劃、在職人員相關權益及法令等小組委員進行專案規劃，並配合
幼托整合推動委員會之進度，不定期聯繫。另內政部負責幕僚單位之立案
及設備基準整合組，由召集人於6月22日召開小組第一次會議，決議就立
案條件、土地規範、建物使用、樓層面積、設施設備等由內政部兒童局以
問卷調查地方政府意見，並彙整初步之意見再召開第二次小組會議。至於

長期發展規劃組則由內政部協助幕僚作業。

2002年8月24日召開幼托整合推動委員會第二次會議（內政部兒童局籌辦）。爾後三小組即依時程進行研議，分別於2002年3月底左右提出結論與建議，於2002年4月4日召開幼托整合推動委員會第三次委員會議（教育部國教司籌辦），會中決議：

1. 查幼托之師資事涉結構性與實務面通盤考量之觀點，問題之複雜度可以想見，初步不排除朝向專業職業資格條件進行規劃。惟服務對象係以「人」為主者，倘以「甲級」、「乙級」劃分，不符人群服務尊重人性之論點，建議應做探討與修正，至課程架構及人員權益之保障等，亦宜徵詢各方意見，請教育部（技職司、中教司、國教司）與師資組再就架構、內涵、各環節間之關聯與配套徵詢意見，務期成熟可行，至短期可行之師資訓練應做及早規劃。

2. 有關立案及設備之基準應考量現實環境與幼兒基本學習需求，訂立基準化原則或指標，初步以立案及設備基準組建議之內容為原則，請教育部（國教司）及內政部（兒童局）在4個月內分就其主管之相關設備及設施標準，務實考量並做整體檢視後修正之。

3. 暫不管學制，5至6歲列為國民教育向下延伸，5歲以下至零歲分成兩階段：2歲以下、2至5歲，再處理幼托整合之內涵及整合後之名稱。

至此，幼托整合的分工與政策走向更明確如下：

1. 2歲以下由內政部兒童局主政。

2. 5至6歲劃歸國民教育，由教育部就細部研議處理。

3. 2至5歲重疊應整合部分，分從下列事項處理：

　　(1) 人員的部分：中程應立法確立人員之系統走向，短程應朝向整合師資之訓練。

　　(2) 設備標準化：使設備、設施標準吻合兒童需要的環境再予以標準化。

　　(3) 法令整合。

　　(4) 管理與督導體系：納入長程規劃繼續研議。

(5) 幼兒教育應由公部門、私部門以及公私合作共同存在。

接著，2002年4月16日由教育部黃榮村主持，邀集教育部與內政部政務次長及「幼托整合推動委員會」委員，召開「幼托整合專案研究簡報」，會中就「長程發展規劃組」、「師資整合組」及「立案及設備基準組」所提初步結論與建議，逐一向部長報告，會中裁示：

1. 初期依現行幼稚教育法規及兒童福利法，就幼托機構收托年齡層之現況，配合2001年教育改革檢討會議結論，5歲幼兒納入國民教育體制之政策目標，政府對零歲至入國民小學前之嬰幼兒提供教育或保育之措施與機構之管理，5至6歲統由教育部主政辦理；2歲以下托嬰由內政部兒童局全權處理，至2到5歲，再分就人員之流通訓練、設備標準化、法令修正等處理幼托整合之內涵及整合後之名稱，甚至其主管機關之確定，但不論何部門主政，另一部門一定要配合。

2. 請三組就幼托整合架構、方向及願景整合做一簡化版本，並公推由劉毓秀委員執筆。另依上開架構由教育部、內政部分別就主協辦內容提出進度期程規劃，俾向社會各界做整體政策說明，以達各界之共識及支持，再據以就各項細部配套研議修法及推動。

3. 委員會所提各項研議草案經決議後，各部會應按照行政程序簽核，並建立管考機制。

教育部依據第三次會議決議，同時就師資整合組所提結論建議，密集邀集教育部相關單位及各界座談，以彙整各界檢討意見，經2002年4月29日至5月24日連續召集四場次座談會，出席人員除幼托整合推動委員會委員，並邀集幼托專家學者、地方政府代表、民間團體代表等。內政部亦就相關議題邀集地方政府及民間團體代表座談。

隨即於2002年7月25日召開幼托整合推動委員會第四次會議（內政部兒童局籌辦），會中有關幼托整合原則方向決議如下：

1. 5至6歲劃歸國民教育，由教育部就細部研議處理；2歲以下由內政部主政。現行幼稚園、托兒所未來將整合為單一機構「幼兒園」，辦理2至5歲幼兒的教保業務，其主管機關歸屬於內政部，幼兒園可提供托嬰、托兒、課後照顧等複合式之服務內涵。

2. 5歲以下之幼兒園師資由「教保師」（名稱暫訂）擔任；5歲以上屬國民教育範圍，由「教師」擔任。

3. 幼托機構之立案設備條件，請內政部配合教育部研議中之幼稚園設備基準計畫一併處理，惟相關行政作業程序請分別依幼稚教育法、兒童福利法之規定辦理。

4. 已立案之合格專業現職人員，在過渡期間之所有措施，應予以必要之保障。

5. 近程措施中有關「終止現行兒童福利專業人員訓練」乙節，請兒童局研議；長程方向應立專法，名稱暫定為「幼兒教育與照顧法」，規範幼兒教保工作內涵，包括「幼兒園」暨從業人員之界定與定位。

此後，經過2002年9月18日、2003年1月2日、2003年2月22日等幾次研議，終於在2003年3月27日完成「幼托整合規劃報告」。同時於2002年9月到2003年4月，內政部兒童局並依幼托整合委員會第三次會議決議，委託林萬億、翁麗芳、邱志鵬、周志宏等人完成「幼兒教育與照顧法」（草案）之研擬。然而，由於幼教業者對幼托整合極力抵制，並透過立法院與政府高層的遊說，使幼托整合委員會決議遲遲無法落實。幼教業者最反對的是幼兒教育與照顧的公共化，擔心幼教市場萎縮，連同也就一併抵制幼托整合。事實上，幼托整合並沒有將幼教全盤公共化的意圖，以當前政府的財政及政治氛圍，根本不可能。此外，幼托業者也反對將2至5歲兒童的教育與照顧主管機關歸為內政部兒童局，他們擔心兒童局的經費少，無法因應他們補助的要求。

由於相持不下，一拖就是幾個月，已進入2003年底總統大選的熱季，幼托整合的政治敏感度，使得教育部與內政部不敢輕易推動，以免影響選情。於是，幾近完成的幼托整合案，又拖過了2004年3月的總統大選。民進黨陳水扁總統連任成功，幼托整合案才又出現生機。2005年6月20日，行政院通過將「幼托整合規劃報告」中有關2至6歲兒童的教育與照顧主管機關，由原先規劃的內政部主管，改為教育部，同時，原訂國教向下延伸到5歲的國幼班亦停擺，併入幼兒園處理；課後照顧則一併劃歸教育部主管；2歲以下幼兒之托嬰仍由內政部主管。

其實，幼兒教育與照顧的主管機關，各國規定不同，例如，同屬北歐的瑞典歸教育部主管，芬蘭卻歸健康與社會事務部主管。當時幼托整合委員會決議由內政部兒童局主管之理由，是考量教育部已有太多業務成為社會關注的焦點，例如，教育改革、九年一貫、國中基測公布組距與否、大學高學費、高中社區化、教師組工會、中小學教師免稅、5年500億提升大學研究卓越、5年50億提升大學教學卓越等議題正吵得火熱，為了避免分神，乃不主張將幼兒教育與照顧的業務劃歸教育部主管，以免傷及幼童。至此，經過8年的努力，幼托整合計畫終告定案，進入細部規劃，包括「幼兒教育及照顧法」（草案）、師資、設備等。

（四）幼托整合立法過程（2006年～2011年）

基於法中涵蓋兒童年齡不僅是6歲以下的兒童照顧與教育，還包括12歲以下的兒童課後照顧，因此，法律正式命名「兒童教育及照顧法」（草案）。2007年1月24日，「兒童教育及照顧法」（草案）經教育部審議通過後，會銜內政部函送行政院審核，行政院審議完畢於2007年5月23日將草案函送立法院審議。適值總統與立法委員選舉在即，私立幼教業者積極遊說立委阻擾該法案的通過，理由還是擔心幼兒教育與照顧公共化。李慶安委員配合私立幼教業者演出大力阻擾該法案通過的戲碼，使該草案並未於立法院第六屆第六會期通過。

基於立法院屆期不續審因素，教育部自2007年12月28日起至2008年6月11日間再度召開多次會議聽取意見及討論，並召開法規委員會議重新逐條檢視草案條文後，該法經教育部與內政部會銜報送行政院審核。經行政院於2009年3月3日函送立法院審議，案經教育及文化委員會於2009年6月8日召開審查會議，惟並未進入逐條審查。

隨著選舉腳步逼近，立法院教育及文化委員會於2011年4月13日初審通過「幼兒教育及照顧法草案」全文60條，立法院於6月10日審查通過，總統於2011年6月29日公布，自2012年1月1日實施。新通過的法律採納幼教界的意見，將2歲以下的托嬰管理、家庭式幼兒照顧、保母管理等偏向兒童照顧的條文剔除，也將兒童的課後照顧管理拿掉，使得這部法律變成只是一部「幼兒園」的管理辦法而已。經過14年的研修，好不容易得到共識的幼托整合政策，最後峰迴路轉只做到幼稚園與托兒所的合一而已。對

於兒童的教育與照顧，包括學齡前兒童（0至6歲）的教育與照顧，以及6至12歲兒童課後照顧的整體兒童教育與照顧議題並未完全納入規範，殊為可惜。

自此，過去分屬教育部、內政部體系的幼稚園、托兒所，整合成「幼兒園」，提供2至6歲的幼兒教保服務，統一由教育部管轄；並要求公立幼兒園須優先招收「條件不利」的幼兒，包括原住民、中低收入戶、身心障礙者、特殊境遇家庭等幼兒，獲優先入園的保障。法令對於幼兒園教保人員的配置也更為細緻，往後若招收2至3歲幼兒的班級，每班最多16人，且至少每8人應置一名教保人員；招收3歲以上至入小學前的幼兒班級，每班最多30人，且至少每15人應置教保服務人員一人。

十、3歲以下兒童醫療補助

2000年總統競選期間，陳水扁先生提出「三三三安家專案」，其中之一是針對3歲以下兒童的醫療補助，其立論基礎是3歲以下幼童罹患感冒、腸病毒、支氣管炎等病症的機會較年齡稍長的兒童機會大，因此，家長的醫療支出負擔重。尤其是中低收入戶家長更是如此。於是在陳總統當選後，行政院積極著手實現此競選承諾。

這分為兩部分實施，首先是於2002年3月起針對3歲以下兒童的部分負擔補助，之後，依據2004年12月1日發布之「3歲以下兒童醫療補助辦法」辦理。奉總統2005年1月22日於「親親寶貝，夢想起飛」迎新送舊關懷兒童活動時指示：對於3歲以下無力負擔健保費用的兒童，應由政府研議予以補助。內政部兒童局即修正前開補助辦法，研議針對符合中低收入戶資格之3歲以下兒童，未來能享有政府的全民健康保險自付之健保費補助。其相關規定如下：

（一）部分負擔補助
1. 實施日期：2002年3月1日起實施。
2. 補助對象：出生日起至年滿3歲之兒童參加全民健康保險者。
3. 補助項目：全民健康保險法第33條、35條規定應自行負擔之費用。
4. 補助方式：家長帶3歲以下兒童至醫療院所就醫，持健保局核發之

健保IC卡，僅須繳納掛號費用，門診及住院的部分負擔費用由政府補助。

5. 申請方式：免申請。

（二）中低收入家庭3歲以下兒童健保費補助

1. 開辦日期：2005年4月3日。

2. 補助對象：中低收入家庭3歲以下兒童。

3. 補助項目：全民健保自付之保險費。

4. 申請方式：自即日起至各鄉（鎮、市、區）公所、直轄市、縣（市）政府社會局索取申請表，並檢附全戶戶籍謄本向公所申辦（低收入戶幼兒已獲政府健保費補助，免再申請）。

十一、生育補助

臺灣的生育率下滑速度為工業民主國家之冠，名列全世界生育率最低國家。2010年，臺灣的嬰兒出生數僅有166,886人，總生育率下滑到0.895，亦即每一育齡婦女生不到一個孩子，成為世界上生育率最低的國家。且自2002年進入超低生育率國家（總生育率低於1.3）後，生育率就沒有再回升的跡象。主要是因有偶率下降、婚育年齡延後、婦女勞動參與率上升、兒童照顧負擔沉重、對未來的不確定，以及婚育價值的改變等。生育率超低會帶來人口老化加速、人口負成長、性別比例失衡、人際關係改變、公共制度面臨結構快速調整的困境，以及未來勞動供給不足等問題（Lin & Yang, 2009）。

雖然2011年是兔年，又欣逢中華民國建國百年，使得出生嬰兒數回升到196,627人，總生育率回升到超過1.0，但也只回升到2009年的牛年水準而已。依過去兩輪十二生肖的經驗，2012年龍年的生育率會再升高。

由於除了軍、公教、勞、農、國民年金保險等的生育給付之外，中央政府並無全國一致的額外生育補助，為了提高生育率，各地方政府紛紛推出生育補助。然礙於地方政府的財政實力，各地方的生育補助金額差異頗大。南投縣無生育補助。基隆市、桃園縣、屏東縣有資產調查規定的生育補助外，其餘縣市則採普及式的生育津貼，其中又以臺北市、新北市、金門縣、連江縣價碼最高。除此之外，各鄉鎮市為了選舉，有些也開出不同

價碼的生育獎勵金，造成有些婦女生育可以領到鄉鎮市、縣市雙重的生育獎勵金，有些則完全沒有，出現明顯的區域不正義。

以下是各縣市政府的生育獎勵措施：

- 基隆市：低收入戶婦女生育補助：凡列冊本市低收入戶婦女，每人每次補助10,200元整。
- 宜蘭縣：婦女生育津貼：補助金額每一新生兒補助新臺幣1萬元整，新生兒若爲雙（多）胞胎，以新生兒數爲補助單位。
- 臺北市：生育獎勵：提供2011年1月1日以後出生的新生兒每胎2萬元的生育獎勵，於本市各戶政事務所辦理出生登記時申請，以感謝並慰勞新生兒母親生育之辛勞。
- 新北市：生育補助：每胎補助新臺幣2萬元、雙胞胎新臺幣4萬元、三胞胎新臺幣6萬元。
- 桃園縣：生育補助：本縣低收入戶，每胎6,000元。
- 新竹市：生育補助：生育1胎15,000元、第2胎20,000元、第3胎以上2萬5,000元、雙胞胎5萬元、三胞胎以上補助10萬元。
- 新竹縣：生育補助：每胎1萬元。
- 苗栗縣：生育補助：每一胎兒第一年補助1萬元，第二年起至第四年，每年補助新臺幣8,000元，共34,000元。
- 臺中市：生育津貼：每胎1萬元。
- 彰化縣：生育補助：每胎1萬元。
- 南投縣：無。
- 雲林縣：生育津貼：每胎6,000元。
- 嘉義市：生育津貼：每胎新臺幣3,600元，雙胞胎1萬元，三胞以上（含三胞胎）2萬元。
- 嘉義縣：生育補助：每胎3,000元。
- 臺南市：生育補助：第一胎6,000元，第二胎後爲12,000元。
- 高雄市：生育津貼：第一、二胎每名6,000元，第三胎以上每名1萬元。
- 屏東縣：列冊低收入戶生育婦女每胎10,200元。
- 臺東縣：每胎補助新臺幣5,000元整。

臺灣的社會福利：歷史與制度的分析

- 花蓮縣：生育補助：每胎10,000元。
- 澎湖縣：第一胎補助1萬元，第二胎3萬元，第三胎6萬元。
- 金門縣：生育補助：每胎2萬元，雙胞胎6萬元，三胞胎以上每胞胎補助4萬元。
- 連江縣：第一胎新臺幣2萬元，第二胎5萬元，第三胎（含以上）8萬元。

十二、兒童給付

　　臺北市長郝龍斌在2010年底的五都選舉時，提出「祝妳好孕」的政見，除了生育補助外，另開出育兒津貼的支票，自2011年1月起，提供父母雙方及家中未滿5足歲之兒童皆設籍並實際居住臺北市滿1年、最近1年經稅捐機關核定所得申報稅率未達20%、且未領有政府同性質補助或公費安置之市民，每童每月2,500元之育兒津貼，作為僱請保母或由父母照顧的相關補貼。這是臺灣首度出現的兒童津貼政策，但是並非普及式的兒童津貼，而是有排富條款的，比較像是中所得以下家庭的育兒補助。

　　2012年總統選舉競爭激烈，馬英九總統提出「搶救生育大作戰」，國民黨掌握絕對多數的立法院立即於2011年10月25日三讀通過所得稅法第17條修正案，增訂幼兒學前特別扣除額的減稅優惠，5歲以下幼兒自2012年起，每人享有2.5萬元「幼兒學前特別扣除額」。凡撫養2007年1月1日以後出生幼兒者，於2013年5月報稅時，以稅率換算，最多可獲得3,000元所得稅減稅利益。此外，行政院也同意於2012年元月起，父母任何一方因在家照顧0至2歲幼兒以致未就業，每人每月發給2,500元至5,000元的育兒津貼。兩項新措施都設有排富條款，即僅適用淨所得在113萬元以下的家庭。

　　雖然「幼兒學前特別扣除額」迴避了政府直接支出兒童津貼的財政壓力，但是卻擾亂了租稅制度。且家戶所得未達課稅標準者不能獲得優惠；高所得者也被排除在外；稅率12%的家庭每年可獲得3,000元減稅利益，稅率5%的家庭卻只可享受1,250元。同樣年齡層的幼兒，出生在不同家庭，在政策上卻出現大小眼的對待。至於0至2歲的育兒津貼，也不是普及的兒童津貼，應屬與臺北市一樣的中所得以下家庭育兒補助。不過，這些政策

至少解決了出生在不同縣市的兒童，有不同的育兒補助的區域不正義問題。

 ## 第二節　少年福利服務

　　臺灣在清治時期，少年並不是一個被認爲需要特別關心的人口群。之後，日本政府對於少年也不列入救助對象。日本天皇於1874年所頒布的「棄兒養育食米給與方」，即首次對收養棄兒的收養人給與補助。其中規定棄兒食米補助年齡是到13歲。另外同年頒布的「恤救規則」，對於無人扶養的13歲以下幼弱兒的救助順序爲無近親、鄰保可相互扶持時，市町村等地方才負起救助責任；地方無力支付時，國庫才給與救助（李燕俐，2005）。也就是13歲以上之少年，不列入棄兒或幼弱兒之範圍。

　　日治時期，臺灣首度設少年服務機構，但是以感化教育爲主的矯正取向的少年服務。臺灣最早的少年感化教育出現在1909年，設於臺北州（今新北市）的成德學院。財團法人臺北成德學院於1909年（明治42年）在臺北廳大加蚋保後山陂庄（位於今臺北市南港區）設置，次年3月舉行開院式，1934年（昭和9年）改名爲松山感化院，爲針對青少年設置的感化教育機構。收容環境與素質不良之少年，施以感化教育，起初收容不良少年25人，施以教學、職業訓練等矯治。至1935年，共收容日本籍少年50人，臺籍少年141人（含山地少年2人）（臺灣省文獻委員會，1972）。

　　除此之外，設在各地的鄰保館亦提供少年服務，如前一節所述。這些機構在國民政府來臺後均被撤銷。

壹、少年福利法立法之前（1989年以前）

　　臺灣在1989年少年福利法通過施行以前，對於少年的服務大抵延續日治時期的矯治取向爲主。雖然1972年兒童福利法通過之後，少年福利暫準用兒童福利法，至於對不良少年與虞犯少年之處置，則依1962年1月頒布施行之少年事件處理法，以及1981年發布之「少年不良行爲與虞犯預防辦法」規定辦理。此階段重要的少年服務項目如下：

一、少年感化教育

1953年，臺灣省政府有鑑於少年犯罪問題日益嚴重，乃在高雄籌設少年教養院，收容南部不良少年。然真正的少年感化教育，則始於1956年4月於新竹少年監獄規劃專區設立省立臨時少年感化院，該院於1957年5月遷於臺北縣鶯歌，稱為臺北少年感化院，1958年4月再遷桃園，並改稱省立桃園感化院（現桃園少年輔育院的前身）。另於1956年9月再設彰化田中「臺灣省立彰化少年感化院」，隸屬於臺灣省政府社會處。1959年改稱為「臺灣省立彰化少年輔導院」，以及1956年10月於高雄市設立「臺灣省立高雄少年感化院」，隸屬臺灣省政府社會處，院址為高雄市苓雅區，1959年2月更名為「臺灣省立高雄少年輔育院」。

之後，因「感化」二字有損少年形象，不甚妥當，遂於1959年將三所少年感化院改稱少年輔育院。由於辦理績效不彰，問題叢生，引起專家學者與社會大眾的批評與詬病，再於1981年7月由法務部收回接管，隸屬監所司，改稱為臺灣桃園少年輔育院、臺灣彰化少年輔育院，以及臺灣高雄少年輔育院，我國少年矯正機構始粗具規模。其中，彰化輔育院兼收全省不良少女。至1981年底，三院共收容1萬5,994名少年，出院1萬4,961人。

早在1973年及1978年間，法務部即依私立學校法及補習教育法之規定，分別於臺灣新竹少年監獄、桃園、彰化及高雄少年輔育院辦理附設補校業務；惟因受客觀環境、法源依據、經費，以及師資人力之限制，成效難以彰顯。

1990年，遵照行政院第28治安會報提示：「少年監獄、少年輔育院應學校化，並充實師資設備」，遂由法務部與教育部等相關人員研商改進辦法。同時，行政院並函示由教育部會同省市教育廳局協調，將原少年監獄、少年輔育院自行附設之補校改制，轉與所在地之一般國民中小學、高級進修補習學校合作，正式成立一般各級學校補校分校。

自1992年實施補校分校教學制度以來，除因分校業務多由其本校兼任教師或代課教師授課，缺乏專任教師而使教學效果受到影響外，補校分校業務的人事權實則獨立於少年監獄與少年輔育院之外，致使業務監督難以一貫；另有關教師之待遇、福利等相關問題也一直無法徹底解決。

有鑑於此，法務部於1994年3月5日在臺灣新竹少年監獄召開「少年監獄、少年輔育院學校化實施現況檢討與展望座談會」，討論將各級補校改合併為一所學校之可行性，會議決定以6個月為限，由教育部進行研究，1994年7月11日再就上揭事宜召開會議，決議由法務部儘速訂定「少年矯正學校條例」（後來更名為「少年矯正學校設置及教育實施通則」）以資因應，並於1999年7月1日正式成立新竹誠正、高雄明陽兩所少年矯正學校。

「少年矯正學校設置及教育實施通則」係依據少年事件處理法第52條第2項及監獄行刑法第3條第4項規定制訂，其目的在使少年受刑人及感化教育受處分人經由學校教育矯正不良習性，促其改過自新，適應社會生活。誠正中學所收容的學生係依據少年事件處理法經由少年法院（庭）法官裁定感化教育的少年。明陽中學所收容的學生係依據少年事件處理法及刑法經法官判處有期徒刑確定檢察官指揮執行之少年受刑人（黃徵男，2002）。

依刑法第86條判刑執行感化教育之未滿18歲之男女少年，或依少年事件處理法第42條，少年法院審理事件，除為前兩條處置者外（移送或不宜付保護處分），應對少年以裁定諭知下列之保護處分：

1. 訓誡並得予以假日生活輔導。
2. 交付保護管束並得命為勞動服務。
3. 交付安置於適當之福利或教養機構輔導。
4. 令入感化教育處所施以感化教育。

可見，裁定進入輔育院接受感化教育是除了移送法辦之外，最嚴厲的處分。目前法務部矯正署設有桃園、彰化兩所少年輔育院，依少年輔育院條例設置。桃園少年輔育院核定院生383名，限收男生。彰化少年輔育院2012年收容人數為433人，男女比例約為2：1。兩院入院原因依序均為竊盜、毒品、傷害、妨害性自主。

二、不幸少女教養收容

「臺灣省立婦女教養所」設立於1948年的臺南市，以收容14歲以上、50歲以下之貧苦無依或老弱、身心障礙、遊民、暗娼及受虐婦女等傳授技

藝爲主。因地理環境不適宜，於1970年遷建雲林斗南鎮現址，更名爲「臺灣省立婦女習藝教養所」；並配合臺灣省政府小康計畫，增辦低收入婦女技藝訓練。爲因應社會急遽變遷，組織與業務歷經數次變革，1983年元月更名爲「臺灣省立女子習藝中心」。1989年元月起配合少年福利法之公布施行，辦理違反該法少年之觀察輔導教育，同年7月起兼辦18歲以上中、重度、極重度智能障礙婦女收容教養業務，並於1991年5月奉准改制爲「臺灣省立雲林教養院」。1997年8月起配合兒童及少年性交易防制條例之施行，辦理違反該條例少女之輔導教育，復於1997年9月依內政部及教育部決議辦理不幸少女多元模式之中途學校業務。1999年7月改隸內政部，更名爲「內政部雲林教養院」。目前收容對象包括兩類：

1. 依據身心障礙者權益保障法暨該院入退院管理要點，接受縣市政府委託養護照顧18歲以上中、重、極重度智能障礙及智能障礙爲主之多重障礙婦女（簡稱心智障礙服務對象），並依智能障礙個別能力及需要，施予生活訓練、認知訓練及職業陶冶訓練，提升生活自理及人際與社會適應能力。收容量爲200床。

2. 依據兒童及少年性交易防制條例暨該院入退院管理要點，接受各縣市政府委託照顧輔導18歲以下少女，暨地方法院依少年事件處理法委託安置輔導少女（簡稱學員），並依安置學員之輔導及學習需求，規劃適應性課程及服務方案，改善身心健康、增進技藝能力，學習生活管理，以發揮其潛能，強化重返社會能力。收容量爲60床。

三、藥物濫用勒戒

臺北市政府於1974年設煙毒勒戒所於信義路五段，收容全省各地地方法院移送或警察機關取締之煙毒犯、藥物濫用少年，以及軍方移送之濫用藥物現役軍人，或是自行前來勒戒者，年齡爲12歲以上（臺灣省文獻委員會，1992）。1993年併入臺北市立療養院，成立成癮防治科。2005年1月1日，因臺北市政府所屬各市立醫院整併，臺北市立療養院成爲臺北市立聯合醫院松德院區。

目前少年煙毒勒戒機構，除2002年衛生署公布之134家合格藥癮治療

業務醫療機構，協助戒除毒癮、查詢戒治機構外，尚有中華民國更生少年關懷協會、基督教晨曦會、臺灣基督教花蓮主愛之家、基督教沐恩之家、反毒運動促進會、臺南市噶瑪噶居戒癮協進會、高雄市兒童青少年曙光協會等民間戒毒輔導諮詢機構、團體。而公立醫院以臺北市立聯合醫院松德院區成癮防治科、高雄市立凱旋醫院成癮防治科、臺北榮民總醫院毒藥物諮詢中心、草屯療養院成癮治療科最具規模。

四、張老師的少年輔導

中國青年反共救國團創立於1952年，有鑑於青少年問題日趨嚴重，乃於1969年創青少年輔導中心「張老師」於臺北市中山北路一段，是為國內最早的少年輔導專業機構，至1981年，其輔導專線電話服務已分布全國11個縣市（臺灣省文獻委員會，1992）。1987年10月9日結合專家學者、熱心企業人士成立「財團法人中國青少年輔導基金會」，配合臺灣政治民主與兩岸交流，於1998年改名財團法人「張老師」基金會，在臺北、臺中、高雄、桃園地區成立分事務所和宜蘭、基隆市、新竹、彰化、嘉義、臺南市等地成立中心，總計10個分支機構。服務方式有晤談、函件、電話（1980）、網路四種。2003年接受衛生署國民健康局委辦「戒菸專線服務中心」，成為亞洲第一個戒菸專線；原為「義務張老師」形式的免費服務，於2005年因應心理師法通過後的心理師獨立執業，規劃「專業諮商體系」與「志願服務體系」雙軌制，設立「張老師」心理諮商所，集結有證照的諮商師、臨床心理師、社工師等專業團隊來提供付費的心理諮商與社會工作服務。收費心理諮商在全國設有4個張老師心理諮商中心，由50位心理師、社工師提供專業服務。

貳、少年福利法頒布施行以後（1989年～2011年）

1987年1月11日，長老教會舉辦「抗議人口販賣——關懷雛妓」大遊行，總計有長老教會、彩虹專案、婦女新知等31個團體參與，這個行動不但促成了臺灣的婦女運動，也促成1989年「少年福利法」的制訂，以及1995年「兒童及少年性交易防制條例」的通過（張靜倫，2000）。其實，

販賣雛妓的現象由來已久，其中受害最為嚴重的是原住民少女、鄉村貧窮家庭少女，以及養女，她們被父母或親人質押給人口販子或老鴇，販賣到城市的私娼寮，從事非人道的皮肉生涯。此外，也有部分少女因經不起物質誘惑，淪落於歌廳、旅館、大飯店、酒店、酒家從事脫衣舞、脫衣陪酒、性交易等賣春活動。我國的少年服務就此由之前的矯治取向轉變為保護取向，其重要工作如下：

一、兒童及少年性交易防制

1995年8月11日制訂「兒童及少年性交易防制條例」，政府正式介入救援及保護未成年人被迫或被誘從事性交易。目前每年還是維持取締性交易少年500人左右（表7-4），並沒有減少跡象。但是，黑數有多少則很難推估，尤其網路如此發達，手機如此普遍，少年的初次性行為年齡下降之下，少年從事性交易的媒介管道多元，防不勝防。

表7-4　我國兒童及少年性交易查獲人數及安置情形，1999年～2010年

年度	查獲人數			安置人數（人次）			
	合計	男	女	社會福利機構	緊急收容中心	短期收容中心	中途學校
1999	549	3	546	73	462	501	--
2000	465	9	456	45	361	379	--
2001	447	25	422	--	342	381	--
2002	598	54	544	--	503	431	143
2003	442	37	405	--	398	359	131
2004	523	94	429	112	483	421	142
2005	437	147	290	103	350	293	119
2006	615	227	388	66	420	438	127
2007	578	173	405	85	430	396	115
2008	437	73	364	55	336	319	176
2009	418	21	397	57	389	366	167
2010	573	39	534	63	521	441	191

資料來源：內政部編：《中華民國內政統計年報（民國100年）》，「臺閩地區兒童及少年性交易安置情形表」。

依兒童及少年性交易防制條例規定，社會行政機關重要業務如下：

（一）通報

醫師、藥師、護理人員、社會工作人員、臨床心理工作人員、教育人員、保育人員、村里幹事、警察、司法人員、觀光業從業人員、網際網路服務供應商、電信系統業者及其他執行兒童福利或少年福利業務人員，知悉未滿18歲之人從事性交易或有從事之虞者，或知有本條例第四章之犯罪嫌疑者，應即向當地主管機關或第6條所定之單位報告。

本條例報告人及告發人之身分資料應予保密。（第9條）

（二）陪同應訊

案件偵查、審判中，於訊問兒童或少年時，主管機關應指派社工人員陪同在場，並得陳述意見。兒童或少年於前項案件偵查、審判中，已經合法訊問，其陳述明確別無訊問之必要者，不得再行傳喚。（第10條）

（三）設置關懷中心

為免脫離家庭之未滿18歲兒童或少年淪入色情場所，主管機關應於本條例施行後6個月內設立或委託民間機構設立關懷中心，提供緊急庇護、諮詢、聯繫或其他必要措施。（第12條）

各縣市設置關懷中心計17處。

（四）設置緊急及短期收容中心

直轄市、縣（市）主管機關應於本條例施行後6個月內，設置專門安置從事性交易或有從事之虞之兒童或少年之緊急收容中心及短期收容中心。直轄市、縣（市）主管機關於緊急收容中心及短期收容中心，應聘請專業人員辦理觀察、輔導及醫療等事項。（第13條）

各縣市設置緊急及短期收容中心計21處。

（五）辦理中途學校

教育部及內政部應聯合協調直轄市、縣（市）主管機關設置專門安置從事性交易之兒童或少年之中途學校；其設置，得比照少年矯正學校設置及教育實施通則規定辦理；其員額編制，得比照特殊教育法及其相關規定辦理。中途學校應聘請社工、心理、輔導及教育等專業人員，並結合專業與民間資源，提供特殊教育及輔導；其課程、教材及教法，應保持彈性，以適合學生身心特性及需要；其實施辦法，由教育部定之。中途學校學生

之學籍應分散設於普通學校,畢業證書應由該普通學校發給。(第14條)

內政部依規定配合教育部辦理中途學校設立有關事宜,以提供經法院裁定應實施特殊教育之兒童少年長期安置及輔導,目前計有臺北市立廣慈博愛院、內政部少年之家及內政部雲林教養院等3所合作式中途學校;另配合教育部籌設獨立式中途學校——臺北縣豐珠國民中小學及花蓮縣南平中學2所,以及非獨立式但實質具有獨立式中途學校形式的高雄市楠梓特殊學校附屬瑞平中學(因高雄市議會反對而不能獨立設校)。可提供近530個床位。

(六)緊急安置

法官、檢察官、司法警察官、司法警察、聯合稽查小組或第6條之任務編組查獲及救援從事性交易或有從事之虞之兒童或少年時,應立即通知主管機關指派專業人員陪同兒童或少年進行加害者之指認及必要之訊問,並於24小時內將該兒童或少年移送直轄市、縣(市)主管機關設置之緊急收容中心。

第9條之人員或他人向主管機關報告或主管機關發現兒童或少年從事性交易或有從事之虞者,主管機關應將該兒童或少年暫時安置於其所設之緊急收容中心。

從事性交易或有從事之虞之兒童或少年自行求助者,主管機關應提供必要之保護、安置或其他協助。(第15條)

(七)申請裁定

直轄市、縣(市)主管機關所設之緊急收容中心應於安置起72小時內,提出報告,聲請法院裁定。

法院受理前項報告時,除有下列情形外,應裁定將兒童或少年交付主管機關安置於短期收容中心:

1. 該兒童或少年顯無從事性交易或從事之虞者,法院應裁定不予安置並交付該兒童或少年之法定代理人、家長、最近親屬或其他適當之人。

2. 該兒童或少年有特殊事由致不宜安置於短期收容中心者,法院得裁定交由主管機關安置於其他適當場所。(第16條)

（八）建議處置

主管機關依前條安置後，應於2週至1個月內，向法院提出觀察輔導報告及建議處遇方式，並聲請法院裁定。

法院受理前項聲請時，應於2週內為第18條之裁定。如前項報告不足，法院得命主管機關於1週內補正，法院應於主管機關補正後2週內裁定。（第17條）

二、學校社會工作

早在1977年，財團法人臺灣兒童暨家庭扶助基金會（CCF）參考香港學校社會工作的方法與內容擬訂計畫，並自1978年10月起，推動以「學校社會工作」為名的服務方案。不過，臺灣的學校社會工作進入制度化則是等到1995年臺北市成淵國中發生學生性騷擾案後才有機會，而全面實施則是2010年桃園縣八德國中發生校園霸凌案以後的事了。

（一）民間試辦時期（1977年～1985年）

1978年，CCF的學校社工服務是以每週一到兩個半天的定期駐校方式來提供服務（林勝義，1994）。透過個案輔導、團體、活動、諮詢信箱、經濟補助等方式提供協助。1978至1983年間，CCF為了學習學校社會工作推展的模式與技巧，先後選派66位優秀社工員，分5梯次赴香港的大學進修2週，目的在於增進學校社會工作服務的專業能力。

然而，民間機構介入學校體系非常困難、學校不瞭解學校社會工作、觀念溝通不易、學校只想拿這些社工補輔導人力之不足、學校輔導體系以業務重疊而排斥等原因，經評鑑後，1985年以後，學校社會工作未再列為CCF的工作重點（郭東曜、王明仁，1995）。

（二）沉寂轉折時期（1985年～1996年）

1980年代中期，臺灣社會開始加速民主化，兒童保護議題相對受到重視，尤其是雛妓問題。CCF全力投入兒童保護工作，以社區資源的角色再次與學校接觸。

1992年，CCF又再度關注到校園問題，在「開創新方案研討會」中，「學校社會工作」方案再度被列為CCF的年度工作計畫。經費上面先後獲得教育部與其他民間企業的專款補助。其推展方向主要是從與學校建立穩

定的契約合作關係著手。然而，民間推展學校社會工作仍有以下困境（林萬億、王靜惠，2010）：

1. 經費來源不穩定且不足。
2. 社會工作員的專業地位與形象尚未受到認可。
3. 社會工作與學校輔導觀念混淆。
4. 教育體系對民間機構合作的政策不明，尚難建立穩固的合作模式。

（三）中央政府試辦時期（1996年～1998年）

1995年，行政院教育改革審議委員會的第一期諮議報告書中建議建立校際輔導網絡，設置臨床心理、諮商輔導與社會工作人員，以便使學校輔導制度發揮其應有功能。1998年頒訂「建立學生輔導新體制方案」，也就是大家耳熟能詳的「教訓輔三合一方案」。

1995年可說是我國學校社會工作發展轉折的一年，當年頒行的「兒童及少年性交易防治條例」，規定中途學校應聘社工、心理、特殊教育等專業人員，提供從事性交易之兒童、少年特殊教育。

同年12月15日，臺北市發生成淵國中男生集體勒索、性騷擾同班女學生案。1996年10月13日，新竹縣竹東發生少年集體虐殺少女案。成淵國中事件引發了1996年國民教育法第10條的修正，在法中第10條第4款明訂「輔導室得另置具有專業知能之專任輔導人員及義務輔導人員若干人」。

教育部於是擬訂「國民中學試辦設置專業輔導人員實施計畫」。自1997學年度起試辦2年，聘用100人，分別駐校於臺北市永吉、瑠公、萬華、雙園等國中，高雄市小港、七賢、三民、前鎮、大義、興仁等國中小，宜蘭縣復興國中等24所學校，臺北縣則駐站於板橋、江翠、丹鳳3所國中。

1999年，教育部依行政院函指示「試辦期滿由教育部通盤檢討成效，如經評估成效良好有全面實施之必要者，則修改國民小學及國民中學班級編制標準及教職員工員額編制標準納編，所需經費由地方政府負擔」。1999年11月，教育部委託師範大學林家興教授進行方案實施成效的評鑑，結果各方均持正面肯定。教育部卻仍然決定終止上開方案，臺北市與高雄市均在1999年7月底結束，臺灣省則因延後試辦半年，在2000年1月底也結束。

（四）地方政府試辦時期（1998年～2010年）

1998年，臺中縣政府推行「臺中縣國中小學專業輔導人員」專案，曾是全國聘用學校社會工作者最多的縣，然因政黨輪替後喊停。1999年，臺北縣政府成立「臺北縣國民中學試辦專業輔導人員推動小組」，開始自行聘用學校社會工作者，目前擁有全國人數最多、制度較健全的學校社會工作隊伍，採駐校模式實施。1999年12月，新竹市也開始招募「專業輔導人員」。以上地方政府自辦學校社會工作制度都是民進黨執政的縣市。2000年1月，臺北市政府以自編預算的方式，重新研擬「臺北市各級學校社會工作方案」，也是採駐校模式實施為主，2004年10月起試辦引進心理諮商師進駐國小校園服務。2005年9月，新竹縣也聘用具教師資格的學校社會工作員4名。2010年5月，花蓮縣政府教育處也招考學校社會工作人員3名。

（五）全面設置專業輔導人員（2011年～）

2010年底桃園縣八德國中的校園欺凌事件，則是另一次促成臺灣學校輔導體系完善建構的機會。八德國中傳出有女學生被同學強拍裸照、老師遭到學生威脅、學生帶西瓜刀進教室等情事。該校有64名（超過半數）教師不滿校長沒有積極處理學生欺凌事件，連署要求校長下臺而使事件爆發。2011年1月12日，立法院再次修正通過國民教育法第10條，使得臺灣學校社會工作發展再向前邁進一步。

依法規定班級數55班以上的學校，至少設專任專業輔導人員1名；直轄市、縣（市）政府應置專任專業輔導人員，視實際需要統籌調派之；其所屬國民小學及國民中學校數合計20校以下者，置1人，21校至40校者，置2人，41校以上者以此類推。據此，全國須設置602名專任專業輔導人員。而專任專業輔導人員是指臨床心理師、心理諮商師、學校社工師三者。

教育部依2005年高雄市設置學生心理諮商中心的經驗，立即定調加速推動縣市設學生心理諮商中心，以回應新法修正，並有意將學校社工師納入學諮中心。然而，這與臺北縣、臺中縣、新竹市、臺北市的經驗大相逕庭。目前各縣市政府分別設置駐校專業輔導人員與學生心理輔導諮商中心（簡稱學諮中心）專業輔導人員兩種形態。依過去實驗結果與專業分工，

學校社工師仍以駐校為宜，協同導師、輔導教師組成校園輔導團隊，擔任學生心理暨社會需求與問題的解決任務；而諮商師與心理師則適合駐進學諮中心，扮演支援學校輔導團隊處理學生心理與情緒問題解決的角色（林萬億，2012）。

教育部並於2011年6月23日頒布「教育部補助國民小學、國民中學及直轄市縣（市）政府設置專任專業輔導人員實施要點」，內容包括設置目的、薪資、設置方式、督導、考核等，以作為各縣市推動設置專任專業輔導人員的依據。臺灣學校社會工作的發展與校園專業輔導團隊的建立，就寄望於此一修法。

三、兒童少年轉向制度

依2000年修正之少年事件處理法有關非行少年之轉介服務或安置輔導處遇，目前配合司法單位辦理，並協調內政部少年之家等49所兒童少年安置教養機構，釋出417個床位，以作為兒童少年轉向個案機構安置輔導之資源，期透過社會福利機構施以專業輔導，導正少年偏差之價值觀及生活態度，避免其偏差行為再犯或繼續惡質化。內政部並訂定「少年安置輔導之福利及教養機構設置管理辦法」，輔導兒少機構接受司法機關轉介及交付安置之虞犯及犯罪少年，並代負教養輔導責任。

四、兒童與少年安置教養機構

早期依少年福利法第9條及11條規定，應由地方主管機關籌設或輔導民間機關設置少年安置教養機構，以保護與安置少年。在兒童及少年福利法未合併之前，張紉（2000）歸納少年福利法、少年事件處理法、兒童及少年性交易防治條例等三種少年相關法律中須接受安置之少年，包括以下四類：

1. 家庭遭變故、家人不適合或無力教養之少年。
2. 因受家人蓄意傷害而需要保護之少年。
3. 從事性交易或有性交易之虞的少年。
4. 經司法機關裁定須安置於相關福利機關以接受保護管束者。

陳毓文（2011）據此認為我國的少年安置服務仍傾向機構化與集體

化，容易讓少年有被監禁與強制之感。事實上，目前臺灣的少年安置服務包括機構安置、家庭寄養、中途之家、獨立生活方案等四種。的確，在執行少年的家庭寄養上有一定的困難，原因是寄養家庭接受少年寄養的意願不高。通常寄養家庭比較樂於接受兒童寄養，因為兒童的可塑性較高，容易管教，少年之所以會淪為寄養少年不外乎上述四種原因，除了家庭遭變故與家暴之外，其餘兩者都不易見容於臺灣社會，因此，勇於接受這兩類少年寄養之家庭並不多。

2011年，我國計有兒童與少年安置教養機構61所，可提供2,924名兒童、少年保護、安置、教養服務床位。

至於少年中途之家（Halfway Houses）或四分之一途中之家（Quarterway House）通常供作精神疾病、犯罪、吸毒、酗酒等少年接受保護管束，或社區治療的短期性住宿安置服務。在臺灣，這方面的專業服務仍然不多，僅有基督教晨曦會的福音戒毒村、花蓮縣光復鄉的信望愛少年學園、臺東美地中途之家、花蓮主愛之家輔導中心、新北市土城普賢慈海家園等。

獨立生活方案（Independent Living Program）本是為了成年身心障礙者能在自決、自主、自助的前提下，回到社區選擇自己可以控制的生活方式，依個人需求訂做個人所需的服務，獲得來自社區不同的支持與服務，管理自己的所得與支出，透過同儕互助，並組成政治與社會壓力團體，當然也承擔自己生活的責任。至於少年獨立生活方案則因機構收容少年一旦屆齡就必須離開機構，不及早進行獨立生活規劃，必然導致少年離院之後隨即陷入生活困境。此外，有些少年原生家庭失功能，又不適合，或不必要安置於機構，就必須進行獨立生活方案。

依兒童及少年性交易防制條例施行細則第32條規定，「經前條評估確認兒童或少年無繼續特殊教育之必要者，於聲請法院裁定前，或接受特殊教育期滿，認為無繼續特殊教育之必要者，主管機關應協助該兒童或少年及其家庭預為必要返家準備。」復依兒童及少年福利機構設置標準第18條規定，「安置及教養機構，應以滿足安置對象發展需求及增強其家庭功能為原則，並提供下列服務：一、生活照顧，二、心理及行為輔導，……九、獨立生活技巧養成及分離準備……」中的第9項「獨立生活技巧養成

及分離準備」；以及內政部所屬少年教養機構學員安置輔導實施要點第14點，「學員結束安置前，機構應預爲協助其準備重返社區，離去機構後得續予追蹤輔導。」所有少年安置機構都必須爲其安置學員進行獨立生活準備。

目前進行獨立生活方案包括兩種，一是安置機構爲準備離院少年所進行的獨立生活準備，如上述依法安置機構必須辦理的。另外是縣市政府爲家庭失功能的少年辦理的獨立生活方案。原則上，15歲以上機構無法收容者，或原生家庭發生嚴重失功能或發生重大變故，並證明該少年屬擔任家庭主要照顧角色者，就可以加入獨立生活方案。但是，少年屬未成年階段，要執行獨立生活方案有其法律與社會的困難度，除非家屬有足夠空間可供住宿，或採近鄰租屋安置，或有社會住宅供租，且有代理監護人或照顧者可就近照顧，並有就業、就學、經濟安全等配套措施，否則此項方案不易做好。

五、兒童與少年社區照顧輔導支持系統

內政部兒童局於2002年研訂「建立社區兒童少年諮商認輔及寄養支持系統實驗計畫」乙種，並於2003年先擇定高雄縣、南投縣、花蓮縣及彰化縣等4個試辦縣，擇定7個區域，整合教育、衛生及社政相關資源，結合民間公益團體，提供遭遇困難兒童少年諮商、課輔、寄養安置、親職活動等服務，並以培訓志工、推動社區認輔制度之方式，逐步建立社區之兒童少年照顧輔導支持系統。2004年將此計畫納入內政部兒童局補助作業基準及項目，補助全國直轄市、縣市政府結合民間單位，共同推展兒童少年社區照顧輔導支持系統，協助遭遇困難的兒童少年獲得支持與協助。

彭婉如基金會倡導本項方案立意雖佳，是想結合課後照顧與社區治安，但是必須先有完善的區域性福利服務體系才有可能，光靠各縣市現有的少年服務中心，根本不可能做到兒童少年諮商認輔及寄養支持工作的社區化；有些縣市連一個少年服務中心都沒有，即使有少數民間NGO組織也沒有普遍到可以支撐此項方案。至於期待非專業的志工加入，也必須先有專業的社會工作人員進行個人與家庭評估之後，才可能動員志工投入認輔工作。因此，本項方案已納入弱勢兒童及少年福利服務項下，不再單獨推動。

六、弱勢兒童與少年福利服務

為建構「以兒童少年為中心」之整合性照顧服務，輔以支持性、補充性、替代性等方案維護家庭功能，辦理下列相關措施：

（一）弱勢家庭兒童及少年社區照顧服務

由直轄市、縣市政府結合民間單位聘用專業人員推動隔代、單親、原住民及外籍配偶等弱勢家庭兒童少年家庭訪視，配合成長團體、個別心理輔導及治療、親子活動、親職教育講座、課後臨托照顧、寒暑假生活輔導營隊、簡易家務指導及認輔服務等措施。

（二）外籍配偶及弱勢家庭兒童學前啟蒙服務

透過繪本及親子共讀等方式，以增強文化刺激不足之兒童語言、認知等發展能力，期在全國推動更多服務方案。

（三）「家事商談」服務

透過商談，協助離婚夫妻尋求雙方均滿意的衝突解決方式，保持正向良性互動關係以共同合作教養子女，減少因離婚造成的傷害並保障子女成長權益。

七、未成年少女懷孕輔導

2004年6月，性別平等教育法通過施行，第14條第2項規定，「學校應積極維護懷孕學生之受教權，並提供必要之協助。」這是我國首次承認懷孕學生擁有受教權，且應受到學校的協助。在此之前，學生若懷孕，大都是暗自墮胎，或是休學回家躲起來待產。尤其是中小學生，學校遇有學生懷孕，大都以行為不檢、破壞校譽、違反校規等罪名，記大過處分，或是退學了事，不問懷孕原因是被強暴、矇懂無知、或是經不起誘惑偷食禁果，導致少女懷孕後又得承受學校懲處的二度傷害。

社會福利體系對懷孕未成年少女的態度也好不到哪裡，不但缺乏對未婚懷孕少女的支持服務，更常直接轉介少女到花蓮未婚媽媽之家待產，產畢即說服少女家長將嬰兒出養，避免造成少女的負擔。連未婚媽媽之家都只能蓋在遙遠邊陲的地方，與世隔絕。內政部社會司每年例行編印的《社政年報》（2010）（http://sowf.moi.gov.tw/17/99/index.htm），也將「協助

未成年懷孕少女相關服務」列入行為偏差兒童及少年輔導服務，可見連社會福利主管機關都存在將未婚懷孕少女行為偏差化的思維。

當然，任何社會都不鼓勵少女過早懷孕。但是，未婚少女懷孕的原因不必然都是經不起誘惑，即使是如此，顯見是性教育失敗，難道家庭、社會、國家不必負部分責任嗎？何況，少女被誘姦、強暴而懷孕，本身即是受害者，怎可再加以二度傷害？

臺灣的少女懷孕並沒有形成福利依賴的問題，反而是如何減少少女因懷孕恐懼而形成所謂「9月墮胎潮」的問題，以及幫助懷孕少女解決當下的問題，例如，選擇墮胎與否、完成學業、準備就業、親職的建立、兒童支持、家庭重整等才是重點。

於是在性別平等教育法中確認學生即使懷孕，仍然應該擁有受教權，顛覆了傳統的學生懷孕即是不道德的觀念。進一步，教育部於2005年7月依性別平等教育法第14條第2項規定訂定「學生懷孕事件輔導與處理要點」，規定學校不只是不得以學生懷孕或育有子女為由，做出不當之處分，或以明示或暗示之方式，要求學生休學、轉學、退學或請長假。遭受學校歧視或不當處分之學生，得依性別平等教育法或其他相關法規規定，提出申訴或救濟。且學校應整合教育、社政、戶政、勞工、衛生醫療、警政等單位之資源，提供懷孕或育有子女之學生輔導、轉介、安置、保健、就業、家庭支持、經濟安全、法律協助及多元適性教育，開啓了我國未婚懷孕少女的教育與福利服務的新頁。

目前社政部門協助未成年懷孕少女相關服務主要是與民間單位合作設置「全國未成年懷孕諮詢專線」（0800-257085），對於青少年兩性交往及未婚懷孕少女，提供訪視輔導、家長協談、安置、醫療、收出養及托育等服務，並設置「未成年懷孕求助網站」，以便未成年懷孕少女也可透過網路方式求助。衛政部門的國民健康局則提供「性福e學園－青少年網站」－秘密花園，由諮商師進行線上即時諮商服務，服務時間為星期一至星期六上午9時至下午24時，服務方式除依心理師排班時間預約外，亦可即時扣應（Call In）線上排班心理師，讓青少年面臨任何問題時，都可獲得即時的諮商和協助。

八、整合兒童與少年福利服務

　　為呼應聯合國兒童權利公約及其他國家有關兒童係指18歲以下者之立法例，於2003年將「兒童福利法」、「少年福利法」兩法予以整合為「兒童及少年福利法」，於2003年5月28日公布施行，並自2003年9月起將少年福利業務併入內政部兒童局，統籌辦理兒童少年福利政策規劃、法令修訂等業務。

　　兒童及少年福利法相關授權辦法，例如，內政部兒童及少年福利機構評鑑及獎勵辦法、無依兒童及少年安置處理辦法、兒童及少年保護通報及處理辦法、兒童及少年福利法施行細則、兒童及少年福利機構從事收出養服務許可及管理辦法、兒童及少年福利機構設置標準、兒童及少年福利機構設立許可及管理辦法、兒童及少年福利機構專業人員資格及訓練辦法、3歲以下兒童醫療補助辦法、兒童及少年收出養資訊管理及使用辦法等十項，於2004年12月24日前已陸續完成訂定發布。

　　新版兒童及少年福利法通過後，關心少年福利的學者並不看好，認為這部新法只是在為兒童需求打造，為解決先前兒童福利法規範不週之處，補足法院在處理兒童收養問題的缺漏。對於少年部分，著重處理特殊需求少年的問題，缺乏回應一般少年的成長需求，對弱勢少年的權益維護也闕如（曾華源、郭靜晃，2003）。

　　事實上，問題不只如此，從整部兒童及少年福利法所規範的兒童及少年權益來看，根本就是一部兒童出生、收養、保護法。關係兒童及少年權益最重要的兒童照顧、經濟安全、家庭支持、兒童與少年發展等重要議題不是點到為止，就是略而不提，反映出立法倡導的兒童福利團體、立法委員，以及主管機關的意識形態與關心焦點。

　　反而2004年新修正的「社會福利政策綱領」所揭櫫的發展取向的少年服務，則是一個新的開始。發展取向的少年福利服務主張以少年需求為中心、強調部門間的整合、擴大少年參與；不宜永遠將少年當成心智未發展、不能獨立、缺乏自主、必須被保護的對象。

九、兒童及少年福利與權益保障法修正

　　兒童及少年福利法之缺失已如上述。立法院第六屆會期雖有多位委員提案修正部分條文，然此法直到2008年8、9月僅2次修正通過3條修正條文，於是，由臺灣少年權益與福利促進聯盟（臺少盟）發起，於2007年起組成兒童及少年福利法民間修法小組。臺少盟是2003年6月有鑑於我國身心障礙團體早在1989年就集結2、300個相關團體組成「殘障聯盟」，老人福利團體也於1993年組織「老人福利推動聯盟」，婦女團體則於2001年結合60個婦女團體成立「臺灣婦女全國聯合會」，唯獨兒童與少年缺乏全國性社會福利團體的聯盟組織（兒童福利聯盟不是聯盟性質，而是一文教基金會），於是結盟22個青少年團體發起，共同關心與倡議攸關少年身心發展之六大權益，包括「福利保護權」、「社會參與權」、「休閒權」、「就業權」、「健康權」、「教育權」，並監督落實各項少年福利相關政策及措施。

　　為廣納更多專業意見，使民間修正版本更臻完備，臺少盟自2008年4月起更邀集人本教育基金會、勵馨基金會、靖娟基金會、全國教師會、基督教勵友中心、中華育幼機構關懷協會、全國家長團體聯盟、社會工作師公會全國聯合會、家扶中心、兒童福利聯盟、勵友中心等十餘個民間團體與熱心公益的學者、律師、法官、檢察官等法律界專家，在林萬億教授的協助及帶領下，持續9個多月，每週密集召開民間版本修法討論會議，包括10場分組主題討論會議，以及23場全組與法律組會議。

　　修法小組的共識是朝「權益保障法」的方向修訂，藉以強化兒童少年各項權益的保障，因此進行了大架構的修訂，增加許多現行「兒童及少年福利法」缺漏的權益保障與發展性條文。而為避免與現有其他領域之法規競合，部分主題僅有數條與相關法規銜接。此外，修正草案也參採「國際兒童人權公約」各項兒少權益概念與內涵，並參考新修訂之「身心障礙者權益保障法」體例，修正為民間版「兒童及少年權益保障法」草案，並經林萬億教授、蔡坤湖法官整體修整。

　　民間版本於架構條文大致確定後，於2008年9月起與內政部兒童局長進行6次溝通協商會議，同時廣泛徵詢法律界學者、法官、檢察官與律師

之意見，10月邀集法界學者專家共同討論4次，交換意見並協助體例與條文修整。爲使民間版本整全性的修正架構能影響行政部門之相對版本，並獲得司法界人士之支持，在歷經無數次與專業團體及個人溝通對話、彼此說服的過程中，嘗試在不同觀點中折衝、平衡，同時調整民間版本之條文內容。

　　2008年11月7日，臺少盟完成民間版「兒童及少年權益保障法」並上網公告。由臺少盟、人本教育基金會、勵馨基金會、靖娟基金會、全國教師會、基督教勵友中心、中華育幼機構關懷協會、全國家長團體聯盟、社會工作師公會全國聯合會、勵友中心等核心修法團體，更組成「兒童及少年權益保障法推動聯盟」，於2008年11月舉辦全國北、中、南、東4場修法座談會，與關心兒少權益與福利的中央及各地方政府部門、民間兒童及少年團體工作人員進行溝通並蒐集各方意見。12月又召開了3次會議審議修訂，期間亦陸續有許多口頭及書面意見提供，讓彙集眾多民間團體與政府部門意見之民間版「兒童及少年權益保障法」更臻完備。至此，民間版「兒童及少年權益保障法草案」已經準備就緒，同時也促使內政部兒童局提出官方版本的「兒童及少年福利法修正草案」。

　　2009年起，兒童福利聯盟、CCF傾向與兒童局同步修法，臺少盟則採取了新一波的「兒童及少年權益保障法」修法推動倡議行動，針對政府各部會及立法院進行遊說。自2009年1月起至7月底止，民間修法團體共同參與兒童局緊鑼密鼓召開的「兒童及少年福利法」修正草案研商會議，在共計10次的會議中，與參與會議的專家學者、中央各部會及地方社政機關代表溝通意見，推動保障兒童及少年發展性權益，遊說各部會合力在政策上提供兒童及少年成長所需之支持。另一方面，臺少盟同時拜會與遊說立法院關心兒少議題的委員們，支持民間版「兒童及少年權益保障法」修法的精神與理念，並促成社會福利及衛生環境委員會委員協助連署與提案，同時拜會行政院主責的政務委員、內政部次長等政府決策者，尋求支持。2009年5月，民間版「兒童及少年權益保障法草案」順利於立法院完成一讀，交付社會福利及衛生環境委員會審查，進行了一次大體討論，只待行政院提出官方版本併案審查。

　　2010年初，行政院兒童局完成「兒童及少年福利法修正草案」，並送

立法院與各版本併案審議。爲加速審查過程，在立法委員陳節如與黃淑英委員的協力下，由臺少盟代表民間團體與兒童局簡惠娟及張秀鴛先後兩任局長，共同召開3場次協商會議，整合行政院版本與民間團體異中求同，取得對兒少權益保護最大公約數。經過臺少盟與兒童局的共同努力，終於完成協商版本並完成103條具共識，未具共識條文則交付審查會審議。

2010年5月至11月間，在社會福利及衛生環境委員會兩位召委楊麗環與劉建國委員的協力下，進行「兒童及少年福利法修正草案」委員會初審，經歷5月17日、6月2日、11月4日及11月17日合計兩會期4場次的審查會議後，終於在11月17日的委員會中完成初審，並將「兒童及少年福利法」草案更名爲「兒童及少年福利與權益保障法」草案，會中同時決議交付院會審查。2011年11月11日中午於立法院正式完成三讀，法條名稱正式修正爲「兒童及少年福利與權益保障法」，115條，與原先的「兒童及少年福利法」76條，新增約40條，可謂大幅度翻修。

參考書目

丁碧雲（1985）。臺北兒童福利中心十六年的工作實錄。臺北：中國大陸災胞救濟總會臺北兒童福利中心。

王明仁（2000）。中華兒童暨家庭扶助基金會50年推展兒童福利服務回顧與展望，編入中華兒童暨家庭扶助基金會編新世紀國際兒童福利政策與實務。頁47-102。

王育敏（2005）。給孩子一個更好的世界——兒童福利聯盟基金會，社區發展季刊，109期，頁293-299。

臺灣省文獻委員會（1972）。臺灣省通志。

臺灣省文獻委員會（1992）。重修臺灣省通志。

李燕俐（2005）。國家對兒童態度的轉變：以臺灣兒童福利行政與法治發展為中心。國立臺灣大學法律學研究所碩士論文。

李健鴻（1996）。慈善與宰制：臺北縣社會福利事業史研究。臺北縣立文化中心出版。

杵淵義房（1937）。臺灣社會事業史。臺北市：德友會。

林勝義（2002）。兒童福利。臺北：五南。

林萬億（1990）。幫不幸兒童找到一個最適合的成長環境。民生報，1990/8/30。

林萬億主編（2012）。學校社會工作實務手冊。臺北：臺灣社會工作專業人員協會出版。

林萬億、王靜惠（2010）。社會工作進入校園。編入林萬億、黃韻如編《學校輔導團隊工作：學校社工師、輔導教師與心理師的合作》，臺北：五南。

林萬億、翁麗芳、邱志鵬、周志宏（2003）。幼兒教育暨照顧法專案研究報告。內政部兒童局委託研究。

胡婉雯、邱從甯（2005）。臺灣世界展望會發展歷史。社區發展季刊，109期，頁310-316。

張緻（2000）。青少年安置服務福利屬性之探討。臺大社會工作學刊，2期，頁191-215。

張秀卿（1988）。近40年來我國托兒所事業之發展。教育資料集刊，13期，頁147-176。

張壹鳳（2005）。以性別敏感觀點檢視臺灣學前兒童照顧政策。國立臺灣大學社會工作研究所碩士論文。

張靜倫（2000）。**臺灣婦運議題與國家性別政策**。編入蕭新煌、林國明主編《臺灣的社會福利運動》，臺北：巨流，頁367-388。

陳毓文（2011）。少年福利服務。納入呂寶靜編《社會工作與臺灣社會》，第二版，臺北：巨流。

黃徵男（2002）。少年矯正學校之創設。矯正月刊，115期，頁3-13。

婦聯會組訓組（1956）。成功新村牛奶站記。中華婦女季刊，7：2，頁8。

翁麗芳（1995）。臺灣幼兒教育發展之研究——托兒所的演變在臺灣幼兒教育發展上的意義。史聯雜誌，25期，頁11-38。

Edgar, Bill and Joe Doherty (2001). Supported Housing and Homelessness in the European Union, *European Journal of Housing Policy*, 1, 59-78.

Forsberg, Mats (1986). The Evolution of Social Welfare Policy in Sweden. The Swedish Institute.

Hofferth, Sandra and Sharon G. Deich (1994). Recent U.S. Child Care and Family Legislation in Comparative Perspective, *Journal of Family Issues,* 15: 3, 424-447.

Lin, Wan-I and Yang Shin-Yi (2009). From Successful Family Planning to the Lowest-Low Fertility: Taiwan's Dilemma, *Asian Social Work and Policy Review,* 3: 2, 95-112.

Chapter 8

婦女與家庭福利服務

第 八 章

前言

在工業先進國家的社會福利體系中，幾乎不把婦女福利當成是獨立的一項服務領域，因為福利服務通常是針對被認為人口中的弱勢者，如兒童、少年、身心障礙者、老人等，只有當女性被視為是弱勢人口群的情形下，婦女福利服務才有獨立成為一項的前提。據此，在討論婦女福利服務時，通常只針對弱勢的婦女。

至於針對所有婦女的權益議題，如政治參與、教育機會、就業、健康、社會參與、人身安全等，毋寧說是性別平等的議題。而性別平等的議題超出社會福利的範圍甚多，因此，本章將討論範圍限縮在弱勢婦女、家庭、外籍配偶家庭的福利服務上。

第一節　婦女福利服務

清治臺灣時期末期，1874年，欽差大臣沈葆楨設臺灣縣卹嫠局一所，凡年30以內，家貧守節者，鄰右保結，每月給2圓。這是針對年輕寡婦鼓勵其守節的措施，而且要有鄰居作保；當寡婦之子16歲或寡婦再嫁，就停止救濟。

日治時期並無類似寡婦救濟之設施，反為保護孕婦與胎兒，設有公設助產士之舉。據日人杵淵義房（1940）所著《臺灣社會事業史》中記載，總計全臺設有助產士142人，這是現代婦幼衛生的開始。

前一章提及臺灣在1796年由地方仕紳在嘉義設立第一所育嬰堂，以收容棄嬰，之後全臺又設了6所類似機構，且規定一般家庭向育嬰堂申請收養孩童，禁止先以養女、養媳之名收養，但事後轉賣為婢娼者（杵淵義房，1940）。然而，育嬰堂對被收養之兒童欠缺後續管制，難保養女不會被變賣為婢娼，且民間相互收養根本無法可管。日治時期，於1906年頒布戶口規則，又於1908頒布臺灣刑事令，以刑法處罰遺棄罪；日本於1921年9月簽訂「禁止婦女與兒童買賣之國際條約」，但該條約於殖民地並不適用；另於1933年頒布的「兒童虐待防止法」也未實施於臺灣（李燕俐，

2005）。因此，販賣養女之風至日治末期仍然盛行。

壹、婦女福利專款預算之前（1991年以前）

一、婦女會福利服務

　　國民政府遷臺初期，婦女福利主要由婦女會辦理。1949年曾訂頒婦女福利社設立辦法，然因婦女會經濟基礎未固而成效不彰。1956年又訂頒臺灣省各級婦女會推行婦女福利要點，規定各級婦女會得視其財力及地方實際需要，舉辦婦女災難救助、婚姻介紹及職業介紹、書報閱讀、婦女教養、醫藥、助產及衛生教育輔導、康樂活動、法律諮詢及家庭糾紛調解等福利設施。

　　1958年起，積極輔導各縣市成立婦女福利中心，採三對等方式辦理：省政府與縣市政府各補助三分之一，婦女會自籌三分之一，辦理婚姻指導、孕婦保健、婦女就業訓練、失依兒童寄養或領養、托兒所、貧苦兒童牛奶供應站等。1981年，全國共有366個婦女會（省1、縣市20、鄉鎮市354），辦理上述各項服務（臺灣省文獻委員會，1992）。婦女會的領導大多由各級政府首長的配偶領軍，婦女會遂成為準政治團體，兼具社會福利與地方政治樁腳的性質。

二、婦幼衛生

　　承襲日治時期的助產士制度，1949年省立醫院與衛生所有助產士51名，至1961年已達587名，接生數4萬7,511人。此外，1952年省衛生處設臺灣省婦幼衛生委員會，主要任務為辦理婦幼衛生工作示範，以及地方婦幼衛生工作人員訓練與輔導。1959年成立婦幼衛生研究所，賡續辦理婦幼衛生委員會工作，並進行有關婦幼衛生調查。

三、婦女救助

　　1948年設臺灣省立婦女教養所於臺南市，1956年設臺北市立婦女職業輔導館及高雄市立婦女習藝所，以收容貧窮婦女。另有私立2所，分別為1954年設立之臺北市私立大同婦女教養院及1957年設立之臺北市中興婦孺

教養所，收容對象爲：貧苦老弱無依者、遊民乞丐、被迫害之養女、操不正當之職業者、應予感化者。1970年臺南省立婦女教養所遷至雲林斗南，改名臺灣省立雲林女子習藝中心。

四、保護養女

國民政府遷臺後爲改善養女問題，於1951年成立臺灣省保護養女運動委員會。1956年公布「臺灣省現行養女習俗改變辦法」，以期導正養女制度於正軌。據1960年統計，當時養女有戶籍可查考者9萬3,550人，戶籍載名爲同居，實則爲養女者亦有8萬餘人，當時臺灣婦女平均每30人中就有1人爲養女，比率頗高。各級政府依「臺灣省現行養女習俗改變辦法」規定，辦理下列活動：養女生活狀況調查；法律制裁虐待、質押、買賣、迫害養女；尊重婚姻意願，排除養女婚姻障礙；家庭糾紛排解；救助保護。總計至1964年救援被迫爲娼之養女747人、受虐待者1,720人、亂倫者80人、婚姻問題者1,251人、家庭糾紛372人、其他155人（臺灣省文獻委員會，1992）。

五、救援雛妓

1960年代以降，臺灣販賣養女爲娼的問題逐漸減少。然而，質押、販賣女兒爲娼，或是少女被拐誘墮入紅塵者仍大有人在，其中又以原住民少女被販賣爲雛妓最爲人所詬病。尤其自1970年代臺灣經濟起飛，漢人貧窮家庭販賣女兒爲娼者明顯減少，性工業市場業者於是轉向山地原住民部落購買少女進入娼寮、酒店、脫衣舞臺、旅館等從事色情活動，其中又以淪落娼寮者爲最。據梁望惠（1992）推估臺灣被質押在妓女戶的少女屬原住民籍者高達70%，與原住民總人口僅占臺灣總人口的2%不到，不成比例。

黃淑玲（2000）研究發現，1990至98年，國內3個政府辦理的收容機構中，收容1,446位從娼少女，其中具原住民身分者有195位，占13.5%，其族群分布又以泰雅族居多，占50.2%，與其族群人口數僅排行臺灣原住民人口數的第二位，不成比例。她以4個泰雅聚落研究發現，1960至76年間即有泰雅族婦女從事性行業工作，其身分以離婚與喪偶婦女居多，其中

離婚者因必須償付夫家贖財而下海賣淫。1977至88年間，原住民家庭押賣妻女的共同特徵是：第一，離婚、自殺、酗酒、家庭暴力、意外死亡、貧窮、疾病、父兄犯罪、母姊從娼等家庭解組問題特別嚴重；第二，押賣妻女者大多明顯較不受道德規範約束者，亦即犯有其他偏差行為。1989至98年間，原住民少女從娼現象已由押賣轉變為少女逃家自行進入各種形態的色情行業（黃淑玲，2000）。這種情形已與漢人少女從事性交易的動機無異。

1960年代至1970年代中期，臺灣販賣養女為娼的風氣因政府的禁絕，以及家戶所得提高，女兒出養的機會漸少，淪落為娼的婦女不論是原住民或漢人，大多是貧窮家庭婦女，如單親、欠債者。之後，臺灣經濟起飛，漢人社區生活水準提升，押賣女兒賺錢的必要性減低。反之，經濟相對落後，生活艱苦，又受到都市生活繁華誘惑的原住民部落，為了快速賺取樓房、家電，遂走上販賣女兒一途。當然，色情行業保鏢與原住民在地仲介穿梭於部落間，尋找獵物的共犯結構，也是促成原住民女子大量被押賣下山從娼的原因。不過，原住民少女被押賣從娼的數量增加，並不表示原住民少女取代漢人少女成為當時臺灣色情業的主力，只是原住民少女不成比例地墮落紅塵，更引發社會的震驚。

在原住民部落服務的臺灣基督教長老教會基層牧師們，目睹原住民部落以販賣少女來交換樓房、菸酒、家電、償債等而深感痛心。於是，1985年11月，臺灣基督教長老教會舉辦一場「亞洲婦女大會：觀光與賣春國際研討會」，揭露了臺灣娼妓與雛妓市場浮濫的事實。會後由廖碧英女士主持推動下，長老教會於1986年2月成立彩虹專案，以設立都市中介站的方式，透過諮商輔導及職業訓練的服務，協助來到城市的原住民婦女及鄉村婦女順利適應都市生活。1987年1月11日，長老教會舉辦「抗議人口販賣——關懷雛妓」大遊行，總計有長老教會、彩虹專案、婦女新知等31個團體參與。

1987年3月8日，舉行抗議販賣人口關懷雛妓問題萬人簽名運動。隨後，政府在輿論壓力下執行「正風專案」，掃蕩私娼寮，救出2百多位被押賣的雛妓。然而，法律上並沒有對人口販子有相對嚴厲的處罰規定，也缺乏社會政策搭配協助受害者及其家庭免於二度人口販賣，因此，許多雛

妓被救出後又再回籠繼續從娼，雛妓救援團體等於是白忙一場。

於是，1987年4月15日，民間社團再提出「正風之後雛妓何去何從——請執法單位嚴懲人口販賣、抗議雛妓問題在法律上人不如物之條文」聲明。

稍早的1983年，美籍宣教士高愛琪因為在臺北廣慈博愛院教一群少女學習英文，認識到這些少女心酸傷痕的過去，她們是被迫出賣身體自主權的雛妓，遂決心要為這些少女籌募一個中途之家。經過多年的奔走，終於在1988年2月，中途之家「勵馨園」在眾多人的協助下開張了。另一方面，勵馨集合董事會之力，向臺北市政府申請登記為NGO團體，同年5月申請立案獲正式通過，臺北市勵馨社會福利事業基金會於焉誕生，借用當時「彩虹事工中心」的辦公室一角草創經營。

另外，為了參與救援及長期協助這些不幸少女，關心雛妓救援的律師、社會工作者、學者們於1987年8月成立了「臺灣婦女救援協會」，1988年9月正式登記註冊為「財團法人臺北市婦女救援基金會」，以救援不幸婦女，提供法律諮詢及服務，輔導其生活與教育，重建其自信自立的人格，助其重返家庭及社會為目的。

至此，彩虹專案的雛妓救援工作由「財團法人臺北市婦女救援基金會」接手，收容安置輔導則由「臺北市勵馨社會福利事業基金會」負責。彩虹專案已轉型為「彩虹婦女事工中心」，於1988年起重點轉為從事原住民部落教育與預防工作。同年1月10日，54個學術、婦女、山地、教會團體再提出「全國婦女、山地、人權暨教會團體嚴重抗議販賣人口共同聲明」。

不似早年臺灣保護養女運動是政府發動由上而下的指導，成立臺灣省保護養女運動委員會介入救援養女，1980年代的雛妓救援運動是屬民間團體由下而上的社會抗爭運動。這樣的社會運動之所以在1980年代中才出現，種因於前述原住民少女被賣為娼的事態嚴重。然而，臺灣少女被賣為娼絕非1980年代中才有的事，早在1970年代臺灣經濟發展初期就有了。救援雛妓運動之所以在1985年才出現，與1980年代臺灣戒嚴體制逐漸鬆解、社會力開始活絡、政治民主化起動等社會、政治環境的變遷有密切相關。不論如何，自1986年起，救援雛妓運動已取得高度的社會同情，許

多政治人物也以加入這個活動來表示自己的開明與進步。例如，1993年11月14日臺北市政府舉辦萬人「反雛妓華西街慢跑」活動（林萬億，2005，2008）。

這些行動不但促成了臺灣的婦女運動，也促成1989年「少年福利法」的制訂，以及1995年「兒童及少年性交易防治條例」的通過。從此，臺灣的雛妓問題從早期的懲罰模式轉變成為福利模式，不再把從娼少女視為是偏差個案與妨害風化的行為者，而是人口販賣的受害者，應給與保護與協助。

據此可知，在1990年以前，臺灣的婦女福利是救濟取向的，以救助貧苦及受迫害為娼婦女為主。

貳、婦女福利專款預算以後（1991年～2011年）

一、婦女福利定位

我國社會福利經費從1991年起即單獨編列婦女福利專款預算。臺北市長陳水扁為實踐其競選政見——市民主義的理想，落實各項涉及層面甚廣的婦女政策，臺北市政府經過一年的籌備規劃，於1995年4月25日經市政會議通過「臺北市婦女權益促進委員會設置要點」，要點內容明訂其宗旨為：維護婦女之人格尊嚴，保障婦女之人身安全，消除性別歧視，促進兩性地位之實質平等，並提供婦女服務諮詢指導工作，是為臺灣官方第一個正式成立，而讓民間充分參與，共同為婦女權益而努力的任務編組委員會。本書第二章述及民進黨對臺灣婦女權益保障推動具有開創性，此處又是一明證。受到臺北市政府的影響，1997年5月行政院也成立任務編組的「行政院婦女權益促進委員會」，同年6月成立「內政部性侵害防治委員會」；1999年3月編列預算捐資成立「財團法人婦女權益促進發展基金會」，同年4月成立「內政部家庭暴力防治委員會」；復於2000年8月在內政部社會司的組織架構中正式設立「婦女福利科」等專責單位；自2012年1月1日起，「行政院婦女權益促進委員會」改組為行政院性別平等處，這凸顯了政府將婦女權益定位為國家層級政策之一的決心。

又憲法增修條文第10條第6項亦明訂，「國家應維護婦女之人格尊

嚴，保障婦女之人身安全，消除性別歧視、促進兩性地位之實質平等。」民進黨政府並於2000年通過「跨世紀婦女政策藍圖」，2001年通過婦女人身安全政策及實施方案，2002年通過婦女教育政策，2003年通過新世紀婦女勞動政策，2004年通過具前瞻性之「婦女政策綱領」、「婦女政策白皮書」，2007年再通過消除對婦女一切形式歧視公約施行法，2008年通過婦女健康政策，期望透過政府單位推動並落實於婦女相關政策及措施中，以達成「兩性平等參與及共治共決」基本理念的實踐。

二、全國婦女國是會議

「全國婦女國是會議」是前副總統呂秀蓮女士（2000年～2008年）為呼籲女人「家事國事天下事，事事關心」，為自己追求一個有安全幸福和有尊嚴的生活，而於1996年3月8日在臺北召開了第一屆的「全國婦女國是會議」，邀請各界關心女性生活與權益的學者、團體以及政府人員，齊聚一堂交換意見與互相鼓舞。

第二屆（1997年）由高雄縣政府接手辦理，第三屆（1998年）由臺北市政府辦理，第四屆（1999年）由臺中縣政府辦理，第五屆（2000年）由臺北縣政府辦理，接著第六屆（2001年）由高雄市政府辦理。從這些主辦單位當時都是由民進黨執政的縣市，可知民進黨的性別主張是較進步的。

因為民進黨在2000年執政之後，行政院婦女權益促進委員會的政策推動實力大增，前述若干婦女政策都成為國家政策的一環，因此，全國婦女國是會議到第六屆之後即停辦。

民進黨之所以具有較進步的性別平等主張，是一個複雜的議題。當然，最直接的關聯是有一個臺灣的女性主義先驅呂秀蓮女士。呂女士於1974年出版《新女性主義》以及《尋找另一扇窗》這兩本書，且從1976年開始，在臺北與高雄兩地辦了「保護妳專線」，是臺灣少數具前瞻眼界的女性主義者。呂女士於1978年底決定參選桃園縣國民大會代表，但因中華民國與美國斷交而中止選舉，於是擔任《美麗島》雜誌社副社長，也擔任「黨外候選人聯誼會」的秘書一職。後因美麗島事件被判處12年有期徒刑，1985年因甲狀腺癌復發保釋出獄就醫，1992年當選立法委員，1997年當選桃園縣長，2000年成為陳水扁總統的副總統搭檔。

然而，婦女運動與社會福利運動的掛勾才是發展的背景。1991年的國民大會代表全面改選，民進黨提出社會權入憲；1992年立法委員選舉，民進黨推出福利國主張；1993年縣市長選舉，民進黨提出老人年金政見，已經預告了民進黨「重建新臺灣，創造福利國」的基調。而福利國家的推動具有解放階級、性別不公的本質。尤其是林萬億教授所引進的北歐社會民主福利國模式，更是一個性別友善的福利國。1995年，女學會出版《台灣婦女處境白皮書》（劉毓秀主編，1995），緊接著在1997年出版《女性、國家、照顧工作》（劉毓秀主編，1997），這些書著重談論女人作為一個照顧者角色的策略性位置與福利國家的矛盾關係，在臺灣脈絡的父權體制下，造成女人受限於家庭的照顧者角色，是否可以翻轉過來成為以女人觀點要求福利改革的策略性制高點。書中參考北歐福利國家，認為它們的福利制度，不像英國與美國的方式，乃是著重創造一個強調參與、平等與分享的生活方式，值得臺灣借鏡。這些福利論述與婦女運動的高度結合，成就了民進黨的性別平等理念與政策。1994年成立的臺北市女性權益促進會（簡稱女權會），更公開支持臺灣獨立，很多創會者也都與民進黨關係密切，促使婦女運動者得以運用一個轉變中的權力關係（包括政黨與國家、地方與中央、社區與政府）與階級關係（照顧者作為一個女人），促進女性福利議題的政治議論，並開拓新的動員條件。這些開拓臺灣婦女權益議題的先鋒，透過陳水扁出長臺北市政府，而取得有別於之前由下而上的草根運動，改為由上而下的婦女權益推動機會。

　　到了2011年，一方面選舉將至，另方面適逢中華民國建國一百年，又適逢我國中央政府行政體系將於2012年完成組織改造，於行政院內設置性別平等處作為我國未來性別平等政策推動之統籌及幕僚單位，行政院婦女權益促進委員會遂召開婦女國是會議以為慶祝。

三、性別主流化

　　1995年9月，聯合國第4屆世界婦女會議之與會國家共同制訂簽署「北京宣言及行動綱領」，作為國際社會實現性別平等、婦女發展以及和平的共同承諾，並正式提出「性別主流化」（Gender Mainstreaming），成為國際推動性別平等實現的主要策略。「性別主流化」強調對結構層次的關

注，將女性在發展中面臨到的不平等、不利益處境，放到一個更寬廣的「性別關係」的議題架構中來審視與行動，最終目標乃在於實現性別平等。

為配合使性別主流之概念於基層民間團體生根萌芽，內政部將推展社會福利補助作業要點中婦女福利補助項目及基準加以修正，積極引導民間團體落實推動上述理念，明定各團體辦理婦女活動、婦女學苑或講座課程須具有主題性，包括婦女福利、婦女權益、性別主流化、性別平等促進、婦女社區參與（營造）、婦女團體領導人培訓、婦女照顧者經驗分享、婦女社團組織能力培訓等，以加強推展性別平等觀念，輔導民間團體以「性別主流化」來從事各項婦女權益及福利之倡議與推動。總統府也於2005年8月成立性別主流化諮詢顧問小組，由總統府秘書長擔任執行長，提高推動層次。惟於一年後因立法院的質疑而終止。

2005年，行政院婦女權益促進委員會通過性別主流化實施方案，推動性別主流化，計畫包括：性別統計、性別分析、性別預算、性別影響評估、性別意識培力、組織再教育等六大工作面向。

四、前臺籍慰安婦之照顧輔導

慰安婦原是日本軍隊在第二次世界大戰徵召的隨軍妓女（在日本國內是自願和有償的），為日軍提供性服務的女性，後來在第二次世界大戰中演變成在占領區招募民間婦女充當性工作的制度。1937年以後，大部分「自願」和「有償的」或半強迫的「慰安婦」來自日本、日本殖民地（包括日治臺灣、朝鮮半島）、中國，也有部分東南亞、荷蘭女性。美國軍隊在韓國也徵召隨軍妓女為UN軍慰安婦。

1992年2月8日，婦女救援基金會透過發掘史料證明臺灣慰安婦之存在，2月22日設立全國申訴專線，2月26日首位臺籍慰安婦出面申訴，8月9日3名臺籍慰安婦舉行半公開記者會控訴日本政府，要求道歉及賠償。基金會除發表系列文章，召開記者會聲援慰安婦向日本求償，並開始要求內政部對慰安婦展開生活補助、醫療救助、關懷輔導等服務。

於是，政府自1995年起即針對前臺籍慰安婦提供生活扶助津貼（每人每月1萬5,000元）、醫療補助、重大傷病醫療看護補助、心理輔導、關懷

訪視與各項諮詢服務，給與受害當事人醫療及生活照顧，並積極協助其心理重建。自臺灣省政府組織精簡後，爲繼續照顧前臺籍慰安婦之生活，維護其隱私權，並避免造成二次傷害，內政部依據「臺灣省關懷日據時期慰安婦生活扶助實施計畫」，委託臺北市婦女救援社會福利事業基金會辦理前臺籍慰安婦個案訪視，轉發生活扶助津貼，協助確有需要照護者申請政府生活扶助、醫療費、重病住院看護費及喪葬費等補助，使前臺籍慰安婦能得到妥適的照顧。

五、性侵害與家庭暴力防治

（一）家庭暴力防治法

1920年連橫所著《臺灣通史》乙書「烈女列傳」中記載清道光七年彰化人吳氏女被其養母逼迫爲娼，不從，被凌虐致死案。這可能是臺灣最早記載的家庭暴力事件。其凌虐手段之兇殘，令人心寒：「……，夜持刑具來，嫗（註：吳女養母）以鐵梏女手，褪其衣褲，繫髮於椿，各持棍擊。女抵死不從。水（註：覬覦吳女色者）怒，以棍椓入陰中，又以刀剌其腹，女遂死。」（連橫，1920）

而臺灣最早見諸於報端的家暴案件，發生在1951年10月18日陳姓婦人在臺北市衡陽街徘徊流淚，意欲輕生，經店家搭救與臺灣省婦女會介入，得知她結婚2年期間常常遭受丈夫毆打，即使身懷六甲依然受暴，產下男嬰後因不得溫飽致無法哺乳，百般無奈再度狼狽逃離。然而，陳姓婦人當時唯一能面對的，竟是一再重複的調解程序。1978，臺北市才有華明心理輔導中心加入服務行列。其餘縣市提供受虐婦女相關服務的多爲各地的婦女會和生命線，專業人力仍明顯不足（http://dspc.moi.gov.tw/history/）。

在家庭暴力防治意識仍然處於蠻荒的年代，輔仁大學社工系副教授劉可屏（1987）以「虐妻問題」爲題，發表臺灣第一篇探討婚姻暴力的專文，刊登於《輔仁學誌》，堪稱是學術界關注家暴議題的開端。

而我國家庭暴力防治法之所以通過，實乃受鄧如雯女士殺夫案之影響。鄧如雯母親遭到林阿棋強暴住院，又強暴到院看護母親的鄧如雯，鄧如雯因此懷孕。因當時民風尙保守，在有力人士斡旋下，鄧如雯嫁給了強暴她的林阿棋，婚後鄧如雯卻長期遭受丈夫暴力對待，所生的兩個小孩也

經常遭林阿棋毆打。鄧如雯曾逃回娘家，林阿棋仍不放過，追至鄧娘家破壞，甚至將鄧如雯的父親吊起來毒打。她曾向警方求助，但當時的法律觀念為「法不入家門」，無法給鄧如雯有效保護。1993年10月27日，鄧如雯受不了長期受虐，先用鐵槌擊昏林阿棋，再用水果刀殺死他。事發之後，鄧如雯立刻打電話給她的小姑，請其代為報案自首。1994年，板橋地方法院判鄧如雯5年6個月有期徒刑，後經婦女團體聲援，要求法院比照美國1993年羅蓮娜·巴比特（Lorena Bobbitt）被其夫強暴後，趁其夫熟睡，閹掉其夫性器官的案例，接受精神鑑定，改判無罪釋放。經三軍總醫院精神科出具精神耗弱鑑定證明，臺灣高等法院改判鄧如雯有期徒刑3年6個月。此案促成我國成為亞洲第一個通過家庭暴力防治法的國家。

我國家庭暴力防治法於1998年6月24日公布施行，仿照美國1994年家庭暴力法的入罪化模式。家庭暴力防治法經過2007年大幅修正，2008年、2009年再微調修正。依家庭暴力防治法規定，各地方政府應設置家庭暴力防治中心。但是，性侵害犯罪防治法已先一步施行，首先設置家庭暴力防治中心的臺北縣、臺北市，直接使用家庭暴力暨性侵害防治中心。2002年7月24日，內政部也將家庭暴力與性侵害兩委員會合併為「內政部家庭暴力及性侵害防治委員會」。

家庭暴力防治法所定家庭成員，包括下列各員及其未成年子女：(1)配偶或前配偶。(2)現有或曾有同居關係、家長家屬或家屬間關係者。(3)現為或曾為直系血親或直系姻親。(4)現為或曾為四親等以內之旁系血親或旁系姻親。

家庭暴力防治採責任通報制。醫事人員、社會工作人員、臨床心理人員、教育人員、保育人員、警察人員、移民業務人員及其他執行家庭暴力防治人員，在執行職務時知有疑似家庭暴力情事者，應立即通報當地主管機關，至遲不得逾24小時。同時，2001年24小時的電話專線113婦幼保護專線也依法設置，取代早期的0800專線，並委託世界展望會承辦。

目前各縣市政府家庭暴力暨性侵害防治中心或業務，有些縣市採雙重服務委外。例如，臺北市在婚姻暴力防治方面，採垂直整合分區委外，將12行政區除保留2區自行服務外，餘10區分包給4家民間機構委外提供服務。同時也將部分方案委外，例如，兒童及少年性侵害防治教育暨家庭服

務方案、婚姻暴力相對人輔導服務方案、成年子女監督會面交往及交付服務、目睹家庭暴力兒童及少年輔導方案、臺北市政府駐地方法院家庭暴力事件聯合服務處方案，類似的做法包括新北市、雲林縣等。有些採服務單項委外，例如，高雄市將婚暴業務委外，或將心理諮商、家庭重整、親子會面、親職教育委外，類似的做法包括彰化縣、桃園縣等。

　　不論如何分工，各地家庭暴力防治業務仍面對諸多難題。首先是人力不足。雖然內政部利用專案補充人力，但是由於通報案量大增，個案負荷量仍大，家防社工仍疲於奔命。其次，系統間合作仍不順暢。家防中心雖然將後端心理諮商、強制親職教育委外，甚至整區部分業務委外，但是與社會局社會福利服務中心、學校輔導室的關係相處不佳，分工不明，無法紓解疑似家庭暴力高風險案例、不成案或結案後的後續追蹤服務的壓力。第三，封閉的組織氣氛。家防社工常僵化地解讀倫理守密規定與單打獨鬥的工作習性，使家防社工心態日趨封閉，不擅跨專業團隊協力，聽不見外界意見，容易陷自身於相互取暖的團體思考，侷限專業成長機會。第四，員工替代創傷嚴重，需要定期紓壓，但是主管往往不瞭解而忽略員工的工作壓力。第五，人員異動頻繁，無法積累經驗。由於工作壓力大、組織管理欠妥，導致員工流失嚴重，甚至招募不到員工，人才培養出現嚴重斷層。第六，家防社工承載負面形象，亟須正向化重構。從2002年臺北縣嚴姓女童案，到2005年臺北市邱小妹案，再到2010年南投曹小妹案，家防社工的能力與態度遭到社會嚴重的質疑，一時之間要重新建構防暴天使形象，並非一日可就，亟須社會工作界協力助其扭轉形象。

　（二）性侵害犯罪防治法

　　1996年11月30日，曾任主婦聯盟理事、婦援會理事、晚情協會理事長、婦女新知協會董事長、民進黨婦女部主任的彭婉如女士，前往高雄市參加民進黨臨時全國黨代表大會，當晚搭乘計程車離開高雄市尖美大飯店後失蹤；直到12月3日，警方才在高雄縣鳥松鄉（今高雄市鳥松區）發現彭婉如的遺體。雖然警方鎖定計程車司機為犯案對象，但案情至今一直沒有突破而成為懸案。彭婉如命案引發社會的強烈震撼，婦女人身安全也成為社會大眾關注的焦點。1996年12月21日，婦女運動者發起「1221女權火照夜路大遊行」。同時在社會的壓力下，立法院通過「性侵害犯罪防治

法」，1997年1月22日經總統公布實施。教育部也成立「兩性平等教育委員會」，並且規定學校必須有兩性平權教育時數。

性侵害犯罪防治法於1997年1月22日公布施行，經2005年、2010年、2011年三次修正，除了加強被害人相關保護措施，並將美國「梅根法案」（Megan Law）的精神納入規定，透過綿密監督，防止性罪犯進入社區後再犯。這次條文修正的精神，主要在「加強被害人保護」、「建置性罪犯社區監督制度」兩部分。在「加強被害人保護」方面，為避免單位間內部通報層級延誤時效，及時提供被害人各項後續服務，明定醫事人員、社工人員、教育人員、保育人員、警察人員、勞政人員、移民業務人員，於執行職務時知有疑似性侵害犯罪情事者，應立即向當地直轄市、縣（市）主管機關通報，至遲不得逾24小時。同時包括通報內容、通報人身分等資訊，除法律另有規定，都應予保密。為避免讓性侵害被害人遭二度傷害，也明定媒體報導被害人姓名，或其他足資識別被害人身分的資訊者，提高其罰鍰金額為新臺幣6萬元以上、60萬元以下；其經通知限期改正，屆期不改正者，得按次連續處罰。

犯罪預防方面，中央主管機關應建立全國性侵害加害人之檔案資料，其內容應包含姓名、性別、出生年月日、國民身分證統一編號、住居所、相片、犯罪資料、指紋、去氧核醣核酸紀錄等資料。前項檔案資料應予保密，非依法律規定，不得提供；其內容管理及使用等事項之辦法，由中央主管機關定之。

新修訂法令建置性罪犯社區監督制度。性罪犯為有期徒刑或保安處分執行完畢、假釋、緩刑、免刑、赦免、緩起訴處分的任一種情形，經評估認有施以治療輔導必要者，直轄市、縣（市）主管機關應命其接受身心治療或輔導教育，最長不超過3年。當事人無正當理由，不接受或未完成者，得處1萬元以上、5萬元以下罰鍰，並限期命其履行，屆期仍不履行者，得移請檢察機關追究刑責。另外，新法有社區監督機制，觀護人對保護管束的加害人，可採取「限制行動」、「限制住居」、「夜間宵禁」、「實施測謊」、「科技監控」等相關措施。

此外，當事人應定期向警察機關辦理身分、就學、工作、車籍及其異動等資料登記及報到，期限最長可達7年。為維護公共利益及社會安全目

的，在登記期間得供特定人員查閱；不過若犯罪時未滿18歲者，不適用這項規定。

（三）性騷擾防治法

為防治性騷擾及保護被害人之權益，於2005年2月5日公布「性騷擾防治法」，一年後施行，經2006年、2009年兩度修正。依該法第2條規定，所謂性騷擾，係指性侵害犯罪以外，對他人實施違反其意願而與性或性別有關之行為，且有下列情形之一者：

1. 以該他人順服或拒絕該行為，作為其獲得、喪失或減損與工作、教育、訓練、服務、計畫、活動有關權益之條件。
2. 以展示或播送文字、圖畫、聲音、影像或其他物品之方式，或以歧視、侮辱之言行，或以他法，而有損害他人人格尊嚴，或造成使人心生畏怖、感受敵意或冒犯之情境，或不當影響其工作、教育、訓練、服務、計畫、活動或正常生活之進行。

依第7條規定，機關、部隊、學校、機構或雇用人，應防治性騷擾行為之發生。於知悉有性騷擾之情形時，應採取立即有效之糾正及補救措施。

前項組織成員、受雇人或受服務人員人數達10人以上者，應設立申訴管道協調處理；其人數達30人以上者，應訂定性騷擾防治措施，並公開揭示之。

自此，我國有關婦女人身安全保障的法律已大致完備。

第二節　家庭福利服務

壹、弱勢婦女與家庭扶助

1980年代，臺灣的單親家庭議題逐漸受到重視。徐良熙與林忠正（1984）是臺灣早期研究單親家庭的先鋒。之後，謝秀芬（1989）受臺北市政府社會局委託研究臺北市的離婚喪偶婦女之福利需求，林萬億（1992）受臺北市政府委託研究臺北市的單親家庭問題及其因應對策，接

著，張清富（1995）受行政院研考會委託進行全國性的單親家庭研究。從此，單親家庭問題成為國人重視的新福利課題。而民間關心單親家庭的組織也在此時成立。先是由東吳大學林蕙瑛副教授於1984年成立「拉一把協會」，接著由知名作家施寄青於1988年5月接手易名為「晚晴婦女協會」。目前，臺北市、高雄市、臺中市均各有晚晴協會的民間組織，提醒政府關注單親家庭的福利。

針對遭遇變故之不幸婦女，例如，未婚媽媽、離婚、喪偶、被遺棄、被強暴及婚姻暴力受害者等提供適切之服務，政府採取下列措施加強扶助與照顧：

（一）提供單親家庭服務措施

為因應單親家庭逐年增加，政府除結合民間團體繼續提供單親家庭之心理諮商、輔導及法律諮詢服務，同時加強實施單親家庭之各項服務措施，例如，補助民間團體辦理「單親家庭子女課後照顧服務」及「單親家庭福利服務活動」等，2005年起新增補助民間團體辦理「單親培力計畫」及「單親家庭個案管理」，積極提升單親家長社會競爭力、協助單親家庭增進親子關係，並減輕單親家長照顧負擔。各縣市政府亦設置「單親家庭服務中心」及服務據點，建構單親家庭社區支持網絡。唯服務據點有限，服務範圍很難擴大。

（二）修訂「特殊境遇婦女家庭扶助條例」為「特殊境遇家庭扶助條例」

為協助特殊境遇婦女解決生活困難，擴大照顧遭逢變故的婦女，2000年5月24日公布施行「特殊境遇婦女家庭扶助條例」，特將女性單親家庭所須的經濟扶助措施納入法律的保障中。各直轄市、縣（市）政府據此對特殊境遇婦女提供緊急生活扶助、子女生活津貼、子女教育補助、傷病醫療補助、兒童托育津貼、法律訴訟補助及創業貸款補助等服務，以落實法律保障弱勢婦女之基本權益意旨。

基於單親家庭有將近三分之一的家戶長是男性，其中也有家庭經濟困難、子女照顧乏力者，卻無法獲得特殊境遇家庭之協助，是故，2009年1月23日公布修正為「特殊境遇家庭扶助條例」，修正重點包含：(1)單親爸爸及隔代教養家庭納入特殊境遇家庭。(2)針對單親、隔代教養家庭及

家暴被害人，放寬「65歲以下」年齡限制。(3)大專院校子女教育補助比率提高到60%。(4)放寬家庭暴力被害人創業貸款補助資格。

貳、高風險家庭介入

有鑑於父母攜子自殺獲兒童少年受虐事件頻傳，特別是2005年1月10日凌晨，因兒童虐待而致腦部受到重創陷入昏迷，需要緊急醫治的邱小妹被由醫療資源最豐沛的臺北市仁愛醫院，遠送到100多公里外的臺中縣沙鹿鎮童綜合醫院進行急救，此事件造成國內社會相當大的震撼，也使國人對於我國醫療與社會福利體系是否真能在民眾最有需求時有效發揮功能，確保民眾的健康與安全產生疑慮。事實上，邱小妹因父母離婚、父親酗酒，受到兒童虐待已經有一段時日，其阿姨也曾試圖向臺北市家庭暴力暨性侵害防治中心求助，惜未能求助成案，致錯失及早介入的時機。

行政院遂指示內政部研擬具體可行方案以遏止兒童少年虐待事件。起先，行政院接受來自犯罪預防取向的建議，期望透過發放通報獎勵金的方式，鼓勵社區居民通報。這種將兒童與少年虐待事件當成是純粹犯罪事件的檢舉通報，受到社會福利團體、學者專家及各地方政府社會局的反對。時任高雄縣政府社會局長吳麗雪女士、臺北縣政府社會局長楊素端女士諮詢林萬億教授，決定向內政部要求另覓替代方案。其理由是：首先，檢舉通報獎金制度會引發社區鄰里間的不信任，瞭解家暴通報之重要性者，若是碰到家暴案例，自不必以金錢誘惑，即會自行通報。透過獎金重賞，徒生挾怨報復、破壞鄰里關係而已。其次，會鼓勵好興訟之徒謊報，造成地方政府家庭暴力及性侵害防治中心耗在確認通報的正確性的人力負荷龐大，反而不利於需要緊急介入的案例。第三，一旦通報案件快速增加，以目前全國各地方政府處理兒童保護的人力配置總計有專責人力51名、兼責人力267名、負責家庭暴力之專兼責人力325人來說，以2005年為例，一年要面對將近9,000件的兒童及少年虐待事件，根本力不從心，馬上會暴露我國家庭暴力防治系統的片段與薄弱。最後，從三級預防的觀念，缺乏家庭與社區預防體系的建立，只重視兒童與少年虐待事件的通報與緊急介入，很難遏阻兒童與少年虐待事件的發生。

林萬億遂向當時的內政部長蘇嘉全建議，提議一套從預防到緊急介入的完整兒童與少年保護策略，以替代獎勵通報方案，獲得蘇嘉全部長贊同，進而說服行政院長游錫堃改變既定政策，提前一步，先從高兒童與少年虐待風險家庭早期預防下手。

　　於是，內政部兒童局委託兒童福利聯盟基金會進行高風險家庭評估指標制訂，提出高風險家庭的介入方案，作為替代獎勵通報制度。兒童福利聯盟認為有三種典型的家庭危機因子，造成兒童少年虐待：(1)經濟陷入困境（失業），(2)身心健康不佳（酗酒），(3)高家庭／婚姻關係不穩定（離婚），這即是所謂「高風險家庭」。內政部遂於2004年11月19日函頒「落實兒童及少年保護家庭暴力與性侵害事件通報及防治工作實施方案」，將「建構高風險家庭篩選及轉介處遇機制」列為重點工作，並通過執行「高風險家庭關懷輔導處遇實施計畫」與「受虐兒童少年家庭處遇服務方案」，編列5,500萬元預算，預計擴充80至100名社會工作人力，投入高風險家庭及受虐兒童少年家庭介入服務。

　　「高風險家庭關懷輔導處遇實施計畫」之目的是藉由社區中的學校系統、就業輔導個案管理系統、民政或衛生、警政等系統，依高風險家庭評估篩選表，發現遭遇困難或有需求之家庭，主動提供預防性服務方案，以達到預防兒童少年虐待、家庭暴力及性侵害事件發生。一旦篩選出高風險家庭，則由地方政府或委託民間團體提供以下服務：

1. 專業人員關懷訪視，以個案管理員角色模式，為個案家庭做需求評估、尋求資源、安排轉介、督導服務、追蹤評估等，提供支持性、補充性服務，增權家庭建立完整家庭功能服務。
2. 結合保母支持系統、幼托園所提供幼兒臨托及喘息服務。
3. 運用社區志工，推動認輔制度，協助兒童少年身心成長發展，或轉介參加國中小學學童課後照顧服務。
4. 辦理親職教育活動及增強父母或照顧者親職知能、親職指導或促進親子參與及親子關係之服務。
5. 針對精神病、酒藥癮家庭，轉介衛生局提供醫療及戒治資源。
6. 針對須就業輔導家庭，轉介就業服務單位，提供職業訓練及就業輔導資源。

7. 結合民間社會福利資源，協助案主改善困境。

8. 輔導進入社會救助系統、中低收入兒童少年生活補助、弱勢家庭兒童及少年緊急生活扶助、托育補助及早期療育。

9. 辦理高風險家庭宣導及教育訓練，強化高風險家庭篩檢轉介機能，擴大轉介來源。

10.其他依個案狀況予以適當之輔導處遇。

該方案經過一年的實施，發現諸多困難：首先，該方案缺乏以社區為基礎的兒童保護概念。其次，高風險的定義有污名化失業、貧窮、離婚家庭之嫌，將這些本該得到社會服務的弱勢家庭定義為可能加害兒童少年的高風險家庭，有壓迫弱勢家庭的意味。第三，即使補助每縣市的民間社會福利團體3到4名的社會工作人力，其實也只能做到被動通報、進行評估的工作而已，根本無法達到預防效果。最後，這些所謂高風險家庭大多數原本就是社會局社會福利服務中心的案例，由社會局社會工作人員自行評估即可，何必再疊床架屋多出一套程序由民間團體來介入高風險家庭評估篩選。倘若是新發現個案，由民間團體介入的效果，也不若政府自行介入評估、處理的效果來得大。

於是，「高風險家庭關懷輔導處遇實施計畫」面對嚴苛的挑戰。內政部遂於2005年12月底再成立「兒童及少年保護與家庭暴力防制小組」，邀請學者專家、相關部會、地方政府、民間團體代表等，研擬更有效的兒童少年及家庭暴力預防方案，試圖分別從風險預防、通報處遇及評鑑考核等三大面向訂定下列改進措施。

除了增加兒童保護人力之外，如何建立以家庭為中心、以社區為基礎的社會福利服務體系，成為預防兒童與少年虐待的可行方案（詳見本章第四節）。而「高風險家庭關懷輔導處遇實施計畫」也不斷地修正。高風險家庭評估內容從早期的失業、酗酒、離婚等三個危險因子，擴大為：

1. 家庭成員關係紊亂或家庭衝突：例如，家中成人時常劇烈爭吵、無婚姻關係帶年幼子女與人同居、藥癮酒癮、精神疾病、犯罪前科等，以致影響兒少受照顧及身心正常發展。

2. 家中兒童少年之父母或主要照顧者從事特種行業或罹患精神疾病、酒癮藥癮並未就醫或未持續就醫，以致影響兒少受照顧及身

心正常發展。

3. 家中成員曾有自殺傾向或自殺紀錄者，以致影響兒少受照顧及身心正常發展。

4. 因貧困、單親、隔代教養或其他不利因素，以致影響兒少受照顧及身心正常發展。

5. 非自願性失業或重複失業者：負擔家計者遭裁員、資遣、強迫退休等，以致影響兒少受照顧及身心正常發展。

6. 負擔家計者死亡、出走、重病、入獄服刑等，以致影響兒少受照顧及身心正常發展。

7. 其他因素影響兒少受照顧及身心正常發展等七類。範圍涵蓋愈來愈大，幾乎成為各縣市政府家庭福利服務的首要方案。

「高風險家庭」方案雖無強制通報制度，但鼓勵以下人員，包括：就業服務中心個案管理員、員警、村里幹事、村里長、公衛護士、基層小兒科、心理衛生醫事人員、教育人員、戶政人員、公寓大廈管理員等，於執行工作時，發現上述評估指標中之任一項者，通知社政單位提供關懷性服務，藉以預防兒童少年受虐及家庭暴力事件發生。但已通報家暴者，即無須再重複通報高風險，避免一案雙報。

各地方政府將高風險家庭方案委外給當地兒童服務團體，例如，臺灣兒童暨家庭扶助基金會、世界展望會、勵馨基金會、兒童福利聯盟、紅心字會等，在各地方政府轄區內設有辦公室的機構、團體。但經地方政府同意者不在此限。受委託單位必須遵守以下規定：

1. 接受社會局（處）轉介個案不得無故拒絕，接案後應於10個上班日內進行初訪，並於1個月內向社會局（處）回覆評估結果。

2. 依計畫內容提供相關服務，並應將個案資料建置於高風險家庭個案管理資訊系統。

3. 運用案家成員優點增進案家權能，協助案家脫離困境。

4. 依據個案狀況，安排訪視之密度，並輔以電話關懷協助案家，並做成紀錄備查。

5. 招募志工共同協助高風險家庭。

6. 不得向服務對象收費及要求捐款。

7. 辦理宣導，廣邀社區民眾共同關懷高風險家庭。

8. 接受補助購置之器材設備應列冊管理並納入移交。

9. 接受兒童局及地方政府之督導與訪評。

10. 其他有關承辦單位一致性之作業。

甚至有些縣市設置高風險家庭通報中心於縣市政府，如新北市，接受該縣市社會局社會福利服務中心、學校、社區、警察局、醫院等通報。不管是否集中通報，高風險家庭服務方案仍然沒有解決以下問題：

1. 缺乏高兒童與少年虐待風險家庭的預防。

2. 高風險家庭服務方案與家庭暴力暨性侵害防治中心業務重疊與分工不明。

3. 高風險家庭服務方案與社會福利服務中心業務重疊與分工不明。

4. 高風險家庭服務方案與其他單位（如勞政、衛政、教育）很難協力解決家庭問題。

5. 評估指標雖清楚，但是結案指標卻不明，以致受委託單位只能累積案量，地方政府也不敢輕易結案，以免偶發事件發生，受到指責。

參、家庭政策

隨著臺灣的家庭變遷、社會福利的發展，以及國際間資訊的擴散，在1990年代有關家庭變遷與社會政策的討論已有增多的趨勢，其中以1994年「國際家庭年」所舉辦的一系列慶祝活動最為凸顯。內政部為慶祝該年的活動，曾贊助幾場研討會，例如，中華兒童福利基金會舉辦的「關懷單親家庭研討會」、中山大學舉辦的「家庭與社會福利學術研討會」、政治大學舉辦的「家庭、人力資源與社會發展國際學術研討會」（林萬億，2002）。

此外，臺北市政府也在該年舉辦「迎接國際家庭年——推動以家庭為中心的福利體系研討會」，輔仁大學法學院也辦了一場「現代社會中家庭的平衡與發展」研討會。一年內，國內至少舉辦了6場與家庭政策有關的研討會，密度之高，前所未見（林萬億，2002）。

接著在1997年又有一波家庭政策相關研討會的舉辦。首先，人口學會與挪威伯郡大學（University of Bergen）在臺北合辦「邁向21世紀的國家、家庭與社會福利國際研討會」。其次，東吳大學社會工作學系與臺灣省政府社會處合辦「全國家庭福利與家庭政策學術研討會」。同年，中央研究院中山人文社會科學研究所也開始辦理「第一屆家庭與社會資源分配學術研討會」。家庭政策儼然成為20世紀末臺灣社會福利界最熱門的話題（林萬億，2002）。

拜國際家庭年之賜，我國也開始注意家庭政策的重要性。這樣的關注有別於1960年代臺灣對家庭計畫的重視，當時有鑑於快速增加的人口，將導致臺灣人口密度過高、負荷太重，因此有「臺灣地區家庭計畫實施辦法」（1967年）及「中華民國人口政策綱領」（1969年）的推出，目的在於求「人口品質之提高、人口之合理成長、國民健康之增進、與國民家庭生活之和樂」。當年所訂的人口合理自然增加率為2%。這些當年迫使臺灣實施降低人口成長率的戰後嬰兒潮出生的人口，也將是臺灣到了2020年老年人口比率將上升到15%的推力（林萬億，2002）。

21世紀初，我國對家庭議題的關心焦點已不再是人口快速成長的問題，而是家庭的轉型及人口的低度成長。臺灣的家庭不只在結構上有了明顯的變遷，在關係上也有重大的改變，而這些改變已經或者即將影響國民的生活品質，政府不能不重視。

於是，許雅惠（2000）、林萬億（2002）分別提出制訂家庭政策的必要性。有鑑於此，行政院也於2002年5月召開的第三屆全國社會福利會議議程中納入「如何健全家庭功能，提升生活品質」乙項，會中並做成「本著尊重多元家庭價值，評估不同家庭需求，建立整合家庭政策群組機制，研擬以需求為導向的家庭政策」之決議。行政院遂責成內政部邀集各相關部會，擬訂我國現階段家庭政策。內政部主責於2002年12月開始蒐集家庭政策及實施方案參考資料，並召開會議討論，才有2004年10月18日行政院社會福利推動委員會第八次會議通過的我國「家庭政策」（參見本書第二章）。

其前言曰：進入21世紀，我國經濟持續成長，伴隨著所得分配不均的擴大，失業與低所得階層家庭的經濟弱勢更加明顯；資訊科技的發展，改

變了人際溝通關係與互動模式；跨國人口流動規模加大，外籍家庭看護人力的引進，以及跨國婚姻的比率升高，改變了傳統家庭的文化認知；新型住宅聚落的大量興建，傳統社區關係解組，新的社區關係形成；育齡婦女生育率下降，家庭人口組成規模縮小，人口快速老化，家庭照顧的對象由兒童轉變為老人；離婚率升高，單親家庭比率隨之提高，家庭結構日趨多元；婦女勞動參與率升高，兩性平等觀念逐漸取代男主外女主內的父權體制；家庭暴力事件頻傳，婚姻與親子家庭關係不穩。單靠呼籲維護傳統家庭倫理，似乎無法因應上述社會、經濟變遷對我國家庭的衝擊。

其政策制訂原則是：基於支持家庭的政策主軸，家庭成員不論性別、年齡、身體條件、種族、宗教信仰、語言、文化、婚姻狀況，應被尊重與公平對待。家庭間亦不應因經濟條件、婚姻狀況、子女之有無、種族身分、居住地理區域等而有差別對待。但為了保障弱勢者的生存權益，國家必須提供適當的補救，以利家庭維持功能。據此，提出以下原則作為規劃家庭政策具體實施方案的根據，以保證上述家庭政策目標得以被實現。

其政策目標如下：(1)保障家庭經濟安全；(2)增進性別平等；(3)支持家庭照顧能力，分擔家庭照顧責任；(4)預防並協助家庭解決家庭成員的問題；(5)促進社會包容。

我國的家庭政策顯然不如歐洲國家的家庭政策受到重視，但是，有些重大的施政也立基於此，舉其重要者，如保障家庭經濟安全項下，建立全民普及之年金保險制度，保障老年、遺屬、有經濟需求之身心障礙者的基本經濟安全，不但列入2006年的大溫暖社會福利套案，且已於2007年實現。

增進性別平等項下，貫徹兩性工作平等法有關育嬰留職停薪之規定，研議育嬰留職期間之所得維持，不但列入2006年的大溫暖社會福利套案，也已經實現。

支持家庭照顧能力、分擔家庭照顧責任項下，規劃長期照護制度，支持有需求長期照顧的老人、身心障礙者、罕見疾病病患之家庭，減輕其照顧負擔，也列入2006年的大溫暖社會福利套案，並推出長期照顧10年計畫。

預防並協助解決家庭內的問題項下，為保障兒童、少年權益，協助離

婚兩造順利完成兒童、少年監護協議，引進家事調解制度，以降低因離婚帶來之親職衝突，也成為後來各地方法院全面推動專業家事調解制度的基礎。

肆、以家庭為中心的服務體系

我國規劃「以家庭為中心、以社區為基礎的家庭支持體系」，首見於前述的「家庭政策」內容第4項「預防並協助家庭解決家庭內的問題」第8點「建立以社區（或區域）為範圍的家庭支持（服務）中心」。該政策還未來得及落實，如前一章所述幾樁慘不忍睹的虐童案，就把本已脆弱的家庭暴力防治體系壓得喘不過氣來。

基於此，才會有之前提及的行政院希望內政部研商透過發放通報獎勵金的方式，鼓勵社區居民通報。不論採何種方式降低兒童虐待，基層社會工作人力不足一直飽受批評。內政部遂於2006年5月函頒「補助各直轄市、縣（市）政府增聘兒童及少年保護社會工作人力實施計畫」，協助地方政府增聘320名兒保社工人力，並補助40%之人事費用，將各地方政府兒少保護社工人力擴充至505名，以充分人力專責執行兒少保護業務，推動兒虐高風險家庭關懷訪視服務、兒少保護個案緊急救援處遇及社區兒虐預防宣導等方案（林萬億，2010a）。

社會工作人力需求殷切，不只兒童保護一項，而各部門每每又以專案方式要求增聘人力，並非上策。例如，2006年「大溫暖社會福利套案」中的「弱勢家庭脫困計畫」增補地方政府執行該專案所須人力87人，以執行1957專線所轉介的弱勢家庭個案的家庭評估。加上前述補助兒少保社工320名，家庭暴力及性侵害防治社工190人，總計新增社會工作人力597名；若再加上前述的「高風險家庭關懷輔導處遇實施計畫」委外社工100名，其實新增社會工作人力不少。但是，這些由中央政府補助地方政府人事經費所聘任的社工，面對諸多不利的工作條件，使其專業效能難以發揮。首先，短期僱用契約，難以找到有經驗、能力強的社工；其次，缺乏升遷管道，不易留住好的人才；第三，加班費不足，對這些忙碌的社工非常不公平；第四，有部分專案人力被地方政府移作他用，人力依然短缺。

再就財主單位的角度看，到底臺灣還需要多少社會工作人力？沒有一個精確的推估，如何編列人事預算？再者，難道只要社工人數增加即可以遏阻家庭暴力事件發生嗎？地方政府的家庭暴力及性侵害防治中心人力擴張最快，多者百人大軍，如臺北縣、市，少則十幾二十人編制，難道組織擴編是唯一的途徑嗎？

於是，行政院要求內政部重新檢討社會福利服務系統的建制與社會工作人力配置及進用，遂有「建構家庭福利服務系統實施計畫」（草案）與「充實地方政府社工人力配置及進用6年中程計畫」（草案）的出爐。

基於前述行政院主計處、人事行政局的要求，林萬億政務委員遂協調內政部兒童局提出「建構家庭福利服務系統實施計畫」（草案），並於2007年7月16日函報行政院。行政院於2007年9月14日函覆曰：「有關中央補助申請社工人力費用部分，應俟內政部就所有社工人力通盤檢視，並提出整體構想後再議；補助費用應將地方財政良窳狀況納入考量，給與不同補助比率，以使資源合理公平分配；建請依據『行政院所屬機關中長程計畫編審辦法』第12條規定格式修正擬辦計畫內容。」亦即，本案人力部分與前述的「充實地方政府社工人力配置及進用6年中程計畫」（草案）被綁在一起。這樣的處理並無不妥，的確如前述的理由，我國社會工作人力配置若不能整體規劃，必屢屢滋生頭痛醫頭、腳痛醫腳的弊端。

「建構家庭福利服務系統實施計畫」（草案）依據如下：

一、「家庭政策」政策內容第3項支持家庭照顧能力，及第4項「預防並協助家庭解決家庭內的問題」，第8點「建立以社區（或區域）為範圍的家庭支持（服務）中心」，預防與協助處理家庭危機。

二、研商「五五五安親照顧方案」辦理情形第二次會議決議事項（行政院秘書處2006年7月10日院臺內字第0950088861號函）：請內政部研議補助或協助計畫供給育兒經驗不足、有托育需求或是有行為偏差、中輟等高風險家庭諮詢管道，以預防兒童少年產生偏差行為，並協助家長解決問題，包括人力的訓練、資源整合、建立督導系統、開闢諮商管道等。

三、2006年經濟永續發展會議之結論共同意見具體執行計畫：紀錄A049（三）政府應積極營造兒童及青少年友善安全之生活環境，並促進其健全發展及提供服務，以維護身心健康，第一點設立區域性家庭支援中

心，提供兒童少年及其家庭相關福利服務、諮商輔導及福利資源連結，獲得完整近便性服務。

四、2015年經濟發展願景第一階段3年衝刺計畫（2007～2009）大溫暖社會福利套案（2006年9月20日行政院第3007次會議通過）「四、提升社會福利資源運用效能計畫（四）計畫重點5.執行單一窗口服務試辦計畫，提供連續服務等方式，建立協助弱勢者的有效機制」。

當該草案草擬時，林萬億時任行政院政務委員，負責督導本計畫之推動。惜由於計畫單位作業較慢，兩項計畫又必須相互搭配，逐未能於本人離職前（2007年5月20日）送院，使銜接上出現問題。

該計畫預定運用社政部門既有之服務據點與可運用之空間，設置區域性家庭福利服務中心，結合教育、衛生、勞政、原住民、民政及社政等資源，針對家庭中的兒童、少年、老人、身心障礙者及婦女等成員有經濟、就業、撫育、照顧、安置、輔導、身心適應困難等問題，提供諮詢服務、生活扶助、照顧服務、諮商輔導，或心理治療、資源轉介及各項福利服務，藉由區域內資源的結合與開發運用，提供以家庭為主軸之多元服務單一窗口，協助家庭成員順利適應與發展。

中心之設立運用現有社會福利服務中心、鄉鎮市公所或其他可運用之公共建築空間，依人口數約15至20萬人為一區，在1至3個鄉、鎮、市、區設置單一或跨鄉鎮市區之「區域性家庭福利服務中心」。會使用區域性家庭福利服務中心，其實是兒童局簡化了原先的構想。家庭福利服務中心很容易被誤解為另一個新設的人口群福利服務中心，與兒童福利服務中心、少年福利服務中心、老人福利服務中心等無異，其實正好相反，是要建構一個整合各福利人口群的服務中心，避免福利服務陷入Gilbert（1972）所批判的社會服務輸送體系常見的四大弊病：支離破碎（Fragmentation）、不可及（Inaccessibility）、不連續（Discontinuity），及權責不明（Unaccountability）（林萬億，2010b）。

其人力的配置是以每一中心5至7名社會工作人員（含督導1名）為原則，以利分工與管理幅度。預定全國設136個中心，總計需求社會工作人力883人，其中地方政府自籌459人，中央補助424人。中央並補助中心修繕費每平方公尺4,500元，每一中心以250平方公尺為限，申請獲准一次補

足。業務費每中心補助50萬元爲上限，地方政府負擔20%。總經費2008年度預估3億0,857萬9,000元（116個中心），2009年度全面開辦，預估須經費3億4,615萬2,000元。2010年以後減列資本門，須3億3,323萬元。

　　當時林萬億政務委員並與人事行政局、行政院主計處協調，於「以家庭爲中心、社區爲基礎的社會福利服務中心」建制時，所須社會工作人力宜與過去約聘僱之所有公部門社會工作人員逐步一併納入編制，不宜再用臨時約聘僱人力來因應風險社會層出不窮的社會問題，亦獲得肯定答覆。對政府來說，只要聘用合格人力，完成指派任務，本來就應該提供穩定的工作環境，而不是以暫時人力來處理長期的社會需求。

　　該計畫一拖再拖，一方面是內政部兒童局工作人員對這些觀念不熟悉，二方面又爲了配合內政部社會司於2008年3月27日函報「充實地方政府社工人力配置及進用6年中程計畫」（草案）進度修正。地方政府自籌459人由現有各社會福利服務中心等或其他現有人力勻應，中央補助424人由內政部統籌申請公益彩券回饋金補助。事實上，於2007年底，林萬億已商請財政部同意使用公益彩券回饋金2億作爲補助地方政府社工人力的基金（林萬億，2010a）。

　　內政部依行政院婦女權益促進委員會第28次委員會議決議，復於2008年4月29日邀集相關單位就地方政府落實該計畫（草案）遭遇之困難開會研議，多數地方政府均反映財政困難，建請中央專案補助人事費，或於法定員額總數上限外核給所須增加進用之社工員額，所須人事費並納入地方政府財政基本支出。

　　上述「充實地方政府社工人力配置及進用6年中程計畫」（草案）主要內容係推估臺灣公部門應配置3,539名社會工作人力，其中約三分之二（2,351人）應以社會工作師或社會工作員職稱配置進用。然現有編制員額僅爲324名，尚須處理人力2,027人。其餘三分之一（1,188人）以委託民間辦理爲原則。這不足之2,027人中，現有約聘僱社工人力計1,199人，其中600人爲專案核定補助以約聘僱方式進用人員，爲保障其工作權益，借重其工作實務經驗，宜以逐年比例減列方式，配合納編。其餘1,427人（含599位非專案之約聘僱社工與須新增之828人）請縣市政府於6年內逐年調整納入編制（鄭麗珍，2008）。

上開2008年3月27日函報行政院核定之「充實地方政府社工人力配置及進用6年中程計畫」（草案），經行政院秘書長2008年6月6日函復意見略以：「各地方政府社工人力在6年內逐年納編進用定額之社工人力乙節，涉及有關尊重地方自治及中央行政機關組織基準法第5條第3項，有關作用法不得規定機關組織之精神，由地方政府本自治精神依業務需要而調整人力配置，並重新考量相關機制與誘因之規劃設計。檢討逐步整併過渡時期補助地方增聘社工人力各項措施；又基於貫徹員額精簡政策，應避免誤導可隨時檢討調整提高員額總數。」

為解決上述疑義，前內政部簽奉於2008年8月8日成立專案小組推動社工人力事宜，小組成員13人，由林中森兼任召集人，其餘成員包括社會司司長、行政院人事行政局、主計處、研考會、地方政府代表1人、民間團體代表2人及學者專家代表5人。

之後，「充實地方政府社工人力配置及進用6年中程計畫」（草案）依行政院秘書長2008年6月6日函復意見、2008年9月9日、9月26日、12月24日三次專案小組會議決議，以及2008年11月19日邀請各縣市首長協商會議之決議，修正計畫（草案），重點如下：

1. 實施做法：請直轄市、縣（市）政府以內政部委託研究之社工人力配置基準，通盤檢討現有人力運用情形，在編制員額總數範圍內充實社工人力配置，其確有困難須檢討其員額總數時，再就個案需要情形敘明理由函報內政部，洽商行政院人事行政局研處。

2. 經費來源及需求：納編後人事費納入地方政府財政基本支出編列，並由中央就各縣（市）（不含北、高兩市及臺北縣）基本財政收支差短予以設算補助。

3. 預期效益：於本計畫所規劃2010至2015年6年內，完成納編1,427名社工人力之目標，充實所須社工人力配置，以強化社會工作服務效能。

4. 附則：內政部辦理「補助各直轄市、縣（市）政府增聘兒童及少年保護社會工作人力實施計畫」及「補助各直轄市、縣（市）政府增聘家庭暴力及性侵害防治工作人力計畫」等過渡性人力措施，應配合本計畫實施期程檢討逐年按比例減列補助員額，予以

結案。

至此，顯見內政部對充實基層社會工作人力仍鍥而不捨。該草案經提報2009年1月16日行政院社會福利推動委員會第14次委員會第3次會前協商會議決議如下：

1. 有關地方政府納編社工人力之因應作為請先邀主計處、研考會、人事局等機關就中央對直轄市及縣（市）政府補助辦法進行檢討。

2. 本計畫核定前，有關內政部原補助地方政府兒少保護、家庭暴力及性侵害防治及弱勢家庭等約聘人力，請檢討並續補助地方政府。

3. 請內政部就當前各地方政府社工人力不足之現況說明、問題檢討及因應對策等，提出完整報告，列入第14次委員會議議程。

遂經2009年5月26日行政院社會福利推動委員會第14次委員會決議，請內政部儘速將「充實地方政府社工人力配置及進用4年中程計畫」報院，並請薛承泰政務委員負責審查。顯示，內政部已經將前述6年計畫修正為4年中程計畫。

薛承泰政務委員如何看待此案，無從查知。但從薛承泰、鍾佩珍、張庭譽（2009）所發表的文章，質疑「充實地方政府社工人力配置及進用6年中程計畫」所根據的鄭麗珍（2008）研究案的人力推估的公式之恰當性與資料加權的合宜性，並從日本經驗暗示臺灣在2017年時，社會工作人力仍是相對充足的。一葉知秋，即可推斷此案通過的可能性不高。懸宕多時的我國社會工作人力充實計畫，凶多吉少。

倘若上述人力充實案不通過，「建構家庭福利服務系統實施計畫」（草案）就很難照原計畫推動。這就是為何從原預定2008年6月實施，一直拖到2009年始以小規模實驗推動的部分原因。

以家庭為中心、社區為基礎的社會福利服務中心計畫不是要在現有的兒童、少年、老人、身心障礙、婦女、新住民、原住民等各種單一功能服務中心之外，另設立一個家庭福利服務中心；也不是要把現有區域社會福利服務中心，改為家庭福利服務中心。而是要讓沒有設置區域社會福利服務中心的縣市，或設置不足的縣市，建構完善的區域社會福利服務輸送體

系；讓有設置區域社會福利服務中心，也有各種福利人口群的服務中心的縣市，重新調整組織間的服務協力，建立單一窗口。其工作取向是以家庭為中心，其資源運用與方案推動是以社區為基礎，建構一個「以家庭為中心、社區為基礎」的社會福利服務網。內政部的計畫（草案）很容易被誤解是新設一個家庭福利服務中心罷了。其實，要建置的是社會福利服務中心，而不是家庭福利服務中心。

計畫原來目標設定是：

1. 建置縣市區域社會福利服務體系，提供單一窗口連續服務（One Stop），給與有多元福利需求之民眾，以家庭為中心的整合性社會福利服務。

2. 建構地方政府完整之區域性社會福利服務輸送網絡，透過區域資源共享，提供民眾多元性、立即性及整合性的福利服務。

3. 透過支持性、補充性服務，增強家庭因應危機的能力，避免家庭成員遭受傷害與降低家庭悲劇的發生。

4. 提供替代性、保護性服務，協助失功能家庭照顧與保護其有需求的成員。

其推動策略應有以下步驟：

（一）整合服務組織

1. 成立或重整區域性（以家庭為中心的）社會福利服務中心。

2. 建制單一服務窗口作為具多元社會福利需求之民眾使用社會福利服務的入口。

3. 結合既有各福利人口群服務中心、機構，建構單一或準單一區域性（以家庭為中心的）社會福利服務中心。

4. 進行服務整合與分工，例如，與家庭暴力暨性侵害防治中心、單親服務中心、外籍配偶家庭服務中心、家庭支持中心等的分工。

5. 開發新的社會福利方案，以滿足家庭成員多元福利需求。

6. 開發新的社會福利機構，以滿足從家庭、社區到機構式照顧所須連續性服務。

由於各縣市現有的社會福利服務中心參差不齊，有些縣市已經有完整的區域社會福利服務中心，如臺北市；有些縣市有局部性的區域社會福

利服務中心，如高雄市、高雄縣、臺北縣、桃園縣；有些縣市只有區域社會福利服務中心的雛形，而大部分縣市則沒有。因此，有現成的區域性社會福利服務中心的縣市，要整合區域內的各種福利服務中心，組成一個以家庭爲中心、社區爲基礎的區域社會福利服務網。如果沒有足夠的區域社會福利服務中心，就必須加緊腳步設置。沒有區域社會福利服務中心的縣市，必須將該縣市依人口、文化、歷史、社會、政治、產業等條件劃分爲若干區設置。

這些中心必須有單一窗口的功能，而要做到單一窗口，就必須能提供多元的福利服務。首先要做的是整合社會局（處）所管轄的各種服務中心，例如，家庭暴力暨性侵害防治中心、單親家庭服務中心、新移民服務中心，進一步整合就業、健康、教育、少數民族、民政、法律等服務。

並不是要將各種中心整併，定時、定點派人到區域社會福利服務中心提供接案與協力服務，或是利用電腦網路進行虛擬服務整合均可，可視客觀條件而定。其間，各服務中心的功能勢必須調整。每個中心都必須有以家庭爲中心、社區爲基礎的服務理念，才能協力完成單一窗口服務分派後續的個案服務。

以各縣市現有房舍，大致上可以建制下列三種服務整合模式：

1. 實體整合模式

提供辦公空間讓其他相關服務單位人力進駐中心，就近提供區域福利服務中心服務對象所須的服務，例如，單親家庭服務社工員、新移民家庭服務員、就業服務員、兒保社工、法律諮詢律師等。這是前述同在一個屋簷下的綜合服務中心概念。此整合模式適合於都會型區域或有足夠辦公空間的中心辦理，例如，新北市政府社會局三重區社福中心所在的三重社福大樓、七星區社會福利服務中心所在的汐止區行政大樓等。在此模式下，區域社會福利服務中心透過與大樓各相關單位間的協調，設計一條龍的連續服務流程，建立彼此的合作與服務機制。如遇民眾需要其他單位的服務，可立即協調與轉介大樓內部的其他服務單位，讓民眾清楚知道後續會提供其所需服務的單位爲何；而區域社會福利服務中心後續亦需追蹤每個單位提供服務的情況，確定民眾需求皆能獲得適切的滿足。

2. 準實體整合模式

因受限於辦公空間，無法讓相關單位以合署辦公的方式在同一辦公地點（空間）提供服務，可採用釋出部分辦公空間給提供立即性服務的資源單位輪流使用的駐點方式（例如，週一、週三規劃給衛生局提供心理師駐點服務，週二、週四上午規劃給勞工局提供就業服務，下午給法律扶助基金會提供法律諮詢服務等），目的在於提高現有辦公空間的使用頻率；並透過訂定明確的服務流程及定期召開工作協力會議，達到資源的有效使用與服務的協力，滿足民眾的多元需求。目前新北市七星區社會福利服務中心亦同時採用此種方式提供服務，除汐止區行政大樓內的各單位提供的服務，中心另亦以提供部分辦公空間，讓法律扶助基金會、衛生局心理師、家扶中心等單位提供前述的定點、定時的駐點服務，讓中心所服務的民眾可以於該固定時間，就近於中心獲得相關服務。

3. 虛擬整合模式

受限於空間不足，必須放棄「單一空間，合署辦公」的概念，透過虛擬的資訊平臺（例如，透過網路、電話聯繫等方式），將現有區域內各類功能中心及服務方案（據點）整合入區域社會福利服務系統的資源網絡。區域社會福利服務中心作為資源管理與服務供給的核心，提供單一窗口的福利服務，將各種社會福利服務設施（例如，公、私部門的社會福利機構或單位）、服務方案或資源整合，透過資源的盤點與拜訪聯繫，確立清楚的服務流程，建立完善的資訊系統，便利資源間的服務轉介與使用，確保民眾需求皆有相關資源的協助。

其實，依目前的條件很難立即在各縣市成立普及的綜合社會福利服務中心，故虛擬整合有其必要。即使未來架構完整的區域社會福利服務中心，部分業務還是要靠虛擬整合，例如，財稅資料、戶籍資料、健康保險申請等。

（二）配置專業人力

1. 以5至7人為最適規模，並置督導1人作為中心主任。
2. 結合各機構、團體派駐區域性（以家庭為基礎的）社會福利服務中心之人力，組成服務團隊。

基層社會工作人力不足已如前述，若未系統化地規劃人力增補，只會

繼續深化今日的家庭暴力暨性侵害防治中心獨大、各科室借將的情形，無助於社會福利服務輸送體系的建立。

（三）提供多元服務

1. 建立區域社會福利服務網

開發及連結轄區內之公、私部門資源（例如，鄉鎮市公所、村里辦公室、學校、心理衛生中心、就業服務中心、早期療育中心、長期照顧管理中心、各類型社會福利機構、民間公益團體等），定期辦理相關聯繫會議，建立資源共享與合作機制，提供社會福利服務。

需求評估是第一道功夫，其實，現有統計資料已可作為需求評估的大部分依據，只要有系統地分析即可，不一定要再進行社區需求調查。資源盤點是第二道功夫，以系統化、組織化的方式臚列轄區中公、私部門的各項資源，並從人力、物力、財力等面向彙整資源的數量及其可提供的服務量，進一步分析資源可以協助的福利人口群、資源所在位置（即福利資源地圖）、民眾可以使用的資源有哪些，透過資源的再分析，可更有效的使用及活絡資源，亦可瞭解資源的匱乏與否，以及分布密度，如資源配置扭曲、資源短缺、資源配置不均情形。

此外，各類資源所提供的方案內容，以及未來需要開發哪些方案，都是資源盤點後的工作重點。資源盤點除了中心現有使用或知悉的資源外，另外也要透過資源拜訪來盤點轄區中更多的其他資源。拜訪資源的目的是為讓轄區中的各項資源成為中心服務網絡的成員，重點包括：(1)讓資源瞭解中心要建構以家庭為中心、社區為基礎的服務網絡之概念，(2)藉由拜訪順便盤點資源，(3)建立資源間轉介的程序與原則共識，(4)建立協力關係，(5)協助資源網絡化（Net-Working）。資源盤點包含了福利與非福利的資源，只要是能提供民眾協助的資源都是資源盤點要納入的，如廟宇、教會、學校、社團所提供的非正式與正式資源。

2. 提供整合性服務

針對家庭中的兒童、少年、老人、身心障礙及成人等成員之社會福利需求（例如，經濟、失業、照顧、安置、輔導、身心適應困難等問題），進行個人與家庭評估，提供諮詢、生活扶助、照顧服務、諮商輔導、安置等服務。不論任何案例都應該採取以家庭為中心的評估，避免將家庭成員

切割成片段。

3. 宣導社會福利理念與資訊

透過各種集會、活動，進行社會福利資源宣導，增強民眾及鄰里社區瞭解社會福利資訊及申請流程、熟悉問題求助及各項通報服務管道，以落實各項保護性工作之預防宣導與通報，發掘有福利需求卻隱藏未現的家庭。

4. 進行轉介服務

針對需協助復原的危機家庭及其成員或各類型保護性個案，轉介至相關專門服務單位，提供社會功能重建、心理諮商、家庭重建、就業、醫療、長期照顧等後續服務。亦即，以家庭為中心、社區為基礎的區域社會福利服務中心並不是家庭需求的萬靈丹，而是透過服務輸送區域化、單一窗口，促成服務整合。若有後續需求的個案，仍然要轉介給相關機構進行後續服務，例如，家庭重建、寄養、收養、經濟補助、就業訓練、職業重建、精神醫療、煙毒戒治等。

（四）加強人員訓練與充實設施設備

1. 加強專業知能

為因應單一窗口、連續服務做法，社會工作者必須加強社區資源發展、整合與連結、充權、家庭評估與介入、多元文化、轉介等知能。目前各縣市政府的社會工作員甚少有以家庭為中心、社區為基礎的訓練。知能訓練是當務之急，否則只會落得硬體更新、人員調動、心態不改，白忙一場。

2. 充實軟硬體設備

為配合多單位共用辦公室所需硬體設備，如辦公桌、電腦、隔間、管線等，以及軟體設備，如資訊管理、資源管理、視訊會議等之配備需齊全。

原計畫編列資本門補助，即在處理新設辦公室或辦公室改裝所需的經費。

（五）跨科室及跨局處服務方案整合與建構

1. 跨科室整合：整合兒童、少年、身心障礙、老人、婦女、社會救助、社區發展等相關科室服務方案與法規。

2. **跨局處整合**：整合教育、衛生、勞工、原住民、民政及社政等各局處，發展多元的服務方案。

3. **跨部門整合**：整合公私部門社會資源，提供完整服務。

整合的工作可分為三個層次：

1. **層次一：內部服務整合**

將近鄰性、親近性單位列為第一圈。第一圈以公部門與委外的單位為主，在社會局即為跨科室整合；在政府的角度即為跨局處整合，整合勞工、教育、衛生、原住民、民政等單位；在區域社福中心則是先以中心所在的大樓或周邊的資源開始整合。

2. **層次二：區域服務整合，或跨部門整合**

整合公部門、私部門資源，構成第二圈的民間資源或非正式資源為主的資源網。

3. **層次三：區域網絡的建構**

建構一個以區域社會福利服務中心為核心的區域服務資源網，如此，才能吻合以社區為基礎的概念，就近利用資源，在地服務，社區化服務。

（六）發展支持家庭的各種社區為基礎的方案

如前所述，經由資源盤點、需求評估之後，各區域社會福利服務中心應將資源需求清單，回饋給社會局（處）透過跨科室整合，進行方案開發與機構設置，如文獻中所提及的各種新創服務方案。同時，社會局（處）各科室不宜再廣設以特定人口群為對象的服務中心，宜改以開發各種家庭服務方案為主。

偶然地，發生於2010年4月的曹小妹事件，因其母親無法讓其認祖歸宗，遂有同歸於盡的打算。4月初，設籍臺中市的國小六年級曹姓女童，在南投縣就學，平時與母親同住臺中縣太平市。曹姓女童4月初向學校透露母親打算帶她燒炭自殺，此後，母親即到學校強行帶走女童，後來曹姓母女被發現燒炭自殺，死亡多日。監察院調查發現，南投縣政府社會處未察覺危急性，延誤通報警政單位的時機，不熟悉相關法令，也沒追蹤後續處理進度，以致錯失應變契機；臺中縣政府社會處多日聯繫不上曹母，也沒有警覺母女有可能自殺，顯示社工員危機判斷失誤、專業不足，錯失救援契機，而糾正南投縣、臺中縣、臺中市政府與內政部。該案是繼2002年

臺北縣嚴姓女童案、2005年臺北市邱小妹案之後，讓家庭暴力暨性侵害防治中心成為被社會大肆批評的案例。

因為輿論壓力排山倒海而來，行政院遂於2010年9月14日核定內政部「充實地方政府社工人力配置及進用計畫」。該計畫定於2011年至2016年增加社工人力1,462人，請地方政府於2011年增加進用366名約聘社工員，2012年至2016年進用1,096名正式編制社工員，2017年至2025年以約聘社工員出缺即進用正式人員納編394名社工人力。未來地方政府社工人數將達3,052人，其中1,828人為正式編制人員，另1,224人為約聘人員。

第三節　外籍配偶的家庭福利服務

臺灣本是一個移民社會，但卻一直沒有明確的移民政策，當然就沒有完整的移民法。好在1949年到1990年間並沒有多少新移民進入臺灣，只是零星的婚姻移民而已。直到1987年11月2日我國宣布開放人民赴中國大陸探親，以及隔年7月中國政府鼓勵臺灣企業投資中國大陸以來，中國大陸人民移居臺灣的現象才成為新的課題。又因著1990年代初的南向政策，大量臺商前往東南亞投資，而出現東南亞諸國籍女子經由婚姻仲介大量移入臺灣。遺憾的是，十餘年來我國幾無管制的移民現象，衍生的政治、經濟、社會問題，只被放在公共議題的邊陲來處理。直到1999年立法院才通過「入出國及移民法」。而管理中國大陸移民的法律主要又依「臺灣地區與大陸地區人民關係條例」，這些法律並非立基於合時宜的移民政策所制訂，導致管理入出境的程序問題多於深究移民對國家社會的影響。至於如何提供外籍配偶家庭的服務，也是最近幾年才被注意。

行政院鑑於移民問題的複雜化與嚴重性，遂於2003年要求內政部草擬「外籍與大陸配偶照顧輔導措施」，以及「中華民國移民政策綱領」，並積極修正「入出國及移民法」，同時進行「外籍與大陸配偶生活狀況調查」，希望藉此解決我國的移民所衍生的問題。

從1987年到2011年間，我國的外籍配偶（含中國、港、澳）已高達459,390人，其中來自中國（含港、澳）的有308,535人，約占總數的三

分之二，女性占93.55%；來自東南亞與其他國家的有150,855人，女性占91.44%。1993年我國只引進4,162位中國籍新娘，1995年也不過是成長到7,926人，但是到了1998年已高達15,041人（林萬億、王永慈、周玟琪，2003）。其中以2000年至2005年間，我國人民與外籍人士結婚的比率高達五分之一以上。尤其是2003年，我國的跨國結婚率高達31.86%最高。當年有31,784位中國（含港、澳）女子嫁給臺灣男人，也有16,849位東南亞或其他外國籍女子嫁給臺灣男人。2004年以後，中國籍女子與臺灣男子結婚的人數明顯下滑，且一路下滑到2008年的14.3%。之後，2009年才又上升到18.71%。接著又下滑到2011年的13.01%。如果以目前每年2萬人左右引進，5年後外籍配偶人數會與臺灣原住民人口數約略相等，之後，外籍配偶人數就會超過原住民人口數。

表8-1數據顯示，中國（含港、澳）女子嫁入臺灣的結婚人數，從2003年的34,991人，明顯下滑到2004年的10,972人，差距高達24,019人。其原因不外乎與2003年4月起，境管局針對部分可疑的中國大陸配偶，先行核發停留1個月效期之旅行證，較往常核發探親3個月或團聚6個月之停留效期爲短；同時以書函通知在臺配偶，於入境後停留效期屆滿前5日，偕同中國大陸籍配偶至境管局接受面談；另函轄區警察局，請勤區派出所於面談對象入境後，加強查察，並將查察情形於面談前函覆，以作爲面談之資料；並於2003年9月1日起，全面實施中國大陸配偶面談制度有關。面談政策實施後，中國大陸配偶人數跟著急速下降（林萬億，2008）。

從上述的資料顯示，實施中國大陸配偶面談後，2004年我國人民與中國大陸人民結婚對數下降約三分之二。其中有部分是因不想被質疑假結婚而延緩結婚時機者，但有部分的確是擔心假結婚會被查出而遭遣返者。另依境管局資料顯示，2004年中國大陸人士核准來臺探親與團聚人數比前一年減少27,771人。亦即，中國大陸配偶結婚後申請來臺探親與團聚（2004年3月1日起，將中國大陸配偶結婚後申請來臺探親改爲團聚）的人數大幅下滑，這也表示中國女子可能經由假結婚管道進入臺灣從事非法打工或色情行業者大幅減少（林萬億，2008）。

以假結婚名義合法引進外籍女子來臺賣淫的對象除了中國籍女子之外，「人蛇集團」也將魔爪伸進東南亞國籍外配。尤其是從2003年秋，我

國對中國籍女子以結婚名義申請來臺的程序管制加嚴之後，東南亞國籍女子以假結婚名義來臺賣淫或打工的人數增加。從表8-1的資料也可以看到2004年東南亞國籍新娘來臺人數上升，而中國籍新娘人數則明顯下降。從警方查緝到的外國人在臺從事色情行業人數中，即可發現端倪。由於中國與東南亞國籍，特別是越南籍婦女以結婚名義來臺而被販賣為妓的現象逐漸顯著，已引起國際的關切，美國國務院2005年的人口販運問題報告已針對此提出警告（林萬億，2008）。

此外，嫁給榮民的中國大陸配偶有19,491人，約占全部中國大陸配偶的十五分之一，這些人之中有15,856人是嫁給老人，這些老榮民在2005年時平均年齡已74.6歲，已過預期壽命，再加上如前所述，娶中國大陸配偶的老榮民為的是得到一個家庭照顧者或是找個伴侶，而這些中國大陸配偶只要當幾年的家庭照顧者或性伴侶，就可繼承遺產，這其間所引發的糾紛與其他外籍配偶不盡相同。

至於外籍配偶所生育的子女數，分別占當年嬰兒出生數的5.12%（1998）、6.05%（1999）、7.61%（2000）、10.66%（2001）、12.46%（2002）、13.37%（2003）、13.25%（2004）、12.88%（2005）、11.69%（2006）、10.23%（2007）、9.60%（2008）、8.68%（2009）、8.70%（2010）、7.83%（2011），隨著跨國結婚率升降而升降。但是可以看出，跨國結婚率高於外籍配偶生的子女比率，顯然，藉引進外籍配偶來提高生育率的期待落空。

外籍配偶人數逐漸下滑的原因有以下幾點：首先，跨國婚姻市場需求減少。如夏曉鵑（2002）的研究發現，在臺灣工業化階段的1960至80年代，被經濟市場與婚姻市場雙重邊緣化的臺灣社會經濟底層男子，在1980年代末兩岸經濟與社會交流，以及1990年代初南向政策之後，大量引進外籍配偶，已填補了婚姻市場的空缺。這群在1990年代娶東南亞國籍外籍配偶的臺灣男子，有相當高的比率是年紀在31至40歲，有的甚至更高。此外，娶中國籍配偶的老兵們的婚姻與老人照顧需求也已飽和。老兵在1990年代大多已經60至70歲，大部分已娶得中國籍配偶，完成其「成家」的人生發展任務，之後逐漸凋零。

其次，真相逐漸揭露。中國、越南、印尼等地的外籍配偶潛在人口群

逐漸瞭解嫁到臺灣來並非想像中的進入天堂。如前所述，有需求娶外籍配偶的臺灣男子有較高比率是年齡偏高、經濟地位低下、身心障礙、人品不佳者，家庭暴力層出不窮、經濟不安全。這些資訊的流傳，自然讓有意嫁入臺灣國門的女子裹足不前。

第三，國境管制日趨嚴格。從2004年起，臺灣不只針對中國籍配偶，也包括對東南亞籍配偶的境外面談，加強對假結婚的嚇阻；同時，對人口販運的嚴密查緝，使得利用假結婚管道準備進入臺灣非法打工的外籍女子管道被堵塞，間接影響到跨國婚姻市場的發展。

最後，觀念改變。臺灣外籍配偶引進的高峰期已過，而高峰期的2003年前後，其實是許多假結婚案例所堆積出來的。在外籍配偶婚姻市場逐漸活絡時期，的確出現不少相見恨晚、佳偶天成的現象，不但滿足國人傳宗接代的文化規範，也協助家庭承擔照顧老人與身心障礙者的責任。亦即，外籍配偶除了滿足合法婚姻下的生理、心理與社會需求外，也是生育的工具，更是家庭長期照顧的廉價勞力。這種經驗，隨著外籍配偶人口增多，其對臺灣社會的熟悉，再加上人權團體的倡導，外籍配偶已不再完全屬於權力與資源的缺損者；臺灣夫家也覺察到家庭暴力通報量的增加、外籍配偶權益的促進，而不能為所欲為，使夫家原先的期待逐漸落空；社會對於買賣婚姻所造成的權力不對等、歧視與衍生的家庭問題現象也逐漸改變觀念，不再縱容與鼓勵以跨國婚姻解決個人生命、家庭責任與社會照顧不足的問題。於是，揪團前往越南、中國相親的臺灣男子不再如過江之鯽。

依內政部（2003）調查指出，不論是東南亞國籍配偶或是中國配偶，大多透過婚姻介紹所、婚友社等仲介而促成，先經由相片簿、網路、電視或錄影帶挑選對象，再經過短暫的相親之旅，就決定終身大事。這種郵購新娘，本質上是將婚姻商品化，媒介者極力促銷，從中獲取媒介費用，導致交往時間短暫，甚至沒有交往時間，因此難免認識不清；再者，雖然中國配偶語言相近，但是由於年齡差距大，文化與價值觀均不同，造成溝通困難，致使家庭暴力頻傳。尤其受暴外籍配偶缺乏社會支持體系、不熟悉我國法令，又擔心居留身分和子女監護權問題，只能忍氣吞聲，處境往往比本國婦女艱難。

雖然中國籍配偶與國人語言相近，但是由於年齡差距大，文化與價

值觀均不同，造成溝通困難，致使離婚率偏高與家庭暴力頻傳。以2011年為例，臺灣有將459,390名外籍（含中國大陸）配偶，全年有14,154對離婚，代表平均每千名外籍配偶有30.81名離婚，為同期臺灣有偶人口離婚率12‰的2.57倍。其中，中國大陸籍（含港、澳）8,740對，占61.74%；東南亞籍與其他外國籍5,414對，占38.25%。中國籍配偶與東南亞及其他國家籍配偶的高離婚率幾乎沒有差異。高離婚率讓家庭與子女處在極不穩定的環境中。以2010年家庭暴力事件通報數來看，通報總數98,720件，其中中國籍（不含港、澳）通報數4,023件，占4.08%；東南亞與其他國籍通報數4,449件，占4.5%。外籍配偶人數僅占臺灣總人口的1.98%，但是，家暴通報數比率卻高達9.6%，可見不成比例的高。尤其，東南亞與其他國籍者更高。

有鑑於此，內政部於1999年訂頒「外籍配偶生活適應輔導實施計畫」，社會司以補助方式結合民間團體辦理「外籍配偶生活適應輔導班」相關計畫，協助外籍配偶適應本地生活、語言及文化環境，並專案補助民間團體編印「臺灣外籍配偶及大陸配偶社會福利資源手冊」，提供中、英、越等多國文字資訊，以協助外籍配偶瞭解自身權益，更適應臺灣的生活環境。

另分別自2003年、2004年起，於內政部推展社會福利服務補助項目中增列「外籍與大陸配偶支持性服務措施」及「外籍配偶整合型服務試辦計畫」，補助民間團體辦理促進外籍、大陸配偶服務之支持團體、互助支援網絡與保障權益，以及外籍配偶個案管理、生活輔導、親子教育、人身安全、就業輔導等具整體性、持續性之輔導與服務等活動，以加強對外籍與大陸配偶之服務。

依據2003年通過的「外籍與大陸配偶照顧輔導措施」規定，針對外籍配偶的照顧輔導措施包括：

1. **生活適應輔導**：包括辦理生活適應輔導班、提供資訊多國語言服務、建構諮詢服務窗口、研議相關福利急救助服務。
2. **醫療優生保健**：輔導加入全民健康保險、辦理家庭計畫、實施入境健康檢查、逐一建卡照護、辦理生育、身心障礙、衛生健康、心理輔導等研究調查。

3. **保障就業**：提供就業諮詢與職業訓練、規劃受暴婦女給與免費接受職業訓練或推介就業、放寬申請工作許可規定。
4. **教育文化**：辦理成人基本教育研習班、辦理家庭教育活動、鼓勵進入國中小及進修學校就讀、輔導外籍配偶子女學習生活，並納入教育優先區計畫。
5. **人身安全**：整合人身安全相關服務資源網絡、落實救援及保護服務措施、提供多國語言翻譯服務、落實家庭暴力通報制度。
6. **法令制度**：檢討修正相關法令、加強申請審查機制、推動面談及家戶訪查機制、加強婚姻媒合管理。

以上總計39項具體措施，明訂內政部、教育部、衛生署、交通部、陸委會、勞委會及退輔會等相關機關為主辦機關，各主管機關自2004年起依實施期程，編列預算，限期完成。此外，2004年行政院游院長宣布寬列30億作為外籍配偶的服務專案基金，於2004年11月30日通過「外籍配偶照顧輔導基金收支保管及運用辦法」，舉凡辦理外籍配偶及其子女照顧輔導、入國前輔導、關懷訪視、醫療補助及社會救助、教育學習及托育服務、社團組織、志願服務、家庭服務、多元文化宣導與教育、法律服務等之公民營機構、團體，均可向該基金申請補助，由外籍配偶照顧輔導基金管理委員會審查通過後執行，從2005年起辦理。

另為強化現行外籍配偶照顧輔導措施，內政部指示外籍配偶照顧輔導措施由2007年成立的入出國及移民署主責。為協助中央與縣市政府各項資源與服務的整合，社會司並規劃將外籍家庭服務中心、設籍前外籍配偶遭逢特殊境遇相關福利與扶助、輔導外籍配偶籌設社團組織等列入基金用途事項；以外籍配偶家庭服務中心為基礎，連結建置各項社會福利資源網絡，提供整合性服務，以滿足外籍配偶在個人、家庭、社會、經濟等各方面之需求。另亦補助各地方政府辦理提供遭逢離婚、喪偶、家暴等特殊境遇之設籍前外籍配偶緊急生活扶助、子女生活津貼、托育津貼、傷病醫療、法律訴訟等費用之協助，以減少設籍前外籍配偶取得社會福利資源的障礙。

2006年起，各縣市都已設置外籍配偶家庭服務中心，除了少數公辦公營，例如，新竹市、金門縣、基隆市、新北市、臺南市等，其餘大部分委

託外包給民間團體承辦。其主要服務項目不外乎以下幾項：

1. 家庭關懷及訪視：透過中心的主動關懷與訪視，瞭解外籍配偶及其家庭之需求，以發掘潛在服務對象。
2. 個案管理服務：針對外籍配偶及其家庭個案需求擬訂個別服務計畫，包含訪視輔導、資源服務連結與轉介及個案資料的建置等。
3. 人身安全服務：提供婚姻暴力之外籍配偶後續追蹤輔導服務，保障人身安全。
4. 社會資源連結與轉介：對於就業、經濟、醫療、法律問題及心理調適等，提供諮詢與轉介。
5. 多元文化宣導：提升各機構團體、民間單位及社區居民對多元文化的認知與尊重。
6. 輔導成立外籍配偶社區關懷服務據點：輔導鄉鎮市設立外籍配偶社區關懷服務據點，提供外籍配偶休閒聯誼、團體活動、諮詢及個案發掘轉介服務。

表8-1　臺灣的跨國婚姻概況

年別	我國總結婚登記對數	外籍配偶（包括東南亞地區與其他國家）			中國（含港、澳）配偶			跨國婚配率（%）
		合計（人）	新郎（人）	新娘（人）	合計（人）	新郎（人）	新娘（人）	
1990	142,943				4,162*			
1995	160,249				7,926			
1998	145,976	10,454 7.16%	1,798	8,656	12,451 8.53%	511	11,940	15.69
1999	173,209	14,674 8.47%	1,953	12,721	17,589 10.15%	844	16,745	18.63
2000	181,642	21,338 11.75%	2,276	19,062	23,628 13.01%	846	22,782	24.76
2001	170,515	19,405 11.38%	2,417	16,988	26,797 15.71%	983	25,814	27.10
2002	172,655	20,107 11.65%	2,768	17,339	28,906 16.74%	1,598	27,308	28.39
2003	171,483	19,643 11.45%	2,794	16,849	34,991 20.40%	3,207	31,784	31.86

年別	我國總結婚登記對數	外籍配偶（包括東南亞地區與其他國家）			中國（含港、澳）配偶			跨國婚配率（%）
		合計（人）	新郎（人）	新娘（人）	合計（人）	新郎（人）	新娘（人）	
2004	131,453	20,338 15.47%	2,771	17,567	10,972 8.34%	405	10,567	23.82
2005	141,140	13,808 9.78%	2,687	11,121	14,619 10.35%	452	14,167	20.14
2006	142,669	9,524 6.68%	2,708	6,816	14,406 10.10%	506	13,900	16.77
2007	135,041	9,554 7.07%	2,590	6,964	15,146 11.22%	551	14,595	18.29
2008	154,886	8,957 5.78%	2,895	6,062	12,772 8.25%	621	12,151	14.03
2009	117,099	8,620 7.36%	2,982	5,638	13,294 11.35%	691	12,603	18.71
2010	138,819	8,169 5.88%	2,985	5,184	13,332 9.60%	807	12,525	15.49
2011	165,327	8,053 4.87%	3,095	4,958	13,463 8.14%	995	12,468	13.01

資料來源：1.內政部統計處（統計月報、內政統計通報）
　　　　　2.內政部移民署業務統計
附註：*為1993年統計數據作者自行計算、整理

參考書目

呂秀蓮（1974a）。尋找另一扇窗：拓荒的話。臺北：書評書目。

呂秀蓮（1974b）。新女性主義。臺北：幼獅。

中華婦女反共抗俄聯合會（1950）。中華婦女反共抗俄聯合會成立紀念特刊。

李燕俐（2005）。國家對兒童態度的轉變：以臺灣兒童福利行政與法治發展為中心。國立臺灣大學法律學研究所碩士論文。

李健鴻（1996）。慈善與宰制：臺北縣社會福利事業史研究。臺北縣立文化中心出版。

杵淵義房（1940）。臺灣社會事業史。臺北市：德友會。

林萬億（1992）。臺北市單親家庭問題及其因應策略之研究。臺北市政府研考會委託研究。

林萬億（2002）。臺灣的家庭變遷與家庭政策。臺大社會工作學刊，6期，頁35-88。

林萬億（2005）。我國的人口販運與對策，專題報告論文發表於Vital Voices Global Partnership，勵馨基金會、臺灣民主基金、臺灣亞洲基金會合辦「東南亞人口販運防治策略國際研討會」，臺北集思國際會議中心。

林萬億（2008）。我國的人口販運問題與防制對策。警學叢刊，38：6，頁55-78。

林萬億（2010a）。建構以家庭為中心、社區為基礎的社會福利服務體系。社區發展季刊，129期，頁20-51。

林萬億（2010b）。社會福利。臺北：五南。

徐良熙、林忠正（1984）。家庭結構與社會變遷：中美單親家庭之比較。中國社會學刊，8，頁1-22。

許雅惠（2000）。家庭政策之兩難——從傳統意識型態出發。社會政策與社會工作學刊，4：1，頁237-288。

夏曉鵑（2002）。流離尋岸：資本國際化下的外籍新娘現象。臺北：臺灣社會研究叢刊09。

梁望惠（1992）。雛妓問題大小之推估。臺北市：財團法人臺北市勵馨社會福利基金會。

連橫（1920）。臺灣通史。臺灣通史社。

張清富（1995）。單親家庭現況及其因應對策。行政院研考會委託研究。

張靜倫（2000）。臺灣婦運議題與國家性別政策，編入蕭新煌、林國明主編《臺灣的

社會福利運動》，臺北：巨流，頁367-388。

謝秀芬（1989）。臺北市離婚喪偶婦女福利需求之研究。臺北市政府社會局委託研究。

黃淑玲（2000）。變調的"ngasal"：婚姻、家庭、性行業與四個泰雅族聚落婦女1960-1998。臺灣社會研究，第4期，頁97-144。

劉可屏（1987）。虐妻問題。輔仁學誌，19期，頁375-391。

劉毓秀（編）（1995）。台灣婦女處境白皮書：1995年。臺北：時報。

劉毓秀（編）（1997）。女性、國家、照顧工作。臺北：女書文化。

薛承泰、鍾佩珍、張庭譽（2009）。我國社工人力初探——以日本為例。社區發展季刊，127期，頁186-208。

鄭麗珍（2008）。臺灣社會工作專業人力推估。內政部社會司委託研究案。

臺灣省文獻委員會（1972）。臺灣省通志。

臺灣省文獻委員會（1992）。重修臺灣省通志。

Gilbert, N. (1972) Assessing Service-Delivery Methods: Some unsettled questions. *Welfare in Review*, 10: 3, 25-33.

Chapter 9

身心障礙者福利服務

第 九 章

前言

清治時期對於身心障礙者的救濟，屬普濟堂的工作。普濟堂的設置如前所述，本節不再贅述。日治時期，慈惠堂規則14條中，殘疾者列第二，可知身心障礙者的救濟收容屬慈惠堂的工作項目之一。日治時期最早有將殘障者列入戶口調查者，出現於1905年日本政府在臺灣舉行第一次臨時戶口調查，當時調查項目中的「不具」，包括盲、聾、啞、白癡、瘋癲等五項。不具的辨識除了靠外觀的損傷來判斷外，還可以間接方式查訪鄰里來確認。1925年以後的國勢調查，不具已不列入調查項目（邱大昕，2011）。「不具」（bùjù）是日語不完備、不全之意，就像布袋戲史豔文傳中的「秘雕」被說成為「五不全」，而有演變出「秘雕魚」來形容畸形發展的魚。近代臺灣最早的殘障養護機構應屬1929年成立於新莊的樂生院與1934年成立於八里的樂山園，兩者皆屬癩病養護機構。國民政府來臺之後，如本章第四節所述，接收並整頓慈惠堂，另設有救濟院以收容老弱貧病、精神疾病者。至1960年，臺灣總計有公私立社會救濟院所27。

 第一節　殘障福利法頒布施行以前（1980年以前）

在殘障福利法立法以前，我國身心障礙者的福利，幾乎是以機構收容養護爲主，教育與職訓爲輔，顯示當時國人對身心障礙者的看法是隔離主義，眼不見爲淨。而主要針對身心障礙者的收容養護機構，大多是西方基督教會來臺所創設。茲介紹如下。

壹、殘障養護機構

臺灣早期的殘障養護機構有以下19個單位：

一、臺北縣私立樂山療養院

原以收治麻瘋病患爲主，後改收智能不足兒童。1911年秋天，史稱「臺灣麻瘋病之父」的加拿大籍宣教師戴仁壽醫師（Dr. George Gushue-Taylor）遠從英國倫敦來臺宣教，偕同他的夫人抵達了臺南的新樓醫院[1]。行醫之餘，著手編寫了臺灣第一本內外科看護專書。戴醫師用臺語文寫成《內外科看護學》，同時著手訓練臺灣本地的醫療人員。他在臺南新樓醫院首次接觸到癩病的案例，並且對這種疾病給病人帶來的折磨十分震驚。1914年，戴醫師接掌新樓醫院院長。1918年任期屆滿，戴醫師與當時健康狀況不佳的夫人回到英國進修，並在1920年通過了皇家外科院士的考試。1923年，戴醫師應聘再次回到臺灣，接管停辦多年的臺北馬偕醫院[2]。馬偕醫院與稍後1896年創設的彰化基督教醫院[3]齊名。在來臺灣的路程中，他專程到印度拜訪著名的癩病專家Dr. Ernest Muir。1927年，獲得倫敦癩病協會的贊助，購得臺北雙連教會的舊教堂，開辦臺灣第一所的癩病診所。1928年春天，戴醫師在新莊找到理想的療養院院址。同年，日本政府核准戴醫師爲癩病病院展開募款。然而，1929年日本政府決定徵收此塊土地，並編列33萬日圓作爲預算建立「公立癩病醫院」，也就是今天的「樂生療養院」。戴醫師轉而到八里觀音山下另覓土地，興建「樂山園」，於1934年3月28日落成。1931年在興建期間也遭受居民的抗爭，幸賴日本政府的斡旋與戴醫師的奔走始平息。1955年獲准設私立救濟育幼設施，1971年成立低智能兒童收容所，1997年獲准興建成人重殘養護大樓，奠定今日之規模。

---

[1] 新樓醫院是1865年英籍宣教師馬雅各醫師（Dr. James L. Maxwell），遠度重洋來臺，在臺南府城設立的臺灣第一家西醫院。

[2] 馬偕醫院係由英裔加拿大人喬治‧萊斯里‧馬偕（George Leslie Mackay）於1880年設於滬尾（淡水），是北臺灣第一家西醫院。西方史學者以「寧願燒盡，不願朽壞」來讚賞馬偕的一生。

[3] 1896年蘇格蘭人蘭大衛醫師（Dr. David Landsborough）於彰化市創辦彰化基督教醫院。由於蘭大衛醫師醫術精良，當地人稱讚其與彰化市南瑤宮的媽祖齊名，而有「西門媽祖婆、南門蘭醫師」的美譽。

二、財團法人桃園縣私立八德仁愛之家

創立於1940年，原名「八塊庄興風會」習藝所，1940年12月增設貧民助產所，1947年改名為「新竹縣八德鄉惠仁院」，1950年在八德鄉衛生所附設施醫所，1952年增設縫紉班訓練所，7月改名為「八德鄉惠仁院」，同年奉令改名為「桃園縣私立八德救濟院」，1961年5月成立財團法人，1975年10月增設肢體殘障貧苦青少年教養所，1976年7月奉令改稱財團法人「桃園縣私立八德仁愛之家」，1985年6月遵照內政部財團法人監督準則改名為「臺灣省私立八德殘障教養院」，1986年8月成立茄苳溪分院，該年亦於本院附設日間托中心。

三、花蓮盲殘女子教養院

創立於1955年，由臺灣基督教女教士差會[4]所創，專收小兒麻痺及盲女童，給與教養及職業訓練。1968年改名為花蓮縣私立臺灣基督教女教士差會附設花蓮殘盲女子教養院。

四、臺中縣私立惠明育幼院

美國基督教兒童福利基金會所設專收學齡盲童，創立於1956年，院址設在臺北，1961年遷至臺中大雅，1968年改由西德惠明盲人福利會所接辦。收容6至20歲盲生，已發展成為一所特殊教育學校。

五、臺灣基督教女教士差會附設屏東殘盲女子教養院

成立於1960年，原專收殘盲女童為主，1968年後增收小兒麻痺女童，以養護為主，至15歲國中畢業後離院。

六、新竹基督教伯大尼之家

成立於1963年，收容小兒麻痺的兒童，進行物理治療，學童國小畢業後輔導其就業及安置就業。

4　華人稱在國內成立的基督教會的母教會為「差會」。

七、基督教復健兒童勝利之家

創立於1963年，收容小兒麻痺兒童，至高中職畢業爲止。

八、私立臺灣世界展望會伯大尼兒童之家

創立於1963年，專收小兒麻痺兒童教養，是兼具養護與教育功能的機構。

九、彰化私立基督教喜樂保育院

原爲二林基督教醫院附設之小兒麻痺保育院，1965年由美籍瑪喜樂女士創辦，1967年改名爲二林基督教保育院，1970年改爲現名。收容5至12歲小兒麻痺兒童，提供復健及教育。

十、天主教德蘭小兒麻痺服務中心

原爲教會幼稚園，於1968年改制爲殘障兒童服務中心。

十一、臺北縣私立真光教養院

創立於1970年，專收智能不足、肢體障礙，以及多重障礙的兒童。原先以收容從義光育幼院轉來之30餘名殘障兒童，提供養護、復健治療與職業訓練。

十二、宜蘭縣礁溪鄉文聲復健院

創立於1970年，由天主教遣使會所創，專收肢體障礙兒童，給與教養。

十三、私立臺東基督教阿色弗兒童之家

成立於1971年，以收容小兒麻痺兒童爲主。

十四、臺灣省雲林教養院

創立於1971年，原係私立低能兒童教養院，1978年由臺灣省政府接

辦，改名臺中育幼院草屯分院，1980年改制，成爲今名，兼具養護與教育功能。

十五、臺灣省私立景仁殘障兒童教養院

創立於1971年，受政府委託專收18歲以下智能中度及重度不足兒童與少年，爲一大型養護兼教育機構。

十六、私立屏東托兒所附設低能殘障兒童教養部

創立於1949年，至1975年增設殘障兒童教養部，收容6至18歲中度低能兒童。

十七、天主教私立救星教養院

成立於1975年，收容肢體殘障兒童。

十八、財團法人向上兒童福利基金會附屬臺中育幼院

設立於1953年，原僅收容3至6歲之孤兒，1978年增設未婚媽媽之家，以及幼兒啓智服務。

十九、臺灣省立臺南教養院

創立於1981年，係臺灣第一家專收18歲以上中度與重度智能不足者的公立機構，提供養護與教育。

從以上資料得知，臺灣的殘障養護機構到了1960年代才大量出現，主要收容對象以小兒麻痺兒童爲多，是因1960年代的小兒麻痺流行使然；且十之八九都是基督教或天主教會所設立，資金來源大多數是國外教會捐款贊助。政府在1980年才設立機構，可見早期政府對殘障福利的陌生。

貳、殘障職訓機構

一、臺灣私立臺灣盲人重建院

創立於1950年，係由美國海外盲人基金會經濟與技術協助而創，招收

16至38歲盲生，提供按摩、工商職業訓練。

二、宜蘭私立慕光盲人重建中心

由醫師陳五福創立於1959年，原名慕光盲人習藝所，1960年改名慕光盲人福利館，1974年改為現名，專收15歲以上盲人，施以職業訓練。

三、彰化縣私立博愛服務中心

創立於1971年，以協助14至45歲殘障者社會復健為目的，包括協助殘障者成家、輔導就業及創業等。

四、天主教宜蘭仁愛重建中心

成立於1973年，收容15至30歲肢體障礙女性，提供職業訓練、輔導就業。

五、工業職業訓練協會

原係聯合國協助成立之非營利財團法人機構，1975年起與中國青年反共救國團及全國職業訓練基金監理委員會合作，試辦殘障青年技能訓練，專收15至25歲以下肢障青年，免費提供半年之職訓並輔導就業。

六、臺灣私立啟智技藝訓練中心

創立於1961年，原為山地青年習藝所，1977年改名為啟智技藝訓練中心，專收可訓練性智能不足青少年。

七、財團法人東區職業訓練中心

創立於1965年，原係為提供山地少年職訓而設，1980年增設殘障青少年職業訓練。

八、臺灣省立仁愛習藝所

原係臺灣省立遊民習藝所，1981年改制為仁愛習藝中心，專收15至35歲肢障青年，提供職業訓練、職業諮詢、就業輔導。

九、財團法人天主教臺中教區附設立達啓能訓練中心

創立於1981年，招收15至20歲國小啓智班畢業及國中益智班畢業智障少年，提供一般生活教育及職業訓練。

殘障職業訓練機構出現較多的時間點約在1970年代，晚於機構收容，此不無受到臺灣經濟發展的影響，由一般青年的職業訓練，擴大到殘障者爲對象。同時這也是由民間團體先發起，政府是在1980年才介入殘障職業訓練。

參、啓智教育中心

一、臺南市私立天主教瑞復益智中心

創立於1974年，由美國天主教馬利諾會提供基金創設，專收1至16歲中重度及重度智能不足兒童及少年、多重障礙兒童，施以啓智教育。

二、天主教私立主愛啓智中心

創立於1976年，院址設於苗栗頭屋，專收6至12歲智能較低兒童。

三、財團法人基督教門諾會附設花蓮黎明啓智中心

創立於1977年，收容智能不足兒童。

四、私立五甲聖心啓智中心

創立於1977年，服務對象爲1至15歲智能不足、語言障礙之兒童。

五、中華民國紅十字會高雄分會附設高雄市私立紅十字會育幼中心

創立於1960年，原爲孤兒院，1977年增設特殊兒童部，專收自閉症兒童，以及智能不足兒童。

六、高雄市私立樂仁啓智中心

創立於1978年，係由天主教聖功修女會贊助，專收3至14歲中度智能

不足或腦損傷兒童，給與啓智訓練。

七、財團法人天主教澎湖教區設惠民啓智中心

創立於1980年，專收4至20歲中度及重度智能不足及行爲異常，特殊學習缺陷、腦麻痺及多重殘障者，施以日常生活、基礎教育訓練。

臺灣的殘障兒童啓智中心之設立，也晚於養護機構的設立，幾乎都是設立於1970年代，而且大多數是由基督教會、天主教會所創。這與國民教育延長爲9年，開始注意到殘障兒童的教育，而在國民小學設啓智班、國民中學設益智班有關。學校特殊教育資源仍然有限，期間亦短，無法滿足殘障兒童需求，故有賴於民間的資源投入。

肆、殘障教育

1841年4月，生於英國蘇格蘭格拉斯哥的甘爲霖（Dr. William Campbell MD），於1871年時應英國基督長老教會之聘，前來臺灣傳教。12月20日抵達打狗，先前往嘉義南方的白水溪（今白河）設立教堂，1875年1月28日發生「白水溪事件」，教堂遭人燒毀，後以臺南府城爲中心，拓展傳教工作。1891年返回英國向格拉斯哥的宣導會募得資金500英鎊，同年10月於臺南府城洪公祠開設盲人學校「訓瞽堂」，是臺灣盲人教育的先驅。訓瞽堂在清日甲午戰爭期間曾關閉過，日本治臺後，他數度建請日本政府成立官辦的盲校，1897年兒玉源太郎總督下令在臺南慈惠院創立官辦盲人學校（後改爲臺南州立盲啞學校，今臺南啟聰學校前身）。1894年擔任「長老教會中學」（今臺南市私立長榮高級中學）代理校長。1917年2月甘爲霖返回英國，1921年9月9日逝世於英國的波納毛茲（Bournemouth），享年80歲（夏文學，1994）。

伍、殘障福利團體

一、臺灣省聾啞福利協進會

創立於1953年3月，會址設在雲林斗六，全省各地設有分會。然自1970年代起，各地方分會紛紛獨立成爲縣市聾啞福利協進會，總會性質消

失。現址遷臺南市。目前全國性質的聾啞福利團體是1990年成立的中華民國聲暉聯合會。

二、臺灣省盲人福利協進會

創立於1953年12月，會址設在臺中市，全國各地均有分會，現稱臺灣盲人福利協進會全國總會。

在戒嚴時期，這些團體只能做到服務會員的宗旨，很難對殘障者的權益爭取有積極的貢獻。雖然這兩個團體也都曾對政府提出興革建議，例如，1956年6月2日，臺灣省聾啞福利協進會理事長李鑽銀函文建議政府及各縣市政府將社政經費撥一兩分舉辦聾啞福利事業案；1956年6月4日，臺灣省聾啞福利協進會理事長李鑽銀建議政府減免聾啞同胞各種賦稅案；1960年11月23日，臺灣省聾啞福利協進會理事長李鑽銀請願省議會轉請立法院迅予制訂國民體殘福利法案；1971年5月4日，臺灣省盲人福利協進會代表人張明樹請願為懇請修訂「臺灣省殘廢者乘搭車船優待辦法」案。但是，結果大都是轉呈或研議。少數例外，如「臺灣省殘廢者乘搭車船優待辦法」早在1957年1月就制訂，臺灣省政府於1976年8月修正「臺灣省殘廢者乘搭車船優待辦法」為「臺灣省殘障者乘搭車船優待辦法」，將殘廢者改為殘障者。這或許與張明樹的請願有關。

殘障團體參與權益倡導，與臺灣政治民主化和社會福利理念的進步有關。最早應屬1982年劉俠女士所創辦的伊甸殘障福利事業基金會（後改名為「伊甸社會福利事業基金會」）。劉俠女士（筆名杏林子）12歲時罹患罕見疾病類風濕性關節炎，因而輟學，靠自修完成許多著作，如《感謝玫瑰有刺》（九歌出版，1989年）。除了寫作之外，劉俠女士亦致力服務殘障人士。她早年曾到「內政部傷殘服務中心」、「臺北市南機場社區發展實驗中心」等，為和她同樣在身體上有殘缺的人做義工服務；後更於1982年成立伊甸殘障福利基金會，實踐其「福音」與「福利」並重的「雙福」理念。1989年又參與創立中華民國殘障聯盟，獲選為第一屆理事長。接著是1983年「中華民國啟智協會」的成立，這是第一個以聯繫各智能障礙相關機構為目的之組織，讓各地的相關資源能夠分享、整合，提供了一個交流的組織平臺，也促成智能障礙者權力運動的發展。例如，隔年5月，超

過500名的智能障礙或肢體障礙者的家長前往教育部要求儘速通過特殊教育法及其施行細則。後因特殊教育法施行細則的制訂觀念差異，引發1987年分裂出心路文教基金會，這是臺灣第一個由身心障礙者家長所發起的社會福利組織，於1998年更名爲「財團法人心路社會福利基金會」。這些團體才是促成了1990年代臺灣殘障福利運動的主角。

 ## 第二節　殘障福利法立法之後（1980年～2011年）

壹、殘障福利法制訂與修正

一、殘障福利立法

　　殘障福利法之所以會在1980年與社會救助法、老人福利法一起通過，無疑是與當時的政治、社會外部環境關係較大，而與殘障者的權益關係較小。在1980年的殘障福利法中明示殘障福利由消極的養護，轉變爲積極的扶助，並期待殘障人口能夠自立更生。當時將殘障者明訂爲七類：視覺、聽覺或平衡機能、聲音機能或語言機能、肢體、智能、多重殘障，以及其他經主管機關認定爲殘障者，並按程度劃分爲一、二、三級。殘障者由公立醫院及復健機構診斷後，發給證明，此爲鑑定程序。經鑑定後由政府發給殘障手冊，作爲福利身分的證明，並規定舉辦殘障者調查。其中也明訂鼓勵各級機關僱用殘障者達3%以上者，應予獎勵。各地應視需要設置各類殘障福利機構。政府得設立特殊學校、特殊班級，以容納不能就讀普通班、普通學校的殘障學童。從法條中可以發現，本法所規定的殘障福利事項，除了福利身分界定外，大多數已在1980年代以前就有了。質言之，當時的殘障福利法的宣示意義大於實質意義。

二、殘障福利法修正

　　即使有殘障福利法存在，殘障者的權益仍然沒有受到普遍的保障。首先，發生於1987年臺北捷運系統設計中並未有無障礙設計。中華民國傷殘

重建協會、伊甸殘障福利事業基金會等前往捷運局溝通，得到的答覆是：「不希望殘障朋友搭乘捷運，唯恐發生意外時，會造成其他乘客逃生的障礙……。」（謝東儒、張嘉玲、黃珉蓉，2005，頁300-309）面對如此荒謬的答覆，伊甸殘障福利事業基金會遂向當時的許水德市長陳情，是爲民間殘障福利團體針對殘障議題發聲的頭一遭。接著，針對當時的大專聯考一半以上的科系設限殘障者不得報考，伊甸殘障福利事業基金會與導航基金會、陽光基金會聯名向教育部反映，得到的答覆也是：「體諒殘友念那麼多書，如果還找不到工作，更增加他們的挫折感，不如一開始就設限，也免占名額。」（謝東儒、張嘉玲、黃珉蓉，2005，頁300-309）顯然，1980年殘障福利法制訂前的隔離主義並未因殘障福利法的出現而銷聲匿跡。

接著，1987年，發行了37年的「愛國獎券」，正好趕上臺灣股票市場飆漲，房市熱絡，熱錢滾滾，因而衍生出大家樂、六合彩等賭博，全臺陷入賭博的瘋狂之中，導致政府於1987年12月在民意壓力下斷然停售。當時靠賣愛國獎券維生的2萬多名殘障朋友頓時失去生計，因而在伊甸殘障福利事業基金會與當時臺北市政府社會局長白秀雄的協助下組成友愛殘障福利協進會，要求政府保障殘障朋友的生存權，政府於是對賣愛國獎券的殘障人士提出輔導就業與職訓計畫。但是，由於這些人學歷偏低，家計負擔壓力又大，實在緩不濟急，臺北市政府就在1990年9月發行「刮刮樂」愛心彩券，作爲因應之道。不料造成搶購風潮，各地方政府競相要求援例辦理，3個月後，當時的行政院長郝柏村下令臺北市停售愛心彩券，殘障朋友再度面臨失業。於是，40餘個殘障團體集結500餘人走上街頭，以「119拉警報，快伸手救殘胞」爲題，抗議政府一再失信於殘胞。此外，亦呼籲政府修正殘障福利法，落實定額僱用制，以確保殘障者就業（謝東儒、張嘉玲、黃珉蓉，2005，300-309頁）。這就是殘障福利法第一次修正的背景。

劉俠女士於1989年結合73個殘障團體組成「促進殘障福利法修法行動委員會」，這也就是1990年成立的「中華民國殘障聯盟」的前身，亦是臺灣第一個社會福利團體的大結盟。殘障福利法第一次修正於1990年1月公布施行，將殘障類別擴大爲11類，第32條並規定新建公共設施、建築物、

活動場所及交通工具等為設置便於殘障者行動及使用之設備、設施者，不得核發建築執照；舊有公共設備與設施不符規定者，各級政府應編列預算逐年改善。本法公布施行5年後尚未改善者，應撤銷其使用執照。此外，新增條文納入規定公立機關（構）員工超過50人，就要進用2%的殘障者；私立機構超過100人，就要進用1%的殘障者。未達進用標準者，應繳差額補助費至各縣市政府殘障福利金專戶。這是我國殘障福利法首次納入強制無障礙環境、定額僱用制的規定。

第二次修法是在1995年6月進行，只修了第3條。這次修法只將殘障範圍擴大，並沒有解決根本問題，也就是政府的主管機關權責不明，執行上有障礙，於是有了第三次修法。1997年4月，殘障福利法第三度修正，擴大為65條，並更名為「身心障礙者保護法」，專章列有醫療復健、教育、就業、福利服務、福利機構等，並明確劃分主管機關與目的事業主管機關的權責。

1997年4月26日，身心障礙者保護法第四度修正，修改第65條。2000年11月，身心障礙者保護法第五度修正；2003年6月，身心障礙者保護法第六度修正，都只是小修。2004年6月，身心障礙者保護法第七度修正，加入導盲犬的規定。至此，身心障礙者的範圍已擴大到16類。身心障礙者保護法可能是國內社會福利法規中，修正次數最頻繁者。

三、國際健康功能與身心障礙分類系統（International Classification of Functioning, Disability and Health, ICF）的引進

鑑於國內身心障礙分類系統存在有：(1)分類系統欠缺一致性原則；(2)分類系統既無法周延含括所有障礙類別，亦無法在不同類別之間達成互斥效果；(3)分類系統無法與國際通用系統接軌、互通援引、彙整、統合、分析及對照比較；(4)難以作為臨床診斷與評估工具之用；(5)難以作為統計、研究之用；(6)難以作為教學訓練之用；(7)難以作為國家社會政策制訂之工具等問題（洪瑞兒，2006）。

復隨著社會福利觀念的改變，例如，身心障礙者的分類要不斷擴大嗎？一種等級標準可以適用所有不同障別嗎？身心障礙者的身分與福利的取得到底是一種身分取得所有福利，還是依需求提供福利？還有，身心障

礙者只需要福利嗎？以及身心障礙者的居住權保障問題等。據此，內政部於2004年發起身心障礙者保護法第八次修法，委請林萬億教授擔任召集人，邀集身心障礙者團體、專家、學者組成修法小組，新修訂的法律名稱改為「身心障礙者權益保障法」（草案），以求名實相符。法律名稱的更改，也啟發了稍後進行的民間版兒童及少年福利法修法更名為兒童及少年權益保障法。

經歷了20餘次的修法會議，以及各區公聽會，內政部終於在2006年夏完成修法草案送行政院審議。正好林萬億教授於2006年5月被蘇貞昌院長借調到行政院擔任政務委員，負責社會福利、衛生、教育、勞工、原住民、退伍軍人輔導、青年輔導等業務協調，身心障礙者權益保障法遂能快速順利通過行政院會審查，行政院召開7次審查會議，於2006年9月27日經院會通過，10月2日送請立法院審議。於審查期間獲得出身自中華民國殘障聯盟的王榮璋委員的全力推動，於2007年6月5日完成立法，7月11日經總統公布修正名稱及全文109條；其中除第38條自公布後2年施行；第5～7、13～15、18、26、50、51、56、58、59、71條自公布後5年施行；其餘自公布日施行。此是為我國殘障福利法的第八次修法，規模之大，前所未有。亦即自2012年起，我國身心障礙者的定義、鑑定與需求評估作業參探聯合國世界衛生組織（World Health Organization,WHO）頒布的國際健康功能與身心障礙分類系統（International Classification of Functioning, Disability and Health, ICF）（愛惜福）的規定。

本次修正名稱係視身心障礙者為獨立自主的個體，與一般人一樣享有相同的權益。除修正各專章名稱，彰顯政府保障身心障礙者健康權、教育權、就業權、經濟安全、人身安全之決心外，對於個別身心障礙者的特殊需求，則給與支持服務。此外，為能符合國際潮流趨勢，本次修法更有數項重大變革，強調以就業、教育機會的提升，增進身心障礙者的生活品質，不再偏重金錢補助，以積極的福利取代消極的救濟等。另參探聯合國世界衛生組織（WHO）頒布的國際健康功能與身心障礙分類系統（ICF），定義身心障礙者為其身體系統構造或功能有損傷或不全，且因此影響其社會功能者，以正本清源，明確區辨服務對象，俾因應身心障礙者確切之需求，提供適切服務。

「身心障礙者權益保障法」的大修，代表我國身心障礙福利正邁入另一個劃時代的階段。無論從法令名稱的改變或實質條文內容的大幅修正，皆可看出我國對於身心障礙者的價值理念有了重大的轉變，除代表了政府與民間組織對於身心障礙者權益的重視外，也代表了整體社會觀念的提升。從修法的方向來看，不難發現法定的各項服務已更朝向滿足身心障礙者全人與生命歷程的需求來提供，同時更尊重身心障礙者基本的社會參與權。

　　本次修法關鍵性的改變在於身心障礙者的鑑定與需求評估。我國身心障礙的類別從一開始「殘障福利法」時的7類，至2007年「身心障礙者權益保障法」修正通過前，已經擴增為16類，分類的方式最早依身體部位損傷為主的障礙類別，如肢體障礙、聽覺障礙、語言機能障礙、視覺障礙、平衡機能障礙、顏面損傷、多重障礙、重要器官失去功能等；或以身心理功能限制致障礙者為分類，如智能障礙；有依疾病致障礙分類，如頑性癲癇症、自閉症、慢性精神病患者、失智症、罕見疾病與植物人等。分類原則、標準莫衷一是，且不斷擴大範圍，使我國領有身心障礙者手冊的人數不斷增加。

　　此後，2009年1月23日修正公布第61條條文有關手語翻譯士於本法公布施行滿5年之日起，由手語翻譯技術士技能檢定合格者擔任之規定。

　　2009年7月8日又修正公布第80、81、107條條文，並自2009年11月23日施行。第80、81條係有關身心障礙者受緊急保護於繼續保護安置期間，直轄市、縣（市）主管機關應視需要，協助身心障礙者向法院提出監護或輔助宣告之聲請。繼續保護安置期滿前，直轄市、縣（市）主管機關應經評估協助轉介適當之服務單位。法院為身心障礙者選定之監護人或輔助人為社會福利機構、法人者，直轄市、縣（市）主管機關應對其執行監護或輔助職務進行監督；相關監督事宜之管理辦法，由中央主管機關定之。

　　2011年2月又大幅修正公布第2～4、6、16、17、20、23、31、32、38、46、48、50～53、56、58、64、76、77、81、95、98、106條條文，增訂第30-1、38-1、46-1、52-1、52-2、60-1、69-1條條文，並自公布日施行；但第60-1條第2項及第64條第3項條文自公布後2年施行。這些條文主要是文字修正或補強規定。其中第106條規定中央社政及衛生主管機關應

於2007年6月5日修正之條文全面施行後3年內，協同直轄市、縣（市）主管機關對申請、申請重新鑑定或原領有手冊註記效期之身心障礙者依本法第6條、第7條規定進行鑑定與評估，同時完成應遵行事項驗證、測量、修正等相關作業。

2011年6月29日又修正公布第35條條文。同日也修正公布第53、57、98、99條條文，增訂第58-1條條文。

政院主計處統計至2011年9月底止，身心障礙者人數已達109萬3,219人，占總人口比率的4.71%，男性62萬5,266人，占57.19%，女性46萬7,953人，占43.81%。若依身心障礙別分類，肢體障礙者人數為38萬6,349人，排第一；第二為重要器官失去功能者，12萬5,396人；第三為聽覺機能障礙者，11萬9,185人；第四是慢性精神疾病，11萬3,023人；第五是多重障礙，11萬2,573人；第六是智能障礙，9萬7,914人；第七是視覺障礙，5萬6,091人；第八是失智症，3萬4,829人。

臺灣的身心障礙者人數的變動，受到社會價值觀念改變的影響很大。例如，2000年時，身心障礙者人數的排行依序是：肢體障礙者、聽覺機能障礙者、多重障礙者、智能障礙者、重要器官失去功能者、慢性精神疾病、視覺視覺障礙。到了2011年，順序已經改變如上述。其中，人數增加速度較快的是慢性精神疾病，從2000年時有5萬4,350人，排行第六，跳到第四；重要器官失去功能者也從2000年的6萬0,974人，排行第五，跳到二；智能障礙者從7萬3,609人，排行第四，掉到第六；聽覺機能障礙者從2000年的8萬1,952人，排行第二，掉到第三；多重障礙者從2000年的7萬1,569人，排行第三，掉到第五；此外，失智症從2000年的1萬0,188人，快速增加為3倍之多，雖然維持在第八位，但隨著臺灣人口老化與觀念改變，人數很快會趕過視覺障礙。

貳、身心障礙者之鑑定與需求評估

一、身心障礙者的定義

依循ICF的定義，依身心障礙者權益保障法第5條所稱身心障礙者，指下列各款身體系統構造或功能，有損傷或不全導致顯著偏離或喪失，影響

其活動與參與社會生活，經醫事、社會工作、特殊教育與職業輔導評量等相關專業人員組成之專業團隊鑑定及評估，領有身心障礙證明者：

1. 神經系統構造及精神、心智功能。
2. 眼、耳及相關構造與感官功能及疼痛。
3. 涉及聲音與言語構造及其功能。
4. 循環、造血、免疫與呼吸系統構造及其功能。
5. 消化、新陳代謝與內分泌系統相關構造及其功能。
6. 泌尿與生殖系統相關構造及其功能。
7. 神經、肌肉、骨骼之移動相關構造及其功能。
8. 皮膚與相關構造及其功能。

二、身心障礙者鑑定

第6條規定，直轄市、縣（市）主管機關受理身心障礙者申請鑑定時，應交衛生主管機關指定相關機構或專業人員組成專業團隊，進行鑑定並完成身心障礙鑑定報告。

前項鑑定報告，至遲應於完成後10日內送達申請人戶籍所在地之衛生主管機關。衛生主管機關除核發鑑定費用外，至遲應將該鑑定報告於10日內核轉直轄市、縣（市）主管機關辦理。

第一項身心障礙鑑定機構或專業人員之指定、鑑定人員之資格條件、身心障礙類別之程度分級、鑑定向度與基準、鑑定方法、工具、作業方式及其他應遵行事項之辦法，由中央衛生主管機關定之。

辦理有關障礙鑑定服務所需之項目及費用，應由直轄市、縣（市）衛生主管機關編列預算支應，並由中央衛生主管機關協調直轄市、縣（市）衛生主管機關公告規範之。

這一改過去由指定醫院及復健機構診斷後，發給證明的鑑定程序。配合ICF制度強調從健康狀態架構來討論身心障礙過程，將身心障礙過程定義爲：(1)身體系統功能與身體結構（b碼），(2)身體的活動機能（s碼），(3)參與（d碼），(4)外在環境（個人與環境）（e碼）等四個主要因素的動態且不斷改變的關係。

鑑定時必須組成專業團隊，不再從1980年世界衛生組織（WHO）的

國際障礙分類系統（International Classification of Impairment, Disability and Handicap, ICIDH）的個人模式或醫療模式觀點出發。個人模式認定障礙是個人身體的變態（Abnormality）、失序（Disorder）與缺損（Deficiency），導致功能限制與障礙。判定的基礎是醫學診斷，故被稱為醫療化（Medicalization）。專業服務的主要功能就是將個人調整到最佳狀態，即與其障礙共存。調整又包括兩個層面：一是透過復健計畫讓個人的身體恢復到最佳狀態；二是心理上的調整，使其能接受身體上的限制（林萬億，2010a）。

　　ICIDH的三個核心概念是：損傷（Impairment），即缺少四肢的一部分，或不完整的四肢、器官或身體機制。障礙（Disablement），即功能的喪失或減少。殘障（Handicap），即因障礙引發活動上的不利與限制。其邏輯是：疾病或失序→損傷→障礙→殘障（林萬億，2010a）。

　　因此，新的鑑定方式必須結合不同專業人員組成專業團隊進行，例如，醫師、復健師、語言治療師、職能治療師、社會工作師、物理治療師、臨床心理師或護理師等組成。

三、需求評估

　　接著，第7條規定，直轄市、縣（市）主管機關應於取得衛生主管機關所核轉之身心障礙鑑定報告後，籌組專業團隊進行需求評估。

　　前項需求評估，應依身心障礙者障礙類別、程度、家庭經濟情況、照顧服務需求、家庭生活需求、社會參與需求等因素為之。

　　直轄市、縣（市）主管機關對於設籍於轄區內依前項評估合於規定者，應核發身心障礙證明，據以提供所需之福利及服務。

　　第一項評估作業得併同前條鑑定作業辦理，有關評估作業與鑑定作業併同辦理事宜、評估專業團隊人員資格條件、評估工具、作業方式及其他應遵行事項之辦法，由中央主管機關會同中央衛生主管機關定之。

　　過去，身心障礙者一經鑑定後由政府發給殘障手冊，作為福利身分的證明依據。舊制身心障礙福利的獲得，除了部分需要經由資產調查才能請領的補助費用外，包括綜合所得稅的減免、使用牌照稅的減免、專用停車位識別證的申請、搭乘國內交通工具半價的優惠、進入風景區的優惠措

施等，皆是憑著身心障礙手冊即可獲得，這種不問需求及資源配置優先性的提供方式，必然排擠了其他福利與服務的提供，更影響了真正有需求的身心障礙者適足使用各種服務的機會，實有違公平正義的原則。事實上，身心障礙者的個別差異很大，個別化服務才能符合身心障礙者的需求，因此，新法規定社會局要籌組專業團隊進行需求評估。需求評估的專業團隊主要是社會工作人員（社會福利）、特殊教育教師（教育）、職業評量人員（就業），以及醫事人員（健康）等。

至於第6條的鑑定與第7條的需求評估是合併進行，或是有前後順序，法中並無明文限制，可以先鑑定後需求評估，也可同步進行。總之，一定要經過鑑定與需求評估兩個程序之後，才發給身心障礙證明，以供作提供福利之依據。ICF其實僅作為健康功能與身心障礙分類系統之用，並不必然一定要拿來作為需求評估的依據。就因為過去身心障礙一冊在手，全套福利的舊習需要調整，而當鑑定屬某類身心障礙後，其福利、就業、教育需求，依其鑑定結果來進行評估，並無不妥。只是，ICF編碼是否必須全部採納作為需求評估的根據，其實可以因地制宜。因此，的確不宜將需求評估也加諸在醫療鑑定專業團隊身上，才不致有ICF是否有需求評估目的之爭議。

依第106條規定，我國於2012年7月起實施新制的身心障礙鑑定與需求評估，內政部逐於2008年委託王國羽教授完成「規劃我國在國際健康功能與身心障礙分類系統（ICF）下身心功能障礙者福利與服務需求評估作業前導計畫建議書」。依據該計畫書，內政部於2009年1月至2010年12月委託林萬億教授帶領研究團隊成員，主題包括：邱滿艷（子計畫一：研究身心障礙者需求盤整與政策規劃）、林敏慧（子計畫二：研究我國在ICF分類架構下身心障礙者福利與服務需求評估之流程、指標與工具之建立與實務操作模式）、賴兩陽（子計畫三：研究我國在國際健康功能與身心障礙分類系統（ICF）之福利需求評估作業試辦縣市實驗計畫）、林萬億（子計畫四（總計畫）：研究規劃我國在國際健康功能與身心障礙分類系統（ICF）下身心障礙者相關福利服務輸送規劃及整合委託研究案）、王國羽（子計畫五：研究規劃我國在國際健康功能與身心障礙分類系統（ICF）下福利服務需求評估專業團隊之人員資格、培訓及課程實施方

案）。

　　研究同時並於2010年先行於4縣市（新北市、彰化縣、花蓮縣、高雄市）試辦，並以500個案例爲實驗對象，優先實施ICF的鑑定與需求評估，藉此建構因應新制後的身心障礙者服務輸送體系。本來內政部擬於研究結束後，進一步請研究團隊協助進行執行細部規劃，將4個實驗縣市實驗結果推廣到各縣市，方能趕上2012年的全面實施進度。惜因政治干擾而作罷，致各縣市的推動受到不利的影響。

　　2007年，身心障礙者權益保障法修正時是由民進黨執政，雖然民進黨執政8年是典型的行政與立法對立的分裂政府（Divided Government）（Immergut, Anderson, and Schulze, 2007）時期，可是卻讓身心障礙者權益保障法獲得國民黨占多數的立法院支持，顯見這是一個取得政黨共識的立法，理應不該有後續的政治干擾。然而，當新的「身心障礙者權益保障法」進入推動階段時已是國民黨再執政，再執政後國民黨當然要實現其競選政見，而未被列入競選政見的主張，通常不會在施政上排列優先。甚至，執政黨會翻轉一些前朝的政策，以凸顯其政黨政策的差異與政黨競爭。這種經驗在兩黨制國家最爲明顯。

　　2008年5月20日後，我國的政局又回到多數政府（Majoritaritian Government）執政。國民黨不但在總統選舉中獲得絕對多數選票當選，在立法院也取得多數席次。在這種完全執政的態勢下，當然期待有一番作爲，包括重新評估各種社會福利政策。而ICF制度的推動難免也成爲政黨競爭下的犧牲品，不只是研究團隊研究結束後即被排除在後續推動外，ICF制度不可行的聲浪也跟著暗潮洶湧，ICF制度之推動顯得搖晃顛頗。

參、身心障礙者的福利服務

　　由於身心障礙者權益保障法全文109條中除第38條自公布後2年施行；第5～7、13～15、18、26、50、51、56、58、59、71條自公布後5年施行的階段式實施。2011年2月1日修正公布的第60-1條第2項與第64條第3項條文自公布後2年施行，以致現持有身心障礙手冊的人民權益仍適用舊法規定，而新法中又已增加或改變許多福利與服務項目，因此，當前我國的身

心障礙福利與服務的供給與輸送，可說新舊交會。茲將各種福利與服務方案整理如下：

一、慢性精神病患養護照顧

依據內政部2006年身心障礙者生活及福利需求調查報告資料顯示，需由機構收容安置之身心障礙者占6.56%，推估約需有6,681個收容養護床位。目前國內除醫療機構提供慢性精神病患者醫療及復健服務外，社政單位部分計有臺南縣私立康寧殘障教養院等12所身心障礙福利機構提供第五類、第六類慢性精神病患者長期養護照顧安置，2010年養護床位計有2,065床可供安置照顧。

爲滿足慢性精神病患者在地養護需求，內政部積極輔導地方社政主管機關籌設慢性精神障礙者專責機構，2010年度內政部推展社會福利補助項目及基準，持續針對興建慢性精神障礙者之身心障礙福利機構提高補助標準至80%，以鼓勵民間單位規劃辦理。2006年度補助屏東縣私立福慧社會福利慈善事業基金會附設大同之家設置136床，已於2009年籌設新建完成，並於2010年開始營運及提供服務。

二、就業

身心障礙者的就業權益保障主要包括職業訓練、就業服務及定額僱用，茲分述如下：

（一）職業訓練

1. 身心障礙者養成暨進修職業訓練

勞委會職訓局委託民間團體辦理電腦軟體應用、網頁設計、環境維護訓練班；另爲增加多元化參訓管道及促進職訓在地化目標，補助地方政府辦理身心障礙者職業訓練，計有中餐烹飪、複合式餐飲、清潔維護、電腦美工、洗車美容等；並補助參訓身心障礙者訓練生活津貼。

2. 推動身心障礙者職場扎根學習計畫

爲增進身心障礙者就業能力，結合民間團體及事業單位，提供身心障礙者增強職業知能，並透過職場學習機會建立正確之職業態度與職場經驗，強化其實務技能以促進就業，2009年11月10日函訂定「補助地方政府

辦理身心障礙者職場扎根學習計畫」，自2010年起施行。

3. 辦理身心障礙者職業訓練數位學習

為使不便外出之身心障礙者透過網際網路，以居家學習方式參加職業訓練，增加就業機會，委託製作職業重建資源與職業介紹、繪圖軟體入門、Outlook入門及簡報工具Powerpoint進階等課程計20門，並辦理5場次教育訓練，重新規劃平臺動線，使全網域皆符合3A等級之無障礙學習環境。

4. 辦理身心障礙者就業促進專業人員訓練

為提升身心障礙者職業重建服務專業人員素質，增進身心障礙者就業服務品質及成效，辦理就業服務員、職業重建個案管理員、職業訓練員、督導、相關科系就服員訓練。

5. 設置區域性視覺障礙者職業重建中心

2009年委託中華民國無障礙科技發展協會辦理，以單一服務窗口方式，整合職前訓練、職業訓練、職務再設計及就業服務等流程，提供區域內有就業需求之視覺障礙者個別化、專業化的職業重建服務，從而協助其在社區中就業或重返職場。

6. 辦理視障者職業訓練與就業服務

補助各縣市政府辦理職業訓練與就業服務，提升按摩技能、電話服務員及其他適合視障者就業職類，並協助其就業。

7. 推廣使用盲用電腦

為強化視障者的職場競爭條件，奠定開發多元職種的基礎，補助地方政府辦理盲用電腦初階應用課程訓練，內容包括盲用電腦實務操作、電子郵件收發、網際網路應用、檔案文書編輯管理等。

（二）就業服務

1. 身心障礙者職業重建服務窗口計畫

為使身心障礙者在職業重建過程中獲得連續性的適當專業服務，由地方政府主管機關設置身心障礙者職業重建服務窗口，以個案管理方式，提供身心障礙者就業轉銜、諮詢、評估及開案、研擬職業重建服務計畫、派案或轉介、追蹤及結案。

為順利辦理就業轉銜與推動職業重建服務工作，有效管理身心障礙者

個案服務資料，並透過勞委會職訓局「身心障礙者就業轉銜暨職業重建服務資訊管理系統」，整合職業重建服務資源。

2. 辦理身心障礙者一般性推介就業服務

年滿15歲以上具工作能力及工作意願者，得至各公立就業服務機構或於全國就業e網填寫求職登記表，自行查詢就業機會，或由服務人員協助諮詢，媒合工作機會、提供相關就業諮詢及就促工具。

3. 辦理支持性就業服務

為協助身心障礙者在社區中順利就業，勞政主管機關於各地區委託專案服務單位開拓就業機會，接受具有就業意願及就業能力，而不足以獨立在競爭性就業市場工作之身心障礙者，應依其工作能力提供個別化就業服務，給與職場協助與適性就業安置，並加強就業後追蹤輔導及持續之支持，協助其穩定就業。

4. 推動庇護性就業服務

(1) 補助各個縣市政府辦理庇護性就業服務。

(2) 各地方政府輔導或委託設立庇護工場，並依法落實庇護工場制度之建立。

(3) 因應身心障礙者權益保障法修法後衍生之議題，相繼完成下修庇護性就業者勞保投保薪資至6,000元等相關配套措施。

(4) 設立「庇護好站」網站（http://egood.evta.gov.tw），協助全國性庇護商品網路行銷事宜。

5. 辦理身心障礙者職務再設計服務

為協助身心障礙者排除工作障礙，增進工作效能，並提高雇主僱用意願，凡僱用身心障礙者之單位及部分身心障礙自營作業者，可依身心障礙者在工作上遭遇之困難及需求，向各地縣市政府勞工局提出申請補助。每進用1名身心障礙者或自營作業者，每年補助金額最高以新臺幣10萬元為限。

6. 推動職業輔導評量服務

(1) 為協助直轄市及各縣市政府落實身心障礙者職業輔導評量工作，促進身心障礙者適性就業，依「補助辦理身心障礙者職業輔導評量實施計畫」，補助地方政府經費以結合民間資源辦理

身心障礙者職業輔導評量。

(2) 為提供各地方政府與職評單位有關職業輔導評量之業務諮詢，以及協助困難個案等輔導工作，勞委會職訓局委託北、中、南三區職業輔導評量中心（國立臺灣大學、國立彰化師範大學、國立高雄師範大學）定期召開輔導團會議、聯繫會報，並完成相關主題探討。

(3) 分別於北、中、南三區辦理身心障礙者職業輔導評量專業人員進階訓練。

(4) 為提升職業輔導評量整體素質，辦理全國性評鑑作業。

7. 辦理身心障礙者居家值機服務實驗計畫

勞委會職訓局於2008年實驗辦理身心障礙者居家值機服務，於12月進用8位居家值機員，經教育訓練後於2009年3月3日上線，提供職災勞工電話諮詢服務及主動外撥關懷服務，以開發身障者居家工作模式。

8. 推動視障者電話諮詢服務

勞委會職訓局於2001年起開發視障者就業新職種，進用視障者於本局及勞保局從事電話諮詢工作，並將此職種推廣至地方政府。

（三）定額僱用

2009年7月11日起，身心障礙者權益保障法定額進用施行新制，依第38條規定，各級政府機關、公立學校及公營事業機構員工總人數在34人以上者，進用具有就業能力之身心障礙者人數，不得低於員工總人數3%。私立學校、團體及民營事業機構員工總人數在67人以上者，進用具有就業能力之身心障礙者人數，不得低於員工總人數1%，且不得少於1人。

前兩項各級政府機關、公、私立學校、團體及公、民營事業機構為進用身心障礙者義務機關（構）；其員工總人數及進用身心障礙者人數之計算方式，以各義務機關（構）每月1日參加勞保、公保人數為準；第1項義務機關（構）員工員額經核定為員額凍結或列為出缺不補者，不計入員工總人數。

前項身心障礙員工之月領薪資未達勞動基準法按月計酬之基本工資數額者，不計入進用身心障礙者人數及員工總人數。但從事部分工時工作，其月領薪資達勞動基準法按月計酬之基本工資數額二分之一以上者，進用

2人得以1人計入身心障礙者人數及員工總人數。

　　辦理庇護性就業服務之單位進用庇護性就業之身心障礙者，不計入進用身心障礙者人數及員工總人數。

　　依第1項、第2項規定進用重度以上身心障礙者，每進用1人以2人核計。

　　警政、消防、關務、國防、海巡、法務及航空站等單位定額進用總人數之計算範圍，得於本法施行細則另定之。

　　依前項規定不列入定額進用總人數計算範圍之單位，其職務應經職務分析，並於3年內完成。

　　前項職務分析之標準及程序，由中央勞工主管機關另定之。

　　降低公、私部門進用門檻及提高公部門進用比率。依本會統計，2009年11月全國義務單位14,174家，合計進用60,271人，超過法定應進用人數26%。

三、支持性服務

（一）成年心智障礙者社區居住與生活服務

　　為提供成年心智障礙者多元化居住服務，本項服務自2007年度起已檢討納入年度推展社會福利補助經費申請補助項目及基準，以協助各地方政府輔導民間機構團體推展辦理。本項服務以組成專業服務團隊方式，協助成年心智障礙者居住生活於社區一般住宅中，居住單位之規模為6人以下，期提供心智障礙者非機構式的居住服務。

（二）身心障礙者社區照顧服務

　　自2001年起由行政院主計處設算社會福利經費由各縣市政府辦理身心障礙者社區照顧服務，依原身心障礙者保護法第41條規定，社區照顧服務法定項目為：復健服務、心理諮詢、日間照顧、臨時及短期照顧、餐飲服務、交通服務、休閒服務、親職教育、資訊提供、轉介服務、其他相關之社區服務。本項服務持續辦理。

（三）身心障礙者居家照顧服務

　　自2001年起由行政院主計處設算社會福利經費由各縣市政府辦理身心障礙者居家照顧服務。依原身心障礙者保護法第40條規定，居家服務法定

項目為：居家照顧、家務助理、友善訪視、電話問安、送餐到家、居家環境改善、其他相關之居家服務。並為因應我國長期照護人力需求，提升照顧服務品質，辦理「照顧服務員訓練實施計畫」。自2003年1月1日起辦理身心障礙者照顧服務員訓練。同時，辦理心智障礙者家庭支持服務試辦計畫，以建立心智障礙者之家庭資源網絡，並運用社會工作專業方法評估心智障礙者家庭需求，提供服務，以及協助其透過團體組織的力量，彼此支持共同面對問題及解決問題。

（四）身心障礙福利機構照顧

1. 身心障礙福利機構補助

截至2011年9月止，全國身心障礙福利機構已達273所（表9-1），可服務23,393床，目前已服務18,855人，占床率80.6%。其主要服務項目有：早期療育、日間托育、技藝陶冶、住宿養護及福利服務等。為因應機構提升服務之需要，每年亦編列經費，依據「內政部推展社會福利補助作業要點及其補助經費申請補助項目及基準」，補助機構採小型化、社區化興建（購置、修繕）建築物、充實設施設備、教養服務費、教養交通費補助等相關服務經費，促進身心障礙者利用之可近性與便利性。

2. 身心障礙福利機構評鑑

為促進身心障礙福利機構之服務品質，依「身心障礙者權益保障法」第64條規定，定期每三年辦理一次身心障礙福利機構評鑑。第八次身心障礙福利機構評鑑於2011年辦理實地評鑑。

3. 未立案機構清查取締

臺灣未立案身心障礙福利服務機構於2002年6月18日經各地方政府積極輔導依限停辦，並完成院民轉介安置作業。但為防未立案機構死灰復燃，直轄市與縣（市）政府繼續依規定加強定期查訪通報。對有意願參與身心障礙者托育養護服務的民間單位，地方政府社政主管應協調各相關單位（衛生、建管、農政、工務、警政、消防等），積極加強輔導依相關法令申請許可設立，以保障身心障礙者的權益。

（五）輔具補助與資源服務整合

1. 身心障礙者輔具資源服務整合

為促進身心障礙者輔具資源與服務整合，內政部於2002年訂頒「身心

障礙者輔具資源服務整合方案」，並於2005年9月15日修正。該方案以服務窗口、資源配置、資訊整合、技術開發、廠商輔導、產品驗證、人才培育等7項措施為要領，建構以失能者為核心的輔具服務體系、服務傳遞模式，便利失能者有效運用輔具之無障礙環境，促進研發資源與成果運用共享，達成身心障礙者輔具資源與服務整合目標。

2. 身心障礙者輔助器具補助

依據身心障礙者權益保護法第26條規定：「身心障礙者醫療復健所需之醫療費用及醫療輔具，尚未納入全民健康保險給付範圍者，直轄市、縣（市）主管機關應依需求評估結果補助之。」內政部訂有「身心障礙者醫療及輔助器具費用補助辦法」及「身心障礙者輔助器具補助標準表」，以補助身心障礙者購置包括點字機、輪椅、枴杖、助行器、傳真機、移位機、居家無障礙設備、移位機、電腦輔助器具、助聽器等生活及復健輔助器具。

然而，依內政部調查，身心障礙者對於輔具補助之福利服務的利用情形，知道並已利用僅16.42%，知道但未利用為37.81%，不知道高達46.08%。其中對於輔具補助福利服務知道並已利用者僅34.63%感到滿意，有49.81%感到尚可，不滿意則為17.90%（內政部，2006）。顯然，還有很大的改善空間。

3. 身心障礙者輔具維修與到宅評估服務

為有效運用社會資源，延長輔助器具使用年限；保障輔助器具使用之安全，提供維修及再利用；期藉輔具回收、租借、維修、捐贈、專業諮詢及評估等服務，結合民間企業專業人員、志工、善心人士所提供社會資源，倡導身心障礙者如何裝配適當之輔具及使用，以避免二度傷害，發揮各類輔具最大效用，促進供需效益，本項計畫自2001年度起開辦，服務對象為設籍本國領有身心障礙手冊，或經評估確有需要之身心障礙者，其辦理方式有二：

(1) 補助臺北榮總傷殘重建中心辦理身心障礙者輔助器具維修服務：2001年度起開辦身心障礙者輔助器具維修點計畫，補助該中心辦理。

(2) 補助各縣（市）設置輔具資源中心：自2002年度實施，目前全

國已設置輔具資源中心24個單位輔具資源中心，僅連江縣未設置。由具有辦理意願且具績效之身心障礙福利團體或機構聘請物理治療師或職能治療師及輔具檢修等相關工作人員，並經該地方政府核轉申請計畫向內政部提出申請補助設置，提供身心障礙者輔具回收、維修、租借、展示、諮詢等服務功能，以提供身心障礙者可近性及便利性之服務。

4. 到宅評估輔助器具服務及復健訓練計畫

另為持續照顧中低、低收入重癱之重度以上身心障礙者，內政部自2001年度起開辦之到宅評估輔助器具服務及復健訓練已於2007年度整併至輔具資源中心業務辦理，提供移位輔具系統、無障礙物理環境、自我餵食、衛浴類輔具、語言溝通之評估及建議與訓練暨協助申請輔助器具等服務內容；除協助長期重癱臥床之身心障礙者，克服生活機能障礙，得到所需之持續照顧，並紓解身心障礙者家庭長期照顧者之壓力，增加照顧者與其他家庭成員互動或參與社會活動之機會，以提升被照顧者生活品質。

5. 全國性多功能輔具資源整合推廣中心、溝通與資訊輔具資源推廣中心、矯具義具與行動輔具資源推廣中心

依據身心障礙者權益保障法第20條（原身心障礙者保護法第16條）規定：「為促進身心障礙輔具資源整合、研究發展及服務，中央主管機關及目的事業主管機關應推動辦理身心障礙輔具資源管理及研究發展等相關事宜。」各部（會、署）均依上開規定積極規劃辦理相關輔具研究發展中心，例如，衛生署委託設置21個「醫療復健輔具中心」及25個「長期照顧管理中心」；教育部委託高雄師範大學、中山醫學大學附設復健醫院輔具中心及淡江大學成立大專校院聽語障學生學習輔具中心、大專院校肢障學生學習輔具中心，以及視障學生學習輔具中心；行政院勞工委員會由所屬5區就業服務中心提供身心障礙者就業所需之職場工作環境設備改善之職務再設計。

內政部為加強推廣現有身心障礙者輔具服務，以普及輔具資源，除補助24個縣市設置地方輔具中心配合推廣輔具服務，擔任輔具評估、諮詢、裝配、回收、維修、媒合、訓練等服務窗口角色，以提供更為可近性之服務外，內政部另自2001年度起陸續成立多功能、顏面損傷、聽語障、資

訊科技及足部等五大輔具中心辦理輔具資源之推廣，有鑑於原五大輔具中心分類未能有齊一標準，至2008年度起中心功能調整並整併為三大輔具中心，分別委託國立陽明大學設置「多功能輔具資源整合推廣中心」、財團法人科技輔具文教基金會設置「溝通與資訊輔具資源推廣中心」，以及財團法人鞋類暨運動休閒科技研發中心設置「矯具義具與行動輔具資源推廣中心」。

上述三大輔具中心提供多元化輔具服務，包括持續維護2006年10月上線之「輔具資源入口網」，以整合國內外輔具資訊，方便各專業領域及民眾獲得輔具相關訊息。三大輔具中心另提供臨床諮詢服務、辦理輔具展示、宣導活動及教育訓練等服務；為加強宣導並推廣輔具，除印製發送輔具中心簡介外，另製作輔具宣導單張，製作輔具資源手冊2種，並發行《輔具之友》期刊2期。

（六）個別化專業服務

1. 培訓專業人員

為有效因應社會化需求，政府積極培訓各障礙類別專業人員，以強化工作之表現、技巧、專業成長及提升服務品質。內政部訂定「身心障礙福利服務專業人員遴用標準及培訓辦法」與「身心障礙福利服務專業人員培訓課程標準表」作為遴用及培訓專業人員辦理身心障礙福利服務業務的依據。

2. 推展個案管理服務

為協助身心障礙者面臨多重問題與需求，乃運用社會工作方法，經由個案管理服務模式及專業團隊的評估，結合醫療、教育、職訓、福利等相關服務資源，以助其有效順利解決問題並滿足需求。本項經費自2001年由行政院主計處設算社會福利經費由各縣市政府辦理。然而，假設服務提供者能相互合作，就會有充足的資源；假設彼此分裂，就不可能正確評估資源的可得性嗎？Moore（1992）認為這是一種謬誤的假設，服務的輸送整合是否為解決福利輸送問題的途徑？不無疑問。資源不足，個案管理無從發揮功能。

3. 生涯轉銜服務

為使地方政府於辦理身心障礙者接受社會福利轉銜有所依循，內政部

於2005年11月21日函頒「身心障礙者接受社會福利服務轉銜實施要點」，復修訂「身心障礙者生涯轉銜服務整合實施方案」，並經行政院社會福利推動委員會於2006年6月20日第11次委員會議通過，以促進身心障礙者獲得持續而完整的全方位專業服務。2008年，各縣（市）已依方案規定成立身心障礙者生涯轉銜服務工作小組，結合轄內勞政、教育及衛生部門共同推動身心障礙者生涯轉銜服務。此外，為利相關政府部門、地方專業服務組織之轉銜資料均能透過網際網路進行交換與彙整，達到身心障礙者服務總歸戶、服務無接縫的目標，內政部乃委外建置「全國身心障礙者生涯轉銜個案服務資料管理系統」，並於2008年12月正式推廣至各縣（市）身心障礙者生涯轉銜服務單位及基層身心障礙福利機構使用。

另為提升地方政府辦理身心障礙者轉銜服務之人力與知能，內政部除自2002年起規劃身心障礙者生涯轉銜計畫研習班，另亦研擬計畫範例，輔導各地方政府依據「內政部申請運用公益彩券回饋金處理原則」研提申請計畫。

（七）長期照顧

依據2007年4月行政院核定的「我國長期照顧十年計畫」（行政院，2007），年滿50歲以上的身心障礙者也列入長期照顧的服務對象。推估2010年50至64歲身心障礙者有13,121人可以獲得長期照顧服務。身心障礙者的長期照顧有部分服務項目，如居家服務、社區照顧、機構式照顧、輔具服務等已分別提供如上述。未來中高齡身心障礙者的長期照顧服務將如同老人一樣可獲得較完整的服務。

對於所有身心障礙者是否納入長期照顧制度，各國做法不同。目前長期照顧制度建立較完善的國家中採社會保險制的國家有：德國的社會依賴保險（Social Dependency Insurance, SDI）、日本的介護保險、法國的長期照顧保險、韓國的老人長期照顧保險，以及荷蘭的額外健康支出法案（the Exceptional Medical Expenses Act, AWBZ或EMEA）。其中德國的社會依賴保險不限年齡，只要需長期照顧者均納入為服務對象。日本的介護保險則是以老人為主要對象，擴及40歲以上的身心障礙者。荷蘭的額外健康支出法案先是以身心障礙者與慢性精神疾病人為主要對象，再擴及老人（林萬億，2010a）。

丹麥、瑞典、英國、義大利、奧地利等都是採稅收制的長期照顧體系國家，且其長期照顧制度服務對象都包括老人與身心障礙者（行政院，2007; Ležovič and associates, 2008, 21-25）。

　　亦即，只要是以現金給付爲主的國家，由身心障礙者及其家屬自行利用現金給付在市場中選擇購買合適的服務，也就是接受獨立生活模式（Independent Living Model）的觀念，將身心障礙者視爲服務消費者（Consumers），讓其自主僱用、培訓且支付費用給他們的照顧服務人員，並於必要時得解僱。這是一種消費者導向（Consumer-Orinted）的照顧服務模式，此類的模式廣受到較爲年輕、勞動年齡人口層的身心障礙者所支持，因他們深信這樣的取向，提供身心障礙者最佳的服務條件；相關研究也指出此種模式引致較佳的服務使用滿意度，並支持身心障礙者在社區中同時維持健康與經濟上的生產性（Batavia, 2002）。如果採這種觀點，的確，老人長期照顧與身心障礙者長期照顧是可以合併在一個給付體系裡處理。但是，前提是市場要有足夠服務提供、資訊要透明、有足夠的監督力量、有多種選擇、使用者有自決能力，且這些服務提供的價格不能超出消費者的支付能力之外。否則，必然出現有現金給付，無服務提供，最後還是回到由女性在家庭中自行照顧的困境。此外，倘若價格太高，現金給付（不論是保險給付或補助）不足以購買服務，就會出現服務使用的階級化，富人以自付額購買高檔服務，窮人無力購買服務而得不到照顧，或在家由非正式體系照顧。

　　反之，如果採服務提供給付爲主的身心障礙服務政策，硬將老人長期照顧與身心障礙長期照顧合併，就會出現諸多問題，包括不易判定年輕的身心障礙者需要長期照顧、需要長期照顧的身心障礙者的需求與老人不完全相同、服務身心障礙者與老人的方式不一樣、服務機構也不同、服務人員的專業養成也不一、身心障礙者的家長與老人的家庭照顧者的文化與社會概念也不同等。因此，除非能保證國內服務市場已發展成熟，且國人可以接受需長期照顧的身心障礙者或老人是消費者，而非福利受益者，否則不宜硬將年輕的身心障礙者也納入長期照顧體系，反而應該是發展較符合身心障礙者的服務系統。

四、經濟安全

（一）身心障礙者生活補助

2011年起，列冊低收入戶的極重度、重度、中度身心障礙者每人每月核領8,200元，輕度障礙者4,700元；中低收入戶之極重度、重度、中度身心障礙者每人每月核領4,700元，輕度障礙者3,500元；榮民兼領就養金者得補其差額；以上各項每月不得超過行政院核定之基本工資。

（二）身心障礙者托育養護補助

對於經政府轉介安置於身心障礙福利機構之身心障礙者，其所需托育養護費依據「身心障礙者生活托育養護費用補助辦法」規定如下：

1. 低收入戶者由政府全額補助。
2. 家庭總收入平均未達當年度每人每月最低生活費2倍、3倍、4倍者，依其家庭經濟狀況，分別給與75%、50%、25%不等之托育養護費補助。
3. 身障者年滿30歲或年滿20歲其父母之一方年齡在65歲以上，家庭總收入平均未達最低生活費2倍、3倍、4倍、6倍者，分別補助85%、70%、60%、35%。
4. 家中有2名以上身心障礙者，家庭總收入平均低於最低生活費2倍、3倍、4倍、5倍、6倍者，分別補助85%、70%、60%、50%、40%。

（三）社會保險保費補助

依據原身心障礙者保護法第44條第1項規定：「身心障礙者參加社會保險，政府應視其家庭經濟狀況及障礙等級，補助其自付部分之保險費。但極重度及重度身心障礙者之保險費由政府全額負擔。」內政部依同條第2項據以訂定「身心障礙者參加社會保險保險費補助辦法」，對身心障礙者參加全民健康保險及公務人員保險、勞工保險、農民健康保險、私立學校教職員保險、軍人保險及退休人員保險等社會保險所需自行負擔的保險費，按照其障礙等級予以補助。該項補助經費由戶籍所在地之直轄市或縣（市）政府負擔，但極重度、重度及中度身心障礙者參加全民健康保險之自付部分保險費補助由中央政府負擔。

（四）財產信託制度

　　爲使身心障礙者於其直系親屬或扶養者老邁時，仍能受到應有照顧及保障，和增進身心障礙者、家長瞭解財產信託之意涵及可行方式，促進身心障礙者財產有效管理及保障生活權益，內政部編印《身心障礙者信託操作實務手冊》供有意辦理財產信託之家長參考。目前配合信託法及信託業法之公布施行，已有中央信託局、中國農民銀行、交通銀行、臺灣銀行、臺灣土地銀行、合作金庫銀行、第一商業銀行、華南商業銀行、彰化商業銀行、華僑商業銀行、上海商業儲蓄銀行、國泰世華商業銀行等55家銀行開辦信託相關業務。

五、保護服務

　　爲整合規劃、研究、諮詢、協調推動促進身心障礙者權益及福利保護、審議身心障礙者權益受損申訴相關事宜，乃依據本法第10條規定，訂定「內政部身心障礙者權益保障推動小組設置要點」，成立「內政部身心障礙者權益保障推動小組」，研議推動促進身心障礙者權益及福利保護相關事宜。

　　我國的身心障礙者福利直到1990年代幾次修法後，才逐漸從隔離取向走向照顧、保護取向。然而，回歸主流的思潮，正推動著臺灣的身心障礙者福利服務脫離以保護、照顧爲主的思維，走向視身心障礙者爲獨立自主的個體的支持獨立生活取向，這是下階段身心障礙者福利服務的主軸。

　　隨著長期照顧制度的規劃，身心障礙者權益倡導團體要求行政院將身心障礙者納入長期照顧計畫，然因身心障礙者的權益其實超出長期照顧之外甚多，且身心障礙服務與老人服務有諸多差異，又配合身心障礙者保護法修正爲身心障礙者權益保障法的修法過程，行政院社會福利推動委員會遂於2006年底決議推動「我國身心障礙者權益保障白皮書」的制訂，於2008年6月初擬草案，並於2009年5月16日經行政院社會福利推動委員會通過，就身心障礙者在福利服務、醫療、教育、就業、無障礙環境及經濟安全等六大面向需求，訂定福利服務與權益維護、醫療權益、教育權益、就業權益、無障礙環境、經濟安全、綜合性議題等七大面向的具體策略及短、中、長程可以達成之工作項目共計348項，將作爲政府未來10年推動

照顧身心障礙者全生涯發展的重要依據。這是我國推動身心障礙福利的里程碑。

我國身心障礙者的服務還是存在諸多待解決的問題（林萬億，2010b）：

一、人力

1. **行政人力不足**：各縣市政府普遍存在行政人員身兼數職現象，復加上潛在個案量太大，專業人員不足；又為因應身心障礙者權益保障法修訂，現有人力恐難負荷未來新制業務，各地方政府執行新法均須補充足夠人力，以為因應。

2. **人力不均**：部分縣市地理幅員遼闊，城鄉差距大，專業人力分布嚴重不均，身心障礙者得到的服務差異極大。

3. **人力流動率高**：不管是照顧管理專員、就業輔導人員、政府行政人員、特教人員或是社工人員，因案量大，流動率高，實務經驗無法累積傳承，導致身心障礙福利業務穩定性不夠，不利於業務發展。

4. **專業訓練與程度不足**：身心障礙機構團體人員的專業訓練與程度均不足，致影響其提供服務的效能。

二、財力

1. **民間機構與團體的財力不穩定**：民間團體機構均感財力不足以因應需求的不斷增加，再加上雙重資格補助、財源與資源耗損，即使接受政府委託外包的民間團體，也因部分自籌款負擔的壓力沉重，特別是針對偏遠地區的交通成本與對弱勢家庭的補助需求較高，因應地方政府財力差異，應對不同地區的補助款有差異處理，否則地方政府與社會福利團體實無法承擔高額的自籌款。

2. **政府預算不足**：儘管以全體福利人口群的角度視之，身心障礙者所分配的福利資源相對豐富，自1990年代以來，臺灣社會福利服務的支出從福利人口分配上，呈現身心障礙、老人、兒童、少年及婦女的排序；以受益人數言，則是婦女、兒童、少年及老人，

身心障礙者則排名第五位。亦即，身心障礙者以其人數相對較少，分配到較多的社會福利預算。從社會福利的需求觀點，身心障礙者與老人較屬多重需求的群體，屬於特殊弱勢群體，亟需社會福利服務資源較多的挹注，以實現弱勢者應得到較多資源，獲得立足點平等的「差別待遇」社會正義理想，是選擇性福利制度的基本原則。然而，大部分縣市受限於財政赤字與社會福利預算額度，特別是較貧窮的縣市政府預算不足，高度依賴中央政府補助與公益彩券盈餘。中央政府的預算也受限於財政赤字與選舉導向的施政和預算模式，而無法提供足額經費補助地方政府，縣市政府因此抱怨中央制訂政策與立法，卻要地方政府買單，造成地方政府財政負荷更加沉重。

3. **人民付費能力與意願不足**：一些需自付額的服務項目受限於地方政府分攤經費的預算限制與身心障礙家庭的付費能力與意願，推廣困難。尤其是需求愈高的弱勢家庭，其付費能力更是不足。許多有需求但須自付額的項目，幾乎很難推廣，如居家服務、托育養護、輔具等。

三、服務提供

1. **服務提供資源嚴重不足**：某些障別的服務資源仍嚴重缺乏，如顏損與燒燙傷服務、服務家庭照顧者、送餐服務、慢性精神疾病、社區居住、日間照顧、某些地區的住宿式照顧、手語翻譯人員等。嚴嘉楓等人（2004）指出，國內在身心障礙機構分類上並無區分障別，依現行條款只要針對身心障礙者所設置之機構皆稱為「身心障礙福利服務機構」，然目前約有70%的身心障礙福利服務機構是以智能障礙與多重障礙者為主要的服務對象。

2. **機構提供的服務時數太少**：例如，復健、居家照顧時數嚴重不足。其實不只復健服務，囿於機構設施的數量不足，必須以排隊、減少時數等作為行政手段，分配稀少服務資源。

3. **城鄉差距大，服務難抵偏遠鄉村**：林金定等人（2005）的研究指出，臺灣身心障礙者的照顧服務資源分配極度不均，以病床比

而言，資源最豐者爲最匱乏者的10倍之多。地方性的福利服務因經費拮据而縮減亦成爲常態。城鄉差距大，服務很難抵達偏遠鄉鎮，如醫療、日托、臨短托、喘息等服務。

4. **民間機構團體不足**：我國的社會福利服務大量依賴民間團體提供，或政府委託外包模式提供服務，因此，民間團體的質與量決定了該區人民的服務品質。某些縣市或鄉鎮市區由於地理位置偏遠，民間機構團體數量不足，高度仰賴少數民間團體、機構提供服務。基本法定服務都很難滿足，更奢望開發創新服務，顯示服務不足與不均的雙重困境。

5. **社區化的小型機構不足**：由於地理範圍迢遠，部分縣市的社區化小型機構嚴重不足，無法照顧到每一鄉鎮市區的身心障礙者需求，尤其是偏遠地區。

6. **輔具中心不足、輔具資源也不足**：目前每一縣市原則上有一輔具中心，但由於地理範圍遼闊，偏遠地區使用受到嚴重限制，顯示公立輔具中心設置相對不足。部分縣市的輔具資源也不足，且因交通隔閡與倉儲空間有限，造成輔具使用延宕和低度利用。

7. **服務轉銜規劃與接續性不足**：從早療、學前教育、特殊教育到就業的轉銜，缺乏無接縫的服務，導致服務缺口甚多。例如，身心障礙學生學校實習一次2小時，工廠實習一次4小時，個案的體力與專注力都無法應付未來就業所需。

8. **學校特教教育資源不足**：僅能以啓智學校老師巡迴各校輔導，而高中職特教方面顯示師資不足，身心障礙學生無法獲得充分的教學資源，特別是偏遠地區與其他地區相較之下，成爲弱勢中的弱勢。

9. **就業服務資源也不足**：在無足夠職缺與職種下，技能學習表現良好的特教學生進入職場常只能做基本體力的工作，甚爲可惜；許多公司認爲設無障礙就業設施太過麻煩而無意願，不想因爲身心障礙者一個人而影響到整個公司的運作，亟需勞政單位擔任身心障礙者與工作職缺間之協調、媒合的角色。但對縣市政府的勞政主管機關來說，尚不足以因應如此繁重與精緻的工作；精障者的

就業有賴關懷中心與勞政單位協調支持，但目前成效有限需再加強；目前職評在許多方面仍不夠客觀，在未多方考量下的判斷，可能不適合某些障礙類別的需求。

10. **無障礙設施**：無障礙設施被占用或擋住、無障礙設施不足、身心障礙者交通仍有障礙，如火車站、道路等。

11. **交通**：復康巴士嚴重不足、復康巴士跨域接送的限制、復康巴士優先使用的爭議、捷運站附近無身心障礙接駁公車、低地板公車嚴重不足等，都有待解決。

12. **身心障礙者專用停車位嚴重不足**：人口眾多的縣市的市區，身心障礙者專用停車位嚴重不足。但又有部分身心障礙停車格被無此需求的身心障礙者長期占用，凸顯專用停車位不足與不均的雙重問題。

13. **宣導不足**：身心障礙者的資訊獲取能力影響其福利資源的使用潛力。吳秀照（2005）在「臺中縣身心障礙者就業需求調查」研究中發現，該研究受訪身心障礙者會使用電腦者不到四分之一，輔具使用、臨時與短期照顧、照顧者訓練與研習等均少被知悉，因而建立友善的溝通、輸送福利系統，需仰賴的不只是輸送介面的無障礙化，身心障礙者的科技資訊能力培養亦需考量在內。

四、法規

1. **政府委外方案的申請承辦程序與配合業務執行繁複**：民間團體常抱怨委外方案的申請承辦程序與配合業務執行繁複，例如，核銷、申請核准、資訊提供、業務報告、績效評鑑、機構評鑑等，影響民間團體競標的意願。

2. **設置庇護工場設置條件高、無相對鼓勵設置辦法與退場機制**：民間團體常抱怨庇護工場設置條件高、無相對鼓勵設置辦法及退場機制，致身心障礙者就業機會相對不足。

3. **輔具的申請年限、樣式與補助額度限制**：輔具的申請限定年限內僅能申請幾樣，但是當輔具損壞時，不能申請或是只能擇一，對於身障者行動上是一種限制。另外，輔具補助額度也常被家長詬

病。

4. **現金補助排擠其他服務**：現金補助是身心障礙家長表達需求排序最優先的項目（內政部，2006，2008）。然而，現金補助的規定會造成家長的依賴和選擇性，寧願領錢也不要孩子去受教育。過於強調現金給付而忽略身心障礙者的充權，是臺灣身心障礙服務的盲點。

5. **中途致障者重回職場的限制**：職業評量的現行法令無法讓中途致障者重回職場時，先到庇護職場度過一段適應期；但回一般職場時，又因工作能力已不如以前，原雇主不見得願意僱用。

6. **顏面傷殘者的服務銜接落差**：顏面損傷與燒燙傷患者在漫長的復健期中，既無法取得身心障礙手冊以領取補助，也無法立刻回到職場工作，有經濟安全之虞。

五、跨組織的合作

1. **缺乏協調機制**：民間團體常抱怨政府部門缺乏協調機制，致業務整合困難。

2. **公私部門信任關係有待加強**：部分縣市政府與民間團體的相互信賴度不足。特別是因政治考量，政府對民間團體參與競標不信任，民間團體也不相信政府辦理身心障礙服務的承諾。

3. **公私部門服務認知有差距、服務缺乏彈性與接續性**：縣市政府與民間部門服務認知有差距，民間必須依政府補助規定提供服務，而這些服務不一定符合身心障礙者的需求，是故，服務缺乏彈性與接續性，導致服務成效欠缺共識。

4. **教育與生活輔具的銜接性待加強**：學齡兒童的學校和機構所使用的輔具有落差，因雙方具備的專業人力不同，使兩邊所使用的輔具銜接性較薄弱，機構覺得學校能給機構的資訊有限。

以上這些問題由來已久，也不可能因為ICF的推動而完全自動消失。中央與地方政府應該利用ICF推動的過程，將以上問題一一解決。否則，一旦ICF新制普遍施行，新的服務需求會應運而生，屆時，恐怕各級政府將面臨更大的民意壓力。不過，短期間應付ICF推動帶來的陣痛，是各級

政府的首要任務。

肆、ICF制度推動面臨的困境

當ICF新制正如火如荼地展開規劃、實驗的當下，一些反對的聲浪也浮現。主要是對ICF新制的誤解，當然也有利益的考量。對ICF的誤解的說法是認為由於ICF過於厚重繁瑣，大多數國家或許有引進但也不怎麼用（魏福全，2011）。甚至認為ICF新制是「一場學者說謊、政府暴衝、全民埋單的災難」（魏福全，2011）。其實，ICF制度在世界衛生組織的推動過程中，絕不是突然出現，而是演進的過程。從1980年的ICIDH到2001年的ICIDH-2（即ICF），其間也進行過多次修正。只因臺灣從1980年的殘障福利法開始即未依ICIDH來鑑定身心障礙者，導致身心障礙者的界定毫無章法。當我們思考要回歸世界衛生組織的國際標準時，人家已經進步到ICF了。我們總不能放著新制不管，回到ICIDH舊制吧！何況，ICIDH舊制的缺失已被多所討論（林萬億，2010a），何忍於此時還將身心障礙者的界定醫療化！

國際上採用ICF來進行身心障礙鑑定的例子已有很多，例如，脊椎損傷（Dunn, Sinnott, Nunnerley and Scheuringer, 2009）、中風（Tempest and Mcintyre, 2006; Beninato, Portney and Sullivan, 2009）、囊腫性纖維化（Cystic Fibrosis）（Mandrusiak, MacDonald and Watter, 2009）、小兒科（McDougall and Wright, 2009）、視力（Möller, Eriksson, Sadeghi, Möller and Danermark, 2009）、老人（Okochi and Takahashi, 2005）、後天腦傷（Ehrenfors, Borell and Hemmingsson, 2009）、兒童移動障礙（Palisano, 2006）等，不勝枚舉。

雖然有學者擔心ICF新制有可能帶來進兩步、退一步的困境，其編碼適用的效果有待更多驗證，但是，開啓新的辯論的機會總是好事（Tempest amd Mcintyre, 2007）。

的確，ICF並不是單獨為身心障礙而設計。雖然世界衛生組織於2001年通過ICF之後，立即被全世界191個國家接受並作為國際描述健康與障礙的標準。但是，並非全世界191個國家都拿ICF來鑑定身心障礙，因為每個

國家身心障礙者立法的歷史經驗不同，社會、經濟條件也不同，而我們所處的環境也很特殊。誠如上述，我國的身心障礙定義，一開始就沒有依世界衛生的ICIDH來定義。

至於反對者認為，「即使花再多的人力和經費來評估得再仔細，到了服務端就是分等級給與補助而已。而且，對於很多經費原本就不足的縣市來講，花大筆的經費和人力用於評估，會導致根本就沒有經費實際使用在身心障礙者的福利上面，反而造成身心障礙者的權益受損，這是本末倒置的做法。」（魏福全，2011）這個說也是似是而非，反映了觀念的改變比技術變遷還難的事實。

如前所述，過去殘障手冊的發放依醫療鑑定結果來判定類型與程度，據以提供福利，但是卻缺乏需求評估以作為判斷身心障礙者的需求什麼？而提供身心障礙福利的單位包括社會局、勞工局、教育局、衛生局，並無法從身心障礙手冊的類型與程度逕自判斷身心障礙者需求服務的項目、範圍與質量。教育局才會有自己的鑑定、安置與輔導，勞工局才會有職業評量，唯獨社會局承載最多的身心障礙福利項目，除了與低收入戶有關的補助外，其餘福利項目如何給與，實非單憑一張身心障礙手冊可以處理，因而才會出現只要有身心障礙手冊就可申請殘障停車位的情形，而並非所有身心障礙者均有殘障停車位的需求。至於誰需要殘障停車位，當然不能靠社會局或交通局的承辦人員自己決定，因此，就需要靠ICF的鑑定結果來判斷是否有此需求。而ICIDH是建立在個人模式或醫療模式的理論基礎下，缺乏社會活動與參與的環境變數考量，以致身心障礙者的權益受到嚴重的限制。ICF新制提供了一個嶄新的機會讓界定身心障礙者的社會因素被納入考量，也藉此進行社會價值的改變。

如果因為擔心依新制鑑定與評估之後，資源沒有跟著到位，而導致白忙一場，那是另一個資源配置的問題。的確，如果沒有資源，哪一種鑑定方式的確都一樣，就是不提供服務。然而，今天的身心障礙者已非全然是昨日的福利依賴者，身心障礙者期待國家給與正確的鑑定與評估，適足的福利與該有的權益保障，其他人何須阻擾？身心障礙者不應該承擔莫須有的社會負面評價。例如，身心障礙者使用車輛，依法可免徵牌照稅，不過卻有不少名牌車藉此逃稅。根據交通部公路總局資料，2011年全國身障

免稅車輛約59萬輛，不乏千萬元的勞斯萊斯、林寶堅尼、法拉利等名車，免稅額近60億元，這就是因為缺乏正確的需求評估系統造成的後遺症。但是，如果因部分身心障礙者或其家人的貪小便宜，導致將責任歸咎於所有身心障礙者，就不公平了。良善制度建立的目的即在此，而不是思考諸如《使用牌照稅法》排富條款的殘補做法（林萬億、吳慧菁、林珍珍，2011）。

質疑ICF新制的另一個理由是擔心福利被緊縮或刪除。的確，依舊制，有些福利項目，如殘障停車位或牌照稅減免並非每一位身心障礙者都有需求，沒有需求的福利應該要取消。反之，立基於ICF的鑑定結果所進行的需求評估之後，必然可以使身心障礙者的真正需求被看到，尤其是社會環境的限制。

質疑ICF新制的人也擔心鑑定程序繁瑣。的確，ICF要求跨專業團隊鑑定，加入活動與參與，考量個人與環境因素，會使鑑定時間加長、人力負擔增加。反過來說，為了省時間、省人力，單憑少數醫師斷定身心障礙者的權益，從身心障礙者的角度來看，風險太大。醫學不就是要精確地診斷，才能對症下藥嗎？身心障礙者要求精確地鑑定、評估，以取得應有的權益服務，有何過分呢？何況，ICF複雜的編碼也不是非一一複製到臺灣的身心障礙者鑑定不可。由衛生署、內政部分別委託進行的第一期（2009至2010年）2年的實驗，本來的目的之一，就是要在ICF新制下發展出適合國內的身心障礙者鑑定與評估指標和程序。

橫亙在眼前的挑戰是，醫療鑑定機構對ICF的熟悉程度仍不足，甚至比身心障礙團體對ICF的瞭解還不夠，加上行政成本的考量，致反彈聲浪不斷。為使誤解降低，於各縣市普遍進行鑑定試辦前，宜再舉辦公聽會說明，邀請身心障礙鑑定相關的醫師公會或社區機構參與提供意見，而非逕行執行鑑定人員訓練。尤其在強調醫療模式的醫療機構醫事人員，面對ICF，多數尚未清楚其背景與目的，僅知須因應2012年的鑑定需求，直接被要求接受訓練，而引起反彈與不適應。而部分講員本身也對ICF不具信心，致參與受訓者未被說服。一旦鑑定機構醫事人員對ICF有嫌惡感，可想而知，往後於鑑定過程中，怎可能正確地反映ICF的價值？新制度實施前，跨專業對話與教育相當重要，跨專業的誤會常因不熟悉制度的內涵、

變革造成的不習慣，復加上政策更替而流傳似是而非的觀念，使得ICF推動難度更高（林萬億、吳慧菁、林珍珍，2011）。

此外，相關配套必須同步跟上，例如，鑑定費用的補助偏低，這是很現實的考量；其次，尚未熟悉的操作過程而耗時，致行政成本升高，更不討喜；第三，鑑定所需的硬體空間可能多於既有的空間，導致無法配合。主管機關不可能既要馬兒跑，又要馬兒不吃草。

倘若新成立的衛生福利部對ICF的理解也停留在傳統的醫療模式，過去身心障礙團體與社會福利學者多年來的努力，恐怕有被連根拔起之虞。當ICF推動最後敗在觀念不改、行政考量之下，那就太不值得了。

表9-1 我國身心障礙福利服務機構服務情形，1981年～2011年

年度	機構數				服務人數			
	公立	私立	公設民營	合計	公立	私立	公設民營	合計
1981	5	25	--	30	215	1,618	--	1,833
1982	4	27	--	31	257	1,640	--	1,897
1983	4	24	--	[R]28	384	1,805	--	2,189
1984	7	29	--	36	645	1,760	--	2,405
1985	8	27	--	35	901	1,737	--	2,638
1986	8	38	--	46	968	2,509	--	3,477
1987	7	47	--	54	1,106	2,863	--	3,969
1988	7	55	--	62	1,161	3,558	--	4,719
1989	7	59	--	66	1,143	3,597	--	4,740
1990	8	50	--	58	1,139	3,842	--	4,981
1991	9	56	--	65	1,307	4,372	--	5,679
1992	9	62	--	71	1,525	4,719	--	6,244
1993	10	72	--	82	1,484	5,478	--	6,962
1994	13	82	--	95	（未分類）		--	7,218
1995	15	81	--	96	（未分類）		--	7,866
1996	20	93	--	113	（未分類）		--	9,308
1997	*12	*87	*20	130	（未分類）			11,699
1998	*12	*102	*14	138	（未分類）			11,414
1999	11	111	22	144	1,829	7,606	1,168	10,603
2000	12	123	43	178	1,745	7,176	1,677	10,598

年度	機構數				服務人數			
	公立	私立	公設民營	合計	公立	私立	公設民營	合計
2001	11	134	48	193	1,383	7,723	2,517	11,623
2002	12	159	52	223		(未分類)		12,611
2003	13	176	52	241		(未分類)		14,540
2004	15	175	54	244		(未分類)		15,584
2005	14	178	52	244		(未分類)		15,905
2006	15	179	54	248		(未分類)		16,370
2007	15	182	57	254		(未分類)		17,002
2008	17	185	64	266		(未分類)		17,608
2009	16	187	67	270		(未分類)		17,918
2010	16	193	67	276		(未分類)		18,598
2011	16	190	67	273		(未分類)		18,855

資料來源：內政部編：《中華民國內政統計提要（民國八十三年）》「臺灣地區救
助機構及收容人數表」、《中華民國內政統計年報（民國八十五年）》
「臺閩地區殘障福利服務表」、《中華民國內政統計年報（民國88、
90、92、94、95、96、97、98、99、100年）》「臺閩地區身心障礙福利
服務機構概況表」。

參考書目

內政部（2006）。中華民國92年身心障礙者生活需求調查報告（編號：9860043329）。臺北市：內政部統計處。

內政部（2008）。中華民國95年身心障礙者生活需求調查報告（編號：1009603820）。臺北市：內政部統計處。

王國羽（2008）。規劃我國在國際健康功能與身心障礙分類系統（ICF）下身心功能障礙者福利與服務需求評估作業前導計畫建議書。內政部委託研究。

王國羽（2010）。規劃我國在國際健康功能與身心障礙分類系統（ICF）下福利服務需求評估專業團隊之人員資格、培訓及課程實施方案。內政部委託研究。

行政院（2007）。我國長期照顧十年計畫——大溫暖社會福利套案之旗艦計畫。

林金定、嚴嘉楓、羅慶徽、張嘉琳（2005）。台灣地區身心障礙福利服務機構之資源分佈與利用分析。身心障礙研究，3：4期，頁256-265。

林萬億（2010a）。社會福利。臺北：五南。

林萬億（2010b）。規劃我國在國際健康功能與身心障礙分類系統（ICF）下身心障礙者相關福利服務輸送規劃及整合委託研究案。內政部委託研究。

林萬億、吳慧菁、林珍珍（2011）。國際健康功能與身心障礙分類系統（ICF）與我國身心障礙者權益保障。社區發展季刊，136期，頁278-295。

林敏慧（2010）。我國在ICF分類架構下身心障礙者福利與服務需求評估之流程、指標與工具之建立與實務操作模式。內政部委託研究。

吳秀照（2005）。從理論到實踐：身心障礙就業服務之理念與服務輸送的探討。社區發展季刊，112期，頁104-116。

杵淵義房（1940）。臺灣社會事業史。臺北市：德友會。

洪瑞兒（2006）。身心功能障礙者福利與服務評估機制、流程與服務需求評估指標之研究。內政部委託研究。

邱大昕（2011）。誰是身心障礙者——從身心障礙鑑定的演變看「國際健康功能與身心障礙分類系統」（ICF）的實施。社會政策與社會工作學刊，15：2，頁187-213。

邱滿艷（2010）。身心障礙者需求盤整與政策規劃。內政部委託研究。

夏文學（1994）。白鬍牧師台灣情——甘為霖牧師的宣教之旅。新使者雜誌，第23期，8月號。

陳政智等（2004）。高雄市身心障礙者生活需求調查。高雄市政府社會局委託調查研究報告。

賴兩陽（2010）。研究我國在國際健康功能與身心障礙分類系統（ICF）之福利需求評估作業試辦縣市實驗計畫。內政部委託研究。

臺灣省文獻委員會（1972）。臺灣省通志。

臺灣省文獻委員會（1992）。重修臺灣省通志。

謝東儒、張嘉玲、黃珉蓉（2005）。殘障聯盟發展史。社區發展季刊，109期，頁300-309。

魏福全（2011）。說謊與暴衝 累死醫療。蘋果日報，2011年08月02日。

嚴嘉楓、林金定、羅慶徽（2004）。臺灣地區智能障礙福利機構醫療服務提供模式之分析。身心障礙研究，2：1，頁44-56。

Batavia, A. (2002). Consumer Direction, Consumer Choice, and the Future of Long-Term Care. *Journal of Disability Policy Studies*, 13: 2, 67-73.

Dunn, J., Sinnott, A. K., Nunnerley, J. and Scheuringer, M. (2009). Utilisation of patient perspective to validate clinical measures of outcome following spinal cord injury. *Disability and Rehabilitation*, 31(12): 967-975.

Ehrenfors, R. Borell, L. and Hemmingsson (2009). H. Assessments used in school-aged children with acquired brain injury-Linking to the international classification of functioning, disability and health. *Disability and Rehabilitation*, 2009; 31(17): 1392-1401.

Immergut, E. M., Anderson, K. M. and Schulze, I.(ed.)(2007). *The Handbook of West European Pension Politics*. Oxford: Oxford University Press.

Ležovič, M. and associates (2008). Long-term Care in Developed Countries and Recommendations for Slovak Republic. *Cent Eur J. of Public Health*, 16: 1, 21-25.

Mandrusiak, A., MacDonald, J. and Watter, P. (2009).The International Classification of Functioning, Disability and Health: An effective model for describing young people with cystic fibrosis. *Child: Care, health and development*, 35: 1, 2-4.

Möller, K., Eriksson, K. Sadeghi, A. M., Möller, C. and Danermark, B. (2009). Long-term ophthalmic health care in Usher Syndrome type I from an ICF perspective. *Disability and Rehabilitation*, 31(15): 1283-1292.

Moore, S. (1992). Case Management and the Integration of Services: How Service Delivery System Shape Case Management. *Social Workers*, 37: 5, 418-423.

Okochi, J., Utsunomiya, S. and Takahashi, T. (2005). Health measurement using the ICF:

Test-retest reliability study ofICF codes and qualifiers in geriatric care. *Health and Quality of Life Outcomes*, 3: 46.

Palisano R. J. (2006). A Collaborative Model of Service Delivery for Children with Movement Disorders: A Framework for Evidence-Based Decision Making. *Physical Therapy*, 86: 9, 1295-1305.

Tempest, S. and Mcintyre, A. (2006). Using the ICF to clarify team roles and demonstrate clinical reasoning in stroke rehabilitation. *Disability and Rehabilitation*, 28(10): 663-667.

Tempest, S. and Mcintyre, A. (2007). Two steps forward, one step back? A commentary on the disease-specific core sets of the International Classification of Functioning, Disability and Health (ICF). *Disability and Rehabilitation*, 29(18): 1475-1479.

World Health Organization (2001). *International classification of functioning, disability and health: ICF* (No. 11502088). NLM classification: W15.

Chapter 10

老人福利服務

第 十 章

 前言

依清代舊例，養濟院以收養鰥寡孤獨之貧困無依者，普濟堂則原為養老及安輯流亡之所。然於臺灣，則範圍擴大，除老廢外，兼收盲人及鰥寡孤獨與麻瘋病患，與養濟院的區別甚小。通有清一代，臺灣設有普濟堂者僅1748年設於臺灣縣（今臺南市）之普濟堂、澎湖縣普濟堂，以及鳳山縣普濟堂。

日治初期，為整頓臺灣之社會救濟事業，於1898年開始調查清治時期之社會救濟事業，發現臺灣之社會救濟事業與日本內地相較，在救濟基準、方法內容上均大不相同，因此，總督府乃試圖摸索適合振興臺灣之社會救濟事業。於1899年將艋舺育嬰堂、臺北養濟院、同善堂合併，成立臺北仁濟院。嗣後，於各地設慈惠院，將育嬰堂、養濟院、普濟堂、棲留所、留養局等合併，並頒慈惠院規則14條，以為規範。至1922年，全臺之濟貧養老機構合併為臺北仁濟院、臺中慈惠院、嘉義慈惠院、澎湖慈惠院、臺南慈惠院、高雄慈惠院及新竹慈惠院等7家。

除上述救濟機構外，尚有設於1923年的臺北愛愛寮、1928年之臺東同善會、1929年之臺南愛護會等機構10家，以及設在各地大大小小之院外救濟團體，如慈善會、濟生會、救濟會、濟美會、愛護會、愛鄰會等70單位（臺灣省文獻委員會，1972）。

此外，日人對家庭倫理道德非常重視，因此，推動敬老活動，如定敬老日、贈送老人紀念品、設宴款待老人、向耆老請教等，並對不孝子女給與嚴厲懲罰，猶如今日之敬老活動與老人保護。

第一節　老人福利法立法之前（1980年以前）

一、機構式照顧

　　臺灣光復之初，沿襲日本舊制，並無專收老人照顧養護之機構。初先設臺灣省救濟院於南港成德學院舊址，後遷至臺北縣新店屈尺，改稱臺北救濟院（今臺北仁愛之家）。繼而各縣市亦設立相似救濟機構。1947年6月，臺灣省社會處成立，爲統一事權、簡化機構，乃將各地社會救濟機構裁併或撤銷。於1948年1月，先在高雄、花蓮各設救濟院一所，又於新竹設臺灣省立習藝所，復設高雄救濟院澎湖分院。1949年10月，高雄救濟院遷至屏東，改稱屏東救濟院。至此，臺灣省總計設有救濟院5所。

　　之後，並將日人遺留之慈惠院整併改組，並獎助私人接手經營。至1961年，總計臺灣有救濟機構32單位，其中公立者6家，私立者26家。除上述5家外，加上前曾述及設於臺南之省立女教養所。私立者包括接手自日人臺北仁濟院之臺北仁濟救濟院、桃園救濟院、臺中救濟院、嘉義救濟院、臺南救濟院、高雄救濟院、臺北愛愛救濟院、臺北大同婦孺教養院、臺北中興婦孺教養院、臺北樂山療養院、基隆博愛救濟院、桃園八德救濟院、桃園中壢救濟院、臺中蘭生救濟院、臺中慶炎慈善會、臺中漢雲慈善會、臺中東勢慈善會、彰化慈生救濟院、彰化惠民習藝所、彰化鹿港泉郊救濟院、彰化救濟院、雲林同仁救濟院、嘉義博愛救濟院、南投博愛救濟院、臺南西羅救濟院、臺東救濟院等（臺灣省文獻委員會，1972）。

　　1974年，彰化縣立救濟院改爲省立，連同後來輔導臺中、基隆、臺南等市設市立救濟院。臺灣省於1976年配合從1972年起實施之小康計畫，將救濟院改名爲「仁愛之家」。至1981年止，全臺設有公立仁愛之家9所，私立25所。1998年精省後，省立仁愛之家改爲國立。

　　臺北市的救濟院最早爲創立於1964年的臺北市立救濟院（松山虎林街）。爲加強社會救助業務，於1969年7月1日於現址（臺北市信義區福德街200號）新建院舍。1974年9月再改名爲臺北市立廣慈博愛院，收容對象包括老人安養與養護、兒童及少年保育、少女保護，以及遊民收容，屬於綜合型社會福利收容機構。該院在市政府2007年規劃的BOT計畫下將被拆

除，最後一批老人於2008年1月遷移安置完畢；同時間，院區北邊另一個社福單位，收容中低收入戶的「福德平宅」，也同樣被規劃在這個計畫裡。目前福德平宅居民也都被遷移安置到臺北市另外四處平宅，若身體狀況較差者則安排至養護機構。2009年6月由柏德開發簽約，將投資91億元，規劃包括老人住宅、老人照顧中心、生活商業設施等，預計2015年底正式營運。從BOT招商到簽約過程，「廣慈博愛園區更新案」並沒有獲得社會福利團體、社區、環保團體的支持。該BOT案發展到2011年8月，因樹木保護計畫、環境影響評估和都市設計報告數度未通過市府審查，特許公司柏德開發無法如期取得建照，臺北市政府社會局遂與之終止合約，追討違約金與第一期土地地上權。至於廣慈未來是否仍採BOT，社會局還在研議中。

除了廣慈博愛院之外，臺北市政府另設有浩然敬老院。該院前身為陽明山管理局轄下之陽明養老院，成立於1968年10月，當時僅有平房8棟，進住量為120名老人；1974年，陽明山管理局撥歸臺北市政府後，陽明養老院亦同時歸併於廣慈博愛院，並易名為「陽明敬老所」。1978年，社會局訂定中程計畫，於現址拆除原有平房改建大樓，全部工程分2期進行。第一期工程，計有雙人套房200間，可供400位長者居住，命名為致中敬老所，是項工程於1984年9月完工，浩然敬老院於焉獨立。第二期工程，計有雙人套房200間，取名致和敬老所，另有養護病房38床，工程於1988年10月全部完成。

二、老人休閒康樂活動

1975年，臺灣省公布社區長壽俱樂部設置要點，規定社區內由社區老人中選舉組成幹事會，為社區老人提供聯誼活動及其他服務。1976年再公布長春俱樂部實施要點，在各縣市設置長春俱樂部，對退休後需要照顧之老人提供各種適當服務。

三、老人健康檢查

臺灣省政府於1977年試辦老人免費健康檢查，由基隆、臺中、臺南、高雄四個省轄市及臺北、南投兩縣試辦，以70歲以上老人為對象，檢查內

容以老人常見之疾病，如高血壓、肺病、風濕、血管硬化、癌症及消化器官病症等。1978年擴大到宜蘭、新竹、雲林、臺東、花蓮、澎湖等縣，1979年全省普及辦理。

四、老人搭乘水陸空公共交通工具半票優待

臺灣省政府於1977年試辦70歲以上老人搭乘省營鐵、公路及臺航班輪時，給與半價優待。嗣後，民營交通事業單位亦響應，是為老人福利法中老人搭乘水陸空公共交通工具半票優待之前身。

五、老人遊覽觀光地區及觀賞影劇門票優待

臺灣省政府於1977年試辦70歲以上老人遊覽觀光地區及觀賞影劇門票半價優待，以鼓勵老人從事戶外旅遊及文藝活動。

第二節　老人福利法頒布施行後（1980年～2011年）

如前所述，1980年的老人福利法之所以快速通過，基本上是因於1977年以來國內的政治情勢緊張，經歷1977年的中壢事件、美國與中華人民共和國建交、1979年的高雄美麗島事件，帶給臺灣政治、社會的不安，適時通過社會福利立法，有助於消音與轉移社會抗爭。

壹、老人福利立法與修正

一、老人福利立法

1980年1月頒布施行的老人福利法將老人定義為70歲以上之人，這是不符國際慣例的，凸顯當時主導立法院的老立委們的心態。老人福利法之所以制訂，彰顯老人是福利的標的人口群，國家賦予老人法定的福利權；然而也表示老人應該從工作崗位中退下，這對於當時大多數不必改選的老立委來說，通過一個暗示他們自己必須立刻交棒的老人福利法，對他們來說毫無益處，因為他們本身擁有的福利已超出老人福利法所規定的任何福

利範圍甚多。然而，在威權政治體制下，不得不通過社會福利法三法。於是，選擇將老人年齡提高到70歲，既可規避被質疑應立即退休的壓力，又可節省政府財政支出，自然是最佳選擇。再仔細端詳1980年的老人福利法的內容，即可明白其所規定之福利項目大都是之前已實施的，例如，規定四種老人福利機構：扶養機構、療養機構、安養機構、服務機構，醫療補助、老人搭乘國內公民營水陸空公共交通工具半價優待、進入康樂場所及參觀文教設施半價優待，以及老人志願服務等，都是在立法之前就已實施若干年。可見，其立法目的並非真正考慮老人之需求。

不過，隨著人口老化，臺灣65歲以上的老年人口於1993年9月底，統計為1,485,200人，占總人口數7.09%，達聯合國世界衛生組織所訂的老人國指標。顯然，進入老人國的臺灣，將引發新的需求與問題，老人議題遂成為政府與民間關注的焦點，因而規劃因應對策與措施，乃至法規的修訂均為必要，俾使政策、立法、服務合一，有效落實老人福祉。在高齡化社會裡，如何讓老人維持尊嚴和自主的生活是一項挑戰，也是整個社會包括老人本身、家庭、民間部門和政府的責任。

二、老人福利法修正

於是，修正老人福利法也是當時內政部的重要工作之一。老人福利法的修法雖由內政部於1992年發起，但以當時行政院院長郝柏村先生主張三代同堂，反對臺灣走向福利國的政治氛圍下，要讓老人福利有多大的進步，有事實的困難。不過那時國會已全面改選，透過需求業績的立委提出相對版本，反而是一可行的立法倡導。於是由曹愛蘭、林萬億、王增勇、呂寶靜、沈淑芳、黃春長所組成的老人福利法修法小組，於1993年2月起，連續8次密集的研修，不但提出民間版的老人福利法，將老人福利範圍擴大到經濟安全、醫療、照顧、工作、住宅、教育、社會參與，以及免於恐懼的自由，奠定老人福利法修法的基調，也直接促成1993年由38個來自全國各地的老人團體所發起成立「老人福利推動聯盟」（吳玉琴，2005）。

1997年6月，老人福利法修正將老人福利機構擴大為五類：長期照護機構、養護機構、安養機構、文康機構、服務機構。同時也配合內政部社

會司在1983年訂頒的「加強結合民間力量推展社會福利實施計畫」，以及1997年1月30日公布的「推動社會福利民營化實施要點及契約書範本」，獎助民間機構辦理老人福利服務，使我國的老人福利服務私有化現象更加確立。在這次修正案中將老人住宅列入規範，也將居家服務納入服務範圍，並針對老人保護有所規定，這是較先進的做法。

遺憾的是，1998年1月15日，臺北縣中和市一家未立案的慈民安養中心發生大火，燒死11位老人，不但驚動行政院，也讓其他未立案的小型養護機構陷入恐慌，老人福利推動聯盟趁機啓動未立案老人養護機構的立案運動。應當時的行政院副院長劉兆玄的邀請，由本人主導推動未立案老人養護機構的立案運動，參與者包括呂寶靜、吳玉琴等人；同時，啓動臺灣長期照顧先導實驗計畫。據此，行政院於1998年5月7日通過「加強老人服務安養方案」以爲回應。1998年6月17日修正「老人福利機構設立標準」，降低49床以下的小型安養護機構的設置標準，期藉此提升未立案老人安養護機構的立案可能，徹底解決未立案老人安養護機構的問題。就此，我國老人安養護機構的公共化與非營利化之間出現了一類既非非營利、也非完全營利的模糊化空間，那就是私立小型老人安養護機構的檯面化。

1999年6月18日，老人福利法中有關未立案機構立案的緩衝期2年到期前，未立案的小型安養護機構業者企圖遊說立委修改老人福利法第28條，展期1年，在老人福利推動聯盟積極結合地方政府的阻擋下，本次修法只將老人住宅的居住標準與服務規定得更加詳盡。此爲2000年5月的老人福利法第二次修正。至2002年底，列管的714家未立案老人安養護機構，有401家立案，264家關閉，44家轉型，只剩5家未立案。

2002年6月，老人福利法第三度修正，修正第9條與第13-1條，對老人福利機構的定義與私立老人福利機構的財務管理更加明確。由於長期照護機構與養護機構的區別，安養機構與老人住宅的功能定位仍然不明，照顧服務產業營利化的聲浪頗高，老人福利法第四度修正作業已於2003年起展開。

這次的修法由內政部委託老人福利推動聯盟召集學者、專家、團體代表參與，林萬億、呂寶靜、吳淑瓊、王增勇都參與修法的條文討論。經與

會者同意，此次修法屬大修，將老人福利相關議題重新有系統地檢視、翻修，以吻合時代潮流。老人福利法修正版本出爐後，送請內政部參考作為政府版的根據。當內政部正努力進行修正時，正好林萬億教授已被借調擔任行政院政務委員，於是要求內政部儘速完成修正草案，送院審議。2006年，內政部將老人福利法修正草案送請行政院審議，很快地將老人福利法修正草案審議通過，送立法院審查。

2007年1月31日，總統號令修正公布全文55條，並自公布日施行，奠定了今日老人福利保障的規模。本次修法關於老人保護部分最大特色在於該法公告施行後，政府將可主動保護受虐、棄養老人，過去社政主管機關需要徵得老人同意，才能介入救助受虐老人，以致窒礙難行，該次修法強調主管機關可依職權介入；另外，仿家庭暴力防治、兒童及少年保護，建構通報體系，對於老人有受虐或無人扶養致生命、身體危難時，相關人員應有通報責任。

而針對時下常有家屬將老人留置於機構後棄之不理，因未構成刑法的遺棄罪，形成三不管地帶，在修法後，家屬無正當理由仍不處理者，主管機關可以介入，家屬若不處理，主管機關可依法給與罰款新臺幣3萬到15萬元，並公告姓名。

在老人財產保護方面，對於心神喪失或精神耗弱而不能處理自己事務的老人，主管機關也將有權聲請宣告禁治產，以免老人的財產被詐騙或侵吞，地方政府在提出申請時，可提醒法院做必要處分，以確保老人財產不被剝奪；並鼓勵老人及早將財產交付信託，保障失智失能老人的財產。這方面的條款於身心障礙者權益保障法修法時同步處理，以利銜接。

對於服務提供，本次修法後，政府將提供居家與社區式服務、老人教育、輔具、老人就業的反就業歧視、中低收入戶老人住屋修繕或租屋補助、家庭照顧者的支持服務等，老人的照護服務更加多元化，此不僅符合國際老人照顧的趨勢，也提供目前行政院推動十年長期照顧計畫的法源依據。

此次修法也以附帶決議方式，在老人福利法修法施行後，立即挑選至少10處適合地點，開始試辦「團體家屋」服務設施。老人福利法的大修啟動了身心障礙者權益保障法、兒童及少年權益保障法的大修準備。

配合身心障礙者權益保障法關於精神疾病、失智症老人的身體與財產保護，2009年7月8日，總統號令修正公布第13、14、55條條文，並自2009年11月23日施行。

三、老人服務方案

因於1997年老人福利法的修正、前述未立案老人安養中心大火，以及高齡化社會來臨，老人照顧議題浮現，行政院於1998年通過「加強老人安養服務方案」，並於2002年修正，目的即是為加強老人生活照顧、維護老人身心健康、保障老人經濟安全，以及促進老人社會參與，至2007年結束三期方案。

行政院於2009年9月7日核定「友善關懷老人服務方案」，實施期程自行政院核定日起至2011年12月31日止，以「活躍老化」、「友善老人」、「世代融合」為三大主軸，規劃推動全方位的服務措施，透過加強弱勢老人服務，提供關懷照顧保護；推展老人健康促進，強化預防保健服務；鼓勵老人社會參與，維護老年生活安適；健全友善老人環境，倡導世代融合社會等四大目標、16項執行策略、63項工作項目，以建構有利於老人健康、安全與活躍之友善社會。

貳、老人福利服務

一、自費安養中心

1980年的老人福利法明訂四種老人福利機構均為公立或非營利財團法人組織設立。然而，公立老人扶養機構以收容無扶養義務之親屬或扶養義務親屬無扶養能力者為主，致使一些有自付部分照顧費用能力的老人，又不願前往私人安養機構接受照顧者，而無法進住公立仁愛之家或類似機構。政府就蓋了自費安養中心，以收容這些老人。臺北市政府社會局老人自費安養中心就是為了因應臺北市日趨迫切的老人安養需求而設立。該中心院區為兩棟地上七層、地下一層之連棟建築，松柏樓於1983年3月啟用，長青樓於1981年3月啟用，其室內設備均為單、雙人套房，長青樓並設有電話及中央空調設備。

其實這類有自我照顧能力、又能承擔部分照顧經費的老人，最佳狀態是留在社區中，採到宅服務或社區服務方式，滿足其需求。就算要集中服務，也應以老人住宅的形式來照顧，而非以安養機構的形式出現。由於自費安養中心的進住者社經地位較高，身體狀況良好，進住自費安養中心之後，直到失能為止才會離開。因此，自費安養中心的流通速度緩慢，等待名單很長，漲價的空間不大，就引發少數人先占先贏的社會福利資源配置的爭議。除非政府能將老人安養全面公共化，否則從自費安養設施做起，必然產生排擠有限社會福利資源的後果，而且造成社會福利資源的錯置。這是臺北市老人自費安養中心，以及後來跟進的各縣市老人自費安養中心陷入進退失據的困擾：要調漲費用，就被指責社會福利機構不應該賺錢；不調漲經費，又被質疑圖利少數社經地位較高的老人。

　　目前還有公立或公設民營的自費安養中心，包括：內政部中區老人之家的自費安養、內政部北區老人之家頤苑自費安養、臺北市政府社會局委外的兆如老人安養護中心等。另一個比較特殊的案例是由原來「中國大陸災胞救濟總會」（現改名中華救助總會）於1994年捐助成立的中華文化社會福利事業基金會所屬的翠柏新村老人安養中心。[1]

二、老人照顧津貼

　　依據原老人福利法第16條第1項（現改為第11條）規定：「老人經濟

---

[1] 中國大陸災胞救濟總會成立於1950年，1991年更名為中國災胞救助總會，2000年再改名為中華救助總會（簡稱救總）。該會成立之初是以「以同胞愛發揚民族精神，以救濟團結反共力量」為宗旨。救總在性質上屬於國民黨的附屬機構，類似中國青年反共救國團。其業務是接受政府委託，承辦救濟大陸流亡人士。救總除救濟大陸災胞之外，還設立臺北兒童福利中心、職業訓練所、五指山老人安養設施等。隨著海峽兩岸關係改變，救助大陸同胞的業務減少，再加上臺灣民主化進展速度加快，為規避黨國不分的質疑，1994年捐助成立中華文化社會福利事業基金會，將其原先所屬幾個社會福利設施，如兒童福利中心、職業訓練所、五指山老人安養設施等，轉由新成立的基金會管理。這些設施的用地都是由政府無償撥用，也由政府撥款補助興建。五指山老人安養中心即是翠柏新村老人安養中心，其土地25公頃由政府無償撥用，並補助興建。其安養對象為大陸來臺之老年義士義胞、退休公教人員、老年歸國僑胞，與少數地方上一般亟待安養之老人。

生活保障，採生活津貼、特別照顧津貼、年金保險制度方式，逐步規劃實施。」以及同法施行細則第11條規定：「本法第16條第1項所稱特別照顧津貼，指對於罹患長期慢性病且生活自理能力缺損，需專人照顧之中低收入戶老人所給與之津貼。」現改為老人福利法第12條中低收入老人未接受收容安置者，得申請發給生活津貼。前項領有生活津貼，且其失能程度經評估為重度以上，實際由家人照顧者，照顧者得向直轄市、縣（市）主管機關申請發給特別照顧津貼。前兩項津貼請領資格、條件、程序、金額及其他相關事項之辦法，由中央主管機關定之；申請應檢附之文件、審核作業等事項之規定，由直轄市、縣（市）主管機關定之。領取生活津貼及特別照顧津貼之權利，不得扣押、讓與或供擔保。不符合請領資格而領取津貼者，其領得之津貼，由直轄市、縣（市）主管機關以書面命本人或其繼承人自事實發生之日起六十日內繳還；屆期未繳還者，依法移送行政執行。為了減輕失能老人的家庭照顧負擔，臺北縣政府於1999年首先開辦失能老人照顧津貼（林萬億、潘英美，2000）。內政遂於2000年3月6日函頒「中低收入老人特別照顧津貼試辦作業要點」，針對罹患長期慢性病且生活自理能力缺損，需專人照顧，未接受收容安置、居家服務、未請看護（傭）之中低收入老人，補助家庭照顧者中低收入老人特別照顧津貼每月5,000元，以彌補因照顧家中老人而喪失的經濟來源。

　　2001年由於補助地方政府辦理是項業務之經費，業經行政院改列設算地方政府定額社會福利經費，由直轄市、縣（市）政府年度預算負責支應執行。繼續試辦的縣市計有臺北市等16個單位，宜蘭縣、基隆市、新竹縣、苗栗縣、彰化縣、臺南市、高雄縣及金門、連江縣等9個單位則因未編列預算而停辦或無人申請。內政部於2001年11月26日召開試辦執行檢討座談會議，並於2002年1月18日函頒「直轄市、縣（市）發給中低收入老人特別照顧津貼自治條例範例」供地方政府參照訂定自治條例。配合老人福利法修正公布，訂定「中低收入老人特別照顧津貼發給辦法」，針對領有中低收入老人生活津貼且未接受機構收容安置、居家服務、未僱用看護（傭）、未領有政府提供之日間照顧服務補助或其他照顧服務補助者，其失能程度經直轄市、縣（市）主管機關指定或委託之評估單位（人員）做日常生活活動功能量表評估為重度以上，且實際由家人照顧，補助家庭照

顧者中低收入老人特別照顧津貼每月5,000元，以彌補因照顧家中老人而喪失的經濟來源（內政部，2010）。

三、老人預防保健服務

依原老人福利法第20條規定：「老人得依意願接受地方主管機關定期舉辦之老人健康檢查及提供之保健服務。前項健康檢查及保健服務之項目及方式，由中央主管機關會同中央衛生主管機關定之。」內政部與行政院衛生署於1998年10月函頒「老人健康檢查及保健服務項目及方式」，詳細規定老人健康檢查及保健服務項目與辦理方式，各縣市政府可據以配合全民健康保險成人預防保健服務項目，辦理老人健康檢查。復依據2007年1月31日修正之老人福利法第21條規定：「直轄市、縣（市）主管機關應定期舉辦老人健康檢查及保健服務，並依健康檢查結果及老人意願，提供追蹤服務。前項保健服務、追蹤服務、健康檢查項目及方式之準則，由中央主管機關會同中央衛生主管機關定之。」內政部參酌1998年10月28日函頒之「老人健康檢查及保健服務項目及方式」，於2007年7月31日會銜行政院衛生署令頒「老人健康檢查保健服務及追蹤服務準則」，詳細規定老人健康檢查保健服務項目及辦理方式，以利各縣市政府據以推動辦理（內政部，2010）。

四、中低收入老人重病住院看護補助

為使機構內老人因重病住院期間，能獲得妥善照顧並減輕其經濟負擔，內政部編列經費提供財團法人老人福利機構與附設老人福利機構之財團法人辦理中低收入老人重病住院看護費補助，慮及低收入老人係由直轄市、縣（市）政府公費安置，且該項經費自2001年度起已由行政院改列設算地方政府定額社會福利經費辦理，低收入老人重病住院期間宜由地方政府負責，遂於2007年度起未補助由縣市政府安置於機構內之低收入戶老人，內政部僅補助安置於該部委託之財團法人老人福利機構照顧之低收入老人為限，每人每日最高補助看護費1,800元，每年最高補助21萬6,000元（內政部，2010）。

五、老人裝置假牙補助

老人裝置假牙補助是在1998年謝長廷先生競選高雄市長時所提出的政見，1999年7月起實施，但必須是全口都沒牙齒者始可獲得補助。之後，有些縣市開始模仿。自此，老人裝置假牙補助也成為繼老人年金之後，選舉的另一個攻防焦點。2008年謝長廷競選總統時，也將此政見納入全民適用。依衛生署國民健康局調查推估，65歲以上老人全口無牙比率高達21.5%，惟假牙係屬健保不給付項目，為保障老人口腔健康，減輕老人經濟負擔，維護其生活品質與尊嚴，行政院於2008年12月31日核定「中低收入老人補助裝置假牙實施計畫」，自2009年度起，由內政部編列經費補助各直轄市、縣（市）政府，針對經醫師評估缺牙需裝置活動假牙之列冊低收入戶、領有中低收入老人生活津貼，或經各級政府全額補助收容安置之老人，依其裝置假牙類別，提供每人最高1萬5,000元至4萬元之補助。2010年度更擴大補助對象，將領有身心障礙者生活補助費，以及接受各級政府補助身心障礙者托育費或養護費達50%以上之老人納入（內政部，2010）。

六、居家照顧

（一）居家服務

為因應老人居家安養需求，減輕家庭照顧負擔，各直轄市、縣（市）政府針對中低收入失能老人均有居家服務之提供。過去基於政府財政考量，有關居家服務補助，均以中低收入老人、身心障礙者為限，惟鑑於照顧服務並非經濟弱勢者的特殊需求，一般家庭也一樣需要社區的照顧，基於此，內政部依「照顧服務福利及產業發展方案」規定，自2002年6月1日起將補助對象擴大到一般戶，2004年7月1日起更增列「極重度失能者」補助標準。有關居家服務補助標準分別為：

1. **輕度失能者**：每月最高由政府全額補助8小時之居家服務費，第9小時至第20小時最高由政府補助50%，使用者自行負擔50%。
2. **中重度失能者**：每月最高由政府全額補助16小時之居家服務費，第17小時至第36小時最高由政府補助50%，使用者自行負擔50%。

3. **極重度失能者**：每月最高由政府全額補助32小時之居家服務費，第33小時至第72小時最高由政府補助50%（非中低收入者）或70%（中低收入者）。

本項服務措施自2008年度起，已納入我國長期照顧十年計畫之「照顧服務」範疇辦理，提高補助額度。依服務對象之失能程度核給不同補助額度，輕度失能者每月最高補助25小時、中度失能者每月最高補助50小時、重度失能者每月最高補助90小時。

另為增進照顧者專業知能與心理調適及情緒支持，俾能持續提供老人適切的服務，各縣（市）政府亦經常辦理居家服務專業訓練、照顧服務員培訓等，內政部每年亦編列經費補助各民間單位積極配合辦理。為協助各縣（市）政府積極推動老人居家服務，內政部除於1998年3月17日函頒「加強推展居家服務實施方案暨教育訓練課程內容」外，並規定各縣市應廣設居家服務據點，建構居家服務網絡，提供居家服務人力資源服務系統及相關資訊，加強各服務據點之整合及資訊交流，以有效運用資源。並於2003年2月13日會銜衛生署公告照顧服務員訓練實施計畫，以有效提升照顧服務品質。自2003年迄2010年，共計培訓6萬5,509名照顧服務員；另行政院勞工委員會自2004年第三梯次起開辦照顧服務員職類技術士技能檢定，以建立照顧服務員認證制度，截至2010年底共有1萬7,817人取得合格證照（內政部，2010）。然而以這種培訓居家服務人力的速度，顯然無法因應廣大的居家服務需求量。何況，其中有一部分居家服務員於取得資格後，轉往醫院擔任看護，致使國內居家服務員人力仍嚴重不足。

家庭照顧是老人照顧的最常見模式，但是，經濟壓力、社會及心理壓力、體力負荷是家庭照顧者最大的負擔。因此，訓練與支持、喘息服務（Respite Services）、社區為基礎的服務支持、財務的支持是減緩家庭照顧者的壓力，提高家庭照顧意願的有效辦法。長期照顧的性別議題一定要被敏感的處理，否則提高失能老人的家庭照顧率，將對女性福祉造成不利的影響。

（二）輔具購買租借與居家無障礙環境改善

依老人福利法，為利失能者使享有尊嚴、安全、獨立自主生活，由各縣（市）政府編列預算補助失能老人購買、租借輔具，以及改善居家無

障礙環境等。復依長期照顧十年計畫，10年內以每人最高補助10萬元爲原則，但經評估有特殊需要者，得專案酌增補助額度。

七、社區照顧服務

在地老化是老人長期照顧的目標，要達成此目標，首先需要有足夠的社區化老人照顧服務，其主要服務項目如下：

(一) 營養餐飲

餐飲服務是提供生活自理能力衰退，或無親屬準備餐飲，須他人代爲處理營養餐食的老人，以減少其炊食之危險及購物之不便。有關用餐方式，對於行動自如之老人，係選定適當地點提供餐飲集中用餐；行動困難者，則以送餐到家的方式辦理。一方面解決老人炊食問題，另方面讓老人與社會接觸，獲得情緒的支持。送餐到家從2003年起即已在部分社區推動。對於低收入戶及中低收入老人，內政部最高補助每人每餐50元；又爲鼓勵志願服務人員參與送餐服務關懷照顧老人，補助志工交通費每人每日最高100元。2004年起，爲加強推展並鼓勵從事社區服務具績效之民間團體，增列辦公設施設備費、專業服務費、辦公室租金等補助項目。此項服務推廣仍尚不普及，2010年度服務人數合計5,267人（內政部，2010）。

(二) 日間照顧

日間照顧服務是對於沒有接受居家服務或機構安養之獨居老人，或因子女均就業無法提供家庭照顧之老人，鼓勵地方政府設置日間照顧中心，白天由家人將老人送到日間照顧（托老）中心，由中心提供生活照顧與教育休閒服務，晚上將老人接回，可以享受家庭的溫暖。藉由日間照顧增進老人社會活動參與，並可提供家庭照顧者喘息的機會。內政部補助養護型日間照顧費，低收入戶老人每人每月最高補助5,000元，中低收入老人每人每月最高補助3,000元，交通費每人每月最高1,500元，設施設備費最高90萬元。2004年起，爲加強推展並扶植鼓勵從事社區服務相當時間並具績效之民間團體，增列辦公設施設備費、專業服務費、辦公室租金等補助項目。目前由各縣（市）政府結合民間資源提供個案照顧管理、生活照顧服務、復健運動及健康促進活動、諮詢服務及家屬服務等。不過，日間照顧的服務單位與服務量均不足以因應所需。內政部（2010）統計2010年度服

務人數合計785人（含失智症日間照顧服務108人）。

（三）家庭托顧

家庭托顧係指照顧服務員於其住所內，提供失能老人身體照顧、日常生活照顧與安全性照顧服務，以及依失能老人之意願與能力協助參與社區活動。此項服務是長期照顧十年計畫的創新項目，2010年度僅有臺北市、南投縣、臺中市、嘉義市等4縣市正式提供服務，服務人數僅35人。顯見還有諸多障礙需要克服，包括老人不習慣住進他人家中被照顧，除非很熟悉的鄰里或親戚；同時，托顧服務提供者擔心在沒有老人家屬在場的情形下提供照顧，風險較高。

（四）社區關懷據點

為促進社區老人身心健康，落實在地老化及社區營造精神，行政院於2005年5月18日核定通過「建立社區照顧關懷據點實施計畫」，結合有意願的村里辦公處、社會團體參與設置社區照顧關懷據點，由當地民眾擔任志工，提供關懷訪視、電話問安諮詢及轉介服務、餐飲服務、辦理健康促進活動等，以延緩長者老化速度，發揮社區自助互助照顧功能，並建立連續性之照顧體系。至2007年底，各縣市總計設置關懷據點1,590單位，成為我國老人照顧社區化最主要的鄰里互助機制。到2009年，社區關懷據點只增加到1,598個，顯見政黨輪替之後，基層老人照顧服務體系的建構並沒有得到相對的重視。截至2010年底止，各縣市共計設置1,671個據點。另為瞭解各據點實際推動情形及辦理成效，內政部業訂定考核（評鑑）指標及應行注意事項，由縣（市）政府辦理實地考核，依據考核結果由內政部與各縣（市）政府提供獎勵與輔導（內政部，2010）。

社區關懷據點發展進入瓶頸，除了政府重視與否的差別之外，還受到幾個因素的影響，一是場地限制，大部分有社區（村里）活動中心的社區（村里）已完成設置，其餘未有活動中心的社區，尋覓場地不易。第二，村里長與社區發展協會理事長不同黨派的矛盾不易化解，合作不易。第三，政府補助作業的會計核銷制度僵化，經費使用欠靈活，造成關懷據點經營困難。第四，政府定期評鑑過於重視專業水準，非由志工組成之關懷據點能力所及。第五，關懷據點的人力、資源、方案創新能力遭遇瓶頸，停滯不前。最後，尤其自2008年政黨輪替以後，政府過度期待仰賴藉由開

辦長期照顧保險來解決老人照顧問題，而忽略預防保健與社區支持的重要性。

（五）交通接送

依長期照顧十年計畫補助失能者使用交通接送服務，每人每月4次（來回8趟），每趟最高補助190元，以滿足失能老人就醫與使用長期照顧服務的交通需求，提高各項醫療與服務措施的可近性與運用。2010年度並將補助對象由重度失能者，擴大至中度失能者（內政部，2010）。

八、機構式照顧

這是最古老的老人照顧方式。從清治時期的養濟院、普濟院，到日治時期的慈惠院，再到國民政府來臺後的救濟院、仁愛之家，以至於老人福利法所規範的長期照護機構、養護機構。雖然絕大多數老人希望與自己的家人同住，但仍有部分老人必須依賴機構式的照顧，因此，照顧機構的安全、品質是受照顧的老人福利之所繫。

因應高齡化社會老人養護需求殷切，內政部自1989年起，每年均編列補助經費，鼓勵地方政府或民間單位積極興設老人養護、長期照護機構，或輔導安養機構轉型擴大辦理老人養護服務，以滿足國內老人養護及長期照顧的需求，另亦補助機構充實設施設備、服務費及教育訓練等相關經費，強化照顧功能，提升服務品質（內政部，2010）。

截至2011年底，全國計有長期照護、安養機構1,053家，床位數56,140，實際收容人數42,822，收容率76.3%；護理之家408家，床位數30,560；榮譽國民之家18家，收容人數9,330床。總床位數96,030，空床數22,595。顯示，機構式照顧並不是國人首選，僅占老人人口的2.94%。其中還包括安養人數7,107人（含社區安養堂，不含老人公寓），需安養者不適合接受機構式的長期照顧。如果以5%的老人失能率來推估，2011年臺灣失能老人數為126,176人，住在機構式照顧的比率約為52.6%。如果放寬認定標準，失能率為10%，則接受機構式照顧的失能老人占26.3%。其餘由家庭照顧者或外籍看護工照顧。

依據老人福利法第37條規定主管機關對機構應予輔導、監督、檢查、評鑑及獎勵。為加強老人福利機構之監督及輔導，保障老人權益，促進老

人福利機構業務發展，提升服務品質，內政部訂定「老人福利機構輔導查核表」，責請各縣市政府對每一機構每年最少應查核1次，按季將查核情形報部。評鑑結果公布於內政部社會司網站，供民眾查詢。

九、失智症老人多元服務方案

因應失智人口急速增加，團體家屋（Group Home）是一種較符合人性的照顧方式。將若干失智老人安排住在擬似家庭的住宅中，由照顧服務人員協助老人維持老人居家形態的生活，減緩退化速度，提升生活品質。為開發更多元與切合需求之服務模式，內政部於2007年函頒「失智症老人團體家屋試辦計畫」，自2007年1月1日至2009年12月31日試辦3年，結合民間單位或老人福利機構，針對中度以上失智症老人提供非機構式、似家的照顧服務，並結合民間單位辦理相關專業訓練課程、實務觀摩、座談及研討會等，提升工作人員專業知能。截至2010年底止，審查通過補助財團法人臺北市中國基督教靈糧堂世界佈道會士林靈糧堂、財團法人私立天主教中華聖母社會福利慈善事業基金會、財團法人愚人之友社會福利慈善基金會、社團法人臺中市社會關懷服務協會等4個單位辦理，共設置7單元，服務35人。顯然這樣的服務量不足以因應日增的失智症老人之需求。為賡續推動該項服務模式，內政部業已將「失智症老人團體家屋」納入社會福利政策性補助項目賡續辦理與推廣，以滿足失智症老人多元之照顧需求（內政部，2010）。

十、老人保護與獨居老人關懷

老人福利法自1997年起增訂老人保護專章，2007年1月31日修正之老人福利法更增訂醫事人員、社會工作人員、村（里）長與村（里）幹事、警察人員、司法人員及其他執行老人福利業務之相關人員，於執行業務知悉有疑似老人保護案件之通報責任。此外，直轄市、縣（市）政府並應結合警政、衛生、社政、民政及民間力量，定期召開老人保護聯繫會報，以強化老人保護網絡。其他主要採行措施如下：

（一）設置相關資訊及資源「單一窗口」

各直轄市及縣（市）政府均設置「單一窗口」，主動掌握相關資訊

及資源，以落實老人保護、安養照顧服務。此外，內政部亦結合民間單位完成老人保護資訊平臺建置網站，內容包括提供老人保護各項資訊、各縣（市）政府通報專線、專業人員案例討論區等，藉以提升社會大眾對於老人保護工作的認知，並強化縣（市）政府專業知能。

（二）強化獨居老人之關懷服務

2010年度我國列冊需關懷的獨居老人計有4萬7,197人，依身分別分，中低收入老人有1萬2,622人、榮民4,703人、一般戶老人2萬9,845人。政府部門對獨居老人除提供生活照顧服務、緊急救援連線外，亦結合民間單位、志工、社區資源及社會役人力等，加強提供關懷與協助。

（三）提供緊急救援服務

獨居老人安全網之建立，目前各縣市主要透過醫療系統（生命救援連線）、消防局或警察局（警民連線或安全警鈴）、或由民間團體承辦等三種方式辦理老人緊急救援工作。

（四）成立「失蹤老人協尋中心」

內政部於2001年10月委託老人福利聯盟成立「失蹤老人協尋中心」，透過教育宣導、配戴預防走失手鍊、協尋通報、後續比對、追蹤服務及社會福利諮詢等整體措施，並結合警政、社政、醫療衛生單位、傳播媒體的力量，有效協助家屬尋找不慎走失的老人。該中心的服務對象以65歲以上老人為主，此外並包含18歲以上身心障礙者及一般不明身分者；自開辦起至2010年底止，計1,778人通報協尋，其中1,005人經由該中心協助尋獲。

十一、心理與社會諮詢

為增進老人生活適應，保障老人權益，內政部專案補助績優民間團體於北、中、南三區設置老人諮詢服務中心，並於2002年5月3日開辦0800-228585「老朋友專線」，透過社會上對老人心理、醫療護理、衛生保健、環境適應、人際關係、福利與救助等方面具有豐富學識經驗或專長人士參與，對老人、老人家庭或老人團體提供諮詢服務，協助解決或指導處理老人各方面的問題。惟隨著科技產業蓬勃發展，民眾對於各項資訊取得管道呈現多元化，致三區老人諮詢服務中心面臨效益檢討與存廢或服務轉型運用，案經2009年度聘請專家學者實地評鑑後，自2010年度起整合由

中區（財團法人天主教曉明社會福利基金會）專責辦理諮詢服務，繼續提供老人及其家屬心理與社會支持功能（內政部，2010）。

十二、教育與休閒

（一）長青學苑

為增進老人退休後生活安排與適應，鼓勵其積極參與社會、充實精神生活，以及提升自我實現與自我價值，各縣市政府均自辦或委託民間辦理老人大學、長青學苑等。內政部亦每年度補助民間團體辦理長青學苑，課程內容兼具益智性、教育性、欣賞性、運動性等動靜態性質，豐富而多元。2010年度計補助長青學苑410所。

另為配合老人福利服務需求，老人文康活動中心也成為福利服務提供的重要據點，諸如辦理日間照顧、長青學苑、營養餐飲、居家服務支援中心等。

（二）樂齡學堂

教育部於2006年12月訂頒「邁向高齡社會的老人教育政策白皮書」中，將老人教育的施行視為全民教育，並揭示四大願景為：終生學習、健康快樂、自主尊嚴、社會參與。而其最重要的施行意義則在於保障老人學習權益，使老人享有終生學習的機會。事實上，各先進國家在因應高齡社會來臨之際，重要的對策之一就是學習機制的建立與機會的提供。從美國諸多高齡學習活動來看，與大學結合的學習形態是最受老人歡迎的，其基本運作模式即為與大學結合，利用大學的師資、設備，提供老人低廉的費用，享受高品質的教育內容，不但老人受惠，對大學來說也可獲益（教育部，2006）。

為鼓勵大學校院落實服務社會的功能，以及落實老人教育政策白皮書之執行策略，教育部於2008年首創結合國內13所大學校院辦理「老人短期寄宿學習計畫」，各辦理三個梯次五天四夜的免費老人短期寄宿學習活動。

教育部基於政策延伸性之考量，以期建立社會大眾對於高齡者的正面意象，乃將老人短期寄宿學習活動更名為樂齡學堂，並擴大辦理的範圍，於2009年核定補助28所大專校院辦理「樂齡學堂」專案計畫。為了讓社會

大眾對於28所樂齡學堂的課程及其相關資訊能有全面性地瞭解，特編印課程手冊，以響快「樂」學習、忘記年「齡」的銀髮族。此外，各縣市政府教育局亦辦理樂齡學習中心，2010年計209個中心，包括各級學校、圖書館、社區大學、社區發展協會、社團等所辦理。

地方政府教育局所辦理的樂齡學堂與社會局所辦理的老人大學形式、功能非常類似，主要課程以琴棋書畫、養生、健康知識、舞蹈、語文、電腦，其服務對象主要還是以退休軍公教人員居多。其實可以進行資源整合，以免重複使用。

（三）老人福利服務（文康活動）中心

為充實老人精神生活、提倡正當休閒聯誼、推動老人福利服務工作，鼓勵鄉鎮市區公所興設老人文康活動中心，以作為辦理各項老人活動暨提供福利服務之場所。內政部在2001年以前即有補助各地方政府設置興設老人福利服務（文康活動）中心，目前老人文康活動中心（含老人福利服務中心）有318所，提供老人休閒、康樂、文藝、技藝、進修及聯誼活動。另為配合老人福利服務需求，老人文康活動中心也成為福利服務提供的重要據點，諸如辦理日間照顧、長青學苑、營養餐飲、居家服務支援中心等。

（四）行動式老人文康休閒巡迴服務

為平衡各地資訊與福利服務的取得，內政部參考高雄市推動社區巡迴卡拉OK車的經驗，於2004年專案報請行政院同意辦理「推展行動式老人文康休閒巡迴服務實施計畫」，由內政部補助縣市購置多功能、美觀、行動力十足的多功能巡迴服務專車，並統一設計代表溫馨關懷之標誌及彩繪外觀圖案後，由縣市政府結合民間團體定期定點辦理社區巡迴服務，取代定點補助興建老人文康活動中心功能，展現政府為民服務的行動力，擴大服務輸送管道，讓偏遠地區因資訊不足、交通不方便之長輩明瞭政府提供的福利服務，將相關資訊遞送至有需求之家庭，甚至當場提供協助。該計畫從2006年起計有高雄市（原高雄市、縣）、新北市（原臺北縣）、宜蘭縣、桃園縣、新竹縣、苗栗縣、臺中市（原臺中市、縣）、彰化縣、南投縣、嘉義縣、屏東縣、花蓮縣、基隆市、新竹市、嘉義市、臺南市（原臺南市）等縣市提出申請並獲補助。各該縣市運用巡迴關懷專車深入社區，

於各地老人聚集之社區公園或廟口，提供福利服務、健康諮詢、生活照顧、休閒文康育樂等服務，協助鄉村地區老人就近接受服務、鼓勵社區老人走出家門與社區居民互動，學習關心公共議題，參與活動並瞭解各項社會福利服務措施。

十三、社會參與

（一）參與社會服務活動

鼓勵老人參與社團或社會服務活動，以獲得服務社區和社會的機會，增進與社會互動關係和精神生活。2010年度計有3萬8,676名老人志工參與志願服務。以臺灣老人人口數來看，有參與志工服務的老人仍屬少數。就活力老化（Active Ageing）的角度來說，老人參與志願服務是其中很重要的一柱，我國在這方面仍有很大的推展空間。

（二）各類老人活動

包括老人人力銀行、各項研（討）習會、觀摩會及敬老活動等項目，滿足老人休閒、康樂、文藝、技藝、進修及聯誼等需求，以增添老人生活情趣，提升銀髮族身心靈快樂，達到健身、防老的雙重效能。另對於即將退休者亦提供研習活動，增強民眾規劃銀髮生涯的能力，以及對於相關法令、福利的瞭解，協助心理、生理及社會的適應。人力銀行、時間銀行（Time Bank）、時間貨幣（Time Dollars）或社區貨幣的推動，在臺灣歷史很久，早在1980年由美國人Edgar Cahn發起時間銀行觀念之後，臺灣即有引進推動的嘗試，但一直未能普及。1995年「中華民國弘道志工協會」再度掀起推動志工人力銀行的興頭，推動全國志工連線的想法，2004年更名為「志工人力時間銀行」，2010年推動全國互助連線。2006年起，臺北市政府衛生局推出「天使人力銀行」，另外，「傳神居家照顧協會」也有類似的推動，2008年新北市花園新城社區的「花幣」、新北投文化基金會則是社區型時間貨幣的推動範例。政府部門有行政院人事行政局的銀髮志工人力銀行，是目前比較有規模的組織。

（三）各類社會參與優待措施

為鼓勵老人多方參與戶外活動，對於老人搭乘國內公、民營水、陸、空大眾運輸工具、進入康樂場所及參觀文教設施等，老人福利法已明定應

提供半價優待。目前各縣市政府均提供老人免費搭乘市區汽車客運之優待措施。

十四、促進民間參與老人住宅建設推動方案

為因應快速高齡社會之需與國內老人居住需求的多樣化，行政院促進民間參與公共建設推動委員會將「老人住宅」列為老人福利優先推動民間參與項目。為積極推動民間參與老人住宅，內政部研擬的「促進民間參與老人住宅建設推動方案」，於2004年5月奉行政院核定，並已函送相關部會及縣市政府積極推動辦理，以提供老人居住安養多元選擇。其中最主要是協助民間排除用地取得障礙、提高老人住宅容積率、租稅減免、低利貸款及充裕投資資金，簡化土地取得、變更之作業程序，提升促進民間參與之行政效率，以因應國內老人住宅日益激增的需求，減輕政府財政負擔，促進民間投資，帶動經濟發展。

然而，由於照顧服務福利及產業發展方案，以及促進民間參與老人住宅建設推動方案過於向經濟發展傾斜，企圖以照顧服務產業吸引民間投資，以及以老人住宅興建為建築業與醫療產業創造第二春，忽略了老人照顧營利化可能產生的後遺症，引發老人福利與身心障礙福利團體的憂心，而於2004年9月24至25日所舉辦的第二屆民間社會福利研討會中，決議照顧服務必須以非營利為基調；呼籲政府在照顧服務體系未建立完整前，務必停止一切有關開放照顧服務營利化的行動（林萬億，2005；吳玉琴，2005）（參見本書社會住宅章）。

第三節　榮民福利服務

1954年，政府為貫徹建軍政策，發揮新陳代謝，保持國軍精壯，經檢討有7萬人需離開軍中。前總統蔣中正先生為眷顧國軍官兵，參與北伐、抗戰、戡亂諸役，半生戎馬，功在國家，期使彼等離營後，獲得政府妥善照顧，指示行政院於同年11月1日創立輔導會，統籌規劃辦理退除役官兵就業輔導及安置事宜。輔導會創立之初原訂名「行政院國軍退除役官兵就

業輔導委員會」，並以輔導退除役官兵就業爲主要工作，後爲進一步照顧袍澤，擴大服務層面，乃自1966年9月8日改稱「行政院國軍退除役官兵輔導委員會」，統籌辦理輔導榮民就業、就醫、就養、就學及服務照顧等各項工作。

至2011年止，榮民屬老人者24萬4,713人，占榮民總人數45萬0,708人的54.3%。其中公費就養者5萬0,665人，合住在榮家6,314人，長期住在中國大陸者2,345人，外住者5萬7,006人，自費安養者2,134人，顯示榮民並不時興住在榮民之家。然而，自行租屋的榮民年老失能或獨居，就成爲地方政府社會局與退輔會榮民服務處間業務重疊的介面，就業務分工應該是榮民服務處的權責，然而，榮民服務處的服務員以軍中退役軍官轉任爲主，受限於其專業能力與階級屬性，很難吻合老人服務的需要；且有部分老榮民居住在老舊、違建社區，居住品質不佳，除了就養給與現金給付之外，其餘福利服務短缺；再加上其眷屬有部分屬外籍配偶、身心障礙者，地方政府社會局又不能不介入，跨部門間的業務不協調，時有耳聞，最終，受害者是這些老榮民。

榮民就養與服務照顧分述如次。

壹、榮民就養服務

榮民就養包括兩種：自費安養與公費安養。

一、公費安養

政府最早於1953年4月設了新竹榮譽國民之家、臺南榮譽國民之家、屏東榮譽國民之家、花蓮榮譽國民之家等4家榮家。之後又於1954設虎頭山韓戰中投奔自由的歸國反共義士生產輔導所，該所於1972年7月1日隸屬行政院國軍退除役官兵輔導委員會，即成立反共義士輔導中心，復於1975年爲擴大安置軍中退役年邁反共義士，遷建於臺北縣三峽鎮白雞山麓，即目前本家所在地，毗鄰關帝廟（三峽行天宮），爲旌其節，命名爲「忠義山莊」。政府順應時代潮流於1994年9月1日將反共義士輔導中心與土城大陸榮胞中心合併，改名爲「臺北榮譽國民之家」。

之後又於1957年增設雲林榮譽國民之家、太平榮譽國民之家；1959年再設岡山榮譽國民之家、馬蘭榮譽國民之家；1963年再設白河榮譽國民之家；1968年設板橋榮譽國民之家；1973年設彰化榮譽國民之家；1974年設桃園榮譽國民之家；最近一所榮譽國民之家則是設於臺南佳里，採取現代護理之家模式的「伊甸園模式」服務照護的佳里榮譽國民之家。至此，總計有公費安養榮譽國民之14所。

二、自費安養

自費安養是從1990年起才開辦，目前有八德、彰化、楠梓、花蓮等4所自費安養中心。申請自費安養、養護，需領有「榮譽國民證」，且未安置公養就養，並有能力負擔應繳之費用者為限，包括三類：

（一）榮民自費安養

(1)年滿61歲。(2)在臺無配偶，或經在臺配偶書立切結同意。但有特殊情形，並自行書立切結者，不在此限。(3)無子女或子女成年具謀生能力。(4)身心狀況正常，無法定傳染疾病，能自行料理生活起居，不需他人照顧者。

（二）榮民夫婦自費安養

年滿61歲，配偶年滿50歲以上，無子女或子女無扶養能力，經榮民服務處（或榮民自費安養中心、榮家）訪查屬實者，且夫婦身心正常，無法定傳染疾病，能自理生活起居，不需他人照顧者。

（三）失能（智）榮民自費養護

(1)失能自理生活困難，或經衛生主管機關教學醫院評鑑合格以上醫院鑑定證明需長期養護，非患有精神病、法定傳染疾病、24小時抽痰之植物人或有住院醫療需要者。(2)持有「身心障礙手冊」或經衛生主管機關教學醫院評鑑合格以上醫院鑑定屬中度以上失智症，需長期照顧，非患有精神病、法定傳染疾病、24小時抽痰之植物人或有住院醫療需要者。申請自費安養、養護之榮民（或配偶）因患精神病或法定傳染疾病，而不予同意者，經治療不具傳染性，得檢具證明再提申請。

貳、榮民照顧服務

為服務照顧散居各地區之榮民、榮眷，輔導會分別於各縣市設置之22所榮民服務處，專責辦理受理就養、推介就業、病患就醫、就學獎助、實地訪慰、權益維護、糾紛調處、善後處理等各項基層服務照顧工作。22所榮民服務處，因轄區遼闊，為照顧之便，各自成立服務區，遴聘熱心之榮民（眷）擔任社區服務組長、駐區服務員，作為輔導會的第一線服務人員。另為加強海外榮民服務，先後在全球18個重要地區及國家成立42個海外榮光聯誼會，提供海外榮民各項服務，凝聚海外榮民向心力。針對榮民的照顧服務，主要有以下幾項：

1. 榮民（眷）急難救助、慰問及災害慰問。
2. 榮民遺孤三節慰問。
3. 榮民就學子女營養午餐補助。
4. 清寒榮民子女獎助學金。
5. 外住榮民及遺眷訪視服務。
6. 榮民（眷）參與志願服務工作策劃、指導、訓練及運用。
7. 陳情請願協處、糾紛調處、法律諮詢服務、榮民財務託管。
8. 榮民娶中國大陸配偶生活輔導與服務照顧。
9. 榮民娶中國大陸配偶定居協助。
10. 前國軍反臺定居宣慰。
11. 大陸親屬奔喪宣慰。
12. 榮民大陸探親急難救助。
13. 香港欣安服務。
14. 喪葬服務、喪葬補助、遺產管理、軍墓管理。
15. 提供尋找榮民袍澤舊友或榮民親友之服務。

臺灣的社會福利：歷史與制度的分析

第四節　長期照顧

壹、計畫背景

一、建構長期照護體系先導計畫

　　1980年老人福利法通過後，對老人照顧服務的規範僅有機構式照顧乙項。但是，地方政府已開始辦理居家老人服務，1983年高雄市政府推動志工擔任居家老人服務；1983年起臺北市政府亦跟進，1986年推廣至全臺北市，但是不同的是由社會局聘用全職在宅服務員提供到宅老人服務。1986年起，臺灣省政府亦在桃園等6縣市試辦老人居家服務，包括家事服務、文書服務、休閒服務、醫療服務精神服務（吳淑瓊，2011）。由於失能老人與重度身心障礙者的家庭照顧負荷沉重，在人民需求長期照顧的壓力下，政府並無意積極介入長期照顧制度的規劃，而以開放外籍看護工作為回應。於是，1992年就業服務法通過允許外籍勞工來臺擔任產業外勞與家庭照顧外勞，是為今日臺灣長期照顧依賴外勞的源頭。

　　行政院研考會也於1997年委託吳淑瓊教授（1998）研究配合我國社會福利制度之長期照護政策研究。1997年老人福利法修正，為解決臺灣眾多未立案的小型養護機構問題，小型老人照顧機構被承認，但其條件為不辦理募款、不接受補助、不享受租稅減免，得辦理法人登記，即所謂「三不政策」，開出一條路讓那些個人經營或家族企業式的小型老人養護機構得以納入管理。如前所述，正好1998年1月15日臺北縣中和市未立案慈民安養中心大火燒死11位老人，據此，行政院於1998年5月7日通過「加強老人服務安養方案」，1998年6月17日修正「老人福利機構設立標準」，降低49床以下的小型安養護機構的設置標準，期藉此提升未立案老人安養護機構的立案可能，徹底解決未立案老人安養護機構的問題。

　　為了處理未立案老人機構的問題與日益增多的老人照顧需求，在一場社會大學舉辦的演講會中，當時的行政院副院長劉兆玄聆聽林萬億教授談臺灣社會未來的三大議題：人口老化、少子化、功利化等，於是在慈民安養中心大火後約見林萬億教授，邀請其著手規劃臺灣的老人長期照顧

計畫。曾經擔任過國科會主委的劉兆玄副院長請國科會於1998年5月2日補助臺灣大學社會學系舉辦「誰來照顧老人研討會」（林萬億，1998）。在研討會中，林萬億教授參考由洪文慶先生所翻譯的日本新黃金十年計畫，擬訂臺灣長期照顧十年計畫。這也是臺灣首次出現長期照顧十年計畫的構想。

依據該研討會的結論，行政院劉副院長要求內政部、衛生署撥款推動「建構長期照護體系先導計畫」。1998年11月，行政院社會福利推動委員會第二次會議上，由吳玉琴、王榮璋、吳淑瓊、林萬億提案，要求政府辦理「社區照顧優先推動方案」，劉兆玄副院長責成內政部、衛生署研擬具體方案。1999年，社會福利推動委員會第三次會議，提出建構「臺灣長期照顧十年計畫」的構想。經多次研商，認為10年期程太長，建議先進行為期3年的「建構長期照護體系先導計畫」，並成立行政院社會福利推動委員會長期照顧專案小組。由於林萬億教授已於1999年3月1日被蘇貞昌縣長借調擔任臺北縣副縣長，該小組由吳淑瓊教授擔任召集人。因為2000年5月政黨輪替，稍微耽擱了研究期程。民進黨政府成立後，2000年11月由內政部委託研究，總經費1億2,665元。該研究總目標為「在地老化」，建構策略如下（吳淑瓊，2003）：

1. **資源發展面**：包含九類服務模式，以及強調人力資源的整合。
2. **服務提供面**：在實驗社區（北縣三鶯地區、嘉義市）建置實驗社區中心，並配置照護經理，執掌個案工作並協助此先導計畫的發展。
3. **經濟支持面**：以設計社區服務給付辦法，以實驗進行觀察民眾在此辦法下的服務使用行為，並估算所需成本。
4. **組織管理面**：建立中央及地方整合行政機制，採「管理式照顧」理念，透過照護經理的角色提供全套服務。

之所以選擇三鶯地區與嘉義市是因為需要有城鄉差異的實驗，且林萬億時任臺北縣副縣長，有利於協調合作；而嘉義市是當時內政部長張博雅的故鄉，張部長曾擔任過嘉義市長，當時的代理市長正是張市長時期的衛生局長，溝通較方便，有利於創新方案的實驗。該計畫由吳淑瓊教授主持，成員包括呂寶靜、戴玉慈、張媚、莊坤洋、曹愛蘭、王正等。

二、衛生署推動長期照護管理中心

配合行政院的要求，1998年9月至2001年10月，衛生署也推出「老人長期照護三年計畫」，以「消費者導向」與「就地老化」為規劃概念，以「居家社區式照護為主，機構式照護為輔」，每年選擇2至3縣市或直轄市成立「長期照護管理示範中心」。截自1999年度，共有臺北市、大臺中地區、嘉義市、花蓮縣及臺東縣成立。

2001年至2004年衛生署的醫療網第四期計畫：新世紀健康照護計畫，接續於2000年結束第二的「老人長期照護三年計畫」，此方案目的在於「規劃研析長期照護制度、研修相關法規、建立整合性服務網絡、推動多層級照護方案、加強人力培訓宣導」等，繼續補助直轄市或縣市成立「長期照護管理示範中心」，並且加強其服務轉介、個案管理與發展統一管理系統，推動長期照護的「單一出口」制度。

2003年底，醫療網第四期計畫之「長期照護管理示範中心」已完成全國25據點的設置，2004年已全面轉稱「長期照護管理中心」。2005年至2008年，行政院再核定「全人健康照護計畫」，延續醫療網第四期計畫的辦理，採行策略為：一個鄉鎮長期照護需求調查結果，推估轄內服務的供需情形。輔導各縣市辦理「長期照護管理中心」計畫，輔導其建置資源管理的實務運行並研析解決相關問題。

三、照顧服務福利及產業發展方案

正當建構長期照護體系先導計畫進行得如火如荼時，民進黨剛執政，就面對網路泡沫化的經濟遲滯發展，經濟成長率下降、失業率升高。陳水扁總統於2000年9月16日一句「經濟發展優先，社會福利暫緩」，為社會福利發展定調。於是，利用老人照顧需求殷切，為建構照顧服務體系，提升服務品質，擴充服務對象，開發服務人力，行政院經建會於2001年5月奉行政院長張俊雄之命組成福利產業推動小組，研擬老人照顧產業推動的可能性。由於過度強調產業發展，有將老人照顧營利化的疑慮，致引起社會福利團體與學者的反彈，於是將福利與產業並列。行政院於2002年1月31日核定「照顧服務福利及產業發展方案」，期結合民間力量，共同發展

照顧服務支持體系。該方案中實驗補助一般家庭失能老人居家服務8小時全額免費，9至20小時50%；中度失能者16小時免費，17至36小時50%，期藉此誘發居家服務的使用量，俾利創造就業機會。預計投入第一年2億、第2年7億、第3年10.5億經費，3年擬創造2萬個工作機會。

方案粗分為兩期：

- 第一期（2002至2004年）：各縣市成立「照顧服務推動小組」及「照顧管理中心」（前身多半是「長期照護管理示範中心」），由專業人員提供個案服務、對失能者提供專業的評估與判斷。

- 第二期（2005至2007年）：強化「照顧管理中心」的功能，並且進一步推動以下策略：整合社政與衛政照顧服務資源（建立跨局處的資源連結與行政整合、統合推展與決策單位），落實照顧管理制度（以單一窗口提供多元諮詢）、確立照顧管理中心的SOP（標準化作業流程），定期評估與輔導各中心的運作。

至2004年底為止，已完成下列進度：

（一）建立照顧服務管理機制方面

為有效整合各縣市照顧服務資源，建立照顧管理制度，各縣市政府均已於2003年底成立「照顧服務推動小組」及「照顧管理中心」，以積極推動辦理該方案。

（二）引進民間參與機制充實多元化照顧

為因應失能老人及身心障礙者居家安養需求，減輕家庭照顧負擔，內政部業自2002年6月1日起將居家服務之補助對象擴大到一般戶，2004年7月1日起更增列「極重度失能者」補助標準。

（三）增列「老人住宅業」

獎勵民間參與公共建設條例自2004年開始增列「老人住宅業」。行政院並於2004年4月26日核定通過推動民間參與老人住宅建設推動方案。

（四）健全照顧服務人力培訓與認證制度

為建立照顧服務專業化，提高照顧服務員服務品質，內政部與行政院衛生署業於2003年會銜公告「照顧服務員訓練實施計畫」，統一「居家服務員」及「病患服務員」之訓練課程；至2004年底止，計補助38個民間單位辦理45場次照顧服務員培訓計畫，計1,850人取得結業證明書。行政院

勞工委員會並已完成照顧服務員職類丙級技能檢定相關基準作業，自2004年第三梯次開辦檢定、測試，以建立照顧服務員認證制度。

四、長期照顧制度規劃

當建構長期照護體系先導計畫還在進行的當下，2003年2月7日凌晨，負責照顧劉俠女士的印尼籍看護工維娜，由於工作性質長期無法獲得適當的休假，精神異常症狀發作，劉俠女士遭其嚴重拉扯與傷害，緊急送往三軍總醫院急救，不幸於2月8日凌晨4時41分離世。劉俠女士的朋友與社會福利團體與學者發表「可以寬恕，不容敷衍——建構完整的長期照顧體系刻不容緩」的聲明，除了要求政府儘速推動長期照顧計畫的建構外，也強烈要求：

1. 加強外籍監護工之職前訓練與在職訓練：許多外籍監護工在來臺灣之前並無照顧失能者的經驗和知識，為確保失能者受照顧的品質，應儘速建立外籍監護工職前訓練與在職訓練的機制，增強他們的照顧能力。

2. 僱用外籍監護工的家庭也需要上課：政府應輔導有需要外籍監護工的雇主採登記制，並提供必要的講習，讓雇主學習對待外籍監護工的正確態度及給與適當之勞動條件。

3. 撥部分就業安定基金經費，建立諮詢、申訴管道，建立到家訪視及協助照顧訓練制度：許多家庭照顧者及外籍監護工對於照顧工作並不熟稔，又苦無管道諮詢與申訴，應儘速建立相關諮詢及申訴管道，讓雇主與外籍看護工可以尋求協助與諮詢，亦可派遣輔導人員到家指導及瞭解照顧情形，讓失能者的照顧品質能有所保障。

外籍看護工從1992年起就扮演臺灣長期照顧的主力角色。在劉俠事件發生前一年（2002年），外籍勞工人數是30萬3,684人，其中產業外勞是18萬2,973人，社會福利外勞是12萬0,711人，以家庭與機構看護工占絕大部分（11萬3,755人）。劉俠事件使得2003年的外籍勞工引進稍微停頓，總數下降到30萬0,150人，但家庭與機構看護工並無減量，持續上升到11萬5,724人。

近幾年外籍看護工人數持續上升，到2011年底，總數升到42萬5,660人，其中社會福利外勞19萬7,854人，其中家庭與機構看護工19萬5,726人。如果從外籍看護工的增加來評價我國的長期照顧體系的建立，即可知路途坑坑洞洞，一路搖搖晃晃。

當2003年底，建構長期照護體系先導計畫三年完成，下一個動作自然是如何將實驗結果轉化為操作手冊，以利擴大推動，或直接進入全國實驗。然而，此時由經建會主導的照顧服務福利及產業發展方案還正在熱烈地進行中，衛生署的醫療網第四期計畫「新世紀健康照護計畫」也還沒結束，內政部的加強老人安養服務方案第二期也還沒完成，各部會依自己的計畫前進。如何利用建構長期照護體系先導計畫的上位政策定調來整合各部會，亟需有進一步的行動。

內政部遂建議成立長期照顧小組組成與運作計畫，經2004年10月18日行政院社會福利推動委員會第8次委員會議通過。2005年4月27日成立行政院社會福利推動委員會長期照顧制度規劃小組，由傅立葉政務委員召集，協調與整合長期照顧制度推動的跨部會、跨局處合作業務。2005年5月24日第2次委員會議決議中，正式統一名稱為「長期照顧管理中心」，以落實中央在整合長期照顧管理組織與流程的決心及政策支持。為填補建構長期照護體系先導計畫之不足，2005年1月至2006年6月，內政部自行辦理「加強居家式健康服務」、「整合照顧管理組織及功能」、「連結居家式、社區式、機構式長期照顧服務」、「改善長期照顧居家式各項措施」等研究，並委託辦理服務輸送、財務制度、法令制度、資訊系統等四項研究案。2005年7月至10月，為瞭解地方政府的長期照顧服務現況與問題，巡迴25縣市各辦理一場「建構長期照顧制度——中央與地方對話座談會」，提供意見供未來中央政策參考。

2006年5月，林萬億被借調接替傅立葉的政務委員缺，接手臺灣經濟永續發展會議的社會安全組召集人，會中針對人口高齡化議題，獲致35項具體結論，其中有關建構長期照顧政策納入稍後通過的大溫暖社會福利套案之旗艦計畫。同時，為儘速整合前述各項專案與實驗計畫，特別於2006年7月至2007年1月委託臺灣社會工作專業人員協會理事長呂寶靜教授邀請學者專家吳淑瓊、徐亞瑛、莊坤洋、鄭清霞與陳正芬等，以團隊運作方

式，按專業領域分工，整合之前的研究報告，據以提出我國長期照顧制度規劃報告（草案）。爲期報告內容更臻周延，小組於2006年12月15日至22日期間，分北、中、南3區召開5場次座談會，由林萬億政務委員親自主持，廣徵各界意見，並整合前述各項研究與規劃報告，完成我國長期照顧十年計畫初稿。行政院於2007年4月3日核定，目的是普及照顧服務、支持家庭照顧能力、建立照顧管理制度、發展人力資源與服務方案，以及建立財務補助制度。

貳、長期照顧十年計畫內容

一、計畫緣起

依據經建會人口推估，我國65歲以上人口比率將由2006年的9.95%，約227萬人，至2016年增爲13%，約303萬人，之後快速上升，至2026年將超過20%，約476萬人。需長期照顧的老人人口數，以5%的重度失能者比率推估，2006年約11萬3,000人，至2016年約15萬1,000人，2026年將達23萬8,000人。

人口老化現象雖普遍存在於世界各國，而我國老年人口比率也遠低於其他國家，但未來20年，我國人口老化速度相較其他國家將更爲加快。以老年人口占總人口7%達到總人口15%所花之時間，法國須時131年、瑞典88年、美國66年、英國51年、德國44年、日本26年，而我國亦爲26年，顯示我國人口老化速度非常快；換句話說，我國因應老化可以準備的時間也相對較短（林萬億，2010）。

依據行政院主計處2000年辦理之「戶口及住宅普查」報告顯示，估計約有33萬8千餘人需要長期照顧，屬於65歲以上老年人口占53.9%，有18萬2,351人（含各失能程度分級），占老年人口9.7%。內政部2005年委託辦理之「我國長期照顧財務制度規劃研究」，預估2006年長期照顧需要人口（含全人口及各失能程度分級）總計達66萬人，約占總人口之2.87%，預估到了2031年達126萬人，占總人口之5.38%，顯示長期照顧需求成長之速。

同時，隨著醫療科技進步，平均餘命延長，社會結構變遷、家庭結構

改變（平均每戶人口數由1986年的4.33人降為2005年的3.12人）、少子女化（從2000年1.68人到2005年1.12人）及婦女就業（2005年女性勞動參與率為48.12%）等因素，民眾長期照顧需求日漸殷切，照顧失能者的責任亦逐漸轉移至公共部門，因此也使得長期照顧制度之規劃成為政策制訂者關心之重要課題。

為滿足漸增的老人人口之長期照顧需要，已發展國家無不積極推動長期照顧服務。然而，對照先進工業國家因應人口老化的政策，我國現有的政策卻顯得零散及片段，未能有周延且整合之制度規劃以因應人口老化之急迫需求。依據近年諸多規劃研究發現，我國長期照顧體系之主要問題可歸納為以下五項：

1. 現行長期照顧方案分歧，長期照顧目標有待確立。
2. 縣市長期照顧管理體系發展不一，服務效率與公平性備受質疑。
3. 長照人力資源嚴重不足、跨專業間的團隊合作模式有待建立。
4. 長期照顧方案類型有限，服務品質監督機制不健全。
5. 長期照顧經費逐年上漲，健全財務制度有待建立。

據此，政府必須就長期照顧管理機制、照顧服務體系發展、照顧人力培訓及所需專門財源未雨綢繆、及早規劃，以期建構一個符合多元化、社區化（普及化）、優質化、可負擔及兼顧性別、城鄉、族群、文化、職業、經濟、健康條件差異之長期照顧政策，於是在「大溫暖社會福利套案」中特擬訂「建構長期照顧體系十年計畫」，據以作為我國仿照日本「新黃金計畫」推動長期照顧的依據。

二、計畫目標

本計畫提出六項目標如下：

（一）以全人照顧、在地老化、多元連續服務為長期照顧服務原則，加強照顧服務的發展與普及。

（二）保障民眾獲得符合個人需求的長期照顧服務，並增進民眾選擇服務的權利。

（三）支持家庭照顧能力，分擔家庭照顧責任。

（四）建立照顧管理機制，整合各類服務與資源，確保服務提供的效

率與效益。

（五）透過政府的經費補助，以提升民眾使用長期照顧服務的可負擔性。

（六）確保長期照顧財源的永續維持，政府與民眾共同分擔財務責任。

三、計畫重點

（一）服務對象

1. 以日常生活需他人協助者為主（經ADLs、IADLs評估），包含下列四類失能者：

    (1) 65歲以上老人。

    (2) 55歲以上山地原住民。

    (3) 50歲以上之身心障礙者。

    (4) 僅IADLs失能且獨居之老人。

2. 失能程度界定為三級：

    (1) 輕度失能（1至2項ADLs失能者，以及僅IADL失能且獨居老人）。

    (2) 中度失能（3至4項ADLs失能者）。

    (3) 重度失能（5項（含）以上ADLs失能者）。

（二）服務原則

1. 以服務提供（實物給付）為主，現金給付為輔，並以補助服務使用者為原則。

2. 依失能者家庭經濟狀況提供不同補助：

    (1) 家庭總收入未達社會救助法規定最低生活費用1.5倍者：全額補助。

    (2) 家庭總收入符合社會救助法規定最低生活費用1.5倍至2.5倍者：補助90%，民眾自行負擔10%。

    (3) 一般戶：補助60%，民眾自行負擔40%。

    (4) 超過政府補助額度者，則由民眾全額自行負擔。

（三）辦理內容及主協辦單位

1. 結合民間資源提供長期照顧服務（內政部、衛生署）：

   (1) 照顧服務（含居家服務、日間照顧、家庭托顧）：

      甲、補助時數：

         ①輕度失能：每月最高25小時。

         ②中度失能：每月最高50小時。

         ③重度失能：每月最高90小時。

      乙、補助經費：每小時以180元計（隨物價指數調整）。

      丙、民眾使用照顧服務（含居家服務、日間照顧、家庭托顧），可於核定補助總時數內彈性運用。

   (2) 居家護理：除現行全民健保居家護理給付2次以外，經評定有需求者，每月最高再增加2次；每次訪視服務費以1,300元計。

   (3) 社區及居家復健：對重度失能無法透過交通接送使用健保復健資源者，每人最多每星期補助1次；每次訪視費用以1,000元計。

   (4) 輔具購買、租借及居家無障礙環境改善服務：補助金額為每十年內以10萬元為限，但經評估有特殊需要者，得專案酌增補助額度。

   (5) 老人營養餐飲服務：低收入戶及中低收入失能老人，最高每人每天補助一餐，每餐以50元計。

   (6) 喘息服務：

      甲、輕度及中度失能：每年最高補助14天；重度失能：每年最高補助21天。可混合搭配使用機構及居家喘息服務。

      乙、每日以1,000元計。

   (7) 交通接送服務：補助重度失能者使用交通接送服務，以滿足就醫與使用長照服務為目的，每月提供車資補助4次（來回8趟），每次以190元計。

   (8) 機構式服務：

      甲、家庭總收入未達社會救助法規定最低生活費1.5倍之重度失能者：政府全額補助，每月以18,600元計。

乙、家庭總收入未達社會救助法規定最低生活費1.5倍之中度失能者：經評估家庭支持情形如確有進住必要，亦得專案補助。

（四）整合長期照顧管理制度（衛生署、內政部）

1. 執行單位：直轄市、縣（市）政府長期照顧管理中心。

2. 核心任務：包括需求評估、擬訂照顧計畫、核定補助額度、連結照顧資源安排照顧服務、持續追蹤個案狀況並監督服務品質、定期複評等。

3. 為利長期照顧管理中心穩健運作，由中央政府編列專款補助地方政府聘任照顧管理者、照顧管理督導，以及充實辦公設備業務費用。

四、經費

1. 由各機關年度相關計畫預算項下支應。

2. 預計2007年至2016年合計至少新臺幣817億元（含中央及地方政府之經費）。

　　在進行建構長期照護體系先導計畫、長期照顧十年計畫的同時，即有針對財務計畫進行研究。也知道日本在經過黃金十年計畫的實驗後，於2000年推出介護保險。在進行建構長期照護體系先導計畫的三年研究中，吳淑瓊帶領的研究團隊也曾考察過美國、加拿大、日本、英國、德國、瑞典等國的長期照顧制度。2005年，由林萬億所領導的「高齡社會的來臨：為2025年的臺灣社會規劃」的國科會整合型研究計畫也曾前往日本考察長期照顧發展情形。得到的結論均是不論採取稅收制或社會保險制的國家，均應先建構完善的服務系統才能上路。日本厚生勞動省也強烈建議臺灣應該先將長照服務體系建立好，再來談財務規劃是否由社會保險來支應。於是，在長期照顧十年計畫的推動過程，規劃小組決定先排除社會保險制的選項，集重兵於鋪建臺灣長期照顧體系，避免一旦開辦即採社會保險給付，立即會陷入有保險無給付、現金給付造成過度依賴外勞、社會保險財務赤字的無底洞，以及因長期照顧商品化帶來的去人性化、醫療化與反在地老化的後遺症。

參、四年內開辦長期照顧保險？

一、規劃長期照護保險

　　剛上路的我國長期照顧十年計畫馬上就面對政黨輪替。2008年總統選舉，馬總統的競選政見中出現兩處與長期照顧有關的政策，一是社會福利政策中提出「推動長期照護保險與立法，4年內上路」；二是在健康政策中提出「我們主張4年內開辦老人照護保險」。這顯然是不同的人寫的政見，指的應該是同一回事。從攸關國家未來國政的競選政見之草率寫法，即可看出此一政見研議時的粗糙。為了貫徹此一政見，當時的行政院長劉兆玄於2009年初即宣布提前於2010年開辦長期照護保險（國民黨政府接受醫療化用語改為長期照護）。顯然低估了過去8年來我國「長期照顧十年計畫」研擬的艱辛過程，更無視於開辦長期照顧保險的複雜性。

　　「長期照顧十年計畫」最大的目的是在建構我國的長期照顧服務系統。照顧服務系統如果不建構完善，立即推出長期照護保險，就如同有健康保險而無醫療體系一般，長期照護保險會落得只不過是一套財務支付系統，由政府強制向人民收取保險費，但拿不出好的照顧服務給人民。如前所述，在2005年行政院社會福利推動委員會長期照顧制度規劃小組即已對長期照顧制度的財務制度進行過討論，也知道世界各國長期照顧採行社會保險的國家不多，就是德國、日本、法國、韓國等（林萬億，2010）。不管稅收制或保險制，最基本的架構都是長期照顧服務體系健全發展，否則一切都是空談。

　　一旦為了立即端出長期照顧保險，必然選擇最快速便利的方法。首先就是大量利用外籍看護工作為照顧服務人力，使我國高達19萬的大量外籍看護工無法逐年減量，甚至有可能擴大聘僱，除非長期照顧保險不給付聘用外籍看護工的家庭。但是這種可能性微乎其微，人民繳了保險費，不可能接受使用外籍看護工的家庭不能得到給付。其次，為了加速衝刺服務量，大量開放醫院開辦長期照顧服務勢不可免，必然走向長期照顧醫療化，這是長期照顧十年計畫所不願意看到的後果。第三，就是透過保險給付鼓勵增設長期照顧機構，如護理之家、養護機構等收容老人與身心障礙

者，這是擴大長期照顧機構化的種因，如前所述，我國的機構式照顧已供過於求。最後，開放照顧服務產業商業化，讓財團加速進入照顧服務產業，失能的老人與身心障礙者成為商品，如此一來，將使我國的老人照顧淪為：外勞化、醫療化、機構化、財團化、營利化，這與長期照顧十年計畫所要實現的目標：在地老化、社區化、社會化、小型化多機能、非營利化，背道而馳（Lin, 2012）。

主張加速推動長期照護保險者認為我國長期照護服務提供短缺是因為沒有保險給付當誘因，因而供給不足。如果這個論調說得通，那些沒有長期照護保險而又有很好的長期照護體系的國家，如瑞典、英國，服務體系是怎麼生出來的？臺灣長照體系不健全的問題出在政府重視不足、外勞與機構式照顧幾乎完全主宰長照服務市場，如果不解決這些問題，建立長照保險只不過是建立一套給付機構式照顧與外勞看護的現金收支制度而已。

據此，林萬億為文批判這種冒進的長期照顧保險計畫（林萬億，2009）。於是，2009年2月11日，行政院劉院長約見林萬億，討論長期照顧保險議題，林萬億將上述風險一一敘明，劉院長遂指示行政院一組轉知經建會避開這些風險。然而，馬總統政見既定，行政院必須將長期照顧十年計畫加速轉型為長期照顧保險作準備，原先的建構長期照顧服務系統的工作，如照管中心建置、居家服務員訓練、社會資源開發、服務系統連結、社區關懷體系、支持家庭照顧者方案等，推動腳步延緩，因為這些都不是長期照護保險的支付項目重點。未來為了爭取支付額度，更多大型機構會為了搶食長期照護服務預算大餅，而犧牲服務品質與制度的永續發展。

行政院表面上仍照進度於2009年7至8月由負責規劃長期照護保險的經建會辦理50場次的「長期照護保險初步構想」溝通說明會，但是，社會福利團體與學者專家仍持反對意見，不贊成在長期照顧服務體系尚未建構成熟前，貿然實施長期照護保險。此時，馬政府又因莫拉克風災救災不力，飽受批評，遂以內閣改組解套，劉兆玄院長去職，於是，長期照護保險規劃暫時停擺。2009年底，衛生署依進度將長期照護保險法（草案）送行政院審議，然未被行政院長期照護保險推動小組審議，也未與民間團體溝通（吳玉琴，2011）。

根據衛生署長期照護保險規劃總顧問李玉春教授（2011）的說法，長期照護保險規劃的理由是：

1. 已初步建立長照服務及輸送體系雛形。
2. 服務資源及使用人數逐年增加，涵蓋率約20%。
3. 補助對象以老人為主，50歲以下的多數未涵蓋。
4. 機構服務僅限補助低收入戶，負擔沉重。
5. 預算不足，各縣市執行能量不一。
6. 服務利用率仍低，未達經濟規模，體系發展及人員留任不易。

因此，需要預作準備，規劃長期照護保險，且民意調查支持度高。

其實，這些都不是理由，這是先射箭再畫靶，因為馬政府認為長期照護保險是既定的，也是唯一的選項，才來找理由。第一個理由哪是理由？本來長期照顧十年計畫就是要建立完善的長期照顧服務體系，目前進度已落後，就是要加緊腳步趕上進度，跟要不要開辦長期照護保險無關。第二個理由也不是理由，老人人口數逐年增加，長期照顧十年計畫逐年提高服務量是再自然不過的事了，其實該擔心的是服務涵蓋率太低，因政府採觀望態度又砍長期照顧預算之故。第三個理由說是補助對象僅限老人與50歲以上身心障礙者多數人未納入，老人長期照顧不照顧老人，那要照顧誰？年輕身心障礙者是否適合納入長期照顧體系，爭議很多，在本書前一章已討論過，此處不再贅述。第四個理由談機構式照顧未補助非低收入戶，擔心的就是機構化。因為機構式服務供過於求，如果普及補助，恐怕長期照顧機構馬上爆滿，且會加速興建。如果為了解決此缺漏，可以修正長期照顧十年計畫，對非低收入失能者經評估需求機構式照顧者給與一定比率的補助，也未嘗不可，並不一定要辦長期照護保險才能解決問題。

真正的關鍵是第五個理由：預算不足。李玉春（2011）的資料顯示，3年多來（2008-2011），長期照顧十年計畫總經費才支出73.1億元。吳玉琴（2011）指出，長期照顧十年計畫2010、2011年2年的預算比2009年少6億。而依長期照顧十年計畫的預算規劃是隨著老人人口增加與服務範圍擴大而逐年增加，根本不可能有刪減預算的空間。第一年26.51億（2007）、第二年54.72億（2008）、第三年60.90億（2009）、第四年67.08億（2010）、第五年75.74億（2011）、第六年84.40億（2012）、

第七年93.06億（2013）、第八年101.72億（2014）、第九年110.38億（2015）、第十年142.84億（2016），總計817億3,566萬元。這些行政院框列的預算到哪裡去了？亦即，馬政府根本沒有給足額預算，要怎麼擴大服務範圍？要怎麼增加服務方案？何況，2009年內政部與衛生署已做了微幅調高費用支出的修正，顯見，馬政府並不想將這些行政院已寬列的預算用在十年長期照顧計畫上。用飢餓政策讓長期照顧十年計畫被質疑，以利其另起爐灶，向人民收取保費，節約政府預算。第六個理由與上述的說明息息相關，無須多費唇舌。至於民意支持度高，人民知道長期照護保險要繳多少保費嗎？人民知道他繳了保險費之後，有多少機會使用長期照護服務嗎？人民知道他一出生就要繳保險費，繳一輩子，除非是先天致殘，或年輕致殘，否則平均失能率僅2.9%，要到75歲以上才有五分之一機會使用到嗎？這些條件不告訴受訪者，受訪者怎麼會有正確的判斷呢？

目前由長期照護保險規劃小組所規劃的內容是：

1. **被保險人**：全民納保。
2. **財源**：90%靠保險費，10%自付額。保險費由雇主、政府、被保險人分攤。
3. **給付項目**：居家服務、居家護理、居家復健、日（夜）間照顧、機構式照顧（限重度）（輔具、交通接送、居家無障礙空間維修等三項視情形開辦）、僱用外籍看護工有條件給付。
4. **給付資格**：經評估後依等級給付。
5. **支付制度**：論人、論量、論質多元支付系統。

二、制訂長期照護服務法

為了避開馬總統的長期照護保險政見跳票的尷尬，行政院責成衛生署以制訂「長期照護服務法」替代。2009年底，衛生署的長期照護服務法（草案）出爐，2010年10月送進行政院審查。為了趕進度，避免選舉政見跳票，行政院於2011年3月送進立法院待審。

觀諸行政院版長期照護服務法，版本非常單薄，其實是長期照護機構管理辦法而已。然而，長期照顧機構其實已經在老人福利法、身心障礙者權益保障法、護理師法中明訂，根本不需要新立一個法來管理。長期照顧

十年計畫沒有長期照護服務法照常運作了一段時間，其之所以會有服務範圍難以快速擴大、服務方案難以擴張，主因在於預算緊縮與政策搖擺，是故，當務之急是依進度推動長期照顧十年計畫，若有不妥，滾動式修正即可。

事實上，針對長期照顧十年計畫的執行，2009年內政部與衛生署僅已做了微幅調整：一是調整照管人員配置標準為150名失能個案配置1名照顧管理專員，並放寬資格要件；二是降低部分負擔：居家服務與居家護理自付額：一般戶降低10%、即民眾負擔30%，中低收入戶降低5%、即民眾負擔5%；擴大居家護理服務範圍；三是提高日間照顧現有設施設備補助比率為90%，民間自籌比率為10%（降低自籌20%），補助新設立之日間照顧中心開辦費200萬元（服務提供單位自籌10%），減輕服務單位成本，提高參與意願。

倘若依上開調整方案與推動措施，預估2010年所需新增經費如下：內政部：8億3,407萬8,000元，含公務預算7億7,575萬9,000元（原編列預算外需新增額度）；公彩盈餘5,831萬9,000元。衛生署：7,949萬1,000元（原編列預算外需新增額度）。

民間團體與學者專家一再提醒實施長期照顧保險或是長期照顧制度的國家，沒有一個有所謂的長期照顧服務法，然礙於政治考量，衛生署必須執行政策，無視於民間的反對意見。為了避免行政院版長期照護服務法在缺乏競爭版本，又有立法院國民黨團強勢運作下通過，於是，由老人福利推動聯盟、殘障聯盟、社區居住推動聯盟、臺灣女人連線、稅改聯盟等團體，於2011年3月組成「長期照顧推動聯盟」（簡稱長盟），邀請呂寶靜、吳淑瓊、林萬億參與研擬民間版的長期照顧服務法，由民進黨籍立法委員黃淑英、陳節如進行連署提案，採取延宕審查、模糊焦點的阻擾戰術。不過，在制訂民間版長期照顧服務法時，倒是完整地將長期照顧的目標、品質保證、服務體系、服務人力、給付方式、經費、罰則等一一詳列。立法院總計有長期照顧服務法草案14個版本待審，2011年5月2日與4日進行逐條審查，版本過於分歧，僅通過5條，名稱也改為「長期照顧服務法」就不再進行。雖然國民黨團企圖靠掌控立法院絕對多數優勢，強行通過長期照顧服務法，最後終因缺乏共識與師出無名而作罷。立法院屆期

不續審，2012年2月6日，新任行政院長陳冲已要求各部會將屆期不續審的法案儘速修改送院審查。顯然，除非政策改變，否則長期照顧服務法還必須在立法院有一番纏鬥。

值得一提的是，於2010年10月27日成立的「長期照顧監督聯盟」，其宗旨為：「代表臺灣公民社會，從性別與人權的觀點，監督政府長期照顧政策之規劃與執行。」目前聯盟成員包括26個團體（婦女、家庭照顧者、移工、移民、身心障礙、愛滋、護理、社區等團體），以及12位個人盟員（立委、學者等）。該聯盟於2010年提出「週休一日喘息服務」，提倡由政府聘僱本國籍照顧服務員，提供家庭照顧者（包括家屬及聘用外籍看護的家庭）每7天能有1日休息的替手服務，作為長照體系的實驗計畫。「長期照顧監督聯盟」也呼應2003年即提出「家事服務法」（草案），讓外籍看護工能有較人性的勞動條件。

從性別與人權的角度倡導長期照顧制度是重要的，而讓目前的外籍看護工納入長期照顧體系也是必要的。「週休一日喘息服務」的主張對非僱用外籍看護工的家庭沒有意義，因為這些家庭如果有失能老人，早已納入長期照顧十年計畫的服務範圍，依失能程度可以享有居家服務時數的補助，其居家服務時數早已超出週休一日的喘息服務。所以，這個主張顯然是針對外籍看護工而來。外籍看護工每週工作7日是不人道的，應該納入勞動基準法，或是另定家事服務法來保障。週休一日其實還是很委屈，至於這週休一日的喘息服務時數應由誰來補足，當然可以由雇主（家庭）自行決定，要僱用本國籍居家服務員來填補，或是由家庭照顧者自己填補，無須他人費神。但是，要求國家提供補助就有待商榷。因為僱用外籍看護工的6天工作，雇主家庭照顧者已享受喘息的機會，剩下1天自己來照顧應是合乎人情倫理。如果連這一天都要求國家補助，那些沒有僱用外籍看護工的家庭照顧者會提出異議，她們每天都在自己照顧失能老人，是否也可要求7天全額補助？

然而，僱用外籍看護工的家戶會爭論，僱用外籍看護工是她們自己出錢的，她們都沒享受到政府長期照顧計畫的好處。談到這個議題就更複雜了。如果政府能完全負起照顧失能老人的責任，跟本就無須僱用外籍看護工，也無待家庭照顧者如此辛苦。可是，世界上沒有一個國家會將失能

老人的照顧全部由國家承擔，即使住在機構的失能老人，家庭照顧者除必須負擔部分費用外，也被要求要在假日履行部分子女照顧責任。何況，機構式照顧從來就不是長期照顧的全部。我們也必須從老人的角度來思考這個議題，政府不可能剝奪家庭照顧失能老人的權利，其只能分攤一部分責任。

延續這個論點，到底僱用外籍看護工可不可以享有長期照顧給付，顯然只有長期照顧保險制的國家才會考慮給付現金給家庭照顧者，如德國。但是，全面使用外籍看護工且獲得保險現金給付，就很值得爭議。這將鼓勵所有家庭僱用外籍看護工，因為長期照顧保險會給付，可以減輕家庭支出負擔。那些僱不起外籍看護工的家庭卻得不到這項給付。除非僱用外籍看護工與家庭照顧者的現金給付一樣，這才符合給付公平原則。然而，未解決的問題是，那些沒有僱用外籍看護工的家庭就會出現國家行小惠綁住女性家庭照顧者的嫌疑，如德國的經驗。這些現金給付給外籍看護工家庭屬於額外補助，多少有幫助；給付給家庭照顧者的現金則是壓低家庭照顧者的工資價值，有貶抑女性的味道，除非現金給付額度很高。如果給付額度很高，等於是國家幫家庭僱用外籍看護工，讓家庭照顧者可以外出就業；而沒有僱用外籍看護工的家庭，領取高給付的補助，但必須自己照顧，這份補助其實是替代薪資。如此一來，不但未解決性別議題，更引起階級爭議，有錢僱用外籍看護工的家庭將占盡便宜。何況，如此高的給付必然導致保險費高到難以想像，這又對中下階層家庭非常不利，形成雙重剝奪。德國長期照顧保險的現金給付額度很低，就是因為保險基金付不起。

下一個議題是，這些使用外籍看護工的家庭照顧品質與人權由誰來把關？如果是家庭僱傭關係，當然是由家庭照顧者自行負責。但是要求照顧品質，不可不同步考慮勞動條件。這也是「長期照顧監督聯盟」所關切的。但是，這是個矛盾的議題。僱主要求員工工作品質，就不能不提供相對較佳的工作環境。這種家庭內部的勞資對立關係，不可能要求家庭自行解決。因此，就有一種論調出現，讓外籍看護工的僱用關係加入第三者，不是現在的外勞仲介，而是居家服務機構。這種主張可行性很低。讓居家服務機構僱用外籍看護工，扮演監督服務品質與保障人權的角色，賺取服

務管理費，看似合理，其實很難做到。這很像人力派遣公司，不同的是人力派遣的員工不會長年住在雇主家。雖然由於居家服務機構的介入，使得原先家屬與外籍看護工的勞資對立關係獲得部分解套，轉嫁到居家服務機構身上，但是，這些外籍看護工的工作品質只有使用者才能體會，居家服務機構作爲人力派遣的雇主，並無法隨時進入雇主家去監督，何以能保證服務品質？論者會說，目前的居家服務機構也是要定時去使用者家庭督導居家服務員，但是，那是鐘點時數服務，服務項目清楚易於監督。換成外籍看護工的督導，居家服務機構要不要管雇主的使用項目是否超出居家服務範圍？要不要管外籍看護工的飲食、住宿是否合乎人道？這怎麼管？讓居家服務機構去承擔如此沉重的外籍看護工管理，根本是本末導致，難保居家服務機構不會變質成爲剝削外籍看護工的血汗雇主？難保使用者不會與居家服務機構玩貓抓老鼠的遊戲？

其實，長期策略應該是外籍看護工逐年減量，否則這個家庭、性別、就業、階級、老人生活品質的多面向爭議必然永無寧日。

一面爲實現馬總統的政見，另方面又有學者、社會福利團體的質疑，上至行政院、內政部、衛生署，下至地方政府，莫不佇足觀望。在不情願推動長期照顧十年計畫之下，行政院最直接的反應就是刪減長期照顧十年計畫的預算，導致服務受限。不足的經費必須仰賴第二預備金補足缺口，地方政府就必須疲於奔命於議會追加預算的行政程序與修改和民間的委託服務契約。民間服務單位本就缺乏足夠的周轉資金，一旦經費撥補延後，必然導致服務停擺。如此的預算控制，一定會讓十年長期照顧計畫執行出現嚴重的困難。這若非是要藉此策略凸顯稅收制的長期照顧制度的缺失，逼人民接受長期照顧保險的提案，而根本無視於老人長期照顧的迫切需求與連續性。

更重要的是，長期照護保險的財務負擔會因爲供給創造需求而快速攀升。屆時如果要調高保險費，人民必然反彈，尤其長期照顧保險的受益對象只有老人與身心障礙者的11.5%左右，即使會隨著人口老化而增加，但總是少數。要調高大多數非受益國民的保險費，必然會引發強烈的反彈。未來長期照護保險的財務難以健全，長期照護保險財務很快就會赤字連連而苦於無法提高保費，與現在的全民健康保險處境相同。甚至，長期照護

保險只是短期內淪為全民健保財務缺口的挹注站，長期就成為全民健康保險的難兄難弟。

其實，長期照顧保險不是不可規劃，而是必須建立在長期照顧服務體系完善的前提下。若說因為沒有長期照顧保險，所以沒有財政誘因來建立服務體系，根本是倒果為因。世界上沒有開辦長期照顧保險的國家，又是如何擁有完善的長期照顧體系的？這是不辯自明的。

衛生署將長期照顧十年計畫分為三階段推動，第一階段，2008年至2011年，建置基礎服務模式；第二階段，2012年至2015年，健全長期照護服務網；第三階段，2016年至2017年，銜接長期照護保險。看來似乎胸有成竹。然而，第一階段已經過去，建置基礎服務模式似乎還未篤定，接下來的長期照護服務網如何推動，考驗新成立的衛生福利部的整合能力。

三、長期照顧制度面對的挑戰

如果長期照護保險真要推動，不可迴避以下問題：

（一）社政、衛政、退輔整合不足

目前與長期照護有關的法律有老人福利法、身心障礙者權益保障法、護理師法、精神衛生法、退除役官兵輔導條例，相關部會有衛生福利部、退輔會。第一關必須能整合原來屬內政部社會司主管的老人、身心障礙福利與衛生署主管的護理、精神衛生。就長期照顧十年計畫或規劃中的長期照護保險法中的給付項目，都是社會福利屬性的居多，醫護的少。但是，在長期照護保險規劃過程中已經發現重衛生輕福利的現象，內政部社會司幾乎噤聲棄守，未來如何整合是個大挑戰。退輔系統不整合進來，如何與全民健康保險體系銜接？但是，要整合也需花時間溝通，因為兩邊的服務系統、觀念、給付條件差異頗大。

（二）社區式、居家式服務方案仍不夠普及

截至2010年底，居家服務人數2萬7,800人，比率偏低。至2011年5月，全國才有69處日間照顧中心（含12處失智症照顧中心），離一鄉鎮一中心的理想甚遠。

（三）區域資源分配嚴重不均

不只是長期照顧資源不足，城鄉差距也大，特別是如本書第九章所述

身心障礙資源配置的困境，非都會區的縣市資源嚴重短缺，同一縣市偏遠鄉鎮的資源更缺乏，形成雙重弱勢。

（四）機構式服務品質參差不齊

目前機構式照顧家數、床位數均呈現供過於求現象，這種經驗會隨著老人人口增加而改善。但是，機構照顧的品質參差不齊，如果不透過資訊公開、評鑑，很難汰舊增新。一旦品質不齊，給付就很難公平。

（五）照顧品質評鑑指標尚未建立

長期照護保險提出的品質保證措施是人員訓練、認證、繼續教育、設置標準、許可、機構評鑑、受照顧者權益保障、獎勵措施。這些都是原則，如何落實，需要更多的資訊、研究始能達成。何況，目前不論是機構式、居家式、社區式服務都有地方政府把關，一旦實施長期照護保險之後，如同全民健康保險一樣，地方政府退位，這些服務端賴使用者、全民健康保險局管理。長期照顧的社會照顧（Social Care）成分較多，並非如醫療體系想像的那麼容易標準化。

（六）服務人力尚不足以因應所需、服務人力的勞動條件未明訂

前述2003至2010年，內政部與衛生署共培訓照顧服務員6萬5,509人，勞委會培訓1萬7,817人，仍不足以因應所需。尤其一部分取得資格者轉至醫療體系服務，使長期照顧人力更加短缺。而在長期照顧十年計畫規劃的同時，教育部同步在科技大學增設10餘個老人服務相關科系。這些科系學生有些已經畢業，如何讓這些畢業生進入長期照顧人力市場，也需要規劃。不論是外籍看護工、本籍照顧服務員，勞動條件、待遇都必須明訂，否則無法同步解決依賴外籍看護工與聘不到本國籍照顧服務員的問題。

（七）民眾付費使用照顧服務習慣未養成

在長期照顧十年計畫中即設計非低收入家戶自付額的機制，但是，人民使用自付服務的意願不高，以致在法定補助時數之外，使用服務較少。或許長期照護保險機制較能誘發人們使用意願，因為不用白不用。反之，供給創造需求的現象就會出現，新的道德風險快速產生。如日本的經驗一般，輕度失能者的服務使用量大增，介護保險的財政壓力快速上升（林萬億，2010）。

（八）中央與地方的協力

　　長期照顧十年計畫是稅收制，中央政府與地方政府掌握有資源配置的權柄，只要預算分配足額、說服地方政府配合，執行困擾較少。地方政府也會將老人、身心障礙者的服務屬於非長期照顧部分與長期照顧銜接。一旦改為長期照護保險，地方政府在服務監督、資源開發、財務週流上失去角色，如何能將老人、身心障礙者的福利屬於非長期照顧部分與長期照顧銜接，就要有新的做法，否則很難要求地方政府協力。衛生主管機關一定要瞭解，老人、身心障礙者的需求是多元的，且大部分老人、身心障礙者並不需要長期照顧，長期照顧不是老人、身心障礙福利的全部。

（九）對外籍看護工的依賴甚深，擠壓本國籍照顧人力的培育空間

　　我國外籍勞工從2007年的35萬7,937人，增加到2011年的42萬5,660人。其中家庭與機構看護工從15萬9,702人，增加到19萬5,726人，增加了3萬6,024人。大部分的失能老人與身心障礙者不是在機構受照顧，就是在家中接受外籍看護工照顧。可以看出，長期照顧十年計畫推動了4年，並沒有讓外籍看護工減量，反而繼續快速地增加當中。這除了反映老人人數增加所帶來的長期照顧需求增加外，也反映長期照顧服務員的訓練腳步太慢。目前家庭外籍看護工屬全天候工作待命狀態，薪資低、工時長，對雇主來說當然好用，以致長期以來國人無法擺脫依賴外籍看護工的心態。但其就業條件、人身安全堪慮，一旦外籍看護工的勞動條件提高，例如，每日至少休息10小時，週休至少1日，恐怕使用外籍看護工的情勢會逐漸改觀。不論如何，對外籍看護工的依賴絕對無法創造本國居家服務員就業的機會，也無法建立完善的長期照顧體系。

參考書目

內政部（2010）。社政年報。

吳玉琴（2005）。老人福利推動聯盟的發展歷史。社區發展季刊，109期，頁279-292。

吳玉琴（2011）。臺灣老人長期照顧政策之回顧與展望。發表於「居家服務單位因應長期照護保險策略研討會」。老人福利推聯盟辦理。2011/12/9。臺北。

吳淑瓊（1998）。配合我國社會福利制度之長期照護政策研究。行政院研考會委託研究。

吳淑瓊（2003）。建構長期照護體系先導計畫第三年計畫。內政部委託研究。

吳淑瓊（2011）。我國居家服務政策發展與省思。發表於「居家服務單位因應長期照護保險策略研討會」。老人福利推聯盟辦理。2011/12/9。臺北。

李玉春（2011）。我國長期照護保險之規劃。發表於「居家服務單位因應長期照護保險策略研討會」。老人福利推聯盟辦理。2011/12/9。臺北。

林萬億（1998）。試擬我國老人照顧十年計畫：迎頭趕上。論文發表於「誰來照顧老人研討會」，台灣大學社會學系主辦。1998年5月。

林萬億（2009）。長期照顧保險不能躁進。中國時報。社會探索。

林萬億（2010）。社會福利。臺北：五南。

林萬億與潘英美（2000）。失能老人照顧津貼──以臺北縣為例。社區發展季刊，92期，頁99-112。

教育部（2006）。邁向高齡社會的老人教育政策白皮書。

臺灣省文獻委員會（1972）。臺灣省通志。

臺灣省文獻委員會（1992）。重修臺灣省通志。

Lin, Wan-I (2011) (2011). The Aging Society and Social Policy in Taiwan, New Challenges for Maturing Democracies in Taiwan and Korea, by Stanford's Center on Democracy, Development and Rule of Law (CDDRL) Democracy in Taiwan Program. May 27-28. Stanford University.

Chapter 11

原住民族
福利

第 十 一 章

2011年底，臺灣的原住民族約有49萬人，占總人口數的2%。目前依早期的原住民身分認定標準，經政府認定的原住民族有：阿美族、泰雅族、排灣族、布農族、卑南族、魯凱族、鄒族、賽夏族、雅美族、邵族、噶瑪蘭族、太魯閣族、撒奇萊雅族及賽德克等14族，各族群擁有自己的文化、語言、風俗習慣和社會結構。

除了官方認定的14個原住民之外，尚有屬少數中之少數的平埔族原住民。臺灣平埔族為南島語系民族的一支，可能在五千年前至兩千五百年前間移民至臺灣。關於臺灣平埔族群的分類，人類學家原先分為7種，後分為9種、10種。1990年代初，又有人提出7族14支的說法。漢人移民來臺後，和平埔族人密切接觸，平埔文化因而迅速被漢文化同化；再加上異族通婚之故，平埔族人漸次融入漢人系統中。較為國人熟識的平埔族群有雷朗族（臺北盆地、桃園）、凱達格蘭（臺北北濱、金山、基隆）、道卡斯（桃竹苗）、巴宰（臺中盆地）、巴布拉（臺中清水、梧棲）、貓霧悚（大肚溪以南、濁水溪以北）、洪雅（雲嘉）、西拉雅（臺南）、馬卡道族（高雄、屏東）。今日爭取平埔族正名運動最積極的族群應屬西拉雅族、噶哈巫族（埔里）、馬卡道族、巴布拉族、巴宰族、凱達格蘭族等[1]。

1　臺灣平埔族於1953年4月9日臺灣省政府以行政命令將登記為山地或平地原住民的平埔族人一律視為漢人。之後，1956年臺灣省政府頒訂「臺灣省平地山胞認定標準」，戶籍登記為「熟」者，可准於登記為平地山胞，登記期限為1959年6月30日以前。2000年7月29日起，臺灣平埔族代表多次函請行政院原住民委員會建議將平埔族歸類為臺灣平埔族原住民，未獲善意回應。2001年9月，立法院制訂原住民身分法，排除平埔族原住民身分。於是，平埔族代表於2001年2月27日於立法院舉辦公聽會向政府提出五大訴求。2001年11月13日向陳總統陳情，要求宣布平埔族為臺灣原住民。2002年3月11日發起臺灣平埔族正名運動；同年3月25日向立法院陳情另設平埔族委員會；8月23日向行政院陳情；10月24日凱達格蘭族北投社潘慧耀長老向陳總統陳情；11月19日巴宰族致函內部要求准予恢復原住民身分。2003年4月3月再向陳總統陳情。2004年3月11日再向行政院陳情。2005年5月18日再致

原住民的社會福利到底是指「原住民族社會福利」，或是「原住民的社會福利」？前者是指原住民族作為一個集體的、與漢族有別的族群的社會福利體制建構，後者是指原住民被當成是一個與漢族人不一樣的個體所擁有的社會福利權。李明政（2011）指出，就名目上，「臺灣原住民族福利體制」似乎已存在，但是卻名不副實。事實上，雖然如原住民敬老福利津貼、國民年金、原住民工作權保障法、社區（部落）營造等，都已將原住民視為差異的族群集體來建制福利，但是，大部分的社會福利仍適用原住民與非原住民，如社會救助法、各種人口群的福利服務、社會保險。

 第一節　原住民委員會成立之前

壹、山地行政

　　在日治時期，原住民行政稱為「理蕃」。理蕃區域的地方經建和物資交易等所有業務皆統歸警察機關掌理，山胞不能享有一般被殖民下的臺灣人民的權力，此區域內排除一般法令的適用，不適用「日本六法」。原住民進出理蕃區域均受到嚴格的限制。

函行政院秘書處陳請。2006年1月10日再致函行政院要求恢復原住民身分；同年2月10日獲原民會主委瓦歷斯貝林接見。2006年11月27日，政務委員林萬億於召開原住民族認定法（草案）研商會議時，裁示徵求平埔族人意見。於是，2007年1月6日，林萬億政務委員與原民會瓦歷斯貝林主委親赴南投埔里聽取學者專家與平埔族人意見。接著，2月3日假臺南縣東山鄉東河國小召開第二次會議，聽取西拉雅族人意見。3月21日於原民會召開平埔族認定及其身分取得會議。會議決議略曰：承認歷史事實，平埔族為臺灣原住民族，唯基於歷史與社會事實，其因身分取得之權益，採差異原則處理，先以語言、文化權保障為主；原民會成立工作小組研修原住民族身分法草案；同時成立臺灣平埔族原住民事務推動小組；規劃平埔族原住民語言與文化振興五年計畫，於2008年起推動。遺憾的是，2007年5月20日林萬億政務委員去職；2008年政黨輪替，本項計畫遂告延宕。

原住民行政在國民黨政府遷臺後稱爲「山地行政」，規定原住民族接受中華民國憲法、民商法、刑法、民事訴訟法、刑事訴訟法、行政法等六法體系。這也就是高德義（1996）所說的中國化時期，讓原住民成爲中華民族的一支。原住民改漢性、教育制度一條鞭、建立國家山胞治理行政體制、山地鄉行地方自治、高山族改爲山地同胞等同化政策。

戰後臺灣省政府山地行政可分爲三個時期：一爲建立行政體制時期；二爲山地三大運動時期；三爲山地土地改革時期。

在第一時期，首先建立「行政體制」，遵循三民主義種族平等的原則，劃編山地鄉村鄰，將日治時期理蕃區域按照地方行政體制、地理環境與交通情形，劃編村鄰，建立鄉公所、村辦公處及鄉民代表會，並委派山胞任鄉長村長（之後由任命制改爲選舉制），各山地鄉公所分別於1945年底至1946年初成立。

其次建立「山地行政組織」。日治時期理蕃業務由警察本署掌管，戰後由行政長官公署警務處接管，1946年之後將「山地警務」以外的「土地業務」全部劃歸民政處接辦，結束警察專管。民政處改廳後，1948年7月至1949年4月曾在民政廳之下設山地行政處，總攬山地業務。此後撤銷山地行政處，在民政廳設山地行政指導室，後又改科，承辦山地民政與山地其他行政聯繫工作。山地教育、衛生、農林、水利、交通、地政等業務，則由各有關主管廳處局接辦，並由民政廳按期召開山地行政業務會報，以資協調配合。自此，山地行政業務由特殊化走向一般化。這也就是高德義（1996）所說的山地行政一般化時期（1951年～1952年）。

貳、山地人民生活改進

前述第二時期的三大運動係指「山地人民生活改進」、「定耕農業」、「育苗造林」，由1951年起同時在山地各鄉村普遍推行。臺灣省政府於1951年起推動「臺灣省山地人民生活改進運動辦法」，分別推行國語、改進衣著、飲食、居住、日常生活、改善風俗習慣等六大目標。其中的山地語言政策以國語爲主，山地方言（地方語言）爲輔；以及衣著（原住民有選擇服飾自由）、風俗佐證（迷信、祭祀、巫術、室內下葬、婚姻

陋習、早婚等）。如同閩南、客家語言成為方言，原住民母語也淪落為方言，喪失族群主體性。

1953年，臺灣省政府通過「臺灣省促進山地建設計畫大綱」，所提建設重點是：改善山胞經濟、提升山胞文化水準，以及充實山地自治財源。其中明示山地平地化的政策總目標，期待10年內解決山地問題，讓山地特殊行政及早結束，回歸平地化。此即高德義（1996）所說的山地平地化階段（1953年～1962年）。亦即以拉近山地與平地的生活水準為目標。

同時，「山地人民生活改進」計畫進入第二期（1955年～1959年），第三期從1960年開始，著重山胞的文化、教育、經濟及地方發展，目的在提升山胞的生活水準。在此期間，1955年又推出輔導平地山胞生活計畫，1956年推行臺灣省山地同胞就業輔導辦法。

上述的10年間，山地與平地的生活水準差距的確已縮小。1963年，臺灣省政府經檢討後，推出「臺灣省山地行政改進方案」，繼續以保護扶植山胞、積極發展教育與經濟，以提高其文化經濟水準，增進其社會福利，促使早日與一般社會融合。這就是高德義（1996）所說的融合階段（1963年～1987年）。這期間，1972年推出加強平地山胞輔導工作實施計畫。1973年推出山胞家政推廣工作要點。1975年推出加強山胞心理建設教育實施綱領。1979年推出加強輔導平地山胞改善生活計畫方案等。

隨著臺灣都市化、工業化，原住民移居城市人口增加。都市山胞人口增加，1980年高雄市政府也推出高雄市山胞生活輔導要點。

1981年臺灣省政府再推出臺灣省山胞生活輔導要點，規定各村里或部落成立生活改進協會。1982年推出各縣鄉鎮縣轄市山地青年生活輔導要點，同年也實施臺灣省改善偏遠地區居民生活計畫。1983年又推出改善山胞生活及加強生活服務計畫、輔導平地山胞改進生活計畫、推動山胞青年輔導應加強辦理事項。1985年推出山胞家政推廣教育家事改進班周轉金實施辦法、照顧遷入都市居住原住民生活應循之原則及實施要領。1987年臺灣省各縣市推出山胞生活輔導中心設置要點。1988年臺北市也推出原住民生活輔導要點。

1982年臺灣省政府基於山胞社會融合階段已推行近20年，乃委託中央研究院進行評鑑，於1983年完成山地行政政策評估報告書（李亦園等，

1983）。據此，1988年推出「臺灣省山胞社會發展方案」，目標是維護山胞地位與權益，積極輔導其發展政治、經濟、社會、教育、文化、經濟，提供生活能力與品質。此即高德義（1996）所說的進入社會發展階段（1988年～1997年）。該計畫分為三期，每期4年，計12年，內容包括政治社會、教育文化、生活輔導、經濟建設、衛生保健、治安維護與財政輔導等7項（鄭麗珍、李明政，2010）。

在這期間，高雄市政府繼續推行山胞生活輔導計畫。內政部也首次加入推動都市原住民生活輔導計畫（1992年～1997年）。1992年臺灣省政府亦推出加強推動遷居平地城鎮原住民生活改善實施要領、臺灣省山胞聚落生活環境改善計畫、防治山胞部落災害計畫，以及臺灣省祥和社會加強山胞社會福利等方案。

從上述這些改進山胞生活的諸多計畫來看，先政治，將原住民納入中央政府治理版圖，也就是被來自中國的移入政權統治。進一步以漢人為中心的思維，將原住民的文化界定為「落後的」、「偏差性」，遂有「臺灣省山地人民生活改進運動辦法」的出現，山胞的生活是要被漢人「改進」的。進一步為了讓原住民融入臺灣以漢人為主的現代資本主義社會，原住民需要被政府「輔導」，使其特殊性、偏差性消失而融入臺灣主流社會。

直到1980年代，原住民社會運動已隨著臺灣社會運動的發展而萌芽，政府才警覺到必須協助原住民部落全面性地發展。能者對不能、上位者對下屬、統治者對被統治者、正確對偏差的輔導概念才逐漸淡化。1985年也才出現「原住民」的稱呼，從此，確立原住民的自我集體稱呼。但是，必須等到1994年原住民的正名運動之後，「山胞」才在政府文件中消失。原住民作為一種必須被尊重的差異族群，或多個差異而各自獨立的族群的集體概念，其社會福利權的賦予，必須被差異尊重的族群集體性的多元文化理念，仍然還沒有出現。

參、百合計畫

跟著臺灣1980年代中的救援雛妓的腳步，1991年起，婦女救援基金會將矛頭對準原住民部落，發起「百合計畫——搶救原住民少女專案」。第

一階段針對山地鄉國中、國小進行巡迴宣導，其目的在於教導原住民少女認識、瞭解色情行業對少女身心的摧殘；小心色情陷阱，避免誤蹈；運用社會資源，解決家庭困境，勿盡愚孝，犧牲自己而悔恨終生。從該年5月20日起至6月7日止，分派28位講員，在桃園縣復興鄉，新竹縣尖石鄉，宜蘭縣大同鄉、南澳鄉，花蓮縣秀林鄉、卓溪鄉，共計4個縣市，7個鄉鎮，69所國中、國小進行宣導（婦女救援基金會，1991）。

臺灣省政府也於1993年推出加強原住民少女教養撫育實施計畫。1994年再推出臺灣省原住民青少年生活輔導要點。而當時推動該項計畫的正是被借調為省府委員的社會學者伊慶春教授，參與推動計畫的包括洪文惠女士、林萬億教授。1995年內政部也推出推動臺灣省原住民鄉兒童及少年保護工作要領。

肆、原住民社會運動

原住民社會運動源於進入都市升學與就業的原住民菁英對於原住民族在經濟上相對弱勢，職業多為初級產業的就業結構底層；教育上因收入相對較低，教育程度亦偏低；在文化上的傳統文化消失，產生原住民族自我認同危機；在衛生上因居住環境不良，衛生醫療缺乏而生活環境品質差；因此出現對於原住民多有酗酒惡習的偏見、雛妓問題與自殺率升高等社會現象，造成原住民族在心理上產生相對剝奪感與被污名化誤解，因此顯現在政治上的表現，便帶動原住民運動與原住民族運動的興起，揭露原本隱藏在社會底層的嚴重社會問題與不公平的癥結（張茂桂，1996）。

原住民族意識的覺醒，某種程度是以教會為主的信仰體系藉由與原住民密切與穩定的聚會及彼此間知識傳播，而產生重大的推廣動力與支持群。然而，原住民族運動並非宗教性的復振運動，而是帶著強烈政治訴求的族群運動，直接挑戰統治者與威權體制政府統治的正當性。而一股以原住民主體性為號召的運動力量，強大足以使人懷疑其動機與背後支持者，是否受反對黨等黨外勢力影響，因此，此時的原住民運動經常被國民黨貼上受到黨外利用與污染的污名化標籤。

其實，最早的原住民運動萌發於1949年5月的「臺灣蓬萊民族自救鬥

爭青年同盟」；在臺灣發生二二八事件、白色恐怖、戒嚴的將近半個世紀，原住民族社會運動與臺灣的社會運動一起銷聲匿跡。隨著臺灣社會力萌芽，1983年5月1日「高山青」刊物發行；1984年「臺灣黨外編輯作家聯誼會」成立「少數民族委員會」，接著催生了「臺灣原住民族權利促進會」（原權會）的組成。臺灣原住民族社會運動由原權會之受理都市原住民個案問題為起始，以關懷原住民弱勢處境的溫和社會運動方式，對原住民生活品質低落、平均所得低、教育程度低、自有住屋率低、失業率高、平均餘命低、文化斷層等問題，進行個案服務。

都市原住民的職業多為一級產業的勞力工作，其中漁業（遠洋與近海漁業中，原住民大多從事遠洋漁業）和礦業為主要行業，此兩大產業分布地點，也就決定了早期都市原住民的地域分布。根據人口統計調查顯示，當時都市原住民約有15萬人，達到總數的三分之一強，居住分布以臺北縣、高雄港及基隆港周邊為主。而原權會進行個案服務的原住民運動時期，適逢一連串煤礦災變造成礦工死亡、遠洋漁船漁民於國外遭他國扣留，多達二分之一受害者是原住民，而原住民少女自願、非自願從事性產業的窘境，均是引發社會運動與原住民運動興起的主要抗爭訴求。

臺灣的原住民族運動在早期政治控制與資源挹注的福利侍從主義之下，幾乎沒有發展空間。原住民族在少數菁英帶領下臣服於政府的統治，失去族群覺醒的動能。在1945年至1980年處於威權體制統治的同化政策下，原住民並沒有強烈的反抗統治政府，而是直到1980年代掌握社會與政治運動興起之契機，在原住民族社會運動者掌握有利的可資運用政治資源後，爭取與要求統治政府退讓、釋出政治空間及固有權利保障法制化。原住民族社會運動延續的目標，在於原住民族是以「應居主位之民族權利主體」來發動對抗國家與威權統治體制的壓抑和民族權利失衡狀態，在原住民族主體性與固有權利得到尊重與返還之前，原住民族運動仍將持續不間斷地延續傳承。

從1983年到1996年間，原住民社會運動出現的重大社會抗爭包括：破除吳鳳神話、正名運動、自治運動、反蘭嶼廢核料、還我土地、反興建瑪家水庫、反亞洲水泥等。其中，1988年的臺灣原住民族權利宣言確立了臺灣原住民族的社會運動核心訴求。

當1984年臺灣原住民首度以正名爲訴求，到1994年憲法增修條文將原住民入憲，期間經歷了11個年頭。其後，也於1995年立法院修訂姓名條例第1條原住民可以恢復傳統姓名。

 ## 第二節　原住民委員會成立之後

壹、原住民委員會成立

1997年，憲法增修條款第10條第2項明訂：「國家應依民族意願，保障原住民民族之地位及政治參與，並對其教育文化、交通水利、衛生醫療、經濟土地及社會福利事業予以保障扶助並促進其發展，其辦法另以法律規定之。對於澎湖、金門及馬祖地區人民亦同。」這是揭櫫國家將原住民族的福利權視爲是一集體的族群權利。

爲回應原住民社會的需求，並順應世界潮流，行政院於1996年間籌備成立中央部會級機關，以專責辦理原住民事務，並於籌備期間研訂機關組織條例草案，用爲機關成立之法源依據。同年11月1日，立法院審議通過「行政院原住民委員會組織條例」，行政院並於同年12月10日即正式成立「行政院原住民委員會」（簡稱原民會），專責統籌規劃原住民事務，成就了我國民族政策史上新的里程碑。爲因應臺灣省政府功能業務與組織調整，原臺灣省政府原住民事務委員會經裁撤，自1999年7月1日起歸併原民會，並於中興新村設置中部辦公室；前臺灣省政府原住民事務委員會所屬文化園區管理處亦同時改隸原民會。2002年1月4日，立法院審議通過該會組織條例部分條文修正案，該會機關名稱並於同年3月25日正式更改爲「行政院原住民族委員會」，社會福利處更改爲「衛生福利處」，經濟暨土地發展處調整變更爲「經濟及公共建設處」與「土地管理處」兩處。原民會設有五處（企劃處、教育文化處、衛生福利處、經濟及公共建設處、土地管理處），三室（秘書室、人事室、會計室），一局（文化園區管理局）；另有國會聯絡組及法規委員會等兩個任務編組單位。

衛生福利處主管原住民醫療、衛生、保健、全民健保與社會福利之協

調、促進及輔導事項如下：

1. 原住民醫療網、健康促進與公共衛生事務之協調及促進事項。
2. 原住民職業訓練、就業服務、失業扶助與創業之規劃、協調及督導事項。
3. 原住民社會救助、保險與法律服務之規劃、協調及輔導事項。
4. 原住民社會福利服務制度之規劃、建立及督導事項。
5. 原住民民間團體之聯繫、輔導及服務事項。
6. 其他有關原住民醫療、衛生、就業促進及福利服務事項。

貳、原住民族社會福利

一、原住民生活發展計畫

原民會成立之後，於1997年起承接原由內政部辦理的都市原住民生活輔導計畫（1992～1998），並改為第二期（1997～2003）。到第三期時易名為都市原住民生活發展計畫（2004～2007）。第四期自2007年起至2011年止。

復於1998年起訂定原住民族發展方案，銜接原由臺灣省政府辦理的原住民社會發展方案。

又配合行政院中程計畫（2001～2004），以縮短原住民與非原住民生活水準差距為名，以保障原住民基本生活安全與工作保障、提升原住民社會競爭力、減少未來社會成本、建構臺灣多元文化平等及族群共存共榮社會、實踐聯合國原住民人權宣言，提升臺灣國際形象為總目標。

鄭麗珍、李明政（2010）指出上述這些原住民族社會發展方案，多引用普遍的社會福利概念，並非朝向建構具有原住民主體性的民族文化之社會福利與健康體系，而是殘補全國性社會福利與健康體系的漏洞而已。亦即，這些原住民族的社會發展方案，是在縮短原漢之間的生活水準差距，而非建構原住民族族群主體性的社會福利體系。

二、原住民多元福利計畫

除了上述這些綜合型原住民社會發展計畫之外，原民會衛生福利處

又推出原住民老人暨兒童照顧6年計畫（1998～2004）。2000年又規劃原住民族部落多元社會福利計畫。第一期期程為2001年至2004年，第二期為2005年至2008年。同時又規劃為期3年的原住民婦女人身安全計畫，推動設置原住民家庭暨婦女服務中心，並設置專職原住民社會工作人員。

原住民族部落多元社會福利計畫的主要內容為：(1)補助原住民健保費及核發敬老福利生活津貼；(2)建構原住民人力資源網絡中心，辦理原住民職業訓練，輔助原住民就業；(3)建構原住民部落服務體系，設置部落老人日間關懷站，設置家庭暨婦女服務中心，以及改善托兒設施。是項計畫已觸及原住民族的社會與文化差異性，不再以漢人為中心的社會福利思考，讓原住民族的主體性隱約出現。

這是民進黨執政時期所推動。這不得不回到陳水扁總統在2000年競選期間與原住民簽訂「原住民族與臺灣政府新的伙伴關係」，提出「原住民族政策白皮書」的宣示有關。觀察後來的政策發展，包括原住民工作權保障法、原住民族基本法、原住民敬老福利生活津貼的通過，皆與之息息相關。

2008年政黨輪替之後，國民黨政府推出原住民族社會安全發展第一期4年計畫（2009～2012）。觀察其內容主要還是承襲上述的設置部落老人日間關懷站，設置家庭暨婦女服務中心，以及改善托兒設施，培育原住民社會工作人力，推動原住民志工等（李明政，2011）。

即使原住民族社會福利的主體性隱約出現，童伊迪、黃源協（2010）針對建構原住民家庭服務體系的成效，提出以下評論：

1. 原住民家庭服務相關措施未思考原漢間的差異性，不論是主流社會福利或原住民族社會福利。

2. （主流）社政體系中具有原住民身分的工作人員比率偏低，其與原住民間的溝通困難。兩種社福體系的工作人員其實也存在溝通困難。

3. 原住民社會福利輸送權責與分工不明確。原先政府主流社政體系福利服務輸送就欠缺整合性，原住民福利體系的加入，更增加民眾認知的複雜性。

4. 交通困難地區，原住民家庭服務可近性低。原住民族社會福利服

務輸送的加入，似乎杯水車薪起不了太大作用。

5. 救助或津貼優惠補助，造就更多福利依賴者。而對於那些較易接近資源的民眾，則福利需求往往被過度激發。

　　以原住民族家庭為中心的福利服務體系，必須建構在以原住民族部落為基礎。然而，臺灣原住民族也不是單一民族，文化差異出現「雙重差異」。每一個原住民族間存在的文化差異，例如，住在花蓮的阿美族與泰雅族間的差異極大，住在高高屏的布農族、魯凱族與排灣族文化差異也很明顯，而各自族群又與漢人間存在極大的文化差異；其間相似的地方是原住民族普遍存在經濟條件的相對落後。童伊迪、黃源協（2010）點出了不能以漢人的家庭服務系統來建構原住民族的家庭服務。而原住民在地的社會工作人員相對不足由來已久。早在1977年臺灣省即設置山地社會工作員於30個山地鄉，但是，隨著臺灣社會工作專業化的進程速度加快，加上缺乏以原住民族為主體的社會福利／社會工作思考，使得在地化、草根化的原住民族社會工作人力培育出現嚴重的短缺。雖然從2003年的民間機構社會工作人員補助辦法、2005年的培育社會工作專業人力獎勵要點的實施，仍無法趕上原住民部落所需人力，也無法供給都市原住民服務人力所需。

　　至於主流社會福利服務系統本來就欠缺整合，一定會牽動原住民族福利服務體系的推動，這也是長久以來的困境。這就是鄭麗珍、李明政（2010）所說的「雙重式建構」的困境。一方面原住民社會福利必須立基於既有的普遍性福利身分與服務體系，又在此之上附加一個特殊身分的福利資格與服務體系，只要普遍的社會福利法規、行政體系、經費配置、機構設施出現不足或混亂，附加的原住民族社會福利必然受到影響而一樣出現不足或混亂。

　　然而，值得探討的是，在地社會工作人員的文化相容性高，也必須考量族群內部的文化差異。如前所述，不同的原住民族有其文化差異性。在莫拉克風災後的永久屋配置村落裡的聚落分布、教堂座落、工作人員的聘請，即可看到此種原住民族內部文化的差異性。所以不能只在乎原漢族間之差異，也必須考量原住民族內的差異。而在某些社會福利議題上，族群一致性往往反而是障礙。例如，莊曉霞（2009）的研究發現，原住民族社會工作人員的雙重身分：原住民與在地性（同族性）具有文化能力（Cultural Competency）的優勢與反壓迫的本質，但是也必須承擔部落鄰里人情、親族關係、金錢來往、利益糾葛的社會工作倫理壓力。

　　同時，文化差異的過度重視也會帶來文化掩飾（Cultural Camouflage）的危險。例如，同情原住民的弱勢，尊重原住民的習俗，而不敢啟動行為改變的社會工作介入（王增勇，2011）。過度單純化思考原住民族的經濟弱勢，採取現金補助掛帥的社會福利措施，絕對不利於原住民族社會福利體系的建構。其實，這樣的經驗在漢人社會裡已層出不窮，政府對現金給付的便宜行事或政策買票的上癮，無視於弱勢者身分的一再被複製建構與型塑其福利依賴的雙重消權（Doubled Disempowerment）；何況是在經濟上、政治上更加弱勢的原住民，更經不起一再地被以家父權、施捨者之名加諸在他們身上的福利烙印與福利籠絡。這樣只會持續矮化、貶抑、弱化、壓制原住民族的個人生存能力與族群部落（社區）能量（Community Capacity），原住民族的復原力（Resilience）只會被根本地限縮與消蝕。沒有考量原住民族主體性、缺乏文化能力的原住民社會福利／社會工作，往往帶來的是與菸酒一樣的另一種麻醉與依賴。

三、原住民敬老福利生活津貼

　　2002年的原住民敬老福利生活津貼暫行條例是除了下述原住民工作權保障之外的另一個原住民立法。這是配合敬老福利生活津貼的推動，搭順風船將年滿55歲至未滿65歲的「原住民老人」納入敬老福利生活津貼的領取資格。65歲以上老人則依敬老福利生活津貼暫行條例辦理。這就是鄭麗珍、李明政（2011）所說的附加福利。立法意旨是為了彌補原住民平均壽命短於漢人10年左右的人口現實，讓原住民及早有權領取敬老福利生活津貼。然而，以平均壽命來彌補原住民的社會津貼，其實不是一個合理的做法。王佩倫（2002）指出，假設均依老人的定義將請領年齡限制在65歲，則非原住民和原住民的平均請領年數分別為16.2年與14.6年，相差不到2年。若就2002年頒行之標準，一般民眾65歲可續領敬老津貼16.2年，原住民55歲則可領21.2年，結果為之逆轉，一般民眾的敬老津貼反而比原住民少領5年。亦即原住民平均壽命比全國人民平均少約10歲，是因兒童與少年或青壯年期死亡率高使然，而非預期壽命短10年。其實，預期壽命原住

民只比一般國民短不到2年。因此，如何改善原住民的醫療衛生與工作條件，以提升其生活品質，進而增加壽命，才是問題的核心。不論如何，原住民敬老福利生活津貼與一般國民之敬老福利生活津貼一併於2007年納入國民年金制度，這樣的附加條件已制度化。

四、原住民族基本法

2005年我國通過原住民族基本法，其中第26條規定政府應積極辦理原住民族社會福利事項，規劃建立原住民族社會安全體系，並特別保障原住民兒童、老人、婦女及身心障礙者之相關權益。政府對原住民參加社會保險或使用醫療及福利資源無力負擔者，得予補助。

原住民族基本法通過施行之後，需要制訂或修正的法律很多，包括原住民族自治法、原住民族教育法、原住民族語言發展法、原住民族文化事業基金會設置辦法、原住民族地區建設基金設置辦法、原住民族傳統知識保護法、原住民族工作權保障法、原住民族土地及自然資源利用法等，且規定3年內完成各項法律修正或制訂。這些修法工程在本書作者擔任政務委員時，推動了數項立法工作，但是，除了原住民族傳統智慧保護條例（2007）、原住民族地區資源共同管理辦法（2007）、財團法人原住民族文化事業基金會設置條例（2008年制訂，2012年修正）之外，還有諸多法律並沒有制訂或修正。其中原住民工作權保障法也於2007年時修正，但在政黨輪替後並未被立法院接受修正迄今。

參、原住民工作權保障

原住民工作權保障法是少數以原住民為主體的社會福利法規，2001年10月31日公布施行。從表11-1可以發現，原住民失業率遠高於全體國民，尤其是在經濟不景氣時。1999年3月，全體國民失業率2.84%，原住民失業率高達7.55%。2001年3月時，全體國民平均失業率升高到3.89%，原住民失業率卻升高到9.24%。到了當年9月，全體國民平均失業率升高到5.26%，原住民失業率卻高達14.86%，創歷史新高。這也就是為何我國會通過原住民工作權保障法的原因。俟該法通過施行後，2002年5月，全體

國民平均失業率下降到5.02%，但是原住民失業率卻大幅下滑到8.37%，雖然還是高於全體國民平均失業率。2004年5月，原住民勞動參與率為63.9%（若包含現役軍人為65.4%），高於平均勞動參與率之57.6%，失業人數為12,562人，失業率為5.76%，較2003年同期的9.64%大幅下降，主要係因推動「公共服務擴大就業計畫」影響，惟仍較同期間臺灣地區平均失業率4.41%為高。從這些數字可以看出原住民工作權保障法的積極效果。該法較重要的規定如下：

一、定額僱用制

原住民工作權保障法仿照當時的身心障礙者保護法規定定額僱用。但是，不同的是原住民的定額僱用是針對低階的勞動。依原住民工作權保障法第4條，各級政府機關、公立學校及公營事業機構，除位於澎湖、金門、連江縣外，其僱用下列人員之總額，每滿100人應有原住民1人：

1. 約僱人員。
2. 駐衛警察。
3. 技工、駕駛、工友、清潔工。
4. 收費管理員。
5. 其他不需具公務人員任用資格之非技術性工級職務。

前項各款人員之總額，每滿50人、未滿100人之各級政府機關、公立學校及公營事業機構，應有原住民1人。

第1項各款人員，經各級政府機關、公立學校及公營事業機構列為出缺不補者，各該人員不予列入前項總額計算之。

同法第5條規定，原住民地區之各級政府機關、公立學校及公營事業機構，其僱用之第4條所列人員之總額，應有三分之一以上為原住民。

原住民地區之各級政府機關、公立學校及公營事業機構，進用需具公務人員任用資格者，其進用原住民人數應不得低於現有員額的2%，並應於本法施行後3年內完成。但現有員額未達比率者，俟非原住民公務人員出缺後，再行進用。

本法所稱原住民地區，指原住民族傳統居住，具有原住民族歷史淵源及文化特色，經中央主管機關報請行政院核定之地區。

第6條規定，各級主管機關、公共職業訓練機構、公立就業服務機構及本法涉及之目的事業主管機關，應指派人員辦理原住民工作權益相關事宜。

前項人員，應優先進用原住民。

這些規定直接保障了原住民的就業機會，特別是就業弱勢的原住民。

表11-1 臺灣地區平均失業率與原住民失業率之比較

年月	台灣地區平均				原住民				
	勞動力	勞參率	失業人數	失業率	勞動力	勞參率		失業人數	失業率
	（千人）	（%）	（千人）	（%）	（人）	（%）		（人）	（%）
88年3月	9,547	57.5	271	2.84	195,502	68.1	—	14,760	7.55
90年3月	9,758	57.0	380	3.89	191,740	65.1	—	17,720	9.24
90年9月	9,875	57.3	519	5.26	212,797	68.8	—	31,630	14.86
91年5月	9,951	57.3	499	5.02	199,254	63.7	62.1	16,678	8.37
92年5月	10,022	57.1	499	4.98	204,240	64.9	63.1	19,689	9.64
93年5月	10,214	57.6	450	4.41	218,113	65.4	63.9	12,562	5.76

資料來源：1.「中華民國臺灣地區人力資源調查報告」，行政院主計處，88-93年。
        2.「臺灣原住民就業狀況調查報告」，原民會委託，88-93年。
註：台灣地區勞動力資料不含現役軍人，原住民勞動力資料則包含現役軍人，原住民勞參率前者為包含現役軍人，後者不含現役軍人。

二、原住民合作社

第7條規定政府應依原住民群體工作習性，輔導原住民設立各種性質之原住民合作社，以開發各項工作機會。原住民合作社之籌設、社員之培訓及營運發展等事項，應由各目的事業主管機關輔導辦理；其輔導辦法，由中央各相關目的事業主管機關會同中央主管機關定之。

第1項原住民合作社，指原住民社員超過該合作社社員總人數80%以上者。

進一步，第8條規定原住民合作社依法經營者，得免徵所得稅及營業稅。但自本法施行之日起6年內應免徵所得稅及營業稅。同時，第9條規定原住民合作社之營運發展經費得由各級政府酌予補助。

三、公共工程採購保障

原住民工作權保障法除了定額僱用制外，也仿照當時的身心障礙者保護法關於政府優先採購與繳納代金的規定。

第11條規定各級政府機關、公立學校及公營事業機構，辦理位於原住民地區未達政府採購法公告金額之採購，應由原住民個人、機構、法人或團體承包。但原住民個人、機構、法人或團體無法承包者，不在此限。

第12條規定依政府採購法得標之廠商，於國內員工總人數逾100人者，應於履約期間僱用原住民，其人數不得低於總人數1%。

依前項規定僱用之原住民於待工期間，應辦理職前訓練；其訓練費用應由政府補助；其補助條件、期間及數額，由中央勞工主管機關另以辦法定之。

得標廠商進用原住民人數未達第1項標準者，應向原住民族綜合發展基金之就業基金繳納代金。

四、就業促進

原住民的就業促進條款包括：

（一）原住民就業促進委員會（第13條）

中央主管機關應設置原住民就業促進委員會，規劃、研究、諮詢、協調、推動、促進原住民就業相關事宜；其設置要點，由中央主管機關另定之。

政府應鼓勵公、民營機構辦理原住民就業服務，提供就業諮詢、職場諮商、就業媒合及生活輔導。

（二）原住民就業狀況調查（第13條）

中央主管機關應定期辦理原住民就業狀況調查；各級主管機關應建立原住民人力資料庫及失業通報系統，以利推介原住民就業或參加職業訓練。

各級政府機關、公立學校及公營事業機構依第4條及第5條規定僱用原住民時，得函請各級主管機關推介。

（三）職業訓練

第15條規定中央勞工主管機關得視需要獎勵設立職業訓練機構，為原住民辦理職業訓練。

中央勞工主管機關應依原住民就業需要，提供原住民參加各種職業訓練之機會；於其職業訓練期間，並得提供生活津貼之補助。

中央主管機關對原住民取得技術士證照者，應予獎勵，以確保並提升其專業技能。

第2項之補助條件及數額，由中央勞工主管機關定之；前項之獎勵辦法，由中央主管機關定之。

第16條規定，中央主管機關應依原住民各族群之文化特色，辦理各項技藝訓練，發展文化產業，以開拓就業機會。

（四）就業服務

第17條規定民間機構僱用原住民50人以上者，得置社會工作人員，提供職場諮商及生活輔導；其費用，由政府補助之。前項補助辦法，由中央主管機關定之。

第18條規定原住民勞工因非志願性失業致生活陷入困境者，得申請臨時工作；其申請條件，由中央勞工主管機關定之。

 結語

到底該如何建立以原住民族為主體的社會福利體制？鄭麗珍、李明政（2010）主張建立一個「雙重式建構」的社會福利體系，亦即在一般性福利體系外，附加一套專屬原住民文化的社會福利體系。進一步，李明政（2011）指出，在建構原住民族福利體系時，必須先區別原住民族與非原住民族的文化差異，接著去除制度歧視，最後在社會福利體制建立時考量文化差異。

基於人類需求具有普遍性或一致性，也有差異性，即使在非原住民族社群中，也有如此的雙重性，例如，身心障礙者。更何況原住民族與非原住民族的差異不只是身體的，還包括文化的，因此，不可避免地，建立

普遍性或一致性的社會安全體系是必要的。例如，全民健康保險、勞工保險、就業保險、職業災害保險、年金保險等。然而，在普遍性原則下仍必須考量差異性，例如，原住民的就業傾向短期、低技術、勞力密集、不穩定就業；原住民族的土地、住宅、繼承制度與漢人有異，在社會安全體系建構過程中往往忽略這種職業與部落文化差異。除非我們能完全克服這種職業市場區隔，否則考量原住民的就業特徵是必要的。又例如，社會救助、幼兒教育與照顧制度、社會工作制度、委託外包管理制度、公共衛生預防體系、學校社會工作制度等有其全國一致性之必要，但必須考量原住民地區的資源可得性、可近性、資產形成的差異，不可能完全以都市地區的標準來規範原住民地區，而必須有例外考量。這就是普遍或一致中的差異性。

此外，在某些領域，原住民族的獨特性是絕對的，例如，部落共食、分享、互助制度，母系社會，或是頭目制度、階級制度等，因此，在建構原住民族的社會照顧、家庭暴力防治、家庭服務體系、就業服務等，應建立在原住民族獨特的文化背景下，才不至於扞格不入。這是獨立的特殊性。

也就是在建構原住民族社會福利體制時，要有普遍中的差異與獨立的特殊性的「雙重差異性」建構。

參考書目

王珮倫（2002）。敬老津貼誰領得多？──改善原住民生活條件才是問題核心。行政院主計處。

王增勇（2011）。原住民社會工作。編入呂寶靜主編《社會工作與臺灣社會》，臺北：巨流出版。頁230-247。

李亦園（1983）。山地行政政策之研究與評估報告。臺灣省民政廳委託研究。

李明政（2011）。原住民族社會福利體制的建構。論文發表於臺灣原住民族一百年學術研討會。臺北：行政院原住民委員會。

高德義（1996）。臺灣原住民的政治建設政治議題。編入洪泉湖主編《兩岸少數民族問題》，臺北：文史哲。

童伊迪、黃源協（2010）。拉近差距──臺灣原住民家庭服務輸送之現況與展望。臺灣原住民研究季刊，3：4，頁145-166。

莊曉霞（2009）。原住民社會工作之反思。臺灣社會工作學刊，6期，頁147-168。

婦女救援基金會（1991）。百合計畫──搶救原住民少女專案。

張茂桂（1995）。漢人民族主義與原住民運動。山海文化雙月刊，8期，頁68-70。

鄭麗珍、李明政（2010）。臺灣原住民族社會福利與健康政策評估。編入黃樹民、章英華主編《臺灣原住民政策變遷與社會發展》，臺北：中央研究院民族學研究所。頁181-258。

Chapter 12

健康照護

第 十 二 章

前言

就健康政策（Health Policy）來說，要討論的範圍應該包括：正式的健康照護體系、環境保護、食物標準、職場健康與安全、社會照護體系、健康照護的社會排除，以及運動參與等（Crison, 2009）。由於本書是以臺灣的社會福利發展為題，因此，不以整體健康政策為討論範圍，而僅就正式的健康照護體系——全民健康保險為題討論。社會照護體系則已於老人福利章討論過，在此不贅述。

 第一節　健康保險前的醫療照護

壹、清帝國時期

清帝國治臺時期，公共健康照護體系尚未設置，僅少數養濟院兼辦貧民醫療救濟。清帝國統治臺灣200年間，在各地設有養濟院7所，主要收容鰥寡孤獨之貧困者。其中設在彰化東門八卦山下的彰化養濟院兼收容麻瘋病患機構（臺灣省文獻委員會，1992）。此外，尚有由地方仕紳贊助的義診、病房、藥堂，如新竹福長社即由邑人集資創設，義診貧病與講述善書勸世。

影響臺灣當代醫療體系發展的西醫，係來自長老教會系統。1865年，蘇格蘭人畢業於英國愛丁堡大學醫科的馬雅各（James Laidlaw Maxwell）醫師，接受英國長老教會杜嘉德牧師（Douglas Carstairs）的建議，將臺灣列入醫療傳道的宣教區。馬雅各辭去英國伯明罕（Birmingham）醫院醫師職務，自願以基督長老教會傳教士與醫生雙重身分前來福爾摩沙（臺灣），6月16日在臺南府城租屋開始傳教。傳道方式是行醫為主，傳教為輔。但遭到當地漢醫的排擠，並有說他取人心、眼睛來製藥的謠言出現，而導致當地人暴動，拆掉他的醫館和傳教所，是為「看西街事件」。馬雅各只好轉往有英國領事館保護的打狗旗後街（今高雄旗津附近）行醫，後

才受到該地人士歡迎。隔年又自旗後返回府城，在二老口亭仔腳街開設教會和醫館（俗稱「舊樓」醫院）。1871年，馬雅各任滿，偕同妻子返回英國。1900年，「舊樓」的租屋處歸還給屋主，醫館遷至新建造的建築，取名「新樓醫院」。該醫院爲臺灣首座西式醫院。馬雅各的次子馬雅各二世，在此醫院終生行醫。

不讓馬雅各醫師專美於前，加拿大安大略省牛津郡人馬偕博士（Dr. George Leslie Mackay），於1872年3月9日由加拿大長老教會遣派來臺灣宣教，非醫科專業出身的馬偕博士卻於1880年在淡水創建臺灣北部第一所西醫院「偕醫館」。1882年創「理學堂大書院」於淡水，又設「淡水女學堂」。1901年馬偕病逝，偕醫館關閉。1905年加拿大母差會派宋雅各（J. Y. Ferguson）醫師（牧師）夫婦抵淡水，次年重開偕醫館。宋雅各醫師提議將醫療中心由淡水遷到臺北，並將醫館擴建命名爲馬偕紀念醫院，以紀念馬偕博士。

受到西醫傳入的啓發，臺灣巡撫劉銘傳於光緒12年（1886年）在臺北府治設「臺北官醫局」，聘挪威人漢森醫師（Dr. Hanssen）免費爲人醫病。這是臺灣首見公立醫院。1891年邵友濂繼任巡撫之後，因財政緊縮而被廢棄（臺灣省文獻委員會，1953）。

貳、日治時期

1895年，蘇格蘭傳教士蘭大衛（David Landsborough）從愛丁堡大學醫學院畢業後來臺，在彰化設基督教醫院，之後在臺展開長達40年的醫療傳道工作。彰化地區曾有俗諺：「南門媽祖宮，西門蘭醫生」，推崇蘭大衛醫師對臺灣的貢獻。1928年，一名13歲幼童周金耀腿部潰瘍，無法長皮，蘭大衛將妻子連瑪玉的4塊腿皮移植予周金耀，後雖因排斥而手術失敗，在悉心照顧下仍逐漸痊癒，此一事蹟後來傳爲「切膚之愛」的美名。周金耀後來不僅成爲牧師，而且成爲長老教會總會議長（慧婭，2010）。1936年，蘭大衛退休返回英國，1957年因車禍去世。

除了上述前清遺留下來的西醫醫院之外，日治時期的醫療救濟則由各地慈惠院負責。承襲自清帝國時期的養濟院，全臺設7所。日治初期，

1895年總督府設臺北病院。1897年4月12日，在臺北病院內設醫學講習所，即「臺灣土人醫師養成所」，這是臺灣官設近代醫學教育的開端。1899年2月20日該所升格為醫學校，修業5年，專收臺灣人，學生全部住校。該年3月31日，「臺灣總督府醫學校官制」成立；4月1日人事布達，由臺灣總督府臺北病院院長山口秀高擔任醫學校教授兼校長，臺灣第一所醫學校終告創立。1904年，臺北病院正式命名「日本赤十字社臺灣支部病院」（簡稱「日赤醫院」）。1928年3月17日，日本設臺北帝國大學。1934年6月2日籌設醫學部，翌年12月26日臺北帝國大學增設醫學部。顯見，日治時期臺灣已建立較普及的公立醫療體系，全臺設有12家公立醫院。唯日本於1922年通過健康保險法，並於1927年實施，適用範圍並未及於殖民地的臺灣（Lin, 1990；林萬億，1994）。臺灣光復後，日治時期留下的公私立醫院體系與教會醫院仍然運行。

 第二節　全民健康保險立法沿革

壹、分立片段的醫療給付

一、軍公教勞工醫療保險

　　如同德國、日本的醫療保險發展模式，我國的健康保險也是以就業者為優先保障對象，再擴及退休者、配偶、眷屬。這是典型的資本主義邏輯，保障受僱者的健康，有助於增進生產力，維持資本主義市場經濟於不墜。用O'Connor（1973）的話是資本累積（Capital Accumulation），亦即國家必須維持或創造一種有利於資本累積的條件，好讓資本家有利可圖。健康保險就是一種社會資本（Social Capital），是為了營利的私人資本累積而花費。社會資本可分為兩類：社會投資（Social Investment）與社會消費（Social Consumption）。健康保險是社會投資（Social Investment），有健康的勞動力，才有高的產能，健康條件使勞動力得以提升或維持，就可以讓資本累積增加。

　　1994年全民健康保險立法之前，我國總計有13種醫療給付分屬於各

種社會保險。例如，勞工保險有疾病給付，並於1956年即開辦勞保住院診療，1968年增辦門診醫療。軍人保險開辦之初即有疾病給付。公務人員保險開辦之初即有疾病給付，1982年7月另增辦公務人員眷屬疾病保險，1985年7月再辦理退休公務人員疾病保險及退休公務人員配偶疾病保險。私立學校教職員工保險也有疾病給付，1984年7月增加辦理私立學校教退休職員保險，並於1985年併入私立學校退休教職員及其配偶疾病保險中。私立學校教職員眷屬疾病保險也於1990年1月起先行開辦配偶部分，自1991年11月起擴及父母部分，1992年8月起再擴及子女部分。

依中華民國憲法規定，我國應實施「公醫制度」。雖然各職業別社會保險已包含疾病給付，但也只有54.09%的國民享有健康保險的照顧，全國仍有955萬人口沒有納入各種社會保險的健康保障，其中大部分為14歲以下的孩童及65歲以上的老人（徐立德，1995）。此外，還有為數超過150萬未就業的國民以加入職業工會或寄名在親朋好友的公司行號，取得加入勞工保險的資格，其中最主要的目的即是為了獲得醫療給付，可見醫療保險對國民經濟安全與健康照顧的影響之大。

二、農民健康保險

眼看著軍人、公務員、教育人員、勞工均有各自的醫療保險給付，唯獨農民沒有任何保障。於是，黨外[1]的余陳月瑛女士在擔任省議員期間即不斷呼籲政府應該辦理農民健康保險。從其當選高雄縣長的1985年起，即積極籌劃在高雄縣自辦農民健康保險；且還率先辦理殘障健康保險，以及村長、里長、鄰長、農民代表、縣議員的健康保險。

---

[1] 「黨外」指的是國民黨以外的參政人士。而「黨外」一詞大量的使用，則是自康寧祥、黃信介開始。1987年以前，因當時執政的國民黨政府實施戒嚴，剝奪人民集會結社的自由，包括不得組織政黨。在野人士在尚未成立政黨前，以「黨外」為名，推動臺灣民主運動。1986年9月28日，「黨外」人士組成民主進步黨，黨外運動落幕。余陳月瑛女士係黨外前高雄縣長余登發的媳婦，1963年首次競選省議員即當選；1967、1971、1975、1980年也都順利當選連任；1982年當選增額立委；1985年當選高雄縣長；1989連任成功。擔任縣長期間，推動高雄縣成為臺灣社會福利的指標大縣。

這個舉動迫使當時的行政院長俞國華於1985年在立法院的施政報告中首次提出試辦農民健康保險，先以10萬人為目標，2年後將對醫療設備、人才培養、辦理方法，以及財務結構等獲取經驗後，再依實際情形逐步擴大。1986年，俞院長再次公開確認已完成醫療網規劃，將逐步導向全民健康保險制度長程目標。農民健康保險第一期於1985年起試辦2年，第二期於1987年起再試辦2年。

1988年，高雄縣率先開辦農民健康保險，省府勸阻無效。為了避免影響隔年的縣市長選舉，當時的省主席邱創煥只好加快腳步擴大辦理，報奉行政院長李煥核准，自1988年10月25日起全面試辦農民健康保險，並取消初次投保不得超過70歲之限制，使得所有農民同蒙其惠。

三、低收入戶健康保險（福利保險）

依早年「臺灣省各公私立醫院附設貧民施醫所辦法」（1947年），以及修正後的「臺灣省貧民施醫辦法」（1964年）與「臺灣省貧民施醫優待收費標準表」（1964年），以及「臺灣省貧民傷病醫療辦法」（1977年）規定，貧民持「貧民施醫證」可至公私立醫療院所接受優惠診療。貧民施醫分門診與住院，貧民以「貧戶卡」向地方政府社會局申請貧民門診或住院施醫證。雖然貧戶可申領施醫證，但是仍有部分貧民或近貧戶付不起醫療費而無法就醫，或基於自尊而不願就醫。由於貧民持施醫證前往醫療院所就醫每遭醫護人員貼標籤歧視，受盡冷嘲熱諷或不告知病情；此外，民間亦流傳部分國民黨民眾服務社濫發貧民施醫證給其支持者，導致人們對貧民施醫證的印象不佳。今日慈濟醫院的前身——慈濟功德會附設貧民施醫義診所（1972年），就是在證嚴法師走訪花東地區發現諸多因病而貧、或因貧而付不起醫療費的案例的背景下發願設立。因相似的理由，臺北市率先於1974年修正「臺北市貧民免費醫療辦法」，將施醫改為免費醫療、施醫證改為免費施醫證，試圖去除污名化。由於當時民生報醫藥版的密集報導，再加上包括本人在內的學者的倡議，1990年，衛生署推出「低收入戶健康保險暫行辦法」實施低收入戶健康保險（福保），使低收入戶的醫療措施由救助轉為保險方式。

貳、全民健康保險立法

1978年，世界衛生組織（WHO）阿拉木圖宣言（Alma-Ata Declaration）中揭示：公元2000年時「全人類同享健康（Health for All）」的目標。同年12月，國民黨第11屆四中全會通過「復興基地重要建設方針」，也宣示：「擴大並改進勞工保險，分期舉辦農民健康保險，辦理公教人員眷屬保險，期能逐漸實施全民健康保險。」（吳凱勳，1993：160）1980年，黨外人士助選團也提出「實施全民健康保險」為共同政見，觸動了臺灣檢討各種社會保險中的醫療給付的扳機。

一、孫運璿時期

1984年1月4日，孫運璿以行政院長身分，在中國國民黨中央委員會新年團拜及聯合總理紀念週上指出：「當前政策取向在致力物質生活之改進與精神生活之提升，達成傳統及現代文化之結合，並做到民主生活與法治生活相協調，社會革新與行政革新相呼應。」他並提出當年施政的四項中心工作：「第一加速工業升級，確保經濟成長；第二改進賦稅制度，促進金融事業發展；第三維護社會秩序，改善生活環境；第四加強醫療保健設施，促進全民健康。」（黃煌雄，1984）顯示1984年孫運璿院長即有推動全民健康制度的打算[2]。

二、俞國華時期

1986年2月28日，俞院長在立法院首次公開承諾於2000年達到全民健康保險的理想（林萬億，1995）。接著，當年5月29日行政院核定的「中華民國臺灣經濟長期展望：民國75年至89年」，將全民健康保險納入經建計畫之一。而據當時擔任第一屆增額立法委員的黃煌雄先生的觀察，接任

---

[2] 1978年，蔣經國先生當選中華民國第六任總統，提拔孫運璿為行政院長。一般預料，孫運璿院長有接班之態勢。1984年2月，蔣經國總統在當選連任第七任總統隔天下午提名副總統人選為李登輝，造成各界議論。2月24日，孫運璿院長於準備立法院施政報告時罹患腦溢血而一度病危，不久因身體漸衰而辭職。蔣經國隨即提名同鄉俞國華繼任行政院長。

孫運璿的俞國華是一位「言必稱蔣總統、施政報告像讀訓的行政院長」
（黃煌雄，1984）。他斷然不敢自作主張地推動全民健康保險，顯然是奉
命行事。而奉什麼命？一來是之前的孫運璿院長已有促進全民健康的計
畫；二來是經歷了1979年的美麗島事件體驗後的黨外，於1980年再出發，
當選52席區域增額立委中的9席，這是30多年來黨外第一次在立法院擁有
這麼多的席位，足以向國民黨政府提出空前嚴肅、激烈而認真的政治對
話。20多年來，國民黨在立法院從未面對黨外這樣氣勢磅礴的質詢，黨外
也是從來沒有機會以這樣正氣凜然的態度，向全國同胞嚴正表達黨外的觀
點與主張（黃煌雄，1984）。當時的蔣經國總統不得不面對與日遽增的政
治和社會改革要求。之前的孫運璿院長會有較明確的改革傾向，與這樣的
政治和社會氛圍不無關聯。顯然，全民健康保險制度也是臺灣政治走向民
主化的果實之一。

　　然而直到1987年11月1日，俞院長才批示行政院經濟建設委員會負責
規劃全民健康保險，距離宣布日期已1年又8個月。而經建會遲至翌年7月1
日始成立「全民健康保險研究計畫專案小組」，召集人為蕭萬長，並聘請
哈佛大學蕭慶倫教授為總顧問。這一拖又是8個月，可見當時的行政院並
不急著啟動規劃機制。顯示，全民健康保險規劃的政治意涵大於健康專業
考量。

　　才剛開始研究不到8個月，於1989年2月28日，俞國華院長又在立法
院施政報告中，將全民健保的目標年提前至1995年，一舉縮短了5年的規
劃期。如前所述，當年宣布用14年時間規劃全民健康保險，顯然是政治考
量多於健康專業評估。以臺灣當時已有將近五成五的國民已納入不同職
業別的社會保險的醫療給付，實不需要再花14年才能完成健康保險的普
及化。以國際經驗來看，英國的國民健康服務（National Health Services）
從1941年規劃，到1946年即通過實施，期間只需5年。瑞典的全民健康保
險（National Health Insurance）從1947年推出強制疾病保險到1955年的國
民保險基金（Försäkringskassan），期間也不過是8年。加拿大於1966年通
過醫療照顧法（The Medicare Act），3年後全國均納入實施。這個法案的
前身是1957年的醫療保險與診斷服務法（Hospital Insurance and Diagnostic
Services Act），改革期間也不過是花費9年（林萬億，2010）。可見原先

預定2000年實施全民健康保險，一來是配合世界衛生組織的期待，二來是基於政治考量，先給個寬鬆的承諾，再做打算。

三、郝柏村時期

1990年6月，經建會完成全民健康保險制度第一期規劃報告報行政院。繼任行政院長的郝柏村先生於6月14日裁示在「不虧損、不浪費」的原則下，提前於1994年起實施全民健康保險。亦即整個規劃期間從原來預定的14年，縮短為8年。接著，7月由行政院衛生署接手進行第二期規劃。

四、連戰時期

衛生署於1991年2月成立全民健康保險規劃小組，進行細部作業。4月28日，衛生署將「中央健保局籌備處暫行組織規程草案」送行政院審議。1992年12月28日，衛生署完成「全民健康保險法草案」送行政院，經5次會議審查完畢。行政院長連戰在聽取衛生署簡報全民健保規劃後裁示，全民健保按預定時程於1994年開辦。1993年9月，行政院成立跨部會的「全民健保推動小組」，由行政院副院長徐立德擔任召集人。

五、立法通過

1993年10月27日，行政院版全民健保草案送立法院待審。衛生署於12月29日成立「中央健康保險局籌備處」，由副署長葉金川先生擔任處長，積極進行全民健康保險的前置作業。然而，一如美國的全民健康改革受到大企業與美國醫療協會（American Medical Association, AMA）的阻撓一般（Navarro, 1994; Karger and Stoesz, 2006），臺灣企業界於1994年3月31日由產業界龍頭老大辜振甫、王又曾聯合要求緩辦全民健保，所持理由是全民健康保險將增加雇主的保費負擔，提高生產成本，降低產業競爭力。

同時，部分立委與學者質疑全民健康保險有中央集權的嫌疑，擔心行政效率低落，行政院遂指示經建會研究以民間基金會方式經營全民健保的可行性。當時主責「全民健保推動小組」的徐立德副院長就是強力推銷公辦民營的推手，他主張「全民健康保險基金」接受國家100億的基金捐助來承辦全民健保，以規避立法院監督（林萬億，1995）。當時正是新自由

主義（Neo-Liberalism）風行全球的年代，臺灣大部分經濟學者出身自美國自由主義市場經濟傳統的訓練背景，自然不樂見再有一個新的強制性社會保險出現。1994年5月5日，衛生署提出公設法人的民間基金會草案，立委批評此舉為政策急轉彎。在野黨立委批評此種設置是掛羊頭賣狗肉，民間基金會只是幌子，政府仍然大權一把抓。我國全民健康保險尚未開辦就已經陷入公共化與民營化的爭議中，當然，這也埋下了全民健康保險可能朝向民營化發展的伏筆（林萬億，1995）。

全民健保民營化的呼聲也跟著此起彼伏，要求暫緩辦理的不只是立法委員，也包括公衛學者。1994年5月31日，立法委員林壽山臨時提案，建議全民健保延後半年實施，以利推動公辦民營。雖然行政院對於公辦民營樂觀其成，但是要說服反對公辦民營者的疑慮，並非易事。於是，公營化仍是當時行政院的暫時妥協的主張（徐立德，1995）。6月9日，國民黨立委黨團確認全民健康保險採公辦公營。6月15日，朝野立委協商結果，於年底如期開辦；並訂公辦民營2年評估，3年後實施的「日出計畫」。亦即，全民健保民營化派的聲浪雖被暫時壓制，但仍不死心，埋下實施3年後變革的希望種子。

1994年6月16日，民進黨籍立委沈富雄主張「保大不保小、免繳保費、自負額3,500元」的建議，獲得不少跨黨派立委的支持。沈富雄委員當年是民進黨內的醫療專家，早年因被國民黨政府列為黑名單而到1986年始返國。1987年創臺安醫院血液透析中心，致力於提高尿毒病患的洗腎品質。他的主張混雜了不同利益團體的意見，一方面遵守民進黨主張普及的健康保險的基調，又不放棄自由主義市場經濟的縮小保險範圍，留給醫療市場較大的空間的美式自由主義福利國家意識形態。這個主張獲得廣大醫界的支持，但卻被勞工團體批評為「賤保」。沈富雄認為門診費用對一般家庭負擔不大，就像婦女去美容院洗頭一般，不成問題，真正要保障的是重大疾病住院的風險。沈富雄的「洗頭說」被批評為臺北中上階級不食人間煙火。事實上，大部分婦女是自己洗頭的。對勞工家庭來說，尤其是有兒童與老人的家庭，醫療費用支出會是一項沉重的負擔。民進黨只好修正為門診一年6次自付原則。這樣的修正其實無法達到沈富雄版原先期待的控制門診浪費的目的（林萬億，1995）。

1994年6月23日，全民健保法草案一讀通過，確定初期公辦公營，並納入得開徵煙酒稅的條文。7月9日，李登輝總統召開高層黨政首長會議，指示全民健保必須在1994年1月實施。然而，7月11日，國民黨籍立委傾向不在該會期完成三讀，但列爲下會期第一優先法案。7月12日，中央研究院經濟組8位院士，以劉遵義爲首，聯名主張「保大病不保小病」且免繳保費的沈富雄版。7月13日，朝野立委第9次協商，仍因財務結構問題談不攏而宣告破裂。7月14日，全民健保法進入二讀。國民黨版本傾向政府不介入保費分攤，全國總工會抗議勞雇負擔爲四六比。工人立法行動委員會[3]與勞工陣線[4]則發動「反賤保」抗爭。7月19日，在李登輝總統令下，國民黨籍立委全面動員，挑燈夜戰，並記名表決，終於在19日清晨三讀通過「全民健康保險法」。但審議中，立委洪秀柱因其提案遭封殺，乃提案將「強制納保」條文改爲「非強制納保」，獲得通過，以致全民健保原規劃精神盡失。7月20日，行政院長連戰表示，針對全民健保「強制納保條款」遭立法院否決一事，行政院不打算覆議，希望立法院自行修正。8月9日，總統公布全文89條。9月4日，中華民國醫院行政協會舉行年會，發出「全民健保，醫院不保」的聲明。顯然，醫院協會還是不能釋懷。

---

[3]　工人立法行動委員會（簡稱工委會）是臺灣的體制外勞工運動組織之一，成立於1992年，源於當時基隆客運罷工事件。1992年6月2日，基隆客運產業工會舉行會員大會，投票通過從1992年6月4日16時整開始罷工，由「七人決策小組」決定罷工時間長短；此次罷工間接促成工委會的成立。工委會雖不合於《工會法》規定，卻結合了基層工會、行業工會聯合會、地區性總工會、女工、工傷者及外勞等組織，成爲臺灣重要的勞工運動力量。其口號爲「工人鬥陣，車拼相挺」。2006年，工委會成員改組成「人民火大行動聯盟」，2011年向内政部登記爲政黨「人民民主陣線」。

[4]　臺灣勞工陣線（簡稱勞陣）是臺灣當前較活躍的勞工運動組織之一。其前身係1984年5月1日（國際勞動節）由偏向中國統一的社會主義的夏潮與偏向臺灣獨立與社會民主主義的新潮流人士合組的臺灣勞工法律支援會（勞支會），發起人有郭吉仁、李勝雄、邱義仁、袁嬺嬺、賀端蕃、楊青矗、簡錫堦、蘇慶黎等。解嚴後，勞支會改名爲臺灣勞工運動支援會。1987年夏潮人士出走，另組工黨。1992年臺灣勞工運動支援會改名爲臺灣勞工陣線。勞陣的政治經濟主張傾向社會民主，政治立場較接近民進黨新潮流系。

六、第一次修正

　　既然行政院不幫立法院擦槍走火收拾殘局，1994年9月16日由國民黨籍立委廖福本領銜提修正案，在朝野一致支持下，經院會討論表決通過當日即逕付二讀，並完成三讀修正程序。之前，9月6日工人立法行動委員會（工委會）舉辦「906反對總統版全民健保遊行」，要求全民健保立即修法：(1)降低保險費率；(2)停辦轉診制度；(3)廢除部分負擔。然而，9月16日衛生署正式公布轉診制度。隔日，衛生署再公布全民健保投保薪資，最高52,800元，最低14,010元。10月3日，由於「中央健康保險局組織條例草案」在立法院審議進度緩慢，立委沈富雄預言全民健保無法在明年1月如期開辦。同日，總統公布全民健康保險法修正第87條條文，正式恢復強制納保規定，並增訂第11-1、69-1條條文。11月1日，勞工陣線發動「1101反賤保，怠工1小時」活動，各地有3萬多名勞工參與。由於全民健保準備作業不足，確定無法在1995年元月開辦。行政院一度承諾延至2月開辦，但隨即收口。後來確定最晚1995年開辦。12月17日，立法院通過「中央健康保險局組織條例」，附帶決議要求政府因全民健保延遲開辦，必須對1、2月重大傷病患者進行補助。12月30日，中央健康保險局組織條例正式公布，我國的全民健康保險法終於塵埃落定。

七、民怨四起

　　然而，由於全民健保納保資料回收太慢、診療費用和醫療界談不攏、健保局在各地的分局籌備延宕、健保卡發放不及等問題，再度傳出無法準時於3月1日開辦的消息。1995年2月20日，李登輝下令健保必須於3月1日如期開辦。2月27日，行政院發布本法定自1995年3月1日施行。並於1995年1月1日成立「中央健康保險局」，負責籌辦全民健康保險業務，全民健保如期開辦。但因籌備不及，採取過渡措施，4月1日起回歸母法。3月18日，立委趙永清舉辦公聽會，與會者一致指出，政府為選票而倉促開辦健保，引來許多亂象，讓全民遭殃。3月19日，行政院長連戰宣布有條件補助1、2月重大傷病患者，立委表示不能接受，認為行政院違反承諾，要求必須全面補助。4月1日，全民健保如期回歸母法，採取四級轉診制度，看

病必須攜帶健保卡等等。4月15日，全民健保開辦後所引發的民怨逐漸沸騰，行政院不得不派政務委員下鄉「聽取民怨」，並表示會在1個月內改善。4月15日，監察委員巡視健保局，批評衛生署及健保局如今所招致的埋怨都是「咎由自取」。4月26日，中國時報公布民意調查，有高達六成的民眾對全民健保不滿。

為消除民怨，5月1日，衛生署宣布簡化全民健保措施：將四級轉診制簡化為兩級；健保卡換發手續簡化，65歲以上老人並可一次申請2張卡。5月8日，連戰院長聽取經建會、研考會及衛生署提出的「全民健保現階段遭遇問題」報告，並提多項政策指示，主要包括取消健保卡6格限制，改為一卡到底，眷屬上限由5口降為4口，降低自營作業者的投保金額等等。5月9日，健保卡一卡到底的政策引發爭議，學者、官員粗估支出將增加600億。6月4日，中央健保局根據3、4月份門診及住院費用推估，健保每月支出醫療費用約180億，但收入只有160億。中長期來看，財務將發生危機。這種因開辦倉促、準備不及所造成的不便，政府卻病急亂投醫，亂了方寸。當時到底人民在抗議什麼？林林種種包括嫌保費負擔太重、保費負擔不公、繳了保險費還要自付額、醫師要求額外付費、掛號費為納入節制、轉診制度不便、健保卡申領不便與設計不良、慢性病人就醫不便、重大傷病範圍太窄、職業工會收取服務費、偏遠地區就醫不便、資方規避保費分攤轉嫁給勞工、老殘補助不足、精神疾病醫療給付太低、長期照護不在全民健保範圍內、資訊不足、醫療服務品質下降、不該強制納保、部分勞工誤以為加入全民健保就可退出勞保等（林萬億，1996）。

審視全民健康保險規劃與立法的過程，即可發現剛實施的全民健保注定會出現民怨沸騰，而其原因如同監察院所批評的咎由自取。其問題出在哪裡？（林萬億，1996）

一、誰的全民健保？

依通過的全民健康保險法規定，除現役軍人、軍校學生及軍事機關編制內領有補給證之聘僱人員，2個月以上刑期的受刑人，失蹤滿6個月者，以及戶籍不合規定者等被排除在被保險人之外，其餘國民均受到保障。既然全體國民均是貢獻者（Contributors，繳保險費的人）與使用者（Users），全體國民應該有機會充分參與全民健保的設計，才能使這個攸關全民健康的計畫吻合大多數人的利益。

然而，全民健康保險一開始就是「專家規劃」，第一階段經建會於1989年7月3日舉辦過一場「全民健康保險實施綱領草案公聽會」，參加的人以醫療專家與經濟學者為主。大多數人民從來不知道自己的健康與部分所得正在被規劃。直到1990年7月1日衛生署接手規劃，8月29日舉辦「全民健康保險規劃研討會」，隔年2月衛生署成立「全民健康保險規劃小組」之後，才有較多人參與討論，其中最具代表性的是立法院的次級團體「厚生會」[5]。該會於1991年11月15日即推出「全民健康保險法（草案）」，迫使衛生署於12月28日推出官方版草案因應；在行政院審查衛生署版時，1993年3月16日沈富雄也推出沈版；12月3日吳東昇版也上了立法院；12月24日林正杰也推出版本。在這些版本推出的過程中，才分別有不同利益團體加入討論，介入較多的是醫院、藥師、官員、企業家，勞工、農民則較少參與，即使有參與也較晚。勞工團體到了1993年底才因多個版本出現而有較明確的立場表達。1993年7月，勞工陣線提出「全民健保福利化」的主張。接著，3個月後，工人立法行動委員會也著手「工人版全民健康保險法（草案）」（未送立法院審議），主張回歸憲法的公醫制。勞工對全民健保的關切起步太晚，再加上資源有限，對全民健康保險立法影響有限。

從整個全民健保規劃到立法過程，占被保險人大多數的受僱者幾乎沒有管道參與，因而出現三邊不對等關係：政府獨攬規劃權與資訊，醫療體系握有權力資源與資本影響決策，而廣大的社會大眾既無資訊，也無資源。顯示，菁英與醫藥業在全民健康保險制度建構過程中扮演關鍵性的決策角色，於是，全民健康保險規劃是向政府與醫藥界傾斜的，以不增加政府負擔、不減損醫藥業利益為主要考量。

---

[5] 立法院「厚生會」創立於1990年2月，是由彰化秀傳醫療體系總裁黃明和立委結合一群具醫學專業資歷與熱心關注民生福祉的立法委員共同組成，致力於推動社會福利、衛生保健、環境保護等立法為宗旨。「厚生」一詞乃出自於尚書大禹謨：「正德、利用、厚生、惟和。薄輕徭、輕賦稅、不奪農時，令民生計溫厚、衣食豐足，謂之厚生。」

二、不是社會福利的全民健保？

行政院上至連戰院長，下至徐立德副院長、趙守博秘書長；國民黨上至主席，下至許水德、饒穎奇，以及立法委員，很少人不說「全民健康保險不是福利」的謬論。他們認為，「保險的歸保險、福利的歸福利」。這種觀點來自保險要繳保險費始能得到給付，而福利是免繳保險費的論點（徐立德，1995）。其實在這些官員與立委的眼中，福利就是社會救濟。全民健保不屬社會救濟，因此不算社會福利。然而，只要稍有社會福利常識的人，都知道社會福利包括社會保險、社會救助、福利服務、健康照護、就業服務、社會住宅等。而全民健康保險是社會保險之一，也是一種健康照護（Health Care），當然屬於社會福利。正確的說法應該是全民健康保險不是社會救濟（助），不需資產調查，而是普及但必須繳交保險費的福利。

政府一再堅持全民健康保險是保險而不是福利，其實說穿了就是「政府財政危機」的恐懼。1992年時，我國的中央政府財政赤字已超過5,650億元，占GDP的10.77%，輿論往往把國家負債歸因於社會福利。事實上，那時候中央政府社會福利支出1,350億左右，占預算的8.6%，比率並不高。國債的禍首其實不是社會福利。

政府決定採用社會保險形式來辦理全民健康保險，而非憲法規定的公醫制，理由有三：一是誤認公醫制將會使醫師成為領取公餉的公務員；二是認為社會保險像商業保險一般「自負盈虧」。郝柏村院長於1990年6月14日裁示「不虧損、不浪費」的原則，就是政府不花錢，靠著向人民強制收取保險費就可以平衡財政的想法。然而，既然是社會保險，就有保險費分攤的議題。受僱者可以要求雇主分攤保險費，因為受僱者的健康受工作環境的影響，且受僱者有健康的身心與穩定的收入，才能提高生產力。但是，普及式的健康保險，無一定雇主、農民、失業者、退休者、家庭主婦、低收入、兒童等的保險費沒有雇主可分攤，就必須由政府分攤一定比率的保險費，否則就不能稱為全民健康保險。對被保險人來說，所繳交的保費比所獲得的給付少，就是社會福利。

三是政策的鎖定效果（Lock-In Effects），或是路徑依賴（Path dependence），或是自我增強（Self-Reinforcing）（Pierson, 1994, 2000）。雖然全民健康保險是將過去13種疾病給付（前提要件）整併擴大爲全民納保，要另起爐灶改爲英國、瑞典式的全民健康服務（NHS），並非不可以。只要將各種社會保險種的醫療給付劃出即可，反正醫療服務體系本來就存在，不會因爲是分立的醫療保險或是集中化的全民健康保險而有太大的差異。但是，政府不這麼做，除了上述的對公醫制度的誤解與政府財政負擔的恐懼（制度環境）之外，就是因爲各種社會保險中的醫療給付已實施3、40年，成爲一種習慣（行爲後果）。如同英國的全民健康服務在1980至90年代保守黨執政時期，基於意識形態的對抗，引進市場機制要支解它，還是受制於過去全民健康服務制度的幽靈（Ghost）而未竟全功（Greener, 2001）。在變動最小的前提下，儘可能以不變應萬變，除非選舉失敗的壓力大到必須進行制度改變（關鍵事件）。當時的工委會、勞陣的政治實力顯然沒有大到足以影響選舉成敗。何況說，1992年立法院首次全面改選，在161席中，國民黨獲得102席（53.02%），民進黨51席（31.03%），無黨籍7席，反對黨仍沒有足夠的實力撼動長期執政的國民黨。

然而，以社會保險形式提供健康照護，就不可能不面對有人繳不起保險費的醫療排除、收（催）繳保險費的龐大行政成本，以及繳費公平性的問題。於是，早年的職業別的社會保險制度下的醫療給付被制度再製（Institutional Reproduction），包括保費分攤、自付額、論量計酬支付制度、監理制度、費用協商等。

三、只有醫療沒有所得重分配的全民健保

由於缺乏整合的決心，被保險人還是依原來的職業別社會保險的架構，分爲6類，每一類的投保金額不一。受僱者中的勞工以薪資所得爲投保薪資，公教人員卻以「保險俸給」爲投保金額，而非以全部薪資所得爲投保薪資，使得同是受僱者，保費負擔卻不公平。再加上有投保薪資上限，對高所得者有利。投保薪資如果訂得太低，所得重分配效果有限。作爲社會保險的一環，都應該同時兼顧所得重分配的功能。只針對薪資所得（薪資稅）計算保險費，讓那些靠資本利得、投資、執行業務所得謀生的

人，如股市大亨、演藝人員、作家、律師、醫師、會計師等負擔較低的保險費，這是一種所得逆分配，嚴重違反公平正義原則。如果要達到較高的所得重分配效果，就應該依家戶總所得計算保險費才對。

而掛號費沒有被管制，醫院就以提高掛號費從50元到150元來提高收入，卻增加就醫者的經濟負擔；同時，自付額的設計本來是要抑制醫療資源浪費，但是，20%的自付額對富人來說不成負擔，對窮人來說依然沉重無比。因此，掛號費加自付額，就成為排除窮人就醫的門檻。轉診制度規定未經轉診加重自付費用30%至50%，這對富人也無關痛癢，但對窮人來說就不敢輕易轉診。如此一來，全民健保給付的貧富差距明顯呈現。我國的全民健康保險可說是具高度商業保險思維的醫療保險，而嚴重缺乏社會保險的所得重分配效果。

參、全民健康保險民營化試探

全民健康保險法第89條規定：「本法實施滿2年後，行政院應於半年內修正本法，逾期本法失效。」因此，全民健康保險法必須於1997年9月1日前修正，否則將自動失效。沒有一個國家的社會保險是這樣設計的，只適用2年就必須修正，且嚴重到不修正就自動失效。可見當時是在很勉強的情況下通過立法。第89條應是當時身兼國民黨主席的李登輝總統為使全民健康保險法順利通過而指示增列的「落日條款」，使全民健康保險法成為「暫行條例」性質的妥協版本。

到底勉強的環節在哪裡？就是前述的「公辦民營」與否的爭議。如前所述，在全民健保規劃後期就有公辦民營的聲浪。尤其是當時行政院副院長徐立德強力推銷設置「全民健康保險基金會」，接受國家100億捐款成立基金會，辦理全民健康保險。這種規避立法院、人民監督的公辦民營，最後沒有被立法院接受（林萬億，1995）。然而，全民健康保險實施後，民營化派並未就此放棄將全民健保推向民營化，尤其在自由主義經濟學者、大型財團醫院的推波助瀾下，來勢洶洶。

首先，1997年8月，衛生署依徐立德副院長的主張，提出公辦民營的「健保基金會」版。衛生署認為公辦公營的全民健康保險的缺點是：

1. **球員兼裁判**：政府兼具立法、執法及營運三重角色，使得費率、醫療服務、藥品衛材的品質與價格均為政府所管制。

2. **易生公營事業之流弊**：由於全民健康保險僅由一家公營健保局負責所有業務，長期獨占，缺乏競手，極易產生機構老化、制度僵化，乃至於業務退化等老舊公營事業之流弊，而使民眾被迫付出較高的費用，卻不一定能得到相對高品質的服務。

據此觀點，衛生署提出設置一個全民健康保險基金會的全民健康保險法修正案，董事會由35人組成，含被保險人代表8人、雇主7人、政府7人、醫事服務機構7人、專家學者5人組成。董事長由行政院長聘任之。顯然，行政院把具社會保險性質的全民健康保險當成公營事業來經營。這個基金會接受衛生署的監督，掌理由國家依法強制收取人民繳交的保險費的大財庫，再將被保險人名單與收來的保險費轉交給保險人。保險人於第二階段修法時，除了由健保局改制的準公營（Quasi-Public）組織之外，還包括其他非營利組織組成的若干單位（非營利健康保險公司）。有興趣參與的單位包括長庚、新光、奇美等財團法人基金會，再由這些保險人與特約醫事服務機構簽約，提供醫療服務給被保險人。人民在繳交保險費時即須選擇加入一家保險人，由與該家保險人簽約的醫事服務機構提供醫療服務，這就是所謂的「公辦民營的多元保險人競手模式」。

衛生署認為健康保險局一方面擁有署立醫院，另方面卻掌握健康保險的資源分配，必然導致健保的運作效能低落；而且立法院干預健保的保費調漲，使健保無法反映成本，必然導致健保財務危機；人民只能加入一個由國家掌控的健康保險，缺乏自由選擇與競爭。這些說法其實是似是而非，不值一駁。臺灣的健康保險服務提供者（特約醫療服務機構）本來就是民營為主，公立醫院（國立、署立、市立、縣立）數量有限，服務量也有限，根本不具市場決定性影響力。以2010年為例，公立醫療院所508家，其中醫院81家、診所427家；非公立醫療院所18,870家，其中醫院427家、診所18,443家。何來球員兼裁判？這種醫療院所私有化情形由來已久，不是始於今日。

其次，全民健康保險是社會保險，保費調整當然不可能完全依市場法則進行；人民雖然加入唯一的一個全國性健康保險，但就醫是自由選

擇到任何特約醫療機構接受服務，根本沒有選擇不自由的議題。衛生署的改革處方是仿照美國的健康維持組織（Health Maintenance Organization, HMO）的想法，將全國劃分為若干醫療保險基金，由民間承攬，但是仍在一個強制性的全民健康保險法之下，由國家強制向人民徵收保險費，再將保險費依人頭轉撥給這些民間的健保公司使用，人民被強制繳費，國家卻不必承擔服務責信；這些民營保險公司坐等保險基金轉入，不負收費責任，僅負經營與財務盈虧，何況還有下游的特約醫院與診所承擔虧損風險，可說是穩賺不賠的生意。這種名之為民營化的健保改革，其實是財團化，無助於解決全民健康保險的問題，只是讓大型醫療財團多一個機會搶食健保大餅而已。

衛生署忘了全民健康保險是公共服務，不像中油、臺電屬公營營利事業，而是像交通警察指揮交通、取締違規般，一旦駕駛人違規，開出交通罰款單，都是由警察一手包辦，除了拖吊車與停車場之外，有人會質疑警政署不能球員兼裁判嗎？要讓取締交通違規改由民間去經營嗎？如果連交通警察都民營化，保證開罰單的執行效率奇高，罰單滿天飛，執行單位賺得飽飽的。但是，交通會比較順暢嗎？不會，因為那不是民營交通警察的利之所趨。亦即，全民健康保險是強制性保險，就像交通違規一樣，是強制性法律，政府向人民收取保險費，不繳費者除會被鎖卡禁用之外，還會被移送強制執行。民營健保公司不會在乎人民健康好不好，只會在乎利潤高不高。就像民營交通警察不會在乎交通順不順暢，只會在乎罰款收入多不多一樣。這到底在圖利誰，明眼人一看就知道。循此，全民健保營利化傾向將檯面化，成本將難以控制。

支持這樣的改革者，除了大型醫療體系之外，還包括多位立法委員所提的版本，如郝龍斌（國民黨）、李應元（民進黨）。而反對的立委有劉進興、簡錫堦、洪奇昌、施明德（民進黨）等，以及擔心因此可能被醫療財團吃掉的基層醫師協會陳團景理事長、桃園開業醫師聯誼會郭明裕會長等。

這種民營化的聲浪，也引來由學者專家、弱勢團體組成的「搶救全民健康保險聯盟」的強力反對。1997年9月26日，由林萬億、李玉春、蔡篤堅、劉毓秀、林小嫻、林國明、王浩威、傅立葉等學者，結合臺灣醫界聯

盟、勞工陣線、殘障聯盟、老人福利聯盟、伊甸福利基金會、基層醫師協會、彭婉如文教基金會、臺灣人權協會、臺北市晚晴婦女協會、臺北市女權會、臺北市婦女新知協會等社會團體，以及立委簡錫堦、劉進興、施明德、洪奇昌等組成「反健保公辦民營聯盟」，公推林萬億教授爲召集人，遊說立委「搶救全民健保」，阻擋全民健康保險民營化的走勢。

　　1997年10月6日，聯盟召開第一次會議，宣布聯盟成立，且針對衛生署版本進行批判，並進行說帖草擬。第二次會議於10月15日召開，擴大連署。聯盟直指衛生署的公辦民營版本是引狼入室，明顯圖利財團與保險公司、降低醫療品質、提高保費、規避社會福利責任。之後，聯盟再成立「反健保民營暨多元化工作小組」，成立筆陣，密集讀者投書、擴大結盟等。聯盟藉由抨擊全民健保財團化會提高保費、犧牲醫療品質、坑殺基層醫療等訴求，明顯獲得國人支持，而得以壓制徐立德副院長、詹啓賢署長、楊志良副署長的民營化主張。這種議題設定（Agenda Setting）得當，產生極大的社會共鳴，否則光靠幾個學者與弱勢團體，怎能鬥得過財團及其同路人的立委與官員！當時以醫界聯盟的《醫望雜誌》（Hope）、立委劉進興與簡錫堦辦公室，以及臺大社會系爲基地的「反健保公辦民營聯盟」，雖然沒有遊行、靜坐等武鬥，但卻經由文鬥發揮了極大的社會抗爭效果，阻擋了排山倒海而來的全民健康保險民營化浪潮。弱勢團體與學者專家的結合所發動的社會運動，無法主導全民健康保險制度的創建，卻能阻止全民健康保險制度的典範轉移（Paradigm Shift）。對全民健康保險民營化的支持者來說，由學者專家與社會團體發起的社會反全民健保民營化抗爭是成事不足、敗事有餘。

　　衛生署眼見「公辦民營的多元保險人競手模式」被質疑有爲醫療財團量身打造的嫌疑，而修正回第一階段所擬組織的「公辦民營單一保險人」模式，卻仍然無法取信於民。於是，全民健保安然度過民營化的企圖。然而，詹啓賢先生仍念念不忘推動全民健康保險民營化的初衷，於2006年7月27至28日行政院召開「臺灣經濟永續發展會議」時，仍強力促銷全民健康保險民營化的方案，唯時不我與矣。

肆、全民健康保險改革

全民健康保險法實施以來不斷進行微調修正，以下幾項改革影響最為顯著。

一、IC卡

2002年7月，健保局發出第一張健保IC卡，將現行的健保紙卡、兒童健康手冊、孕婦健康手冊合而為一，達到一卡到底，5至7年免換卡，免除民眾奔波換卡，並減少投保單位換卡行政作業，達到簡政便民之目的。健保IC卡自2003年7月1日起全面雙軌上路，民眾可持健保IC卡或健保紙卡就醫；自2004年1月起，全國1萬7千多家特約醫療院所完成全面使用健保IC卡，邁向健保電子化時代。健保IC卡全面實施，使用健保IC卡後，不必像以往使用健保紙卡，每使用6格後就要到換卡據點或大醫院去換新卡，可直接在看病的醫療院所或設有讀卡機的場所，如健保局各分局、聯絡辦公室及聯合門診中心、各鄉鎮市區公所等，更新就醫可用次數，也不用每年換卡，可同時節省民眾奔波換卡，以及全國58萬家投保單位換卡的行政成本。

二、總額支付制／總額預算制

總額預算制度係指付費者（即保險人）與醫療提供者（即醫療相關機構院所），就特定的醫療服務提供部門（如住院服務或門診服務）或整體醫療服務，預先以協商方式訂定未來一段期間內健康保險醫療服務的支出預算，以支付該服務部門或服務在此協定期間內所提供的醫療服務費用。總額預算制度可同時控制價格與醫療服務的成長量，使醫療費用支出不超過預先設定的年度預算，達成保險財務收支平衡的目標。

我國全民健康保險從1998年起，分年逐步採總額支付制度，以控制醫療費用的成長。首先於1998年7月實施牙醫門診總額支付，2000年7月實施中醫門診總額支付，2001年7月實施西醫基層醫療總額支付，2002年7月實施醫院總額支付，2002年7月全面實施總額支付制度（黃煌雄、沈美真、劉興善，2011）。

三、診斷關聯群（Diagnosis Related Groups, DRGs）

各國健康保險的支付制度（Payment System）有以下幾種：

1. **論量計酬**（Fee For Services, FFS）：是依醫療院所提供的醫療服務項目逐項計費申報，醫療提供者缺乏節約醫療資源的誘因。

2. **論日計酬**（Per Diem, PD）：顧名思義是依病人住院日數支付，與醫療服務項目無關。

3. **論病例計酬**（Case Payment, CP）：係依病例分類（主診斷或主手術）訂定單一支付點數，是一種定額包裹給付方式。診斷關聯群（DRGs）支付制度則是以住院病患的診斷、手術或處置、年齡、性別、有無合併症或併發症及出院狀況等條件，分成不同的群組，同時依各群組醫療資源使用的情形，於事前訂定各群組的包裹支付點數，同病支領同酬。

   世界各實施健康保險或全民健康服務制度的國家，大多已實施DRGs支付制度，如美國、加拿大、澳洲、紐西蘭、德國、比利時、愛爾蘭、捷克、葡萄牙、西班牙、法國、挪威、瑞典、日本、新加坡、韓國等，其中最早實施的美國，從1983年就開始用於醫療照護（Medicare）保險給付。DRGs與論病例計酬同是包裹給付方式，但DRGs涵蓋範圍廣，給付條件與論病例計酬略有不同。

4. **論質計酬**（Pay For Performance, PFP）：係依疾病設計不同支付誘因，改變單一、片段的診療模式，鼓勵醫療機構提供連續且完整的照護，主動追蹤個案，把醫療資源花在疾病早期與加速療癒上，以防止疾病惡化或產生併發症，藉此建立疾病管理模式，提升醫療照護品質。在英國稱論果計酬（Payment by Results, PbR），亦即錢隨人走，固定給每一疾病照護程序定額支付，以利提供照護品質與鼓勵服務使用者選擇醫事服務機構，從2008年起全面實施（Crison, 2009）。

5. **論人計酬**（Capitation Payment）：是依據被保險人人數及其醫療風險，事先決定支付費用，而不考慮被保險人實際醫療利用情形的

一種支付制度。

我國全民健康保險實施之初，支付制度依循既有軍公教勞工保險醫療給付採論量計酬。1995年起實施論量計酬加部分論病例計酬制，而精神科則採論日計酬。到1997年論病例計酬已達22項，1999年論病例計酬已實施50項，2003年論病例計酬增加到54項。但實施項目仍有限，屬內容單純之疾病，全面管理效益有限。2000年起試辦「呼吸器依賴患者整合性照護前瞻支付系統」（Prospective Payment Scheme, PPS），係採論日計酬制。2001年起試辦論質計酬，包括子宮頸癌、乳癌、結核病、糖尿病及氣喘等，2006年加入高血壓，2010年再加入精神分裂症、慢性B型、C型肝炎帶原者。2004年起實施資源基礎相對價值表（Resource-Based Relative Values Scale, RBRVS），根據醫師花費於照護病人所投入的資源價值，以點數客觀地評估不同服務投入的資源。2009年實施住院安寧療護，也是一種論日計酬制。2010年同時實施DRGs制度。2011年起試辦論人計酬制（黃煌雄、沈美真、劉興善，2011）。臺灣的全民健康保險幾乎把世界各國採行的支付制度都用上了，不愧是個高度開放接受醫療技術與制度擴散（Diffusion）的國家。

既然全民健康保險已實施醫療費用總額支付制度，不是就可以有效控制醫療成本了嗎？為何還需要採行DRGs制度？醫療費用總額支付制度基本上是一種宏觀（Macro）調控的手段，僅在於控制全民健康保險的總支出，必須透過支付基準的微觀（Micro）調控，如以論病例計酬、診斷關聯群DRGs取代論量計酬，給與醫療院所更大誘因來提高醫療服務效率，讓總額支付制度下的醫療資源分配更公平合理。

健保局原訂自2009年9月1日起實施DRGs制度，但因準備不及，延至2010年1月起實施。到2010年底，僅實施原來住院論病例計酬為主的55項DRGs，其他仍採論量計酬制。健保局擬逐年增加採取DRGs的適用範圍，直到2014年全面實施DRGs制度。健保局規劃除癌症、精神病患、血友病、罕見疾病、臟器移植併發症及後續住院、使用葉克膜個案及住院超過30天者，被健保局排除在DRGs制度之外，其餘所有疾病將分為1,017個DRGs，考量新制度對醫院與醫療模式、醫院管理的影響，決定以6年時間逐步完成支付新制作業。

第三節 二代健保改革

　　我國全民健康保險開辦以來，由於醫療給付範圍不斷擴大，保費未隨之調高，致支出大於收入。從1998年起全民健康保險財務出現赤字，且逐年增加。又因保費負擔不公平，如前所述，被保險人分6類14目，依薪資所得計算保費，各類分攤比率不一，多眷口家庭負擔較重。此外，醫療資訊不夠透明公開。監理委員會與費用協定委員會分立，未見收支連動效果。支付採論量計酬，醫療品質不一。經濟弱勢家戶繳不起保費而無健保卡或被停用，屢有所聞。旅外人士只要有加保紀錄即可給付，不甚公平。再加上地方政府拒繳應分攤保費，合計到2009年止為672億3,000萬元，其中臺北市欠費393億9,800萬元最多，高雄市欠繳201億3,500萬元居次。致全民健康保險雖為良善制度，但潛藏重重危機，特別是財務方面。

壹、李明亮時期

　　為了解決可預期的全民健康保險財務赤字，2000年5月民進黨執政，新任衛生署署長李明亮就任不久，立即召開「全民健康保險體檢小組」，由國家衛生研究院衛生政策研究發展中心主任宋瑞樓院士擔任召集人，和信醫院院長黃達夫為副召集人，楊志良為執行長。體檢小組於2001年2月完成體檢報告，建議衛生署應成立中長期改革研議規劃小組徹底改革全民健康保險。4月4日，衛生署召開全民健康保險永續經營研議會議，會中定調成立中長期改革規劃小組，並以「二代健保」為名啟動全民健康保險中長期改革規劃。召集人為時任行政院政務委員的胡勝正院士，副召集人為李明亮，執行長為賴美淑，委員包括衛生署長、內政部長、財政部長、主計長、經建會主委、研考會主委、勞委會主委、醫事服務機構代表、學者專家等，計13至15人。工作委員9人，包括胡勝正、李明亮、賴美淑、朱澤民、楊志良、吳運東、沈富雄、黃芳彥、陳聽安等。並廣邀公共衛生、公共政策、財經、社會、法律、統計、醫療等領域學者加入規劃，規劃期間並引進審議式民主機制蒐集意見（行政院衛生署，2004）。

　　2004年10月出版總結報告，提出改革核心價值為：公平、效率、品

質，並做成建構權責相符的健保組織體制、擴大社會多元參與健保政策、財務平衡且提升服務購買效率、強化資訊提供以提升醫療品質等四大層面建議。公平是指以家戶總所得計收保費，擴大計費基礎、保障低所得者，所得高者負擔較多保費，相同所得者負擔相同保費。效率是指將被保險人從6類簡化為2類，民眾轉換工作時不必轉出、轉入手續。品質是指推動民眾就醫資訊及醫療品質資訊公開，增進其選擇能力，強化提升醫療品質機制，支付制度朝向鼓勵提供優良醫療服務方向改革（行政院衛生署，2004）。

關於健保組織體制的建議仍建議維持政府治理模式，但為建構多元參與管道，並對參與者賦予適當權責，全民健保組織的治理宜融入社會參與觀念。關於擴大社會多元參與方面，建議應規劃擴大社會團體參與管道，並朝向民眾平等參與而努力。關於財務平衡與提升服務購買效率方面，建議擴大民眾參與及財務資訊透明化，使財務收支連動，並提升保險費收取的公平性，以平衡健保財務收支。關於強化資訊提供以提升醫療品方面，蒐集、轉化與提供可供參考與利用的醫療品質資訊，並成立一個能促進保險人、醫療專業與民眾三方面對話的平臺，整合三方醫療品質的期待（黃煌雄、沈美真、劉興善，2011）。

2005年8月15日，完成二代健保修法版本送行政院審查。2006年1月24日，行政院長謝長廷於離職前的最後一次院會通過二代健保修正案，試圖藉此解決全民健保的財務問題。5月3日，行政院將修正草案送立法院審議。然而，當時立法院民進黨加上台聯黨計委員101席，仍低於由國民黨79席、親民黨34席、新黨1席、無黨籍10席所組成的泛藍，二代健保修法遭反對而擱置。為擔心立法院將於2008年改選，屆時屆期不續審，仍於2008年2月再次將修正案送立法院審議，仍未能獲得國民黨主導的立法院支持而停擺。可見，全民健康保險制度修正的高難度，不只是一個保險統計邏輯的問題，更涉及醫療品質、醫療資源分配、社會公平正義、政治角力等課題。國民黨在2004年再度失去政權，當然不願見到由民進黨政府主導的二代健保改革案可以順利推動。這是政治競爭中的阻擋策略。而國民黨之所以敢阻擋二代健保修法，是因其中涉及保費負擔的經濟利益，在相同醫療給付下，高所得家戶當然不希望多繳保費，而施壓國民黨立委反對

二代健保。站在高所得家戶這一邊，符合其政黨價值與利益，於是，二代健保改革就這樣胎死腹中。

　　全民健保開辦以來，至1997年，保險收入均大於保險支出。由於人口老化、醫療科技進步及醫療服務內容增加等因素，使得醫療費用之成長高於保險收入之成長，自1998年起產生保險收入小於醫療費用的現象。1998年、1999年已出現保險支出大於保險收入的赤字情形。其中，1999年赤字高達210億300萬元，2000年勉強平衡，2001年以後都是呈現赤字狀態（見圖12-1）。為了減緩財務上的壓力，健保局推行各項開源節流措施與執行嚴格的財務監控。在控制醫療費上漲及增加保險費收入的情況下，2000年之財務收支尚能維持平衡，也使得原預計僅能維持5年財務平衡的費率持續經營了近8年才做調整。到2002年6月底為止，全民健保安全準備餘額為102億元，已低於1個月保險給付總額。然費率調整影響層面廣泛，考量保險費負擔之公平性與費率調整幅度對民眾負擔產生的影響，健保局遂於2002年8月起先實施軍公教全薪納保及調高投保金額分級表上限措施，以提升保險費負擔的公平性；再於9月起以維持2年最低財務收支平衡之漸進調整原則，將保險費率微幅調整由4.25%到4.55%，估計每年可增加191億保費收入。同時也調整部分負擔，故被批評為「健保雙漲」。然經此一調整，健保財務也僅能維持到2004年底，之後還是必須面對費率調整的問題。

　　此後，健保費率未再調整，僅以調高投保薪資級距、增加菸捐挹注、提高部分負擔等微調來支撐健保財務。以2004年為例，保險費收入3,532億6,300萬元，保險成本3,536億9,300萬元，赤字4億3,000萬元。自全民健保保險開辦至2004年12月底止，累計安全準備餘額為47.98億元。如果每年收支不平衡的狀況沒有改善，全民健保的安全準備金將很快耗盡。隨著人口老化、重大疾病給付範圍擴大、物價指數上漲等因素，到2006年底，健保財務已出現15億元赤字。這也是為何二代健保改革以財務改善為目標的原因。至2009年底，健保收支短絀已達580.45億元；若不進行改革，至2010年底，短絀將擴大為1,015億元（黃煌雄、沈美真、劉興善，2011）。

貳、楊志良時期

2008年國民黨再次執政後，眼見愈來愈高的財務赤字壓力，衛生署終於在2009年推出差別費率之調高保費案。但是不但得不到行政院的背書，也得不到民間團體的支持。楊志良署長遂於3月8日以無法達成「七成五民眾不漲健保費」的政策目標為由辭官，逼馬總統表態，獲馬總統慰留。馬總統於3月17日聽取健保局所提財務改革方案簡報後，裁示「衛生署將積極推動健保財務制度改革修法（二代健保），並請立法部門列入優先審查法案」（黃煌雄、沈美真、劉興善，2011）。顯然，今日之是否定了昨日之非。國民黨政府之所以一反過去反對二代健保改革的政策，是因為全民健康保險的財政赤字壓力已經大到快要淹到喉嚨了，再不解決，可能滅頂。健保局僅以控制醫療支付、總額管制預算等手段來因應收支短差的效果已到了極限。何況說，單從支出面下手，將引發醫療品質下降、醫護人力不足的後遺症。醫療院所以精簡人事來因應預算緊縮，受害最嚴重的莫過於護理人員減編。護理人員不足與過勞，必然帶來醫療品質的下降。

終於從2010年4月起實施「單一費率、差別補助」的調高保費從4.55%到5.17%，一年可增加保費收入522億。接著，馬政府也在各界的要求下重提二代健保改革。與其有今日，何必當初。2006年、2008年國民黨主導的立法院兩度封殺民進黨政府所提二代健保改革案，今日卻必須以二代健保改革作為藍本，實在諷刺。

全民健康保險法修正案遂於2010年4月8日由行政院送請立法院審議，立法院一讀後即交付衛環委員會審議。衛環委員會於21日起陸續召開3次公聽會、進行1次報告與詢答、1次專案報告、8次逐項審查。5月20日完成二輪逐條討論審查。共計通過80條、刪除3條、保留26條，並做成決議，院會討論前需經黨團協商。參與審查的立法委員黃淑英（2011）指出，政府僅想解決財務問題，在草案中僅針對保費計收方式將6類14目改為家戶總所得，對於民眾所關切的資源配置與醫療品質等議題均未著墨。而又為了怕影響2010年底五都選情，以及楊志良署長執意要在7月辭職，國民黨黨團必須加緊腳步審查，才能在6月底休會前完成三讀。

然而，立法委員對於該法案仍有諸多意見，例如，家戶總所得包含

項目、單身戶保費過高、藥價黑洞等問題。二代健保並未排入5月會期院會，也未在8月的臨時會中通過。馬總統遂下令「由王院長召開修法政黨協商，並於12月7日前完成修法」。王金平院長於8月23日召集國民黨黨團協商，訂於12月初完成立法程序，並請立法院及衛生署加強溝通及協調，對爭議性議題召開公聽會。於是，立法院進入喊價、暗室協商的過程，連楊志良署長都說，「他們（國民黨）修他們的法。」（黃淑英，2011）

由於財政部對於依家戶總所得計收保費的技術問題仍有意見，認為依目前我國的財稅資料仍不可行。衛生署為了回應財政部的質疑，於11月26日突然提出在委員會時未曾討論過的「設算所得」（虛擬所得）機制，亦即沒有稅籍所得資料者，以其投保社會保險薪資設算其所得。如此一來，家庭主婦、失業勞工都要以基本工資作為虛擬所得，但一個月領取退休金6萬元的退休公務員卻不必繳交任何健保費的荒謬現象，引來在野黨與社會團體一陣撻伐[6]。衛生署擬以社會救助法對於工作所得的規定作為全民健康保險繳費依據，必須說理清楚，同時也必須考量二代健保設計原則中的公平價值。顯然，衛生署未做足功課，自己又捅了虎頭蜂窩，被叮得滿頭包。

12月3日、6日，王院長邀集朝野黨團協商，通過部分保留條款，包括監理、費協兩會合一與組織定位、特殊材料差額負擔、分年調整藥價、藥品費用支付與保險醫事服務機構違規處理及公開違規事實等，並同意不增訂藥品差額負擔、藥價依藥品成本加成規定。至於其他無共識議題則繼續協商。

法案進入二讀，執政黨立委對於依家戶總所得計算可能會發生扣繳、結算程序繁複、行政成本龐大、結算時點延宕、家戶狀況變動頻繁、財源不穩定等問題，請衛生署對保費收取部分再修正，並全數保留其他或黨團協商共識的條文。衛生署乃提出二代健保再修正案，維持二代健保擴大費

6　依公務人保險法第11條規定：「本法修正施行前，原參加公務人員保險或私立學校教職員保險，已繳付保險費滿30年或繳付保險費未滿30年，繼續繳付本保險保險費屆滿30年之被保險人，在本保險有效期間，其保險費及參加全民健康保險之保險費全部由各級政府或各私立要學校負擔；如發生第3條所列保險事故時，仍得依本法規定，享受保險給付之權利。」

基、提升公平性的精神，在現有財源下納入高額獎金、執行業務所得、股利所得、利息所得、租金收入及兼職所得等計收保費基礎，收取補充保費。再修正條文於2011年1月4日經立法院三讀通過，其重點包括：

1. **保險費取採雙軌制**：「基本保費」由現行的5.17%調降為4.91%；另加收「補充保費」，費率2%，包括被保險人非所屬投保單位之薪資、股利所得、利息所得、租金收入、額外之執行業務所得，以及高於4個月投保金額之獎金，皆列入。

2. **重視資訊公開與民眾參與**：全民健康保險在協議、審議重要健保事項時，應事前公開資訊、蒐集民意，必要時應辦理民眾參與。

3. **境外人士加保限制更趨嚴格**：旅居國外者需「2年內曾有」加保紀錄，返國後始得加入全民健保。

4. **受刑人納入健保**：將「受刑人」納入健保。

5. **加重政府負擔健保財務之責**：政府每年度負擔健保之總經費，不得少於每年度保險經費扣除法定收入後金額之36%。並且對過去因健保制度累計之財務短絀金額，由中央主管機關分年編列預算撥補之。

6. **照顧弱勢群體及醫療資源缺乏者**：對被保險人因經濟困難而未能如期繳納保費時，不適用要求繳交滯納金、暫行停止給付或罰鍰等規定；亦減免醫療資源缺乏地區之部分負擔，以期落實實質平等。

這次二代健保修法是為德不卒、半套改革，只是用補充保費暫時解決部分全民健保的財務問題與部分高所得低繳費的公平問題，但是仍然未能達成二代健保規劃所期待的真正公平精神，也沒有實現全民健保永續經營的目標。之所以會如此，乃因國民黨立委擔心採家戶總所得計算保費會得罪富人，遂以稅制不完美作為技術杯葛。即使在民進黨立委因二代健保是其執政時期的產物而不敢杯葛下，泛藍立委（國民黨、親民黨、新黨）占總席次81席（71.7%）的絕對多數，仍然通過如此保守的版本，實在是令人失望。

此次修法估計有83%的民眾保費不會增加，全體雇主負擔約增加40億元，最快2012年上路。據衛生署估計，增加的保費收入最多只能支持5年

不再調整保費。然還未上路的全民健保修正案已顯得搖晃不穩。衛生署已於2012年3月宣布健保新制要到2013年才上路，且保費是否為4.91%則尚未決定。不久之後，衛生署署長邱文達於2012年4月27日宣布，股票股利確定不列入二代健保補充保費，僅對現金股利課徵補充保費。然一切是否就此定案，難說！

 第四節　經濟弱勢家戶醫療權益保障

　　英國、瑞典的健康照護體系屬稅收制，才能真正做到全民健康照顧。我國的全民健康保險既然是社會保險制，不可避免地一定會有一些經濟弱勢家戶因繳不起保險費而得不到醫療照護，即所謂的健康照護排除（Health Care Exclusion）。為了彌補此一漏洞，衛生署於2003年6月10日公布實施「無力繳納健保費者醫療保障措施執行要點」，保障無力繳納健保費者之就醫權益。同時，為協助這些經濟弱勢民眾早日納入健保體系，全民健康保險法修正案自2003年6月20日開始施行，對經濟困難民眾採緩繳或免除過去欠費的方式。另為減輕紓困基金申貸者之負擔，於2003年6月20日實施之全民健康保險部分條文修正案，規定辦理紓困貸款者免徵滯納金，及其每月償還金額不得高於申貸當時之個人保險費的2倍。另紓困基金申貸者若因經濟困難無力繳納時，得於2004年6月5日前申請延緩清償貸款。2003年7月10日制訂公布「全民健康保險經濟困難及經濟特殊困難者認定辦法」。2008年12月8日為因應全球金融海嘯，再修正「全民健康保險經濟困難及經濟特殊困難者認定辦法」，擴大適用對象。2010年7月28日再修正擴大適用範圍。同年8月2日再修正「全民健康保險保險費及滯納金分期繳納辦法」。2011年9月28日因應二代健保修正，同步修正公布「全民健康保險紓困基金保管及運用辦法」。

　　至此，我國全民健康保險針對經濟困難民眾的就醫權益保障簡述如下：

壹、經濟困難民眾的健保費與醫療協助措施

為使經濟弱勢民眾就醫無障礙，能及時獲得妥適的醫療照護，政府提供各項協助措施，其申請資格和方式如下：

一、健保費補助

各級政府對特定弱勢者補助健保費，補助對象包括低收入戶、無職業榮民、失業勞工及眷屬、身心障礙者、中低收入戶、19歲以下55歲以上之無職業原住民，以及符合菸品健康捐補助資格者。

二、欠費協助

1. **紓困基金貸款**：申請資格為經戶籍所在地公所核定為經濟困難或經濟特殊困難者。
2. **分期繳納**：申請資格為不符合紓困貸款資格者，但積欠健保費超過2,000元，因經濟困難無法一次繳清者。
3. **轉介公益團體、企業或善心人士補助**：申請資格為無職業在公所參加健保民眾，因經濟困難無法繳納健保費者。

三、醫療保障

1. 獲得政府健保費補助者，不鎖卡。
2. 辦妥欠費協助手續者，不鎖卡。
3. 18歲以下有就醫需求之兒童及少年，不鎖卡。
4. 住院、急診及急重症門診醫療保障：持有村里長或就醫的特約醫療院所開具清寒證明者，得以健保身分就醫。

貳、安心就醫

為更落實政府照顧弱勢民眾健保就醫權益，針對健保欠費被鎖卡之民眾，符合下列條件之弱勢民眾，健保局將其健保就醫權益與健保欠費脫鉤處理。自保險對象經認定符合為弱勢民眾之日起予以解卡，1年內不鎖健保IC卡，屆期經審核仍符合為弱勢民眾，其健保IC卡仍不予鎖卡，以確保

弱勢民眾可安心就醫。

一、近貧戶

（一）近貧戶條件，同時符合下列三項條件者：

1. 所得為低收入戶最低生活費1倍至1.5倍。
2. 每年全戶利息所得總額未逾1萬元。
3. 不動產應符合社政機關公告之低收入戶標準。

（二）解卡方式

1. 健保局運用財政部提供之最新所得及財產資料比對產生，主動解卡。
2. 由村（里）長、村（里）幹事、社工、教育局（處）、學校、派出所警察同仁、醫院診所主動發掘向健保局轄區業務組通報，由健保局協助解卡以利就醫。

二、特殊境遇家庭

（一）特殊境遇家庭條件

符合「特殊境遇家庭扶助條例」第4條所訂全家每人每月所得未超過低收入戶最低生活費2.5倍，並由各級社政單位通報健保局為特殊境遇的家庭。

1. 65歲以下，其配偶死亡，或失蹤，經向警察機關報案協尋未獲達6個月以上。
2. 因配偶惡意遺棄或受配偶不堪同居之虐待，經判決離婚確定或已完成協議離婚登記。
3. 家庭暴力受害。
4. 未婚懷孕婦女，懷胎3個月以上至分娩2個月內。
5. 因離婚、喪偶、未婚生子獨自扶養18歲以下子女或獨自扶養18歲以下父母無力扶養之孫子女，其無工作能力，或雖有工作能力，因遭遇重大傷病或照顧6歲以下子女致不能工作。
6. 配偶處1年以上之徒刑或受拘束人身自由之保安處分1年以上，且在執行中。

7. 其他經直轄市、縣市政府評估因3個月內生活發生重大變故導致生活、經濟困難者，且其重大變故非因個人責任、債務、非因自願性失業等事由。

（二）解卡方式

由內政部或直轄市、縣（市）政府提供健保局名單，由健保局協助解卡。

三、18歲以下有就醫需求之兒童及少年

解卡方式：經由村（里）長、村（里）幹事、社工、教育局（處）、學校、派出所警察同仁、醫院診所主動發掘，向健保局轄區業務組通報，由健保局協助解卡，以利就醫。

此外，針對重大傷病者面臨的困難，現行衛生署公告了31類重大傷病項目，目前約有57餘萬人領有重大傷病卡，享有就醫免除部分負擔的優待，包括癌症、慢性精神病、洗腎及先天性疾病等非一般家庭所能負擔之疾病，重大傷病實際領證人數約占保險對象之2.4%，但其醫療費用支出約771億，約占總醫療費用之22%，確實減輕了重病患者的醫療費用負擔。

針對低收入戶健保保險業務補助，內政部提供之補助項目如下：

1. 低收入戶參加全民健保保險費補助。
2. 低收入戶參加全民健保門、住診部分負擔費用補助。
3. 身心障礙者之保費補助：中度以上身心障礙者參加全民健康保險保費由內政部補助二分之一，重度以上身心障礙者由內政部全額補助。
4. 70歲以上中低收入戶國民之保費補助：對於70歲以上中低收入戶國民參加全民健保保險自付部分之保險費，給與全額補助。

結論

為了達到全民納保的理想，配合健保法修正，擴大納保範圍，自2001年2月1日起，軍人也納入全民健康保險範圍。2011年受刑人也納保，

全民都已納入健保體系。到2009年12月爲止，參加全民健保的納保率爲99.29%。民衆滿意度從開辦初期的39%，1997年升高到65.7%，2001年底再升高到71.1%，2004年底再升高到76.6%。

　　臺灣的全民健康保險號稱「便宜又大碗」。2003年，臺灣的國民醫療保健支出占國民生產毛額（GDP）的6.27%，是工業先進國家中除了韓國（5.1%）、墨西哥（6.1%）之外，最低的國家。到了2009年增加至6.89%，比法國的9.67%、德國的10.33%、英國的9.74%、韓國的6.92%、日本的7.48%（2008年）、美國的17.38%低。

　　2000年，英國《經濟學人》（The Economist）雜誌調查27個工業先進國家的健康與醫療品質，臺灣名列瑞典之後的第2名，比同是全民健康保險的德國、加拿大，全民健康服務的英國，以及亞洲的日本（第4名）、韓國（第13名）、中國（第19名）等國表現都好。2008年，諾貝爾經濟學獎得主克魯曼（Paul Krugman）曾於2005年11月7日在《紐約時報》（New York Time）撰文公開讚許臺灣的全民健康保險不僅保障全國人民的健康，也成爲世界各國學習的對象（黃煌雄、沈美真、劉興善，2011）。

　　然而，「要健保好、健保不能倒」，就必須眞正回歸到二代健保所揭櫫的核心價值：公平、效率、品質。具體策略是所得高者負擔較高保險費、保障經濟弱勢者的健康權、平衡健保財務、健保資訊透明公開、擴大社會參與、降低醫藥浪費、提升醫療品質、均衡醫療服務資源、縮小城鄉醫療資源差距。

　　再者，我國的全民健康保險，名之爲健康保險，其實是疾病醫療保險，重點是爲保障因疾病帶來的經濟與生命安全風險，而不是在於促進國民的健康。如果不能輔以國民健康教育、養成國民健康生活習慣、推動活力老化，一旦人口老化加速，全民健康保險的財政負荷將會更加嚴重。

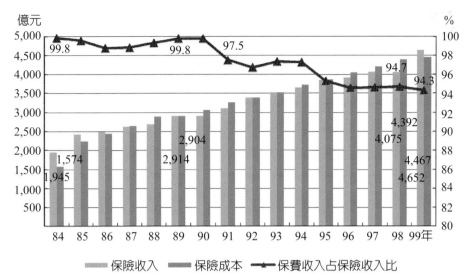

圖12-1　全民健康保險財務收支概況──權責基礎

參考書目

行政院衛生署（2004）。全民健保改革綜論。

林萬億（1994）。福利國家——歷史比較的分析。臺北：巨流。

林萬億（1995）。福利國。臺北：前衛出版社。

林萬億（1996）。從社會面看全民健康保險。臺灣法學會學報，17期，頁76-87。

林萬億（2010）。社會福利。臺北：五南。

吳凱勳（1993）。我國現行健康保險制度。載於楊志良主編《健康保險》，臺北：唐山，頁153-192。

徐立德（1995）。全民健保面面觀。消費者保護研究，第2輯，頁3-20。

慧婭（2010）。切膚之愛（蘭大衛醫生的故事）。http://tw.myblog.yahoo.com/dawwei.wang/article?mid=1080&prev=-1&next=1060。

黃煌雄（1984）。從孫運璿到俞國華，原載《開創》雜誌第4期。編入《黃煌雄文集》。http://huanghsiung.blogspot.com/2007/12/blog-post_9870.html

黃煌雄、沈美真、劉興善（2011）。全民健保總體檢。臺北：五南。

黃淑英（2011）。拼湊當改革——粗糙立法民眾受害。勞動者，159期，頁24-29。

臺灣省文獻委員會（1953）。臺灣省通志。

臺灣省文獻委員會（1992）。重修臺灣省通志。

Crison, I. (2009). *Health Policy: A critical perspective*. London: Sage.

Greener, I. (2001). The Ghost of National Health Services Past Revisited: Comparing British health policy of the 1950s with the 1980s and 1990s. *International Journal of Health Services*, 31: 3, 635-646。

Karger, H. J. and Stoesz, D. (2006). *American Social Welfare Policy: A pluralist approach*, 5th ed. Boston: Pearson Education, Inc.

Lin, Wan-I (1990). The Chinese Gentry and Social Philanthropy. *National Taiwan University Journal of Sociology,* 20, 143-186.

Navarro, V. (1994). *The Politics of Health Policy: The U. S. Reforms, 1980-1994*. Oxford: Blackwell Publishers.

O'Connor, J. (1973). *The Fiscal Crisis of the State*. New York: St. Martin's Press.

Chapter 13

國民就業

第 十 三 章

前言

工作是一個具有多種價值的概念。就經濟層面言，工作使人們擁有收入，保障個人及家庭的經濟安全，也就是能養家活口；就心理層面言，工作使人們得以自我實現，獲得自尊與自信，也就是成為有價值的人；就社會層面言，工作是一種社會參與，取得社會地位，獲得歸屬的方式，成為社會有用之人。

為保障國民就業，必須建立職業訓練、就業服務、失業保險等三大支柱，缺一不可。職業訓練使國民具有工作能力，進而提升人力資本，創造更高產值，有助於提高就業機會，以及增加收入。就業服務協助人們獲取就業資訊、澄清職業性向、媒合求職求才、提高工作滿意、增加就業穩定。失業保險保障失業者的生計，避免產生個人及家庭經濟危機，進而引發社會不安。失業保險已於本書第六章社會保險中討論，本章不再贅述。

 第一節　我國國民就業政策的沿革

、工業化前期

一、日治時期

就業政策是工業化社會的產物。現代工廠制度的興起，才有就業、失業、薪資、勞動條件的議題出現。臺灣的工業化始於日治中期以後。葉淑貞（2009）指出，日治時期，臺灣工業進入現代化與日本化。1915年，臺灣就業人口119,142人，在工廠部門工作的有29,298人（24.6%），在手工業部門工作的有89,844人（75.4%）。但是到了1930年，總就業人口124,712人，增加有限，但工業部門就業已增加到60,979人（48.9%），手工業部門就業者已下降到63,733人（51.1%）。到了1940年，總就業人口

增加到172,121人，工業部門就業人口已升高到128,505人（74.7%），手工業就業人口僅剩43,616人（25.3%）。可見，日治中期以後，臺灣工業部門已有長足進步。就教育言，日治時期1912年總督府已設工業講習所，培養工業技術人才。1917年設第一所職業學校——臺灣總督府商業學校，接著隔年設臺灣總督府工業學校。顯見，日治中期以後，教育制度已配合工商發達而改變。

1921年，日本通過職業介紹法，該法雖對收費之職業介紹採嚴格限制，但已具有國家介入勞動市場的規制角色。為了媒合工業化社會的勞動力供需，臺灣最早的職業介紹制度始於1921年8月，日本人於臺中市設職業介紹所，同月再設臺南市職業介紹所，翌年於臺北市與高雄市亦設職業介紹所，1926年在基隆亦設職業介紹所，總計共設5處，皆為市立，總計服務求職6,794人，求才4,563人，介紹6,223人，就職4,151人。就職者其中日人3,420人，臺灣人726人，朝鮮人3人，其他2人，可見當時服務對象以日本人為大宗（臺灣省文獻委員會，1972）。

二、國民政府遷臺初期（1947年～1949年）

1946年3月15日，臺灣省行政長官公署訂頒臺灣省旅外軍民回籍安置辦法，俾作為安置本省旅外軍民回籍的輔導規範，並指定臺北、基隆、高雄3市就近分設臨時安置所，接待期間發給每日食米8兩、副食5元，接待期間為3天，協助處理職業介紹、收容、臨時教育等服務。這是國民政府來臺初期的就業服務措施。

1947年即發生「二二八事件」，之後臺灣省政府社會處旋即於6月1日成立，並組成臺灣省失業救濟委員會，且於10日後即展開本省失業工人及其分布情形的調查，6日後即公布臺灣省人民失業調查及救濟辦法。8月14日又通飭各縣、市成立失業救濟委員會，以協助失業工人。至當年年底調查結束，統計臺灣失業者約9萬人。其救濟方式為登記後分別造冊，送臺灣省訓練團施以訓練。訓練結束後，依成績、資歷，送請中央、省、縣市或企業錄用。至於失業農民則由地政局督導各縣市發撥荒地並給與貸款輔導其開墾。這些措施顯然在回應「二二八事件調查報告」所指稱的失業工人的不滿是事件發生的原因之一。接著，1948年臺灣省社會處於5個都市

成立社會服務處，以作爲實踐民生主義、轉移社會風氣、改善社會生活的中心。這與服務失業工人、穩定社會關係密切。可見，就業安全是經濟發展、社會穩定所必需。

三、以農業支持工業（1950年～1964年）

1950年代臺灣農業生產復甦後，米糖產量過剩，每年賺進1億美元，是當時外匯來源的重要農產品。此外，臺灣省糧食局運用「強制收購」、「稻穀換肥」和「向大戶收購餘糧」三項策略，將農業生產所得轉化爲政府所需的財政資金，以從事經濟建設。政府以低米價、低工資的政策，爲工業提供有利條件，此即所謂「犧牲農業，支持工業」政策。

再加上1950年韓戰爆發，美國第七艦隊協防臺灣，並進行經濟援助。自此到1965年的15年間，每年約援助1億美金，從公營企業的運作到民間輕工業的補助，電力、肥料、學校、技術人才培訓等，幾乎無所不在。美援的小麥進口帶動臺灣麵粉工業，黃豆進口帶動食用煉油工業。美援是當時臺灣經濟發展的重要支柱。

爲改善大量仰賴進口的現象，以及降低進口支出，政府大力推動民生輕工業，並鼓勵農民種植鳳梨、蘆筍、洋菇等高經濟作物，製成食品罐頭，外銷日本與歐洲地區。臺灣農產與農產加工品出口值曾創下外銷世界第一的紀錄，1952年高占出口總值的91.9%。臺灣以農業出口賺取外匯，購入工業設備，進而扶持紡織、肥料、水泥等基礎工業的發展，於是，政府主導「四年經濟建設計畫」。第一期自1953年至1956年，目的在於對內迅速增加生產，充裕物資供應；對外求取國際收支平衡，進而消除通貨膨脹，並追求經濟安定。此期採取「以農業培養工業，以工業發展農業」，推動勞力密集輕工業的發展。

第二期四年經建計畫起自1957年至1960年，重點由經濟安定轉向經濟發展；目的在繼續開發資源，增加農業生產，加速工礦事業發展，擴大出口貿易，以增加國民所得、就業機會及改善對外收支。

配合美援與穩定政局，就業相關政策首見於1950年8月31日，中國國民黨中央改造委員會第13次會議通過「現階段政治主張」，其中第三點實施「民生主義的經濟措施」，「關於勞動問題，我們要積極扶植工會組

織，保障勞工權益，維護勞工擇業轉業自由，並舉辦社會保險，以安定勞工生活。要根據勞資共同利益，促進雙方互助合作，增加社會生產。有關工人福利問題的決定，應讓勞工充分參加意見。」（邱創煥，1977）

接著，1952年10月18日，中國國民黨召開第7次全國代表大會，通過中國國民黨政綱，其中「社會」乙節提及，「輔導國民就業，舉辦社會保險，擴展社會福利措施，以建立社會安全，保障人民之生存權及工作權。」（邱創煥，1977）

1963年11月20日，中國國民黨召開第9次全國代表大會，通過的政綱，其中有關社會建設第9條敘及「擴充就業機會」，第13條提到「擴大……就業輔導等社會安全措施……」第14條關於「加強青年升學與就業輔導……」

貳、工業化時期

一、民生主義現階段社會政策（1965年）

1960年代，政府提出「出口擴張」策略，公布「獎勵投資條例」，成立加工出口區，提供投資優惠，並透過改革稅率、開放投資市場等措施吸引外資。1965年美援中止後，外資取代美援提供經濟發展資金，其中以美、日資金最為重要。

美援中止後，以生產棉織品為主的臺灣紡織業因應衝擊，分別開始人纖工業的投資及設廠，並發展成衣工業，增強臺灣紡織品的出口能力。同時，由於人造纖維紡織品迅速發展，自1950年至1985年，我國紡織工業年平均成長28%。以成衣為主要出口品的紡織相關工業，也在1966年首次出現順差。

1966年，首座加工出口區在高雄出現。加工出口區提供所有設備與原料進口免關稅，以及簡化行政手續等優惠，爭取投資設廠。下單國家提供機器、技術與原料，送到出口區進行最下游的組裝工作。產品大都為美、日兩國的民生輕工業，如成衣、電子零件、光學製品等，在吸引外資、拓展外銷方面效果顯著。

真正把國民就業當成是國家社會政策的一環加以推動，應屬1965年

「民生主義現階段社會政策」，其中第二大項即為國民就業，項下包括6目（邱創煥，1977）：

1. 配合經濟發展計畫，獎勵投資開辦工廠農場暨興建大規模工程，積極創造就業機會；並加強聯繫各公私企業及公共工程機構，調劑人力供求。

2. 擴充國民就業輔導機構及其業務，視工商發展情形，增設就業輔導中心或輔導站，加強實施職業訓練。

3. 經常辦理勞動力調查及就業容量調查，供應就業資料。

4. 建立職業指導制度，舉辦就業、轉業暨在職訓練，並建立工廠學徒制度。

5. 都市以日僱勞動方式，救濟臨時失業者，並酌設平民工廠，容納民眾。

6. 訂頒國民就業服務法及有關法規，以利就業服務之推行。

這6目內容涵蓋創造就業、就業輔導、勞動調查、職業訓練、失業救濟、就業服務立法等，算是我國早期較完整的就業政策。只是從政策方向上看來，就業政策是為配合經濟發展，而比較不是為國民經濟安全與個人自我實現而制訂。第五小項是歐洲舊濟貧法時代殘留的習藝所（Workhouse）做法，並不吻合現代就業促進的概念。此外，該政策中所提到的第六小項就業服務法，到了1992年才公布施行，足足晚了27年。

1967年起，行政院經濟建設委員會總共制訂了7期的人力發展計畫，第一期為1967年至1968年，第二期為1969年至1970年，第三期為1971年至1972年，第四期為1973年至1974年，第五期為1975年至1981年，第六期為1980年至1989年，第七期為1986年至2000年。民進黨政府上臺後，改名為「新世紀人力發展方案」，從2001年到2004年，重點鎖定在照顧服務業就業機會的開發與人力的培育。之後，繼續推動新世紀第二期人力發展計畫（2005年至2008年）。

二、現階段社會建設綱領（1969年）

1968年，中油第一輕油裂解廠在高雄成立，由海外進口原油在日治時期的煉油基礎上加以生產，滿足紡織、塑膠、皮包、雨具、玩具出口製造

業的原料需求。高雄不但成為臺灣石化工業發展的重心，同時也建立了石化工業體系的完整性，臺灣工業朝石化工業發展。

1969年3月29日，中國國民黨召開第10次全國代表大會又通過「現階段社會建設綱領」。其中第一點民生主義的社會建設下分10條，其中第3條：「擴大勞保對象與範圍，增加給付項目，改進保險給付辦法，規劃失業保險逐步建立社會保險之完整體制。」第4條：「建立職業平等觀念，推廣職業指導，辦理人力供需調查，加強職業訓練，改進學徒制度，擴展職業介紹，促進國民就業。」（邱創煥，1977）這是首次提出失業保險的政策主張，其餘內容與「民生主義現階段社會政策」沒有太大差異，但是失業保險也是晚了30年才實現。

三、國民就業輔導工作綱領（1970年）

1970年，經濟部工業局成立；1972年，工業就業人口超過農業就業人口，我國正式進入工業化國家；1973年，政府宣布推動「十大建設」，發展重工業，同年設立「工研院」；1978年，新竹科學園區開工，這些都讓臺灣工業基礎設施再深化。

隨著臺灣的經濟發展，1970年3月，中國國民黨召開第10屆二中全會，通過制訂「加強國民就業輔導工作綱領」，將國民就業獨立成為政策來推動。基本措施包括：開創更多就業機會、增進國民就業技能、激發國民就業意願、加強就業輔導工作。其中有些新的措施提出，例如，由政府創辦地區性職業訓練中心，在中等學校內增設技藝訓練中心。又例如，研訂職業訓練法規。也首次提出勞工災害保險應與勞工保險分開，勞工保險的殘廢、老人及遺屬給付應改為年金制。以及建立中央就業輔導行政及省、市就業輔導體系，統籌規劃就業政策，儘速完成就業安全立法程序，擬訂有關就業輔導行政規章及標準作業程序；並建立完整之就業輔導網，將現有就業輔導中心，工業區就業服務站，及縣、市就業輔導所之配置與關係，重新全盤檢討調整並充實其員額經費，加強作業。私營職業介紹業者應規劃就業輔導行政機構統一管理，以加強其業務之指導監督（邱創煥，1977；郭振昌，1990）。

地方性職業訓練中心早在1968年起就由經濟部門先行設置，之後，

陸續才由勞動行政主管部門接續設置。內政部職業訓練局總算在1981年成立。職業訓練法到了1983年才制訂。勞工保險的殘廢、老人及遺屬給付年金化卻等了37年才出現。

1979年5月，行政院通過「科學技術發展方案」，包括建立能源、材料、資訊與生產自動化四大重點科技，並大量扶植與延攬海內外學人，以及建立科技顧問制度等。該方案在1982年修訂，增列生物技術、光電科技、食品科技及肝炎防治等，稱作八大重點科技。1980年，政府積極發展電子產業，在新竹設立全臺第一座科學園區，區內國內外廠商都享有免租稅，廠房、土地租金優惠的權利。1983年，工研院與臺灣宏碁等廠商聯合完成臺灣第一臺個人PC電腦，為臺灣的資訊產業奠下重要的基礎，我國的工業發展進入高科技化。

1979年，中國國民黨召開第11屆四中全會，會中通過「復興基地重要建設方針」，其中社會建設策略之七為「增進勞工福利，改善勞工生活，積極推廣職業訓練」，內容述及增設職業訓練機構，建立轉業技能證照制度，嚴密人力調查分析，加強就業輔導，以促進充分就業（郭振昌，1990）。

1981年1月21日，原屬內政部勞工司之職業訓練科、技能檢定科、就業輔導科，升格組成為職業訓練局，掌理全國職業訓練、技能檢定及就業輔導等事項，下設5組。

同年，中國國民黨召開第12全大會，通過「貫徹復興基地民生主義社會經濟建設案」，在社會建設方面曾提及「擴大技能訓練，促進就業安全，包括加強人力規劃，提高職訓能量及水準，輔導各業聯合辦理檢定，建立職業證照制度，改進就業服務，健全就業市場組織，逐步建立就業安全體系」，這是首次提出建立就業安全體系的構想（郭振昌，1990），但是後續並無下文。

參、後工業社會

一、加強就業服務方案（1985年）

1980年代初臺幣升值、外匯存底持續躍升，超額的儲蓄率使資金投

向股市與房市，股市從1980年代初期的700點直衝到1990年代初的10,000點。臺灣早期以黑手變頭家、家庭代工起家的中小企業，面臨了產業升級的挑戰。同時，臺灣服務業就業人口逐漸超過製造業就業人口，臺灣進入後工業社會。

1985年7月26日，行政院核定第一期「加強就業服務方案」，其具體工作項目包括：調整就業輔導機關組織及設置；建立就業服務專業制度；加強就業服務與職業觀念之宣導、改進電腦作業；強化專業諮詢服務，發展心理測驗，充實職業輔導資料；制訂工作手冊，充實機器設備；加強低收入戶15歲以上人口之就業服務；加強推動轉業輔導及部分時間工作就業服務；加強對雇主服務，爭取就業機會；加強與各級學校聯繫，協助志願就業畢業生順利就業；加強與職業訓練合作之配合，協助結訓學員順利就業；加強民營職業介紹所之管理；外籍人士在我國就業之管理等13項（郭振昌，1990）。1992年核定第二期「加強就業服務方案」，賡續推動至1997年。

二、勞委會成立（1987年）

1987年7月1日，為因應逐漸升高之勞工意識與抗爭，以及國際對臺灣刻意壓低勞動條件，以提高外銷競爭力的做法的不滿，行政院勞工委員會成立，將原屬內政部勞工司與職訓局之業務併入，成為我國中央勞工行政主管機關。

同年8月，中國國民黨通過「現階段勞工政策綱要」，第10項提及「……加強職業訓練增進勞工智能，實現勞工充分就業目標」。第13項另有「加強勞工諮詢服務，協助勞工就業、轉業……」（郭振昌，1990）

1988年7月10日，中國國民黨十三全第五次大會通過「中國國民黨政綱」，第九章勞工福利第65項，即為保障勞工就業安全，項下提及，「制訂就業服務法建立健全的就業服務體系；加強辦理養成、進修及轉業訓練；擴大辦理技能訓練，落實職業證照制度，及早規劃實施失業保險……」（郭振昌，1990）就業服務法在1965年「民生主義現階段社會政策」中就提出過，23年後再度被提起。失業保險則首次出現在1969年的中國國民黨召開第十次全國代表大會時通過的「現階段社會建設綱領」中，

延宕了20年沒做，也再度被提出。

2010年2月3日，行政院組織法修正通過施行，勞工委員會升格為勞動部。俟勞動部組織條例通過後，勞動部將正式成立。勞動部除了掌理原勞委會的事務外，增加部分來自青輔會的青年就業輔導業務，青輔會也將吹熄燈號。

三、促進就業安定方案（1989年）

1989年7月4日，行政院准予備案的「促進就業安定方案」，即一般所稱的失業對策，包括職業訓練方面，有效運用現有公共職業訓練容量，擴大委託（合作）辦理訓練、獎勵企業辦理進修訓練或第二專長訓練；在就業服務方面，建立轉業輔導網，以工代賑，失業勞工創業貸款。此外並結合相關部會適時成立「促進就業安定委員會」。這是首次提出較有前瞻性之就業政策（郭振昌，1990）。

政府於1990年底通過「促進產業升級條例」取代「獎勵投資條例」，透過租稅減免等優惠措施，鼓勵廠商進行產業的研究發展，如製程自動化的研發與人才培訓等，以促進臺灣工業發展之進化。

四、引進外籍勞工

雖然1990年代臺灣桌上型電腦外銷世界466萬臺，占世界10%；筆記型電腦外銷世界259萬臺，占世界27%；主機板、監視器、鍵盤、滑鼠與影像掃描器等產品主要外銷各國，其外銷世界占有率高達64-72%。然而，自從1987年臺灣與中國大陸開放社會與經濟交流，中國吸引臺商前往投資，中國市場以其低薪勞力、低環保要求、低勞動條件的三低，以及廣大的內需市場，吸引臺商前去投資，臺灣產業開始外移中國。

為了避免臺灣產業大量西進，政府於1990年代初啟動南向政策，以經濟交流的方式，鼓勵臺商到東南亞投資。第一波南向投資在1993年，1994年政府通過《加強對東南亞地區經貿合作綱領》，先期包括泰國、馬來西亞、印尼、菲律賓、新加坡、越南、汶萊等7個國家，在經濟交流上得到不錯的效果。但到李登輝時代後期，南向政策漸漸失效，尤其是在1997年亞洲金融風暴後，臺商多已撤資。

爲了留住臺商，所謂「產業根留臺灣」，1992年政府開放外籍勞工來臺工作，企圖以外籍勞工的廉價勞力留住傳統三D（危險、骯髒、辛苦）產業，如製造、建築業。同時，爲安定國內就業市場，勞委會先後制訂「就業安定基金繳納辦法」、「就業安定基金收支保管及運用辦法」。依就業服務法第51條規定，僱用外國人從事本法第43條第1項第7款、第8款規定之工作，應向中央主管機關設置之特種基金繳納就業安定費，作爲促進國民就業之用。

　　1994年爲因應大專以上畢業青年之就業問題，核定「促進專上畢業青年就業輔導實施計畫」試辦2年；1996年爲因應國內勞動力供需失衡，以及失業率不斷上升等問題，先後核定「當前勞動供需失衡因應對策方案」、「當前失業問題因應對策計畫」、「促進失業青年、原住民就業措施」等。

五、第一波失業對策（1997年～2008年）

　　我國的就業情況在2000年以前一直都屬充分就業的狀態，也就是失業率低於4%。自從臺灣工業化的1960年代以來，失業率一直維持在3%以下。這種現象到了1996年，情況開始轉變，其原因不外乎國內產業大規模外移到中國、東南亞諸國，加上國內又引進外籍勞工，一旦國際經濟景氣衰退，國內的失業率也跟著攀升。1996年，我國的失業率攀升回到1986年的水準2.6%，比前一年升高0.81%。此後即未再下降過，1999年已逼近3%的2.92%，2000年政黨輪替後，網路泡沫化，失業率攀升到2.99%。接著因爲2001年9月11日恐怖份子攻擊美國紐約世界貿易大樓，全球經濟受到波及，以及臺灣政黨輪替之後的不適應，臺灣的失業率再攀升到4.57%，2002年更高達5.17%，2003年微降到4.99%，2004年再下降到4.44%，2005年再下滑到4.14%，2006年才回降到3.91%，2007年維持相同水準。這是臺灣自工業化以來從沒有過的高失業率時代，驚動朝野。

　　爲了克服產業外移與轉型的艱辛，民進黨政府在2002年提出了「兩兆雙星」產業政策，明確勾勒出我國的產業政策，以發展IC、LCD、數位內容與生物科技四大產業爲目標。生物科技產業方面，臺灣可以善用既有的資訊科技產業及研發實力作爲基礎，並與全球大廠策略結盟來發展；而結

合腦力與創意爲主的數位內容產業，則具有發展知識經濟與數位經濟的指標意義，除可促進傳統產業轉型成爲知識型產業外，也是提升臺灣整體產業競爭力的平臺。

面對國內攀高的失業率，民進黨執政期間推動一系列勞動政策，例如，永續就業希望工程（2001）、照顧服務產業發展方案（2002）、多元就業開發方案（2002）、公共服務擴大就業方案（2003）等。另通過原住民族工作權保障法（2001）、兩性工作平等法（2002）、就業保險法（2002）、大量解僱勞工保護法（2003）、勞工退休金條例（2004）等重要勞動立法。還有部分法案在2008年政黨輪替後才通過，但也是民進黨執政時期即已草擬或修正，如勞工保險條例修正（2008）。這些就業促進策略，加上國際景氣復甦，臺灣的失業率才又緩緩下降。然而，在全球化與後工業化的雙重不利下，我國要回復到1970、80年代的低失業率水準的時代，已是難以期待了。

六、第二波失業對策（2008年～）

國民黨明顯誤判經濟榮景即將到來，馬英九在2008年競選總統期間提出「633政見」。2008年中以後，金融風暴席捲全球，我國失業率從2007年的3.91%，上升到2008年的4.14%，又快速攀升到2009年的5.85%，2010年才又下滑到5.21%。這是繼2002年網路泡沫化造成高失業率達5.17%以來的新高，2011年才又下滑到4.39%。即使到了2012年初，失業率仍維持在4.19%。優於英國8.4%，美國8.3%，加拿大7.6%，德國7.3%，日本4.6%；但是比香港3.2%，韓國3.2%，新加坡2.0%（居民失業率2.9%）稍差。失業人口仍有47萬2,000人。以教育程度言，大學及以上程度者失業率5.09%最高。以年齡言，15至24歲年齡者，失業率11.64%最高。

金融海嘯發威初期的2008年10月，臺灣的失業率已升高到4.37%，有些企業以休「無薪假」[1]方式要求勞工做一天休好幾天。到底員工休「無薪假」合法嗎？依就業服務法第23條規定：中央主管機關於經濟不景氣致

---

[1] 當時的行政院長吳敦義先生認爲發明「無薪假」的人可以得到諾貝爾獎，真是諷刺。

大量失業時，得鼓勵雇主協商工會或勞工，尋縮減工作時間、調整薪資、辦理教育訓練等方式，以避免裁減員工；並得視實際需要，加強實施職業訓練或採取創造臨時就業機會、辦理創業貸款利息補貼等輔導措施；必要時，應發給相關津貼或補助金，促進其就業。

就業服務法的規定是為了避免失業率升高而採取的短期措施。後段規定是勞委會推出的立即上工、2008年短期就業措施的法源。前段規定無待勞委會鼓勵，雇主早就自己動手了；而且雇主選擇的是縮減工時、降薪，而非辦理教育訓練。這是臺灣勞動市場政策的消極特性使然，如果換成積極的勞動市場政策，不會只為了降低帳面失業率數字，而是會利用經濟不景氣或產業轉型期舉辦教育訓練，以提升人力資本或協助勞工成功轉業。

依法規定雇主實施縮短工時、減薪、辦理教育訓練，都必須協商工會或勞工。事實上，大多數勞工是在被雇主告知下而無奈地停班且薪資縮減，而不是經雙方協商的結果。在實施之初，雇主大多還能依勞基法第21條的規定，薪資不低於基本工資。

然而，勞委會突然下了一道解釋令，幫那些沒有依勞基法提供基本工資的廠商解套。其引用的法條竟然是勞基法施行細則第13條規定：勞工工作時間每日少於8小時者，除工作規則、勞動契約另有約定或另有法令規定者外，其基本工資得按工作時間比例計算之。此外，還把責任推給2001年的一個行政函釋。基本上這是違法的，勞基法施行細則第13條規定的是部分工時薪資，才會有按工作時間比例計算薪資的情況。怎麼會把勞基法施行細則的這一條款，解釋為改變母法第21條的基本工資規定，那是大錯特錯！各工廠實施的無薪假，員工的工時並未改變，而是被迫縮短工時。即使是同意休假減薪，也非將工作形態改為部分工時。

勞委會此舉引來眾怒，遂於日後又改口，維持基本工資規定。勞委會未能依就業服務法鼓勵企業辦理勞工教育於先，援引錯誤法條於後，勞工錯失提升人力資本的契機，只能在家等待景氣復甦。勞委會擔心無薪假必須給付基本工資的規定，可能導致雇主裁員。其實，雇主若考量成本效益，當然可能採取裁員作為因應不景氣的手段。政府必須有相對政策以因應之，例如，配合執行就業服務法第23條的辦理教育訓練，以薪資補助為誘因，而不是為了擔心雇主裁員而單方犧牲勞工基本生存條件（林萬億，

2008）。

國民黨政府面對全球金融危機，推出如「立即上工」、「短期就業方案」、「黎明就業專案」、「大專畢業生至企業職場實習方案」等。這些方案期程都只有半年到1年，且都全額補助企業或非營利組織、公部門，薪資日薪800元，月薪22,000元（22K），工作內容以清理、打雜、文書作業的外加人力為主，既達不到人力資本累積的效果，也只是暫時緩和失業率數據攀升，更嚴重的是造成低工資就業，無助於解決青年失業與工作不穩定的問題，反而嚴重地傷害青年就業意願與信心。

在既有兩兆雙星及資通訊產業的基礎上，並因應未來節能減碳、人口老化、創意經濟興起等世界趨勢，國民黨政府選定生物科技、綠色能源、精緻農業、觀光旅遊、醫療照護及文化創意等六大產業，從多元化、品牌化、關鍵技術取得等面向，由政府帶頭投入更多資源，並輔導及吸引民間投資，以擴大產業規模、提升產值與提高附加價值，希望在維持我國經濟持續成長的同時，亦能兼顧國民的生活品質。初步估計自2009至2012年間，政府投入經費超過2,000億元。然而，如此龐大的投資仍然無力對抗全球金融海嘯的衝擊。

吃盡了「633政見」跳票的苦頭後，國民黨政府接下來提出2012年競選政見「黃金十年」，其中活力經濟的施政主軸五：促進就業，就不敢再提失業率要降到3%以下了；而是以：(1)勞動力參與率自58%提高至60%，婦女勞動力參與率自50%提高至54%。(2)定期檢討基本工資，提高勞工薪資。(3)縮短法定工時，配套推動週休二日制等為目標。

 第二節　職業訓練

壹、職業訓練法公布施行以前（1983年以前）

因應臺灣工業化，職業訓練成為提升生產力必要的措施。行政院經合會（經建會前身）在第四期（1965-1968）經建計畫中，首次於社會建設部門中納入「人力資源的發展」。接著在第六期（1969-1972）經建計

畫中，將人力資源的發展改名人力發展，且將「人力資源小組」（成立於1964年）改名爲「人力發展小組」（1967年），再改名爲「人力發展工作小組」（1969年），並於1967年訂頒第一期「人力發展計畫」，在此一計畫的導引下，我國職業訓練得以長期持續推展至今。

其後行政院又先後訂定「推動職業訓練五年計畫」（1977-1982）、「第一、二、三期加強推動職業訓練工作方案」及1998年的「加強推動職業訓練工作綱領」等全國性的職業訓練推動方案。這些方案在1995年以前，整體上仍以1971年至1986年期間設置的公共職業訓練中心，作爲推動職業訓練的主體，並爲我國經濟發展培訓出爲數眾多的優秀技術人力。

從1968年起，陸續創辦以下幾個公立職業訓練中心：

一、泰山職業訓練中心

原屬財團法人工業職業訓練協會，1981年7月1日改隸內政部職業訓練局，命名爲泰山職業訓練中心，培訓職業訓練師資。1987年改隸勞委會職訓局。

二、北區職業訓練中心

1968年成立，屬經濟部北區職訓中心。1984年改隸內政部職訓局。1987年改隸勞委會職訓局。2003年於花蓮壽豐鄉成立花蓮分部。2004年於宜蘭縣員山鄉成立宜蘭分部。同年搬遷至臺北縣五股工業區，基隆訓練場恢復招生訓練。

三、中區職業訓練中心

1976年11月16日由全國職業訓練金監理委員會以財團法人形態成立中區職業訓練中心。至1981年7月1日改隸內政部職業訓練局，1987年8月1日再改隸勞委會職訓局。

四、南區職業訓練中心

成立於1968年，原隸屬經濟部，爲培訓其所屬各事業機構技術人力而設。1984年改隸內政部職業訓練局，1987年8月1日改隸勞委會職訓局。

五、桃園職業訓練中心

成立於1973年，原屬臺灣省政府社會處臺北區國民就業輔導中心，1988年改隸臺灣省政府勞工處，1999年再改隸勞委會職訓局。

六、臺南職業訓練中心

於1981年11月1日成立籌備處。臺灣省政府於1985年4月1日在臺南縣官田鄉官田工業區內成立「臺灣省南區職業訓練中心」，1986年1月開始招訓學員。1988年1月15日起，改隸臺灣省政府勞工處，更名爲「臺灣省政府勞工處南區職業訓練中心」。1999年7月1日起配合精省，歸併中央，恐與南區職業訓練中心同名，再更名爲「行政院勞工委員會職業訓練局臺南職業訓練中心」。

七、青輔會青年職業訓練中心

原爲成立於1970年元月的「第一青年職業訓練中心」，由青輔會申請中美基金採購實習設備，初設於裕隆汽車公司大坪林工廠內，後奉核撥經費自建中心於桃園縣幼獅工業區，1978年8月22日遷入新址辦理訓練。1986年1月24日奉准更名爲「行政院青年輔導委員會青年職業訓練中心」。

八、國軍退除役官兵輔導委員會職業訓練中心

原名行政院國軍退除役官兵輔導委員會職技訓練中心，成立於1975年1月，初期以訓練退除役官兵職業技術爲主，爲因應社會需要，協助軍中袍澤子弟就業就學，於次年11月與桃園高級農工職業學校建教合作，創辦高工實驗班。1978年開始接受勞委會委託辦理社會青年技工養成訓練，以職業訓練形態兼辦職業教育，並辦理國軍退除役領導士官保送甄試輔導就學。1997年8月與本會原專教中心簡併爲訓練中心現名，同時接辦會屬員工在職訓練。

九、農委會遠洋漁業開發中心

經濟部鑑於我國遠洋漁業發展迅速，漁船船員不僅在數量上供不應求，在素質上亦不能配合漁業現代化的發展。爰由該部前漁業發展小組依據「加速發展臺灣漁業五年計畫」人力之需求，於1968年11月間擬訂「發展遠洋漁業人力配合及訓練方案」，報部核定實施。1968年12月24日，行政院國際經濟合作發展委員會與臺灣省政府聯合舉行經濟發展計畫座談會第15次會議時，決定依照上項方案，由經濟部與臺灣省政府於高雄市前鎮漁港區共同設置「漁業幹部船員訓練中心」，行政系統隸屬經濟部，即於1969年2月開始籌備，1971年3月29日正式成立，1985年7月1日奉行政院令改隸行政院農業委員會，復於1998年8月1日改隸行政院農業委員會漁業署並更名為「遠洋漁業開發中心」。

十、臺北市政府勞工局職業訓練中心

即原屬社會局於1967年成立之國民就業輔導處改隸。

十一、高雄市政府勞工局訓練就業中心

係由前高雄市政府勞工局職業訓練中心及國民就業服務中心於1997年3月1日正式合併為「高雄市政府勞工局訓練就業心」。

貳、職業訓練法公布施行之後（1983年～2011年）

一、職業訓練法

內政部職業訓練局自1981年3月2日成立，分攤部分內政部勞工司的業務，成為我國職業訓練的最高行政機關，一方面謀制度之建立，作長遠之規劃，以鞏固發展基礎；一方面配合國家產業升級與經社發展需要，積極拓展業務。1983年12月5日，職業訓練法公布施行。2000年7月19日修正配合1987年行政院勞工委員會成立，將主管機關由內政部改為行政院勞工委員會。

2002年5月29日第二次修正第33條有關技術士規定，並訂頒三期「加

強推動職業訓練工作方案」，以及「加強技能檢定建立技術士職業證照制度實施計畫」與「技能檢定制度改進方案」。2011年11月9日總統令修正公布第3、8、10、13、20、31、34、39、43、44條條文及第六章章名；增訂第4-1、31-1、31-2、38-1、39-1、39-2條條文；刪除第21～23、42條條文及第五節節名；除第31-1、31-2、39-1、39-2條自公布後1年施行外，餘自公布日施行。第3條加了一項委託或委任辦理規定。第10條擴大發證機構範圍。第13條刪除技術生訓練的2年規定。第34條甲級技術士改為比照大學資格適用。第39、43、44條為罰則修正。增加4-1條為跨部會整合條款。第31-1、31-2條增加為技能職類測驗能力之認證委託。第38-1條增加技能競賽條款。第39-1、39-2條增加認證單位罰則。

二、職業訓練

隨著臺灣的產業結構轉型，2010年公私立職業訓練機構計7,207家，1,461家未辦理職業訓練，占20.3%；有辦理職業訓練之機構計5,746家，占79.7%。就辦理職業訓練的機構，以民營事業單位5,181家最多，占90.2%；其次為民間團體附設之235家居第二，占4.1%；各級學校附設150個單位，占2.6%，則居第三。其餘依序為公營事業103家，政府機關附設66家，公立職訓機構11家，顯見我國職業訓練已高度民營化。

依勞委會職訓局2010年的職業訓練調查報告顯示，公私立機構辦理職業訓練共473.3萬人次，按訓練機構別，以民營事業單位訓練413.8萬人次最多，占訓練總人次之87.44%；其次為公營事業單位，訓練人數為32.8萬人次，占6.93%；民間團體附設居第三位，訓練人數為18.4萬人次，占3.9%。

2010年有辦理職業訓練之事業單位依行業別觀察訓練人次，以製造業的232.9萬人次最多，其次依序為金融及保險業的68.6萬人次、批發及零售業的47.0萬人次，以及醫療保健與社會工作服務業的45.4萬人次，四者合占全體88.2%。

職業訓練受訓人次中有86.7%屬進修訓練，共計410.6萬人次；職前訓練則僅有62.7萬人次，占13.3%。從訓練性質別觀之，職前訓練以佐理人員訓練與中高級專技人員訓練較多，分占46.5%及37.8%；進修訓練則以

中高級專技人員訓練及佐理人員訓練為主，分占47.8%及40.1%。

　　就訓練時數組別觀察職業訓練人次，以受訓「未滿30小時」計320.8萬人次居冠，占訓練總人次之67.8%；受訓「30至42小時」計82.8萬人次居次，顯示目前我國職業訓練仍以短期訓練為主。主要是因為大部分受訓者是為了進修而來參加職業訓練。進修訓練通常時數較少，為求職而來的職前訓練所需時間較長。職業訓練的私有化代表接受職業訓練需要自付費用，這對失業者、弱勢家庭、因產業結構轉型而轉業的勞工，非常不利。除非以職業訓練替代券（Voucher），或職業訓練津貼來補助，否則很難期待這些需求職訓者有機會接近職業訓練。

第三節　就業服務

壹、就業服務法公布施行以前（1992年以前）

　　1955年底，臺灣省社會處因應需要，在第三科下增設就業輔導股，作為專責單位。1956年4月，臺灣省政府成立國民就業增產設計督導委員會，作為促進國民就業、建立就業輔導體制、促進社區發展、創造就業機會、增加生產的最高指導單位。據此，於1956年10月在臺北市成立臺灣省國民就業輔導中心，試辦臺北地區求職求才登記工作，這是臺灣近代最早的國民就業主管機關。

　　1960年代，隨著經濟的發展，工業部門的就業服務日趨殷切，臺灣省政府社會處從1960年7月起獲得行政院美援運用委員會之專款補助，開始辦理就業輔導及勞動力調查。1963年7月，臺灣省政府核准社會處擴大國民就業輔導方案，頒行「臺灣省北中南三區國民就業輔導中心組織規程」，分別在臺北區、臺中區、高雄區設立就業輔導中心。1966年7月更頒布「臺灣省臺北區、臺中區、臺南區、高雄區及基隆區國民就業輔導中心組織規程」，分別於全省五大都市成立就業輔導中心，各中心並選擇在人口集中及工業發達地區成立就業服務站，構成就業服務網。從此，各地職業介紹所更名為國民就業輔導所。1967年，臺北市升格為院轄市，自行

成立國民就業輔導處,隸屬社會局,轄下設9個就業服務站,以及設於臺北火車站的就業服務臺。臺灣省北區國民就業輔導中心乃遷移至桃園縣桃園市。1979年,高雄市改制為院轄市,於社會局下設高雄市國民就業輔導所,先後設7個就業服務站。

臺灣省政府社會處於1963年起在全省各主要城市重要工業地區人口密集地等,設置5個國民就業輔導中心及22個就業服務站。1972年,經行政院核定裁撤各縣市政府職業輔導所,以節省經費。

1981年,內政部職業訓練局成立,成為中央就業輔導業務的主管機關。1985年7月26日行政院核定第一期「加強就業服務方案」,1992年核定第二期「加強就業服務方案」賡續推動至1997年。

就業服務法在1965年「民生主義現階段社會政策」中就提出過,1988年再度被提起。但都是只聞樓梯響不見人下來,直到1992年才通過立法。

貳、就業服務法公布施行之後(1992年～1999年)

一、就業服務法

就業服務法於1992年5月8日經總統公布施行,是為我國繼職業訓練法、勞動基準法之後,另一攸關我國勞動政策的重要法律。就業服務法於1997年5月21日修正有關外籍勞工的規定。2000年1月26日修正公布第43、51條條文。第43條規定外國人的工作許可必須經雇主申請。第51條修正關於外國人在我國工作的相關規定。

2002年1月21日因應高失業率與引進外國技術人員,就業服務法修正公布全文83條;本法施行日期,除第48條第1項至第3項規定由行政院以命令定之外,自公布日施行。

2004年1月9日,行政院院發布第48條第1項至第3項有關國外研究人員、學者之引進規定,自2004年1月15日施行。

2003年5月13日修正公布第46、48、51～53條條文。第46條修正擴大引進外國專業、技術人才範圍,配合第46條修正,第48條也一併修正有關不需申請工作許可之外國人。第51條條文規定外籍配偶取得永久居留權者的工作權。第52條展延外籍勞工在臺工作的期限。第53條關於放寬外籍勞

工在臺工作更換雇主的規定。

　　2003年5月16日修正公布第52條條文，再次延長外籍勞工在臺工作年限。

　　基於外勞逃逸與虐待事件頻繁，由臺灣外勞團體組成的「預防人口販運連線」於2005年7月13日成立，要求臺灣政府遵守聯合國訂定的〈預防、抑制、懲罰人口販運協議〉，將人口販運「犯罪化」，並改革不當的外勞引進政策。為降低外勞被雇主剝削，勞委會已於2006年1月1日修正放寬外勞轉換雇主次數，同意特殊案例的跨業別轉換且不受次數限制，並應加強人力仲介公司之管理、評鑑，並推行直接聘僱制度，以減少仲介剝削外勞。此外，應檢討外勞逃跑的原因，積極查緝逃跑外勞，否則很難阻斷外勞被人口販運。最後，部分逃跑外勞係因雇主的剝削與性侵害所致，不應以非法逃跑待之，而應以受害者視之，積極協助其爭取權益。據此，2006年5月30日修正公布第64、83條條文，並自2006年7月1日施行。其中第64條係加重非法僱用外國人的罰則。

　　行政院由林萬億政務委員召集的防治人口販運協調會報，於2007年3月7日第一次會議中即通過「人口販運被害人鑑別原則」，作為辨識人口販運受害人的依據，以提供被害人合適之保護措施。如此可避免執法人員不分走私與人口販運的差異，也確認人口販運的受害者不屬共犯結構。同時，行政院於2008年至2010年編列3億9,000萬預算，作為推動防制人口販運行動計畫的經費，其中有2億是用來設置18處受害人社區家園，如此，期有效解決過去被質疑對人口販運受害者的保護不足的缺失（林萬億，2008）。配合這些措施，2007年5月23日修正公布第5、40、55、58、60條條文。第5條修正是補強反就業歧視條款。第40條修正亦是補強就業服務規範，特別是因應人口販運的政策，避免對外籍勞工的壓迫。第55、58、60等條的修正也是避免外籍勞工行方不明，遭到非法僱用而剝削。2007年7月11日修正公布第52條條文，再次延長外籍勞工的工作期限。

　　因應金融海嘯衝擊，2008年8月6日修正公布第48條條文，2009年5月13日修正公布第2、24、26條條文。第2條修正長期失業者的定義。第24條修正擴大發給相關津貼或補助金範圍，包括：(1)獨力負擔家計者，(2)中高齡者，(3)身心障礙者，(4)原住民，(5)生活扶助戶中有工作能力者，(6)

長期失業者，(7)其他經中央主管機關認為有必要者。第26條主管機關為輔導獨力負擔家計者就業，或因妊娠、分娩或育兒而離職之婦女再就業，應視實際需要，辦理職業訓練。

2012年1月30日修正公布第52、55條條文，再次放寬外籍勞工的僱用年限，在中華民國境內工作期間，累計不得逾12年。

二、就業服務中心

就業服務法除了詳細規定就業服務機構的設置、就業促進方法之外，更重要的是作為引進外籍勞工與管理外籍勞工的法源。

職訓局並據此推動兩期「加強就業服務方案」，復依就業服務法的規定，職訓局設立了北基宜花金馬區、桃竹苗區、中彰投區、雲嘉南區、高屏澎東區就業服務中心，非常類似日治時期職業介紹所的布點。

1. 北基宜花金馬區就業服務中心位於新北市五股區，服務轄區包括新北市、基隆市、宜蘭縣、花蓮縣、金門縣及連江縣，共設置板橋、新店、三重、基隆、羅東、花蓮、玉里、金門共8個就業服務站、連江就業服務臺及44個鄉鎮就業服務臺。

2. 桃竹苗區就業服務中心位於桃園市，服務轄區範圍包括桃園縣、新竹縣市及苗栗縣，共設置桃園、中壢、新竹、竹北、苗栗共5個就業服務站及39個鄉鎮就業服務臺。

3. 中彰投區就業服務中心位於臺中工業區，服務轄區包括臺中市、彰化縣及南投縣，共設置臺中、豐原、沙鹿、彰化、員林、南投共6個就業服務站及47個鄉鎮就業服務臺。

4. 雲嘉南區就業服務中心位於臺南市，服務轄區包括雲林縣、嘉義縣市及臺南市，共設置斗六、北港、朴子、嘉義、新營、永康、臺南共7個就業服務站及59個鄉鎮就業服務臺。

5. 高屏澎東區就業服務中心位於高雄市前金區，服務轄區包括高雄市、屏東縣、臺東縣及澎湖縣，共設置鳳山、岡山、屏東、潮州、臺東、澎湖共6個就業服務站及68個鄉鎮就業服務臺。

這5個就業服務中心的轄區，受到院轄市自治經驗的影響，並不包括臺北市。各就業服務中心下設若干就業服務站，下再設若干就業服務臺。

依法這些就業服務站不屬地方政府主管,這是體制上比較奇特的部分。各國鮮有在鄉鎮市設就業服務臺,不歸地方政府主導,而由中央政府直接指揮的。這種在國民黨統治時期中央集權化的痕跡,一直保留到民進黨執政仍然存在。

各就業服務中心業務重點及發展方向如下:

1. 辦理就業服務、職業訓練、失業認定三合一服務。
2. 開拓就業機會,協助民眾推介就業。
3. 加強建立雇主關係,提供客製化服務,協助企業徵選人才。
4. 辦理就業市場資訊分析與調查,以瞭解產業就業市場概況。
5. 協助非營利組織學習行銷、經營社區,提高在地就業及發展在地產業。
6. 強化就業諮詢服務及就業促進研習活動。
7. 結合大專校院辦理就業服務輔導工作,協助屆退官兵及青年就業。
8. 整合轄區資源,採策略聯盟方式,協助弱勢族群就業。
9. 建構區域性就業服務網絡。
10.辦理申請外籍勞工前國內求才相關業務。

為促進特定對象的就業,自1998年起實施就業促進津貼,包括尋職津貼、僱用獎助津貼、就業推介媒合津貼等。另於1999年推出職業訓練券、就業券,以協助及獎勵渠等再就業。

三、就業服務措施

行政院勞委會職訓局於1992年就業服務法通過後,推行一系列針對特殊對象的就業服務方案,介紹如下:

(一) 婦女就業方案

該方案於1994年8月6日公布實施。依原就業服務法第24條規定主管機關對負擔家計婦女自願就業人員,應訂定計畫,致力促進其就業,並應定期檢討,落實其成效,以及第26條「主管機關為輔導因妊娠、分娩或育兒而離職之婦女再就業,應視實際需要,辦理職業訓練」等規定。以及行政院1992年2月20日核定之「第二期加強就業服務方案」4-7第1項「結合有

關機關及社會資源，促進負擔家計婦女之就業」的規定。本方案之目標為落實保障婦女法令、減除婦女就業障礙、培訓婦女就業技能及強化就業服務，以促進婦女就業並提升婦女就業之穩定性。適用對象為年滿16歲以上之婦女。

（二）原住民就業方案

該方案於1994年9月5日公布實施。依原就業服務法第24條第1項第4款規定主管機關對原住民應訂定計畫、致力促進其就業，並定期檢討，落實成效。以及行政院1992年2月20日核定之「第二期加強就業服務方案」4-7第1項：「結合有關機關及社會資源，促進原住民就業。」該方案之目標為有效輔導有工作意願及能力之原住民就業，以安定其生活；並輔導無技能專長之原住民參加職業訓練，習得技能專長，進而全面增強原住民之就業能力。適用對象為凡15歲以上或國中畢業生經主管機關認定其工作性質及環境無礙其身心健康者之原住民。

（三）低收入戶就業方案

該方案於1994年11月8日公布實施。依原就業服務法第24條第1項第5款規定：「主管機關對生活扶助戶中有工作能力自願就業人員，應訂定計畫，致力促進其就業，並應定期檢討，落實其成效。」再依原社會救助法第10條合於第6條規定之生活扶助戶中，有工作能力者，省（市）、縣（市）政府主管機關應予技能訓練、就業輔導、創業輔導或以工代賑等方式，輔助其自立；凡不願受訓或接受輔導或經受訓輔導而不願工作者，不予扶助。復依行政院1992年2月20日函核定之「第二期加強就業服務方案」4-7第1項：「結合有關機關及社會資源，促進生活扶助戶之就業。」該方案之目標為有效輔導有工作能力而自願就業之生活扶助戶人員，習得職業技能，並協助其就業，以安定其生活。適用對象為「生活扶助戶」，亦即依據社會救助法所規定之生活扶助戶內15歲以上有工作能力而自願就業人員。

（四）身心障礙者就業方案

該方案於1995年3月28日公布實施。依原就業服務法第24條：「主管機關對於殘障者自願就業人員，應訂定計畫，致力促進其就業，並應定期檢討，落實其成效」等規定，以及當時的殘障福利法第12條第1項第4款：

「需要就業者，由就業服務機構轉介，或轉介職業重建機構」等規定。復依行政院1992年2月20日核定之「第二期加強就業服務方案」4-7第1項：「結合有關機關及社會資源，促進殘障者之就業。」該方案之目標在於增進殘障者工作能力，或協助、輔導有工作意願與工作能力之殘障者就業，使其獲致適才適所之工作，以安定其生活。適用對象爲依身心障礙者保護法領有身心障礙手冊，已具備生活自理能力，並經職業輔導評量具備擬參加職類訓練之就業潛能。其中慢性精神病患者，需領有醫療復健機構開立之「精神病患職業訓練及就業服務轉介單」。

（五）中高齡就業方案

該方案於1999年8月13日公布實施。依原就業服務法第24條第2項：「中央主管機關對有工作能力、自願就業之中高齡者，應訂定計畫，致力促進其就業，並應定期檢討，落實其成效」之規定；以及行政院1992年2月20日函核定之「第二期加強就業服務方案」第4-7第1項：「結合有關機關及社會資源，促進中高齡者就業之規定。」其目標是協助有工作能力及工作意願之中高齡者之就業能力之再開發、轉業及退休後再就業，並排除其面臨之就業障礙，以配合經濟發展之需要，充分運用人力資源。適用對象爲有工作能力及就業意願之45歲以上中高齡者。

參、民進黨執政時期（2000年～2008年）

一、永續就業希望工程

這是因應網路泡沫化所帶來的經濟發展遲滯、失業率升高而有的新方案，是典型的短期公共就業方案。該方案於2001年起依據原就業服務法第21條、第23條及第24條規定辦理。方案目標結合政府與民間資源，依據地方發展特性，創造區域性工作機會，培養失業者再就業能力，舒緩失業問題，並達到產業植根、地方永續發展之目標。預期受益對象2萬名失業勞工。

（一）執行原則

1. 結合地區發展：就業工程所提供工作內容應與地區發展充分結合，有助失業者自我成長及再就業。

2. **從事創新及建設性之就業**：輔助失業者參與臨時性之工作應屬階段性措施，長期而言，仍應以協助其等參加訓練，並從事兼具創新及持續性之工作。

3. **共同研訂發展計畫**：本案於實施時，由地方政府會商轄區相關機關團體共同研提開拓就業機會之計畫，期與地方法人及團體密切合作，達成有效運用在地資源，促進地方建設，並恢復在地產業榮景，進而創造在地工作生機。

4. **整合部會資源**：結合經建、環保、農業、交通、內政、教育、青輔、文建、經濟、衛生等部會共同籌措經費及開拓工作機會。

5. **推動過程公開**：各項作業於執行過程中均將採公開原則，運用各種傳播媒體加以宣導，期鼓勵各界踴躍參與，並共同督導。

（二）計畫類型

1. **縣市型**：由地方已立案之財團法人及社會團體研提有關就業促進之計畫函送直轄市及縣市政府，並由直轄市及縣市政府予以整合後，合併研提為通盤性之全市縣（市）型計畫。

2. **跨縣市之非政府組織型**：由跨市縣（市）之非政府組織及團體負責研提有關跨越兩市縣（市）以上，具備開創性、通盤性及發展性之促進就業之計畫，逕行提送勞委會。

（三）計畫項目

(1)文化與教育，(2)觀光與休閒，(3)社會福利，(4)衛生保健，(5)環保與生態，(6)社區美化與綠化，(7)社區設施建造與經營，(8)產業轉型與創新，(9)其他有助於地區發展之計畫。

（四）作業程序

1. **縣市型計畫**

    (1) 地方民間團體研提就業工程計畫。

    (2) 直轄市及縣市政府結合勞委會及各部會之措施，整合轄區各機關團體就業工程計畫。

    (3) 勞委會成立審查委員會初審各單位所提之就業工程計畫。

    (4) 勞委會成立就業工程審查考核委員會，複審直轄市及縣市政府所彙整之地區就業工程計畫。

(5) 就業工程執行單位依計畫核定人數，就符合失業資格者遴用人員。

(6) 直轄市、縣市政府考核執行單位工作成效及輔導工作人員就業績效。

(7) 直轄市、縣市政府核發款項至執行單位。

(8) 直轄市、縣市政府彙整各執行單位支出憑證及執行成果向本會辦理經費核銷。

2. **跨縣市計畫**

(1) 非政府組織型之機構團體邀集研擬推動措施。

(2) 由勞委會所成立之就業工程審查考核委員會，審查各該團體所提之就業工程計畫。

(3) 遴選符合資格之人員。

(4) 勞委會考核執行單位工作成效及輔導工作人員就業績效。

(5) 勞委會核發款項至執行單位。

(6) 勞委會彙整各跨縣市之執行單位支出憑證及執行成果辦理經費核銷。

（五）提案單位進用對象

1. 具有工作能力與工作意願之失業者，並以45歲至65歲之中高齡失業者為優先。惟已領取政府機關、公民營事業機構、法人、團體之退休金者除外。

2. 用人單位得自行遴用40%符合前項資格之失業者，另60%則需遴用公立就業服務機構推介之失業者。

（六）補助方式

1. 用人費用

(1) 勞委會補助經費額度依下列公式計算：就業工程計畫完成所需總工時×基本就業時薪＝補助額度。

(2) 勞委會補助基本就業時薪為95元，且補助每人總額換算為月薪以不超過每月新臺幣16,720元（176小時）為原則，至因工作性質確有需求者，每人每月工作時數得延長最高不超過208小時。補助每人期限以9個月為原則，惟個案補助期限以勞委會

審查委員會之審查結果為依據，並得視經濟復甦及失業率變動情形調整之。

(3) 計畫單位應視工作屬性或內容為工作人員投保保險，除工作人員自付額外，所需保費由勞委會負擔。

(4) 勞委會補助經費額度均以實際工作時數或天數核計支應。

2. 訓練費用

依提案單位研提之計畫經審定之金額補助。

3. 行政管理費

直轄市及縣市政府得依用人費用3%申請本項費用，分配於用人單位之款項不得低於上開額度70%。行政管理費支用範圍為執行就業工作計畫所需之職前講習、研習會、業務督導、文具紙張費、郵電通訊費、人員加班費、工作人員差旅費、審查委員出席費、研習會費等。由用人單位在額度內提使用細項經核定後據以執行，其原始憑證連同用人費用憑證送縣市政府核銷。

4. 未申請用人費用，但有定期督導工作人員就業者，得以受督導人員之人數按月數乘16,720元所得總額之3%申領行政管理費，由用人單位在額度內提使用細項經核定後據以執行，其原始憑證連同用人費用憑證送縣市政府核銷。

5. 勞委會補助款項之撥付，係依計畫執行進度及輔導工作人員就業情形，按計畫期程分期初及期中兩階段辦理。

期程9個月的短期就業希望工程並不能讓勞工永續就業。因期程短、薪資低、時間匆促，很難整體規劃，頂多只是幫地方政府解決一些長年因人力不足而無法處理的地方公共服務缺口，能發揮的效果著實有限。

二、多元就業開發方案

顯然，單靠補助9個月的永續就業希望工程無法完全解決失業問題，勞委會再提出多元就業開發方案，該方案於2002年起實施。勞委會為建構民間團體與政府部門間促進就業之合作夥伴關係，透過具創意性、地方性及發展性之計畫，如文化保存、工藝推廣、照顧服務或環境保護等，改善地方之整體居住環境及生活條件，促成在地產業發展，帶動其他工作機

會，以引導失業者參與計畫工作，重建工作自信心，培養再就業能力，特訂定本方案。

多元就業開發方案與永續就業希望工程不一樣的是，前者包括產業與社會服務，且可由民間團體提出，試圖改善由地方政府整合民間團體的諸多行政限制與時效性，且擴大適用範圍。後者是由縣市、全國性社會團體提出，經地方政府整合或逕提勞委會審查，著重在與地方建設有關的公共服務為主。

（一）計畫類型

1. **經濟型計畫**：依人民團體法立案之社會團體、職業團體，以及依民法設立之財團法人，或依合作社法設立之合作社及依工會法設立之工會，依據地方發展特性，辦理具有財務收入機制及產業發展前景，而能擴大僱用失業者或提供失業者就業管道之計畫。

2. **社會型計畫**：直轄市、縣（市）政府為推動臺灣健康社區六星計畫或民間團體所提尚未能發展為地方產業，但能改善生活環境，增進社會公益，且具有就業促進效益之計畫。

（二）服務對象

弱勢族群：依據原就業服務法第24條所稱：「負擔家計婦女、中高齡者、身心障礙者、原住民、生活扶助戶中有工作能力者、其他經中央主管機關認為有必要者。」

（三）用人單位

提案經審查核定，並進用失業者之民間團體、直轄市或縣（市）政府及其所屬機構。

（四）推介進用程序

1. 用人單位進用失業者，應由公立就業服務機構推介。經濟型計畫每進用10名失業者，得另進用專案經理人1人；社會型計畫每進用20名失業者，得另進用專案管理人1人。

   前項經公立就業服務機構推介，由用人單位錄取進用之失業者，公立就業服務機構應予核對建檔，並同意開始工作日期。

2. 公立就業服務機構依下列規定辦理推介：

   (1) 經濟型計畫以非自願性失業者及中高齡失業者為優先。

(2) 社會型計畫以弱勢族群為限，並以辦理求職登記日前連續失業達3個月以上者為優先。

(3) 以未曾參加過公共服務擴大就業計畫、永續就業工程計畫、多元就業開發方案、臨時工作津貼等相關就業促進津貼或勞保失業給付之失業者為優先。

（五）排除對象

1. 已領取政府機關、公民營事業機構、法人、團體之退休金者。但專案經理人及專案管理人不在此限。

2. 用人單位之理事長、總幹事、執行長、理監事、相關領導幹部或相同職務者，以及其配偶、三親等內血親、姻親，不得為本方案同一用人單位之進用人員。但其配偶、三親等內血親、姻親如符合條件，且有意願參加本方案該用人單位之失業者數量不足，得由公立就業服務中心辦理專案推介，並報本會職業訓練局備查。

（六）延續型計畫

經濟型計畫如為延續前一年度核定計畫之相同申請案，為累積過去計畫訓練成果及執行經驗，延用前一年度計畫所進用人員，其名額不得超過計畫核定用人名額之半數（例如，核定10個名額，則最多5個名額可延用前一計畫進用人員），延用前一計畫所進用人員之名單，應送請公立就業服務機構核對其資格。

（七）原住民與身心障礙者

於原住民鄉申請進用原住民族失業者之計畫，以及身心障礙者有關團體申請進用身心障礙失業者之計畫，如為延續上一年度之計畫，得於申請計畫書中註明延用前一年度計畫所進用人員之名額，延用前一計畫所進用人員之名單，應送請公立就業服務機構核對其資格。

（八）補助項目

1. 用人費用：用人單位進用人員及專案經理人、專案管理人之工作津貼及勞健保費。

2. 其他費用：用人單位用於辦理人員訓練、督導、文具、通訊、行政業務加班費、差旅費、意外險、計畫相關活動、行銷、機具租用、服務費、雜支等。

（九）補助標準

1. 進用人員：

　　(1) 依工作性質每人每日補助新臺幣800元、900元或1,000元，每月最高以工作22天為原則，並補助其勞健保費之雇主負擔部分，以實報實銷為原則。

　　(2) 依各職務工作需求，每週工作時數在20小時以上，每月工作時數合計未達176小時者，可申請部分工時制，以每小時補助新臺幣100元為原則，依核定之工作時數計算每月補助額度，並補助其勞健保費之雇主負擔部分，以實報實銷為原則。

2. 專案經理人補助標準除依下列規定外，並補助其勞健保費之雇主負擔部分，以實報實銷為原則：

　　(1) 具有碩士學位以上及1年以上相關領域（如專案管理、行銷、研發等）工作經驗者，每月補助新臺幣3萬4,000元。

　　(2) 具有學士學位及1年以上相關領域（如專案管理、行銷、研發等）工作經驗者，每月補助新臺幣2萬9,700元。

　　(3) 未具學士學位，但有特殊專長及管理能力，且曾任經理相當職務3年以上經驗，經本會職業訓練局各公立就業服務中心同意者，每月補助新臺幣2萬9,700元。

3. 專案管理人每月補助新臺幣2萬5,000元，並補助其勞健保費之雇主負擔部分，以實報實銷為原則。

4. 其他費用依下列原則編列核定：

　　(1) 經濟型計畫：以用人費用之15%為原則，如有辦理職業訓練或行銷推廣等具體運用計畫經審查核定者，則以25%為上限。

　　(2) 社會型計畫：以用人費用5%為原則，如有辦理職業訓練或行銷推廣等具體運用計畫經審查核定者，則以15%為上限。

（十）補助期間

1. **社會型計畫**：最長1年。但直轄市或縣（市）政府所提社會型計畫，最長以6個月為限。

2. **經濟型計畫**：同一計畫最長得連續補助3年，視其執行績效、訪視考核及接受輔導成果，逐年審查核定。

多元就業開發方案將期程延長、薪資提高，且職種均擴大，顯然已針對前一方案的缺失進行改良。然而，2002年的失業率持續攀高，逼得行政院不得不再推出更全面的公共就業方案。

三、職業能力再提升計畫

這是爲配合2002至2007年「挑戰2008，國家發展重點計畫」中之「勞動力提升」子題，特訂本2002至2004年「職業能力再提升方案」。方案的目的爲：(1)因應產業結構轉型，提升知識與創新能力；(2)配合生活品質產業發展，提升就業能力。該方案配合「國家建設發展重點計畫」，加強辦理各項職業訓練措施，讓失業者即刻習得重新就業之能力；在職者大幅提升其工作能量；原住民、婦女、低收入戶、身心障礙者、監所收容人、就業弱勢勞工等特定對象之就業能力充分開發。計畫第一期從2002至2004年，第二期從2005至2007年。

四、公共服務擴大就業方案

搶救失業大作戰！力挺50萬人度過不景氣的寒冬，「公共服務擴大就業方案」起跑，這是2003年針對失業率持續爬升之後的新方案。政府受理民眾申請登記公共服務工作：

（一）服務對象
1. 一般對象：35至65歲，3年內累計工作達6個月以上之失業者。
2. 特定對象：包括負擔家計之婦女、45至65歲中高齡者、持有政府核發身心障礙手冊者、原住民、生活扶助戶中有工作能力者，以及其他經中央主管機關認爲有必要者。
3. 其他對象：不符合上述資格者，將安排其他相關職業訓練或推介就業。

（二）工作期間
每一工作計畫以6個月爲一期，每人合計至多工作12個月。

（三）薪資待遇
每月薪資約2萬至2萬2,000元左右，享勞健保。

（四）登記方式：（可任選一方式辦理）

1. **電話登記**：「求職登記」免付費專線：0800-777-888。
2. **傳眞登記**：放大影印所刊簡易求職登記表，填妥後傳眞至各地就服中心（站）。
3. **現場登記**：親洽各地公立就業服務中心、就業服務站登記。

這又回到典型的公共就業服務，透過公部門外加人力提供就業機會，與永續就業希望工程非常類似，只是期程變動，由原先9個月改爲1年，由原先基本工資提高爲2萬至2萬2,000元。顯然這是行政院下猛藥試圖立即將50萬失業者全數納入短期就業的名單中，以短期就業之名，行生活維持之實。這與美國、英國當時正夯的工作福利（Workfare）很類似。只是我們在乎的是失業率的下降，而不是工作倫理的提升，也不是福利依賴的消除。

五、青年職場體驗計畫

2003年底由青輔會及經建會、勞委會共同提出「青年職場體驗計畫」，由政府按月補貼見習青年見習訓練津貼，由事業單位提供短期見習機會，作爲畢業青年從學校到職場的轉銜機制，減少青年的摸索期間、養成其就業能力，並鼓勵事業單位強化人才培訓。此一做法，一方面鼓勵事業單位儲備所需人才，另一方面鼓勵青年「從做中學」（Learning by Doing），在職場體驗中學習成長，進而爭取正式就業機會。見習青年與事業單位資格爲：

（一）見習青年

18至29歲高中（職）以上畢業之待業青年（第二期開放應屆畢業青年登錄）。

（二）事業單位

各工商業公（協）會所屬會員廠商（均含跨國企業）、公營事業機構、非營利組織、學術研究機構，正式僱用員工人數5人以上者。

政府與事業單位給與每位見習訓練青年津貼每月至少新臺幣1萬1,000元（含政府提供之8,000元），並得視青年見習訓練之表現，自行酌予額外之薪津及福利。2011年調高見習津貼爲見習訓練期間由青輔會與事業單

位酌發給見習訓練津貼至少17,880元，其中青輔會補助具備原住民、身心障礙、低收入戶子女、莫拉克風災災戶、家戶年所得（家戶年所得對象，未婚者指父母與本人，已婚者加計配偶）在新臺幣70萬元以下、失業期間超過52週資格之青年，補助每人每月見習津貼1萬2,000元。非具備上述資格之青年，補助每人每月見習津貼10,000元。

這樣的方案比較接近積極勞動政策，不但培養青年的人力資本，也減輕雇主的負擔；非全額補助雇主，又不至於讓見習青年淪為閒置人力。

六、經濟弱勢戶就業服務──希望之路試辦計畫

這是配合內政部正在推動的「自立脫貧方案」（內政部，2005）而有的試辦計畫。該方案於2005年4月29日公布實施，目的是為協助家庭經濟拮据、有工作能力及工作意願之失業民眾，結合社會資源及就業服務資源，協助其儘速返回職場，脫離貧窮。

（一）實施對象

緊急經濟困難（含低收入戶）、具工作能力或工作意願之失業民眾。

（二）主辦單位

行政院勞工委員會職業訓練局（以下簡稱本局）。

（三）承辦單位

各公立就業服務中心（站）。

（四）協辦單位

行政院勞工委員會勞工福利處、各縣（市）政府（含勞政、社政、民政及教育單位等）。

（五）執行期間

自計畫核定日起至2005年12月31日止。

（六）辦理方式

1. 建立個案轉介及通報機制，針對親自到各公立就業服務中心（站）求職，或由以下管道接獲需協助就業之個案，提供後續就業服務：

(1) 各縣（市）政府社政單位及社福業務委辦團體轉介。

(2) 各縣（市）政府民政（村里幹事）及教育單位、一般公益團

體、0800-777-888專線電話通報。

  (3) 新聞媒體報導之個案。

  (4) 其他單位轉介或通報。

2. 設置專責人員及聯繫窗口

 各縣市政府（含社政、勞政單位）、公立就業服務中心（站）應設置專責人員及聯繫窗口，透過轉介／通報機制，協助緊急經濟困難且失業之民眾至公立就業服務中心（站）尋求就業服務。

3. 主動聯繫相關單位、派員進行家庭訪視，提供就業服務

 針對新聞媒體報導有經濟困難之民眾，各公立就業服務中心（站）應主動聯繫鄉（里）長、案家及相關人員，於3個工作天內派員進行家庭訪視，提供就業服務。

4. 依三合一就業服務流程及個案狀況，提供下列各項就業服務：(1)案家訪視，(2)就業協助，(3)諮詢服務，(4)轉介職訓，(5)各項津貼申請，(6)轉介其他資源。

5. 辦理定期追蹤及列管個案之就業輔導情形

 各公立就業服務中心（站）應於接案後7個工作天內，將個案輔導情形回覆原轉介／通報單位及所屬就業服務中心列管，並於每月10日前將就業服務月報表回覆本局。

6. 遇有無法立即推介就業，符合下列條件之個案，個案管理員應開案輔導：

  (1) 有工作意願，但工作能力薄弱。

  (2) 無工作意願，但有工作能力。

  (3) 工作能力尚可，但工作目標不清楚。

  (4) 有工作意願及工作能力，但需協助心理諮商。

  (5) 有參加職業訓練意願者。

7. 結案條件：

 輔導之個案若有下列各項情形，得予結案：

  (1) 穩定就業達3個月。

  (2) 個案拒絕合作。

  (3) 個案問題無法提供協助，轉介其他單位。

(4) 個案無法聯繫。

七、飛雁專案

為因應性別主流化的趨勢，並帶動臺灣女性創業的夢想與活力，行政院青年輔導委員會於2000年起開始推動新經濟時代婦女創業輔導計畫，為了建立品牌，在2002年將婦女創業輔導相關專案擴大彙整，正式命名為「飛雁專案」，針對不同背景、不同階段的創業女性，規劃不同的輔導創業課程，帶動臺灣女性創業的夢想與活力，建構女性創業的友善環境，在傳統青年創業輔導工作中，注入了性別的活水觀點，喚起女性創業自主意識。飛燕專案的目標是（杜娟娟、鄭若君，2007）：

1. 協助婦女建構並提升創業經營能力，強化婦女參與經濟事務之能量，擴大婦女經濟貢獻層面。
2. 促進不同類型女性組織以及職業婦女間之聯繫與對話，卸除藩籬與隔閡，建立合作管道，儲備婦女團體參與經濟議題論述與服務之功能。
3. 搭配相關支援性措施，強化婦女團體方案規劃與管理之能力建構，提升本計畫之執行成效與品質。

八、微型創業鳳凰貸款

微型企業創業貸款是由財團法人中小企業信用保證基金提供，依行政院核定的「微型企業創業貸款要點」辦理，於2003年1月起實施，目的為重振創業精神，協助中高齡失業者創業，以安定其生活。自此，各部門競相辦理此種貸款方案，如農委會為農民、勞委會為勞工等。勞委會針對勞工的微型企業創業貸款則自2007年2月起辦理，2009年2月廢止。2007年5月又針對女性開辦創業鳳凰婦女小額貸款（創業鳳凰），銜接青輔會的飛雁專案，至此，雁與鳳凰齊飛。

鳳凰計畫是政府為協助女性發展小型企業，建構婦女創業環境，創造就業機會，提供婦女創業陪伴服務及融資信用的保證專案。隨著2008年經濟不景氣、失業率攀高，政府為搶救高失業率，政策性將創業貸款重要變革，於2009年2月起將「微型企業創業貸款」合併「創業鳳凰婦女小額貸

款」，並更名為「微型創業鳳凰小額貸款」。

（一）申請人資格

1. 男性需年滿45歲至65歲。

2. 女性需年滿20歲至65歲。

3. 申請者必須為企業之負責人。

4. 申請者信用狀況需正常，無不良紀錄。

5. 所創或所營企業辦有商業登記，或符合營業登記法第5條免辦理營業登記者。

6. 曾辦有本貸款、微型企業創業貸款或創業鳳凰婦女小額貸款。但已清償者不在此限。

7. 曾參與政府或政府相關單位3年內辦理之實體創業研習課程，並取得結業證明檔。

8. 不得身兼其他公司股東或負責人。

（二）貸款額度

申貸額度最高100萬，並以申貸1次為限。

（三）貸款期限

最長為7年攤還本金利息。

（四）貸款利率

利率約1.9%（按郵政儲金2年期定期儲金機動利率），加年息0.575%機動計息。

（五）還款方式

政府補貼利息2年，另5年本息按月平均攤還，提前還款無須違約金。

如前所述，民進黨執政時期對推動性別平等投入較多的心力，包括本節所述的婦女創業。這些政策由於具高度性別敏感，國民黨執政也不敢輕易停辦，只是將之與一般小額創業貸款合併，只是其性別平等的意義遜色了許多。

由於1990年代中期以前長期偏低的失業，我國過去在就業服務上的投資相對不足。但是從自2000年以後，充分就業機會已不可得，解決失業問題，提供就業服務，已成為我國勞動政策中最重要的課題。但是從上述幾個計畫的推行經驗看來，顯然還有很大的改善空間。雖然勞委會一開始試

圖模仿歐洲的積極勞動政策，但是缺乏長期思考，也缺乏周邊配套措施，導致每一個方案都是應急地推出，就業與社會福利、教育的結合相對不足，無法提升勞動市場政策的效果。這些種種無疑地與臺灣缺乏左派政黨為勞工發聲，勞工動員力相對不足，導致勞工、資本家與政府間的社會夥伴關係無從對等建立有關。

表13-1　民進黨執政前期的短期就業方案，2001年～2005年

經費單位：億元

就業安全措施	單位	總計	負擔家計婦女	中高齡者	身心障礙者	原住民	生活扶助戶	其他
多元就業開發方案（自2002年起）	就業人數	53,906	5,056	33,991	3,933	8,721	436	1,769
	經費	77.6	7.2	47.4	6.0	13.5	0.9	2.6
公共服務擴大就業計畫（含中小企業人力協助）（2003年1月至2005年6月）	就業人數	179,443	10,373	111,509	11,282	25,610	2,893	17,776
	經費	220.7	12.8	137.1	13.9	31.5	3.6	21.8
2004年下半年公共服務擴大就業計畫後續配套措施（含公共就業方案）（2004年7月至2005年7月）	就業人數	38,174	2,207	23,722	2,400	5,448	615	3,782
	經費	61.9	3.6	38.5	3.9	8.8	1.0	6.1
微型企業創業貸款（自2003年起）	貸款人數	4,594	—	4,594	—	—	—	—
	經費	1.6	—	1.6	—	—	—	—
職業能力再提升方案（自2002年起）	培訓人次	1,404,110	11,788	26,119	15,816	19,248	6,880	750,094
	經費	87.0	1.1	3.2	8.3	2.8	0.6	10.4
照顧服務福利及產業發展方案（自2002年起）	就業人數	9,731	—	—	—	—	—	—
	經費	31.7	—	—	—	—	—	—

就業 安全措施	單位	總計	負擔家 計婦女	中高 齡者	身心 障礙者	原住民	生活 扶助戶	其他
青年職場體 驗計畫（自 2003年起）	見習 人數	3,595	—	*	—	—	—	3,595
	經費	2.1	—	*	—	—	—	2.1

資料來源：整理自勞委會、經建會。

肆、國民黨執政時期（2008年～）

2008年9月，金融海嘯引發全球經濟危機後，臺灣出現史上第三波失業潮，失業人數從2008年9月的46萬4,000人增加到2010年2月的63萬4,000人，在1年半內增加了失業者17萬人，成為史上的最高峰。雖然金融海嘯後，2010年12月的失業人數已減少為52萬人，但是長期失業者卻從2008年9月的6萬6,000人，快速增加為2010年5月的11萬1,000人，增加速度是史上第二快，而且2011年1月的長期失業人數還有9萬人之多，仍然遠高於金融海嘯前的人數，顯示結構性失業造成的長期失業問題仍然十分嚴重。

面對金融海嘯造成的高失業率，國民黨政府的就業策略是以「振興經濟、發展產業」為主，並將「促進就業」列為經濟發展的目標之一，推動各項就業促進方案，結合政府與民間資源來創造就業機會。這是新自由主義的「雨露均霑」法則，期待政府救企業，企業自然會救勞工。除了紓困企業之外，從2008年11月起，採取了各項短期的「促進就業」措施，以創造暫時性的就業機會，降低失業率。這種企圖「以短期方案來解決長期失業問題」的思維，從2011年初卻仍然有多達9萬名以上的長期失業者，就可以看出成效有限。

一、立即上工

面對失業率上升之後，勞委會馬上推出「立即上工」方案。這個方案的對象是連續失業3個月以上，或經執行單位認定為非志願性離職者。實施期間至2009年12月底前。每月薪資不得低於基本工資，由政府補助10,000元。補助人數最多不得超過事業單位勞保人數的30%，工作期間半年，補助額度1萬5,000人，總經費1.8億。

「立即上工」原本只是一個勞委會發想的小規模、短期的工作計畫，勞委會本來建議叫作「馬上上工」，但是已經有一個「馬上關懷」方案，且各界評價不佳，怕被誤解又是拍馬屁，覺得不妥而改爲「立即上工」。這個方案已於2008年底被納入短期就業措施。

二、97年～98年短期就業措施

這是從勞委會的「立即上工」計畫衍生出來的，也是模仿自民進黨執政時期的短期就業促進計畫。實施日期從2008年11月1日起至2009年6月30日止，內容包括由各部會提出聘用額度，如替代役、雨水下水道淤積檢查、提前入營、行政庶務、弱勢兒童照顧、閱讀計畫、畢業生流向調查、反毒宣導、河川守護、廠商服務、清潔維護、國有林撫育、農田灌溉排水路、臨時人員等，工作期間爲6個月。預計提供5萬6,000個就業機會，總經費97.8億。每人每月薪資2萬2,000元。

以半年爲期，2009年6月底就結束，這5萬6,000人又已變成失業人口了，除非景氣適時轉佳。以主計處公布的失業率數字來看，2009年7月失業率持續升高，除受大學畢業潮影響外，恐怕有部分是短期就業效果結束後的再失業。短暫的半年其實很難培養人力資本。這個方案很像2001年網路泡沫化時失業率突然爬升到5%以上，民進黨政府推出的永續就業希望工程，由各部會提供公共工程就業及由縣市民間組織提供計畫型就業促進方案。當時出現最大的問題就是時間太短，只補助9個月。而現在的這個短期就業措施時間更短，才半年，就算暫時讓失業率緩和下來，也只不過是將失業問題處理時間延後。

更嚴重的是這些人員進入各公務機關之後，並無法融入機構，有可能成爲冗員，對機構人事管理不利，也間接影響這些人的就業態度與信心。本來這個方案規定以弱勢就業者爲優先，如身心障礙者、單親家庭、中高齡失業者，但是執行上很難，各單位爲了趕業績，就會以找到人爲第一優先，至於找什麼人、做什麼事，就變成次要的考慮。爲了儘快把員額聘滿，甚至依賴地方民意代表推薦。勞委會的就業輔導機制也成爲虛設，眞正需要立即就業貼補家用的弱勢人口群，不一定能受惠。

爲因應「97～98年短期促進就業措施」各計畫結束後對於就業市場

所造成之衝擊，勞委會又擬訂「公部門就業計畫──黎明就業專案」計畫，提供公部門短期就業機會，以舒緩就業市場情勢，稱為「黎明就業專案」。黎明就業專案預計提供15,000個工作機會，執行時間為2010年1月起至2010年9月截止，最長以6個月為限。

從2008年9月起實施1年的立即上工計畫有4萬6,000名失業者參與，2008年11月起實施1年的「政府短期就業措施」有10萬2,000名，可見金融海嘯期間實施的這兩類促進就業方案的參與人數都比2003年民進黨執政時多，亦即對於短期促進就業方案的「政策依賴」程度已更嚴重。

三、工作所得補助方案

這是馬政府試圖模仿美國的工作所得退稅（Earned Income Tax Credit, EITC）方案。「工作所得補助」方案的對象是年滿20歲至未滿65歲國民，為全戶主要收入者，其個人年薪資在新臺幣30萬元以下，並符合以下各項條件：

1. 非低收入戶。
2. 全職工作者（2008年1月至6月參加勞工保險或就業保險，且2006年全年薪資超過19萬80元）。
3. 申請人配偶或所扶養未滿65歲之一親等親屬年薪資所得均在30萬元以下。
4. 申請人及其配偶或扶養未滿65歲之一親等親屬計最近一年度綜合所得未超過基本門檻（單身無配偶或親屬者在25萬元以下；有配偶或扶養一親等親屬者除綜合所得總額30萬元外，每增加親屬1人以10萬元加計）。
5. 申請人及其配偶或扶養未滿65歲之一親等屬所有不動產價值合計未超過390萬元。

給付金額按申請人與配偶2人全年平均薪資分級每月補助額度分為3,000至6,000元，共分5級，補助期間6個月。從2008年10月起實施，投入經費135億，預計照顧約45萬戶近貧家庭。

這雖是仿EITC，但也只是學了一半。EITC發展於美國，從1975年到現在經過不斷的修改，其主要目的是協助工作貧窮（Working Poor）家

庭減輕托兒照顧的成本；當然也是為了降低福利依賴，提升工作誘因。各國的學者專家對EITC所持的看法是正反都有（Karger and Stoesz, 2006; Figueira-McDonough, 2007）。不論如何，要模仿也必須因應本地的需要。臺灣推行EITC，卻沒學到EITC的精髓：就是促進工作與對兒童照顧的退稅補助。其原意是要解決單親家戶的就業與兒童照顧之兩難。我們企圖以之來解決工作貧窮的問題，其政策定位如何？目的何在？配套準備了嗎？方案試驗了嗎？如果政策規劃都不清楚，倉促實施注定必敗。

內政部以2006年的財稅資料來解決2008年與2009年的失業與貧窮問題，那是牛頭不對馬嘴的，因為2006年時的工作經驗和2008年、2009年的失業高潮經驗完全不同，2006年不是工作貧窮的家戶，2008年至2009年可能是；反之，2006年是工作貧窮家戶，2008年卻不見得是。所以就造成了用電腦系統篩檢2006年的財稅數據，據以作為送達各地方政府通知補助對象的根據，必然漏洞百出，有小生意人接到補助通知，也有村里長被列為補助對象，失去補助工作貧窮家庭的精神，這也是被批評最多的。臺灣的低所得家戶基本上不會被課到所得稅，因此不會去報稅，除非有退稅。而這些人正是要補助的對象，他們可能是臨時工、部分工時勞工、低薪工人，可是這些人往往因無稅籍資料而被排除在工作所得補助方案之外。這是抓錯藥方，徒勞無功。以下是工作所得補助方案的謬誤：

1. 對因失業而陷入貧窮的勞工毫無助益。

2. 勞工薪資有可能以多報少，或以少報多（無），很難精確計算。

3. 未照顧到「部分工時」的弱勢勞工。此方案第2項條件要求在2006年時，月所得必須要達15,840元，才能達到補助門檻。但以時薪90元的部分工時者，必須每天工作8小時，一年工作264天以上，幾乎都達不到這個條件。

4. 第2項條件對於現在有工作，但是2006年沒有工作的勞工不能請領，是不公平的。方案應著重在鼓勵不想工作的人出來工作，而不應對已找到工作之前的情況設定門檻。

5. 目前由於資本利得不課稅、地下經濟課不到稅，以及真正的窮人繳不起稅，若是實施以薪資所得稅作為基礎的補助，對平均所得分配無甚助益。

總之，這是一個徒勞無功，無助於工作貧窮家庭的方案。原本在馬總統的政見中是要以稅改來處理EITC，真正把美式的EITC引進來，但是最後也是不了了之，因為EITC的政策本質並沒有被真正瞭解。

審計部「97年度中央政府總決算審核報告」中也針對「工作所得補助方案」提出質疑，認為發放對象有欠公允，遭致各界質疑，且原預估有45萬戶受惠，經電腦篩選適格人數38萬餘人，但實際核發23萬餘人，僅占原估計數的51%，落差頗大，且預算編列二級用途別科目與實際執行結果不符。工作所得補助方案的政策效果極低，實施1年後即告壽終正寢。

四、「大專畢業生至企業職場實習方案」、「返校充電」

大專畢業生至企業職場實習方案，是教育部為執行振興經濟擴大公共建設特別條例第10條第1項規定所訂定的計畫。其辦理方式為由學校擬訂計畫提出申請，媒介學校2007學年度至2009學年度本國籍大專畢業（不包括研究所畢業生）且非在學之待（失）業者至實習機構實習。實習期間透過學校媒介實習員至實習機構實習，實習補助期間一個月以30日計，補助實習機構每人每月新臺幣1萬元，每人至多補助6個月，未滿6個月以實際實習月數計。參加對象為2007學年度至2009學年度大專畢業且非在學（畢業證書核發日期為2008年6月至2010年8月期間）之待（失）業者；其中2007學年度至2008學年度大專畢業生，如曾參加第一階段者，不得重複參與第二階段實習。辦理名額提供實習機構僱用3萬人實習員。

此方案缺乏讓年輕人從學校到工作階段的轉銜機制，學校和企業需求間的技術落差，不斷重回校園的過程，不僅無法解決兩者之間轉銜的問題，更可能導致沉重的社會成本。而短期和低薪的實習過程，不僅無法讓青年獲得足夠的經濟安全，亦無法培養足夠的人力資本和工作經歷。其次，高等教育的盲目擴張，更讓青年勞工處於低薪的勞動階級。最後，企業往往在實習期滿後，優先解僱該等人，使得青年勞工又落入另一個失業的循環。

同時，教育部也要求各大學提出「返校充電加值計畫」，以因應金融風暴。除了免費選修課程之外，全程出席者發給結業證書，上課還供應午餐。這是一個比較溫馨的計畫，也比較吻合就業服務法中的人力資本培育精神。

五、98年～101年就業促進方案

　　為了銜接97年～98年短期就業措施，行政院接著推出98-101年就業促進方案，實施期程從2009年到2012年，內容是擴大產學合作、強化訓練以促進就業與預防失業、提升就業媒合成功率、減少摩擦性失業、提供工資補貼、增加就業機會、協助創業與自僱工作者、加強短期就業促進措施。預計創造22萬1,045個就業機會，總經費為266.6億。

　　長期以來一直都有類似的方案，問題是這個方案到底能不能在4年內創造22萬個就業機會？不無疑議。這一波失業潮必然使某些產業重新洗牌，例如3C產業，有些可能萎縮或被淘汰。如果只仰賴中國觀光客或是中國資金來臺投資，不一定能創造出22萬個就業機會，反而形成新的中國貿易依賴關係，由原先的產業外移到中國的境外貿易依賴，演變成境內的經濟依賴，對國家發展絕對不利。

　　審計部「97年度中央政府總決算審核報告」中也指出，自2008年度第四季起，行政院規劃多項促進經濟及減緩失業方案，包括97～98年短期就業促進方案、98～101年促進就業方案、就業博覽會等，預計支用經費逾新臺幣850億元。各項促進就業方案動輒耗資數十億元，加上相關部會間有渲染尚未成熟的方案，致各界對於搶救失業措施的真實效益提出諸多質疑，例如，全額補助企業進用大學畢業實習計畫、政府部門短期促進就業方案等，不是全屬新增工作職缺；軍人職缺列入就業需求統計。

六、振興經濟擴大公共建設投資計畫

　　這個計畫就是所謂的4年5,000億計畫，實施期程從2009年到2012年，也是馬總統的4年任期。計畫有六大目標：完善便捷交通網；建構安全及防災環境；提升文化及生活環境品質；強化國家競爭力之基礎建設；改善離島交通設施；培育優質研發人力，協助安定就業。涵蓋二十大重點投資建設，64項執行計畫，總經費5,000億元。第一年最多達1,506億，預計提升GDP成長率.0.97%、創造就業機會19萬個。比98-101年就業促進方案所要創造的22萬個就業機會還少3萬個，這是很令人好奇的，到底這19萬個就業機會是外加，還是計畫間沒有協調好？因為前一個計畫如果沒有

這個計畫協力，如何創造出22個新的就業機會？即使是新創造22萬個就業機會，對66萬3,000名失業者來說，也只處理了三分之一不到，失業率還是不可能降到4%以下，更不用說要實現馬總統的政見使失業率降到3%以下。

很遺憾地，其中只有第6項計畫培育優質研發人力，協助安定就業經費372.6億與就業直接有關。這項計畫基本上是硬體建設，而非軟體發展。且第6項計畫還是在立法院審查時由民進黨籍立法要求加上去的。以臺灣當前的環境條件來看，硬體建設時無須如此大興土木，反而是軟體建設相對落後需加緊腳步，迎頭趕上。因為在硬體建設方面，之前才通過一項名為加強地方建設擴大內需方案583億的硬體建設，各地方政府幾乎已經找不到可以消化預算的工程來進行了，我們不得不懷疑4年5,000億預算的經濟效益，更何況這些錢都是向子孫借來的。

參考書目

臺灣省文獻會（1972）。臺灣省通志。

內政部（2005）。自立脫貧操作手冊。

行政院勞工委員會職業訓練局（2010）。職業訓練調查報告。

林萬億（2008）。我國的人口販運問題與防制對策。警學叢刊，38：6，頁55-78。

林萬億（2008）。勞工怎過得了寒冬？中國時報。言論新聞——社會探索。

杜娟娟、鄭若君（2007）。創業非「男」事——女性微型創業歷程與正式資源運用。社區發展季刊，118期，頁310-326。

邱創煥（1977）。中國社會福利思想制度概要。臺北：臺灣商務印書館。

郭振昌（1990）。我國臺灣地區就業問題分析與就業政策方案規劃。行政院勞工委員會職訓局局編印。

詹火生、彭台臨、陳聰憲、郭振昌（2001）。職業訓練與就業服務。國立空中大學印行。

葉淑貞（2009）。日治時期臺灣經濟的發展。臺灣銀行季刊，60：4，頁224-274。

Figueira-McDonough, J. (2007). *The Welfare State and Social Work: Pursuing social justice*. Thousand Oaks, Ca: Sage.

Karger, H. J. and Stoesz, D. (2006). *American Social Welfare Policy: A pluralist approac*h. 5th ed. Boston: Pearson Education, Inc.

Chapter 14

社區發展與社區營造

我國的社區發展從1960年代開始推動，經歷了將近30年，由風光的歲月，到感傷的落寞。風光來自全國總動員式的推動、政府資源的投入、全國村里皆社區；感傷的是自從「社區總體營造」在1990年代初出現以來，社區發展有風華不再之憾。

　　1993年10月20日，當時的文建會主委申學庸女士在國民黨中常會上所做的報告「文化建設與社會倫理的重建」，開始呼籲「透過文化策略的發展，落實對於社區意識及社區倫理的重建工作」。該報告指出：「地方文化建設的一項最常被忽略的功能與目標，就是在於社區共同意識的培養」，「舊社區解組而新社區仍未形成，造成國家社會缺乏內需力，而非一具體的有堅強生命力的共同體。這必須從文化發展與文化建設的角度來解決問題」。最後並提到：「目前的社會文化系統，產生民間和官方在某些程度上的隔閡，希望會議能調整文建會與地方文化中心的關係，並透過地方文化中心，積極整合各種民間的社會文化資源。」（文建會，1999）

　　文建會於是從1993年起調整過去中央集權式的操作，提出「文化地方自治化」的構想，把文藝季交由地方文化中心辦理，讓各縣市文化中心與地方文史工作者產生聯繫，整合文化中心成為「地方的文建會」。1994年，文建會以「加強鄉鎮及社區文化發展」、「文化資產保存與發展」、「加強縣市文化活動與設施」等3項作為年度工作計畫，其中「加強鄉鎮及社區文化發展」即在透過實際行動來強化社區意識的凝聚。本章將我國社區發展與社區總體營造的演進，分階段敘述。

第一節　前社區發展時期（1945年～1969年）

壹、日治時期臺灣的鄰保制度

　　日本鄰保館是在1897年由社會主義者片山潛（Katayama Sen, 1859～1933）在東京神田三崎町成立金斯利館（キングスレー館，Kingsley Hall），開啓了日本的睦鄰運動。片山潛雖然留學美國學習牧師相關的專業，但他回國後沒有當牧師的志向，卻對起源於英國的美國社會福利運動產生了共鳴。在傳教士Daniel Crosby Greene的幫助下，與朋友高野房太郎將神田區三崎町的自宅整修，作爲基督教社會事業的據點。片山潛以金斯利館爲中心，積極展開勞工運動。同年12月又創刊《勞動世界》並擔任主編，爲日本最早工會的成立發揮重要作用。1901年與幸德秋水參加日本第一個社會主義政黨——社會民主黨。

　　臺灣的第一個鄰保館則是1916年來臺擔任山地警察的日本同志社大學畢業生及無政府主義者稻垣藤兵衛所創。稻垣辭去山地警察之職，來臺北暫時服務於總督府社會事業課，不久，在大稻埕開辦夜學校與週日學校，後改名「稻江義塾」，屬5年制私塾。同年9月15日在大稻埕六館街（日治時期港町二丁目，今南京西路、西寧北路交界，即合作金庫附近，亦曾爲大阪郵船株式會社辦事處）成立「人類之家」，並附設「稻江義塾」，其事業初期即分社會部與兒童部，並教育附近貧苦家庭失學子弟，尤其初期收容的十之八九都屬中國籍不能進公學校就讀的兒童：亦提供飲食以減低罹病率及死亡率。

　　稻垣倡導以研究無政府主義爲名所組成的「孤魂聯盟」，先向蔣渭水、連溫卿尋求合作，但不爲其接受。於是就結合無產青年周合源、林斐芳、張乞食（維賢）、楊德發、楊清標、蔣德卿等人，在1926年7月結成「孤魂聯盟」。他們經常在稻江義塾舉辦演講會。「孤魂即是生前孤獨、死後無處可依的靈魂之稱，其悲慘哀痛猶如活在現代的無產階級，依此，組織孤魂聯盟，竭力於無產階級解放運動」，乃是一個充滿著虛無思想的無政府主義團體，採取自由結合形態，無共產主義的統制力量。稻江

義塾是提供孤苦兒童就讀的私塾。臺灣前輩畫家洪瑞麟（1912-1996）曾於1920入學就讀，畫風受人道主義影響很深，其礦工的畫作，最為代表。1927年與臺北萬華「博愛團愛愛寮」（收容貧民的救濟院）的施乾（1922年創愛愛寮）一起從事救貧工作。

　　人類之家或鄰保館為地區性之綜合教化事業，以鄰保互助精神，增進居民的公共福利為目的，其服務項目包括民眾指導、職業介紹、助產、寄宿、救貧、兒童保護、醫療、社會教化及習俗改善等，全臺設有6處鄰保館或社會館：嘉義（1934）、臺中（1936）、東勢（1937）、彰化（1937）、豐原（1937）、清水（1937）。日治時期另一推動地方社會事業的組織稱為「方面委員制度」，始設於1918年的日本大阪府，1946年改制為民生委員。此種組織於1923年起傳入臺灣，於每一地區成立一「方面委員會」，以該地區有聲望人士為委員，用以調查、辦理其地區之社會事業，其業務包括相談指導、保健救療、兒童保護、斡旋紹介、戶籍整理、金錢給與等項目（臺灣省文獻委員會，1972）。

　　但是，這些日治時代傳下來的「社會事業」，於光復之初幾近停頓或停辦。光復之初，社會救濟事業的倒退，除了因戰亂之外，主要原因恐怕是政治因素。當年社會處處長李翼中（1948：13）指出，「辦理社會事業，無疑地要注意臺灣自然環境與社會的特殊性，但也不能忘記臺灣是中國的一省……」；而其第四科徐正一科長認為，「社會服務是社會事業中一種最新的設施，……在臺灣來說更有其特殊需要與價值，因為：(1)在日治時期，即使有些救濟性的小惠，也不過是配合殖民政策的手段，根本沒有純為臺胞謀福利而設立的類似社會服務處的機構……。(2)臺灣被日本統治半世紀，教育、文化、社會、生活各方面所受的毒素都很深刻，亟待糾正改善轉移或重建……。」（徐正一，1948）徐文所提到社會服務處是於1948年在臺北等5市成立的實踐民生主義、轉移社會風氣、改善社會生活的中心。其實，日人的鄰保館與方面委員會也有社會服務的功能，只是在當時社會處官員的心中，它是散布毒素的地方，應予停辦。古善愚（1948：5）的想法也差不多，他不但認可臺灣的社會工作要「剷除過去社會遺毒」，而且要「宣揚三民主義的國策」（林萬億，2006）。

貳、農村四健會的興衰

四健會（4H Club）是美國一種以培養青少年成為積極、具生產性的公民，以投入社會變遷的組織。所謂四健是指：健全的頭腦，以運用思想；健全的心胸，以發展品性；健全的雙手，以改善生活；健全的身體，以服務社會。四健會就以這腦、心、手、身的4個H為標誌。從1900年起在美國各城市、鄉村流行，其中又以鄉村地區最為普遍。

一、四健會引進臺灣

1952年，當時擔任農復會主任委員的蔣夢麟博士邀請美國鄉村工作者康乃迪克州的白仁德（Brundage）先生來臺演講，將美國四健會的組織模式引介到臺灣，並經農政單位與各級農、漁會及學校大力推動（王俊豪，1993；劉清榕，1998）。

蔣夢麟在其「臺灣農村青年的四健運動」一文中提到：「農村青年是下一代的農村幹部，為了使他們將來能夠擔當繁榮農村的責任，我們必須先加以適當的訓練，因此，農復會便把在美國與日本行之有效的這一運動介紹到中國來，並把它正式定名為四健運動。」「現在計畫推行的四健運動，就是組織農村青年，指導他們應用科學方法，花費較少的努力，獲得較多的生產，提高農家的收益，改善農村的生活，增加貢獻國家的力量。」「所以，四H運動是一種農村教育運動，四H組織是農村青年的團體，實為今後農復會很重要的工作。它的目的在訓練今日農村青年成為將來有科學知識和技能的農民，所以這是中國農村的百年大計。」（引自顏淑玲，1998）

由此可知，四健會具有以下特性：

1. 是一種農村增產的組織。
2. 是一種農村教育運動。
3. 是一種農村青年的團體。
4. 是一種培育現代公民的運動。

四健會是以作業組（Project）為基礎，體驗從工作中學習（Learning

by Doing）[1]及「教育就是生活、成長及經驗的持續改造」的理念。

1952年10月，農復會經過評估後，決定先從農業職業學校開始試辦，第一個試辦學校是省立嘉義高級農業職業學校。我國四健會秉承美國四健會的宗旨與精神運作，但在系統上則分為學校四健會與鄉村四健會，整體組織與美國四健會體系亦不盡然相同。鄉鎮四健會主要透過農漁會運作，與美國四健會情形較類似；學校四健會組織則偏似於美國的未來農民會（Future Farmer of America, FFA）模式（李文瑞，1998）。

1956年由農復會主導的學校四健會改由臺灣省教育廳接辦，鄉村四健會仍由農復會負責，但是，學校四健會在技術與經費方面仍接受農復會之指導與補助。

1950、60年代，農村青少年以加入四健會為榮（劉清榕，1998）。但是，隨著1970年代臺灣由農業社會轉變為工業社會，四健會在農村與學校的發展都受到影響。

二、工業化與9年國民義務教育後的四健會

1968年為配合9年國民教育，許多辦理四健會的初級農業學校均面臨改制為國民中學；再加上臺灣的經濟已由農業社會轉變為工商社會，農村青年已有紛紛向工商業發達的城市流動的趨勢，四健會的會員招募與農業學校的學生來源都開始面臨困境（李文瑞，1998）。

為了鼓勵農村青年留村留農，1973年起，農復會與臺灣省教育廳、農林廳合作，協助省立臺南與員林高級農業職業學校辦理農場經營科實驗班，以培養未來農民為目標，招收農家子弟願意留農之國中生各一班就讀。

1977年起，農委會協助教育廳選12所農業地區的國中，增添相關教學設備，辦理農業選科教學，並組成四健會。到了1983年止，總計有28所國中辦理。

1984年又將保送資格下降，並提高獎學金。但是學校四健會已只知其

---

[1] 蔣夢麟留學美國哥倫比亞大學教育學院的指導教授即是主張做中學的哲學家杜威（John Dewey）。

名，不知其實了（李文瑞，1998）。

三、四健會的衰退

1997年的資料顯示，臺灣的四健會計有284個鄉鎮市地區農會、37個漁會、95所學校辦理，會員人數11萬8,389人（劉清榕，1998）。其實，這些數字並不精確。蕭崑杉與蔡麗瓊（1998）引用1996年的資料，當時臺灣的四健會計有274個農會、38個漁會、96所學校，總計有會員6萬3,703人。兩個資料差1年，但數字卻差很多。不過，從學校四健會資料中可以看出四健會的沒落。1982年學校四健會30年週年時，教育廳資料顯示當時有29所農職或農工、9所農職、66所國中有辦理四健會，少了將近10所學校。

四健會衰退的原因，顏淑玲（1998）、蕭崑杉與蔡麗瓊（1998）認為：

1. 四健會的教育意義未能被充分認知，四健會工作人員或會員本身也忽略此重要功能。
2. 社會大眾對四健會之認知不夠，四健會行銷不足。
3. 四健會推廣人員的專長、精力與時間有限，無法滿足青少年之需求。
4. 鄉村青少年外流，會員招募不易。
5. 訓練不足。

隨著臺灣農業人口的比率持續下降，四健會會員人數下降是正常的。但是，值得擔心的是，即使是農村地區，四健會的組織也在沒落，四健會的功能在衰退中。目前四健會由中華民國四健會協會推動，發行《四健青年》。

參、從基層民生建設運動到社區發展的萌芽

1955年，執政的中國國民黨倡導推行「基層民生建設運動」，以「增加生產教民富，改善生活使民享」為工作目標，以「生產建設，文教康樂，衛生保健，社會福利」為工作內容，於各縣市選擇村里為單位，推行

基層建設（譚貞禧，1971）。基層民生建設基本上是農業生產、公共衛生與社會福利的結合，在中央由農復會主導，結合鄉村建設；在基層則由國民黨地方黨部協助地方熱心公益人士組成基層建設委員會推動，1955年至1957年間，先後在臺北縣木柵鄉、桃園縣龍潭鄉及宜蘭縣礁溪鄉等地推動。以當時的做法來看，並不符合西方國家社區組織或社區發展的基本精神，而比較是在補實施地方自治以來的缺失，即村里雖有地方改選，但無財政權與人事權，因此涉及民生福利的自治項目難以推動。

1962年，曾在中國內戰後赴美國聯合國工作的前燕京大學社會工作畢業生，並取得芝加哥大學社會服務行政碩士學位的張鴻鈞先生，出任聯合國亞洲暨遠東經濟委員會社區發展訓練顧問，駐亞太地區代表，輔導亞太地區各國的社區發展，包括泰國、馬來西亞、日本、韓國、菲律賓等國，期間亦多次來臺，協助籌劃臺北式的社區發展實驗。1963年，張鴻鈞夫婦退休來臺，在中國社會學社等4個學會的聯合歡迎會上發表「談社區發展」演講，在西方國家社會工作傳統中的社區組織（Community Organization），才以「社區發展」的面貌在臺灣受到重視（林萬億，1994）。

1964年，中國國民黨在制訂「民生主義現階段社會政策」時，即採用聯合國於1955年出版的《社會進步經由社區發展》（*Social Progress Through Community Development*）的概念，亦即張鴻鈞先生所力薦的社區發展作為促進民生建設的方法，並將社區發展列為當時社會福利措施的七大要項之一，是為我國正式將社區發展列入國家政策之始。其實施方針明訂如下（譚貞禧，1971；劉脩如，1977）：

1. 採取社區發展方式啟發居民自動自治之精神，配合政府行政措施，改善居民生活，增進居民福利。

2. 設立社區服務中心，由社區居民推薦熱心公益事業人士，組織理事會，並僱用曾受過專業訓練之社會工作人員負責推動各項工作。

3. 加強衛生暨康樂設施，尤應積極推廣道路指標之修築，暨公井、公廁、公園、公墓、游泳池、體育場之設置。

4. 鼓勵社區內之人民，以合作組織方式，處理消費、副業生產與行銷及公用福利事業。

1965年4月，行政院依國民黨的決策，正式以行政命令頒布實施「民生主義現階段社會政策」，是為我國社會政策另一個階段的開始，也是社區發展成為國家重點發展之一環的開始。1966年，臺灣省政府社會處將原有之「基層民生建設」與「國民義務勞動」合併，加入聯合國世界糧食方案之經費補助，擬訂「臺灣省社區發展八年計畫」（徐震，2004）。「基層民生建設」正式被「社區發展」取代。

第二節　社區發展蓬勃階段（1968年～1982年）

　　1968年5月，內政部為推動社區發展而草擬並經行政院核定通過頒布「社區發展工作綱要」。臺灣省政府也於同年9月公布「臺灣省社區發展八年計畫」，將全省6,215個村里就其自然形勢劃分為4,893個社區，預期於1969年至1976年的8年內全面開發。1972年5月，剛推動的八年計畫被修改為十年計畫，並將原來預訂的4,893個社區改為3,890個，除當時已全部完成的1,764個社區外，餘則訂於1978年全數完成建設。

　　「臺灣省社區發展十年計畫」對於社區發展的工作項目分為三大類：一曰基礎工程建設，二曰生產福利建設，三曰精神倫理建設。這三類工作在1972年以前的八年計畫中原是依序逐次推行的，蓋基礎工程建設是有形的，易見實效，是以提高社區居民的興趣，自此開始，有其理由，但怕有些人即以為社區發展的工作止於此，因此，1972年修正的十年計畫時，改將以上三類工作，不分先後，齊頭並進，並確定每一類的建設目的為（劉脩如，1977）：

1. 做好基礎工程建設，以消滅髒亂，美化環境。
2. 實施生產福利建設，以消滅貧窮，改善民生。
3. 推行精神倫理建設，以端正風氣，重整道德。

　　臺北市也自1965年起先在南機場與聯勤總部合作，成立「臺北市南機場社區發展實驗中心」，並與基督教福利會協調配合，在雙園區設置「社會醫療服務中心」，推動社區發展工作，1967年並與臺灣大學、師範大學、中興大學之社會學系合作，開始示範社區之建設。自1970年起，臺北

市仿效臺灣省訂定「臺北市推行社區發展四年計畫」，預期於4年內發展100個社區，每年約25個，並配合各大學的實驗社區計畫，務求教、學、做一貫，以發揮社區發展的長期效果（譚貞禧，1971）。

1965年，張鴻鈞先生再度來臺與內政部研究籌設社區發展研究訓練中心事宜。翌年，亞經會主管社區發展專家霍孟吉（Homji）來臺協助籌設計畫。1970年元月，我國的「社區發展研究訓練中心」計畫獲得聯合國發展方案（UNDP）為期2年的贊助；4月，聯合國派計畫經理史華哲（Meyer Schwartz）博士及2位專家盛德（L. Sinder）、艾索普（R. Apthorper）來臺簽約；6月，中心正式成立，聯合國並指派社區發展顧問來臺協助社區發展。根據我國與聯合國的協議，社區發展研究與訓練中心商借臺灣大學地產興建永久房舍，聯合國贊助2年後若契約終止，該中心之建築設備、資料人員移隸臺灣大學。然因當時的內政部長徐慶鐘先生接受進言，認為該中心如設於臺灣大學內，未來之人事、經費必然受制於臺大監督，內政部無法運作自如。於是，徐部長改變計畫，拖延在臺大興建辦公室之議，終致中心興建胎死腹中（王培勳，2005）。為此，張鴻鈞先生始終耿耿於懷（莫藜藜，2004）。

社區發展研究與訓練中心除了辦理社區發展研究與訓練之外，亦獲得聯合國獎學金，甄選15位青年至美國、荷蘭、英國研讀社區發展碩士學位（莫藜藜，2004）。惜因1971年我國退出聯合國，聯合國派遣來臺的專家陸續撤離，這15位學成歸國的社區發展人才留在中心擔任研究工作者一二而已，大多四散就業，未能發揮所學（王培勳，2005）。社區發展研究訓練中心便由內政部編列預算，繼續執行原訂研究與訓練計畫。雖然繼續運作，成為內政部的一個編制外單位，除前兩任執行長外，後續均由內政部社會司長兼執行長。熊麗生、王月鏡、白秀雄、李建興、楊蓓、張秀卿先後兼任該中心研究組主任，王培勳先生則長期兼任該中心訓練組主任，直到1994年7月內政部裁撤該中心為止，該中心25年來已為臺灣培育了超過3萬人次的社區發展工作者與志願工作者（王培勳，2002）。而其所編輯的《社會工作辭典》、《社區發展季刊》、社區發展訓練叢書、社區發展研究報告等，都是該中心留給臺灣社會工作界最有紀念性的資產。

我們若以聯合國的社區發展定義評鑑當時臺灣省、臺北市的社區發

展，可以發現社區發展在臺灣並未完全吻合創始意涵。依聯合國常用的解釋，社區發展的意義如下（黃正源譯，1977）：

1. 經由地方行動以獲致社會進步的種種政策及其應用的方法與程序。

2. 一種經由全區人民積極參與和充分發揮其創造力量，以促進社區的社會進步與經濟情況的工作過程。

3. 經由社區人民自覺自動地參與而促成全社區經濟社會進步的過程。

4. 為求增進人民福祉，必須運用以下兩個缺一不可的力量，一是社區人民有合作自助與吸收新生活方法的機會與潛能；二是經由世界合作與各國政府及社團的技術與經濟援助以完成之。

據此，聯合國提出10項基本原則或基本要素：

1. 依據社區居民的基本需求，以及根據人民的願望，來擬訂開始的工作計畫。

2. 應建立多目標的計畫及各方面的配合行動，以求全面及均衡的社區發展工作之推行。

3. 在推行社區發展初期，社區居民自信心的加強及自動自發精神的培養，與物質建設同樣重要。

4. 促使人民熱心參加社區工作，共同為地方建設而努力，乃是社區發展的最大目的。換言之，凡是社區各種計畫的擬訂與執行，均由社區人民共同參加，這樣才可使社區進步。

5. 地方領導人才的選拔與訓練，為任何社區發展計畫最基本工作，因而只有本地方的居民才能深刻地瞭解其社區背景、居民需要，才能成功地與當地居民產生互動，而使工作之推行不致遭受太多阻力。

6. 發動並組織婦女與青年參加各種社區發展工作。蓋青年與婦女對社區及家庭影響力極大且人盡皆知，故改善家庭生活，清除社區問題，必須有青年及婦女的贊助和參加，始可成功。

7. 對於社區所提出之自助計畫方案，政府應予以重點及全面的積極協助。因為當社區居民感到需要而自動地提出各種改進方案時，

如果政府不予適時的經濟或技術上的協助，很可能使此計畫方案無法實現，進而使社區居民減低興趣，影響社區發展工作的推行。

8. 全國性社區發展計畫的建立，應有完整的政策及完善的行政組織，並應同時注重工作人員的選訓，地方與國家資源的利用、研究、實驗與考核等工作。

9. 在社區發展計畫中應充分利用地方性、全國性及國際性的民間組織，這些力量亦為推行社區發展不可或缺的資源。

10.地方性與全國性的社會經濟發展計畫應予密切地配合，均衡平行的發展。

由此可知，社區發展的特性是：依人民需求、多目標均衡發展、鼓勵自動自發、共同參與、起用在地人才、組織青年與婦女、政府經濟與技術支援、政策與行政配合、民間資源的引進，以及中央與地方社經均衡發展。

讓我們回頭審視1960年代以來臺灣的社區發展，可以發現上述10個指標並不盡然被遵行。

表14-1 檢討臺灣1960年代以來推行社區發展的經驗

社區發展原則	臺灣的推行經驗
1.依照人民需求擬訂計畫	1.由政府劃定4,893個社區，後改為3,890個社區，其劃分指標為自然形勢、地理環境及居民生活上之共同需要。 2.社區通常依三大建設目標推動。
2.多目標的均衡發展	1.依基礎工程、生產福利、精神倫理三大工作項目推動。其實，基礎工程建設投注較多心力。
3.鼓勵自動自發	1.社區公共工程均由政府劃一規定，居民難發揮主動精神。
4.居民共同參與	1.地方具聲望人士及退休軍公教人員被鼓動積極參加社區理事會。 2.各級政府首長、有關單位主管，以及有關團體社會人士均被邀參加為社區發展委員。
5.起用在地人士	1.地方專業人才不足，不熟悉社區發展的精神與技巧。 2.部分社區組織工作者、村里幹事為外地人，不完全熟悉地方發展。

社區發展原則	臺灣的推行經驗
6.組織青年與婦女	1.推動社區童子軍、農會四健會、媽媽教室等活動。
7.政府經濟與技術支援	1.每一社區基礎建設經費50萬元,社區居民負擔25萬元,省、縣、市政府分擔25萬元。 政府規定公廁、公浴、圍牆、牌樓、紀念物的高度、材質。
8.政策與行政配合	1.省市政府頒行社區發展計畫。 2.中央通過「社區發展工作綱要」。 3.一社區跨兩村里者,村里與社區配合有困難;村里長與社區理事長不同人或不同派系者,難以合作。 4.農業、衛生、經建、社會福利、教育、民政之間協調尚不夠良好。 5.國家設立社區發展研究訓練中心。
9.引進民間資源	1.社區居民以義務勞動方式提供人力。 2.地方自籌部分經費,完成基礎工程建設。 3.聯合國糧農組織世糧方案補助小部分經費。 4.原住民社區由世界展望會贊助經費。
10.中央與地方社經均衡發展	1.首重公共工程與環境衛生改善,民生福利與精神倫理建設較被忽略。 2.以「民生主義社會政策綱領」作為最高政策指導。

資料來源:林萬億、戴寶村、王塗發(2002),頁8-9。

從1969年到1981年間,臺灣省社區發展總計投入60億7,500多萬元,其中36億8,470萬元來自政府的社會福利基金,民眾捐款亦達23億8,480餘萬元(黃碧霞,1999)。在剛完成604個社區建設的1969年,當時的內政部長徐慶鐘先生反省認為,社區發展已獲得以下利益(徐慶鐘,1971):

1. 基礎建設獲得改善。
2. 國民自治精神提高。
3. 義務勞動發揮效果。
4. 民生福利獲得重視。
5. 生活習慣有所改善。
6. 地方組織與領導力量加強。
7. 對政府之向心力加強。

然而,亦發現以下缺失:

1. 公共工程建設流於形式。
2. 各方協調尚難稱充分。

3. 對民生福利及精神倫理建設措施不夠。

4. 社區發展工作之專業人員不夠。

社區發展與基層民生建設最大差異在於前者重過程，後者重結果。很遺憾地，社區發展並沒有完全擺脫基層民生建設的做法。並非社區發展不該重視基礎建設，而是公共工程建設不能流於形式，也不能只看成果，而是要注重社區居民參與，培養社區意識。

 第三節 社區發展組織社團化（1983年～2011年）

上述臺灣社區發展的經驗已明顯露出疲態，公共建設缺乏維護，社區過度依賴政府的補助，社區意識未能普遍發展，人民仍缺乏自動自發精神，公民社會也沒有因此而扎根。1980年，臺北市政府訂定「臺北市社區發展推行辦法」，鼓勵社區居民申請成立社區。1981年，臺灣省政府又繼續訂定了社區發展第一期五年計畫。1983年，行政院函頒「社區發展工作綱領」，已有將過去由政府主導，由上而下全力動員的社區發展走勢，改變為由下而上的地方發展（Locality Development）模式。由各級政府組成社區發展委員會，輔導社區理事會訂定組織章程，加強社區發展組織功能。臺北市據此配合訂定「臺北市政府加強推動社區發展實施要點」，到1986年，第一期五年計畫結束，全省共規劃4,099個社區，其中1,668個社區列入後續計畫辦理對象。

1986年又訂定第二期五年計畫，至1991年6月底，全省共規劃4,230個社區。從1981年到1991年的10年間，臺灣省投入社區發展的經費高達242億2,473萬元，其中政府補助166億5,557萬5千餘元，占總經費的68.75%，民間配合款及捐贈財物總值75億6,915萬餘元，占31.25%（黃碧霞，1999）。平均每一社區花掉572萬6,886元。比較之前十年計畫中，每一社區只花掉156萬1,696元，到了後續兩個五年計畫，每一社區的發展成本已呈3.67倍的快速成長。其實，從1969年到1991年的22年間，臺灣省投入的社區發展經費高達297億1,173萬餘元，所建設的4,230個社區，平均每一社區花掉659萬8,517元，其成本不可謂不高（林萬億、戴寶村、王塗發，

2002）。

　　1991年，內政部修正「社區發展工作綱要」，將原先偏重由政府主導的社區發展，改以人民團體形態運作，也就是過去主導社區發展的「社區理事會」轉型成爲「社區發展協會」。其實在社區發展推動初期，我國社區發展方向即已暴露走偏了的病灶。王培勳（1971）早已提出「社區發展原非一項公共工程計畫，社區發展之成效，不能以它已興建了若干里的道路、排水溝、或究竟多少鄉里獲得實質建設的改善，來邊加評斷。」「忽視自助，則花費多，而收獲有限。」這樣的提醒並沒有立即獲得改善。到了1990年，由於政府的經費投注太多，不得不縮手，才下定決心將社區發展轉型。試想一個社區發展了22年，還在基礎工程建設、生產福利建設、精神倫理建設，可見其形式化到了極點；不然就是基礎工程建設品質不佳，經常要改善；不然就是居民維護不力，才會有不斷投入基礎工程建設的必要。如果加上來自村里的建設經費，臺灣的基層建設經費支出當不止於此。

　　政府雖然不再投注大量金錢於社區發展上，但仍然繼續訂定年度社區發展計畫，輔導成立社區。到2011年止，共輔導成立6,638個社區。

　　新的社區發展做法雖然擺脫了人民依賴政府補助經費才會有社區建設的慣例，人民似乎會更有自主性地依人民團體法來組織社區發展協會。但是，政府指定或推薦的社區工作項目仍然陰魂不散，此外，根本的問題也未獲得改善。首先，鄉鎮市公所仍然以村里範圍劃定社區，造成村里與社區重疊。如前所述，村里長若與社區發展協會理事長同一人，社區容易「村里化」；反之，兩者不同一人，則相互爭奪資源、衝突拐腳、派系牽制等情事屢見不鮮。

　　其次，社區劃定太強調地理社區，且大多依附村里爲單位，使得大者人口上萬，小則人口數百，參差不齊。大者難以形成社區意識，小者資源不足，難以自我維持。

　　第三，社區發展協會社團化後，只要31人即可組成一社區發展協會，而原先以全社區居民爲當然成員的社區理事會，轉換成只有少數人代表上萬人或數千人、數百人的社區（村里），難謂有代表性。且由少數人把持，排斥他人入會，一個社區發展協會可能是一個擴大的家族即可組成，

如此一來，社區意義盡失。

第四，社區的資源整合仍難以做到。學校歸教育主管，教會、廟宇有各自宗教體系，工商企業不一定以社區為生產行銷範圍，社區發展協會如果不具代表性，其他部門不配合，社區可用設施便相對有限。

第五，各大型住宅社區又有各自的住戶管理委員會，依公寓大廈管理條例組織，對以村里為單位的社區形成阻隔，原有社區更形破碎。

最後，現代社區居民的需求已非公廁、公浴、圍牆等硬體設施，而是環境美化、資源回收、文化活動、犯罪預防、老人照顧、兒童安全等新興需求，這些更需要專業介入，以原先的社區志願人力，很難承擔這些工作，使社區轉型陷入另一個困境。

為解決這些困境，當時的社會司長蕭玉煌（2002）認為21世紀社區發展工作應朝向以下重點改進：

1. 強調社區發展的五個理念：由社區居民當家作主，賦予人民權能（Empowerment）；凝聚社區意識，強化社區組織；政府引導社區民眾從事集體行動；社區居民自我控制；強調公共利益。

2. 賡續推動社會福利社區化，建立社區福利體系和服務輸送網絡。

3. 資源整合與建構。

4. 人才培訓與發展。

5. 研訂社區發展專法。

6. 鼓勵社區因應地方需要及特質，拓展地方文化產業。

7. 辦理社區精神倫理活動。

8. 加強與教育、文化、交通、環保、農林、民政、衛政等推行社區發展相關單位協調聯繫，分工合作，以發揮整體力量，加速推動社區建設工作。

9. 辦理社區發展工作評鑑。

上述這9個處方，還是建立在假設社區發展工作是政府一項不可讓渡的業務，且村里制度與社區是不可調整的基礎上。如果村里與社區仍然是如過去30多年來的功能重疊與相互競爭，再多的技術解決，都無法改變社區發展在臺灣的困境命運。

林瑞穗、林萬億、陳東升、黃錦堂（1996）曾在行政院研考會的委

託下進行「社區發展工作與村里組織之功能研究」，認為有七種改革的方向：

1. 維持現制，不作改變。
2. 廢除村里，維持社區。
3. 廢除社區，維持村里。
4. 兩制併存，但刻意發展一方。
5. 維持現制，但改善兩制分立之缺失。
6. 維持兩制，改善兩制分立之缺失，且積極鼓勵合併。
7. 加強村里，改革社區。

其中，第一案沒有解決問題，第二案即是30年前姚榮齡（1971）在研究當時社區發展與地方自治的重疊與衝突後，所主張的改革方向，將村里社會組織化，等於是社區發展的法定組織體。這樣的建議有其事實依據，因為八成以上的社區理事會與村里是完全重疊的。以目前的地方自治改革走向來看，也是可行的，鄉鎮市長官派後，村里長仍然維持地方自治選舉，也頗為怪異，不如一併將村里社區化，改為社區發展的組織，更吻合地方自治。

第三案做不到，因為社區是人民團體，政府不能用政治力將社團組織取消。第四案即是第二、三案的緩衝方案，第五案已實驗了30幾年，苦無對策。第六案與第二、三案意思相同。最後一案是將社區發展與村里脫鉤，社區不再是以地理社區為主，而是以議題為主，如文化、環保、教育、治安、福利等，也就是社區真正社團化，成為人民自動自發的結社，以解決某些生活息息相關的課題，並作為村里的輔助。

今日來看，第二案、第七案最可行，才能擺脫當前社區與村里疊床架屋的困境。事實上，人民參與社區活動比村里更熱絡。但是，不解決村里與社區的混淆問題，只要任一方活躍起來，另一方都會眼紅；如果兩者合併可以活躍起來，何必分設兩者，埋下潛在衝突的火藥庫。

學理上，1980年代末以前的臺灣社區發展，既難以吻合美國學者羅斯門（Rothman, 1968）所指出的社區組織的三個模式：地方發展、社會計畫、社會行動中的任何一個；或柯力思添生與羅賓生（Christenson and Robinson, 1989）所界定的社區發展的三個模式：自助、技術支援、衝突

中的任何一個。本來以臺灣早期鄉村農業社會的社會基礎，要發展出社區的發展（Development of the Community）並不難做到，以一個地理社區爲範圍，社區居民在發展目標與行動上，經由廣泛的民主參與，共同追求社區的變遷。然而，臺灣的社區發展經驗是，政府強力的動員，挹注社區資源，從事以基礎建設爲主的社區發展，急於看到被發展的社區（Developed Community）的結果，造成社區成爲被發展（Development in the Community）的產品，這種只重視結果是什麼，卻忽視如何發展的過程的重要性，導致社區居民不知道爲何發展，也不珍惜被發展的經驗。社區居民既沒有學到自助，也沒有被充權（Empowerment）（Littrell and Hobbs, 1989）。

若說有些社區因城鄉發展的政策失當，或位居偏遠導致資源不足，或因工業化結果而新生健康、住宅、休閒、犯罪、污染、都市景觀等問題，急需進行社會計畫或尋求外力技術援助，政府也應該採行發展式的技術援助（Developmental Technical Assistance），以利社區居民參與、決定自己社區的未來、培養解決問題的能力，才不致純粹只是消費外來的協助，也才不會陷入依賴發展的困境。然而，情況大多相反，政府的協助卻是掉進非發展式的技術援助（Nondevelopmental Technical Assistance）困境中，只有少數人瞭解社區在發展、少數人決定社區的發展方向，社區成爲接受援助的客體，而不是永續自主發展的主體（Fear, Gamm and Fisher, 1989）。

至於阿林斯基（Alinsky, 1969）所主張的衝突模式，對於那些處在社會、經濟、政治弱勢地位的人們來說，是一種改變權力、權利、利益、資源，以至於特權的有效方法，可是在1980年代以前，也很少發現於臺灣的社區發展中。直到1980年代初至解嚴前後臺灣民間社會力「反彈」，新興社會運動崛起（蕭新煌，1989；徐正光、宋文里，1990），例如，環境保護的自力救濟、勞工運動、農民運動、老兵自救運動、反核運動、婦女運動、原住民權利覺醒運動，以及救援雛妓，才造就了臺灣社區抗爭的可能性。在此之前，社區抗爭是違法的，是會被鎮壓的。可以說，在解嚴之前，臺灣的社區發展不但沒有真正發展式的概念，更獨缺社會行動或衝突的概念。

既然社區發展是當時的顯學，也是政府極力動員促成的，爲何不能

達到預期的效果？前述的一些檢討，比較從技術、行政層面來觀察，真正的原因，不得不回到歷史制度的角度來分析。雖然在1904年到1930年代，中國大陸曾經出現過幾種類似社區發展的實驗，如1904年的米迪剛先生在定縣翟城村的「村治」，中華民國成立以後的山西「模範省」的「村治」，五四運動後的新村運動，以及曉莊鄉村師範等。其中又以梁漱溟先生於1927年到1934年間於山東鄒平所推動的鄉村建設運動，以及晏陽初先生於1923年到1935年在定縣所推動的平民教育（林萬億，1994）。但是，這些出現在中國革命前後農村經濟凋零、人民普遍貧窮、文盲充斥、政治不民主（晏陽初用「愚窮弱私」來描述）的前工業社會現象，並不完全吻合1960年代的臺灣社會現況。當時的臺灣已有普及的國民義務教育，土地改革已使農民生活大幅改善，全球的經濟分工吸引臺灣快速進入工業化社會，再加上日治時期即有的村里、保甲制度，即使當時的臺灣社會尚未工業化，但與1940年代以前的中國社會普遍存在著「愚窮弱私」的窘境，已不可同日而語。因此，聯合國從工業國家汲取的社區組織經驗，反而是處理農、工業發展過程中產生的過渡現象的解決之道。

社區發展的概念，基本上是外來的，是聯合國在歐美工業大國的支持下對第三世界的層級擴散（Hierarchical Diffusion）。聯合國於1952年起，全力在亞洲、非洲、中東及南美洲鄉村經濟落後地區藉由社區發展，推動社會改造運動。1955年，聯合國所出版的《社會進步經由社區發展》，就是作為這種社會改造運動的理論根據。我國之所以被聯合國社區發展方案所擴散，顯然是張鴻鈞先生的關係，否則當時的臺灣有可能會繼續推行民生基礎建設。然而，擴散的採借必須適應本地的土壤才能存活，也就是可轉換性（Transferability）。社區發展在臺灣的確存活了半個世紀，但是那已經是本土化了的社區發展，但不見得是張鴻鈞先生所期待的社區發展。

社區發展的床基是地方分權、草根民主、社區自決、公民身分，以及居民參與。社區發展除了發展環境與發展人並重，其中的關鍵是公民的培養，才能適應環境、創造環境、改變環境。因此，社區發展也是一種公民教育（Citizen Education），在於培養社區居民成為一個現代公民身分（Citizenship）的個體（Van Der Veen, 2003）。現代公民當然是具有權利意識覺醒的、參與的，即使是為了居民的資產形成式的社區發展（Asset-

Based Community Development），也是要把居民當公民來協助，而不是將居民當案主群（Clients）來對待（Mathie and Cunningham, 2003）。也就是不只是協助居民擁有資產與人力資本，也要充權社區居民成為具上述的公民身分。而這些質素在1980年代以前的臺灣，根本不可能見容於威權統治的領導者。

　　一個不民主的社會，除了引進非發展式的外力技術支援模式的社區發展有其空間外，地方發展、社會行動存活的可能性很低。然而，聯合國國際發展處協助世界各國推動社區發展時，主張的卻是發展式的技術支援模式（Fear, Gamm and Fisher, 1989），也就是希望臺灣的社區發展藉由外來的專家技術指導與財力贊助，逐漸走向社區自助，讓技術支援與社區自助結合，這是聯合國自1952年以來推動社區組織與發展的一貫主張，與國民黨政府當時的認知並不一致。當時的政府一方面希望藉由引進聯合國的社區發展方案，增加國際參與機會與引進贊助資源；二方面藉由社區發展來發展基礎建設、公共衛生改良、農業改良等物質建設，以提升生活品質。因此，臺灣的社區發展就走向巴騰（Batten, 1973）所說的直接途徑（Directive Approach），直接由技術或資源贊助者介入社區的發展，產出非發展式的社區發展。或許可稱為「裹上社區發展外衣的基層民生建設」。

　　國民黨政府之所以不推動發展式的社區發展，也不容許社會行動，與當時臺灣的政治仍然不民主有密切相關。當時雖有中央民意代表的增額補選，以及鄉（鎮市）、縣（市）首長的選舉，但是，人民參與政治的權利被剝奪（缺乏組黨、結社、罷工、抗爭、言論等自由），政治學習的經驗自然不足，社會行動的空間也不存在，而這些正是社區發展所必備的土壤。政府不可能在政治上不開放民主，而在社會上導入社區發展，政治民主與社區發展是相互支撐的價值。因此，國民黨政府先框架了社區發展的格局，指導社區發展的方向與做法，以免社區發展的引進鬆動了政府對臺灣底層社會的嚴密控制，但又挹注社區資源，改善基礎工程建設，迎合社區居民需求，於是就使得社區發展成為穿著社區發展外衣的基層民生建設──有社區發展之名，無人民發展之實；重物質發展，輕意識覺醒；重發展結果，輕發展過程；重資源投入，輕永續經營。

　　1995年8月28、29兩日，內政部辦理全國社區發展會議。其背景是當

時的內政部長黃昆輝先生體認到要落實李登輝總統所昭示的「生命共同體」理念，必須從社區做起。李登輝總統認為在社區的階層，如果沒有辦法造成共同體的社會，整個國家就無法產生共同體的觀念。所以，「國家生命共同體」的理念，一定要從社區意識、社區共同體開始建立。李登輝總統認為社區意識就是生命共同體，經營大臺灣要從社區建設著手（李登輝，1995）。

據此，本次全國社區發展會議定位為社區發展的再出發，亦即，除了依「社區發展工作綱要」所規定的公共設施建設、生產福利建設、精神倫理建設等3項工作之外，社區民主、社區文化、社區安全、社區意識是社區發展再出發的工作目標。

由於先前已出現文建會推動的社區總體營造，在全國社區發展會議上，已很難將社區發展與社區總體營造完全區隔。例如，該次會議的研討主題一：如何以社區建設為起點來經營大臺灣，主題二：如何凝聚社區意識以推廣生命共同體的理念，主題三：如何建立社區文化以提升社區生活品質等3項議題，都與社區總體營造難分彼此，已預告了社區發展在社區總體營造的熱烈推動下已漸失焦；復加上研討主題四：如何落實福利社區化，更讓人有社區發展即將讓渡給社區總體營造而轉彎走向福利社區化之態勢。

第四節　社會福利社區化（1995年～2011年）

前述「全國社區發展會議」中第四組議題「如何落實福利社區化」的理念，這是國內再次將社會福利與社區發展結合。這次的結合有別於1965年的民生主義現階段社會化政策綱領。那時，社區發展是社會政策的七大項目之一，固然也有以社區發展方式促進民生建設為重點的指示，但是實施以來，社區發展被當成是目的的多過於過程，而此次則將社區作為是社會福利的提供基地。

依當時社會司的解釋，「社會福利社區化」包括三個層面（陳武雄，1997）：

1. 非正式的社區照顧服務。

2. 機構性的社區福利活動。

3. 整合社區服務網絡。

依英國社區照護的發展經驗言，1980年代前的社區照護概念強調去機構化（Deinstitutionalization），重點不在社區，而在照顧的地點與形式，因此只能說社區照護是「在社區中被照顧」。1980年代以來，社區照護的概念才擴張到「被社區照顧」。

1996年5月，內政部將前一年的「國家建設研究會」與「全國社區發展會議」的結論彙整後訂頒「加強推展社區發展工作實施方案」，其中實施要項第3項即明白揭示：推動福利社區化——成立研究規劃小組，研訂「福利社區化」的具體措施，建立社區服務網絡，以落實結合社會福利與社區發展的政策。

「加強推展社區發展工作實施方案」頒布後，內政部旋即組成「推動社會福利社區化專案小組」，於該年12月頒訂「推動社會福利社區化實施要點」，其實施要領是：

1. 選定福利社區。

2. 確定福利需求。

3. 加強福利服務。

4. 落實社區照顧。

5. 配合國宅重建。

同時，內政部也頒行「推動福利優先區實施計畫」。1998年選定臺灣5個縣市作為推動「社會福利社區化」的實驗社區，包括臺北市文山區、宜蘭縣蘇澳鎮、彰化縣鹿港鎮、臺南市安平區、高雄縣鳳山市。

此外，1998年7月起，臺灣省政府並擇定宜蘭市梅州社區、臺中縣霧峰鄉萬豐社區、南投縣埔里鎮、新竹縣私立華光啓能發展中心，以及苗栗啓能發展中心等5個社區或機構，作為福利社區化的試辦區。在這些計畫中，社區照顧（Community Care）的服務項目，顯然已成為福利社區化的重心所在（黃源協，2000）。內政部並於2001年起辦理「全國社區發展福利社區化觀摩會」。

之所以會將社會福利社區化與社區照顧掛勾，是因原先在規劃社會福

臺灣的社會福利：歷史與制度的分析

利社區化時即參酌西方國家，尤其是英國的社區照顧概念，即「在社區內照顧」（Care in the Community）、「由社區照顧」（Care by the Community），以及「爲社區而照顧」（Care for the Community）。也就是照顧在社會福利社區化中成爲社會福利的主體。而這裡所指的照顧，是以老人與身心障礙者爲主。

2005年起推動福利化社區旗艦競爭型計畫，鼓勵地方政府整合社區發展協會，研提創新方案，引導社區發展協會推動社區互助方案，發揮守望相助精神，凝聚社區意識，型塑公民社會價值觀。計有屏東縣屏東市歸來社區、彰化縣埤頭鄉和興社區、高雄市三民區民享社區、嘉義縣民雄鄉西昌社區、嘉義縣竹崎鄉紫雲社區、臺南市北區大港社區、高雄縣大樹鄉溪浦社區、桃園縣觀音鄉保生社區、臺北市北投區吉慶社區、南投縣南投市永興社區等獲得補助。

 ## 第五節　社區總體營造（1993年～2011年）

壹、社區總體營造的推動

社區營造在世界各國有不同的說法，日本稱爲「造街」、「造町」或地域活化，在英國稱爲社會建築（Social Architecture），在美國習慣用社區參與，在澳洲則用社區營造（Community Building）。其實，社區營造與過去聯合國所推動的社區發展差異不大，例如，美國的主街計畫（Main Street Program），目的是在改善舊街道的景觀、活化建物、建築大型停車場、恢復商機、豐富商業內容，以吸引更多的客源。而歐盟的領先計畫（Liaison Entre Actions de Développement de L'Économie Rurale, LEADER）則是爲了改善鄉村或貧困地區的經濟發展。這些方案都被歸類爲社區營造（文建會，2005）。若有差異，是社區營造在工業國家大力被推動，其內容包括落後國家較不受重視的景觀改造、都市更新、文化傳承等。

當內政部主導的社區發展已改爲由民間社團來帶動，文建會的社區

總體營造卻悄悄地搬上檯面。1994年10月3日，行政院文化建設委員會在立法院報告，正式以「社區總體營造」這個名詞來統合生活環境、美學品味、社區秩序成產業型態的發展。這個名詞捨過去聯合國協助發展中地區推動經濟、社會發展的「社區發展」，而就日本的「造街運動」。日本的造街計畫起因於以下時勢（黃麗玲，1995）：

1. **環境意識的改變**：公害、人口外流、城鄉失衡、環境惡化等。
2. **傳統都市計畫的缺失**：以經濟、產業為優先的考量所產生的不當發展。
3. **民主化逐漸成熟**：人民要求權力下放，居民參與。

我國社區總體營造推動的社會、政治、經濟條件，依文建會（1999）的說法是：

1. 臺灣50年來由國家行政官僚與技術官僚所主導的經濟發展，過度強調經濟與硬體量的增加，而忽略常民細緻生活的需求，導致地方文化獨特性的消失。
2. 工業發展使得自然生態環境受到無情的破壞，城市人口過度集中，生活品質低落。
3. 農村人口大量外移，傳統產業沒落，地方生機喪失。
4. 1980年代以來的社會運動，喚醒民間意識，包括原住民、環保、農民、學生、組黨、反販賣雛妓等，無可避免地碰觸到社區、文化、本土的議題。
5. 過去30餘年來社區發展過度講求政府介入，由上而下的做法，社區缺乏自發性的意識與能力，對於社區意識的凝聚貢獻有限。

不過，這其中漏掉了一個很重要的歷史條件，那就是當時臺灣的本土化政策已相當成熟的政治氛圍。當1972年蔣經國先生接任行政院長，「催臺青」（提拔臺籍青年）的人才本土化政策啟動，包括李登輝在內的臺籍青年知識份子靠著才學，而非單純的政治裙帶關係進入政府部門工作。1968年從美國康乃爾大學獲得農經學博士學位返國、在農復會擔任技正的李登輝先生，就在1972年6月被提拔為行政院政務委員，負責處理當時頗受詬病的肥料換穀制度，以及因應十大建設需要的職業訓練、石化工業的發展（鄒景雯，2001）。1978年，蔣經國先生接手嚴家淦先生成為總統，

更積極提拔臺籍人士擔任重要職位，如謝東閔先生擔任副總統。1984年，蔣經國總統提名時任省主席的李登輝先生為副總統，才有1988年1月13日蔣經國總統辭世，李登輝先生接任總統，1990年經國民大會代表選為總統，1996年首次總統直選連任，直到2000年政黨輪替為止。有這些人才拔擢的經驗，被反對者譏為「外來政黨」的國民黨才有可能將執政視角置焦於臺灣本土的歷史、地理、社會、族群、文化經驗上，而這些都是社區發展不可或缺的要素。

李登輝先生擔任總統之後，「經營大臺灣」的施政主軸益形明確（李登輝，1994，1995）。其中社區、社區意識、生命共同體等觀念一再被闡釋，這也是為何會出現文建會的社區總體營造論述的政治氛圍。文建會在這樣的政治、經濟、社會背景之下，從文化、宗教著手，的確有其優勢。在上有總統的倡導，在下有文史工作者深耕地方的波潮下，成為風起雲湧的社會運動，強調結合行政、專業與社區居民自發性，實踐由下而上的居民參與和規劃，採取部門的整合行為發展模式，結合了內政部的社會福利社區化實驗方案、環保署的生活環境總體改造、經濟部的形象商圈、教育部的社區大學、衛生署的社區健康營造等方案，使社區總體營造幾成為社區發展工作的新名詞（蘇麗瓊、田基武，2004）。

貳、社區總體營造的內涵

文建會在推動社區總體營造時，將主軸放在以下幾個環環相扣的做法上：

1. 全國文藝季辦理由中央下放到縣市文化中心，根據各地特殊人文社會狀況，運用地方資源，做有系統化地整合與長期性的規劃。
2. 文化地方自治化，由地方文化中心擬訂計畫，向文建會申請經費補助，各地方文化中心對地方藝文資源的開發、整合與長期規劃的照顧面更為周延，文化更加扎根。
3. 支持鄉土與地方文史工作室，讓鄉土與地方文史工作室成為社區營造的基礎。
4. 文化資產保存觀念的轉變，從保存到活化。

5. 地方環境與社區美學觀念的建立，推薦公共藝術設置。

6. 國際活動的地方化，輔導地方政府、文化中心、社團舉辦小型國際性展演活動，促進國際交流。

7. 文化、產業與地方綜合發展計畫的結合，讓文化產業化，產業文化化。

文建會推動的社區總體營造，具體表現在一些國人耳熟能詳的成功案例上，例如，宜蘭蘇澳白米社區的「白米響屐村」、宜蘭玉田弄獅、宜蘭冬山鄉珍珠社區、宜蘭二結王公廟保存計畫、宜蘭縣冬山鄉梅花社區再造、臺北縣樹林市柑園社區再造、桃園大溪老街街屋振興計畫、新竹市美化地方傳統文化空間計畫、新竹縣竹東鎮王豐里美之城社區再造、南投縣埔里鎮桃米社區、雲林縣褒忠鄉大菴村社區文化發展計畫、彰化縣埔鹽鄉永樂村、嘉義縣東石鄉船仔頭社區、嘉義縣阿里山鄉達邦社區再造、高雄縣橋頭鄉社區總體營造、高縣市西子灣哈瑪星社區改造、澎湖縣二崁村聚落保存計畫、花蓮縣馬太鞍、太巴塱原住民社區營造、花蓮縣壽豐鄉豐田社區總體營造、臺東縣卑南鄉東興村達魯瑪克的希望工程、臺東縣蘭嶼鄉的蘭嶼社區再造等。

除了上述幾種有關社區的營造之外，還有經濟部商業司推動的「改善商業環境五年計畫」、經濟部中小企業處推動的「社區小企業輔導」、環保署的「生活環境總體改造」、衛生署的「社區健康營造計畫」，這些計畫都是搭上社區的列車，但是似乎是各開各的班次。監察院在考察社區總體營造之後，一方面肯定其成果，另方面也提供建議，首先要克服以下瓶頸：人才培育、資源整合與分配、傳統文化產業沒落、泛政治化、法令及行政程序的限制、試辦點的選擇與永續問題等；接著建議中央與地方都要有統籌或協調單位，應植根於學校教育，專業規劃團隊應落實蹲點與在地化，文史工作者的角色應予以活化，以及非營利組織應法制化等（黃煌雄等，2001）。

社區總體營造從一開始僅由文建會補助縣市政府計畫，到2001年文建會配合行政院推動「行政院社區總體營造心點子創意徵選活動」，再到2002年文建會組成4個社區營造中心，作為專業輔導管理單位，社區營造點的形成大致有3條線：文建會補助縣市政府的營造計畫、心點子創意

徵選、專案輔導管理中心／社區營造中心。

　　2002年，民進黨政府為整合相關部會資源，積極推動社區營造工作，於「挑戰2008國家發展重點計畫」中，將「新故鄉社區營造計畫」納入列為十大重點計畫之一。「新故鄉社區營造計畫」的願景是營造一個符合人性、關懷健康與福祉、擁有豐富的人文、特色的產業、景觀宜人且尊重生態的永續社區。內容包括7項：臺灣社區新世紀推動機制、內發型地方產業活化、社區風貌營造、文化資源創新活用、原住民新部落運動、新客家運動、健康社區福祉營造等。也就是涵蓋人文、地景、產業、健康、族群關係等面向，由社區新世紀推動機制加以統整發展。2005年，謝長廷先生接任行政院長後，積極推動「臺灣健康社區六星計畫」，以實現「挑戰2008國家發展重點計畫」中的「新故鄉社區營造計畫」。

　　為延續2002年至2007年的新故鄉社區營造成果，2007年10月，文建會提出以「地方文化生活圈」區域發展的概念為出發，規劃「地方文化館第二期計畫」及「新故鄉社區營造第二期計畫」之雙核心計畫，冀由社區營造的擴大與深化，透過空間整理與地方人士共同經營之方式，提升生活品質。

　　新故鄉社區營造第二期計畫（2008年～2013年），旨在提升社區文化生活與自治品質，推出藝文參與的社區營造方式，帶動更多社區民眾的參與，凝聚社區的情感，激起對於家園的關懷，進而參與公共事務，落實營造人的目標。社區在地文化也在此歷程中逐漸被重視，進而保存與創新，建構起臺灣在地文化特色。

　　文建會推動新故鄉總體營造第二期計畫的目標包括行政社造化、社區文化深根、社區創新實驗，其具體工作包括：

1. 辦理各類社區營造人才基礎培訓工作。
2. 建置臺灣社區通網站。
3. 推動行政機制社造化。
4. 輔導社區進行傳統文化空間改造。
5. 社區產業輔導工作。
6. 社區成果展現活動。
7. 社區藝文推廣。

基本上，聯合國推動的社區發展與當前推動的社區總體營造，並沒有本質上的差異（徐震，2004）。社區發展是一種社會進步的過程，人的改變與物的進步是同步的。但是到了臺灣之後，過度強調物質的建設，講求由上而下的業績，導致方向走偏了。社區總體營造也是一種造街與造人的過程，只是從文化下手，不像社區發展從基層建設、農業、衛生等改善下手，兩者都應重視人民的參與。

既然社區發展的美意在臺灣的推動走了調，同樣是這些人民，只是由不同部門，拿不同議題當切入點，就不會走調嗎？這是政府在推動社區總體營造時，必須面對的課題。不過到目前為止，社區總體營造的推動較有利的條件是臺灣的基層民主已日趨成熟，這是社區發展時代所沒有的有利條件；其次，社區發展採取不分青紅皂白各村里一律推動的半強制做法，是不成功的主因，而社區總體營造有選擇的進行，比較容易找到成功的範例。

其實，目前文建會的社區營造與健康六星計畫的社區關懷據點、社區發展協會，在某些社區根本已混為一談，很難區辨是社區發展或是社區營造。

參、健康社區六星計畫

一、計畫依據

2005年2月15日，行政院謝長廷院長聽取健康社區計畫簡報後裁示，鑑於健全之社區為臺灣社會安定的力量，為宣示政府推動社區發展之決心，提出「臺灣健康社區六星計畫」，以產業發展、社福醫療、社區治安、人文教育、環境景觀、環保生態等六大面向作為社區評量指標，同時為促進社區健全多元發展，針對社區所提出之發展目標及配套需求，整合政府目前相關部會既有計畫資源，分期分階段予以輔導，協助其發展。本計畫於2005年4月14日核定實施，實施期程為2005年3月至2008年12月，延續性計畫得依規劃期程持續辦理。

二、計畫目標

1. 推動全面性的社區改造運動，透過產業發展、社福醫療、社區治安、人文教育、環保生態、環境景觀等六大面向的全面提升，打造一個安居樂業的「健康社區」。
2. 建立自主運作且永續經營之社區營造模式，強調貼近社區居民生活、在地人提供在地服務、創造在地就業機會、促進地方經濟發展。
3. 強化民眾主動參與公共事務之意識，建立由下而上的提案機制，厚植族群互信基礎，擴大草根參與層面，營造一個「永續成長、成果共享、責任分擔」的社會環境，讓社區健康發展，臺灣安定成長。

該計畫預期10年內達到下列成果目標：

1. 輔導全國1萬個社區成為安居樂業的「健康社區」。
2. 創造10萬個在地就業機會，活化地方經濟發展。
3. 輔導25個縣市政府建立資源整合機制，制訂社區營造整體發展藍圖及具體操作策略。

該計畫的理論基礎是「社區主義」（Communitarianism），其核心價值包含以下三項：

1. 以社區作為政府最基礎之施政單位，強調社區的主體性及自主性。
2. 培養社區自我詮釋之意識及解決問題之能力。
3. 培育社區營造人才，強調培力（或譯為充權，empowerment）的重要性。

該計畫涉及社會福利與醫療的部分包括以下三項：

1. **發展社區照護服務**：建立社區照顧關懷據點，使得生活照顧及長期照護服務等工作可以就近社區化。
2. **強化社區兒童照顧**：除由國民小學辦理兒童課後照顧服務外，亦鼓勵社區媽媽協力合作，提供社區內之托育照顧服務及兒童課後輔導，營造溫馨成長環境。

3. 落實社區健康營造：推動健康生活社區化，增進國民運動健身觀念，並激發民眾對健康的關心與認知，自發性參與或結合衛生醫療專業性團體，藉由社區互助方式，共同營造健康社區。

　　為承續社區發展及配合社區營造的推動，行政院於2004年2月13日核定的「社會福利政策綱領」也將社區營造納入，內容包括：各級政府應鼓勵社區居民參與社區發展，活化社區組織利用在地資源，營造活力自主的公民社會；政府應整合觀光旅遊、工商業、農漁業、文化產業、環境保護、城鄉發展、古蹟保護、教育、衛生、社會福利等資源，推動社區家園永續發展；以及政府應結合原住民部落文化與生態特色，推動新部落總體營造工程。

　　為賦予社區居民對公共事務的提案權、參與權及決策權，並交由內政部研擬「社區營造條例」（草案），該條例於2002年由文建會草擬，名為「社區總體營造條例」。行政院考量基層鄰里組織與社區發展協會均由內政部主管，於是於2003年1月21日指示改由內政部草擬，草案於2003年7月完成報院。當時的政務委員陳其南認為有必要再邀請專家學者溝通，於是再邀集專家學者召開8次會議，為避免社區總體營造被誤以為是文建會的工作，而將名稱改為社區營造，以利各部門均可適用。「社區營造條例」（草案）於2004年2月10日函送立法院審議，未獲通過。可以預見的是，推動半世紀的社區發展概念，已逐漸被社區營造所取代。其實今天的社區營造內涵，才是當年社區發展所欲達成的目標。

　　至此，我們可以發現臺灣與社區有關的發展理念與計畫，從1950年代的四健會，到1960年代的社區發展，再到1990年代的社區總體營造、原住民部落運動、客家文化發展，以及社區照顧體系的建構等，近10年來，越來越重視文化、生活品質的提升，也越加鼓勵人民參與，更加重視社區認同。

　　綜觀臺灣過去30餘年來的社區發展歷程，整理如表14-2：

表14-2 我國社區發展與社區總體營造的發展大事紀，1952年～2011年

年度	政策制訂與法規	方案	政策制訂背景
1952	四健會運動	選在省立嘉義高級職業學校試辦	農復會引進美式的四健會到臺灣，在農村、漁村與學校大力推動。
1955	基層民生建設運動	首先選定臺北縣木柵鄉、桃園縣龍潭鄉和宜蘭縣礁溪鄉等地區試辦「基層民生建設」工作，內容包括：(1)生產建設；(2)教育文化；(3)社會福利：(4)衛生保健與環境改善。	國民政府遷臺後，為改善人民生活、繁榮經濟，參考在大陸地區鄉村建設運動和各地社會發展實驗區的經驗，於1955年在農村復興委員會指導下推動「基層民生建設」，以村里為基層建設單位。
1958	推行創造民生建設實驗區工作實施要點 基層民生建設實施綱要		1958年8月中國國民黨中央委員會第五組發布。
1963	引進聯合國社區發展方案		社會行政專家張鴻鈞夫婦自聯合國退休來臺，任教臺灣大學、東海大學，倡議推動社區發展。
1965	民生主義現階段社會政策 都市社區發展工作指導綱要 臺灣省社區發展四年工作計畫指導要點 臺北市都市社區發展初期計畫綱要	臺北市南機場社區發展實驗中心成立	1965年4月8日行政院頒布「民生主義現階段社會政策」，將社區發展列為我國社會福利措施七大要項之一，其明確規定「以採取社區發展方式，促進民生建設為重點」。相關法規訂頒趨於積極。
1968	社區發展工作綱要	「臺灣省社區發展八年計畫」，主要內容包括：(1)社區基礎建設；(2)生產福利建設；(3)精神倫理建設。	內政部為加強各方面之協調，貫徹社區發展工作之推行，擬訂「社區發展工作綱要」，於1968年5月由行政院令頒施行。同年9月，臺灣省政府社會處將原有之「基層民生建設」與「國民義務勞動」合併，加入聯合國世界糧食方案之經費補助，擬訂「臺灣省社區發展八年計畫」，將全省劃分為4,893個社區。

年度	政策制訂與法規	方案	政策制訂背景
1969	臺北市各區社區發展委員會暨社區理事會設置辦法	「臺北市社區發展四年計畫」,預計每年發展25個社區,4年共計100個社區。	臺北市自1967年起在各行政區各發展一「示範社區」。改制為直轄市後,1969年訂頒「臺北市社區發展四年計畫」。
1970		中華民國社區發展研究訓練中心成立	聯合國派專家來臺指導社區發展,並贊助我國選派15位年輕大學畢業生,前往美國、荷蘭等國家研習社區發展,有計畫培訓社區發展人才。
1972		「臺灣省社區發展十年計畫」	「臺灣省社區發展八年計畫」執行到1972年,由於能源危機及十大建設的推動,政府財務吃緊,乃於同年5月修訂為「臺灣省社區發展十年計畫」,均衡基礎工程、生產福利、精神倫理三大建設,並將臺灣省社區重新劃分為3,890個。
1980	臺北市社區發展推行辦法		1974年,政府精簡機構,裁撤各級社區發展委員會,解聘社工員,社區發展工作改歸社會局,由行政人員以行政方法管理。1980年,臺北市政府頒布「臺北市社區發展推行辦法」。
1981		「臺灣省社區發展後續第一期五年計畫」 「高雄市社區發展第一期五年計畫」	延續「臺灣省社區發展十年計畫」,全省規劃成立4,099個社區。 高雄市1978年改制為直轄市後,也頒行社區發展長期工作計畫。
1983	社區發展工作綱領		社區發展工作綱要施行10餘年,各級政府及社區理事會均反映希望修訂,行政院於1983年4月28日將「社區發展工作綱要」修訂為「社區發展工作綱領」,確認社區發展為社會運動。
1985	臺北市政府加強推動社區發展實施要點		1985年4月22日臺北市政府發布。1996年1月31日廢止。

臺灣的社會福利:歷史與制度的分析

年度	政策制訂與法規	方案	政策制訂背景
1986		「臺灣省社區發展後續第二期五年計畫」	延續「臺灣省社區發展後續第一期五年計畫」，全省規劃成立4,230個社區。
1987		「高雄市社區發展後續第一期五年計畫」	延續「高雄市社區發展第一期五年計畫」。
1988		「臺北市社區發展長程計畫」	由於臺北市與臺灣省其他縣市有相當差異，社區發展的規劃與做法與臺灣省不同，臺北市政府社會局於1988年2月頒行「臺北市社區發展長程計畫」。
1991	社區發展工作綱要	「臺灣省現階段社區發展工作實施方案」	隨著社會環境之變遷，原由政府主導由上而下之社區發展模式，無法因應社會需求，解決社區問題，為期改變社區體質，達到民主、自治、自助之目標，行政院乃於1991年5月1日再次修訂發布「社區發展工作綱要」，採人民團體形態運作，社區發展組織社團化。
1992		「臺灣省基層建設81年度社區發展計畫」、「臺灣省加強社區文化建設工作實施計畫」。	延續「臺灣省社區發展後續第二期五年計畫」，自1992年起，每年頒行年度社區發展計畫，預計輔導成立4,799個社區。
1993		「臺灣省基層建設82年度社區發展計畫」	
1994	社區總體營造	「臺灣省基層建設83年度社區發展計畫」「關懷社區、散播祥和活動實施計畫」 文建會社區總體營造四大核心計畫：「充實鄉鎮展演設施」、「輔導縣市設立主題展示館及充實文物館藏」、「社區文化活動發展」、「輔導美化地方傳統文化建築空間」。	為配合落實「臺灣省祥和社會推行方案」，臺灣省社會處於1994年5月26日頒行「關懷社區、散播祥和活動實施計畫」。 1994年10月3日，行政院文化建設委員會在立法院做施政報告，提出「社區總體營造」的理念，正式提出「社區總體營造」的施政方針。
1995		「臺灣省基層建設84年度社區發展計畫」	

年度	政策制訂與法規	方案	政策制訂背景
1996	臺灣省社區發展工作評鑑實施要點 推動社會福利社區化實施要點	「臺灣省基層建設85年度社區發展計畫」 「加強推展社區發展工作實施方案」	1995年，內政部舉辦「全國社區發展會議」，會中建議推行「社會福利社區化」。內政部依據會議結論，於1996年5月10日訂頒「加強推展社區發展工作實施方案」，同年12月，制訂「推動社會福利社區化實施要點」，至此，「福利社區化」有較明確的方向。
1997		「臺灣省基層建設86年度社區發展計畫」 「推動福利優先區實施計畫」	內政部於1997年1月10日頒行「推動福利優先區實施計畫」，作為福利社區化的具體措施，期建立社區服務網絡，以落實結合社會福利與社區發展的新政策。
1998		「臺灣省改善民眾生活品質設施計畫87年度社區發展計畫」	
1999	社區發展工作綱要修正	「地方文化產業振興計畫」	文建會自1999年將地方產業之發展與振興納入社區營造之範圍。
2001	臺閩地區社區發展工作評鑑實施要點 文建會九十年度輔導直轄市及縣市政府推動社區總體營造社區環境改造工作實施要點 文建會輔導直轄市及縣市政府推動社區總體營造——社區文化再造計畫實施要點 行政院九二一震災災後重建區辦理社區總體營造補助要點 行政院社區總體營造心點子創意活動徵選要點	文建會社區總體營造五大計畫為：「社區藝文發展」、「社區文化再造」、「社區環境改造」、「文化產業之發展與振興」、「推動生活文化發展」。 「九二一重建區社區總體營造」	文建會於2001年重新評估調整2000年社區總體營造計畫項目。 文建會因應九二一震災災後重建，特設立「九二一重建區社區總體營造」。

年度	政策制訂與法規	方案	政策制訂背景
2002	文建會九十二年度新故鄉社區營造計畫作業要點	「新故鄉社區營造計畫」七大主軸計畫為：「臺灣『社區新世紀』推動機制」、「內發型地方產業活化」、「社區風貌營造」、「文化資源創新活用」、「原住民新部落運動」、「新客家運動」、「健康社區福祉營造」。	行政院於2002年5月核定「挑戰2008國家發展重點計畫」中，將「新故鄉社區營造計畫」列為十大重點計畫之一。
2003	文建會九十三年度新故鄉社區營造計畫作業要點	「開發利用地方文化資產與文化環境」、「地方文化產業振興計畫」、「社區深度文化之旅計畫」、「社區營造培力計畫」。	依據文建會九十二年度新故鄉社區營造要點，核定左列4項年度子計畫。
2005	行政院核定「臺灣健康社區六星計畫計畫」 內政部推動社會福利社區化補助社區旗艦計畫	以產業發展、社福醫療、社區治安、人文教育、環境景觀、環保生態等六大面向作為社區評量指標。	鑑於健全之社區為臺灣社會安定的力量，為宣示政府推動社區發展之決心，2005年2月15日，行政院謝長廷院長聽取健康社區計畫簡報後裁示辦理。 鼓勵地方政府整合社區發展協會，研提創新方案，引導社區發展協會推動社區互助方案。
2008	文建會新故鄉社區營造第二期計畫（2008-2013）		為延續2002年至2007年的新故鄉社區營造成果，2007年10月，文建會提出以「地方文化生活圈」區域發展的概念為出發，規劃「地方文化館第二期計畫」及「新故鄉社區營造第二期計畫」之雙核心計畫，冀由社區營造的擴大與深化，透過空間整理與地方人士共同經營之方式，提升生活品質。

參考書目

文建會（1999）。社區總體營造。

文建會（2005）。新故鄉社區營造計畫政策說明書。

王培勳（1971）。社區發展工作涵義及今後我國努力途徑。收錄於《社區發展資料彙編》，中華民國社區發展研究訓練中心出版。

王培勳（2002）。我國社區發展工作之回顧。社區發展季刊，100期，頁44-59。

王培勳（2005）。中華民國社區發展研究訓練中心的成立及社區發展季刊的發行。社區發展季刊，109期，頁128-135。

李文瑞（1998）。學校四健會工作之檢討與發展。論文發表於「變遷環境中鄉村青少年之生涯發展研討會」。

李登輝（1995）。經營大臺灣（新刊本）。臺北：遠流。

李登輝（1994）。經營大臺灣。臺北：遠流。

李翼中（1938）。如何辦理臺灣社會事業。新社會，1：1，頁13-14。

林萬億（1994）。福利國家：歷史比較的分析。臺北：巨流。

林萬億（2002）。當代社會工作——理論與方法。臺北：五南。

林萬億、戴寶村、王塗發（2002）。新故鄉社區營造計畫效益評估研究報告。行政院經濟建設委員會委託研究。

林瑞穗、林萬億、陳東升、黃錦堂（1996）。社區發展與村里組織功能問題之探討。行政院研考會委託研究。

臺灣省文獻委員會（1972）。臺灣省通志。

徐正一（1948）。如何展開臺灣社會服務工作。新社會，1：1，頁8-10。

徐正光、宋文里（1990）。臺灣新興社會運動。臺北：巨流。

徐震（2004）。臺灣社區發展與社區營造的異同——論社區工作中的微視與鉅視面的兩條路線。社區發展季刊，107期，頁22-31。

徐慶鐘（1971）。社區發展工作現況及檢討。收錄於《社區發展資料彙編》，中華民國社區發展研究訓練中心出版。

姚榮齡（1971）。社區發展與地方自治。收錄於《社區發展資料彙編》，中華民國社區發展研究訓練中心出版。

莫藜藜（2004）。張鴻鈞先生與臺灣的社區發展工作。社區發展季刊，107期，頁42-51。

陳武雄（1997）。推動社會福利社區化之政策規劃與具體作法。社區發展季刊，77期，頁7-12。

黃正源譯（1977）。社區發展的意義與評介。社區發展季刊，第2期，頁77-84。

黃碧霞（1999）。臺灣省社區發展三十年之回顧。社區發展季刊，87期，頁4-9。

黃源協（2000）。社區照顧——臺灣與英國經驗的檢視。臺北：揚智。

黃麗玲（1995）。新國家建構過程中社區角色的轉變。臺大城鄉所碩士論文。

黃煌雄等（2001）。社區總體營造總體檢調查報告書。臺北：遠流。

劉脩如（1977）。社區發展在臺灣地區的回顧與發展。社區發展季刊，第1期，頁35-37。

劉清榕（1998）。農漁村四健工作之檢討與發展模式，論文發表於「變遷環境中鄉村青少年之生涯發展研討會」。

劉清榕、陳馨馨（1997）。四健會對臺灣農業發展的貢獻，論文發表於「四健會青少年培育工作研討會——四健會創造不一樣的世界」。

鄒景雯（2001）。李登輝執政告白實錄。臺北：INK。

顏淑玲（1998）。「四健會推廣教育的現況與發展」。農政與農情，4月號，頁40-49。

蘇麗瓊、田基武（2004）。「新故鄉社區營造計畫」與「社區營造條例草案」的介紹。社區發展季刊，107期，頁5-21。

蕭崑杉、蔡麗瓊（1998）。農會四健會之行銷策略，論文發表於「變遷環境中鄉村青少年之生涯發展研討會」。

蕭新煌（1989）。社會力——臺灣向前看。臺北：自立晚報。

蕭玉煌（2002）。內政部推展社區發展工作之成果與新方向。社區發展季刊，100期，頁5-14。

譚貞禧（1971）。社區發展的理論或實際（上）。收錄於《社區發展資料彙編》，中華民國社區發展研究訓練中心出版。

Alinsky, S. (1969). *Reveille for Radicals*. NY: Random House.

Batten, T. R. (1973). The Major Issues and Future Direction of Community Development, *Journal of the Community Development Society*, 4: 2, 34-44.

Christenson, F. and Robinson, T. (1989). *Community Development in Perspective*. Ames: Iowa State University Press.

Fear, F.; Gamm, L. and Fisher, F. (1989). The Technical Assistance Approach, in Christenson, Fendley and Terry Robinson (ed) *Community Development in Perspective*. Ames:

Iowa State University Press. pp. 69-88.

Kearney, B., G. E. Boyle and J. A. Walsh (1994). *EU Leader I Initiative in Ireland: Evaluation and recommendation*, Paper presented to RSGS one-day symposium, University of Glasgow.

Littrell, D. and Hobbs, D. (1989). The Self-Help Approach, in Christenson, Fendley, & Terry Robinson (ed) *Community Development in Perspective*. Ames: Iowa State University Press. pp. 48-68.

Mathie, A. and Cunningham, G. (2003). From Client to Citizens: Asset-based Community Development as a Strategy for Community-driven Development, *Development in Practice*, 13: 5, 474-486.

Rothman, J. (1968). Three Models of Community Organization Practice, National Conference on Social Work.

Van Der Veen, R. (2003). Community Development as Citizen Education, *International Journal of Lifelong Education*, 22: 6, 580-596.

Chapter 15

社會住宅

第 十 五 章

前言

住宅議題早年曾被列入三民主義的民生四大需求之一,孫逸仙先生當年在「建國大綱」中明示要「建築大計畫之各式屋舍,以樂民居」。這是典型的歐洲十九世紀中葉以降,解決勞工家庭住宅問題的社會住宅(Social Housing)策略,由政府或企業興建集體住宅,低價租予國民居住。但是,當年還處在前工業社會的中國,住宅條款並沒有納入1946年通過的中華民國憲法第十三章基本國策第四節的社會安全條文中。

1949年,國民黨政府撤退來臺後,隨著政府與國軍撤退的所謂「外省人」來到已進入工業化初階的臺灣社會,亟需公共住宅提供。依內政部《戶口統計》,1945年臺灣省人口數為633萬1,381人(王甫昌,2005)。10年後,依1956年的戶口普查資料顯示,非本地籍人口約93萬人,加上未設籍軍人27萬人,共約121萬人,約占當時臺灣人口937萬人中的13%(王德溥,1956)。這些撤離者主要走海路從基隆、高雄上岸,大多數的高階軍官與文官落腳臺北市與鄰近的臺北縣中和、永和、新店,導致這些地區的外省人比率較其他地區為高,約占總人口的三成;軍人及其眷屬則分散居住在駐紮營區附近,由國防部與中華民國婦女聯合會興建眷村供其居住,形成臺灣散落各地獨特的眷村文化。

此外,臺灣多地震、颱風,重大災害每每摧毀家園,需提供災後重建或異地安置之住宅補助。據此,為了解決外省人大量移入的住宅短缺與災民的安置問題,政府於1957年7月公布「興建國民住宅貸款條例」,是為我國政府興建國民住宅之依據。接著,1964年修正「實施都市平均地權條例」時,於第37條規定將漲價歸公之收入,除供作公共福利事業之用外,也用來興建國民住宅。同年11月,中國國民黨召開九屆二中全會通過「民生主義現階段社會政策」,也將國民住宅列為第四項政策,包括6目。其中第6目要求修訂國民住宅法及有關法規,政府遂於1975年立法通過「國民住宅條例」,將國民住宅定義為

「由政府機關興建，用以出售或出租予中、低收入家庭及軍公教人員的住宅」。可見，我國的國民住宅政策與歐洲國家的社會住宅不完全相同。同者是由國家興建住宅租予經濟弱勢國民；異者是將國民住宅所有權出售予國民。事實上，這是矛盾的政策，既然對象是中、低收入家庭，他們就不可能買得起國民住宅，最後國民住宅產權大部分會落入中收入與軍公教人員手中。

社會住宅在歐洲又稱「社會出租住宅」（Social Rented Housing），強調其只租不賣的精神。但社會住宅政策也不必然只是用來指稱由公部門或非營利組織所興建，低於市價或免費出租給勞工、中、低所得家戶的住宅。在歐洲，如荷蘭、法國、丹麥等國，社會住宅政策也包括補助低所得家戶承租民宅或購置自住的住宅（Giarchi, 2002）。據此，社會住宅是指政府興建或民間擁有之合於標準的房屋，以低於市場租金或免費出租給所得較低的家戶，如勞工，或特殊的對象，如老人、身心障礙者、精神病、物質濫用戒治者、家庭暴力受害者、遊民等；或政府補助房租給所得較低的家戶向民間租屋居住；或政府補助所得較低的家戶購買自用住宅。本質上，社會住宅是將住宅去商品化（Decommodification），以社會中經濟弱勢群體為對象，企圖達成全民居住品質的提升為目的（林萬億，2003，2010）。其目的是達到人人有屋住，即人民有住得起的住宅（Affordable Housing）。

在工業發展國家，私有住宅市場房屋價格會因住宅的商品化而被炒作拉抬，住宅價格偏高，尤其在都市地帶，導致所得偏低的家戶無力購買或承租民宅。所得偏低的家戶只能住在擁擠、髒亂的簡陋住宅，或是搭建違章建築窩居，甚至露宿街頭。其所引發的問題包括傳染疾病、健康條件差、交通不便、資訊隔絕、就業困難、子女就學不利、低自尊、社會關係網絡斷絕等，歐洲人稱之為居住的社會排除（Social Exclusion）。因此，國家保證人民有權接近適當品質的居住條件，住宅就被列為社會福利權的一部分。孫逸仙先生的三民主義，才會有「住者有其屋」的民生主義主張。

我國的國民住宅政策，單從名稱上看，很容易讓人聯想到瑞典的「人民之家」（folkhemmet, People's Home）。不過，事實上兩者差別甚大。瑞典的人民之家的「成功的故事」（Success Story），是把人民從財團與掮客大肆炒作土地的「豺與狼的天堂」（A Paradise for Wolves and Jackals）的資本主義體系中的土地投資市場解放出來，成為人民之家。最主要靠的就是政府所興建的「百萬住宅方案」（the Million Dwelling Program），讓勞工、受僱者等所得較低的國民擁有價廉物美的社會住宅可承租，解決了瑞典的住宅問題（Strömberg, 1988）。

　　我國的國民住宅興建以販售為主，而真正買得起國民住宅的人民，往往不是所得最低或次低的家戶組，而是中所得以上家戶，顯然這與當初國民住宅興建的宗旨不盡相符。雖然我國也有不同形式的國宅措施，如貸款人民自建住宅，或補助人民興建住宅；此外，也有興建平價住宅、勞工住宅、漁民住宅、老人公寓等，較屬於社會住宅性質的國宅。但是，由於這些住宅占住宅總量的比率量極低，彰顯不出藉由政策提升中、低所得家戶居住品質、平抑市場房價的功能。

　　隨著住宅市場的飽和與人口老化現象的加速，我國的國民住宅政策不得不隨之轉向，國家興建一般國民住宅的必要性降低；反之，針對經濟與社會弱勢人口群的社會住宅政策，似乎有迎頭趕上的必要。本章首先探討我國國民住宅政策的演進，其次檢視近年來的社會住宅運動，最後針對各類人口群的社會住宅加以討論。

 第一節　我國國民住宅政策的演進

　　我國的公共住宅興建始見於日治時期的1908年，日人臺灣婦人慈善會所興建的高雄市旗後公共住宅，建築石造平房14棟，計240戶，低價租予中產以下人民，以解決其居住問題，並緩和都市房荒，此後各地紛紛仿照。總計到1938年共有12處公共住宅，1,572戶，分布於高雄、臺北、新

竹、臺東、基隆、屏東、臺中、馬公、員林等地。此外，另有低租或免費
之宿舍設置，以便利勞工或低收入者投宿（杵淵義房，1940；臺灣省文獻
委員會，1972）。太平洋戰爭爆發後，臺灣總督府以300萬圓成立特殊法
人臺灣住宅營團，並發行800萬圓公債作為營運基金，戰爭結束，營團旗
下已有114處讓售住宅，178座出租住宅（臺灣省文獻委員會，1999）。

　　如前所述，1949年國民黨政府遷臺後，大批國軍隨政府移防來臺，
其中亦有不少眷屬隨軍隊來臺。自1950年起，政府以國有土地克難興建眷
村，用以安置隨軍來臺的眷屬。眷村興建之初，大抵以偏遠不繁榮地區為
多，興建坪數也相對小，職位低者分配房舍甚至只有6至12坪。由於經費
有限，不僅缺乏衛浴、防火設施，空間狹小，村內巷道小者僅1.5至2米，
此亦形成早期眷村的一大特色（郭蔡文，2002）。但是，比起當時有些農
舍的破舊，這種有竹籬笆、木頭柱、瓦屋頂的房舍，已令人艷羨了[1]。

　　除了國防部自己興建的眷村之外，中華民國婦女聯合會（簡稱婦
聯會）[2]從1957年到1992年間共辦理18期眷村籌建的募款活動，前十期
（1957～1967年）以木造平房為主，共38,120戶；後八期（1975～1992
年）則主要興建4、5層樓左右的鋼筋水泥公寓，共13,440戶，18期總計興
建了51,560戶。根據婦聯會1982年的統計資料顯示，若不包含違建，全臺
灣眷村共有879個，計98,535戶。

　　然而，我國真正有較完整的國民住宅政策始於1954年內政部設置「興
建住宅技術小組」的組成。論者都將我國的國民住宅發展分為四個階段
（陳博雅，1994），本文除依此分期簡介外，將最近的發展趨勢另立一期

---

[1] 當時臺灣農舍除了稍富有的家庭以紅磚為牆、紅瓦為頂的磚瓦屋之外，仍然有許多
家戶是住在竹條編成的泥土牆，稻草屋頂的草厝，或用泥（土）磚砌成，稻草屋頂
的泥磚屋或土磚屋（土角厝）。此類住宅牆壁會因風吹雨打而溶蝕，屋頂也會因稻
草腐爛而需定時翻新鋪蓋。

[2] 中華民國婦女聯合會是由蔣中正總統夫人宋美齡女士於1950年4月17日成立，原名
為「中華婦女反共抗俄聯合會」，幹部多為當時的三軍將領夫人。該組織成立的目
的在團結全國婦女以照顧軍眷，使前線將士無後顧之憂，而能專心抗敵，其具體事
蹟包括成立縫衣工廠、母職講習班，以及播放勞軍電影與捐建眷舍等，其中在捐建
眷舍方面，該組織總計協助建立了176個眷村，占眷村總數的五分之一。

介紹。

壹、貸款興建住宅階段（1954年～1975年）

1953年7月3日，臺灣受到克蒂颱風侵襲，房屋全倒26棟。隔年，內政部乃成立「興建住宅技術小組」，運用美援基金興建國宅，以備災民住宅安置之需。然而，第一波興建的卻是1955年的「大陳新村」，以供大陳島撤退來臺的2萬9千義胞居住[3]。當時的大陳新村房舍狹小，每戶約4至7坪，空間擁擠，不敷使用，致住戶大多加蓋違建。隨著臺灣產業結構轉型，反共意識淡薄，大陳義胞老化凋零，年輕人口外移，大陳新村多已沒落，甚至廢村。較完整者僅剩花蓮復興一村、林園力行新村、新園中興新村、永和五和新村。但是，居民早已因出租、販售、改建、嫁娶而與村外移入者混居。其中，五和新村於2011年已協商即將進行都市更新。一旦都更成功，不久的將來，也將消失在新建的住宅區裡。

同時，由於1953年國民代表大會第一屆第二次大會的國民大會代表居住問題有待解決，1955年該小組改組，提升位階為「行政院國民住宅興建委員會」，除辦理勞工、農、漁民及中低收入戶家庭興建住宅貸款外，也解決國民大會代表的居住問題（林慧婷，2000）。此一階段我國的公共住宅興建，並非因經濟發展所帶來之都市化問題所促成，而是因國民黨政府撤守臺灣所帶來的大量政治移民所促成的（殷旭光，1989）。

政府為辦理國宅興建，遂於1957年訂頒「興建國民住宅貸款條例」，

---

[3] 1955年1月18日，中共人民解放軍攻陷一江山島，大陳島遂失去屏障，國民黨政府決定從大陳島撤退，於是在美軍第七艦隊協助下，2月8日起一連4天內撤退大陳島、漁山列島與南麂列島居民2萬8千餘人來臺，稱大陳義胞，分別安置於宜蘭、花蓮、臺北、桃園、高雄、屏東、臺東等地35個村落。其聚落統稱大陳新村，實際上各有其名，如漁師（基隆）、五和（永和）、忠孝（頭城）、成功（礁溪）、仁愛（壯圍）、岳明（蘇澳）、更生（桃園）、信義（新竹）、紹興（埔里）、博愛（臺南）、南田（茄定）、再興（阿蓮）、和平（大社）、凱旋（旗山）、太平（鳳山）、實踐（高雄）、力行（林園）、百畝、虎磐、南麂、日新、自強（高樹）、克難（里港）、自由（屏東）、中興（新園）、玉環（新埤）、鳳尾（潮州）、玉泉、東山、新龍（枋寮）、復興一、復興二（花蓮）、漁山、披山（臺東）、披星（大武）等。

其宗旨是「以長期低利貸款興建國民住宅為主」（第1條）。其受益者則以「勞工、農民、漁民、公教人員，及一般需要住宅之市民為對象」（第2條），其中又以「收入低微之勞工、農民優先辦理」（注意事項第2項）。本條例只是一暫時性質的措施。從該條例的注意事項第1項即可看出，「為策進社會安全措施，全面實施房屋政策，原應制訂國民住宅法，但在該法未制訂之前，應於運用美援貸款推廣興建國民住宅時，先制訂本條例，俟國民住宅法頒行後，本條例當廢止。」

隔年，將國民住宅業務移交地方政府辦理；臺灣省政府則於1959年成立「臺灣省國民住宅興建委員會」為審議機構，並於社會處下設置「國民住宅興建管理室」，負責國民住宅興建計畫之研議執行，其涉及土地、財務、工程等事項，責由相關廳處配合辦理，並於縣市設「國民住宅興建委員會」為實際業務執行單位。

隨著臺灣的工業化、都市化，人民對社會福利的需求日殷。1964年修正「實施都市平均地權條例」之際，蔣中正總統曾指示：「都市平均地權政策之推行，其目的非為增加稅收，乃在以地利為社會所共享，亦即以社會財富，創建社會福利事項。」本此指示，於「都市平均地權條例」第37條中，明訂「依本條例施行漲價歸公之收入，以供育幼、養老、救災、濟貧、衛生等公共福利事業，興建國民住宅、市區道路、上下水道等公共設施之用」，已明示土地漲價歸公所收入金錢的用途，也就是都市平均地權條例的稅收成為當時社會福利的主要財源（劉脩如，1984）。

中國國民黨於1964年11月28日召開九屆二中全會時，通過「民生主義現階段社會政策——加強社會福利措施增進人民生活實施方針」，定案之內容分為社會保險、國民就業、社會救助、國民住宅、福利服務、社會教育、社區發展等7大項33目。該政策於1965年4月8日交行政院頒布實施。其中，國民住宅項目包括政府興建國宅，推行長期低利貸款給平民與公務員，鼓勵私人投資興建國宅，開發都市近郊土地或農地作為建築基地等。例如，臺北市萬芳社區就是這個時期的產物，總計興建1,207戶。

行政院為解決中央軍公教人員住宅問題，於1965年7月通過「輔助軍公教人員購置住宅方案」，並成立「輔助軍公教人員購置住宅審議小組」，於臺北市民生東路社區興建第一批中央公教住宅。為了使辦理輔助

公教建購住宅法制化，行政院遂於1965年公布「輔助中央軍公教人員購置住宅辦法」，成立「中央公教人員購置住宅貸款基金」及「中央公教人員福利互助基金」，由當時的行政院「中央公務人員購置住宅輔助委員會」和「中央各機關學校公教人員福利互助委員會」，分別負責管理。1969年又訂定「中央公教人員購置住宅貸款基金收支保管及運用辦法」，至1972年將兩個委員會合併，更名爲「中央公教人員住宅輔建及福利互助委員會」，隸屬行政院人事行政局。1997年經立法院通過其組織條例，並繼續管理兩基金，專款專用於辦理公教人員輔購（建）住宅及各項福利業務。公教人員輔購住宅貸款與後來的眷村改建住宅，是爲我國國民住宅興建與貸款中最優渥的。這與國民黨執政時期採行的福利侍從主義（Welfare Clientelism）有密切相關，政府爲了穩定統治的基礎，以各項福利和免稅優惠來恩庇軍公教人員，達到博取政治效忠的效果。

依「興建國民住宅貸款條例」，至1975年止，總共興建了125,534戶（詳見表15-1），包括：

1. 災難重建住宅（26.5%）：緊急協助重建及整修因天然災害而毀損之住宅，其實施地點多以鄉村爲主。

2. 一般住宅或低收入之勞工、農、漁民及市民、公教人員住宅（44.7%）。

3. 整建住宅（10.2%）：1964年起爲都市建設，配合拆遷違章建築計畫，由政府集中安置拆遷戶之住宅。這些住宅爲達容納較多戶數起見，以8坪、10坪、12坪住宅爲主，平均每戶容納4.98至5.88人，平均每人分享4.53平方公尺到7.76平方公尺，與國民住宅的最低標準每人13.2平方公尺，差距甚大。這麼狹小的住宅空間，表面上解決了違章建築的問題，實際上反而烙印予人國民住宅是貧民窟的印象（殷旭光，1989）。

4. 平價住宅（8.4%）：1967年起爲配合社會福利基金運用，由政府撥用工地或價購土地而興建之平價住宅。

5. 公教住宅（6.2%）：1966年起貸款給學校、機關興建之員工宿舍。

6. 投資住宅（4.0%）：係鼓勵私人投資興建供租售之住宅，曾於

1963年遭社會輿論批評而停辦，1967年因中南部缺乏住宅又重新辦理。

從上述資料中可以發現，在1965年以前，災害重建住宅興建較多；1964年起，有一段時期，配合違建拆除興建的平價住宅的比重增加。但是，整體看來，一般國民住宅仍是我國此一階段公共住宅興建的主體（林慧婷，2000）。

貳、國宅六年興建計畫（1976年～1981年）

「興建國民住宅貸款條例」的執行後期，因1958年美援終止，土地增值稅又於1968年挪移半數作為9年國教之用，致使國宅貸款基金財源不足；復加上都市土地昂貴，貸款條件無法適應社會環境之變遷，致使第一階段國宅之建設逐漸萎縮。

然而，此時臺灣房地產隨著經濟成長，已呈現欣欣向榮之貌，空曠的土地上大興土木，預售屋到處可見，從經濟成長中獲益的中上階級，成為此一波搶購風潮的主要客戶，房地產一日三市。不像瑞典、英國等歐洲國家因為工業化導致移民工人湧入城市，造成城市住宅不足、擁擠、髒亂，資本家在工商業繁榮時，很少會將資本投資在房屋建築上，而此時工業城市卻最需要住宅供應給移民勞工。一旦經濟不景氣，資本家反而會將其資本轉投資於住宅興建。但是，此時工人卻無力購屋，因此，工人的住宅問題一直非常嚴重。這也就是前述的住宅市場是豺狼的天堂，勞工的地獄。歐洲社會住宅的大規模興建，也種因於此。

然而，我國的情形卻是隨著1970年代初的石油危機，物價上漲，再加上都市平均地權政策的不完善，得利於1960年代經濟成長的獲利者，為了置產與轉手圖利，紛紛搶購房地產，使一向平穩的房價產生劇烈波動。從1972年開始上漲，1973年底達到高峰（米復國，1988）。以1952年為基期，至1972年，物價上漲了4.2倍，但地價卻上漲184.7倍（唐富藏，1980）。雖然政府分別以高樓限建及穩定經濟措施禁止建築業融資，來壓制房地產，但此時房地產價格已居高不下，很難滑落了。輿論則要求政府解決住宅不足及昂貴的問題（米復國，1988）。

政府有鑑於此，另推出新的住宅政策，藉以調節住宅供需，平抑房價，使中所得以下國民有能力購買合理價位的房屋。於是於1976年公布「國民住宅條例」，同時廢止「興建國民住宅貸款條例」，六年經建計畫（65年～70年）中列入「國民住宅六年興建計畫」，預計興建10萬7,000戶。1978年「廣建國民住宅」納入十二項重要建設之一，並擴大為「十年國宅計畫」。配合業務推動，臺灣省政府於1979年成立「住宅及都市發展局」，各縣市政府亦成立國民住宅局（課）。例如，高雄鳳山五甲國宅社區、臺北縣林口新市鎮市地重劃，就是這一時期的產物。

這一時期的國民住宅興建方式主要有：政府直接興建、委託承辦單位興建、眷村改建，以及貸款人民自建等四種方式。其中，漁民住宅部分在漁村附近，調查漁民意願，集體興建漁民住宅，配售予具承購國宅資格的漁民，房屋造價約4、50萬，為2層樓加強磚造房屋。老舊眷村改建則從1980年起配合都市更新，廣建國宅政策，以及提高土地利用價值，研訂「國軍老舊眷村重建試辦期間作業要點」，依此要點對800餘眷村逐步進行改建。

到1981年底止，總計興建72,532戶，其中政府直接興建者38,667戶，占總戶數的53%。然因國宅區位選擇欠佳，施工品質不良，加上土地取得及資金籌措不易，貸款方式不符實際需要等因素，使得此階段的國宅興建計畫並未達成預期的效果。此時期真正供給住宅的仍是民間住宅市場（殷旭光，1989）。

表15-1　我國早期國民住宅興建情形，1955年～1981年

年度	興建機關學校員工宿舍		配合違建拆除興建平民住宅		平價住宅		災害重建住宅	
	戶數（戶）	金額（千元）	戶數（戶）	金額（千元）	戶數（戶）	金額（千元）	戶數（戶）	金額（千元）
1955 1956	--	--	--	--	--	--	--	--
1957	--	--	--	--	--	--	--	--
1958	--	--	--	--	--	--	260	3,098
1959	...	...	...	...	...	...	...	...

年度	興建機關學校員工宿舍		配合違建拆除興建平民住宅		平價住宅		災害重建住宅	
	戶數（戶）	金額（千元）	戶數（戶）	金額（千元）	戶數（戶）	金額（千元）	戶數（戶）	金額（千元）
1960	--	--	--	--	--	--	18,531	69,977
1961	--	--	--	--	--	--	6,365	57,242
1962	--	--	--	--	--	--	4,355	61,944
1963	--	--	--	--	--	--	--	--
1964	--	--	1,264	37,430	--	--	2601	57,319
1965	--	--	--	--	--	--	244	9,382
1966	2,124	91,223	445	19,778	--	--	--	--
1967	2,435	123,483	1,124	47,432	1,824	85,270	205	8,054
1968	1,853	93,057	1,405	70,367	--	--	--	--
1969	--	--	310	23,964	504	24,955	578	23,222
1970	--	--	2,076	207,632	--	--	--	--
1971	309	45,036	2,321	250,143	60	6,000	--	--
1972	--	--	1,221	87,483	--	--	119	6,214
1973	--	--	44	3,483	464	73,142	--	--
1974	1,316	367,390	--	--	4,033	115,393	--	--
1975	--	--	4,436	706,807	4,155	143,495	65	4,412
1976	--	--	189	14,421	3,462	158,343	129	11,822
1977	--	--	557	93,171	--	--	240	38,440
1978	--	--	--	--	1,380	27,165	--	--
1979	210	34,532	1,568	29,136	--	--	57	9,120
1980	--	--	1	196	442	4,427	16	2,832
1981	--	--	888	144,999	--	--	1,250	49,980

參、國民住宅興建與預售（1982年～1989年）

1982年7月，中央政府大幅修正「國民住宅條例」，國民住宅除由政府興建外，並增列貸款人民自建及獎勵投資興建，以提高民眾承購國宅的選擇。此階段第一期（1982～85年）預訂由政府興建15萬8,000戶，惟逢房地產景氣低迷，國宅銷售受到波及而嚴重滯銷，致使多個國宅興建計畫暫緩辦理，實際只興建33,049戶。例如，臺北市成功國宅、大安國宅、正

義國宅都是這時期的產物。有鑑於此，自1986年起，國宅改由省市政府依各地方國宅需求，研擬國宅興建計畫，報請上級機關核定後辦理。從此，我國的國宅興建轉趨保守，國宅主管機關除積極促銷滯銷國宅外，並加強國宅之管理。

不料，1987年臺灣股票市場飆漲，股票指數從前一年的1,000點，飆漲到年底的8,000點，房地產價格也跟著同步飆漲，低價位的住宅需求驟增，住宅供給嚴重不足，國民住宅興建再度受到矚目。為增加住宅供給，協助中低收入戶解決居住問題，行政院乃於1988年12月通過「興建中低收入戶住宅方案」，計畫於4年內取得興建17萬到22萬戶住宅所需用地。同時為避免國民住宅滯銷或供不應求，於1989年3月建立等候名冊制度，並採行國民住宅預售制度。總計1986至1989年共興建11,186戶國宅（陳博雅，1994）（詳見表15-2）。

預售屋制度早為臺灣房屋建築市場所採行，即建商在領有建造執照之後，即以建築中的建物作為交易的標的物，與購屋者簽訂房屋買賣契約。購屋者再依建造進度分期預付一定比率的房價。形式上，預售屋是由建商提供建材與土地，並負責建築，購屋者依契約支付價錢，其性質屬於承攬與買賣的混合契約。簡言之，預售屋就是建商有一塊地，卻沒有足夠資金可建屋，就先預售房子給客戶，再將收到的價款拿來蓋房子。這種制度扶植了臺灣大大小小的建商，靠銀行的土地貸款、建築融資，以及買方的分期付款而無須自備資金即可蓋房子，最後再將自身的銀行融資貸款轉由購屋者的房屋貸款承接，無本生意即可大賺建屋利潤。預售屋制度雖然使建築業資金流通快速、房屋市場蓬勃發展、消費者可局部參與建築過程。但是，坪數縮水、品質不符、公設比過高、公共設施不足、違約倒閉、捲款而逃、延期交屋、中途解約等購屋糾紛層出不窮，大多源於此種向建商利益傾斜的預售屋制度。

肆、新社區發展計畫（1990年～1999年）

1990年9月，行政院通過「改善當前住宅問題重要措施」，循多種途徑解決住宅問題：國建六年計畫復將「中低收入住宅方案」併入「新社區

發展計畫」，同時透過新市鎮開發途徑，區段徵收取得土地興建中收入住宅及國宅，使我國住宅政策朝向配合都市建設大規模開發之方式辦理。例如，臺北縣淡水新市鎮就是這個時期的代表作。淡水新市鎮於1994年核定，因計畫大而不當，於2006年修正縮小規模。

1990年起又增加辦理輔助人民貸款自購住宅業務，由政府補貼購屋者部分貸款利息。1993年起又大力推動軍眷村合建國宅計畫，預計至1995年6月完成14,569戶改建。例如，臺南市大林新城國宅、大鵬新城國宅、大道新城國宅、實踐三村國宅、長榮新城國宅等，都是眷村改建的大型國宅社區，規模之大，常是千戶集居。然而，由於係依行政命令且又屬試辦性質，產生諸多適法性問題，復加上地價偏高、土地分區問題，以及興建廠商能力問題而影響整個工程進度。

1996年，「國軍老舊眷村改建條例」通過施行，國防部遂積極主導以各縣市為單位整體規劃，集中興建住宅配售以安置眷戶。當時奉行政院核定興建國宅之眷村有35處，加上依新通過的條例，全國452處待改建眷村全面推動改建計畫。自1997年起發包興建，由國防部直接發包興建2萬5,000戶（詳見表15-3）。然國防部辦理國軍老舊眷村改建進度嚴重落後，導致眷改基金必須融資因應，利息負擔沉重，預計2013年方能全面完成改建。

行政院主計處於1994年曾指出，當時國宅空屋存量高達82萬戶，究其原因，一方面是供過於求，另方面也隱含價格太高，中低所得戶無力承購的問題。以當時內政部營建署配合六年經建計畫所訂定的計畫興建的「國宅與住宅計畫」，預訂從1990到1996年完成20萬戶國宅興建，每戶售價仍然高達300萬至500萬元，而中低所得的家庭每月家庭總所得低於5萬元，支付購屋貸款的能力相對薄弱。遂有政府不應繼續將土地、人力、資本及管理等資源投注在國宅興建之議，反而應制訂相關政策或採行相關措施，以引導住宅市場消化空屋，一方面使資源有利用，另方面也為中低所得家庭解決住宅問題提供新的途徑。

從1975年「國民住宅條例」頒布施行以來，到1999年停止興建為止，我國國民住宅政策目的似有欲達成抑制房價、促進都市更新的效果，但由於國宅占住宅總存量的比率只有5%左右，與歐洲的瑞典公共社會住宅存

量最高峰時達到42%，荷蘭41%，丹麥27%，英國25%相比（Priemus and Dieleman, 2002），很難達成上述預定目標，反而因財政、土地、都市發展、執行等面向的問題而衍生以下困境（林萬億，2003）：

一、政策搖擺不定

當房屋市場需求升高，房價飆漲時，期待增加國民住宅興建戶數，以供應國民住宅所需，但資金、土地取得往往難以配合，供給速度不夠快，供給規模不夠大，很難達到提高供給量、抑制房價的效果；俟房價下跌時，房屋供給過剩，餘屋過多，又被批評政策不當。原因在於我國的公共住宅政策目標不夠明確，反而受房屋市場的左右，而不是影響房屋市場。

二、承包商素質不一

國民住宅興建品質常被詬病者有工期一拖再拖、中途倒閉解約、建材品質不佳、施工粗糙、漏水龜裂、設計不良等，引發政府與建商違約糾紛不斷，住戶與國宅管理單位的糾紛亦時有耳聞，導致國民住宅往往被譏為次級住宅，有違提升住宅品質、美化都市景觀的初衷。

三、低所得者難以承購

以1991年為例，無自有住宅比率的20.2%家戶中，所得十分位最低與次低所得組就占了66.3%，第三、四低所得組又占了21%。所得最低的10%家戶根本買不起最小坪數的國宅（14坪），次低所得組買得起的也不過是實坪20坪不到的國宅。第三、四低所得組家戶才能買得起實坪30坪以內的國宅（陳博雅，1994）。也就是說，最需要房子住的低所得家戶買不起國宅，國宅反而成為解決中所得家戶的住宅需求，與原先目的相悖。

四、空屋率居高不下

興建完成之國宅，除配售給拆遷戶、受災戶外，餘屋必須由當地政府配售符合國宅承購資格之民眾，一旦景氣衰退，民間房屋市場降價求售，法拍屋更是折扣誘人，國宅價位反而高於民間房價，除非有優越區位條件與貸款利率，否則難以與民間房屋價格競爭，難怪會滯銷。

五、管理維護困難

國宅管理維護工作依規定，由售價提撥2.5%作為管理維護基金，並由政府依其規模組成單獨或聯合社區管理站，並置管理員、清潔人員等。惟國宅社區住戶對政府難免心存依賴，對管理費之支用也常有懷疑，互不信任，且管理人事經費支出也是龐大預算。滯銷房屋管理也需要大批人力與經費，有委託給保全公司管理，或與已銷售部分合組社區管理委員會，日常事務尚可應付，但是碰到內部遭破壞、失竊，則權責難以釐清，終究政府還是難逃負擔。滯銷愈久，政府管理維護經費的負擔也就愈沉重。老舊國宅建築格局擁擠，又無法像新加坡組屋一樣依序加以拉皮或翻新，致使老舊國宅反而成為都市之癌。

於是，行政院於1999年1月4日發布「振興建築投資業措施」，其中一項長期措施為研擬「整體住宅政策」，以因應亞洲金融危機以來的建築業不景氣。內政部營建署遂於1999年1月26日召開「整體住宅政策」有關事宜會議，成立整體住宅政策專案小組，確立11項住宅政策目標，並於2月起，以5個月期程委託中華民國住宅學會辦理「臺灣地區整體住宅政策之研究」；3月起，全國分北中南區邀請產官學界召開整體住宅政策會議。8月25日完成「當前整體住宅政策（草案）」陳報行政院核定。10月19日行政院經建會召開研商行政院交議內政部陳報「當前整體住宅政策（草案）」會議結論：「略以整體住宅政策為一關係民生需求之高層次政策，需深思熟慮審慎研訂。鑑於整體住宅政策涵蓋面廣，且涉及部會眾多，建議由經建會再會同內政部仔細研商並充實內容後再行報院。」

由於總統選舉延宕，行政院才於2000年4月11日核復內政部參照行政院經建會意見重行檢討修正「整體住宅政策（草案）」後再行報院。於是，「整體住宅政策（草案）」就由民進黨政府接手繼續研議。

伍、整體住宅政策（2000年～2005年）

即使餘屋很多，1996年至1999年，政府與民間仍然大興土木興建住宅，適逢1997年亞洲金融危機，接踵而來的全球經濟不景氣，民間廠商大膽西進方興未歇，臺灣資金大量外流，股市與房市均衰退，大量餘屋滯

銷，不論是國宅基金或是民間投入房市資金大量積壓，許多民間建築廠商紛紛倒閉，造成惡性循環。

正好2000年民進黨取代國民黨執政，因國內住宅供給過剩，停止辦理「政府直接興建」與「獎勵投資興建」，國宅政策轉向以消化大量餘屋為主，另外已購置未興建之國民住宅用地也不予保留供建，且依國有財產法規定變更為非公用財產，騰空交由國有財產局接管後續處分標售。另2002年為落實「健全房地產市場措施」，停辦「貸款人民自建」1年；2003年因有其他替代優惠貸款，也停辦「輔助人民貸款自購」1年；2005年與2006年因有其他替代優惠貸款，停辦「貸款人民自建」與「輔助人民貸款自購」；2007年起因納入「整合住宅補貼資源實施方案」，亦停止辦理「輔助人民貸款自購」；2008年起因納入「農村改建方案」，停止辦理「貸款人民自建」。

同時，推出青年購屋專案來刺激買氣，凡年滿20至40歲之青年，家庭年收入在56萬以下，與直系親屬設籍同一戶均無自有住宅者，最高可貸款220萬，前7年利率3%，以後年限按交通部郵政總局郵政儲金定儲機動利率加1%計算機動調整之，貸款年限20年。

配合青年購屋貸款，2000年8月7日起又推出每年2千億的優惠購屋貸款，凡新購房屋者即可享優惠利率，貸款期限亦為20年，政府固定補貼利息0.25%。從2000年8月開辦以來，至2003年8月，總受理戶數為43萬3,870戶，申請貸款金額1兆2,091億元，實撥39萬5,909戶，1兆0,766億元，核貸比率占申請戶的91.25%，其中屬優惠利率貸款金額高達7,245億元，占優惠購屋專案貸款基金的90.56%。

除了國宅興建悖離社會住宅原意之外，另一讓住宅部門深感頭痛的課題是混亂且不公平的住宅補貼政策。從補助興建住宅以來，我國總計有以下幾種購置住宅貸款或優惠辦法：

1. **國民住宅貸款**：由國宅基金提供，年滿40歲以上、中所得以下國民，於購買政府直接興建國民住宅、獎勵投資興建國民住宅、貸款自建國宅貸款戶皆可申請。

2. **輔助人民自購住宅**：年滿40歲、中所得以下國民可向銀行申請購屋優惠利率貸款。

3. **青年購屋低利貸款**：年滿20歲至未滿40歲，所得在最低五分位以下之國民，可向銀行申請低利優惠購屋貸款。

4. **輔助勞工建構住宅貸款**：年滿40歲以上之勞工，可向銀行申請低利優惠購屋貸款。

5. **輔助國軍官兵購置住宅貸款**：國軍現役服役滿5年以上之有眷無舍官兵，及軍事學校現任編制內服務滿5年以上之有眷無舍文職教員，依年資及考績優先順序向國軍官兵購置住宅貸款基金申請低利優惠貸款。

6. **輔助公教人員購置住宅貸款**：任職滿1年以上之公教人員均可向公務人員購置住宅基金申請優惠貸款。

7. **原住民購置自用住宅貸款**：無自用住宅之原住民可申請。

8. **輔助原住民建購、修建住宅貸款**：原住民自用住宅超過7年以上因災害或老舊破損不堪，或因廚房、衛生設備欠缺，經縣市政府評估亟待修建者。

9. **百億購置新屋貸款專案**：為配合振興建築投資方案於1999年實施，貸款者條件無限制。

10. **600億無自用住宅者首購貸款專案**：為配合振興建築投資方案於1999年實施，貸款給無自有住宅者。

11. **1兆3,800億優惠購屋專案**：無條件限制，從2000年8月到2005年5月，額度用完，不再續辦。

12. **青年優惠房屋貸款暨信用保證專案**：年滿20歲至未滿40歲，收入穩定之青年，可向銀行申請低利優惠購屋貸款，於2000年8月至2001年8月實施。

上列12種住宅貸款補貼，名目繁多、辦理機關分散、申請條件不一、優惠利率也不同。既然是公共住宅政策下之購屋貸款補貼，申貸者應以無自有住宅者為限，且申貸者之經濟條件不應以職業身分別差異，而應以中低所得者為優先。倘若中高所得者可享受國家補貼之購屋貸款，而低所得者因付款能力低反而不敢貸款，買不起住宅，必然產生所得逆分配效果，使貧富差距惡化，住宅貸款有淪為以公共資金協助建商出清空屋之嫌，住宅政策的目標已偏離公平正義遠矣！

有鑑於此，2000年11月9日，內政部營建署重起爐灶，召開署內整體住宅政策草案修正會議。12月15日，邀請相關部會及直轄市及部分縣市政府召開研商整體住宅政策草案修正有關事宜會議，並請住宅相關部門填寫執行情形及檢討建議。2001年5月24日，會議結論略以：「本政策草案主要就『住宅機構整合——未來業務整合及住宅政策推動應由何單位擔任主管機關』，及『發展出租住宅——輔購住宅轉向輔租住宅發展，並提撥相關補貼預算』等兩大重點加以分析，陳報行政院做成政策裁示，並於修正及精簡文字後，於6月報部。」

　　2001年7月27日，修正過的「整體住宅政策」（草案）再次陳報行政院。10月2日，行政院經建會邀請學者及相關部會召開研商行政院交議，內政部含院陳報整體住宅政策（草案）會議，決議略以：「由經建會邀請專家學者再共同研商修正本草案。」10月11日，行政院依據前開會議決議邀請張金鶚、華昌宜、林祖嘉等教授及營建署共同組成工作小組，召開第一次會議。10月16日，召開第二次會議，並由營建署依決議完成修正版本後，函送經建會。

　　2002年1月3日，行政院經建會就此召開研商會議，並要求內政部依會議結論修正後送該會。4月12日，內政部營建署函請相關機關提供修正意見後，將修正之「整體住宅政策具體措施與執行分工」（草案）送經建會。5月3日，經建會檢還內政部營建署所送之「整體住宅政策具體措施與執行分工」（草案），要求依前述2002年1月3日之會議決議，修正後函送「整體住宅政策」（草案）。內政部營建署仍於6月12日檢送修正後之「整體住宅政策」（草案）送經建會。7月12日，行政院經建會再次召開研商整體住宅政策會議，並報院。8月20日，行政院函覆內政部依經建會研商結論辦理後再行報院。11月28日，營建署再召開整體住宅政策專家學者座談會。

　　2003年1月6日，召開整體住宅政策業者座談會。5月7日，召開「整體住宅政策」（草案）修正相關事宜會議，結論略以：「整體住宅政策本次草案之架構既初步獲得與會各單位之共識，由本署依與會單位之意見及建議修正後，依行政院秘書長函示送行政院經建會審查修正為更完整的住宅政策，轉陳行政院。」同時，「住宅法」（草案）於5月8日起配合整體

住宅政策草案之內容，也召開8次會議研商完成草案版本。6月9日，檢送「整體住宅政策」（草案），經經建會則其會商後轉陳行政院。7月2日，行政院召開研商「整體住宅政策」（草案）相關事宜會議，決議略以：「依政策目標方向分次開會討論。」這裡所指的3項政策目標是指以下3次會議的主題：整合現行住宅補貼、健全住宅市場、提升居住品質。7月23日，行政院經建會召開研商整合現行住宅補貼計畫相關事宜會議。8月7日，行政院經建會召開研商「整體住宅政策」（草案）中有關住宅市場內容相關事宜會議。8月8日，「住宅法」（草案）簽奉內政部長核可，並批示：「俟住宅政策草案經行政院經建會審議完畢並經修改完成定案，再據以修正檢視住宅法（草案）後循法制作業程序辦理。」10月22日，行政院經建會召開研商整體住宅政策修正草案及有關住宅品質內容相關事宜會議，結論略以：「請營建署於11月10日前根據該會7月23日、8月7日及本次會議結論修正整體住宅政策」（草案）。

由內政部營建署所主導的整體住宅政策擬訂，之所以遲遲不能獲得行政院的核定，原因不外如下：

首先，國民黨政府於亞洲金融危機後匆匆提出研議整體住宅政策，似有救急房市之意圖，又擔心政策不夠周延，致不敢輕易定案。不料政權輪替，本案胎死腹中。

其次，民進黨政府上臺，對住宅政策的方向部分已有定見，也就是不再大量興建國宅，現有國民住宅只租不賣，這是陳水扁先生擔任臺北市長時的住宅政策主張（詳見下節）。

第三，短期藉由提供青年首次購屋貸款，以振興房市，看似可行。

第四，上述兩項政策已上路，無須擔心政策空轉，而新政府對於其他住宅相關議題並未深思，因此不敢輕易下結論。

最後，主管住宅部門的行政人員不熟悉決策者的政策思維脈絡，不敢輕易改弦易轍，致使政策空轉，因此才會落得「整體住宅政策」（草案）屢送屢退，不但影響行政效率，且打擊主管部門的士氣。

依內政部營建署統計（營建統計年報，2010），總計從1976年到1999年度止，政府直接興建國宅已完工戶數計有17萬4,891戶，其中1976年度至1981年度的國民住宅六年計畫，計6萬8,045戶，1982年度至1985年度四

年計畫計興建2萬6,748戶，1986年度至1999年度計興建8萬98戶。其中，臺灣省21縣市計興建10萬715戶，臺北市興建5萬2,735戶，高雄市興建2萬1,441戶，而金門縣及連江縣並無辦理政府直接興建國宅。

從1976年至2009年底止，貸款人民自建國民住宅已辦妥簽約貸款戶數計辦理4萬7,407戶，其中，臺灣省21縣市4萬4,751戶，金門縣及連江縣2,656戶，而臺北市與高雄市並無辦理貸款人民自建國民住宅。

至於「獎勵民間投資興建國宅」部分，政府於1982年度開辦，惟適逢房地產市場不景氣，至1985年度起始有民間申請案件。從1987年至1999年度止，獎勵民間投資興建國民住宅計6萬7,479戶，其中，臺灣省21縣市5萬8,026戶，臺北市710戶，高雄市8,743戶，而金門縣及連江縣並無辦理獎勵投資興建國宅。

最大宗的是「輔助人民貸款自購住宅」，截至2008底止，計核定25萬0,894戶，其中實際辦妥簽約貸款戶數計12萬314戶，其中，臺灣省21縣市6萬5,029戶，臺北市4萬7,568戶，高雄市7,717戶，而金門縣及連江縣並無辦理輔助人民貸款自購。

表15-2　我國國民住宅興建情形，1955年～2003年

年度	總計		政府直接興建		獎勵投資興建		貸款人民自建	
	戶數（戶）	金額（千元）	戶數（戶）	金額（千元）	戶數（戶）	金額（千元）	戶數（戶）	金額（千元）
1955 1956	3,280	33,391	3,280	33,391	--	--	--	--
1957	3,501	29,928	3,501	29,928	--	--	--	--
1958	1,943	40,080	1,683	36,981	--	--	--	--
1959	…	…	…	…	…	…	…	…
1960	18,579	71,713	48	1,736	--	--	--	--
1961	9,795	185,913	1,558	42,172	1,872	86,499	--	--
1962	7,839	229,198	2,415	110,272	1,069	56,982	--	--
1963	842	34,559	842	34,559	--	--	--	--
1964	13,955	531,854	10,090	437,106	--	--	--	--

年度	總計		政府直接興建		獎勵投資興建		貸款人民自建	
	戶數（戶）	金額（千元）	戶數（戶）	金額（千元）	戶數（戶）	金額（千元）	戶數（戶）	金額（千元）
1965	926	38,373	682	28,990	--	--	--	--
1966	12,352	597,380	9,783	486,380	--	--	--	--
1967	16,186	785,153	9,072	421,017	1,526	99,897	--	--
1968	10,406	517,457	6,153	296,140	995	57,894	--	--
1969	1,513	79,744	--	--	121	7,603	--	--
1970	4,225	318,823	1,248	81,472	901	29,718	--	--
1971	4,376	496,082	1,686	194,904	--	--	--	--
1972	1,340	93,697	--	--	--	--	--	--
1973	1,503	146,487	995	69,862	--	--	--	--
1974	6,829	548,305	578	37,807	902	27,716	--	--
1975	9,420	936,432	764	81,717	--	--	--	--
1976	72,244	#4,897,143	68,347	#4,844,643	--	--	350	52,500
1977								
1978		#4,052,260		#3,977,201	--	--	740	75,059
1979		#3,702,673		#3,672,287	--	--	676	30,386
1980		#15,160,252		#15,135,893	--	--	1,005	24,359
1981		#23,704,733		#23,595,035	--	--	1,126	109,698
1982	45,005	#17,430,228	26,472	#16,410,937	--	--	4,497	1,019,291
1983		#7,609,065		#6,184,530	--	--	4,918	1,424,535
1984		#4,507,801		#3,130,445	--	--	4,457	1,377,356
1985		#2,005,946		#118,602	--	--	4,661	1,887,344
1986	4,213	#3,555,863	1,830	#2,552,103	--	--	2,383	1,003,760
1987	2,175	1,120,968	60	254,462	132	17,880	1,983	848,626
1988	2,546	2,010,142	818	1,308,456	132	--	1,596	701,686
1989	2,374	2,357,006	500	1,423,418	168	120,960	1,706	812,628
1990	17,262	48,038,427	14,096	45,712,164	562	525,949	2,604	1,800,314
1991	12,132	21,719,189	3,605	12,203,330	6,460	7,979,740	2,067	1,536,119

年度	總計		政府直接興建		獎勵投資興建		貸款人民自建	
	戶數 （戶）	金額 （千元）	戶數 （戶）	金額 （千元）	戶數 （戶）	金額 （千元）	戶數 （戶）	金額 （千元）
1992	12,723	35,175,774	8,208	30,401,956	3,281	3,705,800	1,234	1,068,018
1993	11,002	22,653,864	2,862	12,367,731	6,074	7,788,256	2,066	2,497,877
1994	16,719	58,830,577	6,010	39,308,540	9,321	17,824,897	1,388	1,697,140
1995	22,534	*41,923,663	11,092	34,725,262	10,321	*16,614,258	1,121	1,505,701
1996	18,291	*36,267,195	9,478	25,030,866	7,570	*12,001,600	1,243	1,850,274
1997	13,786	*30,717,161	6,035	20,136,500	6,558	*9,897,413	1,193	1,740,763
1998	16,562	36,512,637	6,043	21,478,978	9,600	13,685,545	919	1,348,114
1999	8,374	15,675,144	88	6,598,280	7,305	7,594,816	981	1,482,048
2000	913	7,289,408	--	5,913,103	--	--	913	1,376,305
2001	730	1,951,924	--	789,796	--	--	730	1,162,128
2002	--	805,040	--	805,040	--	--	--	--
2003	387	587,946	--	349,625	--	--	387	238,321

說明：1.本表1975年以前「興建國民住宅」、「獎勵投資興建」，以及1981年以前
「興建機關學校員工宿舍」、「配合違建拆除興建平民住宅」、「平價住
宅」、「災害重建住宅」等項目數字，資料來源為行政院主計處編：《中華
民國統計提要（民國七十年）》「臺灣地區國民住宅興建表」。其所列國民
住宅，係指由政府貸款新建或整修之住宅；金額係指貸款金額而言。1959年
資料不明。

2.本表1976年以後「興建國民住宅」、「獎勵投資興建」、「貸款人民自建」
等項目數字，資料來源為內政部營建署編：《臺閩地區國民住宅統計年報
（民國九十二年）》「臺閩地區國民住宅興建戶數表」、「臺灣省國民住宅
興建戶數與資金運用表」、「臺北市國民住宅興建戶數與資金運用表」、
「高雄市國民住宅興建戶數與資金運用表」、「金馬地區國民住宅興建戶數
與資金運用表」。其金額係指「政府直接興建之工程及土地金額」、「獎勵
投資興建及貸款人民自建之貸款金額」，本表呈現數字為臺灣省、臺北市、
高雄市和金馬地區之加總。「*」表臺北市資料不明、「#」表高雄市資料不
明。

3.本表1975年以前，總計之戶數與金額為「興建國民住宅」、「獎勵投資興
建」、「興建機關學校員工宿舍」、「配合違建拆除興建平民住宅」、
「平價住宅」、「災害重建住宅」等項之加總；1976年以後為「興建國民住
宅」、「獎勵投資興建」、「貸款人民自建」3項之加總。

表15-3　我國軍公教住宅興建情形，1970年～2003年

年度	中央公教人員輔購（建）執行成果			軍眷村改建執行成果	
	小計 （戶）	貸款自購 （戶）	集體興建 （戶）	改建眷村數 （處）	興建戶數 （戶）
1970	846	846	--	--	--
1971	157	157	--	--	--
1972	3166	1260	1906	--	--
1973	1929	1681	248	--	--
1974	146	59	87	--	--
1975	1041	889	152	--	--
1976	1,609	214	1,395	--	--
1977	715	9	706	--	--
1978	891	111	780	--	--
1979	906	361	545	--	--
1980	1,146	737	409	6	3,553
1981	2,711	1,501	1,210	20	12,127
1982	1,206	1,077	129	19	9,162
1983	1,993	1,755	238	8	3,402
1984	2,078	1,880	198	4	2,035
1985	2,071	1,938	133	--	--
1986	2,121	2,059	62	3	1,084
1987	2,305	2,283	22	--	--
1988	2,262	1,977	285	3	593
1989	2,905	2,463	442	1	120
1990	3,333	2,999	334	4	4,713
1991	3,897	3,362	535	9	1,669
1992	4,581	3,671	910	2	2,105
1993	4,329	3,658	671	5	792
1994	4,848	4,423	425	14	5,715
1995	5,991	5,380	611	11	5,958
1996	5,504	5,504	--	11	6,869
1997	6,522	6,522	--	13	5,971
1998	6,985	6,985	--	7	6,043

年度	中央公教人員輔購（建）執行成果			軍眷村改建執行成果	
	小計 （戶）	貸款自購 （戶）	集體興建 （戶）	改建眷村數 （處）	興建戶數 （戶）
1999	5,477	5,477	--	1	89
2000	4,311	4,311	--	1	364
2001	3,503	3,503	--	--	--
2002	2,317	2,317	--	--	--
2003	2,871	2,871	--	--	--

資料來源：行政院人事行政局編：《人事統計提要（民國92年）》「中央各機關公
　　　　　教人員輔購（建）住宅統計表」；內政部營建署編：《臺閩地區國民住
　　　　　宅統計年報（民國92年）》「臺灣地區軍眷村改建執行成果表」。

第二節　我國社會住宅的推動

　　1994年，陳水扁先生競選臺北市長，其競選主軸接受林萬億教授的建議為「市民主義」[4]，政見稱陳水扁與18位學者專家聯合會診臺北都會的「臺北都會十八變」（福爾摩沙基金會，1994）。其中，由林萬億執筆的社會福利政策中除了與性別平等有關之外，就屬只租不賣的國民住宅影響最深遠。有鑑於當時國宅餘屋甚多，而中、低收入家戶卻買不起國宅，也無力價購民宅，若將部分國宅轉為出租之用，必可嘉惠中下階層市民。這是臺灣首次引進社會住宅的概念進入實踐層次，就是要利用臺北市的國民住宅空餘屋轉換為只租不賣的社會住宅，提供給弱勢市民租用。

---

[4] 1994年民進黨臺北市長黨內初選時，陳水扁先生的競爭對手是謝長廷先生。因為先前林萬億提倡福利國理念的因緣際會，謝長廷先生先請教林萬億教授提供競選主軸，林萬億的建議是現代化城市的象徵之一是社區居民參與公共事務，臺北市民在長期的官派市長之下，也渴望有更多的公共事務參與機會，而建議以社區主義作為其競選主軸。雖然謝長廷在黨內初選中敗給陳水扁，但是陳水扁成為市長候選人後，也請教林萬億提供競選主軸，林萬億遂建議，若不便使用社區主義，則不妨以市民主義取代之，強調以市民為中心，以社區參與為導向的施政理念。從此，社區參與蔚為風潮。未實現的社區主義也成為後來2005年謝長廷擔任行政院長時推出的健康社區六星計畫的基本構想。

壹、社區居住排除

臺灣的居住社會排除現象一直都存在著。雖然中華民國憲法第7條規定：中華民國人民，無分男女，宗教，種族，階級，黨派，在法律上一律平等。第10條規定：人民有居住及遷徙之自由。但是，對弱勢者社區居住的排除案例卻是屢見不鮮。

首先是發生於1983年的楓橋新村事件。第一社會福利基金會貸款買下臺北市信義路五段楓橋新村旁的一棟低矮民宅，即將遷入之際，卻遭當地里長帶頭抗議「瘋人院」進駐社區。社區居民宣稱這些特殊兒會跑出來攻擊社區的婦女與兒童，抗議民眾丟雞蛋、撒冥紙、找黑衣人拉白布條、半夜電話騷擾、偷偷斷水斷電、找民代開公聽會等，使盡各種方法就是要阻止第一遷入。最後全體家長聯名上書蔣經國總統，警察進駐站崗1個月，抗爭才落幕，第一兒童發展中心才於6月24日遷進楓橋新村。這個事件出現於臺灣社會運動新春乍現的戒嚴社會，造成莫大的轟動。居民之所以死命抗爭，不外乎兩個原因：一是對身心障礙者的曲解，二是擔心房價下跌。

事隔將近20年後，臺北市政府社會局於2002年10月招標委託育成社會福利基金會辦理健軍國宅的社區家園，作為身心障礙者的生活園地，仍遭國宅住戶激烈抗爭。社會局多次協調無果，最後甚至動用警力站崗，才能讓社區家園裝潢。

約莫同時，2002年12月，桃園縣啓智技藝訓練中心買了桃園中壢市「官邸社區」的兩戶房舍，要讓可以自主生活的身心障礙者居住，但入住不到3天就被鄰居將其強拖出門，甚至被毆倒地。中壢啓智中心向桃園地方法院提出告訴社區居民妨害自由，臺灣桃園地方法院首次針對社區抗爭事件做出有罪判決，主文如下：「劉○華、楊○成、周○鈴共同連續以強暴妨害人行使權利（妨害自由），各處拘役捌拾日，如易科罰金，均以參佰元折算壹日。均緩刑貳年。」判刑定讞後，中壢啓智中心始可平安在社區居住。

接著，收容愛滋病友與帶原者的「臺灣關愛之家」，於2005年6月17日由臺北縣三重市遷往臺北市文山區再興社區，因消息曝光，遭社區居民

以懼怕傳染愛滋病為由，要求需儘速遷離，居民並向法院提出限期搬離告訴，臺北地方法院一審判決「關愛之家」敗訴，需在3個月內遷出，全案可上訴。當時擔任政務委員的林萬億教授，在審議「人類免疫缺乏病毒傳染防治及感染者權益保障條例」時，網路信件被社區居民干擾灌爆，仍堅決依時程審議通過，並送立法院於2007年7月修正通過反歧視愛滋病患條款。高院才改判「關愛之家」勝訴定讞，再興社區不得以規約拒絕愛滋病患居住在社區。

2006年3月，臺北縣康復之友協會於新莊景德路找到房舍，欲籌備新莊工作坊，服務新莊地區的精神障礙者，同樣受到社區居民的抗爭。社區居民質疑精神障礙者會傷害他人，且房價會因此而下跌。後經臺北縣政府強勢介入，事件才落幕。但是事後有一陣子，居民仍不時進行反制，除暗中破壞錄影設施外，每天也在固定時間派保全人員以加油氣笛騷擾病友。

除了上述引起較多媒體報導的事件之外，高雄無障礙之家（1991年）、高雄成功啟智學校（1995年）、臺中特殊學校（1996年）、臺北木柵一壽重殘養護中心（1998年）、臺北北投奇岩康復之家（1999年）、南投德安啟智教養院（2000年）、臺北縣新店陽光之家（2000年）、創世基金會高雄分院（2000年）、高雄伊甸基金會五甲社會福利園區（2001年）、臺北市心理復健大安站（2002年）、高雄慈安居老人安養中心（1997～2006年）、臺中向陽家園（家暴青少年中途之家）（2006年）、新路心田家園（2008年）、瑪麗亞基金會振興家園（2008年）、聖家啟智中心（2009年）等，也都曾經遭受居民抗爭排擠，最常見的手法是房東同意出租，但是社區管委會拒絕同意讓這些單位入住（孫一信，2006；邱大昕、羅淑霞，2011）。其中有部分家園不堪其擾，售屋退出，如臺中向陽家園。

這些早年的社區居民抵制事件催生了2004年內政部所訂「身心障礙者居住服務及社區服務權益遭民眾抗爭處理注意事項」，也將相關經驗彙整成《身心障礙者居住服務及社區服務權益遭民眾抗爭處理參考手冊》一書，從機構地點評選、社區營造、法律議題各個面向提供實戰經驗的彙整。

同時也催生了臺灣社區居住與獨立生活聯盟（簡稱「住盟」），這

是由啓智技訓、心路、第一、瑪利亞、仁愛、德蘭、幼安與蘭智等29個社會福利團體與學者專家共同籌組，並於2007年8月25日正式成立，成為臺灣唯一弱勢者（社會不均等者）的住宅聯盟。住盟籌備期間於2001年即由內政部委託辦理社區照顧計畫，選定探討弱勢居住模式與發展經驗，完成「臺灣成年心智障礙者社區居住」報告，並於全國身心障礙機構聯繫會報中發表。2004年，內政部進一步委託其辦理「挪威身心障礙者社區居住服務與福利機構觀摩考察」，瞭解北歐居住服務經驗。之後又倡議將「成年心智障礙者社區居住與生活服務方案」納入「推展社會福利補助作業要點」，該方案亦成為中央評鑑地方政府福利服務中有關社區照顧成效指標之一。至此，正式宣告臺灣身心障礙者具多元居住方案選擇權（陳美鈴，2011）。

過去提供成年心智障礙者的住宿服務多以大型教養院為主，並設置在偏遠地區，以封閉式建築將院生與社區隔離，這就是機構化（Institutionalization）的照顧方式。機構化照顧所帶來的去人性化、機構化創傷、社區隔離、非專業照顧、資源分配不均、同儕壓迫等問題，早為世人所熟悉。1960年代去機構化（Deinstitutionalization）運動的興起，其來有自。除了將機構式照顧改為小型化、社區化之外，人性化的社區居住服務是另一趨勢。然而，必須先解決社區居民的鄰避效應（Not In My Backyard, NIMBY），爭取有利的設施設在我家隔壁，卻不讓不利的設施設在我家後院，乃是人之常情。如何讓社區居民去除對身心障礙者、愛滋病感染者、老人等之歧視、恐懼、排斥，是成為一個文明社會必須努力的課題。

內政部在2006年頒布「成年心智障礙者社區居住與生活服務方案」，補助辦理6人以下的社區居住單位，截至2010年全國已有44個居住單位，約200位心智障礙者和你我一樣居住、生活在社區中，使用社區的資源。

貳、社會住宅入法

當「整體住宅政策」（草案）與「住宅法」（草案）正如火如荼地研議時，2003年12月4日，行政院婦女權益促進委員會委員周月清教授陳請內政部余政憲部長關心弱勢人口住宅政策問題，爰由營建署向余部長與

周委員簡報「整體住宅政策」（草案），並溝通意見。會議結論略以：「請營建署參考周委員意見修正整體住宅政策及住宅法草案，於12月下旬邀請周委員、相關弱勢團體及專家學者開會研商。」約莫同時，內政部再依修正7月23日、8月7日及10月22日會議結論處理情形修正後之「整體住宅政策」（草案）送行政院經建會。12月22日，內政部林中森次長奉命召開「研商弱勢人口住宅政策相關事宜會議」。12月25日，行政院經建會召開研商內政部陳報「整體住宅政策」（草案）相關事宜會議，結論略以：「請內政部營建署參考與會單位意見後送交本會，俾提報本會委員會議討論。」

2004年1月4日，周月清委員與心路基金會陳美鈴執行長再面見余部長。1月15日，余部長邀請社會福利團體召開社會福利座談會參與建言，決議請時任內政部顧問的林萬億教授與社會司整合社會福利團體意見後，於2月20日會議提案討論。

一、社會住宅納入整體住宅政策

至此，由營建部門與地政、住宅、建築專家學者所主導完成的「整體住宅政策」（草案）開始有機會引進社會住宅的概念。其背景是依2002年5月召開的第三次全國社會福利會議決議修正社會福利政策綱領（詳見第一章）。新的社會福利政策綱領第五大項政策即為社會住宅與社區營造，其條文包括：

1. 為保障國民人人有適居之住宅，政府對於低所得家庭、身心障礙者、獨居或與配偶同住之老人、受家庭暴力侵害之婦女及其子女、原住民、災民、遊民等家庭或個人，應提供適合居住之社會住宅，其方式包括以長期低利貸款協助購置自用住宅或自建住宅，或提供房屋津貼補助其向私人承租住宅，或以低於市價提供公共住宅租予居住，以滿足其居住需求。
2. 政府應結合民間力量，以各種優惠方式，鼓勵民間參與興建各類型之社會住宅，作為非營利用途。
3. 政府應於都市計畫中配合劃設社會福利設施用地；政府提供之社會住宅應保留一定坪數作為社會福利或社區活動之用。

4. 政府應補助低所得家庭維修住宅，以維持其所居住社區可接受之居住品質。

5. 政府應保證社會住宅所在之社區有便利之交通、資訊、社會服務等支持系統，以利居民滿足生活各面向之需求。

如前所述，當社會福利政策綱領修正草案出爐的2003年6月，「整體住宅政策」（草案）已準備進入3項政策目標的分項研議。內政部營建署對社會福利政策綱領修正草案中的社會住宅章節並不苟同，主張修改為「住宅福利」，主因在於過去國人對社會住宅的陌生，營建署認為對弱勢者的住宅補貼，以取消過去職業別的住宅補貼制度改為依綜合所得及申請家戶之狀況為條件建立評點制度即可達成，並不需要建立新的社會住宅概念。這是過去國民住宅概念之延伸，無視社會住宅照顧對象的特殊性。

林萬億教授於2004年2月3日邀集與住宅議題相關之弱勢團體集會，研議弱勢團體相關之住宅政策，決議提出弱勢人口住宅政策，要求內政部營建署在整體住宅政策中應納入社會住宅，以保障弱勢國民的居住權益。2月20日，林中森次長主持「整體住宅政策」（草案）會議，研議有關弱勢國民住宅補貼議題，結論略以：「有關社會福利團體、林萬億教授及社會司所提我國社會住宅政策中有關弱勢人口住宅政策的提議方向原則同意，惟如何併入整體住宅政策（草案），請林萬億教授於一個月內再召集住宅及社會福利方面專家學者或團體代表及內政部營建署、社會司討論及整理後，再召開會議研商。」

正好行政院於2004年2月13日核定社會福利政策綱領，提供弱勢人口住宅政策納入整體住宅政策的政策方向。320總統大選，陳水扁先生連任成功。3月29日，內政部營建署核可邀請林萬億教授、華昌宜教授、周月清教授、黃志弘教授、米復國教授、心路基金會陳美鈴執行長組成修正整體住宅政策專案小組，召開第一次會議。經三次全體會議，兩次分組會議討論，於5月31日完成定稿，7月22日送交林中森次長主持之研商整體住宅政策（草案）相關事宜會議討論，決議略以：「本次修正之整體住宅政策（草案）在架構、內含及涵蓋面向已具相當高的共識度，惟在政策執行的分工方面尚須協調整合，俟作業單位依會議意見修正草案後，再邀請相關單位研商溝通。」10月15日，內政部營建署再邀請相關機構協商分工事

宜，結論略以：「有關中央補助地方政府辦理住宅補貼經費之比例及經費來源案，將由內政部與行政院主計處及縣市政府研商協調，其他分工事項，如仍有意見不一之處，由內政部先行整合意見，跨部會部分是需要報請行政院經驗會協調。」12月20日，內政部第三次邀請專家學者、相關部會及地方政府開會研商，獲得共識略以：「為使整體住宅政策之推動有所進展，本次修正草案已獲共識之政策目標、制訂原則及政策內涵作為正文，詳細的住宅政策制訂背景分析（包括國內社會經濟環境變遷、社會住宅之國際趨勢，以及當前住宅發展現況及課題），及住宅政策實施方案初步構想（包括短中長期具體措施、經費估算及實施步驟等）均列為附件資料。內政部營建署於2005年1月26日將定稿整體住宅政策（草案）送經建會轉陳行政院核定。」行政院於2005年5月24日核定「整體住宅政策」。

至此，我國的整體住宅政策整合了原先住宅部門所期待住宅政策目標：健全住宅市場、建立公平效率之住宅補貼制度、提升住宅環境品質之外，再加上社會住宅的概念，將整體住宅政策的目標列為：基於憲法保障國民基本人權的精神，結合政府與民間資源在健全的住宅市場、合宜的居住品質、公平效率的住宅補貼與社會住宅的規劃下，使不同所得水準、身心機能、性別、年齡、家戶組成、族群文化之國民，擁有適居且有尊嚴的居住環境。

亦即，在既有住宅自由市場經濟的運作下，政府應以實質補貼或行政協助方式，保障中低所得家戶及弱勢國民擁有承租、承購、修繕改良居住環境的能力。最值得一書的是尊重多元與差異的住宅政策原則中，納入反住宅歧視原則，使得老人、身心障礙者、受虐婦女、貧民、同性戀者、單身家戶、單親家庭、跨國婚姻家庭、原住民等社會經濟地位相對弱勢人口的居住權，能獲得保障。這是明顯有別於過去以住宅自由市場、限量國民住宅興建販售，以及以職業身分為基礎的購置住宅利息補貼的住宅政策。新的整體住宅政策的通過實施，使我國住宅政策邁入嶄新的旅程。

二、同步推動住宅法

隨後，同步於草擬中的「住宅法」亦增設第三章「社會住宅章」與第六章「住宅權益平等章」（反歧視章）；草案中第3條清楚地定義「社會

住宅，指由政府興辦或獎勵民間興辦，用以出租予經濟或社會弱勢者居住之住宅」。然而，送立法院審議的住宅法（草案）未能通過立法，適逢立法委員改選，因法律屆期不續審而於2008年5月撤回行政院。撤回的住宅法（草案）在行政院一躺就是2年餘，才於2011年9月重新向立法院提出。在等待期間，民進黨籍立委陳節如女士早在上任後即積極邀請專家學者討論修正包括本書第五章所述的社會救助法修正案與住宅法。其中住宅法部分邀請張金鶚、花敬群、林萬億等學者，以及社會住宅推動聯盟成員參與，並於2010年9月將微調後的住宅法（草案）送交立法院審議。經過1年的等待行政院版本終於送達立法院併審。經過立法院、各部會與民間團體進行馬拉松式的協商，終於取得大部分共識，於2011年12月13日經立法院三讀通過。至此，臺灣正式宣告「居住權，是人民基本權益」，而「社會住宅」政策亦正式有法源依據。

依住宅法第3條規定社會住宅係指由政府興辦或獎勵民間興辦，專供出租之用，並應提供至少10%以上比例出租予具特殊情形或身分者之住宅。

所稱具特殊情形或身分，指下列規定之一者（第4條）：「一、低收入戶。二、特殊境遇家庭。三、育有未成年子女三人以上。四、於安置教養機構或寄養家庭結束安置無法返家，未滿二十五歲。五、六十五歲以上之老人。六、受家庭暴力或性侵害之受害者及其子女。七、身心障礙者。八、感染人類免疫缺乏病毒者或罹患後天免疫缺乏症候群者。九、原住民。十、災民。十一、遊民。十二、其他經中央主管機關認定者。」

住宅法將出租住宅（社會住宅）區分為兩類，一類是至少10%的特殊身分社會住宅；另一類是一般身分的社會住宅。如果一般身分的社會住宅未設定承租者的資產條件，則除了低收入戶與遊民之外的經濟弱勢者很難承租得到。雖然將社會住宅界定為低收入住宅很容易變成貧民窟，但是，不設定資產條件，則所得較低的家戶將與一般家戶競爭戶數有限的社會住宅，有違社會住宅的政策本意。通常，社會住宅承租條件還是要將資產、所得納入評比，資產與所得較少者積分加權較高，以利其優先獲得承租之機會。

住宅法與整體住宅政策同步推動，但住宅法卻一再拖延，其原因不外

乎：

　　首先，整體住宅政策雖從1999年開始推動，但是2000年以後民進黨執政時將之修正為健全住宅市場與推動社會住宅雙軌並行，且住宅政策只要行政院通過即可，無須送交立法院審議，而立基於整體住宅政策制訂的住宅法則必須送請立法院審議，國民黨是立法院的多數黨，當然不輕易通過由民進黨政府所草擬的住宅法。這是「政黨競爭效應」。

　　其次，長期以來國民黨的住宅政策理念認為房地產業是經濟發展的火車頭產業，不宜打壓房價傷害經濟成長。亦即，藉由房屋與土地市場蓬勃發展帶動臺灣的經濟成長。因此，並不主張介入住宅市場。事實上，建築業與房地產仲介業受僱人口與產值並未如想像中的高，比較2002年與2008年的統計資料顯示，不動產服務業在GDP總產值只增加了不到0.7%，住宅部分則不到0.07%（無殼蝸牛聯盟，2010）。這顯然是土地與住宅投資業者與政客的「政商掛勾論述」。

　　第三，國民黨基於過往執政的經驗，只知道興建國民住宅出售予需求住屋者，卻不熟悉社會住宅。這是「路徑依賴的效應」。直到2010年五都選舉，民進黨的市長候選人紛紛表態支持社會住宅，馬英九總統接見社會住宅聯盟的代表之後，定調馬政府也支持社會住宅政策，行政院才加速推動住宅法立法。這是國民黨擔心北二都失去政權的「選舉失敗恐懼效應」。

　　第四，雖然有關社會住宅的課題已經過馬總統的定調確認，朝野很快取得共識，但是，關於房地產買賣的實價登錄議題卻成為住宅法制訂的新課題。因建築業者的堅決反對，反而延宕了住宅法的立法。這是「企業界遊說壓力效應」。

三、不動產交易實價登錄

　　臺灣過往不動產市場交易價格是不透明的。購屋者並不清楚房屋市場實際價格，因為建商並未被要求依實價登錄房地產價格，建商常以哄抬房價來拉高利潤，購屋者成為任人宰割的肥羊。因此，有關平抑房價與落實居住正義的核心議題之一，就是建立不動產交易的實價登錄與資訊透明機制。不動產資訊透明，是要讓一般購屋民眾可以更清楚、方便地查詢到房

屋的歷次買賣時間與「真實」成交金額；翔實的交易資訊其實只是一個最起碼的正義要求，但在臺灣卻長期被既得利益者所綁架。直到2011年12月13日立法院三讀通過所謂的地政三法（平均地權條例、地政士法、不動產經紀業管理條例），才讓這種根深柢固的錯誤被部分扭轉。

地政三法修法通過以後，未來政府可以透過實價登錄所取得的資訊制訂整體住宅計畫、調整公告現值，並建立更健全的不動產稅制；學術界可以透過政府取得的資訊，進行更確實的不動產市場相關研究；購屋者也可以取得比較接近真實的參考價格，避免住宅市場被不當哄抬。

然而，對一般購屋民眾而言，值得注意的是，目前通過的地政三法只講實價登錄，並沒提到如何揭露。也就是說，民眾仍然處於房價資訊不透明的一方，民眾和業者雙方仍處於資訊不對稱之狀態。政府雖然可以依法以「去識別化、區段化」的方式，公布一定路段範圍中房屋的平均價格，但那並不等同「實價揭露」。更何況一條路的1號到50號，房子樓層、新舊差距之大，只公布均價，不足以作為購屋依據，民眾還是只能從業者端得知報價。即便如此，通過實價登錄已如此之難，更何況實價登錄的目的除了資訊透明、公平交易之外，不就是給實價課稅建立根據，下一步應該就是實價課稅。如果不實施實價課稅，則實價登錄就是虛晃一招，欺騙選民而已。

參、社會住宅運動風起雲湧

2009年12月10日，我國簽署聯合國「經濟社會文化權利國際公約」成為國內法。其中第11條第1款明訂「本公約締約各國承認人人有權為他自己和家庭獲得相當的生活水準，包括足夠的食物、衣著和住房，並能不斷改進生活條件。各締約國將採取適當的步驟保證實現這一權利，並承認為此實行基於自願同意的國際合作的重要性」，提供推動居住正義更寬廣的國際視野。

前述，成立不久的臺灣社區居住與獨立生活聯盟接受內政部補助，於2008年11月赴荷蘭考察家庭照顧與支持服務，並於2010年4月12-13日與瑪利亞基金會共同邀請荷蘭最大的社會住宅非營利組織阿姆斯特丹社會住宅

聯盟，來臺舉辦「荷蘭社會福利暨社會住宅國際研討會」。會議當晚，林萬億教授、住盟的陳美鈴理事長、崔媽媽基金會的呂秉怡執行長等當年一起參與整體住宅政策與住宅法推動的夥伴一起商議如何激起臺灣的社會住宅運動，一致認為社會住宅不只是住宅議題，也是弱勢者權益保障議題，宜整合住宅與社會福利團體、學者專家一起推動，且必須善用即將舉行的五都選舉，特別是確定北二都市長候選人民進黨的蘇貞昌（臺北市）、蔡英文（新北市）都會支持社會住宅，藉此施壓郝龍斌與朱立倫。2010年5月19日，都市改革組織與崔媽媽基金會來找林萬億教授商談整合社會住宅聯盟的可能性，決議立即進行社會住宅推動聯盟的策略座談。2010年5月25日，由林萬億教授主持社會住宅聯盟推動策略座談會，整合住宅與社會福利兩種不同社會運動經驗的社會團體，為社會住宅推動聯盟的成立奠下良好基礎。

　　2010年8月26日，社會住宅推動聯盟成立。發起成員包括：少年權益與福利促進聯盟、老人福利聯盟、伊甸基金會、社區居住聯盟、社會福利總盟、康復之友聯盟、都市改革組織、崔媽媽基金會、勞工陣線、智障者家長總會、殘障聯盟、勵馨基金會。公推陳美鈴為召集人，陳美鈴、呂秉怡、彭揚凱為發言人。決議以推動臺灣落實社會住宅政策，為青年及弱勢者居住權益發聲為努力目標。

　　社會住宅推動聯盟立即擬訂說帖，透過林萬億教授聯絡蘇貞昌、蔡英文競選總部進行第一波遊說。並於10月3日舉辦第一屆臺灣「聯合國世界人居日」[5]活動，公布「社會住宅說帖」。基於北二都不能輸的政治壓力，馬總統遂於同月13日接見社會住宅推動聯盟代表。當日，馬總統以追求公義的急迫感「決心」，清楚地承諾成立「社會住宅跨部會小組」，要

5　隨著各國城市化進程加快，大量農村人口向城市遷移，城市規模快速膨脹。許多國家，尤其是發展中國家，為城市人口提供足夠的住房、水、電、衛生醫療等基本設施和服務的壓力愈來愈大，人居問題日益嚴重。因此，1985年12月17日，第40屆聯合國大會通過決議，確定每年10月的第一個星期一為「世界人居日」，並每年為其確定一個主題，以喚起人們對人類居住環境和人人享有適當住房等基本權利的關注。從1989年起，聯合國還創立了「聯合國人居獎」，鼓勵和表彰為改善人類居住環境作出傑出貢獻的政府、組織及個人。

求國防部、國有財產局評估可使用土地，由內政部規劃，參酌民間意見，希冀1年內有所成效，並於會後隨即聯絡行政院吳院長告知政策立場。內政部江宜樺部長遂於2010年10月31日與11月，分別向總統與行政院長簡報社會住宅實施計畫，中央先行選定臺北市、新北市5處基地興建之（陳美鈴，2011）。

由於青年與新婚夫妻等中間選民是高房價受害最深的人口群，必是都市選戰的決勝關鍵所繫，故引發了藍綠雙方的激烈攻防，社會住宅議題如期成為臺灣有史以來選舉攻防戰主軸。另外，聯盟亦受邀於立法院財政委員會第8次全體委員會會議說明，社會住宅也首次成為立法院委員會提案重點。各大報社論亦陸續以社會住宅為專題論述。連一向支持國民黨不遺餘力、對福利國家態度持保留的聯合報也派記者群前往荷蘭、瑞典等國參訪社會住宅、社會福利設施等寫成專書（聯合報編輯部，2011），此為臺灣媒體史上罕見；這是繼臺灣公共電視臺一直努力引介這些新觀念給國人之後的大手筆。可見，長期以來，因政府放任財團養地套利，配合投機客壟斷市場，使臺灣房屋市場失靈，高房價為民怨之首，「小帝寶」[6]社會住宅新聞驚醒了社會。至此，聯盟全面啟動了臺灣有始以來住宅公共性論述，開啟了臺灣社會住宅推動的一扇窗。

此效應持續引發進入2011年，接踵而來的是中央銀行數波房屋貸款信用緊縮政策，金管會要求銀行提報不動產放款降低計畫，國稅局清查預售屋轉賣所得課稅，尤其是行政院3月通過草案，而立法院隨即於4月15日通過之「特種貨物及勞務稅條例」（俗稱奢侈稅），似乎顯示政府不再放任房市投機行為。另外，從住宅法草案的「社會住宅」、到內政部營建

6　臺北市長郝龍斌於2010年10月15日拋出利多，臺北市仁愛路三段精華區地段的空軍司令部基地未來搬遷後，將規劃蓋「小帝寶」社會住宅。但消息傳出後，不只社會譁然，行政院長吳敦義也澄清「還沒定案」，財政部長李述德也表態指出，空軍司令部這塊土地蓋社會住宅會有「標籤化」的問題，不是非常適合，目前財政部沒有研究。

署的「合宜住宅」[7]、財政部國產局的「公益住宅」[8]、經建會的「現代住宅」[9]、臺北市政府的「公營出租住宅」[10]、新北市政府的「利用現有空屋租賃住宅」，與民進黨十年政綱的社會住宅政策，皆顯示住宅議題已然成為2012年總統選舉年兵家必爭戰場（陳美鈴，2011）。

　　隨著總統選舉結束，社會住宅推動是否如期順利，前景仍然未如預期。首先，國民黨並非下定決心要推動社會住宅，而是因選舉不能輸的政治壓力而支持社會住宅。其次，政府、媒體、人民仍然對社會住宅不甚瞭解，且反對者刻意將之污名化，將之等同於貧民住宅，如同前述的居住排除效應，社區以社會住宅進入將引發房價下跌的疑慮為由，排斥社會住宅基地的興建。第三，政府以沒錢為由延宕社會住宅的規劃。顯見，臺灣要實現居住正義，還有條漫長的路要走。

肆、居住不正義

　　依內政部營建署統計，2010年，我國總家戶數為784萬0,923戶，比10年前的647萬0,255戶增加了137萬0,668戶。全國住宅存量總計為793萬4,508宅，比10年前增加了94萬1,409單位。再依2010年家庭收支調查報告，我國住宅自有率為84.9%，其中高所得組為92.9%，低所得組為76.0%，租賃或押租者占8.5%。2000年主計處人口及住宅普查的空屋率

---

[7] 內政部營建署原先將「改善庶民生活行動方案」的社會住宅稱為「平價住宅」，後來擔心與臺北市安康平價住宅混淆，而改稱「合宜住宅」。

[8] 財政部認為社會住宅既然是給弱勢者居住的，不就是等於公益住宅嗎？這是財政部從公益彩券得到的靈感。

[9] 經建會主委劉憶如聲稱政府研擬最快今（2011）年底推出「政府出地、民間興建」的「現代住宅」，希望民眾「只要租得起，就買得起房子」。政府計畫釋出靠近捷運的公有地地上權，最長可達70年，結合民間建商興建具有品質的「現代住宅」，只要符合「名下沒有任何房子」、「家庭年收入不超過一定水準」兩大條件的民眾就可購買，並享有專案優惠房貸。未來政府將設定「現代住宅」的標準規格，例如，室內實坪介於16至20坪之間、挑高3.2米到3.6米、以二加一房為主、附寬頻網路設備、含整體社區規劃、出售價格愈低愈好。這多半是經建會的突發奇想。

[10] 內政部營建署已於2012年3月雙北5處社會住宅預定地開工之前將其重新定位為只租不售的「公營住宅」。

17.6%，計有123萬0,785單位。2010年主計處的人口及住宅普查資料顯示，臺灣空閒住宅高達156萬戶，比2000年多出33萬戶。依主計處的定義空閒住宅是指待租、待售、已租、已售、尚無人居住、有第二棟以上未經常居住、因工作關係居住他處未經常居住的房屋。總之，就是指當下沒人住的房子。顯然，我國房屋存量比戶口數多了二成，這些房子不是以供人居住為主，而是供投資之用。而同時，國人至少有15%是沒自己的住宅，尤其是低所得家戶組更多人沒自有住宅。

如前所述，我國是工業民主國家中較少介入人民的住宅提供者，而任由住宅市場決定供需與價格。從1976年到1999年，我國國民住宅總計有41萬0,091戶，其中政府興建者17萬4,891戶，貸款人民自建者4萬7,407戶，獎勵投資興建者6萬7,479戶，輔助人民自購者12萬0,314戶。占2000年住宅總量的5.86%，占當前住宅總量的5.17%。而國民住宅是蓋來賣的，既已賣出就不可能再循環使用，所以，國民住宅只是短期的住宅政策（林萬億，2012）。

從2005年整體住宅政策通過以後，實施「整合住宅補貼資源實施方案」，營建署自2007年起辦理住宅補貼作業，以國民家戶所得與各種弱勢狀況為考量，對於符合規定條件者，提供「購置住宅貸款利息補貼」、「修繕住宅貸款利息補貼」、「租金補貼」，以協助其居住適居的住宅。到2010年止，總計核准13萬3,138戶，其中租金補貼10萬5,808戶為大宗。其次是購置住宅貸款利息補貼1萬9,562戶。修繕住宅貸款利息補貼最少，僅通過7,768戶（林萬億，2012）。

在停止興建國民住宅後，民進黨政府自2001年度起至2007年度止辦理「青年低利購屋貸款」，其間計核發證明3萬6,991戶，其中實際已辦妥貸款戶數計1萬5,721戶。國民黨再度執政後，於2009年政府推出「青年安心成家方案」，2年來租金補貼通過1萬6,060戶，前2年零利率購置住宅貸款利息補貼方案，通過3萬3,971戶。臺灣人民購置住宅貸款平均每筆貸放金額約550萬元，這筆金額豈是大多數人民負擔得起的。所以，最低所得組的家戶的自有住宅率才會偏低。如果貸款購屋，也是一輩子背著房貸成為屋奴（林萬億，2012）。

此外，臺灣現有社會住宅（只租不賣的公共住宅）數量僅有6,397

戶，占住宅總量0.08%，而鄰近亞洲國家各國社會住宅占住宅總量比率皆高於臺灣，如日本6.06%、香港29%、新加坡8.7%。2010年，臺北市房價平均每坪50萬元，30坪房價1,500萬元。臺北市2010年平均家戶可支配所得約129萬8,640元，全家不吃不喝要11.55年才能買得起一戶住宅。如果以住宅費用占家戶平均消費支出的四分之一，那麼就要46年才能買得起一戶住宅，亦即要兩代人工作賺錢才能還清屋款。若是中、低所得家戶組，則兩輩子也不可能買得起一戶住宅。

為了回應高房價的痛苦，2010年，行政院推出「改善庶民生活行動方案」，打算在機場捷運A7站，也就是桃園龜山興建3,960戶合宜住宅，其中5%作為出租之用；另在板橋浮洲地區推出4,480戶合宜住宅，其中10%448戶作為出租住宅。雖然合宜住宅有無自有住宅及低於臺北市50%分位點家庭之平均所得的申購條件，但其本質還是國民住宅的借屍還魂，不脫賤賣國家有限土地資源，無助於平抑房價，也無助於提供人民更廣泛的居住權保障。

同時，2010年底五都選舉正酣，內政部公布「社會住宅實施方案」第一批選址地點，包括萬華青年段、松山寶清段、三重大同南段、三重同安厝段、中和秀峰段等5處基地，面積共30,316平方公尺，預估可興建1,661戶，預定於2011年12月底前動工，完工後將優先開放社會經濟弱勢者申請租用。然而，開工期程已過，5處社會住宅基地還在抗爭中。內政部營建署預計於2012年底前開工。此外，2011年5月，行政院又准許財政部青年首購優惠可以搭配內政部青年安心成家專案，不再限二擇一，讓青年購屋最高可貸到720萬元。此一購屋優惠加碼措施，不僅意在放寬對房市的選擇性信用管制，而且無異於鼓勵青年跳入高房價的火坑，背負更高的房貸。

為了打壓豪宅，財政部開徵豪宅稅。以臺北市為例，於2011年7月開徵，清查列冊的269棟、1萬1,177戶豪宅，將提高房屋稅額。被認定的豪宅，將依坐落地點的路段率加成，增加1至2.8倍的稅額。這對租稅正義有些微幫助，但無助於平抑房價，對無自有住屋者也沒有幫助。

內政部於2011年12月5-6日進行的「民眾對於土地正義及居住正義等相關議題的看法」民意調查發現，90.1%的受訪者贊成政府推動「社會住

宅」，以低於市場的行情租給社會經濟弱勢民眾。82.3%支持除了政府興建之外，政府也可以租或購買現有的空屋來作社會住宅，或者獎勵民間興建政府推動社會住宅。73.5%支持為避免社會住宅被標籤化為貧民窟，政府在興建社會住宅時，宜採取「混合居住」原則。從這些數據看來，人民支持社會住宅的態度已非常清楚。

然而，2012年2月，剛上任未久的內政部長李鴻源對社會住宅有不同看法，除前述已定的興建計畫不變外，他認為社會住宅、合宜住宅只是住宅政策的一環，希望從更廣遠的角度思考，以國土規劃的層次及造鎮的概念，創造適合居住的環境，將基礎建設與住宅合而為一，讓人口能均勻分配在臺北市以外，環境更好的地方，而政府的任務就是再造城鄉風貌。亦即，他不只是對擴大興建合宜住宅、社會住宅的既定政策喊了煞車，也不啻重新定義了住宅政策。

同年3月30日，李鴻源部長在立法院內政委員會進行專題報告，明確表示，由於政府缺錢、空屋率高，政府將改成鼓勵「租」，而不是鼓勵「買」；利用現有空屋，而不是蓋屋。未來合宜住宅、現代住宅及社會住宅的新建，全部喊卡。未來政府將扮演房屋媒合角色，而不是供給者。

有如每逢總統大選後物價必大幅上漲一般，政府只要能撐過選舉壓力，胡亂開一些芭樂支票，選後再裝無辜地來個政策急轉彎，把責任推給社區居民抗爭、政府沒錢等爛理由。

總括，政府對住宅正義的作為仍然是微不足道的。利用有限國家土地蓋合宜住宅來販售，很像1994年李登輝前總統提出每坪6萬元的勞工住宅口號。為了配合此一政策，臺灣的土地政策亦隨之作適度的放寬，凡不屬特定農業區都市計畫內農地或重劃農地以外地區，可專案申請核准變更地目興建勞宅。然由於無利可圖，到1999年完工者只有7案4,198戶，距離5年5萬戶的目標差距很遠。連出力最多的臺糖公司也於1998年即宣布不再插手6萬元一坪之勞工住宅。這樣的場景已經在合宜住宅政策中被複製，而推動得很辛苦的社會住宅，就只好等下一次的選舉了。

看來，「安得廣廈千萬間，大庇天下寒士盡歡顏，風雨不動安如山！」（杜甫，《茅屋為秋風所破歌》）的場景，還得等上好幾年。嗚呼！何時眼前突兀見此屋，吾廬獨破受凍死亦足！

第三節　爲弱勢國民興建的社會住宅

前述我國社會住宅的存量並未包括以下要討論的弱勢人口群公共住宅。就社會住宅的原意，這些弱勢國民公共住宅也是社會住宅的一部分。我國的國民住宅政策原以滿足中、低所得家戶居住需求爲主，但政策執行上卻向中所得家戶傾斜，以致低所得家戶的住宅需求反而未被照顧到。不過，弱勢家戶的住宅提供也非完全空白，只是零星片段，茲簡述如下。

壹、平價住宅

我國平價住宅政策起於1964年11月通過的「民生主義現階段社會政策」，翌年，行政院公布施行，其中第四大項「國民住宅」第一目中明訂由政府興建國民住宅，廉租或分期出售平民居住，並加強其社會福利設施。再次確認我國的國民住宅屬社會福利性質。但是，如前所述，國民住宅的興建並非作爲社會住宅之用，才有另建平價住宅之議。

如前所述，臺北市於1949年國民黨政府撤退來臺後，湧入的政治難民和之後都市發展帶來的城鄉移民，造成都市住宅嚴重不足。據統計，1963年有違建戶5萬2,887戶，占全市人口的28.5%。爲了都市建設和防空疏散，市政府進行違建拆除的工作，並配合拆遷興建平價住宅安置貧民（臺灣省議會公報，54.8.17）。臺北市政府就在1969年於福德街廣慈博愛院後方興建福德平價住宅504戶，以收容單身老人爲主。臺北市的平價住宅政策在當時是國內僅有。臺北市之所以先於臺灣省興建平價住宅，並非是因戰後急速的人口成長，住宅供給不足，而是受到民生主義現階段社會政策的影響，平價住宅並不以違建戶爲收容對象，而是以借住低收入戶爲目的。

1972年，臺灣省開始實施小康計畫以消滅貧窮，臺北市也同步實施安康計畫。小安康計畫中明訂「以縣、市、鄉、鎮爲單位，配合社區及貧民原有建地，興建貧民住宅供貧民居住，以改善其住宅環境，避免疾病，減少致貧原因」。當年，臺北市政府於木柵興建安康平價住宅1,024戶，安置貧窮家庭。臺灣省政府亦於1974年開始就全省3萬1,906戶貧戶分年列入

施政計畫，第一年興建平價住宅3,814戶，隔年預計再建4萬3,948戶，然並未達成預定目標（詳見表15-2）。

臺北市稍後繼續興建平價住宅，1978年在萬華西園路環南市場旁興建福民平宅340戶，供低收入家庭借住。隔年又在延吉街興建平宅120戶，借予低收入戶居住。平價住宅的興建既然是依小安康計畫而來，1979年小安康計畫終止後，平價住宅也跟著壽終正寢，延吉平宅就成為末代平宅了。臺北市4處平宅總計容納6,000名低收入人口，約占當時全市低收入戶人口的五分之二。

平宅停建後，臺北市政府反轉向興建自費安養中心，在1983年蓋了第一座自費安養中心，1986年又興建成立浩然敬老院。接著，1991年開始規劃將平宅改建為一般國宅，納入一般國宅體系，並建議將廣慈博愛院現址規劃為社會福利園區，採分期方式興建老人住宅，並適時引入國宅，藉由和國宅的合建開發，進一步以交換方式在其他國宅社區設置安養中心，但因協商不成而暫時擱置。1995年，廣慈博愛院開發案再度被提出。隔年，「臺北市住宅政策總體檢報告」出爐，建議對需要照顧之低收入戶住宅問題採五項具體措施，然而到了2000年才專案報准將新建國宅保留40%給弱勢家戶租用，然成效有限。

1996年，安康住宅改建國宅協商會議建議採代建方式進行，同時提出低收入平價住宅政策兩項初步建議，未來低收入住宅政策改以發放房租補助方式，成立房租補貼基金，以所得利息發放補貼；平宅則重新定位為出租國宅之一，用以照顧列冊低收入戶，在分工上國宅處負責興建，社會局提供服務，然兩項建議均未實現。

1997年，臺北市社會局針對平宅住戶進行調查，大部分住戶均贊成平宅改建，但對於未來安置計畫不夠明確，亦感憂慮。同年，國宅處再次提出安康平宅改建計畫，同時社會局亦研討低收入戶住宅政策。由於國宅政策不明，低收入戶住宅政策亦難以有所具體作為。

1998年，社會局與國宅處合作提出「萬芳優質福利社區方案」，擬將萬芳國宅及萬芳三級C基地共計520戶國宅半數出租給弱勢者，如低收入戶、身心障礙者、原住民，由社會局提供房租津貼，使用店面的商家必須優先僱用他們。然由於地處偏僻、坪數不符、社會局難以編列租金補助等

限制，故績效亦難彰顯。

1999年以降，平價住宅改建仍然成為市府的重要課題，平宅仍傾向以改建為目標。廣慈博愛園區的規劃建議定位為組合式機構，提供連續照顧服務。福德平宅的部分則主張調整為老人公寓及單身出租單位。同年，市府社會局進行「平價住宅標（租）售所得價款成立住宅基金作為房租補助之可行性評估」，結論認為有必要由市府保留一定存量之平價住宅，以保障弱勢家庭居住權益。

2001年，馬英九市長裁示平宅除考量以都市更新方式辦理外，亦可以其他方式，如地上權之標售或標租進行；惟廣慈情形與平宅不同，應審慎處理。市府決定再度委託辦理「廣慈博愛院、福德、安康、延吉、福民等平宅改建計畫案」，詹益忠建築師事務所提出的研究結論如次（詹益忠建築師事務所，2002）：

1. 廣慈博愛院、福德平宅、安康平宅均採全部重建，作為社會住宅及社會福利設施使用，現住戶以原地安置，提供原地過渡服務。
2. 延吉平宅全部重建，作為社會住宅、社會福利設施，以及商業使用，現住戶採異地安置，或原地安置，提供原地過渡服務。
3. 福民平宅全部維護，作為社會住宅與社會福利設施之用，現住戶採異地安置為宜。

廣慈博愛院暨福德平宅市有土地再開發利用案，簽奉馬市長核定由社會局委託專業廠商進行BOT案之可行性評估至招商完成等事宜，並成立「廣慈與平宅改建BOT案」專案小組，本案市有土地規劃興建社會福利設施、公園、停車場及商業設施，本招標案已於2005年2月5日公告招標。至此，臺北市的廣慈博愛院暨福德平宅進入新的土地開發階段。關於廣慈博愛院改建案後續發展，已於本書第十章討論，在此不贅述。

臺北市首先興建平價住宅，造福了部分低收入戶，但也面對平宅問題的嚴苛挑戰。首先是平宅污名化，被當成是貧民窟；其次，擔心產生貧窮次文化現象，以及社會排除；第三是改建困難，造成居住品質低落；第四，都市景觀的不協調，平宅夾雜於高級住宅區內頗為刺眼；第五，供給量也不足，造成不公平；最後是都市土地利用的不經濟。

隨著臺北市長郝龍斌重視都市更新，臺北市政府隨即積極推動「安

康平宅社區改建公營住宅計畫」，於2011年底通過都市計畫變更，預計於2012年底完成第一期基地的規劃設計，2013年辦理施工招商作業。然而，安康平宅現住戶皆為低收入弱勢者，周邊社區與外界對於公營出租住宅也都有污名化的疑慮。再加上士林「文林苑」都市更新案，其中2戶王姓人家因不贊成加入由樂揚建設公司推動的都更案，卻被市政府於2012年3月28日凌晨動用800名警力掩護強制拆除王家百年祖厝，引發社會一片撻伐，認為市府違法圖利建商。臺北市長郝龍斌受到極大的輿論壓力，遂於2012年3月30日緊急宣布暫停所有委請市府拆除拒遷戶的都更案，共有33戶得以緩拆。

可以預見的是，「安康平宅社區改建公營住宅計畫」若不能保障弱勢居民的居住權，整合社區意見，形成共識，必然也將引發社區居民與臺灣都市更新受害者聯盟的強烈抗爭。

貳、原住民住宅

1973年，政府也開始注意當時稱為「山胞」的原住民居住問題，全額補助偏遠地區的山胞住宅，由政府出資，山胞出地，政府代為興建的鋼筋混凝土造平房，最具規模的堪稱蘭嶼的山胞住宅。蘭嶼分4個村，以戶為單位，每戶興建住宅一間約12坪，含廚房、浴室、兩臥室、一客廳。興建完成後，蘭嶼達悟族居民原先以穴居的生活方式被迫改為地面居住，加上氣候炎熱，混凝土屋夏天悶熱，居民大多不習慣，當時有些居民還偷偷住回穴居住屋。蘭嶼的住宅興建未考慮居民的生活方式，以及未搭配蘭嶼原住民社區的建築特色，就原住民國民住宅的興建來說，實是一大敗筆。

除了早年蘭嶼的原住民住宅外，事實上，都市原住民住宅的問題也一再被搬上政治舞臺討論。例如，臺北市雞南山的原住民聚落、臺北縣三鶯橋下的原住民聚落、臺北縣新店小碧潭的原住民聚落、臺北縣新店溪洲路的原住民聚落、臺北縣林口的原住民聚落，以及在2000年前後鬧得沸沸揚揚的臺北縣汐止花東新村，這些都市邊緣的原住民移居聚落都面臨違章建築、缺水、缺電、缺門牌、交通不便等問題。由於原住民遷徙來到都市之後，購屋或租屋是一大經濟負擔，因此，群居都市邊陲，用簡易建材，

如板模、三夾板、貨櫃、廢棄建材等築巢，特別是建在山坡地、行水區、水利地等。其拆遷過程每每面對嚴重的抗爭，最後不得以只好將違建拆遷戶安置於國民住宅，如臺北市東湖國宅、臺北縣新店中正國宅、汐止花東新村等。汐止花東新村原為來自花蓮、臺東的原住民違建聚落，搭屋於白瓠仔湖地區，因該地屬高鐵迴車場，於高鐵動工後必須遷移，居民不願離去，屢次抗爭。中央政府原住民委員會只好購置原住民住宅於汐止市區，安置花東新村原住民違建拆遷戶，之後交由臺北縣政府原住民行政局管理。

1998至2004年，訂定「整建原住民部落生活新風貌計畫」，預定每年輔助建購住宅貸款500戶、修建住宅貸款100戶，每戶最高貸款額度分別為220萬5,000元，比照國宅貸款優惠利率計算，利率差額由政府編列預算補貼。2000年5月民進黨政府上臺後，又提出「輔導民間興建都會區原住民集合式住宅」，是針對都市原住民的住宅輔建政策，用意在改善都市原住民的住宅問題，且隱含鼓勵原住民群集居住。此外，行政院原住民族委員會於2001年4月訂定「輔助原住民建購、修繕住宅貸款處理要點」。為了協助1999年921地震受災原住民家庭重建，原住民委員會於2001年1月訂定「原住民住宅重建獎勵補助要點」與「九二一震災原住民聚落重建計畫非受災遷住戶專案貸款作業要點」。2002年3月又訂定辦理「中低收入戶原住民建購、修繕住宅補助要點」。2003年又訂定「都市原住民中低收入戶家庭租屋補助作業要點」。總計，2002年輔助建購住宅240戶、輔助修繕住宅貸款35戶、中低收入戶建購住宅補助209戶、中低收入戶修繕住宅補助213戶、中低收入戶住屋租金補助771戶。2003年輔助建購、修繕住宅貸款387戶、中低收入戶建購住宅補助275戶、中低收入戶修繕住宅補助243戶、中低收入戶住屋租金補助1,756戶。

地方政府也針對原住民住宅問題提出解決方案，如臺北市將東湖國宅的C、D基地專門出租給設籍北市的原住民承租，其中E基地是安置臺北市內湖成功路二段原「快樂村」住戶以及德明商專後的違建戶，共33戶；而C基地則出租給臺北市其餘無自用住宅的原住民使用，共46戶。東湖國宅原住民安置戶的月租每戶約1萬元，相較於臺北市的房價，租金雖然不算高，但對原住民家庭而言，也是一筆不小的負擔。東湖國宅租期有規定，

屬短期性質（吳宏霖，2001）。

臺北縣政府也於新店中正國宅撥出56戶，安置大漢溪河床的原住民違建戶，以及臺北縣無自有住宅之原住民承租，租金每月4,000至5,000元。臺北縣新店中正國宅每四年換約一次，期滿並無解約之強制性。

此外，臺北縣政府也在本人擔任副縣長時，於2001年起編列預算，於三峽隆恩埔興建原住民短期住宅146戶，以安置大漢溪（三鶯部落）、新店溪河床的原住民違建戶，以及臺北縣無自有住宅的原住民短期居住。隆恩埔原住民住宅拖到2007年才竣工，但是，由於三鶯部落的原住民遷入意願不高，因此，開放部分臺北縣中低收入原住民入住。遺憾的是，2008年2月21日，臺北縣政府警察局無預警地護衛臺北縣拆除大隊拆除三鶯部落，強制拆除尚未遷居隆恩埔、也尚未簽下自行搬遷切結書的住戶，引發族人與關心原住民權益的社會團體抗議。原先規劃隆恩埔原住民住宅是希望讓散居在河川行水區的都市原住民先有個低租金的短期出租住宅，再輔以就業輔導、文化傳承、學童教育、家庭支持、健康促進等綜合服務，協助原住民慢慢地在都市中立足。然而，由於政黨輪替，臺北縣政府原住民行政局把隆恩埔原住民住宅經營得像一般的平價國民住宅，每月的租金從單人套房的2,267元，到24坪三房一廳的6,048元不等。然而許多居民收入不穩定，積欠租金。但住戶在與原住民行政局的租約上有「滯納金」條款，從2%到60%，欠租第一個月要繳租金2%、第二個月提高到4%，一直累加到60%。住戶逐月欠下來，滯納金如循環利息般不斷累計，下一個月的租金又還是繳不出，逐日債臺高築。不只如此，如果逾期未搬遷還需繳1.3個月租金的強占費制度，造成居民強烈反彈。本是用來協助窩居行水區的都市原住民的社會住宅計畫，卻變成一個瓦解部落的偽善的美麗城市空想，這是曾參與該規劃的本人始料所未及的。缺乏社會住宅的觀念，把原住民當成一般房客，很難解決都市原住民居住問題。

根據行政院原住民族委員會中程施政計畫（99至102年度）賡續辦理「原住民住宅改善計畫」，補助地方政府辦理原住民中低收入戶建購住宅費用補貼每年計520戶、修繕住宅費用補貼每年計230戶。另訂定「部落遷建計畫」，輔導地方政府辦理部落遷建2處，遷建戶數142戶，針對居住於不同區域及受災區之原住民居住需求，規劃辦理因地制宜的輔導措施，以

落實改善原住民居住品質。

參、勞工住宅

國民政府遷臺以來,與勞工有關之公共住宅首見於1953年的克蒂颱風造成的災害,其中基隆碼頭工人受害尤重。政府乃在美援的支持下,貸款給基隆災民自建每戶8坪的住宅102戶,分10年無息按月攤還,以減輕受災工人的負擔。而眞正屬於勞工住宅之發展者,其發展如下:

一、1954年,高雄碼頭工人仿效基隆碼頭工人,亦興建住宅54戶;1957年再運用美援贈款及高雄市碼頭工會福利金,興建勞工住宅96戶。

二、1954年,配合美援興建礦工住宅160戶,每戶造價1萬元,以自助方式興建,分10年無息攤還。1955年與國宅配合,再興建礦工住宅80戶,隔年,再興建40戶。

三、1959年,政府爲統籌國民住宅,將勞工、農民、漁民、市民及公教人員等納入國民住宅中,依情形分配國民住宅,並依照國民住宅興建貸款條例的規定,申購興建住宅。

四、1970年,行政院頒布「加強勞工福利重點措施」,其中有關勞務工住宅部分,開辦輔助勞工建構住宅貸款。

五、1973年,行政院公布「保護勞工權益,改善勞工生活方案」,有以下做法:決定提高目前省市地方政府國民住宅貸款中的勞工住宅分配比例;各廠礦職工福利設施應以勞工住宅爲重點;廠礦事業單位於創立時應同時考慮單身勞工住宅興建;以及修正現行輔助公教人員興建住宅辦法,其輔助對象應恢復包括低收入的工友、技工及司機在內。

六、1977年,內政部爲改善鹽工住宅,以美援基金與鹽工福利金興建60戶,隔年再興建100戶。

七、1978年,內政部實施「加強員工職工福利設施計畫」,其中有關住宅部分有三:在國民住宅中增加勞工住宅之名額至5,000戶,並放寬住宅貸款之限制,提高貸款額度與延長還款年限,並降低貸款利息;在事業單位則增建勞工住宅、輔助勞工建購住宅,若事業單位於設廠時同時規劃興建勞工住宅,政府將給與優惠貸款;運用勞工保險基金,透過公營銀行

貸款興建勞工住宅。

八、1980年，行政院通過「加強勞工住宅福利重點措施方案」，目標每年興建或貸款興建勞工住宅1萬戶，包括興建之國民住宅至少保留5,000戶先核定給勞工家庭；另撥款30億貸予勞工購置住宅。這也就是往後每年輔助勞工住宅貸款的肇始。

九、1990年，行政院核頒「解決當前勞工住宅問題措施」，規定每年至少貸款勞工購置住宅1萬戶，其優惠條件比照國民住宅方式辦理。

十、1994年，為解決全國勞工住宅問題，李登輝前總統提出每坪6萬元的勞工住宅口號，但是以當時的地價與建築費用，可建2、3層樓房屋的建築成本一坪絕對超出6萬元以上。為了配合此一政策，我國的土地政策亦隨之作適度的放寬，凡不屬特定農業區都市計畫內農地或重劃農地以外地區，可用低等則農地5公頃以上專案申請核准變更地目興建勞宅。由於申辦手續繁複且無利可圖，因此，勞工住宅集中在中南東部興建，其中又以臺糖釋出的土地為最，包括臺糖與太子建設在臺南新市鄉所建的永新勞宅870戶、臺糖與福興育樂公司在花蓮壽豐鄉所建的500戶、臺糖與臺鳳公司合作的雲林縣斗六溝子墘農場勞宅600戶、彰化鹿港鎮富麗大鎮608戶、屏東麟洛鄉隘寮溪農場勞宅社區400戶。此外，尚有私人土地核准興建之宜蘭五結鄉清水大鎮484戶、嘉義太保市嘉義花園615戶、花蓮吉安鄉永興全民花園280戶、臺南佳里鎮家安開喜城社區599戶等，總計有23案通過審查，於1999年完工者只有7案4,198戶，距離5年5萬戶的目標差距很遠。臺糖公司也於1998年即宣布不再插手6萬元一坪之勞工住宅（陳沛郎，1997；林慧婷，2000）。

為整合住宅補貼資源，建立公平合理之住宅補貼制度，提升居住品質，行政院業核定自2007年起各項政策性住宅貸款移由內政部營建署統籌規劃辦理，勞委會輔助勞工建購及修繕住宅貸款業務自2008年1月1日起移由內政部營建署主政。

肆、農漁民住宅

　　早期農漁民住宅的輔建多透過臺灣省政府農林廳來輔導推動，其中最主要的做法是低利貸款給農戶興建或興建住宅。有鑑於農村人口外移、人力老化、農業設施閒置，因此，自1975年起才有農村綜合示範村之規劃，其計畫沿革如下（林孟慶，2001）：

一、農村綜合發展示範村（1975年～1979年）

　　由中國農村復興聯合委員會與臺灣省政府農林廳主辦，重點在於擴大農場經營規模、農事、四健、家政三部門聯合輔導，以及生產、生活環境之改善。

二、現代化農村發展計畫（1979年～1985年）

　　由行政院農委會與臺灣省政府農林廳主辦，重點在於農村領導人才培育、農民心理建設、農村生活環境改善，以及農業生產設施改善。

三、農宅改善五年計畫（1982年～1985年）

　　由行政院農委會、臺灣省政府農林廳、住都處主辦，包括農宅新建貸款、農宅整建貸款、補助低收入農戶整修，以及農宅改善示範。

四、農宅及農村社區環境改善計畫（1985年～1991年）

　　由行政院農委會、臺灣省政府住都處主辦，包括農宅改善（含新建、整建、補助低收入戶整建）、農宅周邊環境改善（巷道、排水溝、環境美化、綠化等小型工程）。

五、農村社區更新計畫（1987年～1991年）

　　由行政院農委會、臺灣省政府地政處主辦，包括農村地及重整交換分合、公共設施規劃建設，以及住宅整建。

六、改善社區環境實施計畫（1991年～1997年）

由行政院農委會、臺灣省政府農林廳、水保局、漁業局、改良場、地政處、行政院原住民事務委員會主辦，包括農村綜合發展規劃及建設、農村社區更新規劃及建設、農民住宅輔建，以及濃漁村社區實質環境改善。

七、建設富麗農漁村計畫（1998年～2000年）

由行政院農委會、臺灣省政府農林廳、水保局、漁業局、改良場、地政處、行政院原住民事務委員會主辦，包括農村綜合發展規劃及建設、農村社區更新規劃及建設、農民住宅輔建、農漁村社區實質環境改善、發展農漁產業文化，以及發展休閒及都市農業。

八、農村新風貌（2000年～）

由行政院農委會、中部辦公室、水保局主辦，包括農村聚落重建、改善農村生活環境、協助建構農村新生活，以及塑造農村聚落綠色建築特色。

其中有關新建農漁住宅部分，依國民住宅條例辦理，由國宅基金項下核貸。農漁住宅修建，則由農委會特於農業發展基金項下成立「輔導修建農宅專案貸款」，協助農漁民整修住宅6,680戶。補助低收入農漁戶整修住宅，從1991至2000年總計補助1萬0,224戶，每戶10萬元。

伍、老人住宅

有鑑於我國人口老化的來臨，內政部於1990年6月頒布「80年度獎助建立老人公寓改善老人居住實施計畫」，獎助各級政府及民間團體興建、籌設老人公寓後，開啓了我國以老人公寓解決老人居住問題的政策之始。臺灣的老人公寓性質上屬於出租的集合式老人住宅（Congregate Senior Housing）。

一、公共老人公寓

高雄市政府首先於1993年8月於所屬高雄縣燕巢鄉深水坑的高雄市立

仁愛之家興建完工「老人公寓松柏樓」，算是全國首座老人公寓。1995年高雄縣政府在鳳山市興建老人公寓「松鶴樓」。1996年臺南市政府在五期重劃區興建老人長青公寓。1998年臺北市政府興建陽明老人公寓，2005年再推出朱崙老人公寓。2001年臺北縣政府也在五股水碓興建老人公寓一棟。

　　高雄市的老人公寓實際上是坐落於原高雄縣的燕巢鄉，而且是在原有6棟公費安養、2棟自費安養、1棟養護所之外，加蓋的一棟老人公寓。由此觀之，老人公寓在區位上是仁愛之家的一部分，實質上，老人公寓由仁愛之家代為管理，屬公辦公營。老人公寓有101戶，單人房23戶，雙人房62戶，夫妻房16戶，可供180位老人居住。入住條件為60歲以上，戶籍設在高雄市1年以上，有繳費能力，無法定傳染疾病，身心健康能自理生活者。開辦之初，入住費為保證金2萬，每月伙食費2,600元，單人房房租4,000元，雙人房房租每人2,000元，夫婦房每月4,000元。由於位居高雄市立仁愛之家內，人事、醫療、活動均與仁愛之家共用。曾思瑜（1995）的研究發現，老人公寓除了收費比仁愛之家自費安養稍貴外，雙人房的使用坪數甚至比老人福利機構還少，設計、儲藏空間、裝潢等均被住戶詬病，亦未對住戶進行嚴格之身心機能評估（曾思瑜，1995）。就在地老化與去機構化的角度來看，高雄市的老人公寓實在不是一個好的範例。首先，遠離原居住地有段距離；其次，與仁愛之家在一起，雖名為老人公寓，但難擺脫仁愛之家機構化的陰影；且與自費安養差異不大，實看不出當時有在仁愛之家內興建老人公寓的正當性。

　　高雄縣老人公寓松鶴樓，自1995年起即委託財團法人佛光山慈悲基金會經營，是典型的公設民營福利設施。老人公寓可容納180位老人，年滿60歲（同住之配偶不在此限）以上，未患有傳染病、精神病，身心健康足以自理生活，且有繳費能力者，均可申請進住。公寓分單人房90戶、雙人房80戶、特別套房10戶。2003年7月的進住率是77.8%。房租是預繳保證金10萬元，每月單人房9,500元，雙人房單人住11,500元，雙人房雙人住13,000元，特別套房16,000元。高雄縣的老人公寓比較吻合在地老化、去機構化的老人住宅安置。

　　臺南市長青公寓於1996年至2006年11月間，委由財團法人臺南市臺灣

首廟天壇經營管理，之後收回市府自行經營。

臺北市陽明老人公寓以公設民營模式委託「財團法人恆安老人養護中心」經營管理，寓址在陽明山仰德大道上，毗鄰文化大學，提供單人套房、雙人套房共102間。房租每月單人房16,800元起，雙人房25,400元起，保證金60,000元起。朱崙老人公寓委託永和耕莘醫院經營，提供單人房21間、雙人房24間。房租單人房每月18,000元起，雙人房24,000元起，保證金54,000元起。

臺北縣五股老人公寓位於五股鄉水碓社區內，緊臨水碓觀景公園，由臺北縣政府委託財團法人私立廣恩老人養護中心辦理，共有小套房（5.7坪）48間、大套房（7.8坪）23間，可居住94人。

值得思考的是，政府興建的集合式老人住宅到底該不該設定入住者的所得門檻。如果只要吻合戶籍、年齡、身體狀況、繳費能力就可申請進住，萬一進住的老人都是中高所得者，等於是政府蓋公寓，卻低價租給中高所得老人居住，這有違社會住宅政策資源分配的公平正義原則。但政府如果租給低所得者，就必須補貼房租，通常政府會擔心財政負擔，而要求自付能力，這是一個困局。原則上，政府不應該將公共住宅售、租給中高所得的國民，這些國民所需住宅應優先由民間住宅市場提供。政府的公共住宅政策應以中低所得家庭作為標的人口，而既然目標是中低所得家庭，就不可避免地要提供租金或貸款補貼，這才能彰顯將社會住宅視為是一種社會福利的所得重分配功能。我國老人公寓的情況非常類似國民住宅，在目標的設定上拿捏不定，造成公共住宅商品化，與民間住宅市場搶客戶，而真正的中低所得家庭買不起或租不起公共住宅，使得不論是國民住宅或老人公寓都是成效不彰的。

二、民營老人住宅

2001年5月起，行政院積極推動「照顧服務產業發展方案」。該方案推動的背景是因失業率的攀升與老人照護需求的增加。方案中的第2大項「引進民間參與機制，充實多元化照顧服務支持系統」，第5小項提到「推廣住宅無障礙空間觀念與技術開發」，以及第8小項提及「研議管理社區照顧住宅之規範，滿足失能者居家安養需求」，這是少數與老人住宅

有關的具體措施。

2002年，內政部委託臺灣經濟研究院完成《我國高齡化社會對策——促進民間企業投資安養產業之探討》研究報告，建議政府應鼓勵民間資金投資老人住宅安養護設施，容許民間以營利形態經營老人安養護服務事業，以滿足老人多元化的需求；放寬老人安養護住宅之限制，並對老人安養護住宅之界定給與明確規範；將民間投資老人安養護設施產業列為促進民間參與公共建設法之重大公共建設範圍，俾以各種優惠獎勵措施增加民間參與公共建設誘因。該報告把老人住宅與安養護機構混為一談，只重鼓勵民間參與公共建設，不見以老人為中心的住宅思考。重度失能老人的機構式照顧還是很難被完全取代，只能期待小型化、社區化、住宿化。首先要住宅化的是過去常見的老人安養設施。但是，非協助型老人住宅（Unassisted Accommodation），例如，獨立生活的退休社區（Independent Living Retirement Housing），這些老人住宅提供給生活自理能力尚佳的老人購買或承租，根本不需要政府獎勵投資，政府要煩惱的是那些無力購買或承租住宅的老人居住問題。

於是，2003年1月15日，行政院促進民間參與公共建設推動委員會舉行第一次會議，決定將老人安養中心列為內政部優先推動之公共建設。內政部考量以老人安養中心為名辦理促進民間參與公共建設，會受制於老人福利法第12條規定民間團體必須辦理財團法人登記，將降低營利事業財團參與之意願，遂將促參名目改為「老人安養設施」。2003年3月26日，內政部召開公聽會，邀請社會福利界參加，決議再將「老人安養設施」先界定為「老人住宅」。至於其他老人福利機構是否也納入促參，因涉及人身照顧，關係到價格控制及照顧品質，對開放民間營利事業經營尚有疑慮，暫不納入。

2003年8月，內政部草擬「促進民間參與老人住宅建設推動方案」。同年10月，鑑於社會福利學者與社會福利團體，包括本人在內均質疑「照顧服務產業發展方案」重產業輕福利，經建會為平衡福利與產業，將「照顧服務產業發展方案」更名為「照顧服務福利及產業發展方案」。接著12月29日，內政部營建署將「建築技術規則」中之「建築設計施工篇」增訂第十六章老人住宅專章，並頒布「老人住宅基本設施持設備規劃設計規

範」。同時，內政部在缺乏老人福利法的授權下，2003年12月31日也通過規範老人住宅興建核准、營運登記、經營管理的「老人綜合住宅管理要點」。

接著，2004年1月12日，內政部配合農委會修正「非都市土地申請變更作為社會福利設施使用事業計畫審查作業要點」，同年5月13日，行政院核定「促進民間參與老人住宅建設推動方案」（核定本）。據此，經濟部商業司增列「老人住宅業」的公司名稱。2005年2月23日，促進民間參與公共設施法施行細則第8條第1項增訂第3款「其他經中央目的事業主管機關認定之社會福利設施」。政府為了鼓勵民間參與老人住宅建設推動，動作頻頻，且腳步快速。

從此，獎勵民間參與公共建設之老人住宅業，只要投資達1億5,000萬元以上，即可享有以下租稅優惠：

1. 最長5年免納營利事業所得稅。
2. 部分設備或技術及研發支出可以抵減當年度應納營利事業所得稅額。
3. 營建施工與訓練設備及零組件進口免稅。
4. 特許經營期間免地價稅、房屋稅、契稅。

除了租稅優惠之外，老人住宅還可享受排除土地取得障礙、提高容積率、低利貸款、抗爭排除、供需資訊取得等之實質利益。政府以3年為期，試辦後專案評估再決定後續。

隨著人口老化，我國的房屋市場的確有潛力發展出租或售予老人居住的非協助型老人住宅，例如，獨立生活的退休社區、集合型老人住宅等。政府介入這類住宅的必要性相對低，只要有利可圖，建商自然會投入這類住宅的開發。這類住宅不因住戶是老人就歸類為社會福利的範圍，就像很多人家裡有老人，他們所居住的住宅也不列入老人住宅一樣。我國的老人自費安養幾乎也都可歸類為這種不需協助的居住形態，只是部分自費安養機構並未完全機構化的管理。既然是自費安養，就表示住戶經濟條件不差，除非不能獨立生活，否則政府無須介入，也自然不宜以老人安養機構法規來限制它的成長。至於針對社會照顧對象提供的需協助的居住（Assisted Accommodation）安排，不論是採在宅支持（Support in Housing）或

支持性住宅（Supported Housing），均可歸給長期照顧計畫來處理。也就是長期照顧計畫要開發的老人住宅議題是住在家裡的失能老人的住宅改善，以及將長期照顧機構儘可能住宿化，而非病床化。

然而，企業界已相準老人住宅這塊大餅，積極介入。其中最引人注目的案例是財團法人長庚紀念醫院投資的長庚文化養生村。長庚文化養生村性質上屬於連續照顧型退休住宅（Continuing Care Retirement Housing），提供給生活自理能力稍好，但逐漸有長期照顧需求的老人承租，老人在還能獨立生活時，租住在老人住宅，一旦生活自理能力衰退則轉入附設的護理之家，而需要醫療照顧時則住進策略聯盟的長庚醫院。這結合了集合式老人住宅、護理之家及醫院的照顧模式。

林口長庚文化養生村所在地原先為景觀保護區，當年王永慶先生以廉價購入。早在1994年即規劃準備辦理大型老人養護設施，而獲內政部都市計畫委員會同意變更為醫療專用區，但因不符老人福利法規定的上限300床而作罷。於是再思變更為養生文化專用區，準備興建老人住宅，讓長庚集團得以從老人住宅到護理之家、慢性病床、急性病床連續一貫的醫療照顧事業。但礙於法令規定，又欲取得國家租稅與獎勵優惠，於是搭上行政院「照顧服務產業發展方案」列車。長庚集團直接找上當時的經建會李高朝副主委，要求將老人住宅納入前述的照顧服務產業發展方案中。然因必須修正老人福利法，曠日廢時，且社會福利學者與社會福利團體，包括本人在內多半反對老人福利營利化。於是透過立法院王金平院長出面協調，要求內政部作為主管機關，依老人福利法第15條第1項第3款鼓勵民間興建適合老人居住之住宅，並採綜合服務管理方式，專供老人租賃（吳春靖，2005：24）。

長庚「養生文化專用區」於2003年4月29日經內政部都市計畫委員會變更成功。事實上，長庚在未通過變更之前，已經在2000年3月以興建護理之家之名動工興建。長庚養生文化村第一批A棟706戶，於2004年底完工進住。持續將興建四區3,787戶（吳春靖，2005：30）。然而，在長庚養生文化村第一批入住情況不甚理想後，王永慶已承認計畫成果不如預期，讓自詡價位低廉、規模宏大、有醫療設施做後盾、穩賺不賠的長庚養生文化村一開張就鎩羽，王永慶決定延緩規劃中的嘉義、宜蘭2處的養生

文化村，評估認爲是因國人在家庭中養老傳統觀念牢不可破使然。

　　長庚養生文化村的推出試圖以其雄厚的醫療資源做後盾，從老人住宅、護理之家、慢性病床、急性病床、門診連續一貫的醫療照顧體系優勢，從使用者的角度來看，的確可吸引擔心老人醫療照顧負擔的家屬的興趣，把老人安排居住在這裡，就不用擔心醫療照顧問題。但是，一旦35公頃開發完成，且入住額滿，將近6,000位老人居住在此一類似美國連續照顧的退休社區，固然收費不是非常高（14坪單人每月18,000元管理費，外加1年管理費的保證金；22坪單人每月26,000元管理費，外加1年管理費的保證金），但是，除了離鄉背井、人地生疏，與在家養老或是落葉歸根的傳統觀念不符外；大型住宅社區爲講求效率而有的集體性、標準化管理，本不易被在乎個別差異的老人所喜歡；倘若有人遭到細菌感染，如流行性感冒、禽流感、SARS等，極容易造成集體感染，疫情不易控制；又老人死亡的悲傷也容易形成集體傳染，經常聽聞隔壁幾號房的老人轉入護理之家，或是要幫哪位老人治喪，所產生的經常性、持續性悲傷經驗，並不利於老人的社會與心理健康。

　　其實，民間建築、保險、醫療業者覬覦這類銀髮產業市場已久，早期如1991年太平洋建設的北投「奇岩居」老人住宅（1999年結束營業）。1992年潤泰建設的「淡水潤福生活新象館」老人出租住宅300戶，入會保證金依入住坪數多寡而不同，從500萬元到1,000萬不等，管理費一人每月17,000元，兩人每月29,000元。在押金退還方面，2年內退9成，滿2年全數退還，若2年內往生，也是全數退還。之後，潤泰建設又興建位於新店大臺北華城別墅區的新三代出租住宅共88戶，提供3房2廳到4房2廳的單位，每戶押租金約700至1,200萬元，管維費以戶計價每月25,000元，如果搭伙每人每月另繳6,000元，吸引雙薪三代家庭及頂客族入住。

　　1995年，奇美企業集團所屬的樹河社會福利基金會在臺南關廟興建的「悠然山莊」，超過9甲遼闊的庭園休閒空間，配上2,300坪仿歐式建築，只容納80戶100人，非常舒適。悠然山莊單人每月28,000元加押金15萬，雙人每月4萬加押金30萬，比起五星級老人豪宅應屬「平價」，但負擔得起的老人也不多。悠然山莊試圖營造獨立生活退休社區的概念。

　　2004年，臺北市萬華區西園路的「永越健康管理中心」，提供休閒、

健檢、醫療照顧一貫的服務，走的是金字塔頂級的高價位路線，光是月費單人房12萬、雙人房20萬，這一社區完全與西園醫院結合，提供的服務與五星級飯店相當。土地向榮民工程公司承租30年，斥資10億元興建地上9層的大樓，總計75間套房、規劃90床；入住無年齡限制，保證金為單人房888萬元，雙人房1,500萬元，每月管理費分別為12萬元及20萬元。

而真正屬於促進民間參與老人住宅推動方案者至2005年為止，僅有於2004年4月成立於高雄縣鳳山的躍震企業股份有限公司一家，在屏東市歸來段投資5億4,107萬餘元，興建單人房180間、雙人房80間的老人住宅專案，名為奈良山莊。於2005年4月動工，工期1年半後完工啟用。後來也變更計畫，改為以全齡化「萬年青三代融居別墅」形態推出，已非原申請作為老人住宅之用，房屋出售給一般家庭，對象已不限高齡者。至此，一股以老人住宅為營利標的風潮在雷大雨小中不了了之。

促進民間參與老人住宅推動方案之所以詢問者眾，投入者寡，一方面業者歸咎於促參的行政程序太過複雜（吳春靖，2005：63）；二方面是有鑑於長庚養生文化村的不成功。否則如果有利可圖，即使行政程序再複雜，也阻擋不了業者的營利企圖，如長庚般地利用民進黨政府急需業績的弱點，採政商關係施壓差點得逞。

這些都是以大手筆，動輒上百戶到數千戶，以及高價位為號召，誤認這是一大商機。當然，有人出得起價格住高級老人住宅，就會有市場，但是，即使是高價位老人住宅，走向大型化也絕非好事，其弊端已如前述；即使需協助的照顧住宅若與醫療事業綿密結合，很容易走向醫療化，明顯與社會照顧的美意背離。如果政府又以鼓勵民間投入照顧服務產業之名，拿人民稅收去優惠這些高價位的老人住宅興建，那就更違反社會正義了。這不是政府應該要介入的照顧服務產業政策的重點。何況說，這些以老人住宅之名經政府獎勵優惠，興建完工之後得將產權出售，就會落得與之前的國民住宅或最近的合宜住宅政策一樣，圖利中上階層的國民與建商而已。

內政部為管理老人住宅，乃修訂「老人住宅綜合管理要點」。其中關於老人住宅是否可販售，多所爭議。建築業者以老人住宅興建若只租不賣，無法誘發銀行業者貸款興建，房地產投資者裹足不前，建築業者亦無

利可圖爲由，要求開放老人住宅自由買賣。然而，既是政府依鼓勵民間參與照顧服務產業之獎勵投資相關規定獲得免稅、土地變更等優惠之老人住宅，若能出售，必然成爲投機商品，是鼓勵建築投資，而非爲老人興建住宅，良法美意盡成「豺與狼的樂園」。於是，在本人與社會福利團體的堅持下，決議「經以優惠措施鼓勵興建之老人住宅之居住單元，專供租賃。民間以自有土地興建老人住宅，未享有政府提供優惠措施者，由市場依供需法則進行興建、租售」，堵死財團藉由興建老人住宅要求變更地目、買賣國有土地、取得免稅優惠後，隨後將之販售圖利的企圖，但又不失引導民間自行開發興建老人住宅之號召。只是，所謂3,000億的老人住宅產業商機，恐怕不如財團、醫療業者所想像的利多了。

陸、受暴婦女庇護住宅

當我國家庭暴力防治法尚未立法通過的1992年，福利首善之區的臺北市就已委託善牧基金會辦理全國第一所「受暴婦女緊急短期庇護中心」——安心家園，安置遭受家庭暴力的婦女，以及其未滿12歲的子女。1996年又委託設立中長期的安置中心，提供需要較長期安置的婦女有一緩衝的住所。2001年復委託勵馨社會福利基金會設立特殊境遇婦女緊急短期庇護中心，除安置遭受家庭暴力之婦女及其子女外，也擴及遭性侵害、被遺棄、遭變故暫時無居所急需緊急安置之婦女。2003年6月，前述第一所庇護中心重新整建中，目前臺北市對受暴婦女提供庇護的住宅有2處，總床位爲45床，入住者食宿免費，短期庇護者可居住3個月，中長期庇護者最多可住2年。

本於緊急安置、女性受害經驗分享，以及相互扶持的目的，這樣的住宅有其必要性。然而受限於住宅格局，受暴婦女及其子女往往必須與他人共用一房，除非受害者一家人人數正好符合一戶的收容量，或空床位稍多時，才可能有獨立、隱密的私人空間（劉淑翎，2003）。像類似的住宅在臺灣的其他縣市都有需求，而且應有多元的規劃，以滿足不同的受害對象之需求。目前各縣市有受暴婦女庇護住宅的有勵馨基金會的8個庇護安置所、善牧基金會的5個受暴婦幼庇護家園。

目前有能力提供單親婦女住宅的縣市也非臺北市莫屬。臺北市政府於2000年在原來的單身女子公寓開辦「慧心家園」，一方面回應市議會關注福利實施的「弱勢優先」原則，另方面落實馬市長照顧女性單親家庭及其子女的政策。根據「慧心家園」規劃的目的是期望提供正經歷生活適應危機的單親家庭一個過渡性的住宅，以便她們面臨生活、心理與社會適應問題時有一個暫時性的避風港，在家園具有保護性的環境中居住一兩年時間，來降低其家庭危機，準備重返職場，安頓生活，迎接新生活。「慧心家園」的設立是模仿日本「母子寮」的做法，提供低收入單親家庭經濟保護與住宅，以便此家庭能繼續發揮功能，協助幼兒健全發展，緊急庇護，安定住所（鄭麗珍，2002）。

　　「慧心家園」最大容量為120人，但房間大小為3房2廳之一般家庭住宅格局，共24戶。進住者可依家庭人數多寡租用單人房或雙人房，租金則依承租單位計算，但是，多數家庭必須與他人共用廚房、衛浴、客廳、餐廳等設施。申請者必須是符合資產調查要件外，並無精神疾病，且無自有住宅。

　　依鄭麗珍（2002）的評估研究發現，臺北市的「慧心家園」設計源起於日本的「母子寮」，但執行上卻接近上述的受暴婦女庇護中心，原因是以「高危機」作為進住的優先條件，而非強調幼兒保育、少年輔導、生活指導、醫療照護等生活照料為主。如同受暴婦女住宅的困境一樣，這些住宅原先都不是以庇護單親或受暴女性為目的來設計，因此居住條件不完全合適，有損支持性社會住宅的功能。

柒、出租國宅

　　我國出租國宅從1994年在臺北市試辦起，多年來進展有限，主要集中在臺北市。以臺北市為例，至2011年底有出租國宅27處，其中屋齡超過15年以上者23處，計3,833戶。依「國民住宅出售出租及商業服務設施暨其他建築物標售標租辦法」及「臺北市國民住宅出租及管理要點」規定，申請承租國民住宅者應符合下列條件：

　　1. 年滿20歲，在本市設有戶籍滿6個月者。

2. 與直系親屬設籍於同一戶或有配偶者，或年滿40歲無配偶者；或父母均已死亡，戶籍內有未滿20歲或已滿20歲仍在學、身心障礙或沒有謀生能力且無自有住宅之兄弟姊妹需要照顧者。

3. 本人、配偶、戶籍內之直系親屬及其配偶均無自有住宅者。

4. 符合行政院公告之收入較低家庭標準者（家庭年收入最低的20%以下）。

5. 未享有政府其他居住補助者。

申請承購（租）國宅，其共同生活之直系親屬及配偶人口與住宅面積比例依臺北市國民住宅出售出租作業程序第5條第2項規定分為：

1. 甲種住宅：79平方公尺（24坪）以6口以上家庭為準。

2. 乙種住宅：66平方公尺（20坪）以4至6口家庭為準。

3. 丙種住宅：53平方公尺（16坪）以3至5口家庭為準。

4. 丁種住宅：40平方公尺（12坪）以2至4口家庭為準。

依臺北市國民住宅出租及管理要點及臺北市國民住宅租賃契約書規定，國宅租賃及續租期限合計最長不得超過6年。目前社會住宅存量少，即使臺北市出租國宅也僅約4,000戶，且租期甚短、缺乏彈性，無法配合生命歷程（Life Course）所需，租金也偏高。

未來我國社會住宅的發展方向應該是：

1. 興建更多社會住宅租予經濟、身體、族群、性別等弱勢國民。而非繼續興建平價住宅、合宜住宅，出賣國家有限土地。

2. 社會住宅策略多元化：政府興建出租、非營利組織興建出租、空餘屋有效利用、房租補助、低利貸款。

3. 社會住宅管理宜非營利化，以利降低營運成本。

4. 社會住宅與社會照顧結合：結合社會住宅與老人照顧、身心障礙者照顧、家庭暴力受害者庇護、HIV照顧、更生人照顧、遊民照顧等。

5. 更新現有低收入戶平價住宅，先安置後拆遷，以提升弱勢者居住品質。

6. 連結社會住宅與公共服務，提升社會住宅的生活品質。

第四節　遊民服務

臺灣民眾一般稱無家可歸者（Homeless）爲「遊民」。但是，服務遊民的創世社會福利基金會則雅稱遊民爲「街友」（意謂街上的朋友）（林萬億、陳東升，1995）。

壹、我國遊民服務的演進

臺灣對於遊民的定義隨著政治、經濟、社會變遷而改變。

一、清帝國統治時期

清朝統治臺灣的212年當中，從1684年到1790年代，是採取較嚴格的禁止與限制；1790年以後，才改變爲放鬆一點點；到了1875年的時候，才眞正的開放，讓福建省及廣東省的人自由前來臺灣。由於移民限制男性且不可攜家帶眷，復加上渡海來臺極危險，當時福建、廣東對移居海外有一說法：「過番剩一半，過臺灣無得看。」亦即移民南洋可能只有半數存活，移民臺灣則可能屍骨無存。年輕的男性移民來到了臺灣後，婚姻市場缺乏漢人女子結婚，只好與當地原住民結婚。臺灣有一句「有唐山公、無唐山媽」，即是描述臺灣人的祖先男性來自中國大陸，女性則是本地原住民。而那些找不到結婚對象的漢人移民男子，就被稱爲「羅漢腳」（戴寶村，2006）。這些人四處遊蕩，一旦老、病，亟需收容。地方上、戲劇裡又稱這些羅漢腳爲「十一哥」，靠兩條腿四處流浪。

臺灣在清帝國統治時期，鰥寡孤獨之貧困乞丐由養濟院收容，總計有7所，包括臺灣縣（臺南市）、鳳山縣、諸羅縣（嘉義市）、彰化縣、臺北、新竹、澎湖廳。此外，普濟堂依清代慣例是收容老人及流亡者，但在臺灣則收容範圍擴及盲人、鰥、寡、孤、獨與麻瘋病人，實際上與養濟院無異。臺灣普濟堂設於臺灣縣、澎湖廳、鳳山縣（臺灣省文獻委員會，1992）。另有棲流所，又稱留養局，係收容老廢、流丐及行旅病人，在臺灣設有7處：臺灣棲流所（臺南市）、淡水留養局（新竹市）、彰化留養局、澎湖棲流所、彰化孤老院、淡水棲流所（新竹市）、基隆棲流所。

除了上述公立收容機構外，清帝國時期，各地有由丐首聚集乞丐集中的地方，因新竹丐幫聚集地原為鴨子寮，故丐寮都稱鴨寮。臺北有三處著名的乞丐寮，分別位於萬華龍山寺附近、學海書院邊街（今廣州街），以及大稻埕鴨寮街一帶（今南京西路）。大稻埕附近的泉州移民為了感謝乞丐在漳、泉械鬥中立功，遂在保安宮後宮興建「天子門生府」，專供乞丐定居。後來因為乞丐人數逐漸增加，又加建了另一座乞丐寮，而有「頂寮」與「下寮」之分。

艋舺一帶為今臺北市的發祥地。早期福建泉州之晉江、南安、惠安三邑人士渡海來此地搭建茅屋數棟，販賣番薯維生而漸成小村落，稱為番薯市。為保鄉里平安，清乾隆3年（1738年），三邑人士合資興建龍山寺，並恭請家鄉福建省晉江縣安海鄉龍山寺觀世音菩薩分靈來此奉祀。也因為龍山寺的香火鼎盛，引來乞丐群聚附近討生。

日治時期總督府嚴禁人民在市街求乞。當時臺灣乞丐人數將近千人。清代留下的乞丐寮破落不堪，日本政府也未設立乞丐收容所，單靠嚴明律令，豈能禁絕蓬頭垢面、衣衫襤褸、疾病纏身、無處為家的乞丐現身街頭（葉文鶯，2006）？

1921年，日本總督府通令各地調查貧民生活，施乾奉派到艋舺調查乞丐，他發現臺北市20萬人口，乞丐有120名，集中於大理街一帶。施乾曾尾隨乞丐，發現他們乞食後集中到「綠町」（今大理街）一帶，該處四周都是甘蔗園、竹林和墓地，一座建於清末的乞丐寮早已搖搖欲墜。於是，1923年辭去總督府工作，投入興建「愛愛寮」（鴨子寮的諧音，當時稱乞丐寮為鴨子寮）（葉文鶯，2006）。

1925年，施乾開始發表著作《乞丐是什麼》、《乞丐撲滅論》、《乞丐社會的生活》，極力倡導拯救乞丐的必要性及救助理念。日本直木獎、芥川獎創始人──名作家菊池寬到臺灣旅遊，發現臺北街頭沒有乞丐，感佩施乾的精神，將施乾的著作帶回日本發表，並且提筆讚揚施乾義行。此舉使得愛愛寮獲得日本天皇的重視，1927年施乾獲邀赴日參加昭和天皇登基大典，天皇並御賜賞金──1929年到1936年間，每年由宮內省頒發獎勵金「壹封」（1000日圓）補助，施乾將這筆錢全數用來建設愛愛寮（葉文鶯，2006）。施乾的愛愛寮是仿照17世紀英國的院內救濟（In-door Relief），也就是習藝所（Workhouse）。

二、臺灣省保安管制時代

依1950年的臺灣省政府與臺灣省保安司令部所公布的「臺灣省取締遊民辦法」。最早1950年臺灣省政府與臺灣省保安司令部所公布的「臺灣省取締遊民辦法」，規定遊民包括下列四種人：(1)居住在本省無合法戶籍且無身分證件足資證明者，(2)強銷文具書刊等及其他強行索取之行為者，(3)乞丐，(4)不務正業、沿街遊蕩或露宿公共場所之無業遊民及流浪兒童。

爾後，臺北市於1973年公布的「臺北市取締遊民辦法」、高雄市於1981年公布的「高雄市取締遊民辦法」中的遊民定義，均沿用臺灣省的定義。

依照當時遊民定義，第一款指身分之明確與否，而非有無固定居所或有無家可歸；第二款指涉流氓行為，而非遊民，而強銷商品其實不只文具書刊。可見當時將遊民與流氓同等看待，與清帝國時期做法無異。清帝國時期即有「立碑示禁」的做法，以〈公議嚴禁惡習碑記〉為例，此碑立於清同治2年（1863年），以林本源為首的業、墾戶、佃首，為維護社會善良風紀，聯名所立的碑石（今存於桃園縣大溪鎮福仁里福仁宮內）。其中關於流丐部分曰：「流丐結黨宿污廟宇，香丁阻止，膽敢將石擊破廟宇。庄中演戲嚴禁。除疾外，乞丐不許潛入境內。渡夫一不許撐過。如違，將渡夫更換，絕不容情。」（楊志遠，2008）可見，在土地亟需勞力開墾的時代，富戶絕不容許有健壯乞丐不事生產，到處乞討住宿、滋事生非，破壞工作倫理與社會秩序。

第三款規定乞丐即遊民。其實，乞丐並非全都是遊民。清帝國時期臺灣的乞丐有些是有家眷的職業乞丐。第四款才是真正的遊民。但是加上不務正業的帽子，其實務正業而失業也可能成為遊民。

而不管哪一類遊民，警察機關必取締之。如何取締？依法「除警勤區警員應利用勤區查察經常取締之外，並由各縣市政府警察局所隨時舉行安全檢查、戶口臨時檢查或遵照規定舉辦保安檢查取締之」。

查獲之遊民則由警察機關先行偵訊調查有無犯罪行為，製作筆錄，照

相按印指紋後，除依法處罰外，送當地遊民收容所依規定辦理；戶籍屬他縣市者，應送原籍地遊民收容所依規定辦理。當時的遊民收容所只是一種類似中世紀歐洲的禁閉機構而已，扮演鎮壓、懲罰的角色，為的就是淨化街頭。如林萬億、陳東升（1995）的研究發現，遊民收容所幾乎等同於監獄，限制遊民的起居生活，但缺乏活動空間、醫療設施、工作刺激，遊民的健康日下，工作動機更是低落。

三、遊民收容輔導時代

1990年代初，臺灣遊民問題以另一種面貌被關心。基於對美國舊金山與柏克萊都市遊民的觀察，特別是在柏克萊人民公園（People's Park）與遊民訪談的經驗，林萬億開始帶著十餘位臺大社會系社會工作服務社的學生，進入臺北市遊民集中的萬華龍山寺附近進行遊民訪查。媒體也興起報導遊民的街頭生活經驗，遊民議題的論述已逐漸從治安問題轉變為社會福利議題，臺北市萬華分局也建議將遊民業務交給社會局處理。於是，在黃大洲市長的支持下，臺北市於1991年10月1日正式將遊民收容所業務自警察局保安科移交給社會局，並於1994年9月27日公布施行「臺北市遊民輔導辦法」。依該法第2條規定，遊民係指：「1.於街頭或公共場所棲宿、行乞者。2.疑似罹患精神疾病、身心障礙而遊蕩無人照顧者。」依「高雄市街友安置輔導辦法」定義遊民係指：「流浪（落）街頭、孤苦無依或於公共場所棲宿、行乞，且無家可歸而必須安置、輔導者。」

臺灣省政府也於1992年11月14日召集衛生處、警務處、勞工處研商「各縣市遊民收容所裁撤前經取締收容遊民分工處理原則」，同意將遊民業務改隸社會處辦理，並擬訂臺灣省遊民收容輔導辦法。該辦法稱遊民為流浪、流落街頭孤苦無依或於公共場所乞討叫化必須收容者。

基於地方政府遊民的政策改變，行政院研考會遂於1993年委託林萬億教授進行臺灣首次全面性的遊民調查（林萬億、陳東升，1995）。從此，臺灣的遊民服務進入一個嶄新的階段，從保安管制到收容輔導服務。由於是項研究，帶動了臺灣新的遊民服務的出現，例如，1990年創世社會福利基金會在萬華開辦平安站、1991年天主教聖母聖心會在萬華設人人服務站，並於1993年接受臺北市政府委託辦理平安居（林萬億，2012）。

10年後的2004年，內政部再委託鄭麗珍教授進行一次遊民研究，這是我國第二次的全面遊民研究。2012年，臺北市政府研考會委託林萬億進行區域性的遊民研究。至此，臺灣才有稍完整的由遊民研究資料。

關於遊民服務進入社會救助法，源於內政部委託林萬億、李淑蓉、王永慈（1994）研究我國的社會救助政策，就將遊民也納入社會救助的範圍。據此，1997年修正的「社會救助法」，即將遊民納入社會救助法規範。依社會救助法第17條規定：「警察機關發現無家可歸之遊民，除其他法律另有規定外，應通知社政機關（單位）共同處理，並查明其身分及協助護送前往社會救助機構收容；其身分經查明者，立即通知其家屬。有關遊民之收容輔導規定，由直轄市、縣（市）主管機關定之。」由於中央政府並無統一的遊民定義，各地方政府的遊民定義仍各自依遊民收容輔導辦法，遂有不同。

貳、當前遊民服務的困境

林萬億、陳東升（1995）研究發現，臺灣的遊民成因主要是：家庭解組或無家可歸、家庭關係不良、意外事故與職業災害、失業、個人適應問題。鄭麗珍（2004）研究發現，臺灣遊民的成因主要是失業、付不起房租、個人因素、家庭因素造成。楊運生（2011）認為臺灣遊民的成因是非常複雜而廣泛的，包括產業結構、住宅政策、社福制度、乃至於個人因素等等，然而遊民人數的增加，並不是急劇的暴增，而是逐漸累積的。

林萬億、陳東升（1995）研究指出，遊民聚集城市有以下6個原因：

1. 城市容易找到就業機會。遊民容易找到打工機會，如喪事（黑坑）、廟會迎神（紅坑）、舉廣告牌、發傳單、建築工地臨時工等（楊運生，2011；臺灣當代漂泊協會，2011）。

2. 城市容易找到棲身之所。例如，地下道、店面走廊、公園涼亭、廟宇、教堂、廢棄舊屋、違章建築、天橋橋墩等。

3. 城市容易乞討。例如，在速食店、電影院、公園找到丟棄剩餘食物，或在公園、車站、廟口、市場、遊樂場所向人乞討。

4. 城市文化的多元性，人口流動大，匿名性高，使得遊民容易被接

納。

5. 城市社會資源較豐富，遊民容易找到社會服務資源。

6. 城市容易引發議題公眾化，遊民議題較會被社會關注。

據此，林萬億、陳東升（1995）研究發現，臺北市遊民聚集的地點有龍山寺周邊、臺北火車站、臺北橋頭、行天宮、中正紀念堂、華山市場、松山火車站、通化街夜市、忠孝東路四段、公館等。楊運生（2011）指出，過去萬華是遊民聚集最多的地方，然而隨著臺北都市化的成熟，加上交通樞紐的臺北火車站及其周圍的公車、捷運等公共設施陸續完成後，中正區已成為目前臺北市遊民聚集最多的區域。

根據楊運生（2011）任職於中正區社會福利服務中心多年服務中正區遊民的經驗，加上鐵路警察局的統計，中正區的遊民數量約380位左右，其中尤以臺北火車站和周圍的公車站、商店街及公園最為密集，約有350位上下。而萬華區現在則以龍山寺前的公園和周圍商店街為最多，過去統計約有170位，但若含其他零散的聚集人數，萬華則約有近200位。在臺北市除了中正與萬華區為遊民人數最多外，另外大同區和中山區也有為數不少的遊民數量，粗估各約有近百位左右的人數，其他區域則都只有零星的遊民聚集，數量上各區平均約在十數位而已。總的來說，臺北市的遊民數量大約在800至1,000人之間。如同林萬億、陳東升（1995）指出，遊民人數很難正確計算，研究當時遊民自己推估臺北市遊民比較精確的數字為920人。張獻忠（2009）估計臺北市遊民約700人。依官方統計，2011年第3季，臺北市政府社會局列計遊民670人。

林萬億、陳東升（1995）研究當時全國遊民樣本平均年齡46.11歲。鄭麗珍（2004）的研究發現當時研究樣本年齡平均50.2歲。張獻忠（2009）2004年夜訪中正區、萬華區遊民計411人，平均年齡50.5歲；2007年再度夜訪2區遊民315名，發現平均年齡51.9歲。臺灣的遊民年齡偏高。

如前所述，遊民長期被建構成遊手好閒、好吃懶做、惹是生非、敗壞風氣，因此，清帝國統治時期採驅離政策，日治時期開始有施乾的習藝所，到了國民政府遷臺改採取締政策，直到1990年以後才改變為收容輔導服務。然而，各地方政府遊民服務仍處於相對弱勢處境，遊民可說是社會

弱勢中的弱勢，底層中的底層，致遊民服務仍存在：(1)社區排除遊民，遊民被污名化[11]。(2)緊急庇護床位嚴重不足。(3)社會福利、就業、健康照顧服務缺乏整合。(4)長期住宅服務嚴重不足。(5)缺乏連續性服務的做法。(6)遊民服務被漠視，甚至被邊緣化。

---

[11] 例如，2000年10月，臺中市政府曾進行強制驅離並輔導遊民的行動，稱之為「遊民賑工輔導專案」。主要是在晚上10點到12點及凌晨2點到4點，由社會局人員、社會役男與警察共同強制驅離睡在火車站、臺汽車站、干城車站等公共場所的人。一旦發現有人露宿，便將他們叫醒、勸導並強制驅離，迫使他們離開原來睡覺的公共空間，同時進行簡單的訪談以建立遊民的資料（高召恩，2001）。2011年12月，臺北市政府工務局公園路燈工程管理處應萬華、中正區選出的議員應曉薇要求更改夜間公園、廣場灑水時間，於清晨6點、晚間11點各一次，且鼓勵「也可告訴執行作業的同仁，不能只灑外面，誰往遊民身上灑，就撥獎金，因為這些遊民真的太糟糕了」！

參考書目

王甫昌（2005）。從「中國省籍」到「臺灣族群」：戶口普查籍別類屬轉變之分析。臺灣社會學，9，頁59-117。

王德溥（1956）。臺閩地區戶口普查。中國內政，12(2)：2-3。

內政部營建署（2010）。營建統計年報。

米復國（1988）。臺灣的公共住宅政策。臺灣社會研究季刊，1：3，頁97-148。

吳宏霖（2001）。都市原住民居住問題與住宅政策之研究。國立政治大學地政學研究所碩士論文。

吳春靖（2005）。養老是好生意嗎？從長庚養生文化村看臺灣的老人住宅政策。臺灣大學建築與城鄉研究所碩士論文。

杵淵義房（1940）。臺灣社會事業史。臺北市：德友會。

林萬億（2003）。論我國的社會住宅政策與社會照顧的結合。國家政策季刊，2：4，頁53-82。

林萬億（2011）。世代正義、分配正義與居住正義：現況與前景，論文編入《實在年代──迎向永續》，臺北：余紀忠文教基金會出版，頁406-427。

林萬億（2012）。臺北市遊民研究。臺北市政府研考會委託研究。

林萬億、陳東升（1995）。遊民問題之調查分析。行政院研考會。

林慧婷（2000）。我國勞工住宅之政經分析：以一坪六萬勞工住宅為例。中國文化大學勞工研究所碩士論文。

林孟慶（2001）。農村住宅政策配合農村發展之研究。國立中興大學農業經濟學研究所碩士論文。

高召恩（2001）。空間的漂浪者。文化研究月報，第5期。取自http://www.ncu.edu.tw/~eng/csa/journal/journal_park24.htm

唐富藏（1980）。臺灣都市發展政策之研究。臺北：中央研究院經濟學研究所。

殷旭光（1988）。住宅政策架構之研究──從住宅生產面探討。國立政治大學地政學研究所碩士論文。

曾思瑜（1995）。老人公寓用後評估──以高雄市立仁愛之家老人公寓松柏樓為例。建築學報，第14期，頁9-29。

曾思瑜（2002a）。北歐高齡者住宅、設施政策與體系建構之研究──以瑞典和丹麥為例。建築學刊，第41期，頁23-42。

曾思瑜（2002b）。瑞典、英國、日本高齡者住宅與入居設施體系之比較研究。科技學刊，第11卷1期，頁45-61。

福爾摩沙基金會（1994）。臺北都會十八變。臺北：出版者。

邱大昕、羅淑霞（2011）。鄰避與被鄰避：身心障礙機構與設施抗爭處理經驗之研究。社會政策與社會工作學刊，15：1，頁167-198。

張獻忠（2009）。臺北市遊民工作暨生活重建與社區化遊民工作策略。福利社會季刊，124，4-5。

陳沛郎（1997）。現階段臺灣勞工住宅之研究。國立臺灣師範大學三民主義研究所碩士論文。

陳政雄（1997）。老年人的居住：日本的高齡者住宅政策與居住環境——以東京都為例。建築師，1期，頁101-106。

詹益忠建築師事務所（2002）。廣慈博愛院、福德、安康、延吉、福民平宅改建計畫期末報告書。臺北市政府社會局委託研究。

郭蔡文（2002）。政府興建國民住宅之興建、銷售、維護暨行政管理方案之研究——以桃園縣為例。桃園：中央大學土木學系碩士在職專班碩士論文。

陳博雅（1994）臺灣省國民住宅業務之回顧與展望。研考雙月刊，18卷2期，頁9-19。

陳美鈴（2011）。臺灣社會住宅運動源起。中華民國建築學會會刊雜誌，63期。

孫一信（2006）。臺灣的智障者人權現況與反省。www.isu.edu.tw/upload/25/6/files/dept_6_lv_3_3931.doc

劉淑翎（2003）。弱勢婦女居何在？——淺談臺北市婦女政策未及之處。勵馨，51期，頁14-15。

劉脩如（1984）。社會政策與社會立法。臺北：五南。

楊志遠（2008）。清代臺灣的遊民與乞丐：以〈公議嚴禁惡習碑記〉的探討。吳鳳學報，18，頁687-700。

楊運生（2011）。過去的流浪、現在的漂泊、未來的安定——遊民面面觀。新社會政策雙月刊，14，頁62-65。

葉文鶯（2006）。引導乞食人重拾人的尊嚴——獻身乞丐拯救的施乾。慈善台灣‧四百年大愛足跡。臺北：經典雜誌社。

鄭麗珍（2002）。女性單親家庭的暫時性住宅服務計畫之評估——以臺北市政府社會局慧心家園婦女中途之家為例。臺北市政府社會局委託研究。

鄭麗珍（2004）。遊民問題調查、分析與對策。內政部委託研究。

謝靜琪、黃正彥（1998）。從住宅市場之角度探討臺灣省的國民住宅政策。臺灣地政，147期，頁20-32。

無殼蝸牛聯盟（2010）。當前住宅問題迷思Q & A。

聯合報編輯部（2011）。給臺灣的12個新觀念。臺北：聯經。

臺灣現代漂泊協會（2011）。臺北火車站遊民調查報告。臺北：作者。

臺灣省文獻委員會（1972）。臺灣省通志。

臺灣省文獻委員會（1992）。重修臺灣省通志。

臺灣省文獻委員會（1999）。臺灣省通志。

臺灣省議會公報（1965）。1965年8月17日。

戴寶村（2006）。臺灣移民歷史的考察，編入《臺灣史十一講》。臺北：國立歷史博物館出版。

Giarchi, George Giacinto (2002). A Conspectus of Types, Options and Conditions of Elder-accommodation in the European Continent, *Innovation*, 15: 2, 99-119.

Strömberg, Thord (1988). The Politicization of the Housing Market: the Social Democrats and the Housing Question, in Klaus Misgeld; Karl Molin and Klas Åmark (eds.) *Creating Social Democracy: A Century of the Social Democratic Labor Party in Sweden.* The Pennsylvania State University Press, pp.237-270.

Chapter 16

臺灣社會
福利的展望

第 十六 章

1980年代的臺灣，一方面正在進行快速的民主化，另方面正悄悄地進入後工業社會。臺灣民間社會對1947年以來的國民黨威權統治與政治迫害的反彈力道，到了1977年的中壢事件、1979年高雄橋頭事件、1979年高雄美麗島事件，達到高峰；同時，對1960年代工業化以來隱藏在富裕社會背後的環境破壞、社會問題的反省，孕育了撲天蓋地的政治抗爭與社會運動，兩者合力撼動了長期統治的國民黨政權。於是，1986年民進黨成立、1987年解嚴，接著萬年國會全面改選、總統直選，實現了華人社會第一個真正的民主國家的出現。而此時，全球政治與經濟再次、且更緊密地結合，開啓了新一波的全球化過程。

當歐美後工業福利國家正在因應全球化的挑戰時，我國的社會福利體制理應也不例外地必須回應與因應。不過，1990年代的臺灣人民正在歡欣鼓舞地享受得來不易的民主化成果，1991年國民大會全面改選、1992年立法委員全面改選、1996年總統直選。顯然，對國內政治而言，本土議題的關注，優於關心全球政治經濟的擴張。即使全球經濟已悄悄地侵蝕國內20年來貴為亞洲四隻小老虎之一的經濟奇蹟成果，1990年代初部分產業開始向東南亞（南向）、中國大陸外移（西進），資金也跟著走，關場歇業不斷，產業結構被迫轉型。直到1997年亞洲金融危機，我們才意識到原來這就是全球化效應。

接著，一系列全球政治、經濟、移民的討論充斥著臺灣的知識、出版、企業市場。其中，又以主張資本主義全球經濟勢不可擋的工業主義邏輯（the Logic of Industrailism）觀點最為流行，認為全球化是工業化的後一階段，是條不歸路，順者生，逆者亡。影響所及，主張低賦稅者找到了合理藉口，反福利也有了靠山，仲介外勞人力與郵購新娘成為一種新興賺錢的行業，貶抑本土認同也變得理直氣壯，追求成為全球公民是一種時尚。事實上，即使全球化現象是個存在的事實，民族國家仍然屹立不搖，而且，它所承載的服務國民的責任，並

沒有所謂的「全球政府」準備接手，包括社會福利事務在內（George and Wilding, 2002；林萬億、周淑美譯，2004）。

雖然1980年代福利國家的危機的論述也毫不延遲地擴散到國內，可是卻沒能阻擋1990年代臺灣社會福利的擴張，因為對一個社會福利低度發展的國家的國民來說，還沒享受福利的滋味，是不可能相信福利國家會是一種危機的，何況有危機的往往不是福利或財政，而是資本主義國家本身。再加上1990年代民主化的快速進行，公民福利國家（Citizen's Welfare State）的聲浪似乎壓過殘補福利國家（Residual Welfare State）的思維（George and Miller, 1994）。於是，臺灣走著自己追趕福利國家的路徑，只是腳步很顛簸（林萬億，2005）。

然而，21世紀初，全球化的聲浪方興未艾。雖然夾雜著因加入世界貿易組織（WTO）之後的反全球化抗爭與對2008年全球金融海嘯後的警覺，而全球進入人口銀灰化的時代也來臨。對臺灣來說，同時又要面對生育率快速下滑的束手無策。在這種內外交逼的險惡環境下，新興的臺灣福利國家正面對嚴苛的挑戰。

第一節　臺灣社會福利發展的外部環境

壹、全球化

全球化使國家治理經濟、金融、文化、勞動的能力變得相對薄弱，建立在民族國家基礎上，且以傳統家庭、生命循環，以及標準工作形態為假設的老式福利國家，也不免受到全球化的挑戰。狄肯（Deacon, 2007）從全球社會政策的角度認為全球化已從以下幾方面影響社會政策：讓福利國家進入相互競爭中、帶來新的社會政策玩家、關心重分配、管制與權力等社會政策議題已進入區域與超國家的層次上、創造一個全球的私有供給市場，以及鼓勵全球人民運動去挑戰疆界為基礎的福利責任與賦權（Entitlement）的假設。

如此看來，不說全球化對社會福利有負面影響也很難。但是，影響眞有那麼大嗎？每個國家的政治經濟社會條件不同，受到的影響會有不同嗎？全球化對福利國家的影響也因對全球化的解讀不同，而有不同的觀察。論者認爲有四種不同的觀察結論：負面影響、有限影響、差異回應、促成改革（Sykes, Palier and Prior, 2001）。葉立森（Ellison, 2006）也歸納出四種約略相似的結論：弱化福利國家、質疑全球化的影響、中間路線、差異因應（林萬億，2010a）。

一、全球化弱化福利國家

　　蓋瑞（Gary, 1997）認爲全球化侵蝕福利國家的核心——平等與重分配，主因在於來自自由市場改革的壓力侵蝕社會民主福利政策推動的可能性，例如，財政赤字使完全就業變成不可能；國際資本與人民的流動使透過稅制來達成財富重分配的機制也嚴重受限；過度依賴全球資本市場的公共財政使勞工議價權也跟著被弱化；民族國家政府管制利率與兌換率的財政槓桿也被限縮。支持這種看法的學者以密許拉（Mishra, 1998, 1999）爲代表，他認爲全球化是一個外部的限制，是經濟的需要，而非政治的選項。因此，民族國家除了追隨自由自在的資本主義的盤旋下滑，鬆綁、降低社會支出與減稅之外，別無他法（Mishra, 1996）。密許拉（Mishra, 1996, 1998, 1999）的邏輯很簡單：全球化促成市場開放，增加資本與勞力的流動，導致生產轉向低成本的地方與方式，福利國家的失業率必然提高，而政府卻受制於經濟治理的能力以及財政赤字而束手無策。

二、懷疑全球化的影響

　　反對此種悲觀的決定論的學者認爲北歐的福利國家本來就發展於開放的市場條件下，高的公共支出、財政赤字，以及凱因斯政策（Keynesian Policies）早就與開放市場共存了一陣子，不是今天才碰到開放市場（Huber and Stephens, 2001）。進一步，關於失業率升高的議題，皮爾森（Pierson, 1996）認爲福利國家的壓力來自國家的經濟從製造業轉型到服務業的過程，導致生產力下降，經濟成長率也跟著下滑，造成國家支付福利的財政問題；而這些福利國家已成熟，其涵蓋範圍廣、複雜度高，導致

其財政赤字嚴重與政策彈性小；復加上人口老化速度快，工作人口減少，福利提供的財源減少，人口老化所需的年金與健康照顧負荷加重，兩者相加，造成福利供給的財政負荷沉重。所以說，問題在於全球化的少，在於國內的經濟與政治因素者多。這也就是福利國家的新政治（the New Politics of Welfare State），英國與美國是最明顯的例子（Pierson, 1994, 1996, 2000, 2001）。

三、折衷觀點

針對全球化懷疑論者的說法，卡司提爾（Castell, 1996）折衷地指出即使全球競爭沒有直接影響OECD國家的主要勞動力，但其間接影響勞動條件與勞動機制的轉型是鑿痕斑斑的。夏普夫與施密特（Scharpf and Schmidt, 2000; Scharpf, 2000）也認為來自低工資的新興工業經濟體（Newly Industrializing Economies, NIEs）的競爭可能也是、或者至少在某種程度上，鼓勵高生產成本國家進行自動化生產，或生產迎合高檔市場的特殊化高技術、美感品質的產品與高產能服務。亦即，產業轉型不盡然只是國家進入後工業社會的內部現象，有部分是受到開放經濟競爭的影響。而在這種轉型下，主要的輸家是低技術、低薪工人，他們期待更多的積極勞動市場方案（Active Labor Market Programmes, ALMP）支出，以及其他形式的就業保護與就業創造。這樣的勞工需要也被某些生產者與投資團體支持，視這種特殊的福利成分為一種促進經濟調適、研究與發展、基礎建設與人力資本的必要（Burgoon, 2001）。所以說，經濟開放也可能帶來正向的社會福利投入增加。

有學者認為福利國家的路徑轉換（Path Shift）已發生（Sykes, Palier and Prior, 2001; Jenson, 2004）。首先，不同的福利國家有不同的因應變遷，但不同的福利國家所承受的全球化壓力本來就不相同；其次，福利國家確實已發生實質的變化，特別是歐洲大陸國家（Taylor-Gooby, 2004）。新風險形貌（New Risk Profiles）改變了解決問題的策略，國際組織提供福利國家改革的處方，全球化提供了福利國家改革的正當性。

四、福利體制的差異因應

有些學者認爲全球化對福利國家的影響取決於國家制度結構與政策的回應（Esping-Andersen, 1996, 1999; Esping-Andersen, Gallie, Hemerijck and Myles, 2002）。這些學者認爲後工業社會對傳統凱因斯福利國家的衝擊，造成1980年代以來爲福利國家的危機與調適，不同的福利國家體制的回應不同。新自由主義福利資本主義體制的美國、英國、紐西蘭，是採取解除管制、市場驅動（Market-Driven）策略來回應福利國家危機最明顯的國家，其次是加拿大與澳洲。歐洲大陸的組合國家主義福利國家體制面對1970年代以來就業率的下降，所採取的策略不是美、英式的降低工資，而是延長退休年齡、減輕保費負擔、私有化，以及彈性化勞動市場等策略，以保護其職業別社會保險體制。北歐社會民主福利體制則進行微幅的調整，採取再訓練與增加福利提供的機會，微幅調降福利給付。

史旺克（Swank, 2001）的研究也指出，地方影響全球變遷的差異在於集中化的嵌入程度、組合主義制度的強弱。社會和諧與組合主義程度較低，政治權威較分權化，以及政府的社會民主政黨較弱的國家，會因公共部門的負債與國際資本流動而向下擠壓社會福利的提供。反之，社會組合主義較強，左翼政黨強有力，政策決策集中化，財政壓力與國際資本流動效應會消失，或者他們會正向地建議經濟與政治利益團體反對新自由主義的改革，如此，成功地捍衛了福利國家。

而臺灣在面對全球化過程中，有一獨特的區域經驗，即是離中國太近，又與中國有語言、文化的相近性，使得中國因素成爲影響臺灣政治、經濟、社會發展最大的因素。不論如何，過去一段時間，臺灣的社會福利已與全球化正面交鋒。例如，新自由主義思想的引入、新公共管理主義的採行、全民健康保險民營化的規劃、確定提撥制勞工退休金的開辦、照顧服務產業化的推動、福利服務委託外包的流行、社會與就業服務派遣人力的運用、勞動薪資停滯成長與工作條件的下滑、外籍看護工的大量引進。只是，在新生民主國家初始，人民期待政府保障生活品質，新自由主義全球化並未如期展現排山倒海的力道，摧毀剛建立的臺灣初階福利國。然而，下一個10年，全球化仍然將陰魂不散。尤其在國家追求經濟成長的習

性不改、財政赤字年年上升、社會安全與社會支出的壓力下，臺灣社會福利能否再有機會如同2000年代的擴張，不無疑問？

貳、後工業化

　　歐美工業先進國家於1960年以後，已進入另一個大轉型（Great Transformation），由工業社會進入後工業社會，與1850年代以來歐洲社會由農業社會轉變成工業社會一樣巨大。哈佛大學的社會學家貝爾（Bell, 1973）在其《後工業社會的到來》（*The Coming of Post-Industrial Society*）一書中提及，現代工業社會正在進入一個新的發展階段，即後工業階段。其特徵如下：

1. 由產品生產轉變為服務生產。
2. 職業結構由專業／技術人員主導。
3. 理論知識居中心地位。
4. 技術評估與知識技術的重要性。
5. 由管理人與自然的關係轉變為管理人與人的關係。
6. 新的匱乏出現：資訊、時間、資源的供應不足。
7. 資訊經濟的挑戰，資訊成為公共財。資訊等同於權力，一旦資訊私有化，擁有資訊者將成為主流，資訊匱乏者將被邊緣化、低階級下化。亦即數位落差的效應。

　　因此，後工業社會又稱服務業社會。關於服務業的興起，如何影響政府的福利政策，艾佛森與庫薩克（Iversen and Cusack, 2000）認為服務業本質上是勞力密集的，而且緊扣住薪資結構，導致其他成本跟著升高，而降低就業機會的創造。福利國家為了回應這種去工業化（Deindustrialization）的經驗，而採取兩種策略：一是在選舉壓力下，提高移轉給付額度以對抗市場風險；二是為了刺激就業，政府擴大公共就業服務，或依賴私部門吸收剩餘勞工，形成服務業的三邊困境（Trilemma）：若依賴公共就業工程，必然增加公部門就業負擔；若依賴私部門吸收，必然使議價分散化，有違集中化議價的社會夥伴關係傳統；同時，去工業化導致薪資差距拉大與嚴重的性別分工（Iversen and Wren, 1998; Iversen and Cusack,

2000）。

　　質疑全球化對福利國家影響的學者，基本上認定後工業化或服務業社會的去工業化、人口老化、少子女化，才是福利國家支出增加的原因。福利國家的轉型與否，問題在國內政治，而不是全球化邏輯。

　　至於人口老化議題固然是國內因素，但是因應人口老化的年金改革往往是受到財政市場的壓力，靠增稅與提高保險費來維持既有的給付水準顯然不再是單純的事。同時，全球經濟壓力確實也影響去工業化與服務業的成長，新形式的就業安排，導致開辦於凱因斯福利國家（the Keynesian Welfare States）黃金時期的年金制度可能無法滿足這些新的需求，例如，兼職工作者、派遣人力、臨時工、自雇者等。最後，國家為了解決公共年金的財政壓力，部分引進市場因素，例如，個人儲蓄帳，這其實是很容易受到全球經濟環境的影響而脆弱不穩定，且超出任何國家所能掌控的範圍。這種新的安排意謂某種程度的私有化，且依賴公司基金管理人的投資決策。據此，年金議題已從國內人口老化壓力，演變成為全球現象（El-lison, 2006）。

　　國家進入後工業社會，新社會風險（New Social Risks, NSRs）也跟著出現（Beck, 1992）。所謂新社會風險是指在個人經驗社會經濟轉型的結果而導致的福利喪失（Welfare Losses）的情境（Esping-Andersen,1999; Es-ping-Andersen, Gallie; Hemerijck and Myles, 2002; Bonoli, 2006）。具體的經驗包括：工作與家庭照顧間必須調和、單親家長增多、人際關係變得脆弱、低或老式的技術無法因應後工業就業市場需求、不足的社會安全無法保障非典型就業者。這些現象因於去工業化、就業三級化（Tertiarisation of Employment）、女性勞動參與率提高，以及就業去標準化（Destandari-sation of Employment）等（Bonoli, 2006: 5-6）；或者如皮爾森（Pierson, 2001）所說的福利國家的後工業壓力（Post-Industrial Pressure），包括從製造業轉向服務業的生產力下降引發的經濟成長遲緩、福利國家擴張與成熟及政府承諾的成長極限、老化的人口轉變、家庭結構的轉型。

　　臺灣在1980年代末也已進入後工業社會，服務業就業人口增加，取代製造業（見表16-1）；家庭規模縮小、婦女勞動參與率提升、工作與家庭失衡、單親家庭增加、中高齡與青年失業率升高等，傳統以職業別社

會保險爲主要支柱的社會保障網的缺口逐一暴露，例如，失業保險、健康保險、年金保險、親職假、生育給付、兒童照顧、長期照顧、社會救助等。遂有1990年代中期以後普及化社會福利的啓動，例如，全民健康保險、兒童及少年性交易防制條例、老年農民福利津貼暫行條例、家庭暴力防治法等，而被監察委員黃煌雄稱爲社會福利的「黃金十年」（監察院，2002）；以及2000年民進黨執政時期的社會福利迎頭趕上，包括就業保險法、性別工作平等法、敬老福利津貼暫行條例、勞工退休金條例、國民年金法、勞工保險老年給付年金化、長期照顧十年計畫等的推行，可說是臺灣福利國家發展的「新黃金十年」。

表16-1　臺灣的經濟社會發展指標，1981年～2010年

年代\指標	1981	1986	1991	1996	2001	2002	2003	2004	2005	2006	2007	2008	2009	2010
服務業/總就業人(%)	38.77	40.88	46.77	52.15	56.49	57.26	57.90	58.23	58.23	58.45	57.92	58.02	58.87	58.84
經濟成長率(%)	6.24	11.00	7.88	5.54	-1.65	5.26	3.67	6.19	4.70	5.44	5.98	0.73	-1.93	10.88
稅/GDP(%)	17.9	15.0	17.4	15.8	12.8	11.9	11.9	12.5	13.7	13.5	14.3	13.9	12.3	11.9
社福/政府總支出(%)	3.9	6.6	9.2	15.7	17.5	15.1	15.7	15.5	15.6	16.7	16.3	15.7	14.5	16.2
所得五分位差(倍)	4.17*	4.69*	5.24*	5.41*	6.39	6.16	6.07	6.03	6.04	6.01	5.98	6.05	6.34	6.19
失業率(%)	1.36	2.66	1.51	2.60	4.57	5.17	4.99	4.44	4.13	3.91	3.91	4.14	5.85	5.21
婦女勞動參與率(%)	38.76	45.51	44.39	45.76	46.02	46.10	46.59	47.14	47.71	48.12	49.4	49.67	49.62	49.89
老年人口比率(%)	4.40	5.2	6.5	7.9	8.8	9.0	9.2	9.5	9.7	10.0	10.2	10.43	10.63	10.74
婦女生育率(%)	2.45	1.68	1.72	1.76	1.40	1.34	1.23	1.18	1.11	1.11	1.1	1.05	1.03	0.895

資料來源：作者整理

參、人口老化

　　臺灣與日本、韓國都是世界上人口老化速度最快的國家。老人人口比率從7%的高齡化（Ageing）國家上升到14%的高齡（Aged）國家，韓國預估18年（2000-2018）、日本24年（1970-1994）、中國27年（2000-2027）、美國69年（1944-2013）、法國115年（1865-1980）。臺灣預計也只要24年（1993-2017）；而從14%到20%的超高齡（Super aged）只要8年（2017-2025），快於日本的12年（1994-2006），與韓國相似（2018-2026）（Usui and Palley, 1997; Kim, 2009; Wacker and Roberto, 2011; Lin, 2010, 2011）。

　　臺灣於1993年老年人口比率超過7%的人口高齡化國家門檻，2012年初老人人口比率已達10.91%。隨著戰後嬰兒潮人口進入老化期，2014年老人人口比率將上升到12%，2017年會升到14%，2021年預期達17.1%，到2025年老人人口將占總人口的五分之一，到了2030年會上升到接近四分之一，到2043年時人口中三分之一是老人，到了2060年時全臺灣老人人口將達41.6%。在人口快速老化的初期，初老（Young-Old）與中老（Old-Old）人口增加速度較快。到2030年以後，老老人（Oldest-Old）增加的速度會快於初老與中老人。例如，2060年時，預估80歲以上老人將占所有老人人口的44%，達344萬人之多（經建會，2010）。屆時，長期照顧的壓力將再倍增（參考圖16-1）。

　　人口老化會帶來什麼挑戰？Mayhew（2005）指出以下挑戰：勞動力老化與減少、甚至勞工短缺、年金成本升高與稅收減少、退休期間長與生活期待高。老化是一個多面向的過程，影響所及涉及生理、心理、家庭關係、社會關係、就業、生活安排等。如果人老了只是等待壽終正寢，但又不會那麼早死，人口老化的醫療與社會照顧成本將很高。反之，如果人老了，但少生病、多工作幾年、多參與一些志工服務、多參加學習與社會活動，人口老化的社會與經濟成本將相對降低（Lin and Wu, forthcoming）。

　　為因應人口老化，我國已做了一些努力，包括內政部於1998年5月7日推出「加強老人服務安養方案」；2002年修正「加強老人服務安養方案」，目的即是為加強老人生活照顧、維護老人身心健康、保障老人經

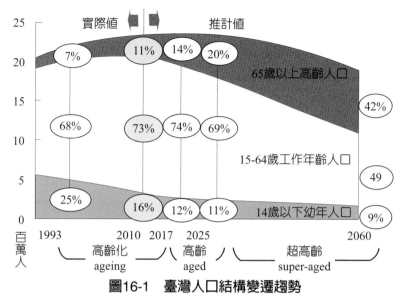

25

實際值　　　　　　推計值

7%　　　　11%　14%　20%

65歲以上高齡人口

20

42%

15

68%　　　73%　74%　69%

15-64歲工作年齡人口

10

49

5

25%　　　16%　12%　11%

14歲以下幼年人口

9%

0

百萬人　1993　　2010　2017　2025　　　　　　　　　2060

高齡化　　　高齡　　　　超高齡
ageing　　　aged　　　super-aged

圖16-1　臺灣人口結構變遷趨勢

資料來源：行政院經濟建設委員會2010年至2060年臺灣人口推計，2010年9月6日。

濟安全，以及促進老人社會參與，至2007年結束3期方案。復於2009年9月7日核定「友善關懷老人服務方案」，實施期程至2011年12月31日止，以「活躍老化」、「友善老人」、「世代融合」為三大主軸，規劃推動全方位的服務措施，透過加強弱勢老人服務，提供關懷照顧保護；推展老人健康促進，強化預防保健服務；鼓勵老人社會參與，維護老年生活安適；健全友善老人環境，倡導世代融合社會等四大目標、16項執行策略、63項工作項目，以建構有利於老人健康、安全與活躍之友善社會（黃碧霞、莊金珠、楊雅嵐，2010）。

　　衛生署也於1998年9月至2001年10月推出「老人長期照護三年計畫」；復於2001年至2004年的醫療網第四期計畫「新世紀健康照護計畫」中，接續2000年結束第二的「老人長期照護三年計畫」。2005年至2008年再推出「全人健康照護計畫」。同時於2007年推出「社區老人健康促進」，以65歲以上社區民眾為對象，以衛生所為基礎推動本土化的老人健康促進推廣模式，選擇彰化縣與臺中市2個社區試辦資源整合式的社區老人健康促進模式，結合健康營造單位、村里關懷據點等，依當地概況與老人特質，運用充權手法，引發老人改善行為的興趣，藉由老人間的互

動，強化老人健康促進，改善其飲食、運動等日常生活行為，並結合老人健康檢查，發現異常個案，列冊進行個案病情控制之追蹤。接著，依循上述模式，於2009年試輔導推動於4縣市8社區，擴大辦理。進一步，仿照美國疾病管制局發展的15項老人健康指標，推出「老人健康促進計畫」（2009-2012），目標是：維護老人獨立、自主的健康生活，降低老人依賴程度。具體策略為：促進健康體能、加強跌倒防制、促進健康飲食、加強口腔保健、加強菸害防制、加強心理健康、加強社會參與、加強老人預防保健及篩檢服務等8項重要工作。最近又配合世界衛生組織推出高齡友善城市，委託國立成功大學執行「高齡友善城市指標建立與導入計畫」（2010-2011），第一年首先於嘉義市導入試辦，2011年已新增加8縣市政府加入推動行列。是項計畫超出衛生署的業務範圍甚多，但衛生署本其組織定位，將這些計畫歸為健康老化項下。

勞委會部分，根據2004年8月，經建會召開的「人口老化相關問題及因應策略」研討會結論，和2006年7月臺灣經濟永續發展會議結論，於2008年推出「高齡社會勞動政策白皮書」，其理念根據也是參照活力老化、生產老化。政策的個人目標是讓老人「有活力」、「能自主」、「有機會」、「可參與」、「得尊嚴」，政策的社會目標是達成「促成社會參與」、「提高社會品質」、「縮小社會差距」、「追求永續發展」、「落實世代正義」等。是項政策於2008年政黨輪替之後，已被勞委會遺忘。

至於整體人口政策，行政院於2008年3月10日核定《我國人口政策白皮書》，其中關於老人的部分包括：支持家庭照顧老人、完善老人健康與社會照顧體系、提升老人經濟安全保障、促進中高齡就業與人力資源運用、推動高齡者社會住宅、完善高齡者交通運輸環境、促進高齡者休閒參與、建構完整高齡教育系統等8項。人口政策所包含的8項政策面向，有部分在先前即已推動，例如，2006年的大溫暖社會福利套案中的長期照顧十年計畫、國民年金、勞工保險老年給付年金化，以及教育部2006年12月推出的《邁向高齡社會老人教育政策白皮書》，將老人教育的施行視為全民教育，並揭示四大願景為：終生學習、健康快樂、自主尊嚴、社會參與；而其最重要的施行意義則在於保障老人學習權益，使老人享有終生學習的機會。

然而，我國因應人口老化的策略雖有人口政策作爲上位政策，然因其制訂時機在民進黨執政時期，受到政黨輪替的影響，並未被國民黨政府所喜愛，致推動緩慢。2008年以後，因應人口老化對策雖有經建會從人口變遷的角度一再提醒，但是各部會仍依各自業務推動部門計畫，缺乏整合。如前第十章所述，長期照顧十年計畫也因政黨輪替，主張殊異而搖擺延宕，坐失積極推動時機。至於老年經濟安全部分，至2008年止，除公務人員與農民外，已大致完成老年經濟安全年金化保險。然而，由於超高的所得替代率、偏低的保險費、及早退休，以及人口老化所潛藏的基金赤字非常嚴重，將帶給下一世代背負沉重國債的壓力，不利於世代社會團結，也無助於經濟發展。此外，活力老化（Active Ageing）的推動不見宏觀的作爲，僅是片段的競賽與表演，無助於減輕全民健康保險與長期照顧的壓力（林萬億、陳美蘭、鄭如君，2012）。至於老人的社會參與、住宅、交通、教育、休閒、消費等議題，都還只是起步，距離滿足老人生活所需尚遠。

肆、少子女化

　　在1948年到1966年間，臺灣的人口年成長率平均高達3%以上。之前，1911年臺灣人口314萬餘人，到1948年臺灣人口成長到665萬餘人，37年間才成長2.12倍。1959年臺灣人口已成長到936萬7,661人，到了1966年人口增加到1,350萬5,463人，是1948年的2.03倍。也就是說，在日治時期後半，經歷35年才達成的人口倍數成長，到了光復初期，18年間就讓臺灣人口倍數成長。其中主要的驅力是1945年到1949年間，因中國大陸淪陷而產生的人口大撤離，以及戰後的嬰兒潮。也就是說，1948年到1959年間，臺灣人口增加了271萬餘人，這些人中除了來自中國大陸撤退的人員之外，將在2013年到2024年間成爲老人。

　　戰後臺灣的高人口年成長率的趨勢一直延續到1962年，其中1951年更高達3.84%。雖然早在1954年國內已注意到人口成長問題的嚴重性，當年中國農村復興聯合委員會與美國駐遠東安全分署邀請美國人口學家來臺進行人口研究，在他們所發表的「臺灣人口研究報告」中，主張臺灣應降低

人口出生率。但是由於與三民主義人口政策相悖離,而未被採納,只由中國家庭計畫協會小規模地進行家庭計畫(邱創煥,1977)。

到了1960年代初才擴大辦理家庭計畫,這時出生的人將在2025年起成為老人。臺灣的人口成長率才從1963年起降到2.96%,且逐年下滑,到了1972年,人口成長率開始滑落到1.94%。我國人口成長率維持在2.0%上下的期間延續到1980年前後。1980年到1990年的10年間,人口成長率進入另一波下滑的局面,平均年成長率降到1.2%。1990年到2000年,臺灣的人口平均年成長率只剩下0.8%,而臺灣當時並無鼓勵有偶婦女生育率提高的跡象。

然而,如果臺灣的育齡婦女生育率持續下降,我們對人口政策的重新檢討勢所難免。我國婦女生育數(總生育率)在1981年時是1.72人,這樣的生育率一直維持到1990年代初,1996年甚至微升到1.8人,之後,快速下滑到2001年的1.4人,2004年已下降到1.18人,2008年再降到1.05人。比美國(2.1)、法國(2.01)、英國(1.96)、瑞典(1.91)、加拿大(1.6)、德國(1.38)、日本(1.37)低,已是工業國家中生育率最低的國家之一。2010年虎年只生育16萬6,886個嬰兒,降到超低的0.895人,成為全世界生育率最低的國家。可以預見的是,如果我們不引進新的誘因,我國的出生率將持續下滑。然而,1990年代以來,我國已大量引進外籍配偶,生育率並無明顯提升。顯然,靠引進外籍配偶無助於提升生育率。

雖然2011年是兔年,加上中華民國建國百年的慶祝行情,生育了19萬6,627人。接下來2012年是12生肖中最受歡迎的龍年,生育率再些微升高。1976年龍年出生42萬3,356人,比隔年的蛇年多生了3萬4,460人。1988年龍年出生33萬4,216人,比隔年的蛇年多生2萬6,501人,也比前一年的兔年多生2萬7,992人,更比之前的虎年多生3萬2,867人。前一次龍年(2000年),出生30萬5,312人,比前一年的兔年多生2萬1,651人,也比隔年的蛇年多生了4萬4,958人,顯示逢龍年必多生。

大致上可以看出臺灣的生育循環是鼠年、牛年依前一循環平穩下滑,到了虎年就急遽下滑,兔年微升,龍年再拉高到接近牛年水準;之後,蛇年又下滑到兔年水準;接著,馬年、羊年微升,猴年下滑,雞年持平,狗年再下滑,豬年平平。不過,1988年的龍年比1976年的龍年少生了8萬

2,302人，接著2000年的龍年又少生了3萬5,742人。即使逢龍年必多生，但是從長期趨勢來看，龍年的生育率已經回不到之前的鼠年、牛年的水準了。也就是說，這一個龍年的生育數會比上一個龍年少10萬人左右。這就是臺灣的生育率以超陡的溜滑梯快速往下衝的景象（Lin and Yang, 2009）。

臺灣超低生育率的原因不外乎：

1. **有偶率下降**：就是適婚年輕人結婚意願下降、離婚率升高，且社會又不接受非婚生子女，使墮胎率偏高，生育率也下降。

2. **婚育年齡延後**：結婚年齡延後，生育頭胎的年齡也延後，可生育的年齡就縮短。婦女到了快30歲才結婚，能生育的歲數就只剩下不到10年了，能生1到2個孩子就不錯了。

3. **兒童照顧負擔沉重**：生兒易、養兒難，私立幼兒園貴，私立高中職、大學學費也很貴，誰要生兒育女來討罪受？

4. **女性勞動參與率提高**：女人要工作，但是，誰來幫女人紓解家事與就業的雙重壓力？

5. **社會價值觀已快速改變**：沒有立業很難成家，立業重於成家，而不是成家立業。男性傳宗接代的傳統文化壓力也降低，只要家裡兄弟姊妹之一有後代就夠了。養兒防老觀念漸漸淡薄，對兒童的重視程度也降低。社會接納單身貴族，也羨慕頂客族的生活享受。初次性行為年齡下降，未婚可以有性愛，結婚就不是取得合法性愛關係的前提。不婚性愛或結婚不孕成為一種習慣後，就很難改變了。加上對未來的不確定性（就業、環境生態、國家發展等），當然不想生孩子禍延子孫（Lin and Yang, 2009）。

少子女化對社會福利有何影響？首先，加速人口老化速度。其次，影響性別失衡。在華人社會只要生育率低於2.0，新生嬰兒的性別即偏向以男嬰為多。第三，人口負成長，預估臺灣到了2018年至2022年間，人口自然成長率將由正轉負，必須靠移民來維持人口成長率，此後人口將逐漸減少。第四，隨著生育率降低，公共制度面臨結構快速調整，特別是學校教室將大量閒置、幼兒園需求量也快速下滑、老人照顧設施、老人醫療設施需求則急遽增加。

第五，勞動供給不足，除非產業轉型成為無人工廠或全自動化，否則勞動供給將不足，必須引進外籍勞工。此外，勞動力銀灰化（Graying of the Workforce）加速，我國高齡勞動力將從目前45至64歲中高齡人口占工作人口31%左右，到了2020年會占約42%左右，職場再設計必須加速進行。高齡勞工的就業率偏低，也是各國關切的課題。以歐盟為例，除了瑞典、丹麥、葡萄牙、英國之外，其餘國家的高齡勞工的就業率均低於50%。其中又存在著嚴重的性別偏差，高齡女性的就業率更低（Maltby and Deuchars, 2005: 31）。女性高齡勞工的低就業率顯示女性在獲得退休年金上的不利處境，祖母貧窮（Grandma Poor）現象的可能性升高。

最後，人際關係改變。家庭關係中的手足軸消失，親子軸成為兒童發展的主要家庭關係。家長寵溺孩子，兒童儼然成為家中的小皇帝、小霸王或小公主，不利身心健康發展。少子女化世代容易發展出自我中心、不喜與人交往的性格特質。復因集眾人寵愛於一身，不易培養出挫折容忍力。缺乏承擔照顧弟妹、協助家務的機會，也不易培養責任感。總之，從1990年代末低生育率時期以來出生的嬰兒，已呈現不一樣的成長經驗，這對社會福利發展來說意義重大。

如果要以移民（勞動移民或婚姻移民）來解決生育率降低的人口負成長問題，社會成本將非常高，歐洲聯盟的殷鑑不遠。歐洲各國從1980年代即出現極右派政黨（Far-Right Parties）[1]，逐漸在各國政壇取得10%至20%的實力，其政見包括：反外來移民、經濟保護主義（經濟國家主義）、國族主義、反全球化、反歐盟、反社會平等、反民主等，無不衝著移民而

---

[1] 奧地利自由黨（FPO）在1999年贏得27%選票。比利時的佛來芒聯盟（VB）在1999年贏得9.9%選票，在安特衛普市甚至贏得40%的議會席次。丹麥人民黨（DPP）在2001年贏得12%選票。法國國家陣線（FN）在2012年總統選舉首輪拿下18%選票居第三。荷蘭的LPF在首次參選即拿下150席國會席次中的26席，僅落後執政的基督教民主黨（CDA），直到其黨魁被暗殺；接續的自由黨（FP）拿下2010年國會選舉150席中的25席。挪威的進步黨（PP）上次選舉拿下14.7%選票，占國會165席中的26席，並把長期執政的勞工黨趕下臺。葡萄牙人民黨（PP）在最近一次國會選舉贏得9%選票。瑞士人民黨（SVP）在1999年選舉一躍成為第二大黨，贏得22.5%選票。芬蘭的真芬蘭人黨（TFP）在2011年國會選舉贏得39席。

來。這種源自經濟不景氣導致各國實施財政緊縮政策、削減社會福利、失業率升高，以及中產階級的失落感而衍生的種族歧視，使得歐洲社會出現嚴重的社會分裂與種族暴力。

而臺灣內部更有對兩岸關係嚴重不一致的政治歧見存在，少數人民主張與中國統一，也有部分人民主張臺灣獨立，大多數人民則主張維持臺灣現狀[2]。一旦來自中國的移民愈來愈多，種族自殺（Race Suicide）的焦慮神經將被挑起。種族自殺被認為是20世紀初美國擔心人口性別角色與性習俗改變、種族混雜，以及對貧窮移民大量湧進美國的憂心，而啟動包括移民政策在內的國家介入，一方面以社會福利方案鼓勵白種女性多生育，另方面嚴格限制非白種人的移民人數（May, 1995; White, 2002）。歐洲極右政黨的出現何嘗不是因於這種種族自殺的焦慮。種族自殺焦慮的論述固然不值得讚揚，但卻是一個社會歷史政治經濟的產物，它也若隱若現地漂浮在國人的意念裡，影響著我們對外籍配偶的論述，尤其是針對中國配偶。但其意念的內涵又不同於美國進步主義時代的經驗，而是受到臺灣過去移民經驗中未解決的傷痛，以及當前兩岸潛在的緊張關係所牽動。我們必須謹慎處理，降低貧富差距，縮短資源分配不均，推動多元文化的價值與態度，才是根本之道。

伍、家庭結構變遷

隨著臺灣進入後工業社會，家庭結構也產生快速而巨大的變遷。

一、家戶規模縮小

臺灣平均每戶人口數從1966年是5.7人，1970年為5.5人，1980年是4.8人，1990年是4.0人，2000年是3.3人，2004年已下降到3.16人，2010年

---

[2] 2010年12月，行政院大陸委員會所做的民意調查顯示，高達87.3%的絕大部分臺灣民 認為應該維持現狀（廣義）：儘快宣布獨立：6.4%；維持現狀，以後走向獨立：17.6%；永遠維持現狀：28.4%；維持現狀，看情形再決定獨立或統一：34.2%；維持現狀，以後走向統一：7.1%；儘快統一：1.2%；不知道／無意見：5.2%。

再下降到3.0人。家戶人口數減少主因在於單人戶與2人戶增加，分別占22.0%，3人戶也增加，5人以上家戶則減少。其中又以2人戶增加最為明顯，反映出生育率的下滑、頂客族的增加，以及家庭居住安排的分離趨勢。

二、家庭組成核心化

依行政院主計處的2010年人口及住宅普查資料顯示，普通住戶之家戶形態以核心家戶為主，計403萬8,000戶或占54.5%；其次為單人家戶，計162萬9,000戶或占22.0%；主幹家戶計121萬5,000戶或占16.4%，居第三；其他家戶計53萬3,000戶或占7.2%。與2000年相較，以核心家戶增加47萬5,000戶最多，惟所占比重已下降0.6%。就核心家戶觀察，以夫婦與未婚子女所組成之家戶計265萬8,000戶最多，占核心家戶的65.8%，惟10年間已減少2萬6,000戶或占1.0%；由夫婦、夫（或婦）及未婚子女所組成之家戶則呈增加趨勢，分別增加62.2%與50.2%。就主幹家戶觀察，以祖父母、父母及未婚子女所組成之三代同堂家戶計80萬8,000戶為最多，而祖父母與未婚孫子女所組成之隔代家庭，10年間增幅最大為34.0%。

三、有偶率下滑

適婚年齡（25歲～34歲）人口未婚率也明顯增加。1956年是11.4%，1966年為14.7%，1970年是14.3%，1980年是20.9%，1990年是31.6%，2000年升高到42.3%，2010年又快速升高到56.7%。適婚人口未婚率升高是造成生育率下滑的因素之一，也反映初婚年齡延後、家庭結構的變遷。

四、離婚率上升

我國15歲以上人口未婚率的變化不大，1956年是27.6%，1966年是33.2%，1980年微升到35.7%，1990年又下降到34.2%，2000年是33.5%，2010年些微下滑到33.0%。但是，有偶率（結婚或同居）在1956年是63.0%，1966年是59.0%，1980年下降到58.2%，1990年再回升到59.00%，到了2000年又逐漸下滑到58.3%，2010年再下滑到56.1%。有偶率的下滑主因於離婚率的上升。1956年離婚或分居占1.0%，1966年些微上升

到1.6%，1980年微降到1.3%，1990年又上升到2.0%，2000年再上升到2.9%，2010年已快速上升到5.0%。離婚率的升高是單親家戶增加的主因。

五、單親家戶增加

2010年底，臺閩地區單親家庭計56萬2,000戶，占7.6%，比10年前的5.8%，增加了50.2%。其中女性單親家長計41萬5,000戶或占73.7%，男性單親家長計14萬8,000戶或占26.3%，10年間單親家戶增加18萬8,000戶，其中以女性增幅57.3%較為顯著。單親家長年齡以45歲至64歲者居多，計30萬9,000戶或占55.0%；而單親家戶中有未滿18歲子女者計21萬6,000戶或占38.5%，這才是社會政策上所關心的單親家庭，10年間增加6萬4,000戶或占41.9%。若就單親家庭形成原因觀察，因未婚或離婚所致者計33萬5,000戶或占59.6%，與2000年比較提高了11.3%；因配偶死亡或其他原因所致者則占40.4%。

對社會福利發展來說，家庭規模縮小、單人家戶、單親家庭與隔代家庭增加，呈現臺灣家庭的自我依賴功能正在弱化中，家庭照顧能力下降，兒童與老人照顧社會化的需求更加升高，照顧家庭化（Famililization）愈來愈不可能。

陸、跨國婚姻

1987年到2011年間，我國的外籍配偶（含中國、港、澳）已高達46萬2,360人，其中來自中國（含港、澳）者有31萬0,973人（67.26%），東南亞及其他國家者有15萬1,387人（32.74%）。從1998至2011年我國的跨國婚姻比率平均是20.48%，從1998年的15.6%逐年升高到2004年的31.86%，再逐年下滑到2011年的13.01%。可以預見地，隨著老榮民逐漸凋零、低社經家庭中年未婚男子、身體條件較差男子等在國內婚姻市場中處於相對不利條件者人數減少、東南亞（特別是越南）與中國經濟發展逐漸好轉，以及跨國婚姻資訊愈來愈透明，跨國婚姻有下降趨勢。而跨國婚姻生育的子女，從1998年到2011年計生育30萬8,809人，平均占9.87%，亦即每年有將近一成臺灣嬰兒是跨國婚姻所生育。

對社會福利發展來說，不論是東南亞國籍配偶或是中國配偶，大多透過婚姻介紹所、婚友社等仲介而促成。這種郵購新娘或相親速成婚姻，本質上是將婚姻商品化，媒介者極力促銷，從中獲取媒介費用，導致交往時間短暫，甚至沒有交往時間，因此難免認識不清；再者，雖然中國配偶語言相近，但是由於年齡差距大，文化、價值觀均不同，造成溝通困難，致使家庭暴力頻傳。外籍配偶離婚率是本國籍婚姻的2.57倍。尤其受暴外籍配偶缺乏社會支持體系、不熟悉我國法令，又擔心居留身分，以及子女監護權問題，因而忍氣吞聲，處境往往比本國婦女艱難（內政部，2003）。此外，由於迎娶外籍配偶的臺灣男子有較高比率的人在家庭經濟、身體條件，社會支持網絡等方面較差，再加上外籍配偶語言、文化、教育水平、年齡等差異，其所生育子女發展遲緩、學校適應、生活適應的問題相對較嚴重。一旦社會出現極右論述，外籍配偶的處境將更艱辛。我們有義務讓種族自殺的焦慮降到最低，則社會福利、教育、就業即扮演非常重要的角色。

柒、貧富不均

貧富差距擴大，不只發生在家戶間，也存在於地域間。這個話題從人類社會進入後工業化、全球化以來就不斷地被提醒，然而似乎沒有被有效地處理。最近「占領華爾街」運動從2011年9月17日起發動，怒火遍及82個國家、951個城市，臺灣也捲入。此運動的主訴求是：99%的大多數針對壟斷社會資源的1%。諾貝爾經濟學獎得主克魯曼（Paul Krugman）說：「這些年來，認為公義將永不可能實現的犬儒態度，於我們的政治辯論裡無處不在，令我們很容易忘記目前的經濟災難是源自一個多麼可恥的故事。首先，銀行家們透過不顧後果的借貸製造資產泡沫，並從中謀取暴利；然後泡沫爆破，但政府用納稅人的金錢挽救這些銀行家，而一般民眾則代為承受他們犯罪所帶來的社會經濟苦果；最後，銀行家由於被救了，他們仍擁有足以影響政治的巨大財力，政客們於是承諾維持低稅率和解除金融海嘯後設立的溫和管制措施，以換取他們的支持。」另一個諾貝爾經濟學獎得主史提格里茲（Joseph Stiglitz）說：「這是一個將虧損社會化、

將利潤私有化的體系。」「這不是資本主義，不是市場經濟，這是個扭曲的經濟系統。這樣下去我們將不可能再有經濟成長，也不可能建立一個公正的社會。」（林茵，2011）失業率居高不下、貧窮人口增加，本是政府必須架構出更有效的社會安全網來支持人民的時候；但是，不斷升高的財政赤字，卻也給了政府與財團最有力的理由去削減公共醫療、教育與福利等基本社會保障，於是，人民憤怒了。

我國的家戶所得差距隨著進入後工業化與面對全球化的挑戰而擴大。2010年所得五分位差為6.19倍，比美國的9.59倍（2009）、香港的19.54倍（2006）、新加坡的12.9倍（2010），以及亞洲大部分國家情況稍和緩，與日本的6.22倍差不多；但比南韓的5.66倍（2010）及大部分歐盟國家差（見表16-2）。

參考財稅資料中心統計，將全國近551萬戶綜所稅申報戶分成10等分，2010年所得最低10%平均年所得9.4萬元、所得最高10%平均年所得308.5萬元，貧富差距32.82倍，高於2009年的28.13倍。若進一步分成20等分，所得最低5%平均年所得僅4.6萬元，所得最高5%平均年所得429.4萬元，貧富差距擴大至93.35倍。

臺灣進入後工業社會後，根據包莫法則（Baumol's Law）（Baumol, 1967），服務部門生產力不及工業部門，主因在於服務業的勞力密集性高，以及商業部門的薪資提高，不可避免地對經濟成長與就業產生負效果。服務業的擴張，不只擴大了貧富差距，也擴大了城鄉差距。都市地區因服務業的發達，如金融、保險、百貨、行銷、餐飲、旅遊、人事服務等普及，就業機會多，薪資也較高，臺灣的嘉義、雲林、臺東、花蓮等鄉村地區就成為後工業社會下的犧牲者，不但失業率高，所得也降低，加速臺灣的城鄉差距。

又1990年代，臺灣的經濟隨著全球生產分工的不斷洗牌，過去20年的高經濟成長率，自然帶來勞動薪資提高、生活成本升高、環境保護要求提高、公共服務支出增加，以及就業條件的選擇，臺灣不再是加工出口的天堂，過去亞洲四隻小老虎不再虎虎生風。中國與東南亞國家的工資低、勞工多、土地成本低、環保要求低、內銷市場大、稅制優惠，以及人民抗爭少，就成為取代臺灣及其他新興工業發展國家（NIEs）的代工角色，臺灣

面臨經濟發展遲緩、失業率升高、貧富差距擴大的危機。

　　我國的貧富差距之所以日漸擴大，主要是最低所得家戶組的所得成長緩慢，以2010年與1985年來比較，最低所得家戶組的所得成長率只有2.03倍，比平均成長率2.6倍低很多，而最高所得家戶組平均所得成長了2.74倍（見表16-3），當然就拉大了所得差距。

　　從我國受僱員工的薪資成長情形即可知道為何低所得家戶的所得成長緩慢。2001年我國受僱者平均薪資是42,042元，2006年提高到43,493元，2010年再升高到44,430元，10年間只成長2,388元，即5.7%。其中薪資較低的製造業受僱者薪資，2001年平均薪資是38,586元，2006年升高到42,393元，2010年是42,420元，10年間增加3,834元，約增加10%。但是，製造業受僱者的薪資成長一部分是加班賺來的。2001年製造業受僱者平均月工時是184.4小時，2010年增加到189小時。

　　此外，2001年到2010年累計消費者物價指數成長10.6%。亦即，這10年間，受僱者的薪資成長根本被消費者物價成長抵銷掉了，甚至還不夠用，當然就造成薪資階級的家戶所得成長緩慢。從表16-3可以看出我國中低所得家戶（40%），從1995年到2010年，家戶所得幾乎沒有成長，而中高所得家戶之所得則持續成長。特別是較高所得的40%家戶，成長幅度更大。國人平均每人GDP從1996年的368,729元，成長到2010年的587,892元，成長了59%，但是，同期受僱者薪資只成長20.7%。顯見，國家經濟發展果實根本沒有合理分配給受僱者，貧富差距不擴大也難。

　　再以行政院主計處研究報告（2010）分析2009年5月在638萬3,000位受僱者中，薪資低於15,000元者有22萬9,000人，介於15,000元至19,999元者有45萬8,000人，合計68萬7,000人，占受僱者的10.76%。41.72%的受僱者薪資不滿3萬元，58.9%的受僱者薪資不滿3萬5,000元，顯示臺灣受僱者的薪資向低薪端傾斜。如果以2011年最低生活費標準，臺灣省平均每人每月10,244元，臺北市14,794元，乘以平均家戶人口3.25來算，若不計入其他資產，臺灣省的單薪家庭每月至少必須賺33,293元薪資才不會淪為工作貧窮（Working Poor）。臺北市則是48,080元。據此可知，愈來愈多受僱者已陷入工作貧窮的風險中。如果薪資結構不調整，貧富差距必然持續擴大。

而依2009年財稅中心統計資料顯示，中低所得者主要所得來源是「薪資所得」，以稅率6%的民衆爲例，每戶平均薪資所得只有54萬元。至於年所得淨額1,000萬元以上、稅率40%的民衆，收入最大宗是「股利所得」，每戶平均有1,836萬元，顯示這些有錢人靠股票錢滾錢的實力雄厚，而且賣股賺錢還不用繳稅。有錢人的第二個收入來源是「薪資所得」，每戶平均薪資664萬元，光是薪水的零頭都比低所得家戶組一整年還賺得多（林萬億，2012）。

　　所得差距擴大，必須以社會福利與稅制來縮短差距。以2010年爲例，我國的所得五分位差雖是6.19倍，若沒有社會福利與稅的所得重分配，我國的所得五分位差將高達7.72倍。其中，社會福利的所得重分配效果使所得差距因而縮小-1.42倍，來自稅收的所得重分配效果只有-0.11倍，合計-1.53倍，顯示我國以社會福利支出作爲縮小貧富差距的政策效果較佳（表16-4）。稅收幾乎沒有發揮所得重分配的功能。從我國的稅收只占GDP的11.9%，即可知道稅收實在太少，根本無法發揮所得重分配的效果。而社會福利作爲所得重分配的政策工具，也有其極限。從2007年大溫暖計畫推行以來，所得重分配效果達到-1.4倍，2010年也只維持在-1.42倍。除非有新的社會福利計畫，否則靠現行的社會福利體系作爲縮小貧富差距的政策工具效果已接近飽和。倘若政府不重新檢討稅制，我國的貧富差距不可能縮小。

表16-2　所得分配的國際比較：各國吉尼係數，2000年～2009年

國別	吉尼係數	國別	吉尼係數
印度	.368	芬蘭	.269
印尼	.376	瑞典	.250
越南	.378	挪威	.258
巴西	.550	丹麥	.225
中國	.415	瑞士	.267
馬來西亞	.379	義大利	.360
墨西哥	.516	法國	.327
菲律賓	.440	荷蘭	.309
俄羅斯	.437	德國	.283

國別	吉尼係數	國別	吉尼係數
泰國	.425	盧森堡	.308
南韓	.314	加拿大	.326
新加坡	.478	英國	.400
日本	.339	美國	.389
臺灣	.345	紐西蘭	.362

資料來源：行政院主計處，2010。

表16-3　平均每戶可支配所得及最終消費支出依可支配所得，按戶數五等分位分

年份 所得組別	1985	1990	1995	2000	2005	2010
全體平均	341,728	520,417	826,378	895,445	894,574	889,353
最低所得組	141,750	193,685	298,443	315,172	297,694	288,553
第二所得組	230,893	343,785	537,241	571,355	556,117	542,741
第三所得組	297,011	455,427	723,067	778,556	779,044	773,468
第四所得組	386,911	603,914	996,103	1,043,508	1,043,131	1,054,693
第五所得組	651,995	1,003,925	1,607,034	1,748,633	1,796,884	1,787,312
全體平均	100.00	152.28	241.82	262.03	261.78	260.25
最低所得組	100.00	136.63	210.54	222.34	210.01	203.57
第二所得組	100.00	148.89	232.67	247.45	240.86	235.06
第三所得組	100.00	153.36	243.44	262.13	262.29	260.42
第四所得組	100.00	156.08	257.45	269.70	269.61	272.59
第五所得組	100.00	153.97	246.47	268.19	275.59	274.13

資料來源：根據行政院主計處資料，作者自行計算。

表16-4　政府移轉收支對家庭所得分配之影響

單位：倍

年別	政府移轉收支前 差距倍數 (1)	所得重分配效果			實際（目前） 差距倍數 (1)+(2)
		從政府移轉收入 （社福補助等）	對政府移轉支出 （直接稅規費等）	合計 (2)	
80	5.31	-0.24	-0.10	-0.34	4.97
81	5.57	-0.23	-0.09	-0.32	5.24
82	5.76	-0.26	-0.08	-0.34	5.42
83	5.79	-0.31	-0.11	-0.41	5.38
84	5.93	-0.50	-0.09	-0.59	5.34

年別	政府移轉收支前差距倍數 (1)	所得重分配效果 從政府移轉收入 (社福補助等)	所得重分配效果 對政府移轉支出 (直接稅規費等)	合計 (2)	實際（目前）差距倍數 (1)+(2)
85	6.17	-0.68	-0.11	-0.79	5.38
86	6.25	-0.72	-0.12	-0.84	5.41
87	6.49	-0.84	-0.14	-0.98	5.51
88	6.47	-0.82	-0.15	-0.97	5.50
89	6.57	-0.88	-0.14	-1.02	5.55
90	7.67	-1.13	-0.15	-1.28	6.39
91	7.47	-1.18	-0.13	-1.31	6.16
92	7.32	-1.12	-0.12	-1.24	6.07
93	7.41	-1.24	-0.15	-1.39	6.03
94	7.45	-1.26	-0.15	-1.41	6.04
95	7.45	-1.29	-0.15	-1.45	6.01
96	7.52	-1.40	-0.14	-1.54	5.98
97	7.73	-1.53	-0.16	-1.69	6.05
98	8.22	-1.75	-0.13	-1.88	6.34
99	7.72	-1.42	-0.11	-1.53	6.19

資料來源：行政院主計處（2010）家庭收支調查。

捌、財政赤字

依財政部統計，2011年我國中央政府1年以上債務餘額為4兆9,214億6,900萬元，占國內生產毛額的35.00%，雖然尚未超過公共債務法第4條第1項規定40%的債務上限，若加上各級政府1年以上債務餘額則已高達5兆6,511億6,100萬元，國債已占國內生產毛額的40.61%。若依主計處統計，我國中央政府截至2011年底長期債務未償餘額為4兆7,691億元，若參考國際貨幣基金（IMF）定義，另加計普通基金1年以下借款2,791億元及非營業特種基金舉借債務7,218億元，合共5兆7,700億元，國債已占國內生產毛額的41.5%，超出公共債務法的上限了。

財政部每月公布國債鐘，截至2012年2月底止，中央政府1年以上債務未償餘額4兆8,335億元，短期債務未償餘額2,691億元，平均每人負擔債務22.0萬元。然而，立法院預算中心每每針對國債鐘未揭露潛藏負債等相關

資訊，內容未臻完整，要求財政部應參酌美國國債鐘網站之做法，豐富資訊內涵，以達全民監督之效。

於是，行政院主計處自2009年度起於中央政府總決算總說明中揭露未列入公共債務法債限規範之政府潛藏負債與非政府潛藏負債事項。依主計處資料，2011年度總決算所列各級政府潛藏負債14兆9,866億元（中央政府11兆6,563億元，地方政府3兆3,303億元），較2010年度決算所列數13兆191億元，增加1兆9,675億元。其項目如下：

（一）舊制軍公教人員退休金

舊制（1995年7月1日以前）軍公教人員退休撫卹（俗稱18趴）退休金未來應負擔數，估計未來30年（以2010年12月31日為基準日）需由各級政府負擔之舊制軍公教人員退休金為6兆0,531億元（中央政府2兆8,850億元，地方政府3兆1,681億元），比2010年度的5兆8,361億元（中央政府2兆9,487億元，地方政府2兆8,874億元）多出2,170億元。

（二）公務人員退休撫卹新制

退撫基金新制未提撥之退休金1兆9,125億元，比2010年度的1兆6,495億元多出2,630億元。

（三）公務人員保險

以2010年12月31日為基準日，估算公教人員保險所有在保被保險人屬1999年5月30日以前保險年資，折算至基準日之政府未來34年內應負擔之給付義務約為1,704億元。

（四）軍人保險

以2006年12月31日為基準日，精算死亡、殘廢、退伍等軍人保險未來保險給付之應計給付現值約563億元，扣除截至2010年底止已提存保險責任準備300億元，尚有263億元未提存保險責任準備。

（五）勞工保險

勞工保險（普通事故老年、失能及死亡給付）未提存責任準備6兆3,131億元，比2010年的5兆0,437億元多出1兆2,694億元。

（六）國民年金

以2010年10月1日為基準日，精算國民年金保險未來淨保險給付精算現值為2,108億元，扣除截至2010年底止已提存安全準備1,226億元，未提

存準備為882億元。

（七）全民健康保險

全民健康保險自1995年開辦以來，其已提存之安全準備業已用罄，截至2010年底止，全民健康保險累計財務短絀為403億元。

（八）地方政府積欠保費

地方政府積欠應負擔全民健康保險、勞工保險、就業保險等保險費補助款及退休公教人員優惠存款差額利息為1,646億元。

（九）農民健康保險

農民健康保險未來保險給付精算現值1,499億元。

然而，行政院於2010年度中央政府總決算中有關政府資產負債概況提出說明，認為，「該等事項負擔，或因屬政府未來應負擔之法定給付義務，係以編列年度預算方式支應，或因屬未來社會安全給付事項，可藉由費率調整機制等挹注，與公共債務法管制政府融資行為所舉借之債務不同。例如，有關全國尚未取得之既成道路徵收補償（市區道路部分）2兆餘元部分，除以徵收方式辦理外，尚可由競標收購、土地交換、容積移轉及檢討廢止等方法處理，未來倘確需編列預算辦理收購或徵收，政府亦可相對取得同額資產；另農民健康保險虧損待撥補款部分，內政部基於照顧農民權益之立場，大多於虧損實際產生時，由年度預算編列撥補，自試辦至民國98年底止，累計虧損約1,265億元，已全數撥補完畢，民國99年度虧損38億元，將循年度預算程序辦理撥補，故該等款項未納列上揭預計將造成各級政府未來負擔之支出。」（林萬億，2012）

行政院針對上述社會安全給付潛藏債務的處理方法，簡單一句話，「可藉由費率調整機制等」平衡。行政院並以農民保險為例，「大多於虧損實際產生時，由年度預算編列撥補。」

從歷史紀錄來看，成功地調高保險費率來解決社會保險財務失衡的經驗極少，包括舊制軍公教人員退休金18%優惠利息的改革，2011年1月31通過再調整新方案，將退休公務員實質所得替代率調降，年資較長者，所得替代率較高；年資較短者，所得替代率較低。以2011年退休者為例，年資25年者，所得替代率會在53.73%至80%之內；年資30年者，所得替代率會在60.89%至85%之間；年資35年者，所得替代率會在68.05%至90%之

間。比起2010年修正的方案，一年可再爲政府節省34億餘元經費，但也只是微調，對龐大的潛藏債務根本是杯水車薪。

另以全民健康保險爲例，經過2002年、2010年2次費率微調，以及1999年、2002年、2005年、2010年等幾次的調高投保金額上限與自付額，並挹注公益彩券回饋金、菸捐等，都無法平衡財務。即使2011年1月4日立法院通過的全民健康保險改革，保費改採雙軌制，一般保費以月投保薪資計算，費率由現行5.17%降爲4.91%；利息、股利等6項其他所得補充保費，估計83%的民衆保費不會增加，預估全體雇主負擔約增加40億元，預計最快2013年上路。據衛生署估計，增加的保費收入最多只能5年不再調整保費。

再以勞工保險爲例，在2007年5月送到立法院的勞工保險條例修正案（勞保年金化修正案），保費計算是以被保險人當月之月投保金額薪資的6.5%至11%擬訂，年資給付率1.3%。之所以會從6.5%起跳，是因爲當時的費率已達6.21%，而最高費率到11%，是因爲依精算結果，現行普通事故保險費率需11.23%才夠，且年金成本較一次金爲高，故基於財務自給自足原則與年金財務需求考量，修正現行費率制度。相對地，年金給付與老年一次金給付之平均月投保薪資係按被保險人全部加保期間月投保薪資予以調整後平均計算。

但是到了2008年7月17日立法院通過國民黨團的修正案，雖然將保險費率定爲7.5%，施行後第三年調高0.5%，其後每年調高0.5%至10%，並自10%當年起，每2年調高0.5%至上限13%。但是，年金給付與老年一次金給付之平均月投保薪資係按被保險人加保期間最高60個月之月投保薪資予以平均計算；參加保險未滿5年者，按其實際投保年資之平均月投保薪資計算。

在勞保年金化修正之前，老年給付係按被保險人退職前三年之平均月投保薪資計算，易產生被保險人平時將投保薪資以多報少，將屆請領老年給付前始大幅調高投保薪資，造成勞工保險財務赤字；或因中高齡勞工薪資所得偏低而影響其老年給付金額。爲兼顧對全體被保險人的保費與給付公平合理，以及健全保險財務，並參考其他國家年金給付平均月投保薪資計算之成例，而以被保險人全部加保期間月投保薪資予以調整後

平均計算，以反映被保險人保險費繳納對於保險財務之貢獻度及與給付相連結。雖然保險費率被調高1%至2%，但是，給付調高到被保險人加保期間最高60個月之月投保平均薪資，每年年資給付率更達1.55%，造成勞保年金所得替代率達54.25%。例如，某一勞工最高60個月平均投保薪資32,000元×35年（加保年資）×1.55%（年資給付率）=17,360元（每月年金）。我國的勞工年金所得替代率已不亞於工業先進國家，但是費率偏低，日本17.35%、德國19.5%、瑞典18.5%。日本勞動年金的年資給付率是0.7125%，我國高達1.55%，即可看出我國的低保費、高給付水準，勞工保險財務不嚴重赤字也難。

此外，從表16-5可以看出，民進黨執政8年（2001至2008預算年），中央政府1年以上債務餘額占國內生產毛額的比率平均是29.065%，比李登輝總統後期的4年平均17.525%高出許多。而國民黨再執政的4年裡，比率又升高到34.33%。依此趨勢下去，我國的國債很快就會超過法定的40%上限。亦即不只年輕人要承擔龐大的國家債務，這一代的中高齡勞動者也難逃背負沉重國債的命運。

我國財政赤字嚴重，一方面來自無效的擴大公共投資，例如，2008年的加強地方建設擴大內需方案583億、消費券870億元等；二方面是以低保險費高給付與調高津貼額度來收買選民，例如，超高的軍、公教、勞工保險年金給付的所得替代率，老農津貼不斷加碼且與國民年金脫鉤；第三方面是對企業的減稅。依財政部賦稅年報顯示，獎勵投資條例從1960年實施迄今，總計減免5,292億元的租稅。即使該條例已於1990年廢止，仍有企業於1990年後因租稅優惠年限未屆而繼續適用。到2010年獎勵投資條例仍提供8,840億的租稅優惠，且集中於營利事業所得稅的減免。接替獎勵投資條例的是促進產業升級條例，2004年促產條例提供531億3,926萬元租稅減免。到了2010年，單一年度減稅額暴增到2,653億，增加幅度達498%。2010年的國家總稅收才1兆5,658億元，僅促產條例就讓稅收流失17%。雖然2009年促產條例就落日，但是20年來，促產條例協助企業稅收減免達1兆5,779億元。再加上獎勵投資條例的租稅優惠，總計超過2兆元，占2012年政府累計未償債務餘額將近一半。而促產條例必須等到2019年才真正落日，未來稅收流失仍持續增加中。2009年營利事業所得稅率自25%調

降至20%，企業獲得808億的減稅；2010為了換取促產條例落日，又調降營利事業所得稅到17%（林宗弘、洪敬舒、李健鴻、王兆慶、張烽益，2011）。

這種國家財政赤字快速上升的經驗有「希臘化」的疑慮。希臘的公共債務占GDP的比率從2005年的100.3%，快速升高到2011年的150.2%，政府財政赤字世界最高；緊跟在後的是愛爾蘭，從27.4%快速攀升到107%；接著是葡萄牙，從62%上升到89%；西班牙則從43%上升到70%（Frangakis, 2011）。

希臘政府財政危機有來自外部因素，如全球金融海嘯與經濟不景氣；有來自內部脆弱的政黨政治與社會福利制度。外部因素是每個國家在面對全球化與後工業化的共同困境；內部因素則是差異的國家政治與社會福利體制。

希臘從1974年起為了討好選民而創造出一個扭曲的福利國家，其社會保障體制最大的骨架是年金保險，年金給付移轉收入占家庭平均可支配所得的24.1%，其他移轉收入，如家庭津貼、社會救助、疾病給付、住宅津貼、失業給付等所占比率僅3.2%，非常微小。但是，希臘的年金體系卻非常片段零散，所得相關年金過去有百餘種，直到2011年才整合成13種。年金體系對自雇者、公部門、中壯年、典型就業、男性有利，每一種年金體系都各自維護自己的既得利益，不願被改革。政客為了討好其所訴求的選民，不斷地承諾降低退休年齡，45至65歲都可領取全額年金；保險費率也不調漲；領取年金的投保年資也儘量縮短；年資給付率也拚命調高；所得替代率更是不成比例地高。這些慷慨條件共構了希臘年金保險的定時炸彈，隨著全球金融風暴與政黨輪替而引爆（Matsaganis, 2011）。

希臘扭曲的社會保障體系的經驗，似乎有部分早已發生在我們的軍、公教、勞工、農民保險體系裡。例如，低的退休年齡、高的所得替代率、高的年資給付率、低的保險費率。前述我國超高的社會保險體系潛藏債務，不就是隨時會被引爆的年金定時炸彈嗎？

表16-5 中央政府1年以上債務未償餘額占國內生產毛額百分比

年　度	債務未償餘額	國內生產毛額	債務未償餘額/國內生產毛額
79	198,843	4,229,578	4.70%
80	264,726	4,677,232	5.66%
81	565,082	5,248,374	10.77%
82	797,108	5,830,252	13.67%
83	913,686	6,374,295	14.33%
84	1,100,743	6,949,558	15.84%
85	1,223,895	7,600,922	16.10%
86	1,381,310	8,192,944	16.86%
87	1,368,674	8,939,196	15.31%
88	1,312,256	9,454,090	13.88%
88下半年及89	2,450,138	10,187,394	24.05%
90	2,759,121	9,930,387	27.78%
91	2,849,272	10,411,639	27.37%
92	3,124,741	10,696,257	29.21%
93	3,362,141	11,365,292	29.58%
94	3,549,926	11,740,279	30.24%
95	3,622,951	12,243,471	29.59%
96	3,718,681	12,910,511	28.80%
97	3,779,227	12,620,150	29.95%
98	4,128,045	12,477,182	33.08%
99	4,541,782	13,603,477	33.39%
100	4,921,317	13,914,925	35.37%
101	5,137,650	14,475,432	35.49%

製表日期：100/10/07　　　　單位：新臺幣百萬元；%

註：1.本表不包含外債。
　　2.本表79年度至99年度為審定決算數，100年度為預算數，101年為預算案數。
　　3.GDP資料來源：行政院主計處。

　　我國的社會福利環境面對的是需求面的增加，如人口老化、少子女化、外籍配偶增加、家庭結構變遷、貧富差距擴大、高的失業率所帶來的新社會風險，必須以建全社會福利體制、增加社會福利支出來因應。但是，從供給面來看，我們同時面對國家財政赤字日趨嚴重、經濟低度發

展，顯示臺灣社會福利發展的外部環境極其險惡。

 第二節　臺灣社會福利發展的內部環境

壹、政治的福利

　　1992年當民進黨提出老人年金政見時，被國民黨批評爲政策買票，而不是政策創新（林萬億，1995）。就臺灣人口老化的趨勢來看，當時啓動老年經濟安全政策的討論是有遠見的。很遺憾地，不論是老農津貼、敬老福利生活津貼、勞工退休金制度、國民年金、勞工保險年金化、軍公教退休撫卹18%優惠利息存款改革的進程，都過於緩慢與片段，錯失完整制度建立的良機，以致各種年金保險都還保留職業別分立制，造成各職業別間保險費率、給付水準不一，其中以軍公教的保險費負擔少、給付多於勞工與農民，有職業者的保費負擔少、給付多於無就業者，這是長久以來國民黨奉行的福利侍從主義的結果。

　　全民健康保險是我國第一個普及性的社會保險，但是，推動當時也缺乏整合的企圖，以致仍保留職業別的特性，造成保險費負擔的高度不公平，缺乏所得重分配效果。到了2011年修正全民健康保險法，也未能通過二代健保以家戶總所得作爲費基。而不論是年金保險、健康保險都是採低保險費、高給付政策，導致各種社會保險基金財務失衡，潛藏高額負債，將債務推給下一代，造成世代不正義。各種社會保險規劃期間並非缺乏保險財務精算，而是早期國民黨爲鞏固政權以社會福利來籠絡軍公教人員的福利侍從主義於先；接著，解嚴後，爲因應政治競爭，同樣以低保費、高給付籠絡選民的民粹主義於後，讓臺灣的社會福利充滿不理性的政治算計，而不是理性的政策規劃。

　　這樣的福利政治化，不只發生在社會保險體系，也包括社會津貼。例如，1993年縣市長選舉，民進黨主席許信良將老人年金納入共同政見，國民黨籍候選人也部分跟進，並於選後各縣市自行發放的老人年金（正確名稱應是敬老福利津貼）。以新竹縣爲例，寧願犧牲其他建設，勒緊腰帶仍

要繼續發放敬老津貼，圖的無非是縣長個人的政治利益。又例如1995年的老農津貼，也是政治競爭下的產物。但若為因應人口老化，其實該政策的推出具有高度的必要性（Necessity）與正當性（Legetimacy），只是後來4次的加碼，都是政黨為贏得選戰而爭相提出的給付調高，並不是考量給付的適足性（Adequacy）、公平性（Equity）與制度的永續性（Sustainbility）。

接著，為了縣市長個人政治利益而提出的縣市層級的福利加碼，更是不勝枚舉。例如，新北市周錫瑋縣長為爭取連任，於2009年推出家戶所得稅率在6%以下的老人，享全民健康保險費應繳的保險費補助，一年要花掉12億2,000萬社會局的預算，而當年新北市政府社會福利預算只有122億1,112萬元，占市府總預算的11.88%，一項新增政策就要花掉社會福利預算的10%，排擠到其他社會福利的嚴重程度，不言可喻，這就是政治的福利。雖然如此，民意支持度殿後的周錫瑋仍然沒有被國民黨提名連任參選。

到了2012年，繼任的朱立倫市長將之改為「老人健康補助金」，普及地發給65歲以上老人依年齡多寡不等的現金。周錫瑋的政策錯誤在於全民健康保險是全國一致的政策，不宜由單一縣市承擔保費分攤，將造成縣市民間的不公平。若認為老人健康保險保費負擔不合理，可透過國民黨中央執政進行政策改革，且不顧社會局有限的財源推出六大福利牛肉，是讓社會福利資源錯置。但是，至少還考慮到以所得偏低者為補助對象，符合社會政策的所得重分配精神。而朱立倫將現金給付發放對象擴大，打破周錫瑋時代的所得重分配精神，圖的是選票效果擴大，其政治算計之痕跡更明顯，毫無社會政策意義。

又例如，臺北市長郝龍斌於2010年競選連任時推出「祝妳好孕」，也是政治的福利成分多於政策性的鼓勵生育。「祝妳好孕」一年需要花掉32億左右經費，占2010年臺北市政府社會福利預算（含社會福利、衛生與就業）339億9,519萬8,841元（占市府總預算的20.52%）的9.4%，經費比率與周錫瑋的老人健康保險保費補助差不多。育兒津貼作為鼓勵生育的政策工具也應是全國一致性的，由社會福利預算比全國其他16個縣市的總預算還高的臺北市社會局來執行這個計畫，未免是欺負其他窮縣市的人民。如

果郝市長認為發放育兒津貼可以鼓勵生育，為何不透過其同黨執政的中央政府統一規劃呢？這也是考量個人政治算計多於社會政策理性的思考。

以上例子說明了臺灣社會福利政策發展充斥著政治人物的政治考量。當社會福利被當成政客個人仕途升遷的工具，不但國家資源會被濫用，國家公務員也會被要求來為錯誤的政策背書與辯護。本應是文官中立的公務員也成為政客個人仕途升遷的工具，而不是社會政策制訂與執行的專家。當然，任何社會政策都離不開政治，但是，社會政策的政治意涵是立基於弱勢優先、公共利益、資源配置公平與效率為考量，是大政治，而不是為個別政治人物施小惠以獲個人政治利益服務的小政治。社會福利的確可以幫助政治人物實現個人的政治企圖，但是前提必須是以實現公共利益為優先，而不是破壞社會福利制度，或是違反社會政策原則，更不是以籠絡特定選民的福利侍從主義。

貳、現金給付福利國

自從臺灣民主化之後，每逢選舉必提出社會福利政見，特別是1990年代以後。就理性選擇模式（Rational Choice Model）的角度來看，假設選民是理性的、利己的，其在民主體制下，透過選票支持有利於自己的候選人，而社會福利被認為是選民所喜歡的，因此，社會福利不必然反映階級或意識形態的需要，而是反映選民的偏好（Freeman, 1988）。如果政黨提出深思熟慮的社會福利方案，其實是負責任的，也是應該的。例如，前述的全民健康保險、國民年金、勞保年金化、失業保險、長期照顧等。

然而，制度式的福利不容易看到立即效果，社會津貼的非繳保費、非資產調查性質，就成為社會福利中最立竿見影的政見。例如，1992年民進黨籍的蘇煥智在臺南縣提出老人年金政見，用意是期待以立法委員身分提案老年年金保險的立法，用意良善，但是，礙於國民黨在國會占多數而無法實現，遂被許信良主席操作成民進黨執政縣市長的共同政見，讓老人年金成為地方政府自編預算支應的社會津貼，才會有1995年的老農津貼暫行條例的立法。

如前所述，吃到甜頭的政客，以現金給付來收買選民，不惜破壞社會

臺灣的社會福利：歷史與制度的分析

福利制度。例如，2004年、2005年、2007年民進黨與國民黨合力調高老農津貼，2008年馬英九將老農津貼與國民年金脫鉤，2009年周錫瑋推出老人全民健康保險費補助，2010年郝龍斌的「祝妳好孕」，2012年朱立倫的老人健康補助金，2012年蔡英文提出老農津貼再加碼，2012年馬英九推出老農津貼與八大福利津貼同步加碼，以及縣市首長競相提高生育補助金等，還有包括規劃中的長期照護保險也是走現金給付（In Cash）的便宜行事路線。更嚴重的後果是為了給服務使用者選擇的自由，長期照顧服務走向營利化、商品化的可能性很大。政府將成為一個買空賣空的白道，以強制的稅收與社會保險，將人民的所得收刮，轉手給營利單位提供名之為社會福利的服務，從中賺取利潤。人民是否真正獲得適足、高品質的服務，令人懷疑。

現金給付不是不可以，社會救助就是典型的以現金給付為主。但是，社會救助受益對象太少，通常不符政客的胃口，於是，社會津貼就廣受政客歡迎。一旦將所有人民社會需求都以現金給付來滿足，雖然人民直接看到口袋金錢增加、用錢的選擇自由提高、政府的行政也更簡便，但是，社會福利服務輸送體系的建構就被嚴重忽略、人民需求的多樣性也被簡化、服務品質不受重視、現金給付使用的效率也乏人關切。更嚴重者是，財源的考量往往被政客拋諸腦後，將國家財政赤字留給下一代去承擔，造成嚴重的世代不正義。

參、非專業領導

我國在衛生福利部成立以前，中央政府並無社會福利部門，僅有內政部社會司、兒童局與家庭暴力暨性侵害防治委員會。行政院政務委員中，直到2004年的傅立葉、2006年的林萬億兩位，才有屬於社會福利專長者擔任。內政部社會司司長雖長期由具社會福利背景者擔任，但是在縣市政府社會局（處）長方面，在1990年代以前，由於社會工作專業教育發展尚屬初階，要找到高階社會行政人員擔任局（處）長有其困難，因此，少數縣市得以聘用社會福利／社會工作背景的人擔任社會局長，例如，1980年代的蔡漢賢、白秀雄分別擔任臺北市政府社會局長與內政部社會司長。到了

1990年代，雖有較多具社會工作專長背景者被聘為社會局（處、科）長，例如，高雄縣的卓春英和吳麗雪、宜蘭縣的蘇麗瓊、臺北縣的楊素端、臺中縣的許傳盛，但是，大部分縣市政府社會局長仍以非社會工作本行者充任，很難期待渠等對社會福利行政的積極貢獻，這也反映縣市長重視社會福利的程度。

以2012年為例，各縣市政府社會局（處）長具社會福利／社會工作專長的仍寥寥可數，僅有高雄市的張乃千、屏東縣的吳麗雪、桃園縣的張淑慧、臺中市的王秀燕、臺南市的曹愛蘭。非社會福利／社會工作專長的有：臺北市的江綺雯是立委出身、教育行政博士專長；新北市的李麗圳是國民黨工出身、公共行政專長；新竹縣的林松，具教育背景；新竹市的伍麗芳是警察出身、中文系畢業；南投縣的林榮森是中文碩士；彰化縣的陳治明是警察出身、公共行政碩士；雲林縣的丁彥哲是政治碩士；嘉義縣的翁章梁是非營利事業管理碩士；嘉義市的林建宏是清潔隊、區長出身，管理學碩士；臺東縣的辛進祥是區域政策發展碩士；花蓮縣的賴興雄是國民黨新竹市黨部主委出身；宜蘭縣的林世奇是公共行政碩士；澎湖縣的蘇啓昌是教育碩士；金門縣的方天吉具觀光管理專長；基隆市的涂彬海與苗栗縣的陳錦俊背景不明。

此外，有些人口較少的縣市更低估了社會福利的重要性，例如，苗栗縣政府勞動與社會資源處，將社會福利行政當成是社會資源的連結單位；連江縣政府連個社會局都沒有，只有在民政局下設社會課。

其中，有趣的現象是民進黨執政期間有較多經驗延攬具社會工作／社會福利專長者擔任政務委員與社會局長，例如，高雄市的許釗娟、蘇麗瓊、許傳盛；五都升格前的高雄縣的卓春英、吳麗雪；臺南縣的陳明珍、蕭英成；臺南市的許金玲；宜蘭縣的蘇麗瓊、王秀蘭；臺北縣的楊素端；臺中縣的許傳盛。

這也凸顯社會福利的專業性仍然不高，各縣市政府衛生局（處）長、教育局（處）長均不可能聘用非專業的局（處）長，但社會局（處）長卻淪為議員、區長、黨工、各局處首長輪調的位置而已。

非社會福利／社會工作專長背景的社會局（處）長容易把社會福利當成慈善施捨，更甚者將之操作成縣市長個人的選舉資源，把社會工作員當

成是服務選民與議員的椿腳。渠等對於社會福利制度的建立興趣不大,更不用說尊重社會工作專業了。

肆、人力配置

首先,就社會福利行政人力言,各縣市政府社會局、勞工局編制內的社會行政、勞工行政人力嚴重短缺,在五都社會局各科的編制內人力約5至10人,在縣市則只有3至5人,而約聘僱人力卻是編制人力的3至5倍,甚至近10倍。在編制人力嚴重不足的情況下,只好大量以約聘、約僱、約用、派遣、按時計酬管理員等[3]因應。本是作為臨時、短期庶務性質的工作,但在社會行政人力不足下,也被挪用作為社會福利業務承辦人員,這類人力薪資低、福利少、專業水準要求低,怎可能對其在社會福利行政的推動上有高的期待?

其次,就社會工作人力言,雖然行政院於2010年9月14日核定內政部「充實地方政府社工人力配置及進用計畫」,2011年至2016年增加社工人力1,462人,請地方政府於2011年增加進用366名約聘社工員(若加上原補助兒少保護、家庭暴力及性侵害防治510名,則是876人),2012年至2016年進用1,096名正式編制社工員,2017年至2025年以約聘社工人員出缺即進用正式人員納編394名社工人力。未來地方政府社工人數將達3,052人,其中1,828人為正式編制人員,另1,224人為約聘人員。這些人力的聘用對地方政府來說,猶如大旱之望雲霓。但是,仍留下若干困境:

(一)薪資福利不公平

1. **薪資不穩定**:約聘僱人員薪資比照2006年與2007年補助地方政府增加兒少保及家暴社工人力方式,中央補助4成,地方自籌6成。對於窮縣的財政來說,要自籌6成薪資已捉襟見肘,而中央政府分

3　約聘人員係依聘用人員聘用條例約僱之人員,指各機關以契約定期聘用之專業或技術人員。各縣市政府社會局約聘社會工作員屬於此類人員。原則上一年一聘,但大部分已成為長聘人力。約僱人員係依行政院及所屬各機關學校臨時人員進用及運用要點聘用之人員,擔任相當分類職位公務人員第五職等以下之臨時性工作,而該機關確無適當人員可資擔任者為限。

攤的4成薪資也經常延後撥補，導致地方政府財主單位不願預支社會工作員薪資，致部分地方政府約聘社會工作員薪資領取極不穩定，如此勞動條件如何能留住社會工作員？

2. **薪資福利不公**：如同醫院護理人員一樣，編制內護理人員薪資比約聘僱護理人員高，且約聘僱人員升遷受到限制，但是，其所擔負的工作其實無差異。這對同樣是大學或研究所社會工作系所畢業，甚至同樣取得社會工作師資格，只是因為是否考上公職社會工作師之別，其薪資福利待遇不同，工作卻相同，難免引發抱怨。解決方法是政府應該將所需人力評估精確，一律納入編制，同工同酬。一旦環境變化，需求人力減少，則以遇缺不補、閒置人力轉業訓練作為因應，而非一直以約聘人力來減輕政府人事經費負擔，使人力不穩定、服務品質難以提升。

3. **人員流動率高**：除了社會行政與公職社工師之外，各單位社會行政／社會工作人力因同工不同酬、工作不穩定而紛紛以考上公職、追求高薪與穩定工作為目標，導致人力流動大，難以久任，業務不熟悉，更不用期待有創新與改革。

伍、人力素質

　　社會工作人力是社會福利政策規劃與執行的尖兵，社會工作人力素質決定了政策制訂與社會福利服務的品質。隨著1980年代臺灣社會工作專業教育的提升，讓社會行政體系逐漸專業化，也讓社會工作員制度受到重視。然而，也隨著1997年社會工作師法的通過，各大學廣設社會工作系，總計至2011年，臺灣已有27個社會工作／社會福利學系（組）、24個碩士班、4個博士班，每年培養約2,700位大學部與347位碩士級的社會工作／社會福利工作者，以及19名左右的社會工作／社會福利博士。這還不包括12個以老人福利（服務）為名的科系，部分也在培養老人福利工作人員。

　　社會工作師資是否因社會工作專業化的進展而改善？林萬億（2010b）指出至2010年止，我國社會工作系所師資專長屬社會工作、社會福利或社會政策本科者僅占50%，餘為社會學專長者（14%）、教育學

背景者（6%）、心理與輔導學專長者（9%）、三民主義、國家發展或人文社會科學者（7%）。以如此師資結構，很難訓練出夠格的社會工作者。

此外，1997年以後，社會工作學系（組、所）增加快速，新設立的社會工作系所已擴展到科技大學，私立大學設立社會工作學系多於公立大學，私立學校招生人數多於公立大學，各校又競相增設社會工作碩士班。私立大學的學生在臺灣當前的聯考與推甄制度下，素質自然較差；再加上師資中非社會工作／社會福利本科畢業者比率偏高；而大學社會工作教育也過度強調實務練習，缺乏歷史、哲學、價值、理論、知識的探究，因此，社會工作畢業生人數不斷增加，素質卻逐漸下滑，公私立社會福利機構苦於招募不到適用的社會工作人員。

而關係社會行政推動的政府社會行政人員，卻又被非本科畢業的占去一大部分員額[4]。這些社會行政高普考及格分發到社會局（處）任職者，有相當高比率是靠補習班的加持而考上。這些問題出在社會行政高考專業科目6科（行政法、社會學、社會工作、社會研究法、社會福利服務、社會政策與社會立法）中的行政法、社會學、社會研究法3科是一般社會科學生均能作答，社會工作學生不具競爭優勢。再加上專業科目出題過於一般化，給了補習班學生很大的考上空間。依當前科層體制升遷考核的慣例，在戲臺下蹲久了就是你的，等久了還是會升股長、科長，主導專門領域業務，屆時上下層皆是外行領導內行。這些非社會工作／社會福利專長的公務員分發到社會局（處）工作後，成為社會政策與立法制訂、社會福利方案規劃、委託民間社會福利服務方案監督、社會福利服務輸送體系建立等社會福利行政的幕僚，他們如何能將社會福利做好？又如何能督導高度專業化的民間社會福利機構的社會工作者？如果再加上外行的社會局（處）長，那就更是把社會福利當成一般行政來處理。除非這些非專業社會行政人員有心將社會行政當成一種志業，願意回到學校進修社會工作學

---

[4] 2010年分發到臺北市政府社會局的社會行政高考錄取者7人中，屬社會工作學歷背景者僅1人，餘為新聞、心理、資訊工程、社會、政治等專長。而這7人是當年錄取排名在前9名者。

位，補強自己的弱點。

　　社會工作的學生由於過度窄化專業，將社會工作專業等同於直接服務，不喜歡社會福利行政與社會政策，而喜歡報考公職社工師。不論是進入社會局（處）的科室當社會行政人員，或是進入家庭暴力暨性侵害防治中心、社會福利服務中心擔任公職社工師，都不可以忘記自己是一位社會工作者，也是一位街頭科員（Street-Level Bureaucrats）（Lipsky, 1980），必須提供以人為中心（Person-Centred Approach）的服務（Beresford ed al., 2011），而不是在完成一項上級交辦任務而已。當社會工作者放棄介入社會政策、行政之後，後果是社會福利行政將由非社會工作專業人員來規劃、決策、領導、指揮專業社會工作師提供直接服務，這不是很可悲嗎？社會福利行政將成為一份鐵飯碗的工作而已，距離專業的助人的工作愈來愈遠，人民何辜！

陸、外包政府

　　在1980年代新公共管理（New Public Management, NPM）的浪潮下，公共部門被要求變成：(1)生產與成本導向，(2)公私部門競爭，(3)採行企業管理策略，(4)追求替代與低成本的服務輸送模式，(5)採取授權管理，(6)使用精確與可測量的績效指標，(7)使用精確的產出測量（Hood, 1995）。新公共管理主義主張分散化（Decentralization）、私有化（Privatization）。分散化是將社會福利服務提供由中央政府下放（Devolution）給地方政府，地方政府再委外給民間社會福利機構；私有化則是將政府的公共社會福利服務移轉給個人、家庭、民間非營利組織（NPO）、營利組織承擔。私有化創造出公私協力（Public-Private Collaborateon, PPC）的工作模式，成為實踐新公共管理的核心概念（Ginsberg and Gibelman, 2009）。公私協力具體表現在購買式服務契約（Purchase-Of-Service Contract, POSC）上，政府（不論中央或地方）將大量社會福利服務契約委外（Contracting-Out）給民間社會福利組織提供。政府由社會福利服務的政策制訂者（決策）、方案規劃者（計畫）、服務提供者（直接服務）、資源擁有者（財源），**轉變為政策制訂者（決策）、資源分配者（財源）、**

監督者（管制）。而在公私協力的工作模式下，決策與執行均需公私夥伴關係分享，甚至由民間創新、倡議提案，再由政府編列預算提供給民間使用。政府公權力與業務預算幾已被淘空，只剩下依採購法進行委外契約招標、評選、監督、評鑑的工作。而當前述的社會福利行政人員逐漸「去專業化」後，連監督與評鑑委外服務機構的能力都沒有了。

如本書第四章所述，購買式服務看似節省政府人力與預算、提供創新服務、發展公私夥伴關係（Public-Private Partnership, PPP）、提升市民參與。但是，副作用是造成民間NPO對政府的財政依賴、降低民間機構的自主性、過度重視績效導向的服務（Performanace-Based Service），而失去社會服務是以人為本的服務（Person-Oriented Service）之精神、不足的經費委外造成機構經營困難、機構為了節省經費而不提供困難與嚴重需求的服務、資源匱乏的地區缺乏承接機構等缺失。政府不能一味地為節省人事成本而將服務委外，必須慎重考量服務項目的性質、資源的可得性、服務的品質，否則過度採取契約委外，只不過是推諉塞責而已。

劉淑瓊（2001）從西方國家委託外包契約發展的合理化基礎，來檢視我國的社會福利服務民營化經驗，認為我國社會福利民營化是一種浪漫的迷思，包括：契約委託制度可在良性競爭中產生效率，政府可以低廉的價格購買高品質的服務，政府可以掌握受委託單位的服務品質，甄審及評鑑制度可保證受託者的產出，民間社會因此而繁榮，民營化讓政府、民間志願服務組織、服務接受者與納稅人四贏。而證諸臺灣過去的經驗，這些迷思都是一廂情願的。

這些問題的無解，必然引發社會福利民營化的反挫。就像臺北市民對廣慈博愛院BOT案所產生的政府與經營者權責不清的質疑一般，人民對社會福利過度民營化的走勢，必然也會起疑，因為其中有太多涉及到政治經濟難以區隔的關係，以及前述權責不分的潛在問題。政府被議會與人民緊迫監督的結果，無可避免地要檢討其民營化的政策，同時對民營化服務強化其監督之責。

進一步，劉淑瓊（2005）從考察績效、品質與消費者保障，建議我國中央政府有必要針對民營化政策進行再評估，並多元化民營化途徑，以及支援並充權地方政府契約管理人員。建議地方政府謹守民主責信，降低民

營化政治化的程度，並以服務使用者為本，落實行政法原則，以及善用多元責信結構，建構整合的責信體系。建議受委託非營利組織，嚴以自律，實踐主觀責信，並提升專業責信，創造組織內績效文化，以及熟悉行政法原則，保護案主權益。

當民間團體不斷地因政府的委託而擴充社會福利事業營運範圍時，由於組織的龐大，巨型組織管理的問題隨即出現，例如，人事管理、績效管理、財務管理、資訊管理、危機管理、公共關係等，而政府的委託財源會因本少利多的假設而受限，一旦委託財源下滑，募款壓力就激增，解套之道要嘛壓低員工薪資，不然就是降低服務品質，或是集體施壓議員及立委官員要求政府增加預算。最後，民間團體不是因委託關係管理的工作占去大部分時間，而無力顧及倡議與監督政府工作；就是因對委託關係的誤解，以為重點是社區參與、夥伴關係，而非服務品質，而與政府撕破臉。

政府一方面被各界要求委託外包，因此必須積極尋求受託單位，但囿於民間組織開發不易，復加上本身財源有限，無法重金禮聘，只好勉強湊合著用，如此一來自難要求品質；另方面，政府本身又是業主，自有監督外包單位之責，可是受限於監督能力不足、監督時間有限，不監督會被議會、社會大眾質疑，監督過火也會被受託單位及與其友好的民意代表修理，落得裡外不是人。政府如同玩回力棒的孩子，甩出一個回力棒，最後還是回繞到自己身旁，接得不好，會被打得頭破血流。如此的新公私夥伴關係，的確讓臺灣的社會福利民營化猶如走在鋼索上。

解決之道，不外乎一方面重新檢討政府的社會福利人力配置，增加必要之服務人力，事涉公權力介入與人民基本生活保障者，例如，兒童少年虐待、配偶暴力、老人與身心障礙保護之接受通報、評估、緊急介入、中輟生輔導、低收入戶申請與就業促進服務、失業給付與就業服務、長期照護需求評估服務、全民健康保險、國民年金保險，以及地方或區域性社會服務整合等，宜由政府主責。

另方面，委託民間辦理的社會服務，就要嚴格審查受託單位的服務提供能力，提供適當的財源，鼓勵進用合格的專業人力，明訂服務績效指標，落實執行服務品質監督，同時培植多元服務形態的服務單位，分散委託風險，避免民間機構壟斷服務輸送體系，如此才能讓我國的社會福利公

私夥伴關係正常化。

柒、資源分配不均

由於地方政府在後工業社會條件下的經濟發展實力差異與財政收支劃分法的資源分配不公，導致臺灣各縣市財政資源分配的城鄉差距擴大，直接影響地方社會福利的分配。臺北市有全國最豐沛的社會福利資源，就社會福利預算言，2010年度臺北市政府社會福利預算（含社會福利、衛生與就業）339億9,519萬8,841元，占市府總預算的20.52%，其中社會保險占8.93%、社會救助占4.67%、福利服務占4.06%、衛生占2.61%、就業占0.25%，只比高雄市、臺北縣、桃園縣、臺中縣、臺中市、彰化縣、臺南縣等7縣（市）的總預算少，比全國其餘16個縣市的總預算還高。升格後的新北市社會福利預算146億4,172萬元，不及臺北市339億9,519萬8,841元的一半。可見，縣市財源多寡決定該縣市的社會福利資源分配，至為顯著（林萬億、吳秉慧，2011）。

表16-6為2010年度與2011年度各縣市人均社會福利預算的變化比較。從表中可看出在2010年底升格直轄市的五都，臺北市、新北市、臺中縣市、臺南縣市、高雄縣市及準直轄市桃園縣，其人均社會福利預算都有顯著的成長，增幅從1.31倍到2.96倍不等。反觀其他縣市，從2010年到2011年都沒有太多增加，甚至部分還有明顯減少。就淨額而言，五都的人均社會福利預算也高居全國前七名。

這樣的變化，一方面是因為升格後許多原本由中央補助的社會保險補助款，如農民健康保險、低收入戶全民健康保險（至2011年7月）等，改由直轄市政府補助，所以編列金額增加；另一方面也反映出五都整體社會福利資源的增加，社會福利預算向五都集中的趨勢可見一斑（林萬億、吳秉慧，2011）。

臺北市仍遙遙領先其他縣市。澎湖縣人口少，且位居偏遠地區，常有額外加給，因此，人均社會福利預算位居全國第二。舊高雄市本來就居前六名，輸臺北市、澎湖縣、宜蘭縣、新竹縣、臺東縣，合併後段班的高雄縣（倒數第七）升格後，躍居第三名。臺南縣市本來位居後段班（倒數第

四、第八），但是合併升格後，躍居第四名。新北市本來也是在中後段班（倒數第九），升格後也躍居第五名。臺中縣市本來在倒數第二、第五，合併升格後，躍居全國第七。桃園升格為準直轄市，社會福利人均預算亦大幅提高2.28倍，從全國倒數第三，躍居成為全國第八，可見升格的好處多多，社會福利人均預算都提高2倍以上（林萬億、吳秉慧，2011）。

而那些沒有升格的縣市，除了澎湖還維持在前兩名之外，其餘都掉到第八名以後，形成社會福利資源城鄉貧富差距的兩級化（見表16-6）。如果新的財政收支劃分法修正不加以調整，長此以往，我國的社會福利水準將就此定型，窮者愈窮，富者愈富。這正好違反社會福利資源分配的公平原則，窮的縣市應該得到較多的補助。資源匱乏的縣市，社會福利需求通常愈多，更需要社會福利提供協助。由於財政困窘，有些縣市社會福利人均預算不增反減，如雲林、宜蘭、新竹、南投、嘉義市（林萬億、吳秉慧，2011）。

表16-6　2010年與2011年度各縣市人均社福預算比較

單位：新臺幣	人均社福預算（2010年）	人均社福預算（2011年）	2011年／2010年
臺北市*	13,038	17,070	1.31
澎湖縣	10,662	12,194	1.14
高雄縣*	3,561	9,350（大高雄市）	2.63
高雄市*	7,240	9,350（大高雄市）	1.29
臺南市*	3,089	9,147（大臺南市）	2.96
臺南縣*	3,603	9,147（大臺南市）	2.54
新北市*	3,719	8,457	2.27
臺東縣	7,899	8,217	1.04
臺中市*	2,500	6,993（大臺中市）	2.80
臺中縣*	3,102	6,993（大臺中市）	2.25
桃園縣	2,604	5,926	2.28
嘉義縣	5,424	5,662	1.04
花蓮縣	5,386	5,639	1.05
雲林縣	5,358	5,251	0.98

單位：新臺幣	人均社福預算 （2010年）	人均社福預算 （2011年）	2011年／2010年
苗栗縣	4,992	4,920	0.99
宜蘭縣	8,361	4,846	0.58
新竹縣	7,956	4,837	0.61
南投縣	4,726	4,669	0.99
屏東縣	4,204	4,484	1.07
新竹市	2,480	3,942	1.59
嘉義市	3,964	3,927	0.99
彰化縣	3,275	3,701	1.13
基隆市	6,324	無資料	無資料

資料來源：內政部統計年報、行政院主計處、各縣市政府主計處（未公開於網上資料），作者自行整理。

　　我們再以全國性社會福利團體在各縣市的分支組織作為指標，分析五都之後各地方的社會福利服務資源分配的差距。本文選擇在各領域具指標性的全國性社會福利團體、組織在各地附設的分支組織統計，發現如表16-7。臺北市10家全有、新北市與高雄市有9家、臺中市有8家。這些民間團體主要集中分布在北中南三大都會區，只要離了都會區，組織與機構的數量就明顯減少，而北部縣市的機構數量又稍高於南部縣市。桃園縣、新竹市、苗栗縣、嘉義市、花蓮縣、嘉義市、屏東縣各有6家，臺東縣、南投縣、基隆市有5家，彰化、雲林、嘉義、臺南市、宜蘭都只有4家。通常全國性社會福利組織不論在專業人力、服務方案、資金上都較具規模，非地方性社會福利團體能比擬。因此，少了全國性社會福利組織的資源投注，地方社會福利服務資源將相對匱乏（林萬億、吳秉慧，2011）。

　　當然，也由於全國性民間社會福利組織的大型化、連鎖化，直接擠壓地方型社會福利組織發展的空間，也讓自己走上科層化、績效導向管理的不歸路。若不能守住以人為本的社會福利服務精神，社會福利民營化並不是萬靈丹。

表16-7　10家大型民間社會福利組織分支機構分布

	基隆市	臺北市	新北市	桃園縣	新竹縣	新竹市	苗栗縣	臺中市	南投縣	彰化縣	雲林縣
家扶	✓	✓	✓	✓	✓	✓	✓	✓	✓	✓	✓
勵馨		✓	✓	✓			✓	✓	✓	✓	✓
兒福聯盟	✓	✓	✓		✓	✓	✓	✓			
世展	✓	✓	✓	✓	✓	✓	✓	✓	✓	✓	✓
伊甸	✓	✓	✓	✓	✓	✓	✓	✓	✓	✓	
創世	✓	✓	✓	✓		✓	✓	✓	✓		✓
陽光		✓	✓					✓			
育成		✓	✓								
心路		✓	✓	✓		✓					
弘道		✓						✓			
總計	5	10	9	6	4	6	6	8	5	4	4

	嘉義縣	嘉義市	臺南市	高雄市	屏東縣	宜蘭縣	花蓮縣	臺東縣	澎湖縣	金門縣	連江縣
家扶	✓	✓	✓	✓	✓	✓	✓	✓	✓	✓	
勵馨	✓	✓	✓	✓	✓		✓	✓			
兒福聯盟				✓			✓				
世展	✓	✓	✓	✓	✓	✓	✓	✓	✓		
伊甸	✓	✓		✓	✓	✓					
創世		✓	✓	✓	✓	✓	✓	✓			
陽光		✓		✓			✓				
育成								✓			
心路				✓							
弘道				✓	✓						
總計	4	6	4	9	6	4	6	5	2	1	0

資料來源：各社會福利組織網站，作者自行整理。

捌、過度評鑑

基於社會責信，社會福利機構與組織需要透評鑑來滿足外部責信，這是合理的。但是，在新公共管理主義之下，評鑑就不只是滿足社會責信的要求，而且是績效為導向的管理之一環。只要接受政府補助或與政府簽訂委託契約者，均被要求評鑑。

目前有中央政府辦理的大大小小的評鑑包括：中央對直轄市、縣（市）政府執行社會福利績效評比考核、全國暨省級財團法人社會福利基金會評鑑、老人福利機構評鑑、從事兒童及少年收出養服務機構及團體聯合評鑑、身心障礙福利機構評鑑、社區發展工作評鑑等。

地方政府辦理者有：各社會福利類志願服務運用單位業務查核暨輔導評鑑、志願服務績效評鑑、身心障礙福利機構評鑑、社會福利類志願服務隊評鑑、公辦民營少年服務中心評鑑、財團法人社會福利基金會業務評鑑、社區發展工作評鑑、社區照顧關懷據點評鑑、居家服務評鑑、老人服務中心及日間照顧中心輔導評鑑、小型老人福利機構評鑑、公辦民營（含補助辦理）機構評鑑、身心障礙者庇護工場業務評鑑、私立就業服務機構評鑑、婦女福利機構評鑑、托嬰中心評鑑、托育機構評鑑、老人安養暨長期照顧機構評鑑、兒少福利機構評鑑、社工專業服務機構評鑑等等。

各級政府的社會局（處）幾乎已成為專責評鑑機關。每次評鑑先要有評鑑指標研擬、修正會議，接著是評鑑指標說明會議，才能進行實地評鑑。一旦受評單位多，承辦人員光是跑評鑑就需要1、2個月。評鑑委員都是聘請教授與資深社會福利機構主管擔任，據此，全國各大學社會工作、老人服務系所教授忙著被邀請去評鑑。因為評鑑多，評鑑委員是否具有該評鑑業務的理論與實務專長，往往無法兼顧，評鑑的效果就不一定能達到。

對受評機構來說，每一次評鑑期間就得勞師動眾，準備書面資料所耗損的時間、金錢、人力往往比直接服務還多。最怕的是評鑑指標不清楚，無從準備起；也怕主管常換人，評鑑指標也跟著換；更怕碰到外行的評鑑委員，機構員工就會被整慘。

評鑑本身無罪，但是，過度評鑑的結果就會浪費資源、破壞公私夥

伴關係。機構為評鑑而浪費資源，甚至造假，對服務使用者來說，意義不大。外包的政府擔心民間機構浪費公帑、品質不佳，不得不採取嚴密的評鑑，以為監督；而過度的評鑑，確實犧牲服務使用者的權益，外包的政府已陷入進退兩難之中。政府若不針對諸多社會福利服務項目評鑑徹底檢討，只是隨著新管理主義起舞，本末倒置，最後受害的是福利服務使用者。

 結論

　　臺灣的社會福利面對上述外部環境的限制與挑戰，又必須處理內部的治理問題，未來10年不可能是「黃金十年」，而是「艱苦十年」。全球化與後工業化使得臺灣經濟成長持續趨緩，過度依賴中國使得臺灣經濟自主性降低，圖利富人的稅制使得稅收有限，不當的財政規劃使得財政赤字不斷積累、失業率居高不下、貧富差距擴大、新社會風險升高。再加上人口老化加速、少子女化不見積極因應、家庭功能任其萎縮、外籍配偶增加使得社會需求增多、家庭照顧能力不足等，臺灣社會面對社會需求節節升高、財政資源卻捉襟見肘的窘境，造成「照顧赤字」（Fink, 2004）與「財政赤字」雙重壓力的年代來臨。

　　過去過多的政治考量，使得社會安全體制普遍存在低保費、高給付、早退休的制度設計，使得社會保險基金潛藏高額的債務。執政者並未意識到如此龐大的社會安全潛藏債務對國家發展的影響，都以任期4年、8年來處理當前的施政績效，把功勞拿走，債務留給下一任處理。結果是將建立完善社會安全制度的時間一再延宕，解決潛藏債務的時機一再拖延，所有的一切將推給下一個世代，這是非常不負責任的短視近利思維。軍人保險、公務人員保險、勞工保險、農民保險、全民健康保險均是如此，正在規劃中的長期照顧保險也充斥著這種讓下一代解決問題的心態。

　　未來10年的當務之急，首先是重新檢討社會安全體系，逐年微調降低給付水準、適度調高保險費率、延長工作年資、彈性退休年齡、縮短職業別保費與給付差距，以利社會團結與逐年降低社會安全基金潛藏債務。

其次，積極全面性的推動活力老化政策，壓縮疾病臥床期間；同時，加速建立長期照顧服務輸送體系，以因應高齡社會的來臨。

　　第三，完善公共學前兒童教育與照顧體系，減輕家庭照顧負擔；適度延長親職假期間，排除婦女復職障礙；開辦兒童津貼，並逐年提高領取額度與年齡，讓生育率提高成為可能。

　　第四，創造就業機會，翻轉成長導向的經濟發展，逐漸調整為就業導向的經濟發展；因應工作貧窮人口的增加，適度調高基本工資。

　　第五，重整公部門社會服務體系，擴大社會局（處）編制，補強社會工作人力，修正過去以約聘僱人力為主的社會服務體系，改正社會行政人力與社會工作人力不當的分工；鼓勵社會局（處）首長聘用專業社會工作／社會福利專才，調整社會福利行政體質；重新檢討公私部門分工，將事涉公權力行使、人民身家性命安全的業務，收回由政府自行提供服務；全面檢討公私夥伴關係，改善無所不評的評鑑制度，期使真正實現創新服務、提升品質、降低成本、社會參與、充權人民、協力前進的效果。

　　第六，修正大學廣設社會工作系所的政策，提高一般大學與科技大學社工系所評鑑標準，再提高師資專業比，強化社會工作教育內涵，提升社會工作人力素質。

　　第七，建立以家庭為中心、以社區為基礎的社會服務體系，支持家庭教育、養育、照顧功能；同時將外籍配偶家庭服務納入，避免標籤化、邊緣化外籍配偶家庭；推廣多元文化價值，建立一個族群互相尊重的包容社會。

　　第八，調整中央統籌分配稅款比率，將更多資源投注在資源相對匱乏的窮縣市；藉由資源挹注、輔導、評鑑，達成逐年縮小城鄉社會福利資源差距的目標。

　　第九，大幅改革稅制，有所得就應課稅、高所得課高稅、低所得不課稅，將過度依賴薪資所得稅的稅制，逐漸向資本利得稅方向調整，以實現稅制公平正義，縮短貧富差距。

　　第十，組成跨黨派社會安全體系改革小組，擱置黨派爭議，進行理性規劃，建立一套永續發展的國家社會福利體系。

　　基於青年失業率不斷升高、工作貧窮人口增加、貧富差距持續擴大，

給了左派社會民主黨新的執政機會，同時帶動右翼排外政黨的崛起，特別是歐洲國家。而局勢則出現「撙節派」與「擴張派」的拉扯。對失業者、工作貧窮人口、移民家庭、勞工家庭來說，撙節政策即是縮小政府公共投資、緊縮社會福利支出、減少社會方案的同義字，其結果將是失業率持續升高、中低所得家庭生活品質持續下滑。緊縮雖然對降低財政赤字有幫助，但是，反對者的道理很簡單。如果孫道存要他的員工撙節開支，吃50元的便當，員工會同意嗎？甚至，若郭台銘要他的員工吃50元的便當，共體時艱，他的員工也未必會同意，勞工會說：「大塊肉吃、大碗酒喝、華服美眷、豪宅房車都是你們所有，共體時艱卻要我們配合。」比較好的做法應是減少不必要的浪費、改正錯誤的投資、提升政治的廉能與效率、健全社會安全體制，才可能獲得人民普遍的支持。趁臺灣的處境還未像希臘一樣艱難的時候，及早做準備，才不會苦日子一來，舉國上下手足無措。

參考書目

內政部（2003）。外籍與大陸配偶照顧輔導措施。

行政院主計處（2010）。臺灣地區家庭收支調查。

行政院主計處（2010）。人口及住宅普查。

行政院主計處（2010）。薪資統計員工特性及差異之研究。

行政院經建會（2004）。中華民國93年至140年人口推估。

行政院經建會（2010）。2010年至2060年臺灣人口推計。

林茵（2011）。占領華爾街。香港雜評，2011/10/9。

林宗弘等（2011）。崩世代：財團化、貧窮化與少子女化的危機。臺北：勞工陣線。

林萬億（1995）。福利國。臺北：前衛。

林萬億（2005）。1990年代以來臺灣社會福利的回顧與展望。社區發展季刊，109
期，頁12-35。

林萬億（2010a）。社會福利。臺北：五南。

林萬億（2010b）。我國社會工作教育的發展：後專業主義的課題。臺大社會工作學
刊，12期，頁153-196。

林萬億（2012）。世代正義、分配正義與居住正義：現狀與前景。編入《實在年
代：迎向永續》。臺北：余紀忠文教基金會。

林萬億、周淑美譯（2004）。全球化與人類福利（Vic George and Paul Wilding原
著）。臺北：五南出版。

林萬億、吳秉慧（2011）。後五都時代臺灣的社會福利服務發展。社區發展季刊，
134期，頁4-22。

林萬億、陳美蘭、鄭如君（2012）。臺灣活力老化的推動：現況與議題。臺灣因應高
齡社會來臨的政策研討會。臺灣大學公共政策與法律研究中心主辦。3月16日。臺
北：臺灣大學社會科學院。

邱創煥（1977）。中國社會福利思想制度概要。臺北：臺灣商務印書館。

監察院（2002）。我國社會福利制度總體檢調報告。

劉淑瓊（2001）。社會服務民化再探：迷思與現實。社會政策與社會工作學刊，5：
2，頁5-56。

劉淑瓊（2005）。績效、品質與消費者權益保障：論社會服務契約委託的責信課
題。社會政策與社會工作學刊，9：2，頁31-94。

黃碧霞、莊金珠、楊雅嵐（2010）。高齡化社會新對策——從友善關懷老人服務方案談起。社區發展季刊，132期，頁3-25。

Baumol, W. J. (1967) . The macroeconomics of unbalanced growth, *American Economic Review*, 52: 3, 415-26.

Beck, U. (1992). *Risk Soceity*. London: Sage.

Bell, D. (1973). *The Coming of Post-Industrial Society*. Basic Books.

Beresford, P. (eds.) (2011). *Supporing People: Towards a person-centred approach.* Joseph Rowntree Foundation.

Bigby, C. (2005). *Ageing with a Lifelong Disability: A guide to practice, program and policy issues for human services professionals.* London: Jessica Kingsley Publishers.

Bonoli, G. (2006). New Social Risks and the Politics of Post-industrial Social Policies, in K. Armingeon and G. Bonoli (ed.) *The Politics of Post-Industrial Welfare States: Adapting post-war social policies to new social risks.* London: Routledge.

Burgoon, B. (2001). Globalization and Welfare Compensation: disentangling the ties that bind, *International Organization*, 55(3), 509-551.

Castell, M. (1996). *The Information Age: Economy, society and culture.* Vol. 1, The Rise of Network Society. Oxford: Blackwell.

Deacon, B. (2007). *Global Social Policy & Governance.* Los Angeles: Sage.

Ellison, N. (2006). *The Transformation of Welfare States?* London: Routledge.

Esping-Andersen, G. (1996). *Welfare State in Transition: national adaptation in global economic.* Sage Publications.

Esping-Andersen, G. (1999). S*ocial Foundations of Postindustrial Economies.* Oxford University Press.

Esping-Andersen, G., Gallie, D., Hemerijck, A. and Myles, J. (2002). *Why We Need A New Welfare State.* Oxford: Oxford University Press.

Fink, J. (ed.) (2004). *Care: Personal lives and social policy.* Bristol: the Policy Press.

Frangakis, M. (2011). The Rising Public Debt in the EU: Implications for policy, *Journal of Contemporary European Studies*, 19: 1, 7-20.

Freeman, G. (1988). Voters, Bureaucrats, And the State: On the Autonomy of Social Security Policy Policymaking, in Gerald D. Nash et al., *Social Security: The first half-century.* University of New Mexico Press.

Gary, J. (1997). *Endgames: Questions in late Modern Political Thought.* Cambridge: Polity

Press.

George, V. and Miller, S. (1994). *Social Policy Towards 2000: Squaring the welfare state.* London: Routledge.

George, V. and Wilding, P. (2002). *Globalization and Human Welfare.* Palgrave.

Ginsberg, L. and Gibelman, M. (2009). The Structure and Financing of Human Services Organization, in Rino Patti (ed.) *The Handbook of Human Services Managemant.* Los Angeles: Sage. Pp.81-100.

Hood, C. (1995). ‘the New Public Management’ in the 1980s: Variations on a theme. *Accounting, Organization & Society,* 20.

Huber, E. and Stephens, J. (2001). *Development and Crisis of the Welfare State.* Chicago, IL: University of Chicago Press.

Iversen, T. and Cusack, T. (2000). The Causes of Welfare State Expansion, *World Politics,* 52(April): 313-49.

Iversen, T. and Wren, A. (1998). Equality, Employment and Budgetary Restraint: The trilemma of the service economy, *World Politics,* 50(4): 507-46.

Jenson, J. (2004). Changing the Paradigm: Family Responsibility or Investing in Children, *Canadian Journal of Sociology,* 29: 2, 169-192.

Kim, S.W. (2009). Social Changes and Welfare Reform in South Korea: In the Context of the Late-coming Welfare State, *International Journal of Japanese Sociology,* 18, 16-34.

Lin, Wan-I (2011). The Aging Society and Social Policy in Taiwan, New Challenges for Maturing Democracies in Taiwan and Korea, by Stanford’s Center on Democracy, Development and Rule of Law (CDDRL)Democracy in Taiwan Program. May 27-28. Stanford University.

Lin, Wan-I & Yang Shin-Yi (2009). From Successful Family Planning to the Lowest-Low Fertility: Taiwan’s Dilemma, *Asian Social Work and Policy Review,* 3: 2, 95-112.

Lin, Wan-I (2010). The Coming of an Aged Society in Taiwan: Issues and Policies, *Asian Social Work and Policy Review,* 4: 3, 148-162.

Lin, Wan-I and Wu, Ping-Hui (forthcoming) Active Ageing in Taiwan: Governing the coming aged society, in Alan Walker and Christian & Aspalter (eds.) *Active Ageing in Asia.* Routledge.

Lipsky, M. (1980). *Street-level Bureaucracy : Dilemmas of the individuall in public services.* Russell Sage Foudation.

Maltby, T. and Deuchars, G. (2005). Ageing and Social Policy in the European Union: A Contextual Overview, in J. Doling, C. J. Finer and T. Maltby (eds.) *Ageing Matters: European Policy Lessons from the East*. Ashgate.

Matsaganis, M. (2011). The welfare state and the crisis: the case of Greece, *Journal of European Social Policy*, 21: 5, 501-512.

May, E. T. (1995). *Barren in the Promised Land: Childless Americans and the Pursuit of Happiness*. NY: Basic Books.

Mayhew, L. (2005). Active Ageing in the UK: Issues, barriers, policy directions, *Innovation*, 18: 4, 455-477.

Mishra, R. (1996). The Welfare of Nations, in R. Boyer and D. Drache (eds.) *Sates Against Markets*. London: Routledge.

Mishra, R. (1998). Beyond the National State: Social policy in the age of globalization, *Social Policy & Administration*, 32: 5, 481-500.

Mishra, R. (1999). *Globalization and the Welfare State*. Cheltenham: Edward Elgar.

Pierson, P. (1994). *Dismantling the Welfare State, Reagan, Thatcher and the Politics of Retrenchment*. Cambridge University Press.

Pierson, P. (1996). The New Politics of Welfare State, *World Politics,* 48: 2, 143-179.

Pierson, P. (2000). Thee Worlds of Welfare State Research, *Comparative Political Studies*, 33: 6-7, 791-821.

Pierson, P. (2001). *The New Politics of Welfare State*. Oxford: Oxford University Press.

Scharpf, F. (2000). The Viability of Advanced Welfare States in the International Economy: Vulnerabilities and options, *Journal of European Public Policy*, 7: 2, 190-228.

Scharpf, F. and Schmidt, V. (2000). *Welfare and Work in the Open Economy*, Vol. 1, Oxford: Oxford University Press.

Swank, D. (2001). Political Institutions and Welfare State Restructuring: the impact of institutions on social policy change in developed democracies, in P. Pierson (ed.) *The New Politics of the Welfare State*. Oxford: Oxford University Press.

Sykes, R., Palier, B. and Prior, P. M. (2001). *Globalization and Welfare States; Challenges and change*. Palgrave.

Taylor-Gooby, P. (2004). *New Risks, New Welfare: The transformation of the European Welfare State*. Oxford: Oxford University Press.

Usui, C. and Palley, A. (1997). The Development of Social Policy for the Elderly in Japan,

Social Service Review, Sept. 360-381.

Wacker, R. and Roberto, K. (2011). *Aging Social Policies: An international perspective*. Los Angeles: Sage.

White, L. (2002). Ideas and the Welfare State: Explaining Child Care Policy Development in Canada and the United States, *Comparative Political Studies*, 35: 6, 713-743.

國家圖書館出版品預行編目資料

臺灣的社會福利：歷史與制度的分析／林萬億
著. －－二版. －－臺北市：五南，2012.10
　面；　公分
　ISBN 978-957-11-6862-3（平裝）

1.社會福利　2.臺灣

547.933　　　　　　　　　　101018530

1JAW

臺灣的社會福利：
歷史與制度的分析

作　　者 ― 林萬億（138）

發 行 人 ― 楊榮川

總 編 輯 ― 王翠華

主　　編 ― 陳念祖

責任編輯 ― 劉芸蓁　李敏華

封面設計 ― 童安安

出 版 者 ― 五南圖書出版股份有限公司

地　　址：106台北市大安區和平東路二段339號4樓

電　　話：(02)2705-5066　　傳　　真：(02)2706-6100

網　　址：http://www.wunan.com.tw

電子郵件：wunan@wunan.com.tw

劃撥帳號：01068953

戶　　名：五南圖書出版股份有限公司

法律顧問　林勝安律師事務所　林勝安律師

出版日期　2006年12月初版一刷
　　　　　2009年10月初版三刷
　　　　　2012年10月二版一刷
　　　　　2016年 3 月二版二刷

定　　價　新臺幣850元